Hans-Hermann Hartwich

Die Europäisierung des deutschen Wirtschaftssystems

Hans-Hermann Hartwich

Die Europäisierung des deutschen Wirtschaftssystems

Alte Fundamente
neue Realitäten
Zukunftsperspektiven

Leske + Budrich, Opladen 1998

Gedruckt auf säurefreiem und altersbeständigem Papier.

Die Deutsche Bibliothek – CIP-Einheitsaufnahme

Hartwich, Hans-Hermann:
Die Europäisierung des deutschen Wirtschaftssystems : Alte Fundamente, neue Realitäten, Zukunftsperspektiven / Hans-Hermann Hartwich. – Opladen : Leske und Budrich, 1998

ISBN 3-8100-2226-8

Satz: Leske + Budrich
Druck: Druck Partner Rübelmann, Hemsbach
Printed in Germany

Für Berthild und Fabian

Inhaltsübersicht

Verzeichnis der wichtigsten Abkürzungen

ABM	–	Arbeitsbeschaffungsmaßnahmen der Bundesanstalt für Arbeit
Arbeitnordwest	–	Arbeitgeberverband für den Bezirk der nordwestlichen Gruppe des Vereins Deutscher Eisen- und Stahlindustrieller
AVAVG	–	Gesetz über Arbeitsvermittlung und Arbeitslosenversicherung (1927)
BdL	–	Bank deutscher Länder
BIP	–	Bruttoinlandsprodukt
BDI	–	Bundesverband der Deutschen Industrie
BVerfG	–	Bundesverfassungsgericht
DAG	–	Deutsche Angestellten-Gewerkschaft
DDR	–	Deutsche Demokratische Republik (1949-1990)
DGB	–	Deutscher Gewerkschaftsbund
DIW	–	Deutsches Institut für Wirtschaftsforschung
Ecofin(-Rat)	–	Europäischer Rat der Wirtschafts- und Finanzminister
ECU	–	European Currency Unit
EEA	–	Einheitliche Europäische Akte (28.2.1986)
EG	–	Europäische Gemeinschaft(en)
EGB	–	Europäischer Gewerkschaftsbund
EP	–	Europäisches Parlament
ESZB	–	Europäisches System der Zentralbanken
EU	–	Europäische Union
EuGH	–	Europäischer Gerichtshof
Eurostat	–	Statisches Amt der Europäischen Union
EWG	–	Europäische Wirtschaftsgemeinschaft
EWI	–	Europäisches Währungsinstitut
EWS	–	Europäisches Währungssystem
EWWU	–	Europäische Wirtschafts- und Währungsunion
EZB	–	Europäische Zentralbank
GATT	–	General Agreement on Tariffs and Trade
IGM	–	Industriegewerkschaft Metall
ILO	–	International Labour Office
IWF	–	Internationaler Währungsfonds
IWG	–	Institut für Wirtschaft und Gesellschaft Bonn
KSZE	–	Konferenz für Sicherheit und Zusammenarbeit in Europa
LPG	–	Landwirtschaftliche Produktionsgenossenschaften (DDR)
Mefo-Wechsel	–	Dreimonatswechsel der „Metallurgischen Forschungsgesellschaft", die von der Reichsbank rediskontiert wurden (1939-39)
Mifrifi	–	Mittelfristige Finanzplanung

MNK	–	Multinationale Konzerne
Montanunion	–	Europäische Gemeinschaft für Kohle und Stahl
NAFTA	–	North Atlantic Free Trade Assoziation
NGO	–	Non-Governmental Organization
OECD	–	Organization for Economic Cooperation and Development
OPEC	–	Organization of Petroleum Exporting Countries
SERPS	–	State Earnings Related Pension Scheme
SVR	–	Sachverständigenrat zur Begutachtung der gesamtwirtschaftlichen Entwicklung
TNC	–	Transnational Corporation
UNDP	–	United Nations Development Programme
UNCTAD	–	United Nations Conference on Trade and Development
UVP	–	Umweltverträglichkeitsprüfung
WTO	–	World Trade Organization

Vorwort

Die Suche nach einem realitätsnahen Verständnis von Wirtschaft und Politik ist das Leitmotiv dieses Buches. Das Übermaß an täglichen Informationen steht in einem immer größer werdenden Kontrast zum Wissen um Zusammenhänge. Es gibt ein wachsendes Defizit an ganzheitlicher Sicht. Die Kluft zwischen medialer Welt und subjektiver Lebenswahrnehmung ist bedenklich, denn die Medien aller Art sind für jeden Bürger der modernen Wirtschaftsgesellschaft zu unersetzlichen Faktoren seiner Identität geworden. Diese aber braucht nicht nur eine Unzahl von Informationen, sondern ebenso eine Vorstellung von Zusammenhängen vertikaler Art, also im Kontext von Geschichte, Gegenwart und Zukunft, und horizontaler Art, also in Form intelligenter Überschreitungen spezialisierter Wissenseinteilungen.

In diesem Sinne werden hier Antworten auf offensichtliche Diskrepanzen unserer Wirklichkeitswahrnehmung gesucht. Diese Diskrepanzen werden nicht zuletzt durch die hochspezialierten Fachwissenschaften hervorgerufen. Vor allem wirtschaftswissenschaftliche Experten geben objektiv (abstrakt) „richtige" Analysen und Prognosen ab, die dennoch falsch oder problematisch sind, weil sie der Komplexität der Lebenswirklichkeit nicht gerecht werden. Dieses „falsch" und „richtig" wird hier nicht in einem sozialethischen Sinne von „sozial" oder „unsozial" verstanden. Vielmehr ist damit gemeint, daß Fachexpertisen in der Regel nicht zuende denken. Am stärksten wird etwa gegenwärtig die Anpassung nationaler Volkswirtschaften an die globalen Wettbewerbsbedingungen diskutiert. Das Wort von den notwendigen „einschneidenden" Maßnahmen zur Wettbewerbsverbesserung und Standortsicherung kann richtig sein. Aber es löst das Wirklichkeitsdilemma nicht, das darin besteht, daß diese „Einschnitte" dann gesellschaftliche Kosten in Form z.B. von Armut und politischer Radikalisierung hervorrufen können. Deren Bewältigung ist unter Umständen wesentlich kostspieliger als die Sicherung einer nationalstaatlichen Konkurrenzfähigkeit, die ständigen Exportüberschüsse hervorbringt. Hier sind mithin „objektiv" richtige wirtschaftswissenschaftlich fundierte Lösungen *suboptimal*, weil sie geeignet sind, die Grundlagen einer florierenden Volkswirtschaft erodieren zu lassen.

Auf diese Zusammenhänge aufmerksam zu machen, ist das Hauptanliegen dieses Buches. Es ist kein sozialkritischer Versuch, sondern ein eher aufklärerischer. Die Grobgliederung will besagen, daß Gegenwart und Zukunft der deutschen Wirtschaft nur verstanden und ausgelotet werden können durch das Wissen um Charakter, Erfolge und Mißerfolge der nach 1945 geschaffenen „Fundamente", durch das Bewußtmachen der *„veränderten Rahmenbedingungen"* in Europa und der Weltwirtschaft sowie schließlich eingedenk dessen, daß so manche vertraute Struktur in Auflösung geraten und manche Gewißheit unrealistisch geworden ist.

Ein einziges Zukunftsmodell gibt es nicht. Auch in dieser Beziehung verbietet schlicht die Komplexität der Lebenswirklichkeit die Formulierung eines neuen Modells der „Wirtschaftsordnung“. Grundzüge und -bedingungen, im Fluß befindliche Entwicklungen, erkennbare Risiken lassen sich benennen. Das wichtigste ist aber der Umstand, daß kein ökonomisches Konzept zukunftsfähig ist, das nicht die Ökonomie eingebettet sieht in gesellschaftliche Pluralität und demokratisch-mehrheitlich legitimierte Politik. Man möchte in diesem Sinne immer wieder die wirtschaftspolitischen Meinungsführer beschwören, auf diese Verbindung zu achten.

Noch Mitte der sechziger Jahre glaubt man z.B. in der wirtschaftlich so erfolgreichen Bundesrepublik Deutschland, man habe das Problem der Konjunkturkrisen endgültig gemeistert. Die Rezession von 1966/67 belehrte uns eines besseren. Massenwohlstand als sicherster Schutz vor politischer Radikalisierung war bis Mitte der neunziger Jahre eine gesicherte Erkenntnis. Auch sie wird heute in Frage gestellt. Deshalb müssen Unternehmen, Wirtschaftsverbände und Wirtschaftspolitik ein elementares Interesse an stabilen politischen Verhältnissen haben, in denen sich Freiheit, Pluralismus, Demokratie und soziale Sicherheit verbinden.

Das Buch ist nicht das Ergebnis eines einzigen großen Forschungsprojekts. Es erwuchs vielmehr aus zahlreichen und thematisch vielfältigen Forschungsprojekten, Publikationen, Vorlesungen und Seminaren. Dabei kamen dem Autor seine Grundausbildung in Politikwissenschaft, Volkswirtschaftslehre und den rechtswissenschaftlichen Schwerpunkten des öffentlichen Rechts und des Arbeitsrechts stets zugute. Neuere Geschichte und Zeitgeschichte bildeten in allen Bereichen die Grundlage. Interdisziplinäre Interessen führten hinein in die Technik-, Umwelt-, Bildungs-, Arbeits- und ingenieurwissenschaftliche Forschung. Am meisten habe ich meiner langjährigen Tätigkeit im Herausgeberkreis der Zeitschrift „GEGENWARTSKUNDE“, in der Kooperation mit dem Wissenschaftszentrum Berlin für Sozialforschung (WZB) sowie meinen ehemaligen Assistenten Göttrik Wewer und Stephan von Bandemer zu verdanken. Namentlich herausheben muß ich Edmund Budrich. Das ist ein Verleger, der über eine phänomenale Begabung in der Kombination von Intelligenz, Besonnenheit und Tatkraft verfügt und zugleich immer Freund sein kann. Ohne ihn wäre dieses Buch nicht fertiggeworden.

Hans-Hermann Hartwich

Einleitung
Über die Bedeutung historischer Faktoren für aktuelle Prozeßanalysen und Zukunftsbewertungen

Gegenwartsverständnis und Geschichtsbewußtsein gehören zusammen. Geschichtliches Wissen gehört zur Fähigkeit, Gegenwartsereignisse angemessen zu bewerten und einen rationalen Zugang zu Zukunftsfragen zu gewinnen. Geschichtliche Daten im Detail sind dabei und dafür durchaus hilfreich und wichtig. Aber sie können keine Wirkung entfalten ohne die Fähigkeit zur Einordnung der Details in Zusammenhänge, aus denen sie erwachsen und in denen sie wirken. Dieses gilt, weil Wirtschaft und Gesellschaft Entwicklungsprozesse darstellen.

Begriffe wie Industriegesellschaft und Wirtschaftssystem sind geistige Konstrukte zur Erfassung von Momentaufnahmen. Es zeigt sich immer wieder, daß die treffendsten Kennzeichnungen und überragendsten Definitionen mit dem Zeitverlauf verblassen, unrichtig werden, gelegentlich zur „Ideologie", im Sinne eines nun „falschen" Bewußtseins von Realität, erhoben werden. Der permanente Wandel verlangt immer aufs neue die Suche nach einer „richtigen" Kennzeichnung des aktuellen Zustandes. „Soziale Marktwirtschaft" z.B. ist ein ganz wichtiger und richtiger Begriff des vom deutschen ORDO-Liberalismus Ende der vierziger und in den fünfziger Jahren geschaffenen Wirtschaftssystems. Beschworen in den neunziger Jahren bekommt er ideologische Züge. Denn die umgebende Wirklichkeit, das Bedingungsfeld ökonomischer Vorgänge und wirtschaftlichen Handels, ist eine andere als die der fünfziger Jahre.

Auf Zeit bleiben auch im gesamtwirtschaftlichen Geschehen einstmals geschaffene „Fundamente" wirksam. Ihre Konsistenz richtet sich nach ihrer rechtlichen Verankerung, deren Charakteristikum die Berechenbarkeit ist. Sie richtet sich nach Erfolgen und Mißerfolgen, die gefestigtes Erfahrungswissen hinterlassen. Die Konsistenz derartiger Fundamente ist abhängig vom Grad an Internalisierung der Begriffe und Wirkungsweisen in den Köpfen der Politiker und Bürger, der Medien allemal und auch der vorherrschenden wissenschaftlichen Schulen. Fundamente können nicht dauerhaft das gesellschaftliche und wirtschaftliche Geschehen bestimmen. Sie bedürfen permanenter Bestätigung durch Bewährung und Zustimmung. Selbst ihr Recht bröckelt, wenn es offensichtlich nicht mehr den neuen Wirklichkeiten gerecht wird und durch Rechtsfort- und Neubildung durch Rechtsprechung und Gesetzgebung problemnah weiterentwikkelt wird.

Auch der Begriff „Europäisierung" ist die Kennzeichnung eines bedeutsamen staatlichen, wirtschaftlichen und sozialen Wandels. Er hebt, anders als der Begriff der „Sozialen Marktwirtschaft", auf noch komplexere Zusammenhänge ab. Die „Vergemeinschaftung" der nationalstaatlichen Politik, von Wirtschaft und Währung hat am

Ende des 20. Jahrhundert einen Aggregatzustand erreicht, der eine neue, eben die europäische Perspektive bei der Lageanalyse und bei der Frage nach den Chancen von Zukunftsgestaltung verlangt. Die wirtschaftlichen und sozialen Probleme lassen sich um die Jahrhundertwende nur noch in dieser Perspektive analysieren und bewältigen.

In der historischen Perspektive schließlich wird besonders deutlich, daß die Erfassung von Komplexität dieser Art Grenzüberschreitungen verlangt. Es ist nicht mehr möglich, trennscharf analytisch z.B. zwischen wirtschaftlicher Entwicklung und politischer Entwicklung zu unterscheiden. Wenn aber die von den Wissenschaften vorgegebenen Grenzen überschritten werden, dann sind natürlich auch die Erklärungen und Deutungen andere. Was etwa in mathematisierten Lohn-Preis-Modellen der Volkswirtschaftslehre zwingend erscheint, unterliegt dann gelegentlich anderen, weil „exogene" Faktoren berücksichtigenden, Erklärungsmustern. Historische Vorgehensweisen setzen durchaus die „ceteris paribus"-Klausel außer Funktion und kommen zu anderen Resultaten. Diese werden dann häufig „politisch" genannt. Das ist ohne nähere Prüfung falsch und polemisch. Denn sie spiegeln in der Regel nur die mathematisch nicht erfaßbare Realität menschlichen Handeln und gesellschaftlicher Beziehungen wider.

Erhebliche Irritationen enstehen auch dadurch, daß die hier relevanten Wissenschaften dieselben Begriffe benutzen, jedoch Unterschiedliches darunter verstehen. Derartige Schwierigkeiten treten vor allem dort in Erscheinung, wo die einen mit einer individualistischen Perspektive, die anderen mit einer gesellschaftlichen arbeiten. „Nutzen" und „Rationalität" sind beispielsweise in der ökonomischen Theorie von zentraler Bedeutung. Die Frage allerdings, ob etwa Nutzenkalküle gleichsam „hochgerechnet" werden können und dann als „gesellschaftlich" bezeichnet werden dürfen, ist zumindest umstritten. Ein individueller Nutzen ist noch keineswegs ein „gesellschaftlicher" im Sinne eines rational positiven Ergebnisses für eine soziale Gruppe. Derartige wissenschaftsimmanente Denkansätze und -traditionen erschweren historisch-politische Analysen außerordentlich. Auch in dieser Hinsicht sollte man sich davor hüten, andere Denkansätze als die eigenen von vornherein als werturteilgeladene Fehlleistungen zu verstehen und die Ergebnisse a priori abzulehnen.

Historisch ansetzende Analysen zwingen letztlich immer zu Auswahl und Bewertung von Ereignissen und Entwicklungen. Zusammenfassungen sind letztlich nie ganz „objektiv", weil es diese Objektivität nicht gibt, nicht geben kann. Dies bezieht sich nicht allein auf normative Fragen. Es gilt auch für wissenschaftliche Analysen. Diese kennen jedoch die Rationalisierung durch die vorausgehende Benennung der leitenden Kriterien. So wird auch in diesem Buch verfahren. Es bleibt jedoch richtig, daß die folgende Untersuchung auf Auswahl und Zusammenschau beruht, die sicher auch anders als hier möglich wäre. Die Verantwortung für Wissenschaftlichkeit und Wahrhaftigkeit liegt beim Autor. Allein seine Erkenntnisfähigkeit ist die subjektive Komponente, die der Kritik und den Vorwürfen jederzeit offen stehen muß.

1. Kapitel: Historische Konvergenzen und Divergenzen nationalstaatlicher Wirtschaftssysteme in der Europäischen Union

1. Konvergenz als grundlegende Funktionsbedingung einer Union

Die Frage nach der Übereinstimmung nationaler Volkswirtschaften in ihrem jeweiligen historisch gewachsenen politisch-gesellschaftlichen Kontext spielte im europäischen Integrationsprozeß nach 1945 immer eine Rolle. Sie war aber eher latent vorhanden, mit allerdings gelegentlich höchster Aktualität. Erst mit dem Zusammenbruch des mit der Währungskonferenz in Bretton Woods (30.6.-22.7.1944) begründeten und nach dem Ort benannten internationalen Währungssystems der Nachkriegszeit, also in den Jahren 1971/72, wurde aus dem latent vorhandenen Problem unterschiedlicher Wirtschaftssysteme und auch unterschiedlicher ökonomischer Traditionen des Verhaltens, des Produzierens, des Lohnkampfes und der Produktivität eine manifeste Problemlage. Sie wurde dennoch nicht immer in großer politischer Öffentlichkeit diskutiert.

Eine breitere Aufmerksamkeit fand das Konvergenzproblem vor allem beim Scheitern erster Versuche einer gemeinsamen Währungspolitik der EWG. Das von Bundeskanzler Helmut Schmidt und Staatspräsident Giscard d'Estaing 1978 initiierte Europäische Währungssystem konnte dann zu einer Dauereinrichtung werden, weil und solange Divergenzen und nationale Währungsturbulenzen elastisch durch sogenannten „Bandbreiten" im Währungssystem, d.h., Schwankungsmöglichkeiten zwischen den europäischen Währungen mit einem oberen und einem unteren Interventionspunkt, währungspolitisch durchgehalten werden konnten. Damit waren die Grenzen der Divergenzen bestimmt. Erst bei Über- oder Unterschreitungen erfolgten Interventionen der Notenbanken aller oder einiger Notenbanken der EWS-Mitgliedstaaten zur Sicherung der vereinbarten Konvergenz. Wurden die Unterschiede in der Wirtschaftsentwicklung und damit in bezug auf die Bewertung der betroffenen nationalen Währung durch die internationalen Finanzmärkte, auch die Spekulation, zu groß, so waren auch vorübergehende Austritte aus dem gemeinsamen System des EWS die Folge.

In aller Munde kam die Frage der Konvergenz der europäischen Volkswirtschaften durch den Vertrag von Maastricht 1991/92. Denn auf dem Weg zu einer gemeinsamen Währung mußte zuerst eine verbindliche Annäherung der nationalen Währungs-, Geld- und Kreditpolitik, wenn nicht „Übereinstimmung" gefunden werden. Nur so wird es möglich, definitiv die nationalen Währungen zu einer gemeinsamen zu verschmelzen. Denn nur bei einem annähernden Gleichgewicht der nationalen Wirtschaftsentwicklungen kann die gemeinsame Währung funktionieren und eine einheitliche Zinspolitik durch die weisungsungebundene Europäische Zentralbank betrieben werden.

Die „Konvergenzkriterien" des Maastricht-Vertrages bestimmten bis 1998 die wirtschaftspolitischen Verhaltensweisen der EU-Mitgliedstaaten. Während die Währungsparitäten untereinander weitgehend konvergierten und die Preisniveaustabilität ein unerwartet niedriges Niveau erreichte und behielt (monetäre Konvergenz), hatten alle EU-Mitglieder Schwierigkeiten, ihre Haushalts- und Staatsschuldenpolitik miteinander abzustimmen, d.h., die Kriterien in bezug auf die Neuverschuldung der öffentlichen Haushalte und die Gesamtverschuldung (fiskalische Konvergenz) zu erreichen.

Mit diesen Kriterien waren und sind wichtige volkswirtschaftliche Daten genannt, die eine Konvergenz ausmachen. Der Vertrag von Maastricht selbst brachte mit seiner Forderung nach einer von Regierungsweisungen unabhängigen Zentralbank ein weiteres wichtiges und historisch nicht vorgegebenes Konvergenzkriterium. Für die Zukunft, also nach Einführung der Währungsunion, wird besonders wichtig sein, wie sich die nationalen Arbeitsmärkte verhalten. Es wird sich erweisen müssen, ob sie in einem gemeinsamen Markt mit einer einzigen Währung noch ihre nationalgeschichtlichen Besonderheiten erhalten können. Hinzu kommt der Umstand, daß sich die Vertragspartner von Maastricht nur darauf verständigten, ihre nationalstaatliche Souveränität über die Notenbank und die Geld- und Kreditpolitik aufzugeben. Schon die naheliegende Frage, ob dies ohne eine „Vergemeinschaftung" der „allgemeinen Wirtschaftspolitik" sowie der Finanz- und Haushaltspolitik überhaupt sinnvoll und möglich ist, wurde im Sinne der Nationalstaatlichkeit entschieden.

Damit sind entscheidende Fragen offen geblieben. Die „Konvergenz" innerhalb der Währungsunion kann sich ständig weiterentwickeln und fast zwangsläufig durch sogenannte „Spill-Over-Effects" zur vollständigen, auch zu einer politischen, Union führen. Ebenso kann aber auch gerade das Beharren auf grundlegenden nationalstaatlichen Eigenheiten ein Zerbrechen oder Handlungsunfähigkeit bewirken. Ob neben dieser Alternative ein „Mehrebenen-System" mittels „intergouvernementaler" Zusammenarbeit zwischen Supranationalität und Nationalstaatlichkeit eine dauerhafte europäische Verfassungskonstruktion sein könnte, ist offen. Es könnte sicherlich der Pluralität der beteiligten europäischen Staaten in besonderer Weise gerecht werden und allzu scharfe Konturierungen notwendiger Konvergenzen überflüssig machen. Es könnte aber auch ebenso wie eine supranationale Konstruktion an nationalstaatlichen Egoismen scheitern.

Die Bedeutung der Konvergenz nationalstaatlicher Wirtschaftsbedingungen für das Funktionieren einer europäischen Wirtschafts- und Währungsunion legt auch den Blick auf die wirtschaftswissenschaftliche Theorie optimaler Währungsräume nahe. Bilden die Staaten der Union einen „optimalen Währungsraum"? Diese Frage erfaßt das tatsächliche Geschehen nicht. Denn „wirtschaftliche Konvergenz" bedeutet generell (Cezanne 1987, S. 23): „Angleichung der anhand quantitativer Indikatoren gemessenen wirtschaftlichen Entwicklung der Mitgliedstaaten eines Verbundes" oder (Harbrecht und Schmid 1987, S. 217) „Annäherung volkswirtschaftlicher Schlüsselgrößen unterschiedlicher Volkswirtschaften im Zeitablauf". In beiden Zitaten wird „Konvergenz" als Prozeß und nicht als Zustand verstanden. Beides aber ist möglich: Konvergenz besteht oder besteht nicht. Sie soll oder muß bei entsprechendem politischen Willen erst durch Beseitigung tradierter Divergenzen überwunden werden. Ohne nun in einem längeren theoretischen Disput verharren zu wollen, sei hiervon ausgehend registriert, daß neben nominalen Indikatoren wie Preise und Zinssätze sogenannte „reale" Indikatoren eine bedeutende Rolle spielen. Hierzu gehören vor allem Sozialproduktwachstum, Arbeitslosigkeit, Lohnhöhe, Produktivität.

Auch bei diesem primär wirtschaftswissenschaftlichen Ansatz kommt man nicht umhin, nach den Determinanten dieser Größen zu fragen. Der Blick wird auf volkswirtschaftlich relevante Strukturen wie Produktionsstrukturen, Ausbildungssystem, wirtschafts- und arbeitsrechtliche Bedingungen von Wirtschaftssystemen, Energie- und Rohstoffabhängigkeiten mit den entsprechenden Außenhandelsstrukturen, Sozialstrukturen und soziale Sicherungssysteme gerichtet. Damit steht die Notwendigkeit einer starken Erweiterung der Untersuchung im Raum und zwingt zu Interdisziplinarität im Verfolgen von Divergenz-Ursachen. Vor allem erhält die historische Entwicklung einen besonderen Erklärungsrang. Denn es ist sicher leichter, Preissteigerungsraten anzugleichen, als tradierte Überzeugungen und soziale Verhaltensweisen, etwa in Lohnkonflikten oder bei Subventionierungen, innerhalb einer Wirtschafts- und Währungsunion soweit in Übereinstimmung zu bringen, daß eine einheitliche und effektive Währungspolitik möglich ist.

Zum Grundproblem leistete einst der Begründer der 5. Französischen Republik, General de Gaulle, im Januar 1963 einen interessanten Beitrag, als er den Beitritt Großbritanniens zur EWG abgelehnte und die Bedeutung der deutsch-französischen Zusammenarbeit hervorhob. In seiner die historischen Dimensionen stets berücksichtigenden politischen Bewertung beschrieb de Gaulle auf seine Art sehr plastisch die Divergenzen zwischen England und den kontinentaleuropäischen Staaten. Seine Interpretationen mögen als pointierende Einführung in unsere eigenen Reflexionen dienen:

De Gaulle hob zunächst eine grundsätzliche Konvergenz zwischen den damals sechs „kontinentalen Staaten“ (West-)Europas hervor. Er bezog dies auf die industrielle und landwirtschaftliche Produktion, ihren Außenhandel, ihre kaufmännischen Gepflogenheiten, ihren Kundenkreis und ihre Lebens- und Arbeitsbedingungen. Außerdem seien sie miteinander verflochten, hätten gemeinsame Verbindungswege. Sie gingen hinsichtlich ihrer wirtschaftlichen Entwicklung, ihres sozialen Fortschritts und ihrer technischen Fähigkeiten im Gleichschritt. Es gebe keine politischen Streitfragen, keine Grenzprobleme oder Herrschaftsrivalitäten. Im Gegenteil, sie fühlten sich solidarisch im Bewußtsein gemeinsamer Quellen ihrer Zivilisation. Sie hätten als Kontinentalstaaten eine gemeinsame Bedrohung. Keiner sei durch einen politischen und militärischen Sondervertrag nach außen gebunden.

Auf dieser geistigen und materiellen Grundlage habe man eine Wirtschaftsgemeinschaft der Sechs geschaffen, nicht ohne Schwierigkeiten. Denn Frankreich habe z.B. erst seine Wirtschaft und seine Finanzen in Ordnung bringen müssen. Es habe überdies darauf bestehen müssen, daß seine bedeutende Landwirtschaft angemessene Berücksichtigung findet. Nachdem dann die EWG zu funktionieren begann, habe England den Antrag auf Aufnahme gestellt. Zuvor hatte es dies in langwierigen Verhandlungen abgelehnt und die Kontinentaleuropäer bei der Gemeinschaftsbildung zu hindern versucht. Schließlich habe es eine eigene Freihandelszone gebildet. Der jetzige Antrag (1963) sei mit Forderungen verbunden, die eigenen Bedingungen anzuerkennen. Damit aber seien weitreichende Probleme aufgeworfen.

„England ist ein Inselstaat, ausgerichtet auf die See. Es ist durch seinen Handel, seine Märkte und seine Versorgung an die verschiedensten, oftmals weit entlegenen Länder gebunden. Es ist in erster Linie ein Industrie- und Handelsstaat, der nur wenig Landwirtschaft betreibt. Es besitzt in all seinem Tun Gewohnheiten und Traditionen, die sehr ausgeprägt und eigener Art sind. Kurzum, das Wesen, die Struktur und die Umstände, die England eigen sind, unterscheiden es weitgehend von den kontinentalen Staaten.“ Besonders verwies de Gaulle auf die Verpflichtungen gegenüber dem Commonwealth (Siegler, 1964, S. 237f.) .

Die negative Stellungnahme General de Gaulles von 1963 gegenüber einem Beitritt Englands war selbstverständlich bestimmt von Interesse, Machtanspruch und wohl auch persönlicher Voreingenommenheit. Überdies waren schon damals die wirtschaftlichen Argumente fragwürdig. De Gaulles seinerzeit sensationell deutliche Position enthält aber auch Hinweise darauf, daß selbst jene Staaten, die der Politikwissenschaftler und Jurist Ernst Fraenkel in den sechziger Jahren treffend als „westliche Demokratien“ bezeichnet hat, höchst unterschiedliche strukturelle Gegebenheiten und daraus erwachsene Staatsinteressen aufweisen. Ihre Staatsraison schlug und schlägt immer wieder durch, sei es in den europäischen Vertragsverhandlungen, sei es in normalen Personal- und Sachentscheidungen. Dabei ist es auch mit der „Konvergenz“ unter den „kontinentaleuropäischen“ Mitgliedstaaten der EU nicht so überzeugend bestellt, wie de Gaulle behauptete. Nicht zuletzt gilt dies im Verhältnis zu Deutschlands Geschichte und Nationalstaatlichkeit.

Die damit aufgeworfenen allgemeineren Fragen der „Konvergenz“ zwischen den Mitgliedstaaten der Europäischen Union werden üblicherweise in einer, historisch betrachtet, recht kurzfristigen Perspektive analysiert und für die Zukunft eingeschätzt. Im folgenden soll ein weitergehender Versuch unternommen werden. Es sollen in einem knappen Abriß und Überblick die historisch gewachsenen Divergenzen und Konvergenzen der Mitgliedstaaten der Europäischen Währungsunion erörtert werden. Die Perspektive bleibt die der Einleitung: Geschichte dient dem Gegenwartsverständnis. Die Erörterung versucht, diesem Ziel konsequent treu zu bleiben. Daher sind manche pauschalen Sichtweisen nicht zu vermeiden. Wichtig ist und bleibt das Grundsätzliche und dann die Frage, ob möglicherweise in den nächsten Jahren grundsätzliche Divergenzen in der Währungsunion zu erwarten sind, die das Einigungswerk in Frage stellen.

2. Untersuchungskriterien

(1) Konvergenzen und Divergenzen der EU-Mitgliedstaaten können nicht nur in einer auf den kurzen Zeitraum vom Maastricht-Vertrag bis zum Beginn der Europäischen Währungsunion (1992-1998) gerichteten Perspektive untersucht werden. Die strukturellen, langfristig wirkenden Gegebenheiten verlangen die größere, die historische Perspektive.

(2) Es reicht nicht, die Konvergenz an ökonomischen Indikatoren messen und bewerten zu wollen. Denn diese Indikatoren sind eingebettet in manifeste gesellschaftlich-wirtschaftliche Bedingungen mit je spezifischer Entwicklungsdynamik.

(3) Das Beharrungsvermögen langfristig wirkender Strukturen und manifester Bedingungsfelder ist nicht nur mental bedingt. Dies würde kaum beantwortbare Fragen kollektiver Verhaltensregeln aufwerfen. Vielmehr sind es die Rechtsstrukturen, die das wirtschaftliche und gesellschaftliche Leben langfristig bestimmen. Gemeint sind vor allem das Privatrecht (Eigentumsgarantie, Vertragsfreiheit, Haftungsrecht, wirtschaftsbezogene individuelle Grundrechte, Unternehmensrecht), das Arbeitsrecht (das Recht der kollektiven Verbände, Tarifvertragsrecht, Arbeitsschutzrecht, Betriebsverfassungsrecht, Mitbestimmung), das Sozialrecht (Umfang und Ausgestaltung gesetzlicher Vorsorgeregeln für die Lebensrisiken) und das gesamte öffentliche Recht. Rechtsbildung, also die Formulierung von Verfassungsrecht, Gesetzesrecht, Verbandsrecht u.a.m., erfolgt in politischen Auseinandersetzungen und Prozessen. Das Ergebnis ist in der Regel für unbestimmte Zeiträume programmiert und entfaltet schwer abänderbare Realitäten.

(4) Das historisch gewordene Verhältnis zwischen Staat und Wirtschaft ist ebenfalls von grundsätzlicher Bedeutung. Man denke an die großen Unterschiede zwischen dem England im Wirtschaftsliberalismus des 18. und 19. Jahrhunderts und Preußen-Deutschlands Industrialisierung: Nahezu unbegrenzte Entfaltung privater Unternehmungen auf der einen, dosierte Innovationen durch die aufgeklärte staatliche Bürokratie auf der anderen Seite.

(5) Hinter allem stehen die Unterschiede im Staatsverständnis. Damit ist zweierlei gemeint:

1. Der Staat als dominante Denkstruktur und Realmacht gegenüber der Gesellschaft;
2. der Staat als Repräsentation der gesellschaftlichen Pluralität.

Aus ersterem erwachsen Problemstellungen wie „nationalstaatliche Souveränität" mit der Frage nach „Souveränitäts"-Verlust bzw. -Aufgabe in graduellen Abstufungen (Beispiele: Nationalstaatliche Zollhoheit, Währungshoheit, Finanzhoheit, Gewaltmonopol). Dies ist ein Dauerthema der Europäischen Union.

Aus dem zweiten Punkt ergibt sich die Frage nach der Rolle der Volksvertretungen gegenüber den Regierungen (Beispiel: Parlamentssouveränität im britischen Verfassungsverständnis, statt des kontinentaleuropäischen, auf den Staat bezogenen Souveränitätsverständnisses). Dies beinhaltet unterschiedliche Affinitäten zu Umfang und Art demokratischer Staatsorganisation in der Geschichte europäischer Gesellschaften.

3. Nationalgeschichtliche Unterschiede im Staatsverständnis angelsächsischer und kontinentaleuropäischer Staaten

General de Gaulles politische Argumentation gegen den Beitritt Großbritannien enthielt einen wichtigen und auch richtigen Hinweis. Bis heute wirkt sich der Umstand aus, daß die erfolgreiche bürgerliche Revolution im England des 17. Jahrhunderts die Ausbildung eines absolutistischen Staates verhinderte. Das „Parliament" setzte sich gegen entsprechende Bestrebungen des Königtums durch. Nach der „Glorious Revolution" berief es selbst William von Oranien nach England und machte ihn 1689 durch Parlamentsakte zum neuen englischen König. Dadurch und infolge des erfolgreichen Ausbaus des Steuerbewilligungs- und Budgetrechts begann die politische Praxis der parlamentarischen Absicherung der königlichen Regierung. Regierung und Parlamentsmehrheit bilden eine politische Handlungseinheit. In politikwissenschaftlicher Begrifflichkeit ist dies der Prototyp des „Parlamentarischen Regierungssystems". Die staatsrechtliche Seite kann durch den Begriff der „Parlamentssouveränität" gekennzeichnet werden. An ihr hält Großbritannien auch heute fest. Dies bedeutet, wenn Großbritannien seine Währungshoheit durch Beitritt in die Währungsunion aufgeben würde, dann werden in diesem Verständnis nicht Souveränitätsbestandteile „des Staates" aufgegeben, sondern das Parlament verliert einen Teil seiner (prinzipiell zu denkenden) „Souveränität". Da die Europäische Union überdies keine wirksamen Parlamentsrechte kennt, würde auch keine andere parlamentarische Vertretung an die Stelle der nationalen treten.

Außerdem muß für weite Bereiche europäischer „Vergemeinschaftung", d.h., Ersetzung nationalen Rechts durch europäisches, bedacht werden, daß England aufgrund seiner Geschichte nicht eigentlich einen Staat im Sinne eines „öffentlich-rechtlichen" Bereichs kennt. Europäische Rechtsstrukturen müssen somit – ungeachtet der britischen Verfassungs- und Gesetzgebungspraxis des 20. Jahrhunderts – als fundamentale Einschnitte in das Rechtsverständnis der Briten angesehen werden.

Die „kontinentaleuropäischen" Staaten, vor allem Frankreich, aber auch – über die Territorialstaaten des 18. und 19. Jahrhunderts – Deutschland, unterscheiden sich in ihrer Staats- und Rechtstradition von der englischen Entwicklung fundamental. Hier setzte sich in der 2. Hälfte des 17. und im 18. Jahrhunderts der absolutistische Staat durch. Zunächst personifiziert im König („L'Etat c'est moi" – Ludwig XIV). Die Aufklärung trug wesentlich zur Modifizierung dieses Verständnisses bei („Ich bin der erste Diener meines Staates" – Friedrich II. von Preußen), indem immer mehr der rechtsstaatliche Grundsatz Anerkennung fand, daß auch die Person des Königs dem Recht unterworfen sein müsse, um dieses „berechenbar" zu machen (Grundidee des Humboldtschen frühliberalen Rechtsstaatsverständnisses (1792). Der „Staat“ wurde zur Institution, von Hegel zur „sittlichen Idee“ erhoben und von der „Gesellschaft“ als dem „System der Bedürfnisse“ abstrahiert.

Deutsche Juristen entwickelten in der 2. Hälfte des 19. Jahrhunderts dann die Rechtsfigur der „Staatspersönlichkeit“. So wurde historisch „der Staat“ zur dominanten Instanz der Gesellschaft. Das „Monopol physischer Gewaltsamkeit“, in der Staatsbildung vom König durchgesetzt, blieb Kennzeichnung dieser Instanz. Sie beansprucht „Souveränität“ nach innen (zur Sicherung des inneren Friedens) und nach außen, zur Sicherung des Staates, des Landes, der Nation. Es versteht sich, daß angesichts dieser geschichtlichen Entwicklung die Schaffung von europäischem Unionsrecht eine andersartige Bedeutung besitzt als in der britischen Tradition. Hinzu kommt im kontinentalen Europa die mit dem Absolutismus verbundene Herausbildung eines spezifischen „öffentlichen Rechts“, ein Recht des Staates, der Verwaltung, der Polizei usw.

Insignien des kontinentaleuropäischen Staates waren mit der Ausbildung des Absolutismus das „stehende Heer“, die Finanz- und Etat-Hoheit, die Entstehung eines Beamtenapparates (dessen Grundsätze der Loyalität gegenüber „dem Staat“ noch heute in Art. 33 Abs. 5 des Grundgesetzes verfassungsfest vorhanden sind) und der „Policy-Staat“ in Sinne merkantilistischer Wirtschafts- und Außenhandelspolitik und obrigkeitlicher Umsorgung der Untertanen.

Zu diesen historischen Strukturen gehört der „Kameralismus“ als eine Rationalisierung der Staatspraxis und -lenkung aller wirtschaftlichen Aktivitäten. Die beherrschende Wirtschaftsdoktrin des 18. Jahrhunderts, der „Merkantilismus“, bedeutete in Deutschland wie in Frankreich etwas ganz anderes als im England der gleichen Zeit. England verstand darunter vor allem die Förderung der großen überseeisch agierenden Handelsunternehmen. In Deutschland war die staatliche Bürokratie für den Kartoffelanbau ebenso zuständig wie für die Sicherung von staatlichen Bergwerksmonopolen und die Einhaltung ständischer Kleiderordnungen.

Besondere Beachtung erfordert in unserem Zusammenhang die Steuer- und Finanzhoheit. Sie hatte in England einen entscheidenden Anteil an der Durchsetzung des Parlaments und ging dann nach der Durchsetzung einer dem Parlament verantwortlichen königlichen Regierung an diese über. In Kontinentaleuropa war die Finanzhoheit nach der Durchsetzung des Absolutismus Kernbestand der Staatlichkeit. Als solche ist sie auch heute in Deutschland verfassungsrechtlich definiert. Ihr ist historisch und rechtlich eine wesentlich stärkere Affinität zur inneren Souveränität des Staates eigen als der viel jüngeren Schwester, der Währungshoheit.

4. Signifikante Merkmale der Wirtschaftsentwicklung in England und Frankreich im Blick auf Deutschland

Für die wirtschaftliche Entwicklung in England wurde von grundsätzlicher Bedeutung, daß sich keine absolutistische Herrschaftsordnung wie auf dem Kontinent etablieren konnte. So waren dort früher als im übrigen Europa die Voraussetzungen für eine freie wirtschaftliche Entfaltung der Individuen und der Volkswirtschaft gegeben. Es ist nicht erkennbar, daß etwa die technischen Befähigungen stärker als im kontinentalen Europa entwickelt waren. Vielmehr konnten sich technische und wirtschaftliche Innovationen wesentlich früher durchsetzen, weil sie durch keine umfassenden obrigkeitsstaatlichen Regimente gebremst wurden. So scheint es auch kein Zufall zu sein, daß im Jahre 1776 das bahnbrechende Buch von Adam Smith eine in England schon laufende wirtschaftliche Entfaltung und ein neues Wirtschaftsdenken gegenüber dem Handelsmerkantilismus krönte. Der Titel „An Inquiry into the Nature and Causes of the Wealth of Nations" begründete die klassische Wirtschaftsdoktrin vom Rückzug des Staates im Interesse eines individualistischen Strebens nach Gewinn, das allen zugute komme. England wurde und blieb hierfür das Modell, trotz und wohl gerade wegen der Pessimisten der Klassischen Schule, David Ricardo und Thomas Robert Malthus.

Die wirtschaftlichen Erfolge Englands sind ein Beispiel für den Zusammenhang von Innovationsvorsprüngen und Freihandel. Sie stützten sich auf eine dominierende See- und Handelsmacht und die Ausbeutung seiner Kolonien, die Kapitalbildung in großem Stil ermöglichten. Auf der Basis der einheimischen Rohstoffe Kohle und Stahl und einer expandierenden Gesamtwirtschaft sicherte sich England dann durch das gesamte 19. Jahrhundert hindurch seinen wirtschaftlichen Vorsprung vor den anderen europäischen Staaten. Es profitierte am meisten von der Freihandelsdoktrin, weil es damit seine Produktionsvorteile sicherte. England wurde zum Vorbild der kapitalistischen Industrialisierung mit Landflucht und Industrieproletariat. Der „Manchester-Liberalismus" gilt noch heute als Urbild krassen gewinnorientierten kapitalistischen Denkens und Handelns. Selbst die erste Repräsentation sozialpolitischen Ideenguts, die Fabian-Society, entsprang liberalem Denken. Von hier aus ging der Weg zur Labour-Party und nach 1945 zu einem – nicht marxistischen – „Labour-Sozialismus".

Liegt bei diesen Betrachtungen zunächst die Assoziation mit dem „Thatcherismus" der achtziger Jahre nahe, der mittels Deregulierungen, Gewerkschaftsschwächung und Abbau der sozialpolitischen Komponenten eine Wirtschaftspolitik der Kapital- und Unternehmensförderung erfolgreich durchsetzte, so mag man zugleich auch besser „New Labour" verstehen. In den neunziger Jahren unseres Jahrhunderts profitiert vom neoliberalen Rigorismus der Thatcher-Regierung auch die New Labour-Regierung.

England gilt nun mit dieser Führung als Vorbild für eine erfolgreiche Modernisierung des Wirtschaftssystems. Für die kontinentaleuropäischen Volkswirtschaften ist diese Art neoliberaler Renaissance in der Praxis kaum nachvollziehbar, weil dort die Traditionen andere sind. Gleichwohl übt die Verbindung einer Labour-Party mit konsequentem Neoliberalismus offensichtlich auch in Deutschland eine gewisse Faszination aus.

Die kontinentaleuropäischen Staaten waren gegenüber England in unterschiedlichen Graden die „Spätentwickler". Anfangs war noch die französische Wirtschaftsentwicklung der englischen am nächsten. Dann, am Ende des 19. Jahrhunderts, begann die deutsche Industriewirtschaft in ihrer Dynamik beide europäischen Nationen einzuholen und zu überholen.

Mit „Kontinentalstaat" ist hier nicht primär die bei Wirtschaftshistorikern häufig anzutreffende Unterscheidung von „Seemacht" England und „Kontinentalmacht" Frankreich gemeint. Zwar können und sollen Unterschiede in der Außenhandelsperspektive und in der Schiffahrts- und Kolonialpolitik nicht geleugnet werden. Aber für die heutige Situation scheinen diese Divergenzen weniger relevant zu sein als die aus den Rudimenten eines absolutistischen Verständnisses von Staat, Verwaltung, Zentralismus, „Colbertismus" (merkantilistische Orientierung) erwachsenden.

Beachtet werden sollte in diesem Zusammenhang zuerst, was die kontinentaleuropäische Staatenwelt des 18. bis 20. Jahrhundert im Gegensatz zu England nicht oder erst sehr spät aufwies: Die Entwicklung einer bürgerlichen Erwerbsgesellschaft mit politischer Durchsetzungskraft gegenüber dem staatlichen Reglementierungsanspruch.

Hier wiederum gibt es deutliche Unterschiede zwischen Frankreich und Deutschland. Das epochale politische Ereignis war die französische Revolution. Auch wenn Frankreich nach den Napoleonischen Kriegen in den Kreis der Monarchien vorerst zurückkehrte, verlief seine Entwicklung im 19. Jahrhundert anders als in Deutschland. In Preußen und den anderen deutschen Monarchien sowie den zahlreichen Kleinstaaten konnten sich ständische Versammlungen nur mühsam und mit vielen Rückschlägen gegen die Regierungen durchsetzen. Der Parlamentarismus blieb unterentwickelt. Das Deutsche Reich ab 1871 verstärkte dies eher. Eine Parlamentarisierung blieb bis 1918 aus. In Frankreich hingegen festigte sich die bürgerliche Gesellschaft, obwohl das Land noch einmal nahzu alle Formen politischer Herrschaft durchlief.

Zwar erbrachten die Französische Revolution und z.B. das auf ganz Westeuropa ausgedehnte Recht des Code Napoleon sowie in seinem Gefolge die preußischen Reformen mit Bauernbefreiung, Städteordnung etc. für die Volkswirtschaften etwa gleiche Entwicklungsbedingungen aus der obrigkeitsstaatlichen Bevormundung. Dennoch entwickelte sich die Industrielle Revolution in den kontinentaleuropäischen Staaten unterschiedlich. Der Unterschied lag vor allem in der Dynamik des wirtschaftlichen Aufbruchs. Frankreich behielt ein stark agrarisch geprägtes Wirtschaftssystem. Die Landwirtschaft, nicht die Industrie, stand im Vordergrund. Dies änderte sich mit der Industrie- und Verkehrspolitik Napoleons III. ab 1860. Die in England und Deutschland wesentlich frühzeitiger einsetzende Landflucht wurde jetzt nachgeholt, ohne allerdings eine vergleichbare Industriearbeiterschaft und Verstädterung hervorzubringen. Zahlreiche Elemente merkantilistischer Wirtschaftsreglementierungen blieben erhalten, im Prinzip auch in der Außenhandels- und Zollpolitik So war auch der berühmte liberale Freihandelsvertrag mit England von 1860, der als „Cobden-Vertrag" in die Wirtschaftsgeschichte einging, vor allem bei den Landwirten und Industriellen umstritten.

Das bürgerliche Frankreich des 19. Jahrhunderts, so resumierte der bekannte Wirtschaftshistoriker Wilhelm Treue (1973, S. 487), sei an der industriellen, technischen, entdeckerisch-erfinderischen und spekulativen Entwicklung der Zeit wenig beteiligt gewesen. Es habe sich der Dynamik der angloamerikanischen und der deutschen Wirtschafts- und Sozialentwicklung weitgehend verschlossen. Es sei nach der großen Revolution wieder zu merkantilistischen Wirtschaftsformen und zur Bevorzugung des Ländlich-Bäuerlichen zurückgekehrt. „Frankreichs Reichtum" (Treul, 1973, S. 524) habe jedoch im Kapitalreichtum bestanden. Damit habe es Einfluß auf die politische und wirtschaftliche Entwicklung in der Welt genommen. An anderer Stelle (Bd. 2, S.58) spricht dieser Wirtschaftshistoriker sogar von einem „Abstieg" Frankreichs von der einstigen Wirtschaftsgroßmacht seit den achtziger Jahren des 19. Jahrhunderts. Dies sei auch nicht durch den gewonnenen Weltkrieg 1914-18 und die folgenden Territorialgewinne, Sach- und Geldleistungen Deutschlands aufgehalten worden.

Hier aber interessiert noch mehr das politische Verständnis von Wirtschaftsförderung, -kontrolle und -lenkung in Frankreich. Der Krieg oder, besser, beide Weltkriege verstärkten in Frankreich wie in Deutschland die Rolle des Staates gegenüber der Wirtschaft. Eine für die kontinentaleuropäischen Industriegesellschaften wichtige Entwicklung war desweiteren die organisierte und von einem marxistischen Sozialismus durchdrungene Arbeiterbewegung. Sie trat als Gewerkschaftsbewegung in Erscheinung und in Gestalt politischer Parteien mit der seit der russischen Revolution „klassischen" Spaltung von Sozialdemokratie und Kommunistischer Partei. Die Regierung der „Volksfront" unter Leon Blum im Frankreich der dreißiger Jahre führte weniger zu einer dirigistischen Wirtschaftssteuerung als mehr zur Realisierung von Verstaatlichungen (Rundfunk, Industrieunternehmen, Luftfahrt, Eisenbahnen). Die Banque de France verlor 1936 ihre aus liberaler Zeit stammende Autonomie. Nach dem 2. Weltkrieg wurde sie verstaatlicht.

Die Weltwirtschaftskrise brachte für Frankreich ebenfalls hohe Arbeitslosigkeit und Zerrüttung der Staatsfinanzen. Jedoch waren die krisenhaften Einbrüche wesentlich moderater als in Deutschland und den USA. Dies galt allerdings auch für die kurze Zeit wirtschaftlicher Wiederbelebung nach 1932/33, an der Frankreich so gut wie gar nicht teilhatte. Relative Stabilität erbrachte stets der in Frankreich unverändert bedeutsame landwirtschaftliche Sektor. Mit diesem Schwerpunkt und den daraus folgenden Interessen ging Frankreich auch nach dem 2. Weltkrieg in die EWG.

Bedeutsam für den Vergleich von Strukturen und Entwicklungen ist schließlich noch die Situation der Schwerindustrie in Frankreich. Durch den Verlust Elsaß-Lothringens verlor es seine wichtigsten Kohleproduktionsstätten. Die Wiedergewinnung und die Erschließung weiterer Erzvorkommen im Norden Frankreichs beseitigten den Kohleengpaß nicht. Der „Griff" zur Ruhr scheiterte 1923. Frankreich blieb von Importen abhängig. Dieses Dilemma und das daraus folgende Interesse bestand auch nach dem 2. Weltkrieg, als die Ruhrindustrie von der britischen Besatzungsmacht beschlagnahmt und bis zur Gründung der Europäischen Gemeinschaft für Kohle und Stahl unter britisch-amerikanischer Aufsicht von deutschen Treuhändern verwaltet wurde.

Der knappe Durchgang durch die Geschichte des Staatsverständnisses und wirtschaftsstruktureller Entwicklung in England und Frankreich weist auf bedeutsame Divergenzen nationalgeschichtlicher Art hin. In der historischen Perspektive ist die Gegnerschaft der Premierministerin Thatcher gegen einen Beitritt Großbritanniens zur

Währungsunion und gegen die Sozialunion logisch und verständlich. Frankreichs Geschichte wird sicher einen sehr bedeutenden Anteil an der künftigen Gestalt der Europäischen Wirtschafts-, Sozial- und Währungsunion haben. Vor allem gilt dies für die Beibehaltung des Prinzips nationalstaatlicher Souveränität, für die Orientierung der Wirtschaft am europäischen Markt, im Gegensatz zur weltwirtschaftlich agierenden deutschen Exportwirtschaft, für die Durchdringung der allgemeinen Wirtschaftspolitik mit Elementen wie Staatseinfluß, Subventionierung und Marktordnungen sowie für die Erhaltung der französischen Landwirtschaft, gegen krasse liberalistische Marktöffnungstendenzen.

5. Signifikante Merkmale der deutschen Wirtschaftsentwicklung bis zum Beginn des 20. Jahrhunderts

Deutschlands industriewirtschaftliche Entwicklung im 19. Jahrhundert war zunächst einmal – ganz im Gegensatz zu England und Frankreich – ein Problem des Wirtschaftsraumes. Zersplittert in eine Unzahl von großen und kleinen Territorien und Territorialstaaten, gab es zu Beginn kein einheitliches Wirtschaftsgebiet. Von der Entfaltung einer „Volkswirtschaft“ konnte deshalb keine Rede sein. Erst der auf Druck Napoleons zustande gekommene Reichsdeputationshauptschluß von 1803 und anschließende Mediatisierungen brachten entwicklungsfähige Staaten hervor. Jedoch bedurfte es noch weiterer fundamentaler politischer Schritte zur Harmonisierung der verschiedenen Elemente eines einheitlichen Wirtschaftsgebietes und einer Marktintegration. Dazu gehörten das von Preußen 1818 eingeführte einheitliche Grenzzollsystem und weitere regionale Zollverträge und Zollvereine, wie z.B. der süddeutsche zwischen Bayern und Württemberg. Von zentraler Bedeutung wurde 1834 die Gründung des Deutschen Zollvereins mit Etablierung eines einheitlichen Außenzolls und ersten Schritten zur Vereinheitlichung des Münzwesens. Gleichzeitig trug der rasch fortschreitende Ausbau des Eisenbahnwesens zur Herausbildung einer einheitlichen Infrastruktur bei. Deutschland durchlief bis zur „kleindeutschen“ Reichsgründung von 1870/71 frühzeitig alle Phasen einer „Vollendung des Gemeinsamen Marktes“, wie dies ab 1957 (Gründung der EWG als Zollunion) und 1986 (Vollendung des Gemeinsamen Marktes bis 1992 durch die Einheitliche Europäische Akte) für Europa geschah.

Ein zweites signifikantes Merkmal ist der Umstand, daß die notwendigen gesellschaftlichen Reformen von der Obrigkeit gewährt und nur selten von aufstrebenden bürgerlichen Bewegungen erkämpft wurden: Aufhebung der Leibeigenschaft und Erbuntertänigkeit der Bauern, Städteordnung und Gewerbefreiheit, freie Berufswahl, Aufhebung ständischer Berufsschranken, Abschaffung von Adels- und Zunftprivilegien, Gewerbesteueredikt (Preußen 1810) und annähernd gleiche Steuerpflicht, Anerkennung des privaten Eigentumsrechts an Grund und Boden, Einführung rechtsstaatlicher Regeln, die das Regierungs- und Verwaltungshandeln „berechenbar“ machten, – eine unerläßliche Voraussetzung jeder individuellen wirtschaftlichen Entfaltung (vor alledem durch das Oktoberedikt von 1807 in Preußen). Die bekannten „preußischen Reformen“ zwischen 1806 und 1812 enthielten auch Privatisierungen wie die der sogenannten „Allmenden“.

Kurz, die notwendigen rechtlichen und gesellschaftlichen Voraussetzungen für Liberalisierung und Industrielle Revolution wurden vor allem im wichtigen Preußen durch eine „hoheitliche" Verwaltung, also durch den Staat, geschaffen. Sie handelte unter dem Druck der Niederlagen gegen Napoleon. Sie handelte aber zugleich auch im Geiste der Aufklärung, die sich nicht zuletzt in Bildungsreformen wie der Gründung der Berliner Universität äußerte. Die Verknüpfung von „Forschung und Lehre" und die Durchorganisierung des Universitätsbetriebes lieferten Grundlagen für Forschungsleistungen ebenso wie die Qualifizierung von akademisch ausgebildeten „Staatsdienern" (Beamte, Gymnasiallehrer). Bald kamen noch Technische Universitäten hinzu. Die allgemeine Schulpflicht, schon im 18. Jahrhundert begonnen, setzte sich jetzt durch.

Im Vergleich zum weit fortgeschrittenen England wirkten sich die genannten Reformen dahingehend aus, daß der „Spätentwickler" Deutschland in manchen Bereichen „moderner" als das Vorbild wurde. Wie im England des 18. Jahrhunderts die Dampfmaschine, so entwickelte sich im Deutschland des 19. Jahrhunderts das Eisenbahnwesen bis zur Reichsgründung zu einem zentralen Faktor des Wirtschaftslebens. Von hier gingen entscheidende Impulse auf die Steinkohleförderung, die Stahlerzeugung, den Maschinenbau, die Arbeitskräftenachfrage und die Verbesserung der Kommunikationsnetze aus. Unabhängig von der ursprünglichen Finanzierung übernahm das Reich die Bahnen als Zentrum öffentlicher Verkehrsinfrastruktur und damit das Eigentum in wichtigen Bereichen der industriellen Wirtschaft (z.B. auch Post und Telegraphenwesen).

Zusammen mit den aus dem 17. und 18. Jahrhundert stammenden Domänen und Bergwerksregalen gab es zu Beginn des 20. Jahrhunderts einen bedeutenden staatlichen bzw., als Rechtsform, öffentlich-rechtlichen Wirtschaftsbereich. An dieser Stelle sei hinzugefügt, daß in den zwanziger Jahren, also in der Weimarer Republik, beträchtliche „Kommunalisierungen", d.h., Übernahme kommunaler Versorgungsunternehmen durch die Gemeinden erfolgten. Dies wurde von Kritikern auch als „kalte Sozialisierung" angesehen. Die öffentlich-rechtliche Durchdringung der Wirtschaft muß deshalb als ein bedeutsames Charakteristikum des Verhältnisses von Staat und Wirtschaft in Deutschland angesehen werden.

Gegen Ende des 19. Jahrhundert besaß Deutschland eine wirtschaftlich wie politisch bedeutsame Schwerindustrie. Ihr Verhältnis zur mittlerweile ebenfalls hochentwickelten „Verarbeitenden Industrie", insbesondere dem klein- und mittelbetrieblichen Maschinenbau sowie zu den „neuen" Industriezweigen der Elektrotechnik und der Chemie, war wirtschaftlich wie politisch nicht ohne Spannung: Wirtschaftlich drückte sich dies in erster Linie durch das Verhältnis zur Schutzzollpolitik des Deutschen Reiches aus; die neuen Industrien waren freihändlerischer orientiert. Politisch bestand der Unterschied im Bündnis der Schwerindustriellen mit den ebenfalls an Schutzzöllen interessierten Besitzern großer landwirtschaftlicher Güter im Osten Deutschland („Ostelbien") sowie in der dogmatischen Behauptung der unternehmerischen Machtposition in den Unternehmen („Herr-im-Haus-Standpunkt"). Im Gegensatz zu vielen Bereichen der Verarbeitenden Industrie lehnten die Schwerindustriellen strikt jegliche Konzessionen an die mächtiger werdenden Gewerkschaften ab. Das Bündnis von „Rittergut" und „Hochofen" (Winkler, 1979, S. 50) habe sowohl den Übergang vom Agrar- zum Industriestaat als auch den Strukturwandel innerhalb der Industrie von den Montanbereichen zu den neuen Wachstumsbranchen erschwert und verzögert. Dieses Bündnis sei insbesondere stets ein fester gesellschaftlicher Rückhalt für alle antidemokratischen Bestrebungen gewesen.

Die bekannte Abwendung Bismarcks von den Nationalliberalen und seine Hinwendung zu konservativen gesellschaftlichen Gruppen und Bündnissen innerhalb und außerhalb des Deutschen Reichstages in den Jahren 1878/79 hing eng mit dem erwähnten Bündnis zwischen der Schwerindustrie des Ruhrgebiets und der ostelbischen Landwirtschaft zusammen. Die einen waren interessiert an der Abwehr billigen Roheisens, die anderen an der Abwehr billigen (vor allem wegen der Fortschritte im überseeischen Güterverkehr) Getreides. Die zollpolitische Abschließung des preußisch-deutschen Nationalstaates ab 1879 hatte neben den genannten Wirkungen auf die Reichspolitik und das Verhältnis zu anderen expandierenden Wirtschaftszweigen auch Einfluß auf die zunehmende binnenwirtschaftliche Kartellbildung. Das Wirtschaftswachstum verlief nach den „Gründerjahren“ krisenhaft. Dem Börsenkrach von 1873 folgte eine „große Depression“. 1875 kam eine Agrarkrise hinzu. Interessenverbände erlangten Einfluß auf die Reichspolitik und forderten Interventionen. Kartelle als Verabredungen/Verträge zwischen selbständig bleibenden Unternehmen zum Zwecke der Preisbindung, Aufteilung von Absatzgebieten, Produktionsvolumina usw. bedeuteten weitere Marktabschließungen und Wettbewerbsbeeinträchtigungen. Die Rechtsprechung billigte dies („Kartelle sind Kinder der Not“). Die Kartellisierung der Wirtschaft ermöglichte die rasche „ständische“ Umgestaltung der Wirtschaft in der NS-Zeit. Kartelle, nicht Fusionen wie in den USA, blieben bis 1945 ein weiteres signifikantes Merkmal des deutschen Wirtschaftssystems.

Der Übergang zum Protektionismus war verbunden mit einer Diskreditierung des Freihandels, außen- wie binnenwirtschaftlich. Anhänger des Freihandels wurden ab 1879 nicht mehr zu den nationalen Kräften gerechnet. „National“ war Protektionismus, war „Schutz der nationalen Arbeit“. Das Interesse der weiterverarbeitenden Industrien und der Verbraucher an billigen Produkten kam einer „vaterlandslosen Gesinnung“ gleich (Winkler, 1979, S. 53ff.).

Aus innenpolitische Gründen war das autoritäre Herrschaftssystem des Kaiserreichs zu einem Interventionsstaat (in der neoliberalen Theorie: „punktueller Interventionismus“) geworden. Staatliche Interventionen erfolgten zugunsten der das System tragenden oder unterstützenden Klassen und Schichten und zur Abwehr „staatsgefährdender“ Gruppierungen. Das „Sozialistengesetz“ von 1878 ist die bekannteste Maßnahme im Sinne dieser Abwehr. H.U. Wehler sprach (1973, S. 59ff.) von einem „Janusgesicht“ des deutschen Interventionsstaates. Der Interventionismus des Staates und der Verwaltung sei angesichts der Dynamik der wirtschaftlichen Entwicklung und ihrer Tiefenwirkung notwendig gewesen. Die Frage sei aber, zu wessen Gunsten, mit welchen sozialen Kosten und mit welchem Ziel dies geschehen sei. Bis 1918 habe der deutsche Interventionsstaat seine ausgeprägt illiberalen und antidemokratischen Züge bewahrt. Dies ist das weitgehend übereinstimmende Urteil der modernen, die Sozialgeschichte berücksichtigenden Historiker.

Auch die berühmte „Bismarcksche Sozialpolitik“ war eine interessengeleitete Intervention des Staates. Sie griff in einem fortschrittlichen Sinne die „soziale Frage“ auf und ging mutig neue Wege gesetzgeberischer Daseinsvorsorge für einen bestimmten Teil der Bevölkerung. Denn die gewerblichen Arbeiter waren es, denen die Gesetzgebung die Pflicht zur Vorsorge gegen die Lebensrisiken Invalidität, Krankheit und Alter auferlegte. Die Arbeitgeber dieser nun „Pflichtversicherten“ mußten für „ihre“ Arbeitnehmer ebenfalls Beiträge zahlen. Ausgenommen – und das ist typisch für die Sozialgesetzgebung des Bismarckstaates – waren zunächst die Angestellten, die Beamten und z.B. die Landarbeiter. Die Angestellten galten als staatsnäher, die Beamten waren dies und als solche auch versorgt. Die Gutsbesitzer sollten nicht für ihre Landarbeiter belastet werden (Kahn-Freund, 1932/1966, S. 212ff.). Also: die Sozialgesetzgebung war zwar die fortschrittlichste aller Industriestaaten. Sie entsprang aber primär dem Sicherheitsbedürfnis der herrschenden Schichten des Reiches. („Gebt dem deutschen Arbeiter ein Versicherungsheft zum Einkleben der Marken, und er wird zufrieden gestellt sein".)

Die frühe deutsche Sozialgesetzgebung – ein signifikantes Merkmal der deutschen Wirtschafts- und Sozialgeschichte – enthielt aber noch einen Grundgedanken, der auch in anderen staatlichen Regelungen preußisch-deutscher Tradition zum Ausdruck kommt. Er ist noch heute in Art. 33, Absatz 5 GG, durch den Hinweis auf die „hergebrachten Grundsätze des Berufsbeamtentums", enthalten. Es ist die deutsch-rechtliche Tradition des „Dienst- und Treueverhältnisses", das Ende des 19. Jahrhunderts durchaus noch virulent war und einen Gegensatz zum liberalen Prinzip des reinen Vertragsrechts auch in Personen- und Dienstverhältnissen bildete (hierzu: Kahn-Freund, 1932/66, sowie Wesel, 1997).

Ernst Fraenkel hat in einem Vergleich Deutschlands mit anderen westlichen Industriegesellschaften die frühzeitige sozialpolitische Intervention des Staates in die Wirtschaft ungeachtet ihres konservativ-staatssichernden Ansatzes einen bedeutsamen und bleibenden Beitrag zu der Entwicklung des Staats- und Gesellschaftstypus genannt, den man als „westliche Demokratie" bezeichnet (Fraenkel, 1964, S. 33). Er charakterisierte diesen Beitrag als den „Gedanken der sozialen Geborgenheit". Damit verbindet sich zwangsläufig die Vorstellung eines paternalistischen Staates. Das ist die deutschrechtliche Tradition des Interventionsstaates. Der deutsche Sozialstaat hat eine zutiefst konservative Grundlage, die auch in der Gegenwart gelegentlich nicht zu übersehen ist. Politisch bedeutsam war dies in Neigungen der Rechtsprechung, individuelle Not und die Pflicht zur Hilfe anzuerkennen und einzufordern, aber einer kollektiven Selbsthilfe der Notleidenden skeptisch bis ablehnend gegenüber zu stehen, ja, diese sogar zu bekämpfen. Diese Leitlinie des paternalistischen Sozialstaats änderte sich partiell mit der Anerkennung der Gewerkschaften und der staatlichen Garantie der autonomen kollektivrechtlichen Ausgestaltung der Arbeitsverhältnisse ab 1918 (s.u.). Damit wurde der Gedanke des Sozialstaats mit dem der Demokratie verbunden. Beides, die konvervativ-paternalistische und die demokratische Komponente, prägen den Sozialstaat der Bundesrepublik seit 1949. Für künftige Ausgestaltungen könnte die Erinnerung daran nützlich sein.

2. Kapitel: Die Fundamente des Wirtschaftssystems der Bundesrepublik Deutschland

1. Kriterien der Untersuchung

Der Begriff „Fundamente“ soll andeuten, daß der folgenden Untersuchung die Prämisse zugrunde liegt, es gebe markierbare Eckpfeiler des deutschen Wirtschaftssystems. Eine solche Annahme ist für die Beurteilung von Weiterentwicklung, Reform oder eben auch die „Europäisierung“ wichtig, weil sie von bestimmbaren Größen ausgeht, die sich als langfristig tragfähig erwiesen haben. Über die Konsistenz langfristiger „Fundamente“ wurde bereits gesprochen. Sie ist abhängig von rechtlicher Verankerung, gefestigtem Erfahrungswissen, dem Grad der Internalisierung der Begriffe und Wirkungsweisen in der Bevölkerung. Bewährung und Zustimmung sind grundlegende Faktoren.

Natürlich gibt es kein „Fundament“, das in mehr als fünfzig Jahren nicht Wandlungen unterzogen wurde. Auch kann sich die Bewertung geändert haben. Allerdings wäre es kein „Fundament“, wenn es normativ oder empirisch keine Rolle mehr spielte. Man kann eine Unterscheidung aus Euckens „Grundsätzen der Wirtschaftspolitik“ (1952) benutzen und abwandeln, um den Begriff „Fundament“ zu erhärten: Walter Eucken unterschied zwischen „konstituierenden“ und „regulierenden“ Prinzipien in bezug auf die Wirtschaftspolitik. In der folgenden Untersuchung wird im Sinne einer solchen Unterscheidung nach den „Fundamenten“ als den „konstituierenden“ Prinzipien gefragt. Wandlungen und Veränderungen werden als Variationen „regulativer“ Prinzipien auf der Grundlage der konstituierenden Fundamente angesehen. Erst wenn erkennbar ist, daß ein „Fundament“ seine einst „konstitutierenden“ Eigenschaften verloren hat oder bei einer Reform oder „Modernisierung“ verlieren würde, kann man von einer „fundamentalen“ Abänderung sprechen. Dies ist etwas kompliziert, aber für die Beurteilung künftiger Wandlungsprozesse von zentraler Bedeutung.

Das Wirtschaftssystem der Bundesrepublik Deutschland hatte seit 1948 folgende vier tragende „Fundamente“, die in ihrer knappsten Kennzeichnung sind:

1. Soziale Marktwirtschaft
2. Stabile Währung
3. Tarifautonomie
4. Sozialstaat

Untersucht und dargestellt werden im Folgenden

- die Problemlagen, zu deren Bewältigung schließlich ein „Fundament“ beitrug;
- die entstehungsgeschichtlichen und normativen Prämissen und Ziele;
- die institutionellen Formungen, d.h. neben tragenden Institutionen auch konstituierende Rechtsregeln;

- wirtschaftspolitisch relevante Handlungsmaximen;
- Erfolge und Defizite;
- Abänderungen oder Modifikationen entstehungsgeschichtlicher Ziele, Institutionen, des Rechts und politischer Handlungsmaximen;
- die Frage, inwieweit ein „Fundament" noch seinen normativen Prämissen entspricht, oder ob eine „Ideologisierung" eingetreten ist, weil die Realität dem Bewußtsein nicht mehr entspricht oder etwa auch,
- ob die Abkehr von den „konstituierenden Prinzipien", den Fundamenten, die Ursache von Defiziten ist.

2. Die Soziale Marktwirtschaft – vom nationalstaatlichen ORDO-Liberalismus zum globalen Neoliberalismus

2.1 Entstehungsbedingungen und „Schulen“ des Neoliberalismus

Sucht man nach den Quellen der neoliberalen Doktrinen, so finden sich erstaunlich wenige Untersuchungen zur Entstehungsgeschichte, vor allem zur wissenschaftlichen Einordnung der bekannten Autoren in die ökonomischen Vorgänge ihrer Zeit. Für die wichtigsten Theoretiker der neoliberalen Marktwirtschaft in Deutschland gilt dies ganz besonders. Ihrer wird in der Regel mit Bezug auf ihre Beiträge zur konkreten Wirtschaftsordnung der Bundesrepublik nach 1948 gedacht. Die Frage, wie ihre Konzepte entstanden, wird selten gestellt. Auch die Dogmengeschichten der Nationalökonomie sind in diesem Sinne unbefriedigend (vgl. z.B. Issing, 1994 3.A.; Buchheim, 1997; Kolb, 1997). Der Neoliberalismus sei eine facettenreiche freiheitlich-marktwirtschaftlich orientierte „Strömung“ (Haltung, Denkrichtung), der ORDO-Liberalismus eine „Ordnungsform“, die die Menschen sowohl vor privater wie staatlicher Willkür schützen solle, so Starbatty (1994, S. 239f.). Die Neoklassik, Grundlage und Denkansatz heutiger mikro- und makroökonomischer Analysen, ist moderne Wirtschaftstheorie (Neumann, 1994, S. 255). Beides grenzt die Fragen der Wirtschaftsgestaltung zu sehr von dem allgemeinen politischen und gesellschaftlichen Geschehen ab. Wenn man – wie in dieser Untersuchung – die Frage nach dem „Warum“ und „Wohin“, auch die Frage nach den ursprünglichen Zielen, für wichtig hält, muß man sich stärker der allgemeineren historischen Forschung zuwenden.

Die Einordnung der neoliberalen Theoretiker in die „Geschichte der Volkswirtschaftslehre in ihrer Beziehung zur sozialen Entwicklung“ (The History of Economics in its Relation to Social Development) – wie das kurze, aber höchst eindrucksvolle Buch von Werner Stark (1960) überschrieben ist –, erlaubt wichtige Schlüsse in bezug auf Problemlagen, die die „Väter“ der neoliberalen Marktwirtschaft für unerträglich und mit besseren Konzepten für vermeidbar hielten. Starks Buch selbst enthält nichts über den Neoliberalismus, aber seine Untersuchungsmethode und -richtung wird hier übernommen. Zu nennen sind in dieser Perspektive vor allem:

- das Staatsverständnis des klassischen Wirtschaftsliberalismus bzw. seiner Rezeption in bezug auf Marktautomatismus und individuelles Eigennutzstreben
- das Problem zunehmender Kartellisierung und Monopolisierung des Wettbewerbs
- der interessengeleitete „punktuelle Interventionismus“ des Staates
- die Massenarbeitslosigkeit als Folge des Interventionismus
- die Zerstörung nationaler Währungen durch Inflationierung

Die Punkte gehören im neoliberalen Denken zusammen und begründen dennoch zwei bis heute gegensätzliche Grundpositionen des Neoliberalismus. Die eine könnte als „sozialliberal“, die andere als wettbewerbsradikal bezeichnet werden. Der deutsche „ORDO-Liberalismus“ suchte beide Positionen zu vereinen.

Der Laissez-faire-Liberalismus wird als „Paläoliberalismus“ verworfen, weil er weder die Vermachtung der Marktwirtschaft noch ihre sozialen Folgen genügend zur Kenntnis nehme. Drastisch hat dies 1954 Alexander Rüstow ausgedrückt (S. 221): „Wodurch unterscheidet sich denn unser Neoliberalismus von dem längst überwundenen Paläoliberalismus des manchesterlichen laissez faire, jenes Paläoliberalismus, der uns alle Probleme und Schwierigkeiten des Kapitalismus auf den Hals gebracht hat, insbesondere die Soziale Frage in ihrer virulentesten Form? Eben dadurch, daß wir den Staat nicht erst aus dem Bereich der Wirtschaft hinausweisen, um ihn dann zu den Hintertüren des Interventionismus, Subventionismus, Protektionismus desto dringender wieder hereinzuholen, sondern daß wir einem starken und unabhängigen Staat von Anfang an die grundlegende Aufgabe der Marktpolizei, der Sicherung der Wirtschaftsfreiheit und ihrer Leistungskonkurrenz zuweisen.“

Die Lösung der sozialen Frage ist ebenso wie die Vermeidung konjunktureller Krisen nicht eine Angelegenheit spezieller Politikfelder, sondern abhängig von der gelungenen Etablierung und Sicherung der Wirtschaftsordnung und ihrer Garantie durch den starken Staat. Die Lenkung der Wirtschaftsprozesse wird verstanden als (indirekte) Lenkung durch eben diese Wirtschaftsordnung. In bezug auf Sozialpolitik und Konjunkturpolitik bietet deshalb die Entstehungsgeschichte nichts Genaueres.

In der Frage wirtschaftspolitischer Interventionen, die in der Weltwirtschaftskrise zwischen 1930 und 1933 mit ihrer bis dahin einmaligen Massenarbeitslosigkeit natürlich zu einer zentralen Problematik herangewachsen war, hatte Rüstow 1932 in einem Diskussionsbeitrag auf der Tagung des Vereins für Socialpolitik die Vorstellung eines „Dritten Weges“ zwischen Laissez-faire und einem permanenten Intervenieren vertreten und dafür den Begriff „liberaler Interventionismus“ benutzt (1933, S. 62ff.). Ein „neuer Gleichgewichtszustand“, den man sich bei freiem Ablauf nach vielen Reibungsverlusten letztlich wieder erwarte, könne auf „eingreifende Weise“ sofort herbeigeführt werden. Damit könne die „Zwischenzeit“ des Niederganges und der Not „sozusagen auf Null“ abgekürzt werden. Das staatliche Eingreifen dürfe aber nicht entgegen den Marktgesetzen erfolgen, sondern in deren Richtung. Es diene dann „der Beschleunigung des natürlichen Ablaufs“, sei sozusagen ein „liberaler Interventionismus“.

In diese Denkrichtung bewegte sich die Krisentheorie der frühen Jahre. In diesem Sinne bewegte sich der Neoliberalismus von Anfang an zwischen einer „gemäßigt interventionistischen“ und einer „den Wettbewerbsmechnismus als ausschließliches Gestaltungsprinzip“ betrachtenden Richtung (Boelcke, 1980, S. 32ff.). Zu der zweiten Richtung zählt Gerhard Kolb (1997, S. 154f.) die deutsche Variante des Neoliberalismus, den ORDO-Liberalismus der Freiburger Schule (Walter Eucken, Constantin v. Dietze, Adolf Lampe, Leonhard Miksch, Wilhelm Röpke und die Juristen Franz Böhm und Hans Großmann-Doerth). Boelcke und Kolb machen dazu noch darauf aufmerksam, daß das Denken der deutschsprachigen Nationalökonomen durch das Erlebnis totalitärer Staatssysteme in den dreißiger Jahren geprägt gewesen sei. Das wäre eine zusätzliche politische Motivation für ein „Heraushalten“ des Staates aus der Wirtschaft. Im Konzept des ORDO-Liberalismus würde daraus jedoch nicht die Rückkehr zum völligen laissez faire, sondern der Mut zu einer neuen Form staatlicher Gestaltung. Der Staat wird weit über ökonomische Kriterien hinaus als „Verfassung"-Geber gesehen, indem er auch für die Wirtschaft die (Grund-)Ordnung konstituiert und garantiert. Noch während der nationalsozialistischen Herrschaft, 1937, begründeten Böhm, Eucken und Grossmann-Doerth eine Schriftenreihe, die sie „Ordnung der Wirtschaft" nannten. Die „Ordnung der Wirtschaft", so der erste programmatische Aufsatz, erfordere eine bewußte und zielgerichtete Ausgestaltung, sei also eine rechtsschöpferische Leistung, kein Naturgesetz.

In diesem neoliberalen Konzept werden alle spezifischen wirtschaftlichen Krisen und Zusammenbrüche, die seine Entwicklung prägten, also vor allem die Konjunktursteuerung und die Bekämpfung des Phänomens der Massenarbeitslosigkeit, die Deflation ebenso wie das Staatsversagen in der wirtschaftspolitischen Intervention, und auch die Inflation, als Symptome eines falschen Verständnisses vom marktwirtschaftlichen Prozeß, der Bestandteil des gesamten Lebens sei, gleichsam eliminiert. Die Prämisse des Neoliberalismus ist, daß es möglich sei, die Krisen durch rechtzeitige und vorausschauende Gestaltung der Marktwirtschaft, als einem Teil der Gesamtgesellschaft, bei freier Entfaltung der Wirtschaftssubjekte überhaupt zu vermeiden.

In der Frage wirtschaftlicher Monopole sind kaum zwei Richtungen erkennbar. Man ist sich über die Sicherung des Wettbewerbs einig. Ein „starker Staat" wurde schon 1928 von Franz Böhm gegen die Vermachtung der Wirtschaft gefordert („Das Problem der privaten Macht"). Selbst die Anti-Trust-Bewegung in den USA gehört – über die staatliche Rechtssetzung und -wahrung – in diese Denkrichtung. Die Vertreter des ORDO-Liberalismus forderten ein staatliches Monopolamt, also den „Wettbewerb als staatliche Veranstaltung" (Miksch, 1947).

Generell ist zu konstatieren, daß „Neoliberalismus" die Abkehr von dogmatischen Positionen der klassischen Ökonomie mit ihrem Festhalten an der antiinterventionistischen Wirtschaftsdoktrin und dem Glauben an die immanenten Kräfte des Marktes (ordre naturel), bedeutete. In diesem Punkt traf sich diese Lehre mit John Maynard Keynes (1936). Historisch gesehen nahmen die beiden, die zweite Hälfte des 20. Jahrhunderts dominierenden ökonomischen Grundkonzepte ihren Ausgang von den verheerenden Folgen der Weltwirtschaftskrise mit Deflation und Massenarbeitslosigkeit. Ihr Anspruch war dem entsprechend: „Man kann und man muß derartige Krisen vermeiden. Dies geht nicht ohne den Staat, als Verfassungsgeber oder als Fiskus!" Beide stellten den Staat in den Mittelpunkt ihrer ökonomischen Theorie. Der später von Eukken formulierte Unterschied von „Ordnung" und „Prozeß" macht dann den Unterschied deutlich. Auf der einen Seite soll der Staat die Wirtschaft verantwortlich konstituieren, damit Krisen gar nicht erst auftreten und auf diese Weise staatliche Interventionen vermieden werden; auf der anderen Seite soll der Staat mit seinen fiskalischen Mitteln die Verantwortung für die Krisenvermeidung und aktive Krisenbekämpfung übernehmen. Keynes und die Neoliberalen lehnten kollektivistische und sozialistische Wirtschaftssysteme ab, beide sind mithin „kapitalistisch"-marktwirtschaftlich. Beide respektieren und fordern die Freiheit der Wirtschaftssubjekte.

Überprüft man die expliziten und impliziten Prämissen des jeweiligen Verständnisses von individueller Freiheit, so darf wohl beim Neoliberalismus ein eher optimistisches, bei Keynes ein eher (angelsächsisch-!)pessimistisches Menschenbild vermutet werden. Der Neoliberalismus überläßt die Wirtschaftsprozesse prinzipiell den Wirtschaftssubjekten, der Keynesianismus steuert ihr Verhalten durch indirekte Vorteile und Strafen, um z.B. das Investieren und das Sparen in die volkswirtschaftlich gewünschte Richtung zu lenken.

Die unterschiedlichen „Schulen“ des Neoliberalismus seit den dreißiger und vierziger Jahren dieses Jahrhunderts unterscheiden sich offensichtlich darin, daß es eher gesellschaftspolitisch orientierte und eher individualistisch orientierte Denkansätze gab und gibt. Zu ersteren zählen die bis heute in Deutschland überwiegenden Varianten, während letztere von so bekannten Namen wie Milton Friedman und James M. Buchanan repräsentiert werden (vgl. Beyfuß u.a., 1997, S. 64). Die Unterschiede sind vor allem auch in bezug auf den staatlichen Interventionismus relativ groß. Dies bedeutet, daß neoliberale Konzepte, wie etwa die des deutschen ORDO-Liberalismus, durchaus weiterhin als „neoliberal“ bezeichnet werden können, obwohl heute mittlerweile – bewußt oder unbewußt – andere dogmatische Orientierungen als bei der Konstituierung verfolgt werden. Um dies identifizieren zu können, wird das Wissen um die frühen Unterschiede dieser Wirtschaftslehre gebraucht.

Ein Grundunterschied der neoliberalen Schulen lag von Anbeginn an in ihren Ansprüchen an die Wettbewerbsordnung. Die einen hielten sie, die „Competitive Order“, im klassischen Sinne für regenerationsfähig, die anderen sahen den Zusammenhang mit politischer und gesellschaftlicher Ordnung und wollten den staatlich verantworteten, organisierten Wettbewerb (vgl. Behlke, 1961, S. 37ff.). Besonders einflußreich war die „Wiener Schule“ (Österreichische Schule) mit Ludwig v. Mises, Gottfried v. Haberle und vor allem Friedrich A. von Hayek. Alle drei emigrierten in die USA und wurden von dort aus bekannt. Ein weiteres Zentrum war die „London School of Economics“ (Edwin Cannan). Mises war der „Anti-Interventionist“ par excellence. Hayek wurde vor allem mit seinem Buch „Der Weg in die Knechtschaft“ weltbekannt. Bei beiden wird der engere Bereich der Nationalökonomie überschritten. Nationalsozialismus und Sowjetsozialismus sind die Antipoden: Planwirtschaft führe in die Knechtschaft. Daraus folgte die radikale Konsequenz: Jeder interventionistische Eingriff, vor allem auch die Kombination von Wettbewerbs- und Planungsprinzip, zwinge zu weiteren und führe letztlich zur Gefährdung der Freiheit. Mises und Hayek kannten nur ein „Entweder – Oder“.

Eine weitere bekannte neoliberale Schule ist die sogenannte „Chicagoer Gruppe“ (F.H. Knight und u.a. Milton Friedman). Obwohl Knight schon 1921 („Risk, Uncertainty and Profit“) neoliberale Thesen vertrat, ergaben sich später deutliche Parallelen zu Mises und Hayek. Die Chicagoer Gruppe beschränkte sich aber nicht auf holzschnittartige Hypothesen, sondern suchte bei aller Ablehnung jeglichen Interventionismus ein optimales Wirtschaftssystem mit einem freien Wettbewerb, der in einem Rahmen automatisch wirkender Stabilisierungsmaßnahmen funktioniert (Behlke, 1961, S. 43). Damit war eine Brücke geschlagen zum deutschen ORDO-Liberalismus. In der Frage der Sicherung des Wettbewerbs, z.B. in öffentlich gebundenen Wirtschaftszweigen oder auf den Arbeitsmärkten, blieben fundamentale Unterschiede bestehen, weil die Chicagoer Gruppe ihr Konzept radikal zuende dachte und letztlich unter diesen Umständen sowohl einen umfassenden Wettbewerb wie das Funktionieren eines automatischen Systems für unmöglich hielt.

Der deutsche ORDO-Liberalismus vertrat demgegenüber mit seinem Staatsverständnis im Kern ein vergleichsweise „interventionistisches“ Konzept. Die Wirtschaft wurde als Teil des gesellschaftlichen und politischen Gesamtlebens gesehen. Ihre Ordnung und Ausgestaltung sollte dem Freiheitsprinzip dieses Gesamtlebens entsprechen. Das war nicht automatisch zu haben, sondern bedurfte einer konkreten Verfaßtheit. Im „ORDO“-Begriff kommen der umfassende Anspruch und die Geschlossenheit des

Konzepts dieser Spielart des Neoliberalismus zum Ausdruck. In der Aufgabe, „eine menschenwürdige und funktionsfähige Ordnung der Wirtschaft zu schaffen“ (Eucken), unterschied sich dieser Neoliberalismus sehr stark von den anderen Schulen. Er war die eigentliche Revolutionierung des „paläo-liberalistischen“ Denkens.

2.2 Der deutsche ORDO-Liberalismus als ordnungspolitisches Programm

Die für das Nachkriegsdeutschland so bedeutsame Richtung des Neoliberalismus hatte ihre akademische Heimat an der Universität Freiburg („Freiburger Schule“) und ihren führenden Kopf in dem Professor der Nationalökonomie Walter Eucken. Ludwig Erhard, ab 1948 Direktor des Amtes für Wirtschaft und ab 1949 Bundeswirtschaftsminister, war ihr bekanntester politischer Repräsentant. Ihr bekanntestes Publikationsorgan waren die ORDO-Jahrbücher (für die Ordnung von Wirtschaft und Gesellschaft). Der ORDO-Begriff war Programm (so wird auch vom ORDO-Liberalismus statt Neoliberalismus gesprochen), denn er signalisierte den geforderten „Stil“wandel der Wirtschaftspolitik und der Wirtschaftsordnung: ORDO statt Laissez Faire.

Der ORDO-Liberalismus der Freiburger Schule zeichnet sich durch eine „Gesamtordnungsidee“ aus, die den von einem starken Staat geordneten Markt und den von ihm gewährleisteten wirtschaftlichen Wettbewerb der Individuen in den Mittelpunkt stellt. Die marktwirtschaftliche Ordnung wird aber nicht allein vom Preismechanismus her verstanden, sondern – so der Wirtschaftsstilgedanke der Freiburger Schule – als Kooperation von Menschen, „die sich auf Grund ihrer frei gesetzten Lebensziele ökonomisch zu betätigen versuchen. Das Gleichgewicht, welches anzustreben ist, stellt sich nicht als mechanischer Ausgleich dar, sondern ist als ein in weitere Bereiche des überökonomischen Lebens hineinragendes Gleichgewicht vorzustellen – es hat alle Formen der sozialen Realität zu umfassen.“ (Behlke, 52)

Schließlich äußert sich die ganzheitliche Sicht im Stil und in der Aufgabenstellung für die Wirtschaftspolitik: Die Wirtschaftspolitik habe sich konsequent an der marktwirtschaftlichen Ordnung zu orientieren, also „marktkonform“ zu sein. Denn die marktwirtschaftliche Basis gewährleiste die optimale Allokation der Produktionsfaktoren, sei ökonomisch optimal, weil unbegrenzt effektiv, und mit ihrer staatlichen Gewährleistung allen anderen Mischformen von Wirtschaftsordnungen überlegen. Die Überlegenheit gegenüber anderen Wirtschaftssystemen werde nicht zuletzt mit der Aufteilung aller wirtschaftlichen Machtpositionen begründet. Diese Marktwirtschaft sei überdies in sich sozial und gerecht, weil sie effektiv sei, Arbeit und Einkommen schaffe und Leistung honoriere. Dadurch sei diese Ordnung besser als jede andere geeignet, die Ideale der geistigen Freiheit und Unabhängigkeit und der persönlichen Initiative miteinander zu verschmelzen.

2.2.1 Die historische Situation der Freiburger Schule in Deutschland

Für die Analyse des deutschen ordnungspolitischen Modells ist es wichtig, sich neben den Kerngedanken der „Lehre“ nochmals die historische Situation der „Freiburger Schule“ vor Augen zu führen. Das 19. Jahrhundert hatte in Deutschland vor allem mit der „sozialen Frage“, der Vermachtung innerhalb der Marktwirtschaft und der imperialistischen Verbindung von Staats- und Wirtschaftsmacht die Lehrsätze des klasssischen Liberalismus weitgehend ad absurdum geführt. Die Weltwirtschaftskrise von 1929 bis 1933 hatte auch die klassische Theorie widerlegt, das marktwirtschaftliche System habe eine immanente Tendenz zur Vollbeschäftigung. Der Glaube daran, daß dies bei ausreichender Flexibilität der Märkte langfristig der Fall sei, war angesichts dieser Krise weder theoretisch noch vor allem politisch durchzuhalten. „In the long run we are all dead", formulierte Keynes drastisch.

J.M. Keynes lieferte mit seinen makroökonomischen Analysen, vor allem mit seiner „Allgemeinen Theorie der Beschäftigung, des Zinses und des Geldes" (1936), das weltweit angewandte Konzept des staatlichen „Gegensteuerns" zur Stützung der Gesamtnachfrage mit fiskalischen Mitteln. Auch die Denker der „Freiburger Schule" hatten die Herausforderungen der Weltwirtschaftskrise angenommen, d.h., auch sie setzten sich mit den Problemen von Wirtschaftskonjunkturen und Massenarbeitslosigkeit auseinander. Sie standen überdies im Banne der Folgen für Deutschland: einer Diktatur mit einem immer stärker werdenden verwaltungswirtschaftlichen Zugriff auf die Privatökonomie und einer schamlosen Nutzung des Grundprinzips staatlicher Wirtschaftsankurbelung durch kreditfinanzierte „Mefo-Wechsel", Staatsausgaben zum Zwecke der Aufrüstung. Im Hintergrund stand darüber hinaus die sowjetische Realität der Staatswirtschaft und der Kollektivierung.

Die Erneuerung der Prinzipien des Wirtschaftens sollte nach den Vorstellungen Walter Euckens den liberalen Grundsätzen der persönlichen Freiheit, zu denen untrennbar der private Eigentumserwerb gehört, Rechnung tragen; die Marktwirtschaft sollte ihre Effizienz wiedergewinnen, weil allein dies dem allgemeine Wohle gerecht werde; nicht ein „Laissez faire", sondern die Markt- und Währungsordnung durch einen starken Staat sollte dies gewährleisten. Die Wirtschaftspolitik durfte „steuern", aber ausschließlich mit „marktkonformen" Mitteln, d.h. durch Setzung von Marktdaten, die sich in die Marktabläufe einfügten.

In diesem Konzept bestand das „Soziale" in der Gesamtsicht des Begriffs (nicht nur seiner Anwendung auf Arme) und im Wiederaufgreifen des klassisch liberalen Gedankens, daß der Wohlstand für möglichst viele durch die Ermöglichung eines effektiven individuellen Wohlstandsstreben aller am besten erreicht werde. Von einer besonderen „Sozialen" Marktwirtschaft hat Eucken selbst nicht gesprochen.

Man kann Eucken und den ORDO-Liberalen nicht nachsagen, sie hätten ihre Prinzipien zu Realitäten erklärt. Die durch „pointierend hervorhebende Abstraktion" (Eucken) gewonnenen idealtypischen Modelle sollten „als Werkzeuge zur Analyse und Deutung des konkreten Ordnungsgefüges der wirklichen Wirtschaft" dienen. Wir können sie also mit anderen Autoren (Grosser u.a., 1988) als „Leitbilder" bezeichnen. Diese „Leitbilder" sollten die konkrete Wirtschaftsverfassung und die Wirtschaftspolitik bestimmen.

2.2.2 Grundsätze der Wirtschaftspolitik

Walter Eucken (1952, S. 254ff.) forderte für die Ausgestaltung der konkreten Wirtschaftsordnung/Wirtschaftsverfassung die Beachtung folgender konstitutierender Prinzipien:

1. Die Herstellung eines funktionsfähigen Preissystems der vollständigen Konkurrenz als „Erstes Grundprinzip";

2. die Sicherung der Währungsstabilität als die Voraussetzung eines funktionsfähigen Preissystems („Zweites Grundprinzip“);
3. die Gewährleistung freien Zugangs zu den Märkten („Prinzip der offenen Märkte“);
4. eine konstante Wirtschaftspolitik als Verminderung des einzelwirtschaftlichen Risikos („Kontinuitätsprinzip“);
5. gesichertes Privateigentum an den Produktionsmitteln – etwaige Mißstände hieraus werden im Rahmen der Gesamtordnung verhindert, da eine „Kontrolle durch die Konkurrenz“ erfolgt („Prinzip des Privateigentums“);
6. reale, nicht nur formale Vertragsfreiheit – die Ausschaltung künftiger Vertragsfreiheit darf hiermit nicht verbunden sein („Prinzip der Vertragsfreiheit“);
7. volle Haftung – dadurch Sicherung der Rentabilität über eine äquivalente Leistung („Prinzip der Haftung“: „Wer den Nutzen hat, muß auch den Schaden tragen!“).

Über diese Prinzipien der Wirtschaftsverfassung hinaus, sind auch für die ORDO-Liberalen staatliche Interventionen unabdingbar. Walter Eucken hat die Voraussetzungen hierfür als die vier „regulierenden Prinzipien“ bezeichnet:

1. Monopolprohibition
Den primären Rang nimmt die Monopolprohibition ein. Eucken konnte sich nur eine Monopolaufsicht durch ein unabhängiges Monopolamt vorstellen, um dieses „Kardinalproblem“ der realen Wirtschaftsverfassung zu lösen. Das Wirtschaftsministerium sei als politische Institution zu sehr dem Druck wirtschaftlicher Interessen ausgesetzt. „Ziel der Monopolgesetzgebung und der Monopolaufsicht ist es, die Träger wirtschaftlicher Macht zu einem Verhalten zu veranlassen, als ob vollständige Konkurrenz bestünde. Das Verhalten des Monopolisten hat „wettbewerbsanalog“ zu sein. Dies ist das Prinzip, das sich aus dem Grundprinzip der Wettbewerbsordnung ohne weiteres ergibt.“ (Grundsätze, 295).

Dieses Prinzip der Wirtschaftsverfassungspolitik der neoliberalen „Väter“ der „Sozialen Marktwirtschaft“ war von Anfang an als unrealistisch umstritten (Grosser u.a., 1988, S. 38ff.; Behlke, 1961, S. 56ff.). Eucken hatte zwar durchaus anerkannt, daß die Marktverhältnisse nicht mehr der Klassik und den Gegebenheiten eines „funktionsfähigen Preissystems vollständiger Konkurrenz“ entsprechen. Aber genau auf diesem bevorzugten Feld des massiven Interessendrucks ist die Forderung nach Herstellung eines solchen Systems ein Wunschdenken. Hier muß aber der Gerechtigkeit halber daran erinnert werden, daß die Neoliberalen ihre Prinzipien leitmotivisch verstanden. So sagte Erhard einmal 1954: „Ich bin mir natürlich darüber klar, daß das Denkmodell eines reinen Wettbewerbs an dieser oder jener Stelle keine volle Gültigkeit besitzt. Trotzdem sollten wir Gott dankbar sein, daß wir wieder ein solches Denkmodell haben, auf diese Weise endlich zu einem wirtschaftlichen Ordnungsdenken zurückgekehrt sind. Ich glaube, daß wir dem Modell einer wirtschaftlichen Ordnung, die wir im Kopf haben, die Erfolge verdanken, die wir zu verzeichnen haben, so sehr wir auch bereit waren und bereit sein mußten, im einzelnen davon abzuweichen.“ (Nach: H. Niehaus, 1957, S. 254.)

2. Soziale Gerechtigkeit der Einkommenspolitik
Der in einer Wettbewerbsordnung begründete (ethisch) neutrale Automatismus der Verteilung muß durch Einkommenspolitik, aber im Rahmen der Wettbewerbsordnung,

im Sinne sozialer Gerechtigkeit korrigiert werden. Dem entspricht eine Steuerpolitik, die aber keine Progression der Steuertarife aufweisen darf, die die Investitionsneigung verkümmern läßt. Die Grenzen nach oben und unten müßten in concreto durch die Finanzpolitik ausgelotet werden.

3. Korrektur des einzelwirtschaftlichen Handeln (Wirtschaftsrechnung)
Das System der Konkurrenzpreise muß so funktionieren, daß die Wirtschaftsrechnung der Betriebe und der Haushalte aufeinander abgestimmt zu einer sinnvollen Wirtschaftsrechnung der Gesamtwirtschaft „und zu einer zureichenden Lenkung des Gesamtprozesses führen".

4. Antikonjunkturelles Verhalten
Das Problem der Wirtschaftskrisen werde, so Eucken, durch die Anwendung seiner Prinzipien wesentlich abgeschwächt und in vielen Fällen gelöst. Die Festsetzung von Mindestlöhnen hält er für möglich. Auch die Konjunkturpolitik soll also möglichst automatisch funktionieren.

Meisterhaft einfach formulierte Eucken den Kern seines wettbewerbswirtschaftlichen Leitbildes und der darin notwendigen Rolle des Staates:

1. „Die Politik des Staates sollte darauf ausgerichtet sein, wirtschaftliche Machtgruppen aufzulösen oder ihre Funktionen zu begrenzen. Jede Festigung der Machtgruppen verstärkt die neufeudale Autoritätsminderung des Staates.
2. Die wirtschaftspolitische Tätigkeit des Staates sollte auf die Gestaltung der Ordnungsformen der Wirtschaft gerichtet sein, nicht auf die Lenkung des Wirtschaftsprozesses: Staatliche Planung der Formen – ja; staatliche Planung und Lenkung des Wirtschaftsprozesses – nein. Den Unterschied von Form und Prozeß erkennen und danach handeln, – das ist wesentlich." (Grundsätze, S. 334f.; ORDO-Jahrbuch II, S. 93).

Dies ist das Leitbild. Der ORDO-Liberalismus im Umkreis der Freiburger Schule Euckens weist manigfache Facetten auf, was angesichts des intellektuellen Ranges von Wissenschaftlern wie Böhm, Rüstow, Miksch, Lutz, aber auch ihres politischen Exponenten Ludwig Erhard, nicht erstaunen darf. Jedoch auch ohne eine vollkommene Einheitlichkeit prägten sie alle das Modell einer neoliberalen Wirtschaftsordnung, das gleichermaßen den wirtschaftspolitischen wie den gesellschaftspolitischen Erfordernissen ihrer Zeit in imponierender Weise gerecht zu werden suchte.

2.2.3 „Soziale Marktwirtschaft"

Der Begriff „Soziale Marktwirtschaft" für das als „konsequent, durchdacht, einheitlich und eigenständig" von den Vertretern der Freiburger Schule des Neoliberalismus angesehene wirtschaftspolitische Programm, war eine „glückliche Prägung" (so Alexander Rüstow) des Universitätsprofessors und späteren Staatssekretärs des Bundeswirtschaftsministers Ludwig Erhard, Alfred Müller-Armack. Er benutzte ihn erstmals in seinem 1947 erschienenen Buch „Wirtschaftslenkung und Marktwirtschaft". Dort hieß es (S. 88):

„Es wäre ein aussichtsloses Unterfangen, wollte man in einer Zeit stärkster sozialer und gewandelter kultureller Überzeugungen die ökonomische Weltanschauung des Liberalismus erneut empfehlen. Wir haben heute nüchtern zu konstatieren: Die beiden Alternativen, zwischen denen die Wirtschaftspolitik sich bisher bewegte, die rein liberale Marktwirtschaft und die Wirtschaftslenkung sind innerlich verbraucht, und es kann sich für uns nur darum handeln, eine neue dritte Form zu entwickeln, die sich nicht als eine vage Mischung, als ein Parteikompromiß, sondern als eine aus den vollen Einsichtsmöglichkeiten unserer Gegenwart gewonne Synthese darstellt.

Wir sprechen von ‚Sozialer Marktwirtschaft', um diese dritte wirtschaftspolitische Form zu kennzeichnen. Es bedeutet dies, daß uns die Marktwirtschaft notwendig als das tragende Gerüst der künftigen Wirtschaftsordnung erscheint, nur daß dies eben keine sich selbst überlassene liberale Marktwirtschaft, sondern eine bewußt gesteuerte, und zwar sozial gesteuerte Marktwirtschaft sein soll."

Müller-Armack ging einen Schritt weiter als Walter Eucken. Letzterer sah bereits in der Effizienz einer funktionierenden marktwirtschaftlichen Ordnung (hohe Produktivität, optimale Ressourcennutzung, unmittelbarer Leistungsanreiz, Aufstieg und Wohlstand) eine dem System immanente soziale Komponente. Müller-Armack forderte darüber hinaus eine ausgleichende und die Ergebnisse der marktschaftlichen Prozesse korrigierende Sozialpolitik.

Müller-Armacks „Soziale" Marktwirtschaft war also weiter gefaßt. Sie umfaßte zusätzlich (die mit Eucken übereinstimmenden konstituierenden und regulierenden Prinzipien werden hier ausgelassen):

- die Schaffung einer sozialen Betriebsordnung mit Mitbestimmungsrechten für die Arbeitnehmer,
- die Bereitschaft zu einer Konjunktur- und Beschäftigungspolitik durch kredit- und finanzpolitische Maßnahmen, auch staatliche Investitionsprogramme, um die Arbeitnehmer vor Krisen zu schützen. Allerdings müßten diese Maßnahmen der marktwirtschaftlichen Ordnung und dem Haushaltsgleichgewicht Rechnung tragen,
- weitere sozialpolitische Ergänzungen der marktwirtschaftlichen Ordnung nach Müller-Armack waren sozialer Wohnungsbau, Förderung sozialer Aufstiegschancen und genossenschaftlicher Selbsthilfe, Ausbau der Sozialversicherung, Städtebauplanung, Lohntarifverträge durch autonome Verbände, u.U. Mindestlohnfestsetzung.

Hiermit sind die zentralen Prinzipien des neoliberalen Leitbildes und des Konzeptes der „Sozialen Marktwirtschaft" genannt. Neoliberalismus, auch der ORDO-Liberalismus, sind nicht von vornherein mit „Sozialer Marktwirtschaft" gleichzusetzen. Weitere normative Gesichtspunkte kamen hinzu. Vor allem jene durch Alfred Müller-Armack formulierten. Darüber hinaus gab und gibt es die Verknüpfung der deutschen Variante des Neoliberalismus mit Grundprinzipien der Katholischen Soziallehre. Der implizit vorhandene Gedanke der Solidarität im ORDO-Liberalismus, der sich der möglichen Auswüchse eines krassen Wirtschaftsindividualismus bewußt ist, verbindet sich in der „Sozialen Marktwirtschaft" explizit mit dem aus der Katholischen Soziallehre stammenden Subsidiaritätsprinzip. Neben dem „Staat" als Recht setzender und gewährleistender Institution sowie als Fiskus verlangen soziale Gerechtigkeit und sozialer Ausgleich das einschlägige Engagement aller sozialen Gruppen der Gesellschaft, bei der Familie und Lebenspartnerschaft angefangen.

2.3 Die Durchsetzung der „Sozialen Marktwirtschaft“

Die Besonderheiten der Staatsbildung in den Westzonen Deutschlands machten es möglich, daß aus diesem neuen und eigenständigen Programm einer „Minderheit“ von Wirtschaftstheoretikern und Politikern das Leitbild für einen völlig unerwarteten und überaus erfolgreichen deutschen Wiederaufstieg und deutscher Sozialstaatlichkeit werden konnte. Da hier das Programm und seine Gültigkeit im Mittelpunkt stehen, werden die einzelnen Schritte nicht nachgezeichnet. Die Entwicklungslinien aber sollen genannt werden:

- Die Leitsätzegesetzgebung in Verbindung mit der Währungsreform am 20. Juni 1948.

Ludwig Erhard nutzte seine Kompetenzen als Direktor für Wirtschaft im Frankfurter Wirtschaftsrat, um mit knapper Mehrheit gegen heftige Widerstände der SPD-Opposition, aber auch aus den eigenen Reihen, das „Gesetz über Leitsätze für die Bewirtschaftung und Preispolitik nach der Geldreform“ vom 24.6.1948 durchzusetzen. Die programmatische Bedeutung des Leitsätzegesetzes geht aus der ungewöhnlichen Form des Gesetzes hervor, das aus einer ausführlichen Präambel, vier kurzen Artikeln und einer umfangreichen Anlage mit den eigentlichen Leitsätzen bestand, die alle den Tenor beinhalteten: „Der Freigabe aus der Bewirtschaftung ist vor ihrer Beibehaltung der Vorzug zu geben“ (Preise, Warenverkehr, Leistungswettbewerb u.ä.). Der „Oberdirektor“ des Wirtschaftsrates, Pünder, bezeichnete das Gesetz als ein „lediglich in normativer Form gefaßtes politische Grundsatzbekenntnis der ‚Regierung‘ und der sie tragenden Koalition zu einem bestimmten wirtschaftspolitischen Programm“ (vgl. Hartwich, 1978, S. 109f.). Dem Neoliberalen Ludwig Erhard oblag die Durchführung und Durchsetzung des Gesetzes. Es wurde am 3.2.1949 bis zum 31.12.1949 verlängert, d.h., bis zu einem Zeitpunkt nach der Gründung der Bundesrepublik! Der knappe Wahlsieg der CDU/CSU und die rasche Bildung einer Regierungskoalition bedeuteten, daß dieses „Grundsatzbekenntnis“ das Programm auch der 1. Regierungskoalition in Bonn wurde. Das war der politische Durchbruch.

Auch das Grundgesetz (23.5.1949) ist bekanntlich vor Gründung der Bundesrepublik (1.9.1948 bis zum 8.5.1949) erarbeitet und verabschiedet worden. Mit seinem strikten Bekenntnis zu den „klassischen“ individuellen Grund- und Freiheitsrechten, der Garantie von Eigentum und Erbrecht, der freien Berufswahl und der Koalitionsfreiheit bildete diese Verfassung zugleich eine nach den Vorstellungen Walter Euckens geeignete wirtschaftsverfassungsrechtliche Grundlage der marktwirtschaftlichen Ordnung. Mit dem Sozialstaatsgrundsatz von Art. 20 Abs. 1 fand auch die soziale Komponente ausdrückliche Berücksichtigung.

Es ist bekannt, daß sowohl im Wirtschaftsrat als auch im Parlamentarischen Rat, der das Grundgesetz ausarbeitete, alternative Wirtschaftskonzepte (SPD: Demokratischer Sozialismus) vorlagen. Deswegen wurde das Grundgesetz auch relativ „offen“ formuliert. Hier, im Zusammenhang mit der Sozialen Marktwirtschaft, interessierten jedoch die Durchsetzung dieses Konzepts (vgl. v.a. G. Ambrosius, 1977) und seine „Bewährung“. Deswegen wird auf die Darlegung des Ordnungsstreites zwischen den politischen Parteien in den Westzonen von 1947 bis 1949 verzichtet.

Historisch betrachtet hatten zu Beginn der fünfziger Jahre Euckens „Grundsätze der Wirtschaftspolitik“ ihre politische Mehrheit gefunden, obwohl dieses Konzept drei

Jahre zuvor nur von einer eindeutigen Minderheit vertreten worden war. Gesichert waren nun auch rechtlich-politisch:

- Privateigentum;
- Notenbankautonomie und stabiles Geld;
- freie Preisbildung, frei ausgehandelte Tariflöhne, frei vereinbarte Geschäftsbedingungen, wirtschaftliche Handlungsfreiheit für Unternehmer und Unternehmen;
- Wettbewerbspolitik durch den Staat; zunächst noch mit besatzungsrechtlichen Auflagen, dann durch das Gesetz gegen Wettbewerbsbeschränkungen mit staatlichem Kartellamt von 1957;
- eine konstante, primär auf Ordnungsfragen bezogene Wirtschaftspolitik (mit Ausnahmen s.u.);
- Vorrang „marktkonformer“ Interventionen des Staates in die Wirtschaft.

Infolge der Wahlsiege der CDU in den Bundestagswahlen blieb die Leitung der Wirtschaftspolitik bis 1963 in den Händen der politischen Exponenten der ORDO-Liberalen (Ludwig Erhard und Alfred Müller-Armack).

Das ordoliberale Modell und die reale Wirtschaftspolitik der Bundesrepublik Deutschland in den ersten 10 Jahre ihres Bestehens wiesen eine erstaunliche Übereinstimmung auf. Die Dauerhaftigkeit verdankt diese Politik neben ihren großen Erfolgen zweifellos auch der wahlpolitischen Attraktivität des Begriffs „Soziale Marktwirtschaft“ und der rhetorischen und öffentlichkeitswirksamen Leistung ihres Mentors Ludwig Erhard. Hierbei ist noch in Rechnung zu stellen, daß in der Politik kaum zwischen dem geschlossenen Konzept der „Sozialen Marktwirtschaft“ von Müller-Armack und der weit unverbindlicheren populären Vorstellung von einer „sozialen“ Marktwirtschaft unterschieden wurde.

Diese Art des Adjektivs verwässerte natürlich das neoliberale Konzept, geht es doch allein von sozialen Komponenten der Marktwirtschaft ohne strenge Systembindung aus. Aber gerade in dieser relativen Unbestimmtheit wurde ein Konzept wirklich massenwirksam, das sich 1946/47 allenfalls als Ideenwelt einer nationalökonomischen Elite ohne Partei und „Massenbasis“ ausnahm. Den politischen Durchbruch im Juni 1948 verdankte der ORDO-Liberalismus dem politischen Machtvakuum der frühen Besatzungszeit auf deutscher Seite und der sozialen Abgehobenheit der ersten länderübergreifenden Institutionen in Westdeutschland, dem Wirtschaftsrat in Frankfurt und dem Parlamentarischen Rat in Bonn. Keine Massendemonstrationen und revolutionären Bewegungen wie 1918/1919 mußten berücksichtigt werden, und die sozialistische Opposition erleichterte mit ihrem „alles oder nichts“ die politische Blockbildung unter dem Banner eines aussichtsreichen politischen Konzepts, eben der „Sozialen Marktwirtschaft“.

2.4 Glanz und Versagen des ordoliberalen Konzepts 1948-1966

Im November 1966 wurde Ludwig Erhard von seiner eigenen Partei fallengelassen. Am 30.11.1966 trat er als Bundeskanzler (seit 16.10.1963 Nachfolger Konrad Adenauers) zurück. Mit der „Großen Koalition“ aus CDU/CSU und SPD begann auch wirtschaftspolitisch die Abkehr von den „Aufbau-Jahren“. Zwischen 1948 und 1966, der ersten Wirtschaftskrise, die noch eher eine „Rezession“ war, liegen die Jahre der

Durchsetzung, Bewährung und der Krise der Ordnungspolitik der „Sozialen Marktwirtschaft". Den ökonomischen Stellenwert dieser Phase innerhalb des Zeitraums bis etwas zur deutschen Vereinigung zeigt das Schaubild 1.

Schaubild 1: Drei Phasen der Entwicklung der deutschen Volkswirtschaft 1950-1987

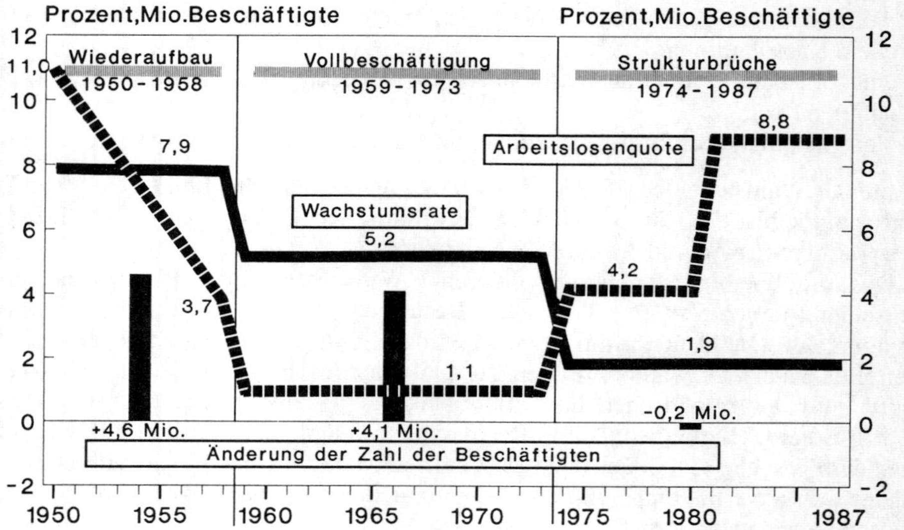

Quelle: Werner Weidenfeld, Hartmut Zimmermann (Hg.), Deutschland-Handbuch. Eine doppelte Bilanz 1949-1989, Bonn 1989, S. 251

Wir teilen den Zeitraum von 1948-1966 zum Zwecke unserer Bewertung der strikt ordoliberalen „Sozialen Marktwirtschaft" in drei sich überlappende Phasen ein:

Die 1. Phase beginnt mit Währungsreform und Leitsätze-Gesetzgebung im Juni 1948 und endet im Laufe des Jahres 1950 mit dem „Take Off" der deutschen Exportindustrie im Gefolge des Koreakrieges. Sie war von einem geradezu explosionsartigen Produktionsausbau bei gleichzeitig auftretenden Preisstabilitäts- und Beschäftigungsproblemen (1950: rd. 10% Arbeitslosigkeit) bestimmt.

Die 2. Phase wird vom deutschen „Wirtschaftswunder" geprägt und kann als die eigentliche Bestätigung des Konzepts angesehen werden. Sie dauerte bis 1960/61 und zeichnete sich durch ein enormes, nie wieder erreichtes Wirtschaftswachstum, Vollbeschäftigung und einen stabilen Geldwert bei unterbewerteter D-Mark (gegenüber den westeuropäischenWährungen und auch dem Dollar) aus. (Grosser u.a., 1988, S. 80f.)

Die 3. Phase wird von wachsenden binnen- und außenwirtschaftlichen Unsicherheiten bestimmt, mit denen der neoliberale Wirtschaftsminister und – ab 16. Oktober 1963 –

Bundeskanzler Ludwig Erhard nicht mehr fertig wurde. Die Gefahr inflationistischer Preisentwicklung blieb latent erhalten, die Löhne stiegen infolge des Arbeitskräftemangels kräftig an. Die außenwirtschaftlich offen gewordene Volkswirtschaft geriet in Strukturkrisen, von denen die wichtigste die des Kohlenbergbaus war. Das Öl setzte sich als Energiebasis durch. Der liberale Kanzler war zunehmend dem Druck von Interessengruppen und dem in den 50er Jahren so erfolgreichen System der „Wahlgeschenke“ nicht mehr gewachsen: Der Bundeshaushalt geriet außer Kontrolle. Die Bundesbank versuchte dem durch eine strikte Antiinflationspolitik zu begegnen. Am Ende brach 1966 erstmals die deutsche Wirtschaftskonjunktur ein. Die Arbeitslosigkeit stieg innerhalb weniger Monate von rd. 100.000 auf 600.000 Erwerbslose. Das Konzept der „Sozialen Marktwirtschaft“ schien zur Steuerung der wirtschaftlichen Probleme nicht mehr geeignet.

2.4.1 Der Erfolg des Konzepts der „Sozialen Marktwirtschaft“: Das deutsche „Wirtschaftswunder“

Der ordoliberalen Wirtschaftspolitik gelang die „Entfesselung“ (Erhard) der privatwirtschaftlichen Energien und des Leistungswillens sowie die Erschließung des brachliegenden bzw. zerstörten Produktionspotentials in überzeugender Weise. Eine besonders wirksame „marktkonforme“ Förderung war die durch steuerliche Sonderabschreibungen ermöglichte „Selbstfinanzierung“ der Unternehmen. Das damit notwendigerweise verbundene einseitige Vermögenswachstum auf Seiten der Kapitalbesitzer wurde im Interesse eines schnellen und durchschlagenden Wirtschaftserfolges hingenommen.

Im Zeitraum von 1948 bis 1950 war der Erfolg aber noch keineswegs sicher. Starke Preissteigerungen nach der Währungsreform konnten mit Hilfe eines Gesetzes gegen Preistreiberei (Oktober 1948) noch unter Kontrolle gehalten werden. Die Arbeitslosigkeit nach der wirtschaftlichen Stabilisierung durch die Währungsreform stieg 1949/50 so stark an (auf rd. 10%), daß ein Beschäftigungsprogramm aufgelegt werden mußte. Der Anstieg der Rohstoffpreise nach Ausbruch des Koreakrieges am 25.6.1950 zwang zur Vorbereitung einer Rohstoffbewirtschaftung.

Die Wirtschaftsordnungsidee der Freiburger Schule fand vor allem 1957 ihre politische Krönung. Dies manifestierte sich in dem „Gesetz gegen Wettbewerbsbeschränkungen“ (Kartellgesetz), dem Gesetz über die Deutsche Bundesbank und dem Vertrag über die Gründung eines Gemeinsamen Europäischen Marktes. So gab es – wenn auch im Sinne der Freiburger Schule höchst unvollkommen – eine Wettbewerbsordnung, eine unabhängige Zentralbank zur Gewährleistung einer stabilen Währung und eine Ordnung der außenwirtschaftlichen Beziehungen zum für den deutschen Export wichtigsten Raum, der (West)Europäischen Wirtschaftsgemeinschaft. 1961 kamen ein liberales Außenwirtschaftsgesetz und das Gesetz über das Kreditwesen hinzu.

Im Zeitraum zwischen 1950 und 1961 konnte Ludwig Erhard auch seine Linie einer „konstanten“ Wirtschaftspolitik weitgehend und sehr erfolgreich durchhalten. Denn mit dem Koreakrieg begannen die deutschen Exporterfolge (die Deutschen konnten ihre früheren Märkte zurückgewinnen, weil die Westmächte ihre Wirtschaften auf Rüstungsproduktionen umstellten und eine starke Nachfrage vor allem nach Investitionsgütern auslösten). Schon 1951 gab es einen Außenhandelsüberschuß. Eine unglaubliche Dynamik erfaßte die westdeutsche Wirtschaft mit durchschnittlichen Wachstumsraten um jährlich 7,7% bis 1960. Vollbeschäftigung wurde erreicht. Die Deutschen erlebten den Wohlstand in „Wellen“ (Essen, Kleidung, Wohnen, Einrichtung, Motorisierung, Auslandsurlaub). Der „soziale Wohnungsbau“ wurde seit 1954 massiv steuerlich gefördert. Auf dem Wohnungsmarkt sollte dann die Mietpreisfreigabe im Jahre 1960 (Gesetz über den Abbau der Wohnungszwangswirtschaft und über ein soziales Miet- und Wohnrecht) marktwirtschaftliche Prinzipien unter Fortfall eines besonderen gesetzlichen Mieterschutzes verankern. Diesem Versuch war keine Dauer beschieden. 1965 wurde das Wohngeldgesetz erlassen.

Der „Lastenausgleich“ (Gesetz vom 16.5.1952 und Folgegesetze), finanziert durch die rasch wachsenden Vermögenserträge und nicht durch Abgaben von der Vermögenssubstanz, beförderte die rasche wirtschaftliche Eingliederung der Vertriebenen. Die Einführung des Prinzips der „dynamischen Rente“ (1957) ließ die Rentner am wachsenden Einkommen automatisch teilhaben. 1961 wurde mit dem Bundessozialhilfegesetz ein weiterer Markstein in der Verwirklichung der „Sozialen Marktwirtschaft“ gesetzt; der Rechtsanspruch auf Sozialhilfe trat an die Stelle der seit 1924 (Fürsorge-Verordnung) geltenden behördlichen Ermessensentscheidung.

Müller-Armacks Vorstellung von betrieblicher Mitbestimmung wurde weitgehend durch das von den Gewerkschaften heftig bekämpfte „Betriebverfassungsgesetz“ vom 19.7.1952 verwirklicht; der Betriebsrat sollte keine Instanz der Gewerkschaften sein, und er sollte nicht in die unternehmerische Entscheidung eingreifen. Eher „modellwidrig“ war das „Montan-Mitbestimmungsgesetz“ vom 10.4.1951, ein gegen den Widerstand der Regierung und Erhards in Bundesrecht übernommenes Mitbestimmungsmodell aus der britischen Besatzungszone. Es galt für die Unternehmen des Bergbaus und der Hüttenindustrie, enthielt eine weitgehend paritätische Mitbestimmung in den Aufsichtsräten und sah einen besonderen Arbeitsdirektor vor.

Die Förderung der Vermögensbildung der Arbeitnehmer (Gesetz von 1961), auch die Ausgabe von „Volksaktien“ durch Privatisierung bundeseigener Unternehmen sowie das Sparprämiengesetz von 1959 dienten in „marktkonformer“ Weise der Verwirklichung des Modells der „Sozialen Marktwirtschaft“.

Das Ansehen der „Sozialen Marktwirtschaft“ wuchs in diesen Jahren bis etwa 1960 ins grenzenlose. Vorteilhaft war anfangs, daß die Gewerkschaften sich mit ihren Lohnforderungen zurückhielten, um den Aufschwung nicht zu gefährden. Der Staatshaushalt wurde, bei stark steigenden Einnahmen, nach den Grundsätzen des sparsam verfahrenden Privathaushalts durch Finanzminister Schäffer geführt. Ein Produkt dieser Politik war der „Juliusturm“ (jahrelang vorsorglich für den Aufbau einer Armee zurückgehaltene Haushaltsmittel in Höhe von mehreren Milliarden DM).

2.4.2 Brüche im Konzept

Das nach einer „siebenjährigen Kartellschlacht“ zustandegekommene Kartellgesetz von 1957 entsprach nicht den strengeren Vorstellungen Erhards. Das Prinzip des Verbots der Kartellbildung (§ 1) wurde zugunsten zahlreicher Bereiche (und Interessenten) durchlöchert. Im übrigen kannte das Gesetz nur das „marktbeherrschende Unternehmen“, das unter die Mißbrauchsaufsicht gestellt wurde. So bezog sich dieses Gesetz letztlich weniger auf aktuelle und künftige Konzentrations- und marktwidrige Probleme, als mehr auf das traditionelle Modell einer primär von mittelständischen Klein- und Mittelbetrieben geprägten Wirtschaft. Das Bundeskartellamt in Berlin wurde dem Geschäftsbereich des Bundeswirtschaftsministerium zugeschlagen, das weitere Ausnahmen von den Verboten zulassen konnte. Damit war die Kartellaufsicht keiner politisch unabhängigen Behörde übertragen, wie es dem ordoliberalen Konzept entsprochen hätte.

Weitere Brüche im ordoliberalen Modell ergaben sich aus strukturellen Problemlagen:

- Das „Investitionshilfegesetz“ von 1952 zwang das verarbeitende Gewerbe zu einer Anleihe zugunsten der Grundstoffindustrien, deren Ausbau infolge noch gebundener Preise nicht mithielt, wodurch Engpässe entstanden waren;
- das Landwirtschaftsgesetz von 1955 setzte im Interesse der Erhaltung der Landwirtschaft die marktwirtschaftliche Preisbildung für diesen Wirtschaftszweig weitgehend außer Kraft.

Die liberale Wirtschaftspolitik erwies sich stets als besonders anfällig gegenüber Interessenteneinflüssen auf politische Entscheidungen und systemwidrige „Wahlgeschenke“. Die für den Aufbau so wichtige steuerliche Förderung (Abschreibungspolitik) war durchaus auch „klientelorientiert“ (Unternehmer, Mittelstand, Kapitalbesitzer, Hauseigentümer). Sie war aber im Sinne des Modells „marktkonform“. Gravierender war die Beeinträchtigung der Wirtschaftspolitik. So wirkten sich Ende der 50er Jahre die anhaltenden Leistungsbilanzüberschüsse und spekulativen Devisenzuflüsse (in Erwartung einer DM-Aufwertung) inflationstreibend aus. Die Deutsche Bundesbank steuerte mit ihren Mitteln – entsprechend dem Konzept der Sozialen Marktwirtschaft – dagegen. Sie konnte diese Politik angesichts der Devisenzuflüsse aber nicht durchhalten. Wiederum verhinderten Interesseneinflüsse und ihr Einfluß auf Bundeskanzler Adenauer, daß Erhard die ihm richtig erscheinende Politik, nämlich die der Aufwertung, betreiben konnte. Erst im März 1961 konnte er sich mit der Aufwertung der DM durchsetzen.

Trotz der Erfolge des Konzepts der Sozialen Marktwirtschaft bis 1960 bleibt natürlich die Frage, ob politikunabhängige Bedingungen und Faktoren für diesen Wirtschaftsaufschwung maßgeblicher waren als das Konzept der „Entfesselung der privatwirtschaftlichen Energien“. Vermutlich traf Erhard mit seinen politischen Vorstellungen die Voraussetzungen und Gegebenheiten für diesen Aufschwung (Aufbauwille, Nachholbedarf, Erfolgsstreben u.ä.) besser als jede andere denkbare und bekannte Wirtschaftspolitik. Die Wirksamkeit des Konzepts hing jedoch auch von den spezifischen Bedingungen der Rekonstruktion nach dem verheerenden Krieg ab, z.B. dem Wandel der Wirtschaftssektoren. „Im primären Sektor ging die Zahl der Beschäftigten zwischen 1950 und 1960 um 1,4 Mio. zurück (jährlich um durchschnittlich 2,7%), während sie im sekundären Sektor um 3,4 Mio. zunahm (jährlich um durchschnittlich 3,4%). Eine nahezu gleich hohe Steigerung hatte auch der tertiäre Sektor aufzuweisen. Niemals zuvor in der deutschen Wirtschaftsgeschichte hatte es eine Periode vergleichbar rapiden Wandels in der Beschäftigungsstruktur gegeben. Ein Sechstel des Produktivitätsfortschritts der westdeutschen Volkswirtschaft während dieser Jahre insgesamt ... geht auf diese Verlagerung der Erwerbstätigen aus weniger produktiven Bereichen – wie dem der Landwirtschaft – in solche mit ohnehin schon hoher Produktivität zurück“ (A. Schildt/A. Sywottek (Hg.), 1989, S. 22).

Hinzuzufügen wäre im Lichte der späteren Jahrzehnte, daß durch derart reibungslose Inter-Sektorenprozesse natürlich das Festhalten an einer Wirtschaftspolitik, die sich auf die Setzung günstiger Rahmenbedingungen beschränkte, wesentlich erleichtert wird. Damit entstand die Illusion einer dauerhaft gültigen Lösung des Problems der

Arbeitslosigkeit. Wie würde eine solche marktwirtschaftlich konsequente Politik unter schwierigeren Gegebenheiten funktionieren, d.h., ohne daß Wirtschaftssektoren freigesetzte Arbeitskräfte aus anderen Sektoren aufnehmen? Auf diese Frage gaben die nächsten beiden Jahrzehnte Antworten. Erkenntnisse vermitteln die Jahre des „Wirtschaftswunders" jedoch noch in anderer Hinsicht:

- Die vom Konzept her geforderte „Konstanz" der Wirtschaftspolitik sowie ihre Bindung an „marktkonforme" staatliche Interventionen sind latent und akut gefährdet durch Interessenteneinflüsse. Dies ist das allgemeine Problem der Relation zwischen Ordnungstheorie und politischer Realitität.
- Bedeutsamer erscheinen zwei andere Einwände:
  (1) Mit bitterer Schärfe registrierte (hier stellvertretend für viele genannt) der Ordinarius für Wirtschaftswissenschaften und Leiter des Hamburger Weltwirtschafts-Archivs, Heinz-Dietrich Ortlieb (seit 1931 Mitglied der SPD) im Jahre 1958 „Glanz und Elend des Wirtschaftswunders – Oder von der Verderblichkeit des Wohlstands" (1974). Dem „Glanz" stehe das „Elend" der ungerechten Vermögensneuverteilung und ein „sozialer Zerfall" gegenüber („die Marktwirtschaft muß desintegrierend wirken, weil die Menschen nicht nur bei ihrem Eigennutz gepackt werden wollen, weil sie auch überpersönliche Ziele brauchen, für die sie leben können ...").
  (2) Das zweite nachwirkende Defizit der Sozialen Marktwirtschaft in ihrer erfolgreichsten Phase zwischen 1951 und 1960 ist in der seinerzeit populären Formel von „privatem Reichtum und öffentlicher Armut" prägnant erfaßt. Genereller gesagt heißt dies, daß die unter Erhard verfolgte Politik der „Sozialen Marktwirtschaft" infolge ihrer Orientierung am erfolgreichen und leistungsstarken Individuum und der Beschränkung des „Sozialen" auf Korrekturen und marktkonforme Mitbestimmungsrechte zu einer Vernachlässigung öffentlicher Aufgaben neigte. Im Konzept selbst sind diese nicht begründet. Politische Interventionen, wie in den siebziger Jahren im Rahmen der „Politik der Inneren Reformen" stellten im Sinne des reinen Modells punktuelle und z.T. marktwidrige Interventionen dar. So blieben im Zeichen des „Wirtschaftswunders" mit seiner Orientierung an privatem Konsum und privater Vermögensbildung öffentliche Investitionen nicht nur für Schulen und Hochschulen, sondern auch in den Bereichen des Gesundheitswesens, der Regionalentwicklung, Städteerneuerung durch Rekonstruktion und für Kultur unterentwickelt. Zwar ist es richtig, daß es sich hierbei vorzugsweise um Länder- und Kommunalaufgaben handelt. Jedoch ist der Bund als „Steuergesetzgeber" und mit dem „größeren Etat" ausgestattet der Richtunggeber, wie dann die große Koalition ab 1966 aufzeigte.

2.4.3 Das Versagen des Modells und seiner Repräsentanten in den sechziger Jahren

Die Jahre von 1961 bis 1966 zeigen das Modell und die Politik der „Sozialen Marktwirtschaft" in der Verteidigung und im Rückzug. Zu den veränderten Bedingungen der Politik gehörte vor allem die Abnahme der jährlichen Wachstumsraten.

Desweiteren hatte sich die Situation auf dem Arbeitsmarkt gründlich gewandelt. Die Zahl der Arbeitslosen lag bis 1966 unter 100.000, d.h., es herrschte Vollbeschäftigung, ja „Überbeschäftigung“ im Sinne einer Verknappung der Arbeitskräfte. Mit dem Bau der Berliner Mauer im August 1961 versiegte der Zustrom qualifizierter Arbeitskräfte aus der DDR. Nun setzte die Anwerbung ausländischer Arbeitskräfte ein. Angesichts des Arbeitskräftemangels konnten die Gewerkschaften höhere Lohnabschlüsse erzielen. Die Unternehmen versuchten, die Verteuerung der Arbeitskosten durch höhere Preise auszugleichen. Diese Inflationsdynamik wurde durch außenwirtschaftliche Einflüsse (Leistungsbilanzüberschüsse; Zustrom ausländischen Kapitals in Erwartung einer weiteren Aufwertung der DM) verstärkt. Die Deutsche Bundesbank reagierte entsprechend ihrem Auftrag, die Währung zu sichern, jedoch war ihre Wirkung wegen der starren Wechselkurse und der DM-Einlösungspflicht begrenzt. Auf die Politik der „Sozialen Marktwirtschaft“ kamen also besondere und neue Verantwortlichkeiten zu.

Schaubild 2: Wachstumszyklen und Entwicklungstrend der deutschen Volkswirtschaft 1950-1988

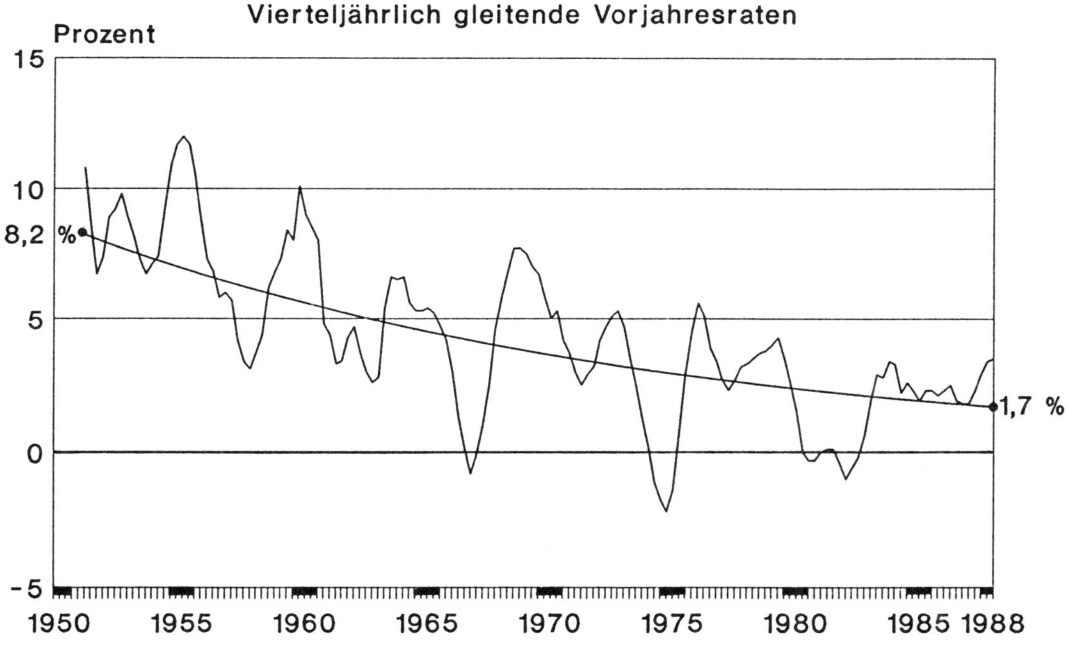

Quelle: Werner Weidenfeld, Hartmut Zimmermann (Hg.), Deutschland-Handbuch. Eine doppelte Bilanz 1949-1989, Bonn 1989, S. 254

2.4.3.1 Streit um „Planification“ – Verzicht auf Vorausschau und Rahmenplanung

Ordnungspolitisch betrachtet sind die sechziger Jahre von den Schwierigkeiten Erhards bestimmt, die „Soziale Marktwirtschaft“ als ein für jede wirtschaftliche Lage und Entwicklung maßgeschneidertes Modell darzustellen und zu bewahren. Er mußte sich mit dem Argument auseinandersetzen, daß der marktwirtschaftliche Steuerungsmechanismus möglicherweise nur ein „Schönwetterschiff“ sei (H. Ohm, 1962, S. 105).

Denn nun ging es ja nicht um die „Entfesselung“ der Marktkräfte, sondern angesichts der Überhitzungserscheinungen bei Preisen und Löhnen um deren „Dämpfung“. In dieser Situation drängten sich deutsche oppositionelle Konzepte (z.B. des Hamburger Professors Karl Schiller, SPD) und auch weniger ordnungsorientierte Steuerungskonzepte der europäischen Nachbarn in den Vordergrund. In der EWG vertrat Erhard eine Minderheitsposition.

Im Dezember 1962 fand ein aufschlußreiches Streitgespräch zwischen dem deutschen Wirtschaftsminister Ludwig Erhard und dem 1. Präsidenten der EWG-Kommission, dem früheren deutschen Staatssekretär Walter Hallstein, über die Frage einer mittelfristig angelegten Wirtschaftspolitik statt. Es ging um das Aktionsprogramm der EWG-Komission für die 2. Stufe der Verwirklichung der EWG, in dem mittel- und langfristige Programme für die Wirtschaftsentwicklung vorgesehen waren. Die Bundesrepublik war innerhalb der 6 Mitgliedsstaaten in einer Außenseiterposition, weil die Franzosen die „Planification“ (eine unter Einbeziehung der großen Verbände erfolgende Märkteplanung und -steuerung) nicht nur betrieben, sondern auch noch europaweit propagierten. Hallstein trat für eine „Planification“ in Form einer mittelfristig orientierten Wirtschaftspolitik ein. Erhard verwahrte sich leidenschaftlich dagegen. Er berief sich darauf, daß er die deutsche Wirtschaft aufgebaut hätte ohne Planungsprogramme, ohne Wirtschaftsprogramm. Er habe, „über die Belebung des Wettbewerbs alle Kräfte entfesselt und damit erst den Wohlstand in Deutschland herbeigeführt“. Daraus folgerte er: „Was wir brauchen, ist meiner Ansicht nach nicht ein Planungsprogramm, sondern ein Ordnungsprogramm.“ (Bulletin v. 4.5.1962).

Erhard hielt an der ordoliberalen Doktrin fest. Der Gedanke einer makroökonomischen Prozeßsteuerung nach dem Muster der Wirtschaftspolitik anderer westeuropäischer Länder kam erst mit dem Führungswechsel in der deutschen Wirtschaftspolitik zum Durchbruch. Allerdings schloß dies auch unter Ludwig Erhard pragmatische gesetzgeberische Lösungen der Regierungsfraktionen nicht aus.

Das „Gesetz über die Bildung eines Sachverständigenrates zur Begutachtung der gesamtwirtschaftlichen Entwicklung“ (SVR) vom 14.8.1963 ließ zumindest die Skepsis der Politik gegenüber der marktwirtschaftlichen Steuerung offenbar werden. Die wissenschaftlichen Beiräte beim Finanz- und beim Wirtschaftsministerium hatten eine komplexe Beachtung der Indikatoren Wachstum, Geldwert, Beschäftigung und Zahlungsbilanzausgleich schon 1956 in einem Gemeinschaftsgutachten empfohlen. Als dann Ende 1962 das von Erhard bekämpfte EWG-Aktionsprogramm hinzukam und der Druck in Richtung auf eine längerfristige Vorausschau und Planung der Finanz- und Wirtschaftspolitik stärker wurde, ließ sich der Ordnungspolitiker widerstrebend auf eine kurzfristige Vorausschau („Bericht über die Wirtschaftsentwicklung im Jahre 1963 und die Aussichten für 1964“) ein. Daß schließlich ein breiter Konsens zum Sachverständigenrats-Gesetz führte, lag an unterschiedlichen Motiven. Aus Erhards Sicht konnte ein solcher Rat nützlich sein, um stabilitätswidrige Gruppenforderungen öffentlichkeitswirksam abzublocken. „Die Haupterwartung maßgeblicher Schöpfer des Sachverständigenrates war, er möge dafür sorgen, daß die Löhne weniger stark steigen als bis dahin“ (O. Siewert, 1968, S. 37). „Der Glaube an die regulierende Funktion des SVR sollte nach dieser Vorstellung (der auch Erhard anhing) gewissermaßen an die Stelle des Glaubens an den Marktmechnismus treten, um mit der integrierenden Kraft wissenschafticher Analyse die kurzfristig divergierenden Gruppeninteressen langfristig miteinander zu versöhnen.“ (G. Engelhardt, 1973, S. 196). SPD und Gewerkschaften erwarteten demgegenüber, daß der Rat die Arbeiten an der Volkswirtschaftlichen Gesamtrechnung und an einem Nationalbudget voranbringen würde (W. Meißner, 1980, S. 16f.).

2.4.3.2 Das Problem der Sicherung der wirtschaftlichen Stabilität

Das Gebot, mit allen marktkonformen Mitteln zusammen mit der unabhängigen Notenbank für Preisniveaustabilität und möglichst inflationsfreies Wachstum zu sorgen, wurde 1965 aus wahltaktischen Gründen nicht mehr eingehalten. Trotz Hochkonjunktur senkte die Regierungskoalition aus CDU/CSU und FDP unter Erhard die Steuern und beschloß „Wahlgeschenke" in Milliardenhöhe. Nach der für Erhard persönlich sehr erfolgreichen Bundestagswahl lag das Preisniveau Ende 1965 um fast 4% höher als 1964. Durch ein „Haushaltssicherungsgesetz" vom Dezember 1965 wurden die Wahlversprechungen teilweise wieder rückgängig gemacht. Während die Bundesbank ihre Inflationsbekämpfung durch Zinserhöhungen konsequent trotz eines erkennbar werdenden Abschwunges forcierte, versuchten in den folgenden Monaten 1966 die öffentlichen Haushalte des Bundes und der Länder, ihre Deckungslücken durch teuer gewordene Kredite oder durch Sparen zu konsolidieren. Nicht zuletzt dieses „prozyklische" Verhalten des Staates führte zur Rezession von 1966. Der Bundeshaushalt für 1967 konnte nicht ausgeglichen werden. Die FDP verweigerte sich den von Erhard geforderten Steuererhöhungen. Bundesbank und Wirtschaftspolitik stimmten ab Sommer 1966 nicht mehr überein. Die Bundesbank verweigerte Krediterleichterungen, bevor nicht die Regierung ihren Haushalt saniert habe (Hartwich, 1967b, S. 428ff.).

Unter diesen Umständen entschloß sich die Regierung Erhard zu einem weiteren ordnungspolitischen Eingriff, der allerdings nicht mehr als eindeutig „marktkonform" anzusehen ist. Am 4.7.1966 verabschiedete das Bundeskabinett einen Gesetzentwurf zur „Förderung der wirtschaftlichen Stabilität" (Stabilitätsgesetz). Auch mit diesem Gesetz griff die Wirtschaftspolitik Kritik an ihrem stabilitätspolitischen Verhalten und Forderungen nach strengerer Einhaltung der Währungspolitik auf, ohne wirklich ein Stabilisierungsprogramm vorzulegen. Es handelte sich um eine Art Selbstverpflichtung in Gesetzesform. Zum neuen Instrumentarium gehörte die Ermächtigung zur konjunkturbedingten Variierung von Abschreibungssätzen und die Ermächtigung für die Bundesbank, Kredithöchstgrenzen für die Geschäftsbanken verbindlich festzusetzen. Obwohl dieser Gesetzentwurf Planungselemente nur im öffentlichen Bereich vorsah und keine Verpflichtung der Regierung auf eine gesamtwirtschaftlich orientierte Politik enthielt, bekannte Erhard, daß er sich gegen ein solches Gesetz gesträubt habe, weil damit immer ein Teil der Freiheit verloren gehe (Bulletin v. 15.6.1966).

Erhards Koalition aus CDU/CSU und FDP zerbrach allerdings nicht nur an den wirtschaftlichen, sondern auch an den politischen Entwicklungen. Anhaltende Wahlverluste beider Parteien in den Ländern und der CDU in Nordrhein-Westfalen hatten die Regierungsparteien stark verunsichert. Wegen der geplanten Steuererhöhungen veranlaßte die FDP-Bundestagsfraktion ihre Minister zum Rücktritt. Die Regierung der großen Koalition aus CDU/CSU und SPD unter Kanzler Kiesinger (CDU) ab 1. Dezember 1966 beendete die letzten Reste ordoliberaler Steuerungsversuche durch Ludwig Erhard.

In dem Schicksal des „Stabilitätsgesetzes", seiner weiteren Ausgestaltung in Richtung auf eine wachstumsfördernde Politik und seine schließliche Verabschiedung durch die Regierung der großen Koalition am 10. Mai 1967, wird die Bedeutung, die der

Sturz Erhards für die Wirtschaftspolitik der „Sozialen Marktwirtschaft“ hatte, besonders deutlich. Schon im Juli 1966 hatte die FAZ unter Bezugnahme auf die Haltung der SPD zum Gesetzentwurf Erhards (Zustimmung, aber Hinweis auf die Unausgewogenheit des Instrumentariums) vor Erweiterungen in Richtung auf eine Wachtums- und Einkommenspolitik gewarnt. Um die Marktwirtschaft wäre es sonst schlecht bestellt. Die Änderungen des Gesetzentwurfs durch die große Koalition lagen dann in der Tat auf dieser Linie. Aus dem „Stabilitätsgesetz“ war das heute noch geltende „Stabilitäts- und Wachstumsgesetz“ vom 8.6.1967 geworden.

Am Ende der „Ära Erhard“ bahnte sich also erkennbar ein Wandel im Stil und in den Prinzipien staatlicher Wirtschaftspolitik an. Die Anforderungen an eine ordnungsorientierte Wirtschaftspolitik der „Sozialen Marktwirtschaft“ mußten schon unter Erhard durch einen pragmatischen Kurs der Wirtschaftspolitik und des staatlichen Interventionismus innerhalb eines durchaus anerkannten und respektierten marktwirtschaftlichen Rahmens mehr und mehr ergänzt werden. Die von Eucken konsequent abgelehnte „Prozeßsteuerung“ wurde als „Globalsteuerung“ das Markenzeichen der großen Koalition. Diese übertrug gleichsam das Konzept eines staatlich gesetzten Ordnungsrahmens nun auch auf die Prozeßsteuerung.

2.4.3.3 Kein Konzept für die Bewältigung von Strukturkrisen

Im Verlaufe der sechziger Jahre wurde die ordoliberale Wirtschaftspolitik der marktwirtschaftlichen Steuerung nicht nur konjunkturpolitisch durch „Überhitzung“ und Rezession herausgefordert, sondern auch zunehmend strukturpolitisch. Alfred Müller-Armack, der interessanterweise der späteren „Globalsteuerung“ ihr Recht nicht bestreiten wollte, plädierte 1967 für eine „jeweils sorgfältig auf einzelne Bereiche abgestimmte Wirtschaftspolitik“ (Handelsblatt v. 14./15.7.1967). Dies stimmte im Prinzip mit den Grundsätzen des neuen Wirtschaftsministers Schiller (SPD) überein, der eine Politik (Globalsteuerung) „ aus einem Guß“ betreiben wollte. Allerdings erwies sich, daß die Strukturkrisen nicht ohne ein gewisses Maß an Druck und Dirigismus zu lösen waren. Betroffen war vor allem der Kohlenbergbau, dessen Absatzkrise bereits 1958 begonnen hatte, ohne daß die marktwirtschaftliche Politik eine tragbare Neuordnung gefunden hätte, die dem Gesamtproblem des Ruhrgebiets (einseitige Abhängigkeit der Region von Kohle und Stahl) gerecht geworden wäre. Dasselbe galt für Eingriffe in Verkehrsbereiche wie die Rationalisierung der Bahn und die Modernisierung des Konzessionierungssystems im Straßengüterverkehr. Es bleibt noch nachzutragen, daß mit dem Einbezug der Landwirtschaft in die EWG ein hochsubventioniertes Erhaltungs- und Strukturförderungsprogramm auch national im Rahmen der „Sozialen Marktwirtschaft“ hingenommen worden war. Interessen aller Art, sei es bedeutsamer Berufsgruppen, sei es notleidender Sektoren der Wirtschaft oder auch ganzer Regionen, erwiesen sich mit ihrem Druck auf die Politik gleichsam als „Brechstangen“ gegen die konsequente Verfolgung der von Eucken geforderten marktwirtschaftlichen Ordnungspolitik.

2.4.3.4 Pluralistischer Staat versus „starker“ Staat

In einer international einflußreichen „Verfassungslehre“ hatte der amerikanische Politikwissenschaftler Karl Loewenstein in den fünfziger Jahren die „Bonner Version“ des „kontrollierten Parlamentarismus“ nüchtern als „demoautoritär“ eingestuft, „zumindest während der Dauer der Legislaturperiode, womit gesagt werden soll, daß die Regierung zwar auf demokratische Weise ins Amt gelangt ist, danach aber die politische Führung autoritär und ohne jede Begrenzung durch das Parlament oder die Wählerschaft ausübt" (Loewenstein 1957, S. 93f.). Ähnlich argumentierte Ernst Fraenkel (1963/64), wenn er von „Strukturdefekten" der deutschen Demokratie sprach. „Alles Geschrei über den pluralistischen Charakter unserer staatlichen und gesellschaftlichen Ordnung sollte nicht darüber hinwegtäuschen, daß wir nicht an einem über-, sondern an einen unterentwickelten Pluralismus leiden" (Fraenkel 1991, S. 91).

Auch für die Wirtschaftspolitik der modellorientierten „Sozialen Marktwirtschaft" und natürlich für Ludwig Erhard und Alfred Müller-Armack persönlich wurde die allmähliche Wandlung der Adenauerschen Kanzlerdemokratie hin zu einer „pluralistischen" zu einer zentralen Herausforderung. Den von Walter Eucken apostrophierten „starken Staat" gab es immer weniger. Die Bonner Republik erlebte ab 1960 nicht nur eine immer größere Offenheit der internationalen Märkte und Wirtschaftseinflüsse, sondern auch eine Öffnung und Vitalisierung der Gesellschaft und ihrer organisierten Einflußgruppen. Sie bedeuteten für die Politik Wählerstimmen und Geld. Sie forderten andererseits Dotationen, Subventionen, Interventionen. Eine ordnungspolitisch und marktkonform konsequente Politik wurde unter diesen Bedingungen immer schwieriger.

Als Kanzler verstrickte sich der einst so erfolgreiche Wirtschaftsminister in einem Netz von ordnungspolitischer Konsequenz, Wahlsieg und Klientelbetreuung. Sein Ausweg war eine hinter „Maßhalte-Appellen" verborgene Hilflosigkeit und Handlungsunfähigkeit, die sich mit einem unklaren gesellschaftstheoretischen, antipluralistischen Konzept der „Formierten Gesellschaft", in der die Regierung die verbindliche Definition von „Gemeinwohl" übernimmt, verband. Erhards Dilemma war aber nicht eigentlich ein personales, sondern ein dem Konzept im wirtschaftlichen und gesellschaftlichen Wandel immanentes. Diesem Wandel konnte der politische Repräsentant des ORDO-Liberalismus schließlich nicht mehr gerecht werden. Er mußte erleben, daß sein auf der wirtschaftlichen Entfaltungsfreiheit aufgebautes Leitbild der Wirtschaftspolitik zu Wohlstand und zur Handlungsunfähigkeit gleichermaßen führte. Aus dieser Freiheit erwuchsen immer neue egoistische Forderungen und massiver politischer Druck auf einseitige Interventionen des Staates.

Auf Dauer, so lautet die Bewertung des ersten über fast 18 Jahre währenden Versuches ordnungspolitisch gesteuerter Marktwirtschaft, vertrug sich das Staatskonzept des ORDO-Liberalismus nicht mehr mit der Realität der modernen pluralistischen Demokratie, die sich in Deutschland entwickelt hatte. Die Leistung seiner Nachfolger lag nicht in der völligen Abkehr vom ordoliberalen Marktwirtschaftskonzept, sondern in der Einbeziehung der gesellschaftlichen Großgruppen in eine neue Wirtschaftspolitik, die über globale Rahmensetzungen auch die Wirtschaftsprozesse zu steuern versuchte.

2.5 Die global-gesteuerte Marktwirtschaft (1967-1982)

Der Regierung der großen Koalition, die mit einem Bundeswirtschaftsminister Karl Schiller (SPD) und einem Bundesfinanzminister Franz-Josef Strauß (CSU) am 1.12.1966 ihr Amt antrat, stellte sich der konzeptionsimmanente Konflikt zwischen politischer Demokratie und wirtschaftlicher Ordnungspolitik nicht. Im Gegenteil, sie beschritt gerade auch in der Wirtschaftspolitik und Wirtschaftssteuerung den Weg der Einbeziehung der großen und einflußreichen Interessenverbände. Das „neokorporatistisch“ genannte Prinzip der Einbindung („Inkorporierung“) der Großverbände fand seinen stärksten und modellhaften Ausdruck in der „Konzertierten Aktion“. Staat, Wirtschaftsverbände, Gewerkschaften, Gebietskörperschaften, Bundesbank, um nur die wichtigsten zu nennen, versuchten, die notwendigen wirtschafts- und steuerungspolitischen Aktionen abzustimmen. Allerdings mußte auch der fachlich und rhetorisch ebenso kompetente Nachfolger Erhards, der sozialdemokratische Wirtschaftsminister und Marktwirtschaftler Karl Schiller erkennen, daß eine „Wirtschaftspolitik aus einem Guß“ politisch nicht durchzuhalten war.

2.5.1 Sicherung des gesamtwirtschaftlichen Gleichgewichts durch Marktsteuerung – eine „Synthese von Eucken und Keynes“?

Der Kern der neuen ökonomischen Politik war das bis heute geltende „Gesetz zur Förderung der Stabilität und des Wachstums der Wirtschaft“ vom 8.6.1967 (BGBl. I, S. 582). Ludwig Erhard hatte widerwillig den Entwurf eines „Stabilitätsgesetzes“ zulassen müssen. Aber er hatte allen Aufforderungen widerstanden, sich an die Spitze einer Konzertierten Aktion zu stellen: „Das ist zu schön, um wahr zu sein. Denn ich habe bisher die Erfahrung gemacht, daß, wer nicht sehen, auch nicht hören will. Ich möchte zudem wissen, welche Reaktion es hervorrufen würde, wenn sich die Bundesregierung tatsächlich die Führung für die Gesamtwirtschaft anmaßt“, sagte er am 17. Februar 1966 im Deutschen Bundestag (Sten. Ber., S. 928).

Der entscheidende Faktor, der den Eindruck einer Revolutionierung der Wirtschaftspolitik ausschloß, war das Bekenntnis des neuen Wirtschaftsministers Schiller zur „Globalsteuerung“ der Wirtschaft. Damit wollte er verbindlich festhalten, daß keine Rückkehr zu „punktuellen“ Eingriffen ohne Rücksicht auf ordnungspolitische Gesichtspunkte beabsichtigt sei, auch keine „Detailsteuerung“ als ein Weg in die Planwirtschaft. „Wir sind ... dabei, die partielle und Ad-hoc-Konjunktur- und Wachstumspolitik der Vergangenheit.. weiterzuentwickeln zu einem System der Globalsteuerung im Sinne einer längerfristig orientierten, aber zugleich konjunkturpolitisch flexiblen ‚Wirtschafts- und Finanzpolitik aus einem Guß‘“ (Bulletin v. 14.2.1967).

Von Karl Schiller stammte das Wort von der „Synthese“ zwischen Eucken und Keynes, also zwischen „Ordoliberalismus“ und „Keynesianismus“. Diese im Lichte der volkswirtschaftlichen Dogmengeschichte kühne Kombination war nur dann vertretbar, wenn die Wirtschaftspolitik wirklich nur rein „quantitativ“ operierte. Die an makroökonomischen Größen wie „Sozialprodukt“, „Gesamtangebot“ und „Gesamtnachfrage“ orientierte Steuerung der Wirtschaftsprozesse durch den Staat sollte nach Eucken ja gerade überflüssig sein. Schon die Notwendigkeit hierfür, von Müller-Armack 1967 immerhin eingestanden, bedeutete eine markante Relativierung der konstituierenden und regulierenden Prinzipien der Sozialen Marktwirtschaft. Der theoretische Streit blieb unentschieden.

Schiller band sich sogar entgegen strukturpolitischen Notwendigkeiten aus ordnungspolitischen Gründen an die „quantitative“ Orientierung seiner Wirtschaftspolitik. So kam er bald, ähnlich wie Ludwig Erhard vor ihm, in Schwierigkeiten. Dem ersten Schritt, nämlich der quantitativer Steuerung marktwirtschaftlicher Prozesse, mußten aus politischen Gründen weitere, nämlich „qualitative“ Eingriffe folgen. Strukturpolitische Probleme bei Kohle, Energie, Eisen und Stahl, Verkehr und Landwirtschaft, im Ruhrgebiet und in Zonenrandgebieten, verlangten gezielte und direkte, „qualitative", staatliche Maßnahmen.

Auch die „Globalsteuerung" als ein Steuerungsinstrument für marktwirtschaftliche Prozesse und eine „Wirtschaftspolitik aus einem Guß" erwies sich letztlich, über Personen und Konzepte hinaus, als nicht haltbar. Zu einem offenen Bekenntnis zu „dirigistischen" Eingriffen aus strukturpolitischen Gründen kam es jedoch in der Zeit der großen Koalition nicht.

2.5.2 Die Instrumente staatlicher konjunkturpolitischer Marktsteuerung

Folgende Prinzipien und konjunkturpolitischen Instrumente fanden im Stabilitäts- und Wachstumsgesetz von 1967 ihren Niederschlag:

- Ein Jahreswirtschaftsbericht der Regierung mit einer Jahresprojektion der von der Regierung angestrebten wirtschafts- und finanzpolitischen Ziele. Faktisch handelte es sich bei dieser von Erhard stets abgelehnten (ex ante) volkswirtschaftlichen Gesamtrechnung um ein „Nationalbudget".
- „Orientierungsdaten" der Regierung für die Konzertierte Aktion.
- Die Wahrung des außenwirtschaftlichen Gleichgewichts durch internationale Koordination und wirtschaftspolitische Mittel.
- Einführung von Konjunkturausgleichsrücklagen der öffentlichen Hände und ihr Einsatz zu antizyklischer Konjunkturpolitik.
- Zusätzliche Ausgaben bei Konjunkturabschwächungen mit konjunkturbezogenen Kreditermächtigungen für den Finanzminister.
- Bindung der Haushaltswirtschaft an eine fünfjährige Finanzplanung („Mittelfristige Finanzplanung").
- Mehrjährige Investitionsprogramme der Ministerien als Grundlage der Finanzplanung.
- Finanzhilfen (Subventionen) zur Erhaltung, Anpassung und Förderung von Betrieben und Wirtschaftszweigen.
- Einbindung der Gemeinden in die am Gesamtgleichgewicht orientierte Wirtschaftspolitik.
- Bildung eines Konjunkturrates für die öffentliche Hand. Später kam noch ein „Finanzplanungsrat" hinzu.
- Regelungen für die Kreditaufnahme zur Abwehr einer Störung des gesamtwirtschaftlichen Gleichgewichts. Hierher gehörten vor allem sogenannte „Schuldendeckel", d.h., die Kontrolle der Aufnahme öffentlicher Kredite durch öffentliche Haushalte.
- Der Grundsatz der Gleichrangigkeit der Aufgaben von Bund, Ländern und Gemeinden.
- Detaillierte Ermächtigungen für die Regierung, mit Zustimmung des Bundesrates Variationen von Abschreibungsvergünstigungen und Steuersätzen zwecks Konjunktursteuerung vorzunehmen.

Orientierungsgröße für alle staatlichen Maßnahmen wurde das „gesamtwirtschaftliche Gleichgewicht". Die wirtschafts- und finanzpolitischen Maßnahmen „sind so zu treffen, daß sie im Rahmen der marktwirtschaftlichen Ordnung gleichzeitig zur Stabilität des Preisniveaus, zu einem hohen Beschäftigungsstand und außenwirtschaftlichem Gleichgewicht bei stetigem und angemessenem Wirtschaftswachstum beitragen" (§ 1 des Gesetzes).

Damit waren 1967 erstmals staatliche Verpflichtungen zur Prozeßsteuerung gesetzlich definiert. Über die Art der „Maßnahmen" durfte weiterhin gestritten werden. Die Bindung an den Rahmen der marktwirtschaftlichen Ordnung sollte allerdings jede Planwirtschaft ausschließen. Zeitgeschichtlich betrachtet führte das Gesetz die Bundesrepublik zweifellos ohne Aufgabe der Marktwirtschaft an den internationalen Standard des wirtschaftspolitischen Instrumentariums der sechziger Jahre heran, ja an die Spitze der westlichen Demokratien mit modernen wirtschaftspolitischen Prinzipien, die den Erkenntnissen der Wirtschaftswissenschaften gerecht wurden. Die Garantie einer adäquaten Nutzung des Instrumentariums ist freilich in diese Feststellung nicht eingeschlossen.

2.5.3 Erfolge und Versagen

2.5.3.1 Antizyklische Marktsteuerung in der Hochkonjunktur

Bei der Würdigung des Konzepts der global gesteuerten Marktwirtschaft im Zeitraum zwischen 1967 und 1982 muß zwischen einer keynesianisch inspirierten Politik zur Ankurbelung der Wirtschaft in der ersten Jahreshälfte 1967 und zur Dämpfung überbordender inflationärer Expansion 1970/71 und danach unterschieden werden.

Der Staat soll, so lautet die Botschaft der von J.M. Keynes begründeten makroökonomischen Theorie, bei einem Konjunktureinbruch und bei nachlassender Nachfrage der Privatwirtschaft nach Krediten, Gütern und Diensten notfalls selbst Kredite aufnehmen und mit seiner Nachfrage die Gesamtnachfrage so lange stützen und fördern, bis der privatwirtschaftliche „Motor" wieder anspringt. Dann sollen staatliche Kredite, Schulden und Ausgaben zurückgenommen und – siehe Stabilitäts- und Wachstumsgesetz – sogar „Konjunkturausgleichsrücklagen" gebildet werden.

Der größte Erfolg der Politik einer globalgesteuerten Marktwirtschaft lag 1967 in der raschen Wiederbelebung der Konjunktur. Die makroökonomisch basierte, antizyklische Finanzpolitik mit Haushaltskonsolidierung und einem gesonderten Konjunkturhaushalt funktionierte in dieser Phase. Ein zweiter Eventualhaushalt von 2,5 Mrd. DM erübrigte sich sogar. Gewerkschaften und Arbeitgeberverbände kooperierten in der „Konzertierten Aktion" unter Vorsitz des Wirtschaftsministers. Unterstützt wurde die schnelle Konjunkturbelebung durch günstige außenwirtschaftliche Rahmenbedingungen, da es keine Krise in den Abnehmerländern für deutsche Exporte gab.

Die Schwierigkeiten begannen mit der schon 1968 einsetzenden Hochkonjunktur und inflationärer „Überhitzung". Politisch ließ sich das notwendige Gegenstück zur „Ankurbelung" der Wirtschaft durch den Staat, nämlich die Zurücknahme der staatlichen Aktivitäten, z.B. durch die Bildung der dafür vorgesehenen „Konjunkturausgleichsrücklagen", de facto nicht durchsetzen. Damit aber war auch das keynesianische Konzept in Frage gestellt. Hier wurde das Grundproblem jeder Politik offensichtlich, daß mit dem Anstieg der individuellen Einkommen auch die Steuereinnahmen stiegen, womit ein allgemeiner Boom der Begehrlichkeiten (Lohn- und Ausgabensteigerungen bei den öffentlichen Haushalten) einsetzte.

An der ökonomischen Entwicklung seit der Ölpreiskrise Ende 1973 und den weltwirtschaftlichen Krisen von 1974/75 sowie Anfang der achtziger Jahre scheiterte letztlich auch die in den sechziger Jahren noch erfolgreiche Politik antizyklischer staatlicher Finanz- und Haushaltspolitik. Spätestens 1971 stellte sich im Zeichen der Reformziele bei überbordender Konjunktur und inflationären Tendenzen heraus, daß die Zurückhaltung des Staates politisch nicht durchzuhalten war. Die Weltwirtschaftskrise von 1974/75 zwang die staatliche Konjunkturpolitik nur kurze Zeit später erneut zum Eingreifen, nunmehr schon auf einem höheren Schuldenstand der öffentlichen Haushalte. Dieser ließ sich aus politischen Gründen auch dann nicht entscheidend zurückführen, als eine erneute Konjunkturbelebung ab 1976 einsetzte. Außerdem blieb ein nennenswerter Sockel an Arbeitslosigkeit trotz des Konjunkturaufschwunges zurück. Staatliche Förderungsprogramme in der Hochkonjunktur waren aber „prozyklisch", d.h. sie verstärkten die „Überhitzung". Die „nachfrageorientierte", d.h. keynesianisch inspirierte Wirtschaftspolitik des „deficit spending" zwecks Ankurbelung verbrauchte ihre beschäftigungspolitischen Impulse schließlich in einer nicht zu überwindenden „Stagflation", d.h. dem zeitgleichen Auftreten inflationistischer Preissteigerungen bei wirtschaftlicher Stagnation. Denn am Ende der siebziger Jahre stagnierte die Wirtschaftskonjunktur erneut. Stagnation, anhaltende Inflationstendenzen und hohe Staatsverschuldung trafen zusammen. Der damalige sozialdemokratische Bundeskanzler Helmut Schmidt versuchte mit zaghaften Veränderungen der wirtschaftspolitischen Präferenzen (z.B. staatliche Ausgabenkürzungen, gezielte Investitionsförderungen) vergeblich, aus diesem Dilemma herauszukommen. Erst die Koalitionsaufkündigung der FDP beendete das „keynesianische Experiment", das theoretisch nicht eigentlich widerlegt wurde („der Staat darf nicht prozyklisch handeln"), sondern das sich in den Wechsellagen marktwirtschaftlicher Konjunkturen und gegenüber der Sozialstaatsklientel (s.u. S. 123ff.) als politisch nicht durchführbar erwiesen hatte. So stand zu Beginn der achtziger Jahre ein erneuter wirtschaftspolitischer Paradigmenwechsel an: Die Wende zur monetaristisch inspirierten „angebotsorientierten" Wirtschaftspolitik.

2.5.3.2 Das Spannungsverhältnis zwischen marktwirtschaftlichem Prozeß und staatlichen Reforminvestitionen

Im Zeichen der sozialliberalen Koalition, die ihr Amt im Herbst 1969 angetreten hatte, wurde ein weiteres fundamentales Dilemma der Marktwirtschaft offenkundig. Unter dem Stichwort „Innere Reformen" begann die sozialliberale Regierung gemäß ihren Wahlversprechungen Programme für die verschiedensten Politikfelder zu entwickeln, in denen große öffentliche Investitionen überfällig waren (vgl. M. Schmidt 1978, S. 201ff.). Diesem Ziel standen aber ab 1970 eine stark inflationistische Binnenkonjunktur und außenwirtschaftliche Faktoren („importierte Inflation": Auslandskapital in Erwartung einer weiteren DM-Aufwertung) entgegen. Rein ökonomisch betrachtet, mußte also jede staatliche Investition die Inflationsgefahren noch verstärken. Die Regierung stand vor der Frage, ob sie in Zeiten überschäumender Konjunktur mit entsprechenden Steuereinnahmen die Konjunktur durch Zurückhaltung bremsen oder ob sie aus politischen Gründen ihr Programm großer öffentlicher Investitionen für „Innere Reformen" trotz des dann prozyklischen Verhaltens durchziehen sollte. Letzteres war zunächst beabsichtigt. Jedoch war die Politik am Ende gezwungen, sich den ökonomischen Verantwortungszwängen zu beugen, d.h., in ihrer Reformpolitik den Erfordernissen des gesamtwirtschaftlichen Gleichgewichts wenigstens begrenzt Rechnung zu tragen.

Es versteht sich, daß die staatliche Reformpolitik unter den gegebenen Umständen einen Dauerkonflikt mit der Deutschen Bundesbank heraufbeschwor, die gemäß ihrem gesetzlichen Auftrag eine Politik der Preisniveaustabilisierung betrieb, also faktisch gegen die expansive Fiskalpolitik arbeitete. Offen blieb – und das wurde zu einem öffentlichen Dilemma für die sozialliberale Koalition – die Beantwortung der Frage, wann eigentlich – wenn nicht in Zeiten der Hochkonjunktur mit hohen Steuereinnahmen – große öffentliche Vorhaben von Bund, Ländern und Gemeinden vorgenommen werden sollen. Politisch notwendige und geplante Reformvorhaben standen wachsenden ökonomischen Problemen gegenüber. Der Versuch der Regierung und ihrer Klientel (den Präzedenzfall lieferte die Gewerkschaft ÖTV Anfang 1974 mit ihrem erbitterten Streik im öffentlichen Dienst gegen „ihre" Regierung), ihre Vorhaben durchzudrücken, verschärften die wirtschaftlichen Schwierigkeiten derselben Regierung. Notgedrungen waren ihre Konsolidierungsversuche eher halbherzig. Hinzu kamen die außenwirtschaftlich bedingten Preissteigerungen, vor allem die Energieverteuerungen. An diesen Schwierigkeiten zerbrach letztlich die sozialliberale Koalition im Sommer 1982, wirtschaftlich wie politisch. Es hatte sich gezeigt, daß auch ein weitgehender wirtschaftspolitischer Pragmatismus in der Wirtschaftspolitik weder die Probleme des Interessentendrucks noch die eines stetigen Wirtschaftswachstums mit hoher Beschäftigung und bei Preisniveaustabilität zu lösen imstande war.

2.5.3.3 Staatliche Marktsteuerung und Notenbankpolitik

Die Deutsche Bundesbank hat nach ihrem gesetzlichen Auftrag, einerseits die „Währung zu sichern" und andererseits „im Rahmen ihres gesetzlichen Auftrages" die allgemeine Wirtschaftspolitik zu unterstützen. Für den ORDO-Liberalismus gehörte die Existenz einer politisch unabhängigen Notenbank zu den entscheidenden Prinzipien neoliberaler Ordnungspolitik. Die Notenbank soll die Währungs-/Preisniveaustabilität sichern.

Wenn die Wirtschaftspolitik nun aber einem übergeordneten Ziel der „Wahrung des gesamtwirtschaftlichen Gleichgewichts" gesetzlich und sogar verfassungsrechtlich verpflichtet ist und dies sich im Zielquadrat: Sicherung der Währung nach innen (Preisniveaustabilität) und außen („außenwirtschaftliches Gleichgewicht"), einem „hohen Beschäftigungsstand" und stetigem Wachstum, niederschlägt, dann steht die Notenbank institutionell offensichtlich nur auf einer Seite. Nur wenn sie es für vertretbar hält, stellt sie ihre Politik auch in den Dienst der übrigen konkreten politischen Ziele. Dieser institutionell bedingte Konflikt zwischen Regierung und Notenbank konkretisierte sich praktisch ab Beginn der siebziger Jahre bis zum Ende des Jahrzehnts. Mit dem Zusammenbruch des internationalen Währungssystems von Bretton Woods und frei floatenden Währungen wurde die Notenbank handlungsfähiger (die Einlösungspflicht entfiel, s. S. 189ff.). Sie begann, ihre geld- und kreditpolitische Steuerung an der Einhaltung eines selbstgesetzten Geldmengenziels zu orientierten. Dies entsprach bereits jener Wirtschaftsdoktrin, die politisch erst mit dem Regierungswechsel von 1982 zum Zuge kam.

2.5.3.4 Oligopolistische Marktformen und Unternehmensfusionen

Schon 1957, bei der Verabschiedung des Kartellgesetzes, war eigentlich klar, daß diese „Magna Charta der Sozialen Marktwirtschaft" von einem klein- und mittelbetrieblichen Wirtschaftsmodell ausging, das es so kaum noch gab oder geben würde. Die „marktbeherrschenden Unternehmen" wurden zu einem Problem, das sich im Laufe der Jahrzehnte zum marktwirtschaftlichen Problem der Großfusionen erweiterte und kaum noch von staatlichen Instanzen unter Kontrolle gehalten werden konnte. Damit aber war ein weiteres ordnungspolitisches Element des ordoliberalen Konzepts brüchig geworden.

Die Novellierungen des „Kartell"gesetzes in der Regierungszeit der sozialliberalen Koalition versuchten, dieser realen Entwicklung Rechnung zu tragen. Zum einen ging es um die Gewährleistung von Wettbewerb unter den Bedingungen vorherrschend oligopolistischer Marktformen. So hatte der Wirtschaftswissenschaftler Erhard Kantzenbach 1965 die „Funktionsfähigkeit des Wettbewerbs" im „weiten Oligopol" (10-20 Anbieter) begründet. Wichtiger noch wurde die Frage, ob der nationale Staat im Zeichen immer weiter zusammenwachsender internationaler Märkte die voranschreitende Fusion von Unternehmen unterbinden solle und dürfe. Schon Erhard hatte sich 1957 nicht mit seiner Forderung nach einer Genehmigungspflicht für Unternehmenszusammenschlüsse durchsetzen können. Das Gegenargument lautete, man dürfe die Entstehung „optimaler Betriebsgrößen" staatlicherseits nicht unterbinden. Unternehmenskonzentrationen und Zusammenschlüsse zu immer größeren Konzernen, die die Märkte zu dominieren begannen, prägten die sechziger Jahre.

Erst die sozialliberale Koalition führte dann 1973 die „Fusionskontrolle" durch das Kartellamt ein. Außerdem wurde eine „Monopolkommission" eingerichtet, die von nun an alle 2 Jahre einen Bericht über die Unternehmenskonzentration insgesamt und in den einzelnen Märkten abgab. Eine besondere, politisch motivierte, „Ministererlaubnis" sollte auch hierbei gewährleisten, daß selbst bei „Elefantenhochzeiten", also Zusammenschlüssen zu national überdimensionaler Größe, im Interesse des Bestehens der Volkswirtschaft auf den internationalen Märkten Ausnahmen möglich sind. Dies trug dem Umstand Rechnung, daß nationale Wettbewerbspolitik zunehmend international und „global" bewertet werden mußte. Daraus ergab sich gelegentlich sogar die staatliche Förderung von Unternehmenszusammenschlüssen zu kostengünstig anbietenden und international wettbewerbsfähigen Großunternehmen (z.B. im militärisch-industriellen Komplex der Marktwirtschaft).

Insgesamt hat die Wettbewerbspolitik die Konzentration in der Wirtschaft nicht verhindern können. Euckens Vorstellungen vom „Markt" sind überholt. Offen ist allerdings auch, ob – wie so mancher Neoliberale fordert –, die beste Wettbewerbspolitik in der Öffnung der Märkte gegenüber der Konkurrenz auch des Auslandes besteht. Denn wer ist noch imstande, diese „Marktöffnung" angesichts der Konzentrationsprozesse durchzusetzen und zu kontrollieren? Heute ist dies offensichtlich ein Problem geworden, das auf der europäischen Ebene unter Beibehaltung nationaler Kontrollbehörden gelöst werden muß (s. S. 189ff.).

2.5.4 Die Wirtschaftsverfassung der Marktwirtschaft seit 1969

Am Ende der Regierungszeit der Großen Koalition (1969), die mit ihrer großen gesetzgeberischen Mehrheit grundlegende Modernisierungen in Staat und Wirtschaft verwirklichte, standen auch Änderungen des Wirtschaftsverfassungsrechts, die bis heute gelten. Es ist dies neben der Neuordnung der Steueraufkommens und des Finanzausgleichs zwischen Bund, Ländern und Gemeinden (Art.106/107 GG) vor allem

- die Verankerung der Prinzipien des Stabilitäts- und Wachstumsgesetzes in Art. 109 Absätze 2 bis 4 GG: „Bund und Länder haben bei ihrer Haushaltswirtschaft den Erfordernissen des gesamtwirtschaftlichen Gleichgewichts Rechnung zu tragen". Zur Abwehr einer Störung kann die Bundesregierung mit Zustimmung des Bundesrates Vorschriften über Kreditaufnahmen und Konjunkturausgleichsrücklagen erlassen.
- Bedeutsam ist desweiteren der Art. 104a Absatz 4, wonach der Bund den Ländern „Finanzhilfen für besonders bedeutsame Investitionen" bei Störung des Gleichgewichts gewähren kann. Er kann in dieser Weise auch intervenieren, um die unterschiedliche Wirtschaftskraft der Regionen auszugleichen oder das wirtschaftliche Wachstum zu fördern.
- Schließlich sollten die Art. 91a und b („Gemeinschaftsaufgaben") nicht übersehen werden, nach denen gemeinsame Interventionen von Bund und Ländern in Sachen Hochschulbau, regionale Wirtschaftsstruktur, Agrarstruktur und Küstenschutz erfolgen können, die zuvor in Planungsausschüssen vorbereitet wurden.

Auch ohne eine gründliche Analyse der Grundrechtsinterpretationen in diesem Punkt darf festgestellt werden, daß das Grundgesetz unterschiedliche Wege der Wirtschaftspolitik und der Ausgestaltung der Wirtschaftsordnung vorsieht. Sicher ist, daß das Fundament der Marktwirtschaft nicht verlassen werden darf. Nur, staatliche Interventionen sind möglich, geboten und üblich geworden. Dies zeigt sich in den anhaltenden Aktivitäten, die sich auf die „Gemeinschaftsaufgaben" und die Strukturhilfen nach Art. 104a Abs. 4 beziehen. Ein anderes als ein marktwirtschaftliches System ist nach dem Grundgesetz nicht denkbar. Die Verfassung sieht dieses aber nicht unbedingt als ein in sich wirkendes Ordnungssystem an, sondern als freiheitliches und effektives Grundprinzip des Wirtschaftens, das ständiger politischer Moderation und Eingriffe bedarf, die sich an Fehlentwicklungen und am gesamtwirtschaftlichen Gleichgewicht und nicht ausschließlich an ordnungsimmanten Prinzipien orientieren. Jedoch, auch der prinzipienlose Pragmatismus in der Wirtschaftspolitik funktioniert nicht. Das Wirtschaftssystem bedarf, so zeigt die Geschichte des deutschen Wirtschaftssystems nach 1948, zeitgemäßer politischer Rahmensetzungen.

2.6 Die neoliberale Renaissance der achtziger Jahre: Chancen und Probleme

2.6.1 „Angebotsorientierte" Wirtschaftspolitik und monetaristische Geldmengensteuerung als Rückkehr neoliberaler Grundsätze

Dem ordoliberalen Marktmodell Walter Euckens lag die Überzeugung zugrunde, daß es eine marktimmanente Tendenz zum Gleichgewicht der Märkte gibt und daß deshalb bei konsequenter Ordnungspolitik des Staates und notfalls einigen marktkonformen Interventionen letztlich auch der Arbeitsmarkt ohne dauerhafte Unterbeschäftigung existieren werde. Karl Schiller teilte diese Überzeugung offensichtlich nicht, als er dem Staat (der Finanz- und Haushaltspolitik von Bund und Ländern) die Aufgabe übertrug, bei einer „Störung des gesamtwirtschaftlichen Gleichgewichts" zumindest seine Fiskalpolitik antizyklisch einzusetzen.

Die „angebotsorientierte" Wirtschaftspolitik und eine auf monetaristischen Grundsätzen beruhende Geldmengensteuerung durch die Deutsche Bundesbank basieren auf einem anderen neoliberalen bzw. neoklassischen Marktwirtschaftsmodell, dessen bedeutendster Exponent der Chicagoer Wirtschaftsprofessor Milton Friedman ist. Dieses Modell vertraut nicht auf die Ordnungskraft des „starken Staates", sondern sieht das Heil in einer konsequenten Liberalisierung aller marktwirtschaftlichen Prozesse, vor allem aber in einer Ausschaltung jeglicher „diskretionärer" Geld- und Kreditpolitik; d.h., im Prinzip ist auch eine Geld- und Kreditpolitik des Staates von Übel und stört die marktwirtschaftlichen Prozesse in ihrer Entfaltung. Das Modell Friedmans bleibt also bei der Überzeugung von der immanenten Tendenz der Marktwirtschaft zur Vollbeschäftigung. Es konzediert allerdings die Wahrscheinlichkeit einer „natürlichen" Arbeitslosigkeit, die infolge struktureller Gegebenheiten unvermeidlich sei (Friedman, 1976, S. 144). Beanstandet wird vor allem die fehlende Flexibilität der Arbeitsmärkte. Auf die sozialen Besonderheiten dieser „Märkte" und der individuellen Arbeitsverhältnisse wird keine Rücksicht genommen.

Auch zu dieser neoliberalen Schule (vgl. S. 40) sind hier keine näheren Darstellungen möglich. Für die marktwirtschaftliche Ordnung, den Wettbewerb und die Wirtschaftspolitik wichtig sind die bekannten Stichworte „Geldmengensteuerung" (durch die unabhängige Bundesbank), „angebotsorientierte Wirtschaftspolitik" und „Deregulierung". In starker Anlehnung an das Modell haben Ronald Reagan in den USA und Margret Thatcher in Großbritannien eine konsequente Politik der „Deregulierung" ohne Rücksicht auf die bestehenden wohlfahrtsstaatlichen Regelungen durchgesetzt. Hierin wird seit Mitte der neunziger Jahre eine Bestätigung der neoklassischen Theorie gesehen, denn gerade diese Volkswirtschaften florieren und liegen am unteren Ende der Arbeitslosenraten großer Industriestaaten. Eine derartige Annahme macht es sich jedoch zu leicht, wie sich im Vergleich mit den kontinentaleuropäischen Volkswirtschaften noch zeigen wird (s.u.).

2.6.2 Die Chancen und Erfolge des Konzepts

In Deutschland ist die Deregulierung nie auch nur annähernd derart drastisch und ohne sozialpolitische Rücksichtnahmen wie in den USA oder in Großbritannien durchgeführt worden. Dies gilt gerade auch für die konservativ-liberale Koalition unter Bundeskanzler Kohl in den achtziger und den beginnenden neunziger Jahren. Die Gründe hierfür lassen sich nicht eindimensional bestimmen. Vieles spricht dafür, daß die in Deutschland gewachsene „Symbiose" von Privatökonomie, Staatsfinanzen und Wohlfahrtspolitik (s.u.) sowie der sie tragenden gesellschaftlichen Kräfte zu vollkommen war, als daß eine Politik des „Thatcherismus" (die ja z.B. auch die Gewerkschaften entmachtete) möglich gewesen wäre. Durchgesetzt haben sich jedoch die „Geldmengensteuerung" der Deutschen Bundesbank und die „angebotsorientierte Wirtschaftspolitik". Schärfere gesetzliche Schritte zur „Deregulierung" fielen in der Interpretation neoliberaler Theoretiker zu zaghaft aus.

Schon 1975 war die Deutsche Bundesbank zur Geldmengensteuerung übergegangen. Jeweils für das kommende Jahr legt der Zentralbankrat im voraus fest, wie stark die Geldmenge entsprechend dem geschätzten Wachstum des Produktionspotentials, dem Auslastungsgrad, der Umlaufgeschwindigkeit des Geldes möglichst inflationsfrei wachsen müsse. Das Wachstum der Geldmenge wird in Form eines „Korridors" festgelegt (z.B. 6 bis 9%). Im Grunde genommen handelt es sich um eine „Globalsteuerung" mit marktkonformen Instrumenten, wie vor allem der Offenmarktpolitik. Fallweise Eingriffe in die Geldversorgung der Wirtschaft werden vermieden. Diese Politik der Regelbindung entspricht dem monetaristischen Modell, ohne dem Prinzip noch stärkerer staatlicher Zurückhaltung voll gerecht zu werden.

Diese Politik hält die Bundesbank bis zur Gegenwart durch. Auch wenn statistisch nachweisbar ist, daß das Geldmengenziel häufig verfehlt wurde, galt bis zur Verwirklichung der Europäischen Währungsunion der Grundsatz der „Stetigkeit" und der Orientierung an der Preisniveaustabilität. Das kann durchaus als ein Element des Modells von Eucken angesehen werden.

Den Übergang zu einer angebotsorientierten Wirtschaftspolitik hatte der Sachverständigenrat zur Begutachtung der gesamtwirtschaftlichen Entwicklung seit 1976 vergeblich den Regierungen der sozialliberalen Koalition vorgeschlagen: „... In wichtigen Teilen des Marktgeschehens hat das Angebotshandeln einen Vorlauf. Das Angebot, das Produzieren, schafft über das Einkommen, das dabei erzielt wird, kaufkräftige Nachfrage." (Jahresgutachten 1982/83, S. 143). Mit dem Amtsantritt der konservativ-liberalen Koalition 1982/83 erfolgte dann der Durchbruch dieser Politik. Dies kann als eine Rückkehr zum neoliberalen Marktwirtschaftskonzept, allerdings ohne die Bindung an das spezifische „ORDO-Konzept", bezeichnet werden. Der Durchbruch dieser Wirtschaftspolitik war aber weniger durch theoretisch-dogmatische Erwägungen als durch sehr praktische Gründe bestimmt. Sie erwies sich als außerordentlich erfolgreich, um die Folgen der mikroelektronischen Revolutionierung der industriellen Produktion marktgerecht und absatzorientiert zu bewältigen. Die Politik der bewußten Verbesserungen und Erleichterungen der Produktionsbedingungen und der unternehmerischen Tätigkeit wurde über die Belebung der Konjunktur in der zweiten Hälfte der achtziger Jahre hinaus beibehalten.

Die prinzipielle Feststellung lautet unabhängig von den konjunkturellen Abläufen: Ab 1982 ist mit der „angebotsorientierten" Wirtschaftspolitik und ihrem Gleichklang mit der Geldmengenpolitik der Deutschen Bundesbank eine Rückkehr zu tragenden Grundprinzipien der neoliberalen, besser neoklassischen Steuerung der Marktwirtschaft vollzogen worden, die allerdings nicht dem Modell Euckens und Erhards folgt.

3. Das D-Mark-System als Grundlage von Stabilität und Demokratie

3.1 Das „Inflationstrauma" in der deutschen Wirtschaftsgeschichte

Den Deutschen wird im europäischen Rahmen, insbesondere auch anläßlich der Gründung der Europäischen Währungsunion, immer wieder eine Art „Stabilitätshysterie" (Otto-Wolff v. Amerongen, Präsident des DIHT, 1969) oder gar eine „Inflationsphobie" (R. Krengel, nach einem Zitat in: Die Zeit v. 10.1.1969) nachgesagt. „Da die in anderen Ländern lebenden Menschen und ihre Regierungen sich wohlweislich gehütet haben, die gleichen Erfahrungen zu sammeln wie wir, sind sie weder willens noch fähig, unsere Inflationsphobie als eine die Welt beglückende Idee anzuerkennen..." (dazu auch Dörge/Mairose, 1969, S. 245).

Wir bevorzugen hier den Begriff „Inflationstrauma". Ein „Trauma" ist – psychologisch gewertet – ein Schock. Hier geht es jetzt nicht um die schwierige Frage, ob und wie individuelle Befindlichkeiten überhaupt auf ein Volk als Ganzes übertragen werden können. Richtig ist aber zweifellos, daß es ein tradiertes, immer wieder weiter gegebenes kollektives Bewußtsein von fundamentalen Ereignissen in der Geschichte eines Volkes gibt. Ein Kriegsausbruch, Bombennächte, ein Kriegsende mit Hunger und Zerstörung, die Erkenntnis, daß in deutschem Namen schlimmste Verbrechen begangen wurden – dies alles sind sicher nachwirkende und gegenwartsprägende Ereignisse für Deutschland. Unsere Überlegungen führen weiterhin dazu, daß möglicherweise subjektiv und kollektiv daraus eine „Phobie" („krankhafte Furcht") wurde, erwachsend aus dem Umgang mit einem schrecklichen Ereignis und erlebten Schock. Aus dem Ereignis kann ein „verstelltes Verhältnis" zur Wirklichkeit werden, das den rationalen Umgang mit dem Problem behindert.

Die Inflation hat in der deutschen Gesellschafts-, Staats- und Wirtschaftsgeschichte einen derartigen Rang als kollektiver Schock. Dabei wird in erster Linie der Hyper-Inflation von 1923 gedacht. Aber die „Erinnerung" wurde bekanntlich noch ein zweitesmal aufgefrischt durch die Entwertung der Reichsmark nach dem Kriegsende 1945 und durch die Währungsreform von 1948. Daß aus dem „Trauma" partiell eine „Phobie" wurde, hängt sicher auch damit zusammen, daß die Währungsstabilität ein Grunddogma der die Nachkriegszeit beherrschenden ordoliberalen Doktrin wurde.

Die große Inflation von 1923 begann mit der Kriegsfinanzierung, wurde gespeist aus den Versuchen, dem Druck der Reparationslasten zu entgehen, und endete im Chaos des staatlichen finanzierten Widerstandes gegen die französisch-belgische Ruhrbesetzung. Symbol der Hyperinflation und in der Geschichte ohne Vorbild ist die Entwicklung der Dollarkurse vom Kriegsausbruch 1914 bis zum 15.11.1923, dem Ende. In dem nach wie vor sehr lesenswerten Buch von Gustav Stolper „Deutsche Wirtschaft seit 1870“ (seit 1964 fortgeführt von Karl Häuser und Knut Borchardt) wird in einer Tabelle der Dollarnotierungen an der Berliner Börse „das Chaos, in dem das deutsche Volk etliche Jahre verleben mußte“ (S. 98) wiedergegeben:

Tab. 1: Die Entwicklung der Inflation 1914-1923

	Mark
Juli 1914	4,2
Januar 1919	8,9
Juli 1919	14,0
Januar 1920	64,8
Juli 1920	39,5
Januar 1921	64,9
Juli 1921	76,7
Januar 1922	191,8
Juli 1922	493,2
Januar 1923	17.972,0
Juli 1923	353.412,0
August 1923	4.620.455,0
September 1923	98.860.000,0
Oktober 1923	25.260.208.000,0
15.November 1923	4.200.000.000.000,0

Quelle: Stolper u.a., s. Lit. Nr. (74), S. 49

Der Warenpreisindex folgte dieser Entwertung zunächst langsam. Nach 1922 aber geriet auch binnenwirtschaftlich die Dollarnotierung immer mehr zum Wertmesser und entscheidenden Faktor der Preisbildung. So entsprach Ende 1923 der Grad der inflationären Anpassung dem Grad der außenwirtschaftlichen Entwertung. Der Wertschwund war schließlich so extrem, daß der Geldumlauf hinter der Entwertung der Mark zurückblieb; jeder versuchte, sein täglich erhaltenes Papiergeld sofort in Waren umzutauschen.

Die Reichsbank unterstützte diesen Prozeß, indem sie der Regierung immer mehr inflatorische Darlehen gewährte – seit der Kriegsfinanzierung durfte sie kurzfristige Schatzscheine in unbeschränkter Höhe rediskontieren und dafür Banknoten ausgeben. Nach dem Krieg stand sie mit der Regierung im gemeinsamen Abwehrkampf gegen die ausländischen Reparationszahlungsauflagen. Ebenso finanzierte sie mit inflatorischen Krediten ab 1922 die Wirtschaft. Bei ihrer Zinspolitik rechnete die Reichsbank mit einer jährlichen Entwertungsrate von 25 bis 85%, während 1922 die tatsächliche Entwertungsquote 3000% und 1923 Millionen und Milliarden betrug (Stolper, S. 102).

Gewinner der Hyper-Inflation waren die Sachwertbesitzer bzw. diejenigen, die mit schnell entwerteten Krediten Sachwerte wie Häuser, Fabriken oder Unternehmen einkauften. Hugo Stinnes baute sein industrielles Reich auf diese Weise überdimensional aus. Nach seinem Tod im April 1924 brach das Imperium allerdings zusammen; die Nennwerte der übermäßigen Schuldenverpflichtungen waren auch in der Stabilisierung geblieben und ruinierten den Besitz wieder.

Wichtiger als die Inflationsgewinner sind die Inflationsopfer. Denn dies waren die im Kaiserreich zu bürgerlichem Wohlstand gekommenen Mittelschichten, vor allem auch die Pensionäre und Rentner, die ihre Vermögen in festen Geldbeträgen, auch

Staatsanleihen, Hypotheken und Sparkassenguthaben angelegt hatten. Damit verlor das Deutsche Reich seine stabile gesellschaftliche „Mitte“. Auch die Angestellten und Arbeiter wurden schließlich Opfer infolge völliger Entwertung ihrer Einkommen. Die politischen Auswirkungen waren bekanntlich verheerend. Denn für diese Art Zusammenbruch wurde die erst vier Jahre alte demokratische Republik verantwortlich gemacht. Die politische Radikalisierung und Hinwendung der durch die Hyperinflation enteigneten Bevölkerung zur Hitler-Partei war gewiß nicht allein eine Angelegenheit der Mittelschichten. Jedoch hat die NSDAP bis zum Beginn der Massenarbeitsarbeitslosigkeit ab 1930 gerade dort besondere Erfolge erzielen können.

„Im Herbst 1923 war eine durchgreifende Reform der Währung zu einer Lebensfrage geworden. Wie sollte man den Übergang von einer inflatorischen zu einer wertbeständigen Währung finden?...Nie zuvor und nirgends waren die Währung und das Vertrauen in ihr Funktionieren so gründlich untergraben worden wie jetzt und hier. Ohne „Vertrauen auf Vorschuß“ konnte man aber unmöglich eine neue Währung aufbauen ...“ (Stolper, S. 105).

Die „Stabilisierung“ gelang durch das „Wunder der Rentenmark“ – im Kern eine geldtheoretisch absurde Vorstellung von einer „Deckung“ des neuen Geldes durch eine Grundschuld auf Landwirtschaft und Industrie – sowie im Jahre 1924 durch ausländische Unterstützung und Kredite („Dawes-Anleihe“). So wurden Vertrauen in die Stabilität der neuen Währung und internationale Absicherungen gleichzeitig geschaffen. Die Stabilisierung der Währung gelang.

Die sozialen Folgen dieser Stabilisierung werden allerdings häufig übersehen. Während in der Inflation die Beschäftigung kaum zurückgegangen war, kam es mit der Stabilisierung schlagartig zu einer ersten großen Massenarbeitslosigkeit in der Weimarer Republik, zum Zusammenbruch der Gewerkschaftsorganisationen und Betriebe (vgl. dazu Hartwich, 1967a). Jetzt wurde durch die „Stabilisierungskrise“ erstmals das so wichtige Fundament der neuen demokratischen Republik, die sozialstaatliche Komponente einschließlich des „Prunkstücks“ der Weimarer Republik (Ernst Fraenkel), des kollektiven Arbeitsrechts, in Frage gestellt. Die Macht tarifunwilliger Unternehmer und die Schwäche der Gewerkschaften führten zu direkten Interventionen in die Wirtschaft durch das staatliche Schlichtungswesen. Der von der Arbeiterschaft 1918 erkämpfte Achtstundentag z.B. wurde erneut in Frage gestellt.

So eindeutig die gesellschaftlichen Folgen einer hemmungslosen Inflation im Falle der Hyper-Inflation von 1923 auch sind, die Rolle der staatlichen Notenbank bleibt dabei eher vieldeutig. Mit dem auf Druck der Alliierten Mächte zustande gekommenen Autonomie-Paragraphen 27 (Gesetz vom 26.5.1922) war der Reichsbankpräsident auf Lebenszeit ernannt. Dies und die „Autonomie“ hinderten die Reichbankleitung unter ihrem Präsidenten Havenstein also nicht, die inflationistische Politikfinanzierung sofort zu beenden. Reichsbank und Politik vertraten aber weitgehend gleiche politische Auffassungen. Damit gab es keine Barriere gegen die Inflationierung der Währung.

Nach der Stabilisierung am 15.11.1923 behielt die Reichsbank das Notenausgaberecht. Sie durfte aber keine Schatzanweisungen des Reiches oder der Länder mehr diskontieren. Zusätzlich wurde eine „Deutsche Rentenbank“ gegründet, die die „Grundschuld“ auf Industrie und Landwirtschaft als „Kapital“ hielt und der aus den Schuldverschreibungen Zinsen zuwuchsen. Die Rentenbank durfte Rentenbankscheine in einer bestimmten Höhe ausgeben. Die Hälfte davon erhielt das Reich als Darlehen. Im Frühjahr 1924 gründete die Reichsbank die Golddiskontbank, um damit den Anschluß an die Goldwährung zu finden. Diese Stabilisierung wurde dann bis zum Herbst 1924 auch international auf solide Füße gestellt; nach Einschaltung des amerikanischen Präsidenten kam es zum Dawes-Plan und dann zur Dawes-Anleihe (Stolper, S. 108ff.).

Präsident der Reichsbank wurde nach der Stabilisierung Hjalmar Schacht. Er wurde zu einer wichtigen politischen Figur im Übergang zum NS-Staat. Von der Stabilisierung bis zur Ratifizierung des in Deutschland hart umkämpften „Young-Planes" erwarb er sich den Ruf eines unabhängigen und ungewöhnlich tüchtigen Reichsbankleiters. Politisch engagierte er sich auf Seiten der Rechten. Da er wie diese den „Young-Plan" als eine Weiterführung der Reparationszahlungen ablehnte, trat er als Reichsbankpräsident zurück. Also aus politischen Gründen. Als Hitler dann Reichskanzler geworden war, machte er Schacht zu seinem währungspolitischen Berater und ab 1934 wieder zum Reichsbankpräsidenten. In dieser Zeit unterstützte Schacht faktisch wieder mit einer verdeckt inflationistischen Geldpolitik (die 1936 einen allgemeinen Preisstopp notwendig machte) Aufrüstung und öffentliche Arbeiten des NS-Staates. Als der Krieg bevorstand und die erneute inflationistische Kriegsfinanzierung offenkundig wurde, trat Schacht 1939 als Reichsbankpräsident zurück, mit ihm auch das Direktoriumsmitglied Vocke, der dann 1948 der erste und langjährige Präsident der „Bank deutscher Länder" (BdL) wurde.

Die Geschichte von Autonomie und Abhängigkeiten der Reichsbank von 1922 bis 1945 zeigt bei näherem Hinsehen, daß auch die Autonomie keinen Schutz vor einer inflationistischen Politik gewährte. Vielmehr kam es immer auf die politische Übereinstimmung von Reichsregierung und Reichsbank an. Die verhängnisvolle Bedeutung Schachts liegt darin, daß er sein mächtiges Amt in den Dienst seiner persönlichen politischen Anschauungen stellte. Diese Anschauungen waren gegen die demokratische Republik von Weimar gerichtet. Schacht war somit – als Reichsbankpräsident und Politiker – ein ganz wichtiger Steigbügelhalter für Hitler. An diesem Urteil kann auch der Rücktritt von 1939 nichts ändern, der ihm später – auch mit Hilfe englischer Freunde – sogar noch eine Selbstcharakterisierung als Widerstandskämpfer ermöglichte.

Eine weiterer wichtiger Punkt ist noch nachzutragen. Als Anfang 1930 die Weltwirtschaftskrise in Deutschland ausbrach, wurde nach dem Scheitern der „großen Koalition" unter Reichskanzler Hermann Müller (SPD) eine „präsidentielle", aber immerhin noch vom Reichstag „tolerierte" Reichsregierung gebildet. Kanzler wurde Heinrich Brüning (Zentrum). Er, der sich auch als Volkswirt verstand, betrieb die verhängnisvolle sogenannte „Deflationspolitik". Bei extrem wachsender Arbeitslosigkeit versuchte der Staat nicht, Nachfrage zu stabilisieren oder „gegenzusteuern". Vielmehr verfolgte er ausdrücklich den finanzpolitischen Kurs einer „Anpassung an die Armut der Nation". Der Staat reduzierte seine Ausgaben, die Sozialausgaben und die Beamtengehälter. Er setzte mit Hilfe des staatlichen Schlichtungswesens allgemeine Lohnsenkungen durch. Diese die zyklische Abwärtsspirale der Wirtschaft verstärkende Politik war durch zwei Hauptüberzeugungen Brünings bestimmt:

1. Nach den Erfahrungen mit der Inflation von 1923 dürfe keine Politik des „leichten Geldes" betrieben werden, auch nicht zur Bekämpfung einer Wirtschaftskrise mit extremen Produktionseinbrüchen, Deflation und Arbeitslosigkeit.
2. Das Ausland müsse davon überzeugt werden, daß Deutschland die Reparationsforderungen nicht erfüllen könne.

Reichskanzler Brünung wurde im späten Frühjahr 1932 vom Reichspräsidenten entlassen. Ihm folgten die „Präsidial"regierungen v. Papen und Schleicher (sie stützten sich allein auf die Notstandsbefugnisse des Präsidenten). Am 30. Januar wurde dann Hitler zum Reichskanzler bestellt. Im Sommer 1932 wurden auf der Konferenz in Lausanne die Reparationsforderungen gegenüber Deutschland eingestellt. Diesen Erfolg verbuchte die Rechte. Von Brünings Politik, die dies mit allen Mitteln angestrebt hatte, blieb allein der dramatische Niedergang der deutschen Wirtschaft durch eine Politik der „Deflation". Nach der Hyperinflation schien es Brüning aus innerster Überzeugung unmöglich zu sein, den Wirtschaftsabschwung mit kreditfinanzierten Maßnahmen „antizyklisch" zu stoppen, obwohl die Pläne hierfür sogar im Wirtschaftsministerium (Lauterbach) bereit lagen. Hitler hatte diese Skrupel nicht. Die neue Reichsbankleitung fiel ihm nicht in den Arm.

Eine Ankurbelung der Wirtschaft mit kreditfinanzierten öffentlichen Arbeiten zur Überwindung der Weltwirtschaftskrise betrieb auch der neu gewählte amerikanische Präsident Roosevelt. Rein ökonomisch betrachtet war Deutschland mit den Arbeitsbeschaffungsmaßnahmen auf dem richtigen Weg. Dieser war aber, wie z.T. erst die Historiker nachwiesen, von vornherein mit Rüstung verbunden, und er wurde bedenkenlos unter dem Primat der Politik (des NS-Staates) verfolgt. Das rasch einsetzende Wirtschaftswachstum hätte spätestens 1936 zu einer restriktiven Geld- und Kreditpolitik führen müssen. Stattdessen wurde eine erneute Geldentwertung eingeleitet, die erst nach dem 2. Weltkrieg und der Besatzungszeit mit der Währungsreform von 1948 endete.

Die Geldentwertung im Deutschen Reich der dreißiger Jahre wird gemeinhin als „zurückgestaute" Inflation bezeichnet. Dies umschreibt ihren bis zum deutschen Zusammenbruch verdeckten Charakter. In den Preisen konnte die Entwertung sich nicht äußern, weil diese ab 1936 von Behörden fixiert und streng überwacht wurden. Die Löhne verharrten ohne einen ausdrücklichen Lohnstopp, von nationalsozialistischen „Treuhändern der Arbeit" kontrolliert, auf dem Stand von 1933. Ab 1939 setzten Kriegsbewirtschaftung, Rohstoff- und Warenzuteilungen sowie „Karten" für Lebensmittel, Textilien und jeden Lebensbedarf die Preisfunktionen außer Kraft. So blieb die Geldentwertung verdeckt, solange die Sanktionen des politischen Systems funktionierten.

Als öffentliches Finanzierungsinstrument fungierten in den dreißiger Jahre sogenannte „Mefo-Wechsel". Dabei handelte es sich um Schuldverschreibungen der staatlichen „Metallurgischen Forschungsanstalt", die öffentliche Aufträge vergab. Die von ihr ausgestellten Wechsel („Mefo-Wechsel") wurden von der Reichsbank rediskontiert und vermehrten damit die umlaufende Geldmenge. Es handelte sich hier noch nicht um die „direkte" Kreditfinanzierung von Rüstungsaufträgen durch den Staat, aber sehr wohl um eine von der Notenbank gestützte „indirekte" Finanzierung.

Als nach dem Krieg zwischen 1945 und 1948 das NS-Bewirtschaftssystem vorläufig durch Besatzungsmächte und Kommunen, dann durch die Länder, aufrechterhalten wurde, begannen „schwarze Märkte" die Funktion der Preise zu übernehmen. Bekannt sind als „Währungseinheiten" die amerikanischen Zigaretten („Zigaretten-Währung"). Eine Neuordnung des Währungswesen mit einer erneuten „Stabilisierung", d.h. staatlicher Vernichtung entwerteter Geldvermögen, war überfällig. Sie wurde mit der Gründung der beiden deutschen Staaten auch vorgenommen. Für Westdeutschland bedeutete die Währungsreform vom 20. Juni 1948 eine zweite Enteignung von Geldvermögen und Ersparnissen der Mittelschichten, der Rentner und der Arbeitnehmer.

Daß diese zweite Währungsreform mit der D-Mark zu einer der stabilsten Weltwährungen führen und zur Grundlage eines gesicherten Wohlstandes werden könnte, war im Sommer 1948 noch nicht abzusehen. Als dies dann eintrat, wurde die „stabile“ D-Mark verständlicherweise für die „Aufbau-Generationen“ (die zwischen 1890 und 1933 Geborenen) zu einem der wichtigsten und bewahrenswertesten Güter. Schließlich leistete die stabile Währung zugleich einen wichtigen Beitrag zur Identifikation aller mit der neuen Demokratie, die dies ermöglicht hatte und sicherte. So verbanden sich „kollektives Trauma“, politische Rationalität und wirtschaftspolitische Doktrin zu einer „Stabilitätskultur“, die als spezifisch „deutsch“ in das ökonomische Denken eingegangen ist. Daran sollten auch die Schwierigkeiten der Deutschen mit der Abschaffung der DM und ihrer Ersetzung durch eine europäische Währung gemessen werden. Historisch betrachtet ist diese Form der Europäisierung des deutschen Wirtschaftssystems ein sehr hoher Preis.

3.2 Institutionelle Entwicklung und Ordnung des „D-Mark-Systems“ seit 1948

3.2.1 Die Bank deutscher Länder von 1948 bis 1957

Begründet wurde das System nach dem 2. Weltkrieg durch die amerikanische und die britische Besatzungsmacht. Es sollte jedoch nicht übersehen werden, daß auf deutscher Seite ehemalige Führungskräfte der Deutschen Reichsbank spätestens nach dem 1. März 1948 eine den Stil und den „Geist“ der Notenbank prägende Rolle spielten.

Formal hatte die Reichsbank den Zusammenbruch des deutschen Reiches überdauert. 1937 war das Reichsbankdirektorium mit Hjalmar Schacht Hitler unterstellt worden. Das Reichsbankgesetz von 1939 hatte die zentralistisch organisierte Notenbank dann gänzlich dem NS-Staat ausgeliefert. Die sowjetische Besatzungsmacht schloß 1945 die Hauptverwaltung der Reichsbank in Berlin. Als Rumpf der alten Zentralbankstruktur blieb die sogenannte „Reichsbankleitstelle“ in Hamburg erhalten. Sie fungierte als Zentralbank für die britische Besatzungszone und war zugleich Anlaufstelle für Reichsbankbeamte aus der sowjetischen Zone.

Die institutionelle Neuordnung begann mit der Entscheidung über die Alternative: Soll eine neue deutsche Notenbank zentralistisch oder föderalistisch aufgebaut sein? Auf der Seite der „Zentralisten“ verbanden sich die deutschen Reichsbanktraditionen mit dem britischen Notenbanksystem, während die Amerikaner sehr eindeutig für Dezentralisierung, also eine föderale Lösung, eintraten. Sie hatten in den drei süddeutschen Ländern ihrer Zone und in Bremen bereits Ende 1946 sogenannte „Landeszentralbanken“ (LZB) errichtet, die durch eine Abrechnungsstelle in Frankfurt miteinander in Verbindung standen. Bei der Gründung der „Bizone“ wurden dann auch in der britischen Zone vier Landeszenralbanken gegründet (die Reichsbank hörte zum 1.4.1948 auch dort auf zu bestehen). Frankreich folgte mit drei Landeszentralbanken in seiner Zone. Dies war bis zum März 1948 die Basis für die Neukonstituierung des (west-) deutschen Währungswesens. (Zur Frühgeschichte der BdL, inbesondere mit den deutschen Positionen zur zentralen Organisation und zu den Personalfragen, vgl. Deutsche Bundesbank, Monatsbericht 3/98.)

Die am 1. März 1948 von den Besatzungsmächten errichtete „Bank deutscher Länder“ (BdL) war das gemeinsame Eigentum der Landeszentralbanken. Ähnlich ist es heute im Verhältnis der Europäischen Zentralbank (EZB) zu den nationalen Zentralbanken. Der Name war ein Kompromiß aufgrund der besonderen deutschen Situation. Weder „Deutsche Zentralbank" noch „Bank der deutschen Länder" schienen angesichts der Unklarheiten über die wirtschaftliche Einheit Deutschlands tragbar. Die Bank deutscher Länder wurde zur „Bank der Banken". Sie war die erste trizonale Einrichtung, als am 16. Juni 1948 die drei Landeszentralbanken der französischen Zone beitraten. Anders als die Reichsbank hatte die BdL das Monopol der Banknotenemission. Ihr oblag die Koordinierung der Entscheidungsprozesse in monetären Angelegenheiten; sie sollte die Währung sowie das Geld- und Kreditsystem festigen.

In ihrer dezentralen, zweistufigen Organisation glich die BdL dem amerikanischen Federal Reserve System; wogegen die Briten vergeblich opponiert hatten. Der „Zentralbankrat" faßte das System, bestehend aus den LZB und der BdL, zusammen. Er entschied über die gemeinsame und einheitliche Bankpolitik und die prinzipiellen Fragen der Kreditpolitik. Das „Direktorium" der BdL führte die Beschlüsse aus. Entsprechend diesem föderativen Konzept bestand der Zentralbankrat aus seinem Präsidenten und den übrigen Präsidenten der Landeszentralbanken sowie aus dem Präsidenten des Direktoriums, der zugleich Stellvertreter des Zentralbankrats-Präsidenten war.

Die Unabhängigkeit der Bank deutscher Länder wurde in § 3 dahingehend definiert, daß die Zentralbank „nicht den Anweisungen irgendwelcher politischer Körperschaften oder öffentlicher Stellen mit Ausnahme der Gerichte unterworfen ist". Allerdings behielten sich die Besatzungsmächte die Aufsicht vor; eine „Alliierte Bankkommission" nahm an den Zentralbanksitzungen teil und konnte der neuen Zentralbank Anweisungen geben.

Man kann sagen, daß die BdL bis 1957 juristisch den damals acht Landeszentralbanken „untergeordnet" war. Faktisch gewann der Zentralbankrat jedoch schnell die Führung, was sich auch mehr und mehr in der Vereinheitlichung der Ausführung seiner Beschlüsse äußerte (Bundesbank, 3/98). Überdies erwies sich der starke Direktoriums-Präsident Vocke als ein durchsetzungsfähiger „Zentralist". Defizite in der Effizienz der frühen Notenbankpolitik hätten möglicherweise weniger in der dezentralen Organisationsform als mehr in den gewählten Instrumenten (häufiger Verzicht auf Zinssteuerung) gelegen, so die Bundesbank heute (Monatsbericht 3/98, S. 31).

In der Bewertung der 1948 gegründeten Bank deutscher Länder sind sich die Historiker weitgehend einig: „Durch ihren dezentralisierten Unterbau errang die BdL weitgehende Unabhängigkeit gegenüber der Zentralregierung der Bundesrepublik Deutschland, so daß damit eine institutionelle Vorentscheidung über die ordnungspolitische Struktur gefallen war" (Abelshauser, 1983, S. 50). Eine vermutlich wichtige Rolle spielte auch der Umstand, daß es erst eineinhalb Jahre später, im September 1949, überhaupt eine Bundesregierung gab. Dieser Umstand könnte auch heute, für die Europäische Zentralbank, bedeutsam sein. Allerdings sollte er auf keinen Fall überbewertet werden. Denn in ihrem Willen, konsequent eine Stabilitätspolitik zu betreiben, stimmten 1948/49 die entscheidenden deutschen Instanzen und Interessen überein. Direktor für Wirtschaft im Vereinigten Wirtschaftsgebiet war Ludwig Erhard, der neoliberale Prophet und Dogmatiker. Für ihn waren die Unabhängigkeit der Notenbank und eine konsequente Politik der Preisniveaustabilität konstitutive Elemente der neuen Wirtschaftsordnung. Allerdings sah auch Ludwig Erhard unter dem Druck der Arbeitslosigkeit die Zentralbank in der Pflicht. So sagte er am 20.1.1948 in der „Sonderstelle Geld und Kredit" des „Wirtschaftsrates": „Ich halte es für ausgeschlossen, daß sich die Zentralbank – wenn die Arbeitslosenzahlen wieder einmal steigen – wieder auf das hohe Roß setzt und gleichgültig zeigt. Das gibt es natürlich nicht. Insofern zieht in letzter Instanz zweifellos immer die Politik, aber man muß eine Stelle, die wirklich nur zum Schutz der Währung da ist, schon weitgehend unabhängig machen." (Bundesbank, 3/98, S. 25)

Die Alliierte Bankkommission hatte 1948 de jure Kontroll- und Eingriffsrechte. Auch die Währungsreform vom Juni 1948 wurde von der Allied Bank Commission und nicht vom deutschen Zentralbankrat durchgeführt. Heute spricht die Bundesbank davon, daß die Abhängigkeit von der Commision dem Zentralbankrat mehr Schutz gab, als daß sie ihn hinderte (Bundesbank 3/98, S. 31).

Für die personelle Kontinuität zwischen Bank deutscher Länder und Reichsbank stand der erste Präsident des Direktoriums, Wilhelm Vocke. Er war bis 1939 Direktoriumsmitglied der Reichsbank gewesen. Vocke vor allem, so resumiert David Marsh (1995, S. 199; S. 206ff.), habe im Sinne der Reichsbanktradition erfolgreich eine straffe Zentralisierung der Währungspolitik gegen den Widerstand der Amerikaner wieder hergestellt. Er war es auch, der sich in dieser Tradition später gegen jede Wechselkursänderung sperrte. Im bereits genannten Monatsbericht 3/98 geht die Bundesbank genauer auf diese Frage ein (S. 28) und stellt fest, daß sonst keine auffallenden Kontinuitäten zur Reichbank bestanden hätten.

3.2.2 Die Deutsche Bundesbank von 1957 bis 1998

Erst nach Errichtung der BdL und nach der Währungsreform vom 20. Juni 1948 hatte das am 23. Mai 1949 verkündete Grundgesetz in Art. 88 lapidar bestimmt: „Der Bund errichtet eine Währungs- und Notenbank". Die Notenbankpolitik war damit ausdrücklich zur Bundesaufgabe geworden. Das neue Verfassungsrecht leistete dem Wunsch nach „Zentralisierung" mithin Vorschub.

Mit dem Gesetz über die Deutsche Bundesbank vom 26.7.1957 wurde die Zweistufigkeit aus der Besatzungszeit beseitigt. Die Landeszentralbanken waren nun rechtlich nicht mehr selbständig, sondern wurden als Hauptverwaltungen Teil der Bundesbank. Ihren Namen behielten sie. Das Direktorium der Bank wurde in doppeltem Sinne aufgewertet: Präsident und Vizepräsident der Bundesbank werden ebenso wie die bis zu sechs Mitglieder des Direktoriums auf Vorschlag der Bundesregierung vom Bundespräsidenten ernannt. Dem Zentralbankrat gehören wie zuvor die Präsidenten der Landeszentralbanken an. Hinzu kommt aber das gesamte Direktorium. Es gibt nur noch den einen Präsidenten. Das Direktorium leitet somit die Bank und führt die Beschlüsse des Zentralbankrates durch. Diese Beschlüsse werden aber natürlich maßgeblich durch den Präsidenten, den Vizepräsidenten und die übrigen Mitglieder des Direktorium selbst bestimmt. Die Länder haben Einfluß dadurch behalten, daß sie die Präsidenten der Landeszentralbanken – und damit „ihre" Zentralbankrats-Mitglieder – über den Bundesrat bestimmen, d.h., dieser schlägt sie zur Ernennung durch den Bundespräsidenten vor.

Die 1957 gegründete Deutsche Bundesbank war keine Zentralbank, die aus einem rationalen geld- und währungspolitischen Konzept heraus gebildet wurde. Sie erwuchs aus einer bestehenden und auch politisch bewährten Institution. Eine irgendwie geartete Abkehr von der Zielsetzung der Währungssicherung stand nicht zur Debatte. Darin blieben sich Bank und Regierung einig. Besonders umstritten waren aber die Frage der Zentralisierung, was einem Abbau des Einflusses der Länder gleichkam, und die Frage des politischen Einflusses auf die Zentralbank und ihre Repräsentanten. Dabei spielten unterschiedlichste Interessen eine Rolle. Die „Front“ verlief dabei nicht einfach zwischen den bisherigen Mitgliedern des Zentralbankrats und des Direktoriums einerseits, den Politikern und Regierungsressorts andererseits. Die gesetzliche Garantie der Unabhängigkeit oder „Autonomie“ wurde nicht so selbstverständlich gewährt, wie es später schien.

Das Bundesfinanzministerium unter der Leitung des Bayern Fritz Schaeffer wollte den dezentralen Aufbau der Bank, also das Gewicht der Landeszentralbanken, aufrechterhalten und dem Finanzministerium gewisse Einflußrechte sichern. Der Bundesfinanzminister hatte die Sorge, daß die Notenbank die Regierung stürzen könne (Marsh, 1995, S. 219, Fußnote 5). So setzte er sich 1951 z.B. auch dafür ein, daß die Bundesregierung anstelle der Alliierten Bankkommission die Aufsicht über die BdL übernehmen solle. Es gab auch Pläne der Regierung, die BdL einem permanenten „Bundesausschuß für währungs- und wirtschaftspolitische Entscheidungen“ zu unterstellen (Marsh, S. 215 mit vielfältigen Quellen). Ein Gesetzentwurf des Zentralbankrates lehnte dagegen die geforderten Einflußmöglichkeiten strikt ab. Dieser fand Unterstützung des federführenden Bundeswirtschaftsministeriums. Das von Ludwig Erhard geführte Ministerium forderte ebenso wie die Notenbankleitung eine zentralistische Lösung mit Notenbankautonomie.

Gemeinsames Interesse innerhalb der Bundesregierung war es, eine durch Besatzungsrecht geschaffene Einrichtung nach deutschem Recht zu konstruieren und zugleich die Stellung des Bundes gegenüber dem Notenbanksystem zu verstärken. Denn bis dahin hatten nur die Länder den entscheidenden Einfluß auf die personelle Besetzung der Organe der Notenbank, während der Bund sich ausgeschaltet sah.

Die Konstruktion der Bundesbank im Jahre 1957 spiegelte schließlich einen Kompromiß wider. Die Geschäftsführung wurde zentralisiert. Die Präsidenten der LZB wurden jedoch nicht Untergebene der Bundesbank-Direktoren, sondern verblieben als Mitglieder des Zentralbankrates zusammen mit den Bundesbankdirektoren weiterhin in der Leitung der Notenbank. Dort erhielten sie sogar die Mehrheit. Entscheidend gestärkt wurden Bund und Bankdirektorium dadurch, daß es nur noch einen Präsidenten und einen Vizepräsidenten gab. Der politische Kompromiß führte nun dazu, daß die Bundesbankdirektoren und die Präsidenten der Landeszentralbanken ihre jeweilige Zuständigkeit selbst definieren und sich im Einzelfall auch selbst Weisungen als Weisungen des Zentralbankrates erteilen konnten (§ 6 Abs.1 des BBankGes.).

Mit dem 4. Gesetz zur Änderung des Bundesbankgesetzes, das am 1.11.1992 in Kraft trat, wurde die seit 1948 geltende Regel abgeschafft, wonach jedes Land eine Landeszentralbank besitzt. Denn durch die deutsche Vereinigung war die Zahl der Länder auf 16 gestiegen. Es hätten also weitere 5 Landeszentralbankpräsidenten dem Zentralbankrat angehört. Nach längeren politischen Auseinandersetzungen – immerhin verloren einige Landesregierungen ihren direkten Einfluß auf die Besetzung einer Präsidentenposition – wurden neun wirtschaftlich annähernd gleich große Hauptverwaltungsbereiche geschaffen. Fünf dieser neun Landeszentralbanken sind für jeweils zwei (Rheinland/Pfalz und Saarland; Sachsen und Thüringen; Berlin und Brandenburg) oder drei Länder (Niedersachsen, Sachsen-Anhalt und Bremen; Hamburg, Schleswig-Holstein und Mecklenburg-Vorpommern) zuständig.

Diese Neuregelung darf durchaus nicht nur technisch-organisatorisch bewertet werden. Das Vorschlagsrecht für die Landeszentralbankpräsidenten liegt beim Bundesrat. Dieser ist an die Vorschläge der Landesregierungen gebunden. Wenn nun die Landesregierungen sich nicht auf einen Kandidaten verständigen können, wie dies in Hamburg/Schleswig-Holstein (SPD) und Mecklenburg (CDU) der Fall war, kommt es zu längeren Auseinandersetzungen im Bundesrat und zur Mehrheitsabstimmung. In diesem Fall wurde auch die ausdrücklich geäußerte Ansicht des Bundesbank übergangen. Die übrigen Mitglieder der Landeszentralbank-Vorstände werden vom Bundesbank-Präsidenten auf Vorschlag des Zentralbankrates ernannt.

Auch die „Verfassungsreform" des deutschen Bundesbanksystems von 1992 enthält wertvolle Erkenntnisse für den Fall, daß eines Tages die Europäische Währungsunion wesentlich mehr als die 11 Staaten vom Beginn 1998 umfaßt und damit nicht mehr jeder beteiligte Staat im europäischen Zentralbankrat mit einem Notenbankpräsidenten vertreten sein könnte, weil dieses Gremium handlungs- und entscheidungsunfähig würde. Genau dies war schon bei der Beschlußfassung über das Bundesbankgesetz von 1957 diskutiert worden, denn hier kamen zu den 11 Landeszentralbankpräsidenten mit dem Bundesbankpräsidenten, dem Vizepräsidenten und den Direktoren bis zu 8 weitere Mitglieder des Zentralbankrates. Mit dem Eintritt in die 3. Stufe der Europäischen Währungsunion werden dem Rat der Europäischen Zentralbank ebenfalls 11 Notenbankpräsidenten der Mitgliedsländer angehören, denen nur sechs Direktoriumsmitglieder gegenüberstehen. Das „föderative" Element ist damit im Europäischen System der Zentralbanken wieder stärker als zuletzt im deutschen Zentralbankrat mit der Relation 9:8. Damit wird die Entscheidungsbildung sicher nicht erleichtert.

3.3 Die führende Rolle der Notenbank bei weitgehendem Verzicht der Wirtschaftspolitik auf „Prozeßsteuerung"

Die Währungsreform vom 20. Juni 1948 hatte eine außerordentlich stimulierende Wirkung auf das Warenangebot und die Produktionsentwicklung. Die nach wie vor vorhandene Knappheit des Angebots trieb aber trotzdem bei den nun freien Gütern (die Märkte waren wegen teilweise in der Bewirtschaftung belassener Güter gespalten) die Preise in die Höhe. Gleichzeitig wurde der Lohnstopp bis zum 3.11.1948 beibehalten.

Dies war die (1.) Stunde der Notenbankpolitik. „Mit einer ganzen Palette restriktiver Maßnahmen knüpfte die Notenbank an die Tradition deutscher Geldpolitik in den zwanziger Jahren an und übernahm damit bis zum Ende der Ära Erhard die Führung der Wirtschaftspolitik" (Abelshauser, 1983, S. 63) . Hier wie bei den meisten späteren geld- und kreditpolitischen Maßnahmen läßt sich nicht einfach sagen, die Bank Deutscher Länder habe von Anfang an die Rolle einer „Nebenregierung" neben der parlamentarisch verantwortlichen Bundesregierung gesucht. Vielmehr war es die Kombination von preispolitisch notwendigen Zwängen und dem Verhalten der Bundesregierung, aus der sich faktisch eine führende Rolle der BdL in der Wirtschaftspolitik ergab. Das Verhalten des öffentlich so erfolgreichen Wirtschaftsministers Ludwig Erhard war von seinen ordoliberalen Grundüberzeugungen geleitetet, wonach der Staat möglichst wenig in wirtschaftliche Prozesse eingreifen dürfe und solle.

Bis in die sechziger Jahre hinein hat die Bundesbank noch ohne währungspolitisch offene Grenzen und freie internationale Kapitalströme die deutsche Wirtschaft gesteuert. Es wurde nicht, wie in anderen Ländern, eine „Politik des billigen Geldes" betrieben, sondern bei starkem Wirtschaftswachstum mit inflationistischer Preisentwicklung sogleich eine restriktive Geldpolitik eingeleitet. Wirksame Instrumente waren die Festsetzung von Mindestreserven, die Diskont- und Lombardsatzpolitik sowie die Offenmarktpolitik.

Dabei gab es immer wieder kleinere und größere Konflikte mit der Bundesregierung. Zu den größeren und bekannten zählt die in der sogenannten „Gürzenich-Rede" Adenauers zum Ausdruck gebrachte scharfe Kritik an der Bundesbankpolitik. Am 23.5.1956 beschuldigte Bundeskanzler Adenauer anläßlich einer Rede vor dem Bundesverband der Deutschen Industrie (BDI) im Kölner Gürzenich die Bundesbank und seine eigenen Minister Ludwig Erhard und Fritz Schäffer, die den Maßnahmen zugestimmt hatten, der Konjunktur mit ihrer Diskontsatzerhöhung einen schweren Schlag versetzt zu haben. Er sprach gar von einem „Fallbeil", das wieder einmal die kleinen Leute, die Handwerker und die Landwirte treffe. Die BdL unterstützte daraufhin Erhards prinzipiellen „Attentismus", indem sie die Kreditrestriktionen lockerte.

Dies wäre nicht erwähnenswert, wäre da nicht die grundsätzliche Bedeutung dieser Politik: Die ordoliberale Wirtschaftspolitik bis zur Bildung der großen Koalition im Dezember 1966 verzichtete – von Ausnahmen abgesehen – auf planvolle Steuerung der Wirtschaftsprozesse. So wurde dies, in Übereinstimmung mit der neoliberalen Doktrin, Sache der Bundesbank. In diesem Sinne war sie eine „Nebenregierung" (Dörge/Mairose, 1969). Ein ähnliches Phänomen war in den achtziger und beginnenden neunziger Jahren der deutschen Wirtschaftsentwicklung zu beobachten, als die Regierung der neoklassischen Doktrin von Deregulierung und angebotsorientierter Politik zu folgen versuchte. Logisch war umgekehrt, daß es in der Zwischenzeit (1966-1982) einer eher keynesianisch basierten „Globalsteuerung" vorprogrammierte Konflikte mit der Bundesregierung gab.

Diese Beobachtung bedeutet zugleich, daß die deutsche Wirtschaftsentwicklung konstant vom Prinzip der „Währungssicherung" her gesteuert wurde, denn so interpretierte die deutsche Zentralbank stets ihre Aufgabe. Ebenso konstant wurde die Aufgabe der „Unterstützung der allgemeinen Wirtschaftspolitik der Bundesregierung" marginalisiert. Die Unterstützung war immer dann unstrittig, wenn sie die autonome Festlegung der für die Währungssicherung angemessenen Notenbankpolitik nicht störte. Eine besondere Sorge um Beschäftigung und Arbeitslosigkeit ist nicht erkennbar. Es galt der Grundsatz, daß stabiles Geld die beste Beschäftigungspolitik sei. Auch deutet das „Gegensteuern" gegen inflatorische Tendenzen sowohl der Bank deutscher Länder als auch ab 1957 der Deutschen Bundesbank nicht an, daß es der Notenbank um einen Ausgleich von Konjunkturschwankungen generell ging. Die Konstanz der Notenbankpolitik kann nicht darüber hinwegtäuschen, daß diese Politik in der Regel nicht als eine Politik des Ausgleichs konjunktureller Schwankungen verstanden wurde. Vielmehr gibt es Belege dafür, daß sie derartige Schwankungen eher hervorrief. „Zumindest in den Jahren 1952 und 1956, noch mehr aber 1965/66, war die geldpolitische Gegensteuerung der Zentralbank mitverantwortlich für das Ausmaß der rezessiven Bewegung der Konjunktur" (Abelshauser, 1983, S. 109).

Anfang der siebziger Jahre war das starre Wechselkurssystem von Bretton Woods, d.h. die Bindung des Dollars an Gold und feste Wechselkurse aller übrigen Staaten gegenüber dem Dollar, immer unhaltbarer geworden. Die DM war stabil, aber unterbewertet. In Erwartung einer Aufwertung floß zunehmend ausländisches Kapital in die Bundesrepublik. Die Bundesbank war noch zur Einlösung in DM und zu Interventionen auf dem Devisenmarkt bei starken Kursschwankungen verpflichtet. Aus Gründen der außenwirtschaftlichen Währungssicherung senkte die Bundesbank den Diskontsatz 1970 und 1971, obwohl sie binnenwirtschaftlich gleichzeitig einen deutlichen Preisauftreb registrieren mußte. Die Lösung des Problems lag in der Entscheidung über die Frage, ob die DM aufgewertet oder flexible Wechselkurse eingeführt werden sollten. Die Bundesregierung wollte letzteres, die Bundesbank sprach sich dagegen für das herkömmliche Instrument der Kapitalkontrollen aus (Marsh, 1995, S. 246). Die Regierung setzte sich durch. Am 15.8.1971 gab Präsident Nixon die Einlösbarkeit des Dollar in Gold auf; das Währungssystem von Bretton Woods war endgültig zusammengebrochen (näheres s. Teil 3.6). Die Bundesrepublik war aber mit dem Übergang zu flexiblen Wechselkursen gerüstet.

Mit flexiblen Wechselkursen und sich öffnenden internationalen Finanzmärkten (seinerzeit noch: „Euro-Dollar-Markt") stand die Währungspolitik vor völlig neuen Herausforderungen. Die Bundesbank nutzte die von Interventions- und Einlösungsverpflichtungen befreite Situation zum Beginn einer anhaltend restriktiven Kreditpolitik. „Angesichts der hohen Inflationsrate ging die Bundesbank auf den ihr von der Wirtschaftspolitik zugewiesenen und freigeräumten Bremskurs." schrieb der Hamburger Wirtschaftswissenschaftler Harald Scherf in seinem Buch über die Wirtschaftspolitik der sozialliberalen Koalition 1969-1982 (1986, S. 36). Der Engländer David Marsh sah dies so (S. 248): „Die meisten Industrieländer hatten 1974 zweistellige Inflationsraten zu verzeichnen, doch die Bundesbank übernahm die Rolle des Eisbrechers im weltweiten Kampf gegen die Inflation. So konnte sie die inflationäre Entwicklung zwar stoppen, aber nur um den Preis einer binnenwirtschaftlichen Rezession".

Es folgte Ende des Jahres 1973 die Ölpreiskrise, der sich eine weltweite Rezession anschloß. Die Arbeitslosenquote stieg von 1,2% 1973 über 4,6% mit einer Erholung 1979/80 auf 7,2% 1982. Dieser Anstieg der Arbeitslosenquote setzte sich dann noch bis 1988 fort. Vor diesem Hintergrund, geprägt durch mehr oder weniger vergebliche Bemühungen der Regierungen, mittels Konjunktur- und Strukturpolitik der wirtschaftlichen Schwierigkeiten Herr zu werden, sollte die Bundesbankpolitik der Jahre bis zum Regierungsantritt Kohls im Oktober 1982 und dann bis zur deutschen Wiedervereinigung gesehen werden.

Die Wirtschafts-, Finanz- und Strukturpolitik der sozialliberalen Bundesregierung, die sicher mit ihren eigenen Unzulänglichkeiten (vgl. Scherf, 1986), aber auch mit massiven außenwirtschaftlichen Schwierigkeiten, vor allem mit der Energieverteuerung, zu kämpfen hatte, wurde ab Ende 1974 von der neuen Bundesbankpolitik der „Geldmengensteuerung" begleitet. Jeweils im Dezember legt die Bundesbank seitdem für das folgende Jahr im voraus fest, welches Wachstum der „Zentralbankgeldmenge", ab 1988 definiert als Geldmenge M3 (Bargeld, Sichteinlagen, Termingelder unter vier Jahren, Spareinlagen mit gesetzlicher Kündigungsfrist), von ihr als stabilitätspolitisch vertretbar angestrebt wird. Der theoretische Hintergrund dieser neuen Politik wird mit dem Stichwort „Monetarismus" angedeutet, obwohl eine solche Bezeichnung die Geldmengenpolitik der Bundesbank nicht ganz korrekt kennzeichnet. Denn Geldmengensteuerung folgt zwar der monetaristischen Vorstellung der langfristig engen Beziehung zwischen monetären Größen wie Geldmenge, Produktionspotential und Gesamtnachfrage. Aber daran allein wollte die Zentralbank ihre Geldmengenpolitik nicht messen. Die Bundesbank müsse durchaus kurzfristigen Schwankungen der Gesamtnachfrage begegnen, und es müsse auch die Einkommenspolitik der Tarifparteien berücksichtigt werden (Bundesbankdirektor Claus Köhler in: FAZ v. 30.6.1977). Vor allem zwischen Bundesbank und Gewerkschaften entbrannte in den siebziger Jahren ein tiefgreifender Konflikt.

In der Weltwirtschaftskrise von 1974/75 unterstützte die Bundesbank mit ihrer Geldpolitik die allgemeine Wirtschaftspolitik der Bundesregierung und suchte zugleich ihre geld- und kreditpolitischen Instrumente durch Modifikationen der Mindestreservepolitik und eine Politik der sogenannten „ (Wechsel- oder) Wertpapierpensionsgeschäfte“ zu verfeinern. Ab 1.1.1979 trat das Europäische Währungssystem (EWS) mit der europäischen Währungseinheit ECU an die Stelle vorher vergeblicher Bemühungen um eine effektive Koordinierung der Währungspolitik in der EG.

Am 1. Oktober 1982 löst die Regierung der CDU/CSU und FDP-Koalition die sozialliberale Koalition ab. Es begann eine neue „allgemeine Wirtschaftspolitik“ der Bundesregierung, die primär, aber nicht ausschließlich, als eine „angebotsorientierte“ Wirtschaftspolitik bezeichnet werden kann und die mit Deregulierungen und Privatisierungen verbunden war.

Es kann nicht behauptet werden, daß die Deutsche Bundesbank ausdrücklich gegen die sozialliberale Wirtschaftspolitik gearbeitet hat. Sie hat die primär „nachfrageorientierte“ Politik allerdings nicht gefördert. So urteilte auch Rüdiger Pohl 1979: „Die Deutsche Bundesbank hat zwischen 1974 und 1978 eine Politik betrieben, die in bezug auf den Arbeitsmarkt im großen und ganzen als neutral einzustufen ist“ (Pohl, 1979, S. 402) und: „Die ‚Neutralitätshypothese‘der Geldpolitik besagt, daß die Notenbank ... den wirtschaftspolitischen Bemühungen um Bekämpfung der Arbeitslosigkeit und Inflation nicht im Wege stand, selbst aber auch die Wiedererlangung von mehr Beschäftigung nicht wirksam unterstützte“ (Pohl, S. 411). Priorität hatten für die Bundesbank offenbar nach wie vor die anhaltenden Unsicherheiten mit dem Außenwert der DM und die Bemühungen um die Verfeinerung des kreditpolitischen Instrumentariums im Rahmen ihres zweifellos vergrößerten Handlungsspielraumes. Auch kann der Bank nicht bestritten werden, daß die Situation der siebziger Jahre, die phasenweise durchaus zutreffend als „Stagflation“ gekennzeichnet wurde, ihre Zuständigkeit für die Bekämpfung inflatorischer Entwicklungen geradezu herausforderte.

Von einer „Führung“ in der Wirtschaftspolitik kann in bezug auf die siebziger Jahre nicht gesprochen werden. Eine solche Rolle, wie sie unter Ludwig Erhard sich entwickelt hatte, wurde der Bundesbank erst wieder im Zeichen der „angebotsorientierten Politik“ der achtziger Jahre zugebilligt, als sich die Regierung steuernder Prozeßinterventionen zu enthalten suchte. Allgemeine Wirtschaftspolitik und Notenbankpolitik befanden sich binnenwirtschaftlich im Gleichschritt. Denn die „allgemeine Wirtschaftspolitik“ versuchte nicht, die ab 1982 auf dem bis dahin noch nicht erreichten Niveau der Arbeitslosigkeit (mit einer Quote von 8,8% 1983 bis 8,4% 1988) mit einer aktiven Politik der direkten fiskalischen Intervention zu bekämpfen. Auch reduzierte sie die Haushaltsdefizite merklich bis 1988. So blieben darauf bezogene Konflikte mit der Bundesbank aus.

Von einer deutlichen Unterstützung der allgemeinen Wirtschaftspolitik im ersten Jahrzehnt der Regierung Kohl kann aber nicht eigentlich gesprochen werden. Nur paßten jetzt wieder die wirtschafts- und die geldpolitischen Konzeptionen besser zusammen. So blieben nennenswerte Konflikte aus, obwohl die Bundesbank offensichtlich ihrem eher restriktiven Grundkurs konsequent treu blieb. Dazu gehörte auch die nun selbstverständlich gewordene Orientierung an der Sicherung des Außenwertes der DM. Eine nähere Untersuchung würde vermutlich ergeben, daß diese Zielrichtung Priorität in der Bundesbankpolitik der achtziger Jahre hatte.

3.4 Begrenzung der Notenbankautonomie durch Einbindung in ein wirtschaftspolitisches Zielquadrat

Mit der Einführung der „Konvertibilität" der D-Mark Ende 1958 und der Entwicklung freier internationaler Kapitalströme veränderten sich die Bedingungen für die Notenbankpolitik fundamental. Noch bestanden feste Wechselkurse. Der Devisenzustrom aufgrund der „starken", weil stabiler als andere Währungen gehaltenen DM, erhöhte die inländische Liquidität ohne Rücksicht auf die Konjunkturlage und die Geldwertentwicklung. Überdies begannnen die Geschäftsbanken und die großen Unternehmen, sich auf internationalen Kapitalmärkten mit Krediten zu versorgen. Jetzt war eine rein national orientierte restriktive Geldpolitik u.U. sogar kontraproduktiv; bei Geld- und Kreditverknappung verstärkte sich wegen höherer Zinsen der Devisenzustrom noch und machte die beabsichtigte Liquditätsverknappung wieder hinfällig. Jetzt konnten die Maßnahmen der Bundesbank erst wieder greifen, wenn die Preisentwicklung in der Bundesrepublik annähernd im Gleichschritt mit den anderen westlichen Volkswirtschaften verlief. Es kam zur „Anpassungsinflation" in der Bundesrepublik, begleitet von Unsicherheiten über die angemessenen Maßnahmen. Immer deutlicher wurde, daß es ohne eine „prozeßsteuernde" Konjunkturpolitik der Regierung (die ja von Walter Eucken als unzulässig bezeichnet worden war) nicht mehr ging. Dies war die Situation 1966 beim Sturz des Bundeskanzlers Erhard. Die Bundesbank, allein gelassen, trug mit ihrer restriktiven Geld- und Kreditpolitik erheblich dazu bei, daß zum ersten Male eine Wirtschaftsrezession auftrat, die auch noch einen Kanzlersturz zur Folge hatte.

Mit der Regierung der Großen Koalition aus CDU/CSU und SPD, die die strikte Erhardsche „Ordnungspolitik" aufgab und mittels fiskalischer Konjunkturanreize und Globalsteuerung Wachstum und Konjunktur zu beleben trachtete, begann eine Phase des Konflikts zwischen Regierung und Bundesbank. Die Regierung stand Ende 1966 vor sinkenden Steuereinnahmen, gefährlichen Haushaltsdefiziten, erstmals signifikant steigender Arbeitslosigkeit und einer befürchteten Kontraktion des Sozialprodukts. Diesen Problemen wurde die Bundesbank offensichtlich nicht gerecht, sie blieb zunächst bei ihrer restriktiven Kreditpolitik.

Aus dieser Situation heraus entwickelte sich ein „institutionalisierter Zielkonflikt" (Hartwich, 1967b, S. 432) zwischen Konjunktur- und Beschäftigungspolitik der Regierung einerseits, Geld- und Kreditpolitik der politisch unabhängigen Notenbank andererseits. Mit dem Regierungsantritt der großen Koalition um die Jahreswende 1966/67 wurde – wohl zum ersten und einzigen Male in der Geschichte der Bundesrepublik – ein derartiger Konflikt von der gerade ins Amt gelangten Regierung für untragbar gehalten und die Deutsche Bundesbank zur Anpassung aufgefordert. In seiner Regierungserklärung sagte der neue Bundeskanzler Kiesinger (CDU), die Regierung müsse sich auf die Ziele konzentrieren, die am meisten gefährdet seien. „Dies sind ... zur Zeit das optimale Wirtschaftswachstum und die Sicherung eines hohen Beschäftigungsstandes ... Bei dieser Ausgangslage ist daher eine expansive und stabilitätsorientierte Wirtschaftspolitik das Gebot der Stunde ... Die Bundesregierung hält nunmehr eine entscheidende Lockerung der Kreditrestriktionen durch die Deutsche Bundesbank für sachlich geboten." (Bulletin d. BReg Nr. 157 v. 14.12.1966) Damit wurde zum erstenmal seit Kriegsende in einer Regierungserklärung darauf verzichtet, die Geldwertstabilität als das „oberste Gebot" aller Finanz- und Wirtschaftspolitik zu proklamieren (SZ Nr. 298 v. 14.12.1966). Außerdem bekannte sich die Regierungspolitik zum erstenmal zu einer aktiven Konjunktur- und Wachstumssteuerung, die sie dann mit einem staatlichen Ankurbelungsprogramm von 10 Mrd. DM realisierte.

Unterstützung fand die Bundesregierung beim Sachverständigenrat für die Begutachtung der gesamtwirtschaftlichen Entwicklung. In seinem Jahresgutachten 1965/66 hatte er eine „Konzertierte Aktion" im Rahmen einer umfassenden wirtschaftspolitischen Konzeption und dabei eine Führungsrolle der Bundesregierung gefordert. Dies hatte die Regierung Erhard abgelehnt. Im Jahresbericht 1966/67, der etwa zeitgleich mit dem erzwungenen Rücktritt Ludwig Erhards erschien, bezeichnete es der Rat als eine „konjunkturpolitische Lehre der letzten vier Jahre", daß Fehlentwicklungen vorbeugend entgegengewirkt werden müsse, um die Verstärkung von Konjunkturzyklen zu verhindern. Stabilisierung dürfe nicht über den hohen Preis einer Stabilisierungskrise erkauft werden. Der Grund für die bestehende (erste nachkriegsdeutsche) Rezession liege im „Fehlen einer planvollen Koordination von Kredit- und Fiskalpolitik und im Fehlen einer wirksamen Verhaltensabstimmung zwischen den staatlichen Instanzen auf der einen und den nichtstaatlichen auf der anderen Seite" (vgl. Ziff. 219ff., Jahresbericht 1967/68).

Die Bundesregierung der großen Koalition entsprach diesem Rat. Der damalige Präsident der Bundesbank, Blessing, war zunächst nicht bereit, diese „allgemeine Wirtschaftspolitik der Bundesregierung" zu unterstützen (§ 12 BBankG). Er berief sich nicht direkt auf § 3, die „Aufgabe, die Währung zu sichern", sondern erläuterte umfassender: „Was wir heute erleben, ist nicht nur eine Konjunkturabschwächung, wir erleben auch einen Anpassungsprozeß an die verringerten Möglichkeiten des Wachstums ... Es hat sich gezeigt, daß die öffentlichen Ausgaben nicht in dem seitherigen Umfang gesteigert werden können, es hat sich gezeigt, daß die Sozialausgaben und Subventionen übertrieben worden sind, und es hat sich gezeigt, daß die Löhne und Gehälter nicht in dem seitherigen Ausmaß erhöht werden können ... Gewiß, die Restriktionen der Bundesbank haben den Anstoß zu der Entschleierung der wahren Lage gegeben. Aber zu glauben, daß eine Schwenkung ihrer Politik den alten Zustand wieder herbeizaubern könnte, ist eine Illusion. Solange die privaten und öffentlichen Ansprüche den Zuwachs der Leistung und der Leistungsfähigkeit übersteigen, besteht die Gefahr der Geldentwertung ... Auch wir wollen Wachstum, aber nur auf inflationsfreier Grundlage ... Auch wir sind nicht blind für die rückläufige Konjunktur der letzten Wochen, auch wir wissen, daß die Notenbank der heutigen Entwicklung nicht neutral gegenüberstehen kann. Aber wir können und wollen weder Haushaltsdefizite finanzieren, noch wollen wir eine Politik treiben, die dem Lohn- und Preisauftrieb weiteren Vorschub leistet ... Wir können und wollen die Stabilitätserfolge nicht erneut in Frage stellen ..." (Deutsche Bundesbank, Auszüge aus Presseartikeln (Ausz. a.P.) Nr. 92 v. 14.12.1966).

Diese Äußerungen mußten als Interpretation einer „allgemeinen Wirtschaftspolitik" gedeutet werden. Dafür aber war die Bundesbank nicht zuständig. Hier zeigte sich, daß die Ausgestaltung der „Unabhängigkeit" gegenüber der Regierung zur „Sicherung der Währung" im Jahre 1966 längst der Inanspruchnahme einer sehr viel weitergehenden allgemeinen wirtschaftspolitischen Kompetenz Platz gemacht hatte. Es konnte nicht ausbleiben, daß zunehmend die Frage gestellt wurde, ob sich die Deutsche Bundesbank zu einer „Nebenregierung" entwickelt habe (vgl. hierzu Dörge/Mairose, 1969).

Die Lösung des Konflikts lag in einem zögerlichen Nachgeben der Bundesbank. Dabei wurde sie auch vom Sachverständigenrat zu raschen Zinsenkungen gedrängt (Jahresgutachten 1967/68, S. 267). Die Regierung verstärkte ihren Druck auf die Bundesbank. Bundeswirtschaftsminister Schiller betonte, es sei allein Sache der Bundesregierung, einen möglichen zweiten Eventualhaushalt zur Konjunkturbelebung beim Parlament zu beantragen. Er fügte den schönen Satz hinzu, mit dem anfänglichen Zögern bis zum 5. Januar 1967 „und der dann beginnenden Politik der halbprozentigen Trippelschritte hat unser Frankfurter Areopag leider einen Beitrag zum Attentismus in der Wirtschaft geleistet“ (Dt. BTag, 106. Sitzung am 27.4.1967, Sten. Berichte, S. 4977).

Das ist die wohl einzige ganz klare Konfliktsituation bezüglich der Pflicht der Deutschen Bundesbank gewesen, die allgemeine Wirtschafts- und Konjunkturpolitik der Bundesregierung zu unterstützen. Die Bundesregierung, getragen von einer großen Koalition aus CDU/CSU und SPD, bestand auf der Unterstützung durch die Bundesbank und sie hatte dafür eine sachliche Begründung. Die Lösung dieses Konflikts zeigt, daß ein entschlossener, parlamentarisch getragener politischer Druck die Notenbankleitung durchaus zu einer Anpassung an den Regierungswillen zwingen kann. Es war aber kein staatsrechtlich relevanter Konflikt, der mit Subordination enden mußte. Wie immer in der Politik handelte es sich um das Kräftemessen unterschiedlicher wirtschaftspolitischer Konzeptionen, um Prioritätensetzung. Dabei ist immer der Legitimitätsgesichtspunkt unausgesprochen im Spiel gewesen. Die Bundesregierung, gewählt und parlamentarisch verantwortlich, mußte und wollte ihre Präferenzen durchsetzen. Es zeigte sich, daß dies, durch sachliche Argumtente fundiert, auch möglich war.

Allerdings muß auch konstatiert werden, daß die Bundesbank bald wieder die Oberhand gewann (Dörge/Mairose, 1969, S. 244). Dabei wirkte sich aus, daß in Deutschland mit der Furcht vor akuter oder schleichender Geldentwertung ein latentes und öffentlichkeitswirksames Vehikel zugunsten der Notenbankargumentation bestand. „Die Tabuisierung der Autonomie ist eine Folge unbewältigter wirtschaftspolitischer Vergangenheit“ (Dörge/Mairose, 1969, S. 244). Otto Wolff von Amerongen, damaliger Präsident des Deutschen Industrie- und Handelstages, sprach gar von einer „Stabilitätshysterie“ (ebda). Diesen Umstand machte sich die Bundesbank zunutze. „Die Bundesbank hat ebenso geschickt wie konsequent ein Klima der allgemeinen Konjunktur- und Währungsdebatte produziert, das die Mehrzahl der Diskussionsteilnehmer zu Befürwortern von Bremsmaßnahmen werden ließ ... Indem sie sich von Monatsbericht zu Monatsbericht stets eine Nuance besorgter gab, brachte sie das Kunststück fertig, das magische Viereck herumzudrehen und den Deutschen die Ecke in das Blickfeld zurückzuholen, die seit eh und je als die gefährdetste zu gelten hat: die Preise ...“, schrieb B. Hagelstein am 13.3.1969 im Industriekurier (zitiert nach Dörge/Mairose, 1969, S. 245).

3.5 Die Deutsche Bundesbank im Netzwerk der Politik

„Seit Gründung der Bundesrepublik 1949 wird über nationale Ziele im Rahmen eines institutionellen Systems entschieden, das auf der Grundlage gemeinsamer politischer und wirtschaftlicher Überzeugungen beruht und allen organisierten Teilen der Gesellschaft Platz bietet ... In diesem komplexen Gefüge, das die Richtung der deutschen Politik bestimmt, nimmt die Bundesbank eine Schlüsselposition ein. Da ihr laut Gesetz das Recht zusteht, Zinssätze festzulegen, kontrolliert sie einen wichtigen Bereich der Politik, eine Tatsache, die natürlich immer wieder Anlaß zu heftigen Kontroversen gibt. Aus den Erfahrungen der letzten vierzig Jahre haben die Bundesregierungen gelernt, daß ein Kampf gegen die Bundesbank meist die eigene Stabilität gefährdet.

Gleichzeitig wissen die Männer an der Spitze der Notenbank instinktiv, daß sie ihre Aufgabe besser erfüllen können, wenn sie in der Öffentlichkeit nicht allzu häufig als Herausforderer der gewählten politischen Führung auftreten. Beiden Seiten ist also daran gelegen, die Macht der Bundesbank herunterzuspielen. Die Notenbank möchte vermeiden, daß ein überzogenes Bild ihres Einflusses entsteht, die Politiker wollen ihre Verwundbarkeit nicht zeigen." (Marsh, 1995, S. 217f.)

Diese eindrucksvolle Beschreibung des Netzwerks der deutschen Wirtschaftspolitik mit der Notenbank als einem zentralen Akteur wird von anderen Autoren als Ausdruck korporativer Politik angesehen. So konstatierte Werner Abelshauser bereits für die fünfziger und sechziger Jahre einen „korporativen Charakter" des D-Mark-Systems. Eher am Rande steht die Frage nach den führenden Personen dieses Systems. Damit beschäftigt sich in besonderer Weise das Buch von Marsh.

Die beiden Bundesbankpräsidenten Vocke und Blessing passen noch am wenigsten in das Bild vom Korporatismus. Sie erscheinen eher als Exponenten einer eigenen Banker-Kaste, die auf Selbstbestimmung bedacht war. Dagegen umfaßte von Beginn an die Gruppe der Landeszentralbankpräsidenten im Zentralbankrat häufig ehemalige Politiker und politisch Agierende, die mit der Politik eng verflochten waren. In den siebziger, achtziger und neunziger Jahren wurden auch die Bundesbank-Präsidenten „politischer". Karl Klasen wird von Marsh als „selbstherrlicher Sozialdemokrat von der deutschen Bank" bezeichnet (Marsh, 1995, S. 245), der mit dem späteren Bundeskanzler Schmidt eng befreundet war. Sein Nachfolger für kurze Zeit, Emminger, kam aus der Bundesbank selbst. Ihm folgte ab 1979 Karl Otto Pöhl, dessen Amtszeit 1987 verlängert wurde, der aber 1991 vorzeitig zurücktrat. Ihm folgte für zwei Jahre Helmut Schlesinger, der wiederum innerhalb der Bundesbank aufgestiegen war. Ab 1993 ist Hans Tietmeyer Präsident und Johann Wilhelm Gaddum Vizepräsident.

Obwohl auch Pöhl, Tietmeyer und Gaddum vor ihren Präsidentenämtern schon Mitglieder des Direktoriums waren, kamen sie – die beiden erstgenannten aus Bundesministerien, Gaddum als Minister in Rheinland-Pfalz unter Kohl – aus der Politik. Seit 1993 ist ein weiterer früherer Finanzminister aus Rheinland-Pfalz, Edgar Meister, Mitglied des Direktoriums. Rechnet man die Landeszentralbankpräsidenten wiederum hinzu, die aber nicht alle aus der Politik kommen, so ist eine „Politisierung", auch im Sinne des parteipolitischen Proporzes, im Zentralbankrat erkennbar. Alle Landeszentralbankpräsidenten gehörten 1993 einer Partei an: 3 der CDU, 1 der CSU, 5 der SPD. Die beiden Präsidenten der Deutschen Bundesbank gehörten der CDU an. Der genannte Direktor Meister war SPD-Mitglied, ein weiterer Direktor FDP-Mitglied (vgl. Thilo Büsching, 1997).

Dies ist eine Entwicklung, die als eine weitere „Modifizierung" der „Unabhängigkeit der Deutschen Bundesbank im D-Mark-System" angesehen werden muß. Zwar sollte nach allen Erfahrungen, wie etwa beim Bundesverfassungsgericht, davon ausgegangen werden, daß parteipolitische Präferenzen beim Eintritt in unabhängige staatliche Institutionen sehr stark zurücktreten. Doch sind parteipolitische „Färbungen" offensichtlich für die Politik, die die Mitglieder der Institutionen bestellt, wichtig geworden. Zumindest sind die Führungen der Deutschen Bundesbank viel stärker als in den ersten beiden Jahrzehnten Teil des gesamten „Systems", eingebunden in politische Interessen und zumindest Experten für die sie umgebende Interessenstruktur.

Darüber hinaus gibt es ein Beispiel für die Interessenverquickung zwischen Bundesbank und Bundesregierung, das beim besten Willen nicht als normal angesehen werden kann. 1989 wechselte der Staatssekretär im Bundesfinanzministerium, Hans Tietmeyer, in das Direktorium der Deutschen Bundesbank. Ab Frühjahr 1990 wurde er für die Währungsverhandlungen mit der DDR an das Bundeskanzleramt „ausgeliehen“. Es gehört schon ein gutes Stück Naivität dazu, dem damaligen Bundesbankpräsidenten Pöhl zu folgen, nach dem diese ungewöhnliche Regelung keine Interessenkollision beinhaltete. Tietmeyer hatte eine Doppelrolle, er führte die westdeutsche Delegation bei den Regierungsverhandlungen und bewirkte damit, daß „die Bundesbank“ eigentlich direkt an diesen Verhandlungen beteiligt war. Zumindest ist dieser Vorgang ein Indiz für eine extrem gute Kooperation zwischen Bundesbank und Bundesregierung, allerdings nur dann, wenn das Direktoriumsmitglied Tietmeyer innerhalb der Bundesbank gleichermaßen akzeptiert wird. Im Zentralbankrat kam es aber wegen der starken Stellung dieses einen Direktors zu Spannungen (Marsh, 1995, S. 277f.) Ungeachtet aller Details darf festgestellt werden, daß auch die personell-parteipolitischen Verflechtungen der Mitglieder des Zentralbankrates seit den achtziger Jahren Ausdruck eines korporatistischen Gefüges im Bereich Bundesbank-Bundesregierung-Landesregierungen sind. Hinzu kommen seit 1948 die natürlichen Verbindungen zur Bankenwelt, gerade auch zu den öffentlich-rechtlichen Finanzinstituten.

3.6 Die Abhängigkeit der Notenbank bei Wechselkursänderungen und „staatsleitenden Gesamtakten“

Für die Festlegung des Außenwertes der DM besaß die Deutsche Bundesbank keine gesetzlich fixierte Zuständigkeit. Es kam sogar immer wieder vor, daß sie – trotz der Relevanz von Realignments für die Geld- und Kreditpolitik – nicht einmal konsultiert wurde. Die Nicht-Zuständigkeit für Wechselkursveränderungen und die nur dem Gesetzgeber zustehenden Zuweisungen von Kompetenzen und Instrumenten sowie schließlich bedeutende außenpolitische Entscheidungen der Bundesregierung, sind klare Grenzen der Notenbankautonomie. Dies gilt jetzt auch für die Europäische Zentralbank. In der Geschichte des DM-Systems erwies sich, daß derartige Entscheidungen von Regierungen und Parlamenten durchaus starke und z.T. schwer zu bewältigende Auswirkungen auf die Währungssicherheit haben können, d.h., daß sich in diesen Fällen die Notenbank, ob vorher konsultiert oder nicht, vor Probleme gestellt sieht, die sie selbst nicht induziert hat und sogar als solche voraussah. In der Logik derartiger Situationen liegt es dann, daß sie auch von politischen Entscheidungen ausgehende Gefährdungen der Währung bekämpfen und damit gegen „die Politik“ operieren muß. „Politik“ wird hier als Legitimation zu „staatsleitenden Aufgaben und Befugnissen“ verstanden, die einer „Regierung“ von Verfassung wegen zukommt und sich grundsätzlich von den gesetzlich begründeten Handlungsspielräumen der Deutschen Bundesbank unterscheidet.

3.6.1 Wechselkursänderungen und Notenbankautonomie

In Wechselkursfragen hat die Deutsche Bundesbank bis zum Sturz Erhards, an dem sie infolge ihrer scharfen Restriktionspolitik bekanntlich nicht unschuldig war (s. Blessing-Zitat, in: Marsh, S. 242), eine konservative Linie vertreten: Zunächst gegen jede Aufwertung der DM, dann gegen flexible Wechselkurse. Obwohl vor allem die deutsche Stabilitätspolitik seit der Währungsreform den internationalen Aufstieg der „harten“ DM bewirkt und einen starken Kapitalstrom nach Deutschland ausgelöst hatte (vor allem Leistungsbilanzüberschüsse und spekulatives Auslandskapital) und zunehmend die Gefahr der „importierten Inflation“ bestand, tat sich die Notenbankleitung schwer mit einer Neuformulierung ihrer internationalen Währungspolitik. Sie widersetzte sich. Bundesbankpräsident Blessing drohte in den Jahren 1960/61 wegen der Aufwertung sogar mit Rücktritt (Marsh mit Hinweis auf Emminger, F49, S. 419). Er, wie noch stärker sein Vorgänger Vocke, hielten Wechselkursänderungen gemäß Reichsbanktradition und in dem Glauben, daß die Bevölkerung das Vertrauen in die Währung verlieren würde, für sakrosankt. Selbst Kapitalkontrollen waren ihnen lieber.

Die Bundesregierungen setzten sich stets durch. 1969 wurde die Aufwertung zu einem zentralen Thema des Bundestagswahlkampfes. Die CDU/CSU wehrte sich gegen eine Aufwertung, die diesmal selbst die Bundesbank für geboten hielt. Wirtschaftsminister Schiller vollzog dann auch unmittelbar nach der Bildung der sozialliberalen Koalition aus SPD und FDP diesen Schritt. Trotz der Übereinstimmung dieser Frage kam es bald zu ernsten Konflikten zwischen diesem Wirtschaftsminister und der Bundesbank. Denn nach dem Ende des Bretton-Woods-Systems 1971/72 trat Schiller nach kurzem Zögern für ein gemeinsames „Floaten“ der europäischen Währungen ein. Die Bundesbank wollte lieber Kapitalverkehrskontrollen. Schiller trat zurück, weil ihm das Kabinett nicht folgte. Sein Nachfolger Helmut Schmidt, zuvor schon Kabinettsmitglied, leitete dann aber doch den Übergang zu flexiblen Wechselkursen ein, der am 11.3.1973 zusammen mit anderen EG-Staaten vollzogen wurde.

3.6.2 „Staatsleitende Gesamtakte“ und Notenbankautonomie

Die Grenzen ihrer Macht und Kompetenz bekam die Deutsche Bundesbank ausgerechnet von der Bundesregierung aus CDU/CSU und FDP und Kanzler Kohl ab 1990 aufgezeigt. Dies ist umso bemerkenswerter, als diese Regierung sich in der Nachfolge eines Ludwig Erhard den Angebots- und Produktionsbedingungen für die Unternehmen verpflichtet fühlte und trotz massiv steigender Arbeitslosigkeit auf direkte Interventionen grundsätzlich verzichtete. Das war und ist im Grunde genommen die ideale Konstellation für eine selbstbewußte, autonome, selbstdefinierte Geld- und Kreditpolitik der Zentralbank.

Der Grund für ein fast an Mißachtung grenzendes Verhalten dieser Bundesregierung liegt in den besonderen politischen Situationen der deutschen Wiedervereinigung einerseits, der Verwirklichung des lange diskutierten Planes einer Europäischen Wirtschafts- und Währungsunion andererseits. Dazu fielen grundsätzliche politische Entscheidungen bis hin zu Verfassungsänderungen. Die Entscheidungen von Regierung und Parlament waren eindeutig „staatsleitende Gesamtakte“. Derartige politische Entscheidungen hatte die Deutsche Bundesbank auch dann zu akzeptieren, wenn die währungspolitischen Folgen dieser Entscheidung für die Erfüllung der Notenbankaufgabe der Währungssicherung größte Schwierigkeiten brachten. Das ist, aus anderer Sicht, also durchaus ein ganz offizieller und staatsrechtlich gesicherter Eingriff in die Unabhängigkeit der Bundesbank. Hier wird auch deutlich, daß eigentlich zu Unrecht von der „Autonomie“ gesprochen wird. Suggeriert doch dieser Begriff ganz allgemeine „Handlungsfreiheit“, die schon durch das Bundesbankgesetz nicht gegeben ist, von „staatsleitenden Gesamtakten“ gar nicht zu reden. Neben den ökonomischen und staatsrechtlichen Sichtweisen steht die allgemein politische: Die Bundesbank wurde gleichsam entzaubert. Ihr Image als gleichsam unnahbarer „Areopag“ (K. Schiller) erlitt nachhaltigen Schaden.

3.6.3 Die deutsche Währungsunion

Die am 1. Juli 1990 in Kraft getretene deutsche Währungsunion – die Vorgänge selbst können hier nur knapp skizziert werden (vgl. dazu Hartwich, 1992, S. 257ff.) – haben im Februar 1990 weder die Deutsche Bundesbank, noch der Runde Tisch und die DDR-Regierung „der nationalen Verantwortung“ gewollt. In der Börsen Zeitung wurde Bundesbankpräsident Pöhl am 7.2.1990 mit dem Satz zitiert: „Es kann nicht angehen, daß man der Währungspolitik eine Bürde aufhalst, für die niemand anders als der Steuerzahler geradestehen muß. Der nur scheinbar bequeme Ausweg über die Bundesbank würde in Wahrheit die Schußfahrt in die importierte Inflation eröffnen ...“ (Bundesbank, Ausz.a.P. 1990, Nr. 11, S. 3). Dies war die Meinung fast aller Experten. Der Präsident des Deutschen Instituts für Wirtschaftsforschung nannte die Währungsunion einen Schritt „wider alle Vernunft“ (FAZ v. 10.2.90).

Vor allem aber hatte sich auch der Sachverständigenrat zur Begutachtung der gesamtwirtschaftlichen Entwicklung dezidiert gegen die Währungsunion gewandt, und zwar in einem Sondergutachten vom 20.1.1990 und in einem dringlich gehaltenen Brief an den Kanzler, als der Kabinettsbeschluß über das Angebot der Bundesregierung vom 7.2.1990 an die Regierung der DDR bekannt geworden war: „Es kann nicht Sinn einer Währungsunion sein, die durch die jahrzehntelange Mißwirtschaft in der DDR aufgeblähten Geldbestände nunmehr im Zuge einer Umwandlung in D-Mark in ihrer Kaufkraft aufzuwerten ...“ hieß es u.a. Damit wurde bereits prognostiziert, vor welche Probleme der „Währungssicherung“ die Bundesbank nach einer solchen politischen Entscheidung stehen würde. Nicht beachtet wurde von der Bundesregierung auch die voraussehbar verheerende Wirkung auf die ostdeutsche Industrie. Allerdings wurden aus der Sicht der Regierung alle ökonomischen Erwägungen und Bedenken überlagert durch die große nationale Aufgabe der zügigen Wiederherstellung der deutschen Einheit.

Vor der Bundespressekonferenz in Bonn räumte Pöhl am 9.2.1990 ein, daß auch ihn dieses Angebot überrascht habe. Er war nicht durch das Kabinett konsultiert worden, wie es im Bundesbankgesetz vorgesehen ist. Aber natürlich sei die Bundesbank verpflichtet, eine so wichtige Entscheidung der Bundesregierung loyal zu unterstützen. „Die Entscheidung selbst ist eine politische Entscheidung der Bundesregierung, die auch von der Bundesregierung zu verantworten ist. Dies ist nicht eine Entscheidung, die die Bundesbank zu treffen hätte. Wir werden durch unsereren Rat und unsere Mitwirkung ... versuchen, die natürlich damit verbundenen Risiken zu minimieren.“ Die Hintergründe dieser Haltung werden vor allem bei David Marsh (S. 253-293) ausführlich und interessant beschrieben. Die Bundesbank akzeptierte die Regierungsentscheidung mit der Maßgabe, daß sie die uneingeschränkte Handlungsfreiheit zur Erfüllung ihrer Aufgabe auch im DDR-Gebiet übertragen bekam. Diese erhielt sie mit dem Staatsvertrag über die Schaffung einer Währungs-, Wirtschafts- und Sozialunion, der am 1.7.1990 in Kraft trat. Nicht beteiligt war sie wiederum an der Beschlußfassung der Bundesregierung über den „Fonds Deutsche Einheit“ (Engelen, Bundesbank in der Krise. Den Nerv getroffen, Handelsblatt v. 30.5.1990), den ersten mehrerer finanzpolitisch problematischer „Nebenhaushalte“ des Bundes.

Der nächste Schock für das Selbstbewußtsein der Bundesbankleitung folgte mit der Festlegung der Modalitäten der Umstellung der DDR-Mark. Diesmal hatte die Bundesregierung die Deutsche Bundesbank um den Entwurf eines Umstellungsgesetzes gebeten. Diese sprach sich im Prinzip für ein Umstellungsverhältnis von 2 Mark der DDR:1 DM aus. Die Bundesregierung entschied dagegen unter politischem Druck, daß ein Umtauschverhältnis von 1:1 bei Löhnen und Gehältern sowie bei Bargeld und Ersparnissen bis zu 4000 Mark pro Kopf sowie 2:1 bei den Geld- und Kreditbeständen gelten sollte. Im endgültigen Staatsvertrag vom 18.5.1990 (BGBl II S. 257) wurden die Kopfbeträge noch modifiziert erhöht.

Bei der Beurteilung beider Vorgänge sind zwei Aspekte am wichtigsten: Der eine betraf die Folgen für das Ansehen der Deutschen Bundesbank im In- und Ausland. Von der vielgerühmten „Autonomie" schien wenig übriggeblieben zu sein. Aber auch die enger definierte „Unabhängigkeit" von der Bundesregierung schien plötzlich nicht mehr so gewiß wie in den 40 Jahren zuvor. Bemerkenswert ist schließlich, daß der Bundesbankpräsident, der sich seit seiner Desavouierung am 6./7. Februar 1990 mit diesem Gedanken befaßt hatte, in Zusammenhang mit den nächsten Schwierigkeiten, bei Fragen der Europäischen Währungsunion, im Mai 1991 vor Ablauf seiner Amtszeit seinen Rücktritt erklärte (näheres bei Marsh, S. 288ff.).

Der zweite Aspekt betraf die Folgen beider politischen Entscheidungen für die künftige Politik der Bundesbank. Und hier zeigte sich, wie das „D-Mark-System" funktionierte. Die Bundesbank hatte zwei Niederlagen erlitten. Aber sie bewies, daß sie sich keineswegs aus der wirtschaftspolitischen Führung verabschieden wollte. Vielmehr übernahm sie anschließend mit ihrer Geld- und Kreditpolitik stärker als zuvor das Kommando gegenüber einer Bundesregierung, die sich nach gelungener politischer Vereinigung nun auf den Wahlkampf vorbereitete und deswegen auch alle Vorschläge für Steuererhöhungen zur Finanzierung der Einheit mißachtete. Die Bundesregierung hatte zwar viel Verantwortung für die künftige Geldwertstabilität auf die eigenen Schultern geladen (Schwartz, Kampfansage an die Bundesbank, in: FR v. 24.2.90), aber die Verantwortung für die Stabilität der DM blieb nun stärker denn je bei der Bundesbank ... Die Neue Zürcher Zeitung erwartete einen „äußerst restriktiven geldpolitischen Kurs des deutschen Noteninstituts", sollte sich der von der Regierung festgelegte Umtauschkurs als zu hoch erweisen. Auch Pöhl leugnete nicht mehr die Möglichkeit deutlicher Zinssteigerungen: „Wir haben den gesetzlichen Auftrag, dafür zu sorgen, daß die D-Mark stabil bleibt ... Jedenfalls wäre ein Prozeß, der zu einer Aufweichung des Vertrauens in die D-Mark an den internationalen Märkten führen würde, für niemanden gut..." (Die Welt v. 10.4.90).

Aber die Gefahren für die Währung gingen noch stärker vom öffentlichen Kreditbedarf und der Schaffung von Nebenhaushalten (als erster 1990: der Fonds „Deutsche Einheit", zu dem die Bundesbank nicht gehört worden war) aus. Die Bundesbank wandte sich deshalb noch 1990 scharf gegen die öffentliche Haushalts- und Kreditpolitik. Sie forderte strenge Haushaltsdisziplin und Einsparungen. Sie betrieb sogleich eine restriktive Kreditpolitik.

Mit den offensichtlichen Schwachpunkten und Risiken der Vereinigungspolitik in ökonomischer und finanzpolitischer Hinsicht belastet, fand die Deutsche Bundesbank allen sonstigen wirtschaftlichen und sozialen Problemen zum Trotz ihre strenge Wächterrolle über die Währung und die Legitimation für eine neue Führungsrolle in der Wirtschaftspolitik wieder. Danach handelte die Bundesbank in den folgenden Jahren, auch wenn das hohe Zinsniveau die wirtschaftspolitischen Aufbaumaßnahmen in den neuen Bundesländern beeinträchtigte und insbesondere die Finanzierung des Transformationsprozesses der ehemaligen DDR-Industriewirtschaft erschwerte. Die Bundesregierung dagegen befand sich in dem Dilemma, daß einerseits die Zinspolitik die wirtschaftliche Vereinigung beeinträchtigte, auf der anderen Seite aber der strikte Stabilitätskurs der Bundesbank ihre Bemühungen zur Erfüllung der Konvergenzkriterien für die Europäische Währungsunion, insbesondere in bezug auf die Haushalts- und Sozialpolitik, nachhaltig unterstützte.

3.6.4 Die europäische Währungsunion

Noch einmal mußte die Deutsche Bundesbank in diesem Zeitraum den „Primat der Politik" in Form „staatsleitender Akte" von Bundesregierung und Parlament hinnehmen. Der Maastricht-Vertrag vom 7.2.1992, der das Ende des „D-Mark-Systems" einleitete und besiegelte, ist gegen den hinhaltenden Widerstand der führenden Notenbanker von den Staats- und Regierungschefs der EU beschlossen worden.

Mit den Plänen für eine Europäische Währungsunion waren die Deutsche Bundesbank und ihr Präsident Pöhl frühzeitig befaßt worden. Der deutsche Bundesbankpräsident hatte den sogenannten „Delors-Bericht" vom April 1989 mitformuliert. Mit diesem Bericht, benannt nach dem damaligen EU-Kommissionspräsidenten, traten die Pläne, neben der Vollendung des Binnenmarktes '92 eine Wirtschafts- und Währungsunion anzustreben, in ein konkretes Stadium. Vorgesehen wurde eine dreistufige Entwicklung, deren erste am 1.7.1990 beginnen sollte. Weitere zeitliche Vorstellungen für die 2. Stufe (Abschluß verbindlicher Verträge, Konvergenz) und die 3. Stufe (unwiderrufliche Kursfixierung) gab es noch nicht. Überraschend schnell einigten sich jedoch die Staats- und Regierungschefs, mit Ausnahme der britischen Regierungschefin Thatcher, die grundsätzlich dagegen war, im Sommer 1989 in Madrid auf das Inkrafttreten der 1. Stufe und ein zügiges Voranschreiten. Zugleich wurde Bundeskanzler Kohl zusammen mit dem französichen Staatspräsidenten zum Motor forcierter Regierungsverhandlungen.

Im Gegensatz zum Bundeskanzler verfolgte die Bundesbank ein „Krönungskonzept". Die Währungsunion sollte nicht am Anfang stehen, sondern den Weg in die Politische Union Europas „krönen". Pöhls Bedenken wurden vom Zentralbankrat mitgetragen. So nannte Vizepräsident Schlesinger im Dezember 1989 eine ganze Reihe von Voraussetzungen für den erfolgreichen Abschluß der ersten Stufe der Währungsunion, die angesichts der Verschiedenheit der EG-Staaten keinesfalls alle erreichbar zu sein schienen. Vor allem betraf dies die Einbeziehung aller EG-Währungen in das EWS, die vorrangige Verpflichtung des europäischen Zentralbanksystems auf das Ziel der Geldwertstabilität, die Weisungsunabhängigkeit einer Zentralbank und eine föderative Struktur der neuen Institutionen. Festhalten wolle die Deutsche Bundesbank an folgenden Orientierungspunkten:

1. Die Stabilitätspolitik der Bundesbank muß auch weiterhin möglich sein,
2. eine geldpolitische Grauzone darf nicht entstehen (abgestimmte stabilitätsgerechte Geldmengenziele),
3. die Wechselkurspolitik darf in der 1. Stufe keine Priorität erhalten,
4. die Geldpolitik kann keine Vorreiterrolle für die Wirtschaftsunion übernehmen.

(Bundesbank, Ausz.a.P. Nr.98 v. 12.12.89, S. 4).

Genaugenommen mußte aus diesen Vorgaben gefolgert werden, daß die Deutsche Bundesbank nur ein Europäisches Zentralbanksystem akzeptieren wollte, das gleichsam ihr eigenes Abbild war.

Als dann im Dezember 1989 der Europäische Rat beschloß, den Beginn von Regierungsverhandlungen über einen Vertrag auf Ende 1990 festzulegen, meinte Pöhl: „Die Bundesbank und ich selbst hätten es lieber gesehen, wenn man mit solchen Verhandlungen einige Jahre gewartet hätte". Er könne sich überdies das Währungssystem nur im Rahmen einer politischen Union vorstellen (Bundesbank, Ausz.a.P. Nr. 100 v. 18.12.89, S. 2). Trotz dieser Einstellung mußte der Ausschuß der EG-Zentralbankgouverneure unter Leitung des für drei Jahre gewählten deutschen Bundesbankpräsidenten den Entwurf eines Statuts des Europäischen Zentralbanksystems ausarbeiten.

Im Gegensatz zu den Vorstellungen der Bundesbank beschleunigten Bundeskanzler Kohl und der französische Staatspräsidenten Mitterrand die Arbeiten an dem Vertragswerk. Die Bundesbank war über das Tempo beider Vorgänge, der deutschen Währungsunion mit ihren Folgen und der forcierten Politik für eine Europäische Währungsunion, besorgt. Sie hielt es für notwendig, erneut mit ihren „Eckwerten" (Bundesbank, Ausz.a.P. Nr.73 v. 25.9.90, S. 1ff.) „unabdingbare und damit nicht disponible Anforderungen" vorzutragen. Inhaltlich unterstützte der deutsche Finanzminister die Haltung der Bundesbank. Auch der Bundeskanzler zeigte sich nicht unbeeindruckt.

Die weiteren Beschlüsse der Regierungskonferenzen bis zum Maastricht-Vertrag begleitete die Bundesbank mit ihren Besorgnissen. Mit der starken Anlehnung des Konzepts der Europäischen Zentralbank und des Europäischen Systems der Zentralbanken an das deutsche Bundesbankgesetz und die Politik der Deutschen Bundesbank sowie mit den „Konvergenzkritierien" als Qualifikationskriterien für die Teilnehmerstaaten konnte sie letztlich eigentlich zufrieden sein. Ihre berechtigten Hinweise auf notwendige Souveränitätsverzichte der beteiligten Staaten (vor allem in finanzpolitischen Angelegenheiten) sowie die Forderung nach gleichzeitiger Politischer Union (die deutscherseits in Maastricht nicht durchgesetzt werden konnte) blieben aber unberücksichtigt. Vor allem war für die Führung der Deutschen Bundesbank sicher das kaum verhüllte Ziel der französischen Regierung schwer zu ertragen, das „Joch" der strengen Stabilitätspolitik der Deutschen Bundesbank zu eliminieren. „Die bisweilen durchschimmernde Zielsetzung, die D-Mark und die Bundesbank an die ‚europäische Kette' zu legen, genügt sicherlich nicht" (Tietmeyer, Bundesbank, Ausz.a.P. Nr. 90 v. 19.11.1990, S. 6). Dieses Ziel der Franzosen, die „europäische Kette", ist zweifellos erreicht worden, wenn auch – wie die folgenden Abschnitte zeigen werden –, mit vielen Modifikationen zugunsten der Deutschen Bundesbank.

So ist das Europäische Währungssystem nicht eigentlich zu einer „Niederlage" der Bundesbank gegenüber der Außenpolitik der Bundesregierung geworden. In puncto „politischer Union" war es eine deutsche Niederlage. Die zur Europäischen Währungsunion führenden Verhandlungen sind ein Musterbeispiel für den untrennbaren Zusammenhang von Regierungs- und Notenbankpolitik. Mit dieser Feststellung wird die Frage aufgeworfen, ob denn eine Notenbank ebenso wirkungsvoll und geachtet operieren kann, wenn sie nicht in ein verbindliches politisches Instititutionsgefüge eingebettet ist. Denn letztlich hat das „D-Mark-System" sogar noch einmal funktioniert, als die eigene Abschaffung organisiert wurde.

3.7 Die deutsche Notenbank zwischen Autonomie und politischer Einflußnahme in den Jahren 1948 bis 1998 – ein Resumee

Auffallend ist, daß die Wirtschaftswissenschaften in der Regel von „Unabhängigkeit", „Handlungsspielraum" oder „Weisungsungebundenheit" sprechen, während bei den Juristen eher der Begriff „Autonomie" Verwendung findet. Karl-Heinrich Hansmeyer benutzt den Begriff „Handlungsspielraum", den er als „ein Konglomerat von politischem Freiraum und ökonomischen Wirkungsmöglichkeiten" umschreibt (mit Rolf Caesar, 1987, S. 961). Mit diesem Begriff – so Mitautor Rolf Caesar – seien Abstufungen im Verhältnis Bundesregierung-Bundesbank besser erfaßbar, da sich der konkrete Handlungsspielraum einer Notenbank nur im Rahmen eines Kontinuums vielfältigster Abstufungen ansiedeln lasse, die durch juristische, politische und ökonomische Restriktionen der verschiedensten Art bestimmt seien.

Für die Beurteilung der Beziehungen zwischen Bundesregierung und Bundesbank bieten Caesar und Hansmeyer folgende Indikatoren an:

- die praktische Relevanz der die Notenbank de jure einengenden Normen,
- die Häufigkeit und Intensität konkreter Konflikte zwischen Notenbank und Staat,
- der Grad an Übereinstimmung der Zielprioritäten von Geld- und Finanzpolitik,
- das Ausmaß des freiwilligen Beitrags der Bundesbank zur Finanzierung öffentlicher Haushalte,
- die faktische Rolle der Notenbank in der äußeren Währungspolitik, wo sie de jure keine nennenswerten Kompetenzen besitzt,
- der Grad der Koordinierungsverflechtung der Notenbank gegenüber staatlichen Instanzen,
- die Einstellung der Öffentlichkeit und der Wissenschaft einerseits, der politischen Szene andererseits, sowohl zur Notenbank in konkreten Konfliktsituationen als auch zu eventuellen Bestrebungen, einschlägige Gesetze zu reformieren,
- das Verhältnis der Notenbank zu privaten Gruppen, wobei der Umfang ihrer offiziellen und informellen Koordinierungsverflechtung im Vordergrund steht (Caesar/Hansmeyer, 1987, S. 961; Caesar, 1981, S. 147ff., 461ff.).

Das Ergebnis einer solchen differenzierten Betrachtung ist laut Caesar, daß die Bundesbank seit 1948 (sein Resumee datiert von 1989) „nicht nur de jure, sondern auch de facto als eine Notenbank mit einem außergewöhnlich großen politischen Freiraum einzustufen ist" (Bundesbank, 1989, Ausz.a.P. Nr. 83, S. 5).

Wird – wie in dieser Untersuchung – die Differenzierung über die rechtlichen Beurteilungen hinaus durch zusätzliche oder teilweise andere Kriterien erweitert, so ergeben sich abweichende Beobachtungen. Die Politikwissenschaft fragt z.B. nach den Folgen des wirtschaftspolitischen Attentismus gemäß der neoliberalen Doktrin (keine „Prozeßsteuerung") und nach dem Druck parlamentarisch verantwortlicher Regierungen auf die Unterstützungsbereitschaft der Notenbank sowie nach dem politischen Personal.

Autonomie heißt Handlungsfreiheit „besitzen". Dies ist nicht identisch mit Handlungs„spielräumen", ein Begriff, der von Begrenzungen ausgeht. Im Falle der Deutschen Bundesbank wurden in den vergangenen 50 Jahren die Handlungsspielräume, zumindest in längeren Zeiträumen, so erweitert, daß daraus eine Position resultierte, die als „Autonomie" bezeichnet werden kann. Juristen ordnen diese „Autonomie" allerdings zu schnell und zu generell in den in der rechtswissenschaftlichen Lehre und Forschung durchaus bekannten und diskutierten Begriff der „Autonomie“ ein (z.B. v. Arnim, 1984, Staatslehre; v. Münch, 1978 GG-Kommentar, Bd. 3; Schuppert, 1981). Damit wird die unstrittig große Handlungsfreiheit der Bundesbank zu einer „Institution“, nämlich der „Autonomie“. Aus dieser Sicht ist dann sowohl die Herausnahme der Währungspolitik aus dem Bereich „genuiner Regierungspolitik“, um ihre „Instrumentalisierung für nicht währungsbezogene Zwecke zu verhindern“ ebenso zu rechtfertigen, wie die fehlende parlamentarische Kontrolle der Notenbank (Schuppert, 1981; vgl. hierzu umfassender: Hartwich, 1992, S. 249ff.). Diese Sichtweise ist in der wissenschaftlichen Literatur zu recht umstritten.

Unsere Untersuchung hat ergeben, daß die Bundesbank unter bestimmten konkreten Bedingungen in eine gesamtpolitische Veranwortlichkeit auch gegen ihren eigenen Willen eingebunden werden kann. In einer solchen Situation, die vor allem aus wirtschaftlichen Krisen mit einem starken Druck auf Parlamente, Regierungsparteien und Regierungen erwächst, wird dann offensichtlich, daß die „Autonomie“ nicht durch Verfassung und Staatsrecht, sondern durch Gesetzesrecht, d.h., durch parlamentarische Mehrheiten und Regierungskoalitionen gewährleistet ist. Fühlen sich diese Mehrheiten in ihrer politischen Macht durch Krisen bedroht, dann können sie die Zentralbank durchaus unter Berufung auf das gesetzliche Gebot der „Unterstützung der allgemeinen Wirtschaftspolitik“ zur Berücksichtigung auch nicht-monetärer Steuerungsgesichtspunkte zwingen.

Überdies zeigt die fünfzigjährige Geschichte der Deutschen Bundesbank, wie sehr sie in das politische System eingebunden ist. Fast „schlagartig“ wurde der Schleier der Autonomie durch die Ereignisse um die deutsch-deutsche Währungsunion zerrissen, als die Bundesregierung die Bank nicht einmal konsultierte. Daß es sich beim Vorgehen der Bundesregierung nicht um eine Art Machtusurpation handelte, sondern um eine logische Folge der Unterordnung der Notenbank unter die Verfassung und das Staatsganze, belegt theoretisch die Position des Staatsrechtlers Peter Badura zum Verhältnis Parlament – Regierung – Bundesbank: „Das parlamentarische Regierungssystem sichert zwar die vorrangige Entscheidungsgewalt des Parlaments, behält aber die Ausübung der Regierungsfunktion für den Regelfall dem staatsleitenden Organ der Exekutive vor. Die Regierung verfügt über in der Verfassung begründete selbständige, nicht vom Parlament abgeleitete Aufgaben und Befugnisse“ (Badura, 1986, S. 299). Badura bezeichnet die Zusammenfassung staatsleitender Aufgaben und Befugnisse als „Regierung“. „Die Funktion der Regierung wird durch eine selbständige politische Entscheidungs- und Handlungsvollmacht gekennzeichnet“. Hier wird erneut der formal-rechtliche Unterschied zur Handlungsfreiheit der Deutschen Bundesbank deutlich. Sie entspringt nicht dem Verfassungsrecht, sondern dem Gesetzesrecht. Dies bedeutet grundsätzlich keine unbeschränkte Handlungsfreiheit. Denn sie kann durch den Gesetzgeber jederzeit abgeändert werden.

Diese rechtlich richtige Feststellung wird einerseits durch die Vorgänge um die deutsch-deutsche und die europäische Währungsunion bestätigt, andererseits durch die fünfzigjährige Tradition der Bundesbank und die lange Zeit legitimierende Zustimmung zu ihrer Unabhängkeit faktisch nur modifiziert, aber nicht aufgehoben. Hier liegen die Gründe dafür, daß bis zum Regierungsbeschluß über die deutsche Währungsunion im Frühjahr 1990 die Unabhängigkeit der Deutschen Bundesbank häufig als faktisch „verfassungsfest“, d.h., durch den Gesetzgeber nicht mehr einfach abänderbar, angesehen wurde. Sie war es nicht. Auch die Europäische Zentralbank wird ähnlich zu beurteilen sein, obwohl ihre „Weisungsungebundenheit“ nicht durch ein einfaches Gesetz, sondern durch einen völkerrechtlich verbindlichen Vertrag definiert wurde, dessen Abänderung der Ratifikation durch alle EU-Mitgliedstaaten bedarf. Hier wird sich deshalb die oben genannte Modifikation durchsetzen: Die Zielsetzung „Weisungsungebundenheit“ ist nur die eine Seite. Die Instrumentalisierung der „Unterstützungspflicht“ bei krisenbedingtem politischen Druck auf die Regierungen bildet die andere. Die „Autonomie“ der Zentralbank darf in der Politik nicht als eine starre Größe angesehen werden.

Die Geschichte des D-Mark-Systems zeigt mithin, daß die Stabilität einer Währung – im Westen Deutschlands eine wichtige Grundlage der Demokratie – nicht allein mittels einer politisch völlig selbständig handelnden Institution erreicht und gewährleistet wurde. Vielmehr war der gesamtpolitische Kontext mitentscheidend, die weitgehende Übereinstimmung der wichtigsten politischen Akteure ebenso, wie die Entwicklung einer „Stabilitätskultur“ in der Gesellschaft.

4. Die Tarif-Autonomie als Fundament der Arbeitsbeziehungen in Deutschland

4.1 Der Tarifvertrag als Symbol der politisch-wirtschaftlichen Emanzipation der deutschen Arbeiterschaft

Tarifverträge sind Gesamtvereinbarungen zwischen Arbeitgeberverbänden und einzelnen Arbeitgebern auf der einen Seite und Gewerkschaften auf der anderen Seite. Sie sind Bestandteile des „Kollektiven Arbeitsrechts". Sie regeln Vergütungen und Arbeitsbedingungen („Tarife", „Tarifnormen"), die Anwendung finden auf die Einzelarbeitsverträge zwischen einem Arbeitgeber und dem einzelnen Arbeitnehmer („Individualarbeitsrecht").

Der Begriff des „Flächen"tarifvertrages gehört nicht zum traditionellen Begriffsarsenal des Arbeitsrechts. Tarifverträge sind ihrer Natur nach betriebsübergreifend, auf Regionen oder Branchen bezogen. Gemeint ist mithin die auf diese „Flächen" bezogene Geltungskraft einer kollektivrechtlichen Vereinbarung. Sie steht heute zur Diskussion, eventuell sogar zur Disposition. Die Frage lautet also: Was bedingt die „Erosion des Flächentarifvertrages"; was bedeutet diese Krise, und welche Alternativen stehen für die Gestaltung der Arbeitsbeziehungen zur Verfügung?

4.1.1 Idee und Geschichte des staatsfreien Tarifvertrages

Seit dem Durchbruch des Liberalismus im neunzehnten Jahrhundert ist die Vertragsfreiheit eine der wichtigsten Grundlagen des Wirtschaftslebens. Die Arbeitsverhältnisse gehören dazu. So heißt es noch heute im § 105 der Gewerbeordnung zur „freien Gestaltung des Arbeitsvertrages": „Die Festsetzung der Verhältnisse zwischen den selbständigen Gewerbetreibenden und den gewerblichen Arbeitnehmern ist ... Gegenstand freier Übereinkunft."

Es liegt auf der Hand, daß nicht nur unter frühkapitalistischen Bedingungen, sondern auch heute ein Ungleichgewicht zwischen der einzelnen Arbeit„gebenden" Vertragspartei und der einzelnen Arbeit„nehmenden" Seite besteht. Deshalb gab es auf seiten der Unterlegenen von Anfang an Versuche der Arbeiter, durch Zusammenschluß (Koalitionsbildung) das Ungleichgewicht zu beseitigen. Auch Teile der Arbeitgeberseite kamen bald zu der Erkenntnis, daß standardisierende „Gesamtvereinbarungen" (Gesamtarbeitsverträge) für die einzelnen Arbeitsverträge nützlich sowie der durch Vereinbarung erreichte Friedenszustand billiger seien. Nach dem Vorbild aus dem früher als Deutschland industrialisierten England wurden abgestufte „Tarife" für Betriebe, lokale Arbeitsmärkte oder auch ganze Branchen ausgehandelt und als „Gesamtarbeitsverträge" abgeschlossen. Da zu einem Vertrag immer zwei Seiten gehören, ist die Tariffähigkeit einer Gewerkschaft von der Existenz eines handlungsfähigen und vertragswilligen Arbeitgebers abhängig. Die Einhaltung derartiger Verträge und ihre volle Berücksichtigung in den Einzelarbeitsverträgen lag anfangs allein im Willen und in der Macht der Gewerkschaft und des Arbeitgebers oder eines Arbeitgeberverbandes.

So wurde die „freie Übereinkunft“ über Lohn, Arbeitszeit und Arbeitsbedingungen durch die Entwicklung der „Koalitionen“ von Arbeitnehmern, der Gewerkschaften also, eingeschränkt. Aus sozialen Gründen, zum Ausgleich der unterschiedlichen Machtverhältnisse zwischen dem einzelnen Arbeitnehmer und seinem Arbeitgeber/Unternehmer, wurde der Arbeits„markt“ frühzeitig „monopolisiert“, d.h. auf beiden Seiten wurde versucht, das „Angebot“ und die „Nachfrage“ nach Arbeit durch eine Art „Kartellbildung“ zusammenzufassen. Diese Grundsituation sollte nicht vergessen werden, wenn heute die fehlende „Flexibilität“ der Arbeitsmärkte beklagt wird. Der Arbeits„markt“ ist mit dem Warenmarkt nicht vergleichbar. Die Vorstellung von der Arbeit als „Ware“ führt in ein weites Feld von Philosophien, Theorien, Interessen und Emotionen.

Diese Schaffung von (Gesamt-)Vertragsrecht war nicht selbstverständlich. Denn „Recht“ schaffen konnten nach dem Bürgerlichen Recht nur die einzelnen Beteiligten des Arbeitsverhältnisses, also des individuellen Arbeitsvertrages, und natürlich der Staat mit seinen Gesetzen. Die „Koalitionen“ mußten sich ihre Befugnisse, rechtsverbindliche Gesamtvereinbarungen über eine unbestimmte Zahl von Einzelverträgen zu treffen, erst erkämpfen.

Das Recht, Koalitionen zu bilden, war im Deutschen Reich von 1871 zwar garantiert („Koalitionsrecht“), nicht aber das Recht der Gewerkschaften, die mit einem oder mehreren Arbeitgebern abgeschlossenen Gesamtvereinbarungen durch Klage vor Gericht auch durchzusetzen. Überdies gab es mächtige Arbeitgeber, z.B. die Eisen- und Stahlindustriellen des Ruhrgebiets, die sich grundsätzlich weigerten, Gesamtvereinbarungen mit gewerkschaftlichen Koalitionen abzuschließen. Sie sahen darin eine förmliche Anerkennung der Arbeiterschaft und beharrten auf dem „Herr-im-Hause-Standpunkt“. Aber auch die sogenannten „Freien (sozialistischen) Gewerkschaften“ hatten zunächst Vorbehalte, weil sie sich in ihrer Kampffreiheit beeinträchtigt sahen. Erst 1899 fiel auf einem Gewerkschaftskongreß eine positive Entscheidung. Allgemein gilt der Buchdruckertarif von 1873 als erster „Flächen“-Tarifvertrag. Er war nicht der erste Tarifvertrag überhaupt in Deutschland, aber er war der erste einheitlich für das Deutsche Reich geltende Tarifvertrag.

Bis 1918 gab es dann eine wachsende Anzahl von Tarifverträgen, jedoch noch keine staatliche Anerkennung und Garantie der durch die Koalitionen abgeschlossenen Gesamtarbeitsverträge/Gesamtvereinbarungen. 1914, also bei Ausbruch des 1. Weltkrieges, gab es knapp 11.000 Tarifverträge für 143.650 Betriebe, aber nur für rd. 1,4 Mio. Arbeitnehmer. Nach dem Krieg und der staatlichen Anerkennung der Tarifverträge stiegen die Zahlen sprunghaft an. Die höchsten Zahlen wurden 1922 mit 10.769 Tarifverträgen für 890.237 Betriebe und 14,2 Mio. erfaßten Arbeitnehmern erreicht (Hartwich, 1967a, S. 430).

Bis 1918 waren die Gewerkschaften allein auf die „Möglichkeit der sozialen Exekution“ (Hugo Sinzheimer) verwiesen, um die Innehaltung erkämpfter Arbeitsbedingungen zu erzwingen. Ihre Kampfmaßnahmen waren Streik und Boykott.

Rechtstheoretisch entscheidend wurden für das neue „Kollektive Arbeitsrecht“ die in der Tradition der frühen deutschen Pluralismuslehre eines Otto von Giercke stehenden Arbeiten von Hugo Sinzheimer. Seine „Verbandstheorie“ besagte, daß die Verbände beim Tarifvertragsabschluß aus eigenem Recht tätig werden. Der von ihnen geschaffene „korporative Arbeitsnormenvertrag" habe die gleiche Wirkung wie autonom gesetzte Rechtsnormen. Diese Vorstellungen wurden 1918 in das staatliche Recht übernommen. Sie bilden auch heute die Grundlage des Tarifvertragsgesetzes. Die Tarifvertragsbestimmungen sind Rechtsnormen, die die vom Tarifvertrag erfaßten Arbeitsverhältnisse unmittelbar und zwingend während der Vertragsdauer („Laufzeit") bestimmen.

Ein Vorgänger Sinzheimers war Philipp Lotmar. Ihm wird das Verdienst zugesprochen, für die Wissenschaft des Rechts die Welt der Arbeit entdeckt zu haben (Sinzheimer, 1938). Hugo Sinzheimer hat dagegen die Welt der Arbeit für das Recht entdeckt (Ernst Fraenkel, 1958). Denn Otto Sinzheimer hatte seine Arbeitsrechtstheorie eigentlich gesellschaftspolitisch verstanden. Dies zeigen der Titel seines 1907/08 erschienenen Hauptwerks („Der korporative Arbeitsnormenvertrag") und vor allem sein wichtigstes Buch von 1916: „Ein Arbeitstarifgesetz. Die Idee der Selbstbestimmung im Recht".

„Neben die Organisation der Gesellschaft durch den Staat tritt die Selbstorganisation der Gesellschaft. ... Das moderne Wirtschaftsleben ist zu kompliziert, als daß es allein durch staatliche Normen reguliert werden könnte. Um einer wirksamen Rechtsbildung willen muß der Staat einen Teil seiner Rechtsmacht an soziale Lebenskreise abgeben, die dann ihrerseits das Recht suchen und finden, das ihren wechselnden Bedürfnissen und Verhältnissen entspricht. Es tritt damit in die soziale Entwicklung selbst ein beweglicher und ausgleichender Faktor der Rechtsbildung ein, der den Staat entlastet und zugleich ein wandelbares, anpassungsfähiges Recht hervorbringt, das die tatsächlichen Bedürfnisse befriedigt, indem es durch die Beteiligten selbst unmittelbar hervorgebracht wird. Für die Entwicklung des Arbeitsrechts ist dieses soziale Recht, wie es in den Tausenden von Tarifverträgen der Vorkriegszeit nach Geltung rang, von besonderer Bedeutung. Denn in ihm vollzieht sich tatsächlich der größte und wesentliche Teil des sozialpolitischen Fortschritts" (Sinzheimer (1919), in: 1976, S. 174).

Der Politikwissenschaftler und Jurist Ernst Fraenkel, Schüler Sinzheimers, hat 1958 in einer Gedenkrede dazu gesagt: „Die juristische Entdeckung der normativen Wirkung des Tarifvertrages stellte eine der wichtigsten theoretischen Grundlagen des Einbaus der Arbeiterbewegung in den Staat dar". Sinzheimer habe entscheidend dazu beigetragen, „die Arbeiter über das Arbeitsrecht an den demokratischen Staat heranzuführen" (Fraenkel, 1973, S. 139/141).

4.1.2 Die staatliche Anerkennung des Tarifvertrages und die Begründung des Kollektiven Arbeitsrechts

Die endgültige und allgemeine Anerkennung des Tarifvertrages in Deutschland gehört zu den ersten großen „sozialen Errungenschaften" nach dem Zusammenbruch des Kaiserreiches 1918. Sie hat zwei Wurzeln. Am Anfang steht eine grundsätzliche Übereinkunft aller Arbeitgeberorganisationen und Gewerkschaften über eine „Zentralarbeitsgemeinschaft" vom 15.11.1918, die ohne Beteiligung der neuen staatlichen Gewalt zustandegekommen war, aber vom „Rat der Volksbeauftragten" amtlich mit dem Ersuchen bekanntgemacht wurde, die Bestimmungen in den Betrieben zu beachten. Zu diesen Bestimmungen gehörte Punkt 6: „Die Arbeitsbedingungen für alle Arbeiter und Arbeiterinnen sind entsprechend den Verhältnissen des betr. Gewerbes durch Kollektivvereinbarungen mit den Berufsvereinigungen der Arbeitnehmer festzusetzen."

Dieses Abkommen der autonomen Verbände wurde, durchaus nicht mit ihrer uneingeschränkten Zustimmung, mit der „Verordnung über Tarifverträge, Arbeiter- und Angestelltenausschüsse und Schlichtung von Arbeitsstreitigkeiten" vom 23.12.1918 in staatliches Recht übernommen. Diese Übernahme war umstritten. Dafür erscheint die Aussage des Unternehmervertreters Hans von Raumer typisch: „Die Treueverpflichtung, die die Partner an die Vereinbarung band, wurde entwertet" (Hartwich, 1967a, S. 10). Damit wird ein Dilemma angedeutet, das bis heute besteht: Das Tarifvertragsrecht ist vom Willen der Tarifparteien abhängig; es bedarf aber auch staatlicher Garantien. Dies zeigten bald die Arbeitskämpfe in der Weimarer Republik.

Anders als das heutige Grundgesetz ging die Reichsverfassung vom 11.8.1919 (Weimarer Verfassung) noch weiter, indem sie in Art. 165 Abs. 1 formulierte: „Die Arbeiter und Angestellten sind dazu berufen, gleichberechtigt in Gemeinschaft mit den Unternehmern an der Regelung der Lohn- und Arbeitsbedingungen sowie an der gesamten wirtschaftlichen Entwicklung der produktiven Kräfte mitzuwirken. Die beiderseitigen Organisationen und ihre Vereinbarungen werden anerkannt." Dies war die verfassungsrechtliche Grundlage des Tarifvertragswesens, das in der Folgezeit durch eine Vielzahl tarifrechtlich relevanter Verordnungen und Gesetze ergänzt wurde. Die wichtigsten sind:

- die Verordnung über das staatliche Schlichtungswesen vom 30.10.1923, die die Sicherung und Wahrung von Tarifverträgen bei widerstrebenden Tarifparteien zur Aufgabe paritätischer Schlichtungsausschüsse und staatlich eingesetzter „Schlichter" machte;
- das Arbeitsgerichtsgesetz vom 23.12.1926, mit dem der Staat einen besonderen staatlichen Gerichtszweig schuf. Die Arbeitsgerichte waren zuständig für alle Rechtsstreitigkeiten aus Arbeitsverhältnissen, Arbeitsverträgen und Tarifverträgen, einschließlich der Arbeitskampfstreitfälle. In diesem Gerichtszweig spielt noch heute das „Laien-Element" (Beisitzer der Tarifparteien) eine besondere Rolle;
- Arbeitszeitverordnungen, soweit tarifliche Verträge über die Arbeitszeit nicht zustande kamen. Der 8-Stunden-Tag war grundsätzlich schon 1918 durch die genannte „Zentralarbeitsgemeinschaft" eingeführt worden. Nach der Inflation 1923 wollten sich die Schwerindustriellen aber nicht mehr daran halten;
- als auch für das Arbeitsrecht wichtige Gesetze seien noch genannt: das Betriebsrätegesetz vom 4.2.1920 und das Gesetz über Arbeitsvermittlung und Arbeitslosenversicherung vom 16.7.1927, dem Vorläufer der gesetzlichen Regelungen über die Bundesanstalt für Arbeit.

4.1.3 Gefährdungen des „Flächentarifvertrages" in der Weimarer Republik

Beschränkt man sich auf die Tarifvertragsstatistik, so hat das System der kollektiven Verträge ab 1919 einen gewaltigen Aufschwung genommen. Zunächst stieg die Zahl der Tarifverträge von 7.800 rasch auf über 11.500. Die Inflationskrise von 1923, d.h., konkret die ihr folgende „Stabilisierung" mit sprunghaft steigender Arbeitslosigkeit, reduzierte die Zahl der Tarifverträge, die sich bis zur Weltwirtschaftskrise (1930-33) bei 8.000 bis 9.000 einpendelte.

Wichtiger als die Zahl der Verträge ist jedoch die Zahl der von ihnen erfaßten Arbeitnehmer. Deren Zahl stieg von 1918 mit 1,1 Mio. bis 1922 auf über 14 Mio. an. Nach 1924 pendelte sich diese Zahl bei etwa 12 Mio. Arbeitnehmern ein.

Das Prinzip der kollektiven Verträge über die „Tarife“ der Lohn- und Arbeits(zeit)-bedingungen hatte sich also in der Weimarer Republik voll durchgesetzt. Das neue „Kollektive Arbeitsrecht“ zählte zu den großen „Errungenschaften“ der Weimarer Demokratie und ihres Sozialstaats. Dennoch täuscht das Bild.

Der Gedanke „autonomer“, d.h., staatsfreier kollektivrechtlicher Arbeitsgestaltung konnte sich nicht überall durchsetzen. Genauere Untersuchungen ergeben, daß „große“ Tarifverträge, – der Begriff „Flächentarifvertrag“ war noch nicht üblich – also Verträge über eine sehr große Anzahl von Betrieben und Arbeitnehmern zumeist nur durch Vermittlung oder Druck der staatlichen Schlichtung zustande kamen. Für wirtschaftlich bedeutende Gebiete oder Branchen, wie z.B. die nordwestdeutsche Großeisenindustrie mit dem legendären Arbeitgeberverband „Arbeitnordwest“ (nordwestliche Gruppe des „Vereins Deutscher Eisen- und Stahlindustrieller“ des Ruhrgebiets) mit 1929 rd. 252.000 Arbeitnehmern, kam der („Flächen“-)Tarifvertrag überwiegend durch staatliche Verbindlichkeitserklärung von Schiedssprüchen oder vorherige Unterwerfung der Parteien unter den Schiedsspruch eines staatlichen Schlichters zustande.

Das gleiche gilt z.B. für die damals sehr bedeutende Berliner Metallindustrie und einen großen Teil der verarbeitenden Industriebereiche wie Elektrotechnik und Maschinenbau sowie für den Steinkohlenbergbau und den Braunkohlenbergbau des Deutschen Reiches (Hartwich, 1967a, S. 194-211).

Warum setzte sich das Prinzip autonomer, d.h., staatsfrei vereinbarter Groß-(Flächen-)tarife nur eingeschränkt durch?

An erster Stelle wird zumeist das staatliche Schlichtungswesen genannt, das auch das Institut der „Zwangsschlichtung“, d.h., der Verbindlichkeits-Erklärung eines zuvor schon unter staatlicher Vermittlung zustandegekommenen Tarifvertrages kannte. In paritätisch besetzten Schlichtungsausschüssen oder Schlichterkammern gab der Schlichter mit seiner Stimme den Ausschlag, d.h., er stimmte mit einer Seite. Lehnte die andere Seite den so zustandegekommenen Tarifvertrag ab, so konnte er auf Antrag dennoch für „verbindlich“ erklärt werden. Mit dieser Regelung wurde vor allem der Verantwortungslosigkeit der Tarifparteien Vorschub geleistet; es erwies sich für die Führungen von Arbeitskämpfen um neue Tarifverträge als nützlich, die Verantwortung auf den Staat schieben zu können.

Hinter diesen Problemen der Tarifabschlüsse in der Weimarer Republik standen jedoch weitere wichtige Restriktionen, die den Durchbruch des Gedankens beeinträchtigten bis verhinderten:

- die schon bald nach der „Zentralarbeitsgemeinschaft“ einsetzende „Tarifunwilligkeit“ bedeutender Arbeitgebergruppen, die zu den Vorkriegsverhältnissen („Herr im Hause-Standpunkt“) zurück wollten;
- Bestrebungen gegen den „Friedensschluß“ mit den Arbeitgebern durch einen Tarifvertrag gab es auch bei Teilen der sozialistischen Gewerkschaften (später konzentriert in der RGO, der Revolutionären Gewerkschafts-Organisation). Sie wollte sich nicht, auch nicht auf Zeit, die Kampffreiheit nehmen lassen;
- die „Machtasymmetrien“ im Gefolge von Krisen. So brachen die Gewerkschaften zeitweise im Zuge der Stabilisierungskrise von 1924 (nach der Hyperinflation) zusammen. Einseitige Lohn- oder Arbeitszeitdiktate der Arbeitgeber waren die Folge. Der Staat griff mit dem Schlichtungswesen ein und hielt das Prinzip tarifvertraglicher Regelung aufrecht, wenngleich unter verschlechterten Tarifbedingungen.

Weitere Kriseneinbrüche waren die sogenannte „Rationalisierungskrise“ von 1926, die von steigender Arbeitslosigkeit begleitet war, und schließlich die große „Weltwirtschaftskrise“, in der die Gewerkschaften vergeblich versuchten, durch Arbeitskämpfe das Lohnniveau aufrechtzuerhalten und ab 1930 vor der Frage standen, ob sie lieber den tariflosen Zustand oder einen durch staatliche Schlichtung durchgesetzten Tarifvertrag mit Lohnsenkungen hinnehmen wollten.

Das Tarifvertragswesen war 1933 „ausgehöhlt“. Das Arbeitsrecht hatte sich mit einer Ausnahme formal nicht geändert. Aber die wirtschaftlichen und gesellschaftspolitischen Bedingungen sowie die Auswirkungen der staatlichen Schlichtung hatten eine zunehmende „Erosion“ des Tarifvertragsgedankens erzeugt. Die Präsidialregierung Papen versuchte darüber hinaus im Spätsommer 1932, das Tarifvertragsrecht auch juristisch anzugreifen, indem sie per Notverordnung eine „Auflockerung“ der Tarifverträge dergestalt ermöglichte, daß die Tarifnormen unterschritten werden konnten, wenn ein Arbeitgeber dafür Arbeitskräfte einstellte.

Die nationalsozialistische Diktatur ernannte unmittelbar nach der „Machtergreifung“ auf der Grundlage der Schlichterbezirke sogenannte „Treuhänder der Arbeit“. Die Gewerkschaften wurden verboten, die Arbeitgeberverbände in das Zwittersystem einer „ständischen“ Wirtschaftsorganisation integriert. Tarif„verträge“ konnten dementsprechend nicht mehr abgeschlossen werden. Die bestehenden Tarifnormen wurden de facto zu Elementen der neuen Form öffentlich-rechtlicher Reglementierung, sogenannten „Tarifordnungen“, was zunächst auf ein Festhalten des niedrigen Status quo („Lohnstopp“) hinauslief. Änderungen mußten von den Arbeitgebern (nun „Führer“ ihrer Unternehmen) bei den Treuhändern beantragt werden.

4.2 Das Kollektive Arbeitsrecht der Bundesrepublik Deutschland

4.2.1 Verfassungsrechtliche und gesetzliche Grundlagen des Kollektiven Arbeitsrechts

Das Tarifvertragssystem der Weimarer Republik und das kollektive Arbeitsrecht wurden noch vor der Gründung der Bundesrepublik Deutschland wieder in Kraft gesetzt. Durch die Gesetze Nr. 40 vom 30.11.1946 und Nr. 56 vom 30.6.1947 hob schon der Alliierte Kontrollrat das behördlich-autoritäre Lohnamtssystem des nationalsozialistischen Staates auf. Der Wirtschaftsrat des Vereinigten Wirtschaftsgebietes in Frankfurt/M. (1947-1949) stellte dann mit dem Tarifvertragsgesetz (TVG) vom 9.4.1949 die Grundlagen des traditionellen deutschen kollektiven Arbeitsrechts wieder her. Der Bundesgesetzgeber übernahm mit Gesetz vom 23.4.1953 mit geringfügigen Änderungen das vom Wirtschaftsrat geschaffene Recht und erstreckte es auf das gesamte Bundesgebiet. Grundsätzlich galten nun auch wieder uneingeschränkt die allgemeinen Rechtsbestimmungen für das Arbeitsverhältnis, die im BGB, dem eingangs zitierten § 105 der Gewerbeordnung über die freie Übereinkunft und im HGB geregelt sind. Hinzugekommen sind einschlägige gesetzliche Regelungen z.B. aus dem Betriebsverfassungsgesetz vom 11.11.1952, das Gesetz über die Festsetzung von Mindestarbeitsbedingungen vom 11.1.1952, das Heimarbeitsgesetz vom 14.3.1951, um nur einige wichtige gesetzliche Ausgestaltungen der ersten Jahre zu nennen. Grundlegende Änderungen gegenüber dem Weimarer Arbeitsrecht liegen im Fehlen der „staatlichen Zwangsschlichtung“ von Arbeitskämpfen.

Deutliche Unterschiede zum Weimarer System bestehen auf der verfassungsrechtlichen Ebene. Einen dem Art. 165 RV vergleichbaren Artikel kennt das Grundgesetz nicht. Es beschränkt sich vielmehr auf die – etwas erweiterte – traditionelle Formel zur Koalitionsfreiheit, wie sie schon im Art. 153 RV enthalten war. So heißt es in Art. 9 Abs. 3 GG: „Das Recht, zur Wahrung und Förderung der Arbeits- und Wirtschaftsbedingungen Vereinigungen zu bilden, ist für jedermann und für alle Berufe gewährleistet. Abreden, die dieses Recht einschränken oder zu behindern suchen, sind rechtswidrig. Maßnahmen nach den Art. 12a, 35 Abs. 2 und 3, Art. 87a Abs. 4 und Art. 91 dürfen sich nicht gegen Arbeitskämpfe richten, die zur Wahrung und Förderung der Arbeits- und Wirtschaftsbedingungen von Vereinigungen im Sinne des Satzes 1 geführt werden."

Der letzte Satz wurde zur Sicherung der Arbeitskampffreiheit anläßlich der Verabschiedung der Notstandsverfassung im Jahre 1968 eingeführt. Im übrigen muß gemäß der „Hierarchie des Rechts": Verfassungsrecht – Gesetzesrecht – Tarifvertragsrecht – Betriebsvereinbarung – Individualvertrag, jede arbeitsrechtliche Gestaltung diesem angesichts seiner Bedeutung recht kurzen Artikels 9 Absatz 3 des Grundgesetzes gerecht werden.

Nach Art. 93 GG errichtet der Bund oberste Gerichtshöfe. Dazu gehört auch das Bundesarbeitsgericht mit Sitz in Kassel bzw. in Erfurt. Die Mittel- und Unter-Instanzen sind Landesarbeitsgerichte und Arbeitsgerichte.

Das Grundgesetz nennt nur noch an einer weiteren Stelle das Arbeitsrecht zusammen mit der Betriebsverfassung, dem Arbeitsschutz, der Arbeitsvermittlung und der Sozialversicherung einschließlich der Arbeitslosenversicherung. Art. 74 Ziffer 12 bezeichnet diese Rechtsmaterien als Gegenstände der „Konkurrierenden Gesetzgebung". Dies ist weniger bedeutsam wegen der möglichen Länderzuständigkeit, denn der Bund ist wegen des gesamtstaatlichen Interesses an einer bundesgesetzlichen Regelung natürlich in der Vorhand. Vielmehr wird hier das Arbeitsrecht getrennt vom bürgerlichen Recht, Strafrecht, Gerichtsverfassung, Rechtsanwaltschaft usw. aufgeführt (Art. 74 Ziffer 1).

Das Arbeitsrecht hat sich aus dem BGB entwickelt. Es wird juristisch-systematisch trotz seiner öffentlichen Bedeutung zum Zivilrecht gerechnet. Abweichend davon gibt es noch die Theorie bzw. die Vorstellung von einem Recht sui generis bzw. eine Zuordnung zum Sozialrecht. Diese noch heute bestehende Unklarheit ist in Ansehung der Entstehungsgeschichte (s. Sinzheimer) außerordentlich bemerkenswert. Gelegentlich wurde und wird dies als eine Usurpation eines neuen, gesellschaftspolitischen Instituts durch die bürgerliche Rechtslehre angesehen, die damit eine eigentlich nicht immanente privatrechtliche Komponente in das neue Kollektivrecht einführte. Nicht leugnen kann allerdings auch diese Art der Bewertung, daß das Recht des Arbeitsverhältnisses sich aus dem Vertragsrecht des BGB entwickelt hat.

4.2.2 Das Arbeitsrecht ist in Deutschland Richterrecht

Der entscheidende Gesichtspunkt der kollektivrechtlichen Gestaltung der Lohn- und Arbeitsverhältnisse ist die Autonomie der Tarifparteien. Dies hat zur Folge, daß nicht staatliche „Untätigkeit", sondern gesetzgeberischer Respekt dazu führt, daß das Arbeitsrecht zum Richterrecht wurde. Damit ist der Umstand gemeint, daß die Rechtsentwicklung und Rechtsfortbildung neben den Tarifparteien der Industriegewerkschaften und Arbeitgeberverbände primär von den Gerichten und nicht vom Gesetzgeber vorgenommen wird.

Neben den genannten gesetzlichen Grundlagen wie vor allem dem Tarifvertragsgesetz gibt es zwar eine Fülle spezifischer Schutzgesetze für Jugendliche, Frauen, Behinderte usw. Jedoch sind so wichtige Fragen wie die Führung von Arbeitskämpfen, die Weiterentwicklung des Verhältnisses zwischen Flächentarifvertrag und Betriebsvereinbarung, die Zulässigkeit betrieblicher Sondervereinbarungen zur Rettung von Unternehmen durch Lohnverzicht und vieles andere mehr durch die Arbeitsrechtssprechung entschieden und anhand der Praxis weiterentwickelt worden. Dies wird als *richterliche Rechtsfortbildung* bezeichnet. Das Bundesarbeitsgericht fällt als oberstes Bundesgericht dieses Zweiges der Gerichtsbarkeit (Arbeitsgerichte, Landesarbeitsgerichte als untere Instanzen) die Grundsatzurteile und ist deshalb der wichtigste Akteur der richterlichen Rechtsfortbildung.

Es ist nicht nur die relativ geringe gesetzliche Regelungsdichte des Arbeitsrechts, was das Richterrecht so bedeutsam macht. Die Entwicklung des Kollektiven Arbeitsrechts aus der Praxis verbandlicher Verträge über die Lohn- und Arbeitsbedingungen heraus, häufig begleitet von Druck auf den Vertragspartner mittels Streik und Aussperrung, macht das wachsende Bedürfnis nach praxisnahen Regeln und Interpretationen der verwendeten Begriffe verständlich. Die Tarifgestaltung durch Verbände und ihre unmittelbare Wirkung auf die einzelnen Arbeitsverhältnisse haben dazu geführt, daß das Arbeitsrecht eine besonders große Zahl sogenannter „unbestimmter Rechtsbegriffe" enthält. Ein Beispiel aus dem BGB ist die „Unzumutbarkeit" der Fortsetzung eines Arbeitsverhältnisses (§ 626 BGB). Das Kündigungsschutzgesetz kennt den Begriff der „sozial ungerechtfertigten Kündigung" und des „dringenden betrieblichen Erfordernisses".

Gesetzlich gar nicht geregelt ist der Arbeitskampf. Die Arbeitskampffreiheit wird ohne nähere Erläuterung seit der Einführung der Notstandsverfassung im Jahre 1968 in Art. 9 Abs. 3 GG nur negativ umschrieben. Alles weitere ist heute durch Richterrecht geregelt. Teilweise hat der Gesetzgeber allerdings auch eine arbeitsrechtliche Streitfrage selbst wieder in die Hand genommen. Das markanteste Beispiel ist der Streit um den § 116 des Arbeitsförderungsgesetzes, der die Zahlung von Arbeitslosengeld an Arbeitnehmer regelt, die von der „Fernwirkung" eines Arbeitskampfes betroffen sind und wegen der Verflochtenheit der Betriebe und ihrer Zulieferer keine Arbeit mehr haben.

Die Zusammensetzung der Arbeitsgerichte regelt das Arbeitsgerichtsgesetz. Unter seinen mehr als 100 Paragraphen tritt als besonderes Element die Teilnahme ehrenamtlicher Richter hervor. Das Arbeitsgericht verhandelt in der Zusammensetzung: zwei ehrenamtliche Richter und ein Berufsrichter als Vorsitzender. Dasselbe gilt für die Kammern der Landesarbeitsgerichte, und selbst die Senate des Bundesarbeitsgerichts (BAG) setzen sich aus einem Vorsitzenden, zwei weiteren berufsrichterlichen Beisitzern und zwei ehrenamtlichen Beisitzern zusammen. Der der Wahrung der Einheit der arbeitsgerichtlichen Rechtsprechung dienende „Große Senat" des BAG besteht neben dem BAG-Präsidenten, dem dienstältesten Vorsitzenden Richter und vier Bundesrichtern aus je zwei ehrenamtlichen Richtern aus den Kreisen der Arbeitnehmer und der Arbeitgeber.

Das ehrenamtliche Element in der Arbeitsgerichtsbarkeit weist besonders deutlich auf charakteristische Merkmale des Kollektiven Arbeitsrechts hin. Es ist von den Verbänden gewolltes und vereinbartes Recht, es bedarf der Streit-Schlichtung genau so wie der staatlich-richterlichen Entscheidung. Es ist in vielen Punkt „politisch", weil z.B. Streiks und Aussperrungen erhebliche Auswirkungen auch auf Dritte, Nichtbeteiligte, haben. Erst durch Grundsatzentscheidungen des Bundesarbeitsgerichts wurde ab 1955 das Arbeitskampfrecht in der Bundesrepublik systematisch ausgestaltet, indem z.B. das BAG gegen den Widerstand der Gewerkschaften die „Aussperrung“ als legitimes Kampfmittel der Arbeitgeber anerkannte. Gegen den Widerstand der Arbeitgeber sprach das Gericht dann in den siebziger Jahren vom Vorrang des Kampfmittels „Streik“, weil nur so die Arbeitnehmerseite letztlich etwas gegen widerstrebende Arbeitgeber bewegen könne.

4.2.3 Begriffe und Inhalte des Tarifvertrages

Das Arbeitsrecht ist seiner Entwicklung nach prinzipiell ein Arbeitnehmerschutzrecht. Dies zeigt sich z.B. in einem wesentlichen Unterschied zum allgemeinen Recht. Es gilt im Arbeitsrecht prinzipiell die für den Arbeitnehmer günstigere Regel. Dies ist das wichtige Günstigkeitsprinzip, das besagt: Weicht eine Regelung von einer anderen ab, so gilt grundsätzlich – unabhängig vom „Rang“ der Gestaltungsregel die für den Arbeitnehmer günstigere Ausgestaltung. Dieser Grundsatz erklärt auch einen Teil der heftigen Auseinandersetzungen über die gesetzliche Neuregelung der Lohnfortzahlung im Krankheitsfall des Jahres 1996. Einer Absenkung der 100%igen Lohnfortzahlung stand entgegen, daß sie z.T. durch Tarifverträge festgelegt war und neu festgelegt wurde.

Unterschieden wird zwischen dem Kollektiven Arbeitsrecht und dem Individualarbeitsrecht. Ersteres betrifft die Beziehung zwischen den „Kollektiv-Organisationen“. Die von ihnen abgeschlossenen Tarifverträge gehören also ebenso dazu. Daß die Parteien des Tarifvertrages „autonom“, also staatsfrei, handeln, gehört heute zu den unbestrittenen Grundlagen des kollektiven Arbeitsrechts. Die Tarifautonomie ist nicht ausdrücklich in Art. 9 Abs. 3 GG genannt. Sie gilt jedoch als in ihrem Kernbereich durch die Verfassung geschützt. Dieser Kernbereich sollte in Verbindung mit der ebenfalls als geschützt geltenden Arbeitskampffreiheit gesehen werden: Ohne die Möglichkeiten von Druck und Gegendruck kommen gerade Kollektiv-Verträge u.U. nicht zustande.

Natürlich wird immer wieder die Frage aufgeworfen, ob es nicht Grenzen der Tarifautonomie einschließlich der Kampffreiheit geben müsse. Die Antwort ist kaum im Verfassungsrecht zu finden, wird einmal von rechtsstaatlichen Grundsätzen und den Grundrechten aller abgesehen.

Tariffähig sind nach dem Tarifvertragsgesetz Gewerkschaften, einzelne Arbeitgeber und Vereinigungen von Arbeitgebern (§ 2 TVG). Tarifgebunden sind die Mitglieder der Tarifvertragsparteien und der Arbeitgeber, der selbst Partei des Tarifvertrages ist (§ 3 TVG). Die Tarifzuständigkeit bestimmt sich nach Mitgliedschaft und Satzungen der Tarifvertragsparteien. Überschneidungen von Zuständigkeiten waren wegen des Industrieverbandsprinzips (ein Betrieb, eine Gewerkschaft) bislang nicht bedeutend. Dies ändert sich mit der Konzentration der Gewerkschaftsorganisationen.

Tarifverträge werden über unterschiedliche Bestandteile der Arbeitsbeziehungen abgeschlossen. Vor allem sind die Entlohnung in ihren unterschiedlichen Formen (z.B. Zeit-, Stück-, Akkord-Lohn), die Arbeitszeit (z.B. „Normalarbeitstag“ und die Abweichungen, „Flexibilisierung“), die sonstigen Arbeitsbedingungen wie Laufzeit der Maschinen, Schichteinteilungen, Pausen, Weihnachtsgeld, Lohnfortzahlung im Krankheitsfall, auch Arbeitnehmererfindungen u.ä. Gegenstände von Tarifverträgen, die grob in Lohntarifverträge und Manteltarifverträge eingeteilt werden können.

Aus den genannten Grundsätzen folgt, daß in der Regel unter Tarifverträgen zwischen einer Industriegewerkschaft (z.B. IG Metall, aber auch ÖTV) und einem Arbeitgeberverband (z.B. Gesamtmetall, aber auch der öffentliche „Arbeitgeber" in Bund, Ländern und Gemeinden) Flächentarifverträge (für eine Branche, eine Region) verstanden werden. Daneben gibt es sogenannte Haus- oder Firmentarifverträge zwischen einem einzelnen Unternehmen und einer Gewerkschaft (Beispiel: VW und die IG Metall, Bezirk Hannover). Neben den Tarifverträgen können zusätzliche Abmachungen aller Art durch Betriebsvereinbarungen zwischen einem Betriebsrat und einer Betriebsleitung abgeschlossen werden. Hier gilt aber primär das Betriebsverfassungsgesetz.

Zur Wirkung der Rechtsnormen des Tarifvertrages sagt § 4 Abs. 1 des Tarifvertragsgesetzes: „Die Rechtsnormen des Tarifvertrages, die den Inhalt, den Abschluß oder die Beendigung von Arbeitsverhältnissen ordnen, gelten unmittelbar und zwingend zwischen den beiderseits Tarifgebundenen, die unter den Geltungsbereich des Tarifvertrages fallen ...". Sie müssen immer schriftlich verfaßt sein. Beim Bundesarbeitsminister wird ein Tarifregister geführt. Der Tariflohn ist immer Mindestlohn. Der Effektivlohn ergibt sich aus Tariflohn und übertariflicher Entlohnung. Dies gilt auch für Krisenzeiten. Dieser Effektiv-Lohn sollte nicht mit dem „Reallohn" neben dem Nominallohn verwechselt werden, der sich auf die Veränderungen in der Kaufkraft infolge der Preissteigerungen/Inflationsraten bezieht.

Bei ihren Verhandlungen fungieren die Tarifvertragsparteien wie ein Gesetzgeber: Die von ihnen ausgehandelten inhaltlichen Bestimmungen sind Normen, die unmittelbar, zwingend und unabdingbar gelten. Auslegungsstreitigkeiten über die Inhalte oder ihre Anwendung auf die Einzelarbeitsverhältnisse verhandeln die Arbeitsgerichte. Das sind die Besonderheiten dieser „kollektiven" Rechtsetzung. Zu ihnen gehört allerdings auch, – und darin unterscheiden sie sich besonders stark von den Gesetzen – daß die Tarifverträge nur auf Zeit, für die vertraglich bestimmte *Laufzeit* der Tarifverträge, gelten.

Neben dem normativen Teil der Tarifverträge steht der obligatorische oder schuldrechtliche *Teil*. Er umfaßt die gegenseitigen Verpflichtungen der Verbände. Mit das wichtigste ist die Friedenspflicht während der Laufzeit des Tarifvertrages, die eine Einwirkungspflicht auf die Mitgliedschaften und natürlich eine Erfüllungspflicht auf seiten der Arbeitgeber einschließt.

Will ein tarifgebundener Arbeitgeber sich den Tarifvertragsbestimmungen entziehen, weil er mit der Nachgiebigkeit seines Arbeitgeberverbandes nicht einverstanden ist, so muß er aus seinem Verband austreten. Seine Tarifgebundenheit bleibt trotz des Verbandsaustritts bestehen, bis die Laufzeit des Tarifvertrages endet.

4.2.4 Der Vorrang des Tarifvertrages vor der Betriebsvereinbarung

Eine heute besonders wichtige Frage ist das Verhältnis zwischen Tarifvertrag und Betriebsvereinbarungen. Betriebsvereinbarungen sind im Betriebsverfassungsgesetz geregelt.

§ 77 Abs. 2-4 des Betriebsverfassungsgesetzes lautet:
(2) „Betriebsvereinbarungen sind von Betriebsrat und Arbeitgeber gemeinsam zu beschließen und schriftlich niederzulegen..."

(3) „Arbeitsentgelte und sonstige Arbeitsbedingungen, die durch Tarifvertrag geregelt sind oder üblicherweise geregelt werden, können nicht Gegenstand einer Betriebsvereinbarung sein. Dies gilt nicht, wenn ein Tarifvertrag den Abschluß ergänzender Betriebsvereinbarungen ausdrücklich zuläßt."
(4) „Betriebsvereinbarungen gelten unmittelbar und zwingend."

In § 87 lautet der Abs. 1: „Der Betriebsrat hat, soweit eine gesetzliche oder tarifliche Regelung nicht besteht, in folgenden Angelegenheiten mitzubestimmen". Es folgt ein Katalog von mehr als 10 Punkten, von denen folgende einschlägig sind:

2. „Beginn und Ende der täglichen Arbeitszeit einschl. der Pausen sowie Verteilung der Arbeitszeit auf die einzelnen Wochentage;
3. Vorübergehende Verkürzung oder Verlängerung der betrieblichen Arbeitszeit;
5. Aufstellung allgemeiner Urlaubsgrundsätze...;
6. Einführung und Anwendung von technischen Einrichtungen, die dazu bestimmt sind, das Verhalten oder die Leistung der Arbeitnehmer zu überwachen;
10. Fragen der betrieblichen Lohngestaltung insbesondere der Aufstellung von Entlohnungsgrundsätzen und die Einführung und Anwendung von neuen Entlohnungsmethoden sowie deren Änderung;
11. Festsetzung der Akkord- und Prämiensätze und vergleichbarer leistungsbezogener Entgelte, einschließlich der Geldfaktoren.

Dies also sind bevorzugte Gegenstände betrieblicher, gleichberechtigter (mitbestimmter) Verhandlungen und Vereinbarungen. Weitere Details sind im Betriebsverfassungsgesetz enthalten. Wichtig ist: Was durch einen Tarifvertrag „abschließend und zwingend" geregelt ist, kann nicht, oder nur bei einer „Öffnungsklausel" geregelt werden (sogenanntes „Vorrangprinzip"). Dazu gehören vor allem: Eröffnung von Spielräumen für betriebliche Regelungen, die von den Tarifnormen abweichen, oder die Delegation eines Teils der Tarifmacht auf die Betriebsparteien. Diese Fragen sind für die Zukunft des Flächentarifvertrages von entscheidender Bedeutung. Wichtig ist dabei auch, daß dem Betriebsrat grundsätzlich nach dem Betriebsverfassungsgesetz die Friedenspflicht auferlegt ist. Er darf bei seinen Verhandlungen nicht Druck durch Streikaufrufe ausüben.

Das Bundesarbeitsgericht (BAG) gesteht zunehmend Initiativen aus den Betrieben, insbesondere in Wahrnehmung des Mitbestimmungsrechts der Betriebsräte, größere Handlungsspielräume gegenüber dem Tarifvertrag zu, indem es z.B. den Vorrang des (Flächen-)Tarifvertrages nur dann als definitiv bezeichnete, wenn er eine Angelegenheit „abschließend und zwingend" regelt (Entscheidung vom 17.12.1985). Es sieht sich allerdings immer wieder vor die Frage gestellt, ob nicht mit den betrieblichen Gestaltungen eine zu starke Berücksichtigung betrieblicher Besonderheiten gegenüber gesamtwirtschaftlichen Bedürfnissen in die Gestaltung der Arbeits- und Wirtschaftsbedingungen einfließt.

4.3 Die industriewirtschaftlichen Grundlagen kollektivrechtlicher Arbeitsbeziehungen

4.3.1 Die traditionelle Industriewirtschaft als Modell und Grundlage des Flächentarifvertrages

Der Tarifvertrag ist auf der Grundlage einer industriellen Produktionsweise entstanden, die vor allem bestimmt war durch: Arbeitsteilung/Arbeitszerlegung („Taylorismus"), standardisierte Massenfertigung (Fließband, „Fordismus"), feste Arbeitsstätten, standardisierte Arbeitszeiten („Normalarbeitstag"), vergleichbare Tätigkeiten, die individuell einem Arbeitsplatz zugerechnet werden können, aber auf unterschiedlichen Qualifikationsanforderungen beruhten. Es waren die großen Arbeitnehmergruppen relativ klar unterscheidbar: Ungelernte, Angelernte und Facharbeiter.

Unternehmen mit standardisierter Massenproduktion der Automobilindustrie, Maschinenbau, Elektrotechnik und Chemie waren prototypisch für notwendige und funktionierende Flächentarifverträge. Aus ihnen kamen auch die Akteure gelegentlich großer Arbeitskämpfe.

Unter diesen Umständen ist die Organisation der Arbeitnehmerschaft und die Mobilisierung ihrer Interessen ebenso leistbar wie das Interesse der Arbeitgeber verständlich, die standardisierten Produktionsabläufe und Normalarbeitstage durch standardisierte Verträge mit einer verläßlichen Tarifpartei, die ihre Mitglieder diszipliniert, verbindlich zu gestalten, und nicht durch eine Unzahl von Einzelarbeitsverträgen. Dies gilt auch noch begrenzt für die Unternehmen der Dienstleistungsbereiche wie Versicherungen, Banken, Verwaltungen, Kaufhäuser.

Auf dieser Grundlage konnten die Parteien der zentral gesteuerten Regional- und Branchen-Tarifverträge („Flächentarifverträge") in ritualisierten Verfahren, also in der Regel durch erfolgreich abgeschlossene Tarifverhandlungen vor Ablauf der Friedenspflicht, immer wieder aber auch durch Streikdrohungen, Streiks und auch Aussperrungen, die Löhne erhöhen, die Arbeitszeiten senken, die Arbeitsbedingungen verbessern. Maßstab der Lohnerhöhungen war im Prinzip, obwohl die Gewerkschaften dieses nie anerkannt haben, das Wachstum einer durchschnittlichen Arbeitsproduktivität, also eine sehr globale Größe. Dies gilt ebenso für die externen Faktoren der Lohnbildung wie die Wachstumsraten des Sozialprodukts und die Inflationsraten bzw. die durchschnittlichen Preissteigerungen.

Wie wichtig die zentral geführten Verbände der Arbeitgeber und der Industriegewerkschaften (in diesen Begriff sind üblicherweise alle Gewerkschaften trotz unterschiedlicher Branchen und Bezeichnungen eingeschlossen) des Deutschen Gewerkschaftsbundes (DGB) in der Sozialen Marktwirtschaft der sechziger Jahre auch für die Regierung geworden waren, zeigte sich mit der Bildung der Großen Koalition aus CDU/CSU und SPD im Dezember 1966. Die Großverbände wurden zu tragenden Säulen der vom Gesetzgeber und der Bundesregierung initiierten „Konzertierten Aktion" zur Überwindung der ersten Nachkriegsrezession und zum Bestandteil einer „neokorporatistisch" genannten Wirtschaftssteuerung.

4.3.2 Die technologisch bedingte Revolutionierung der Arbeitsplätze, -verfahren und -erfordernisse

Die Technik hat seit dem Beginn des Industriezeitalters immer wieder in großen und kleinen Schüben den Wandel von Produktion, Produkten, Arbeitsverfahren und Arbeitsbedingungen sowie der betriebswirtschaftlichen Leitideen initiiert und bestimmt.

Seit den siebziger Jahren hat vor allem die mikroelektronische Revolution für eine grundlegende Veränderung der Produktions-, Arbeits- und Wirtschaftsbedingungen gesorgt, die – dem Durchbruch der Elektrotechnik im 19. Jahrhundert vergleichbar – noch in den neunziger Jahren anhält und weitere rasante Veränderungen und technische Diversifizierungen vor allem in den Informationstechnologien auslöste oder ermöglichte. Dies hat natürlich erhebliche Auswirkungen auf die Arbeitswelt und ihre Arbeits- und Rechtsbeziehungen.

Die Entwicklung des Tarifvertragswesens in der deutschen Metall- und Elektroindustrie zeigt, daß die Tarifparteien, hier also die Metallarbeitgeber und die IG Metall, immer wieder nach zum Teil schwierigsten Verhandlungen tarifrechtliche Regelungen für technisch bedingte Veränderungen in den Unternehmen fanden.

Zu Beginn der siebziger Jahre kam es als Reaktion auf Rationalisierungsmaßnahmen der Metallunternehmen zu dem mittlerweile legendären „Lohnrahmentarifvertrag“ für Nordwürttemberg/Nordbaden. Er wurde als „qualitativ orientierte Tarifpolitik“ bezeichnet und regelte die Mit- und Selbstbestimmung der Beschäftigten bei der Arbeitsgestaltung und Arbeitsplanung im Betrieb. Dabei standen vor allem auch ergonomische Arbeitsplatzgestaltungsmaßnahmen im Vordergrund. In späteren Beurteilungen wurden allerdings „massive Umsetzungsschranken“ notiert (Böckler-Stiftung, 1989, S. 22).

Die Kombination der Entwicklungen von Mikroelektronik und Informationstechniken ermöglichte ein schnelles Wachstum automatisierter Produktionstechniken. Dazu gehörte die Einführung und Integration von neuen Technologien wie das „Computer Integrated Manufactoring“ (CIM) mit seinen Bausteinen der computerunterstützten Produktion CAM (computer assisted manufactoring) und der computerunterstützten Konstruktion CAD (computer assisted design). Es folgten die sogenannte „systemische Rationalisierung“ der Betriebsbereiche mit der Entwicklung teilautonomer oder auch autonomer flexibler Fertigungsstrukturen – ein Prozeß ohne Ende mit erheblichen Auswirkungen auf die Arbeitsplätze und -verfahren in der Produktion und in den Büros. Dies in Tarifverträgen „einzufangen“ und in neue arbeitsrechtliche Normen unter Wahrung der unternehmerischen Rationalisierungszwänge und der Interessen der Arbeitnehmer umzusetzen, stellte naturgemäß schon seit den achtziger Jahren erhebliche Anforderungen an die Flächentarifverträge.

Aus dem Jahr 1979 stammt der „Tarifvertrag über Lohndifferenzierung“ (genannt LODI) zwischen der Volkswagenwerk AG und der IG Metall, Bezirksleitung Hannover. Dieser Vertrag (vgl. etwa E. Brumlop, 1986) brachte erstmals in größerem Maßstab die Revision herkömmlicher Arbeitsbewertungsverfahren, z.B. von der Einzelarbeit und -bewertung zur Gruppenarbeit, und versuchte damit den neuen technischen Gegebenheiten in der Produktion Rechnung zu tragen. Ähnliche Ziele verfolgte der „Gemeinsame Entgeltvertrag für die Arbeiter und Angestellten“ der Fa. Vögele AG, Mannheim, aus dem Jahr 1982. Das Großunternehmen des Straßenbaus wurde seinerzeit wegen seines Schritts sogar aus dem Arbeitgeberverband ausgeschlossen.

Diese beiden sehr bekannt gewordenen Fälle von tarifrechtlichen Reaktionen auf neue Technologien waren die Vorreiter für viele weitere Aktivitäten in den achtziger und neunziger Jahren. Allerdings erwies sich die geradezu explosionsartige Verbreitung der neuen Informationstechnologien und ihre Anwendungen als kaum noch „einfangbar". Man denke an die nicht mehr überschaubare Verwendbarkeit des Geräts, daß der schlichte Nutzer „Personal Computer" (PC) nennt. Das entscheidende Stichwort wurde immer mehr die Flexibilisierung aller mit der Wertschöpfung in Industrie, Dienstleistungen, selbständigen Berufen, Verwaltungen, anfallenden Arbeitsvorgänge (K. Semlinger, 1991).

Die Mikroelektronik ermöglichte Steuerungen und Verarbeitungen, die den Anstoß in Richtung auf Arbeitsvereinigung und Gruppenautonomie, auch in der industriellen Produktion, Flexibilität in bezug auf den Ort, die Zeit, die Individualität, gaben. Besonders letzteres hat die neuen Technologien für viele Arbeitnehmer attraktiv gemacht und damit neuartige Interessen hervorgerufen, nämlich das Interesse der Arbeitnehmer an größerer Selbstbestimmung über die Verteilung der Tagesarbeitszeit. Damit stehen die „Normalarbeitszeit" und das „Normalarbeitsverhältnis" auch von der Arbeitnehmerseite her zur Disposition. Die Parteien des Tarifvertrages haben mithin heute auch mit spezifischen individuellen Interessen zu rechnen (s. S. 195ff.).

4.4 Das Konzept der lean production und seine arbeitsrechtlichen Folgen

Eine „Erosion" des Flächentarifvertrages wird naturgemäß auch durch den Wandel von Unternehmensstrukturen und neuen Leitungsmaximen gefördert. Die Folgen der „Verschlankung" von Unternehmen und des „Outsourcing" machen Neuorientierungen in Arbeitsplatzbewertung, Arbeitszeitordnung und Entlohnungsformen erforderlich.

Die Prinzipien der „lean production", von „lean management" und ähnlichen „Verschlankungen" von Produktionen, Unternehmensstrukturen und Unternehmensleitungen, und das „outsourcing", also das Ausgrenzen von Unternehmensteilen, um Fertigungstiefen zu reduzieren und Ertragsgewinne der Unternehmungs-Kernbereiche zu maximieren, haben sich heute auf breiter Front durchgesetzt. Dadurch verändern sich nicht nur die Unternehmensstrukturen und die Zahl ihrer Beschäftigten, sondern auch u.U. die Branchenzugehörigkeit und damit die „Zuständigkeit" einer Einzelgewerkschaft.

Die Entwicklung verläuft von den ehemals monolithischen Großunternehmen über das dezentralisierte Unternehmen hin zum „Netzwerk-gestützten" Unternehmen. So wuchs zwischen 1985 und 1992 die Zahl der Betriebe in der deutschen Metall- und Elektroindustrie von 15.000 auf 18.000 Unternehmen (SZ v. 24.10.1996). Die Aufgliederung großer Unternehmenskomplexe in kleine, selbständige, teilweise miteinander kooperierende, aber auch sogar konkurrierende Einheiten, die flexibel auf Marktsituationen reagieren, stellen logischerweise das Hauptargument für die Regelungen des Flächentarifvertrages, nämlich die längerfristige Berechenbarkeit der Tarifnormen und ihre großflächige Bedeutung, mehr oder weniger infrage.

Der stellvertretende Vorsitzende der IG-Metall, Walter Riester, interpretierte dies Ende 1996 so: „Der Betrieb löst sich in zunehmendem Maße in neue Organisationsformen auf. Der Arbeitnehmerbegriff löst sich bei Tätigkeiten, die stärker in den Selbständigkeitsbereich hineingehen, ebenfalls auf. Wir brauchen deshalb ein Arbeitsrecht, das eine einheitliche Interessenvertretung ermöglicht, auch bei sich völlig auflösenden Betriebsstrukturen und völlig neuen Arbeitszusammenhängen. Deswegen müssen die Instrumente verändert werden, um die alten Ziele zu halten" (SZ v. 11.11.1996, S. 21). Während Riester für seine Lagebeurteilung Zustimmung aus dem Arbeitgeberlager erwarten durfte, war dies sicher für den letzten Satz („die alten Ziele") nicht der Fall. Genau hier liegt das Grundproblem.

Nicht mehr ganz neue Phänomene der Entwicklung sind auch die Möglichkeiten großer Unternehmen, statt zu investieren, lieber dem Ziel des „share-holder-value" zu folgen und die Gewinne durch internationale Kapitalanlagen zu maximieren. Mit der „Globalisierung" schließlich entweichen die Unternehmen dem Zugriff der nationalen Gewerkschaften, indem sie – überwiegend, um auf attraktiven Märkten präsent zu sein, aber auch wegen niedrigerer Arbeitskosten – Produktionen oder Produktionsteile ins Ausland verlegen. Dies gilt auch für die modernen Datenverarbeitungen und Dienstleistungen, wenn z.B. intelligente Verarbeitungskapazitäten dafür in Indien genutzt werden können (vgl. Kapitel 4 und 5).

Dies alles trifft die bewährten tarif- und arbeitsrechtlichen Strukturen und ihre Akteure im Kern. Das Gesamtsystem droht zu erodieren. Die Gefährdung des sogenannten „Flächentarifvertrages" ist ein Symptom für einen möglichen Umbruch des gesamten historisch gewachsenen Tarifvertragssystems und des „Kollektiven Arbeitsrechts". Damit verlangt auch dieses „Fundament" der Sozialen Marktwirtschaft nach neuen Lösungen oder Strukturierungen. Es aufzugeben, erscheint angesichts der grundsätzlichen gesellschaftspolitischen Bedeutung nicht nur für das Wirtschaftssystem, sondern auch für den sozialen Ausgleich, das Recht und die Demokratie kaum vertretbar.

5. Sozialstaat und Arbeitsgesellschaft als Fundamente des deutschen Wirtschaftssystems

5.1 Der soziale Gedanke im deutschen Staatsverständnis

Von zentraler Bedeutung für Erfolg und Stabilität der deutschen Volkswirtschaft war und ist (noch) die intensive Durchdringung des marktwirtschaftlichen Prozesses durch nichtmarktförmige sozialpolitische Komponenten. Der Begriff „Durchdringung" (Penetration) scheint zur Kennzeichnung der Realität besser geeignet zu sein als etwa „Verbindung". Die sozialpolitischen Komponenten sind „Daten" im Wirtschaftsprozeß, als Kosten ebenso wie als Gewinn in Gestalt zusätzlicher Wirtschaftszweige und Nachfrage.

„Staat" und Politik spielen in diesem Prozeß der Penetration eine noch wichtigere Rolle als die Parteien des Arbeitsmarktes, die Gewerkschaften und die Arbeitgeberverbände, und die Einrichtungen subsidiär verstandener Bedürftigenhilfe. Die gestaltende und ordnende Rolle des Staates ist nicht erst die Erfindung der ORDO-Liberalen Alfred Müller-Armack und Ludwig Erhard nach 1945. Vielmehr ist es bereits mehr als 100 Jahre her, als Deutschland als erste große Industrienation der „sozialen Frage" der Industrialisierung mit gesetzlichen Mitteln zu begegnen suchte.

Einer der bedeutendsten Politikwissenschaftler der Nachkriegszeit, Ernst Fraenkel, hat in seiner wohl bekanntesten wissenschaftlichen Abhandlung, die auch dem Buch den Titel gab „Deutschland und die westlichen Demokratien" (1964), den „Gedanken der sozialen Geborgenheit" als „einen bedeutsamen und bleibenden Beitrag" Deutschlands zur Entwicklung jenes Staatstyps bezeichnet, den man „westliche Demokratie" zu nennen pflege (S. 33f.). Dieser Beitrag sei vom Deutschland des ausgehenden 19. und des ersten Drittels des 20. Jahrhunderts geleistet worden. „Das Postulat der Vollbeschäftigung, die Institutionalisierung der Vorsorge für den Fall von Krankheit, Unfällen und Invalidität, der Schutz der Arbeitsstelle gegen willkürliche Entlassungen, ganz zu schweigen von den disziplinarrechtlichen und finanziellen Sicherungen, die den Beamten zustehen; alles das beruht ja nicht auf Ideen, die auf englischem, französischem, geschweige denn amerikanischem Boden erwachsen sind. Im Gegenteil: viele dieser Vorstellungen haben sich in jenen Ländern in zähem Kampf gegen tief verwurzelte, zu Unrecht als demokratisch gepriesene Vorstellungen durchsetzen müssen".

Fraenkels Vergleich beleuchtet die tiefe Verwurzelung sozialpolitischer Vorstellungen in Deutschland und auch die Vorbildfunktion, die z.B. Gerhard A. Ritter in seiner Geschichte des Sozialstaats (Ritter, 1989, speziell S. 98ff.) für gegeben hält. Bei Fraenkel dominieren allerdings eine sehr generelle Sicht der Entwicklung und seine biographisch bedingten Schwerpunkte, das Arbeitsrecht der Weimarer Republik und der Vergleich mit den USA. Unsere Sicht muß noch genauer sein, um die für heute bedeutsamen Elemente der Entwicklung besser einschätzen zu können.

Zunächst einmal gibt es natürlich den entscheidenden politischen Unterschied zwischen dem wilhelminischen Obrigkeitsstaat und der demokratischen Republik von Weimar. Gerade daran sind zwei unterschiedliche Grundlegungen der deutschen Sozialstaatlichkeit zu erkennen: die eher obrigkeitsstaatliche des Kaiserreiches und die demokratisch-republikanische der Weimarer Republik.

Bismarcks Sozialgesetzgebung war „fortschrittlich" in ihrer Zeit, weil sie die Armutspolitik der „guten Policey" des aufgeklärten Absolutismus und merkantilistischen Wohlfahrtsstaates und auch spezifische staatliche Fabrik- und Kinderschutzinterventionen – bei denen bekanntlich auch die Sorge um die Gesundheit der künftigen Rekruten eine Rolle spielte – hinter sich ließ und eine zunächst allerdings noch sehr selektive Gesellschaftspolitik begann. Diese Gesellschafts-, „Sozial"-politik war an den „Lebensrisiken" in der Industriegesellschaft orientiert, also an Unfall, Krankheit und Alter.

Die Ursprünge der deutschen Sozialpolitik liegen also in einer frühzeitigen Reaktion des Staates auf die sozialen Folgen der Industrialisierung. Der „Kaiserlichen Botschaft" vom 17.11.1881 folgten die Einrichtung von drei öffentlich-rechtlichen Zwangsversicherungen, die bis heute Bestand haben. Das Gesetz betreffend die Krankenversicherung der Arbeiter (15.6.1883), das Unfallversicherungsgesetz (6.7.1884) und das Gesetz betreffend die Invaliditäts- und Alterssicherung (22.6.1889). Einschlägig sind darüber hinaus das „Arbeiterschutzgesetz" (1.6.1891, Teil VII der Reichsgewerbeordnung) und das Gewerbegerichtsgesetz (29.6.1891). Einschlägig sind auch Bestimmungen des Bürgerlichen Gesetzbuches (18.8.1896) und des Handelsgesetzbuches (10.5.1897). Die Reichsversicherungsordnung vom 19.7.1911 faßte die sozialen Versicherungen erstmals zusammen. Der „Berufsstand" der Angestellten erhielt „sein" Versicherungsgesetz am 20.12.1911.

Diese Versicherungszweige bestehen noch heute. Ebenso sind wichtige Finanzierungsprinzipien der Bismarckschen Sozialpolitik nach wie vor in Geltung. Dazu gehört vor allem die Finanzierung durch Beiträge der Beschäftigten und ihrer Arbeitgeber zu gleichen Teilen mit der Ausnahme der Unfallversicherung, die von den Arbeitgebern allein getragen wird. In der Alters- (und Invaliden-)versicherung wurde zu Beginn das heute wieder diskutierte „Kapitaldeckungsprinzip" angewandt. Mit den Beiträgen der Arbeitgeber und Versicherten wurden Kapitalien angespart, die im Alter von 70 Jahren fällig wurden. Dieses Alter wurden zumeist nicht erreicht. So erhielten die meisten Arbeiter die Invalidenrente. In Frankreich scheiterte 1910 der Versuch weitgehend, eine entsprechende obligatorische Rentenversicherung für Arbeiter einzuführen, am Widerstand der Betroffenen und der Gerichte (vgl. Ritter, S. 83 und auch Jens Alber, 1982, S. 238).

Bismarcks Sozialgesetzgebung war ungeachtet gelegentlicher Überschneidungen mit ähnlichen Ansätzen in anderen europäischen Staaten die spezifisch deutsche – weil aus dem Obrigkeitsstaat erwachsene – Reaktion auf die sozialen Probleme kapitalistischer Marktentfaltung und Reichtumsproduktion. Sie diente dem Staatsschutz mehr als dem Individuum, war staatliche Domestizierung der Arbeiterschaft und der Versuch politischer Eindämmung des Sozialdemokratismus. Überdies war diese Sozialpolitik deutlich interessen-, macht- und klassenorientiert. Darauf machte vor allem Otto Kahn-Freund (1932, in: Thilo Ramm, 1966, S. 215) aufmerksam. Sozialpolitische Konzessionen wurden dort gemacht, wo dies aus den politischen Gründen der Staatssicherung besonders vordringlich zu sein schien und wo der Widerstand herrschender Interessengruppen am ehesten zu überwinden war. So gab es die erste Sozialpolitik allein für die gewerblichen Arbeiter, nicht für Angestellte (die dem Staat näher zu stehen schienen) und nicht für das landwirtschaftliche „Gesinde" (wo der Widerstand der Gutsherrn zu stark schien). „Die Trennung von Arbeitern und Angestellten, die in fast allen Zweigen der sozialen Gesetzgebung durchgeführt ist, ist ein weiteres überaus folgenreiches Charakteristikum des Sozialrechts der Vorkriegszeit" (Kahn-Freund, S. 215).

Folgenreich war und ist insbesondere die Schaffung einer besonderen Angestelltenversicherung im Jahre 1911 neben der der Arbeiter. Zu den arbeitsvertragsrechtlichen Sondernormen der Kaiserzeit für die Angestellten gehörten schon die Gehaltsfortzahlung im Krankheitsfall und längere Kündigungsfristen.

Neben Systemsicherung und Klassentrennung waren jedoch auch Philosophie und Ideologie der frühen deutschen Sozialgesetzgebung höchst unterschiedlich von gleichzeitigen und späteren Ansätzen in anderen Ländern wie etwa Großbritannien. Sozialpolitik (der skizzierten Art) hat in Deutschland eine klar konservative, keine liberale oder sozialdemokratische Wurzel. „Konservativ" heißt zum einen „staatsbewahrend", zum anderen gleichzeitig oder historisch sich später nahtlos verbindend, „die Würde des Menschen wahrend" im Sinne der Katholischen Soziallehre. Aus letzterem entspringt bekanntlich das wichtige Gestaltungsprinzip der „Subsidiarität", das heute gleichermaßen tragend geworden ist und doch auch häufig von der Fiskalpolitik mißbraucht wird. Auch der konservative Kreis der sogenannten „Katheder-Sozialisten" und die Professoren im „Verein für Socialpolitik" traten für soziale Interventionen ein, um die Arbeiterschaft mit dem Staat auszusöhnen.

Als weitere Besonderheit umschließt die sozialpolitische Tradition die sogenannte „deutsch-rechtliche" Tradition des personenrechtlichen Treueverhältnisses. Sie hatte z.B. ihren Niederschlag im Allgemeinen Preußischen Landrecht von 1794 mit der Bestimmung gefunden, daß der Arbeitgeber eine besondere Schutzverpflichtung gegenüber Dienstboten und Handlungsgehilfen habe. Sie paßte zu den Vorstellungen im Obrigkeitsstaat, Sozialpolitik im Dienst des alten Herr-Knecht-Verhältnisses zu sehen, das im Gegensatz zum freien Arbeitsvertrag stets von Dienstleistungspflicht einerseits, Fürsorge- und Schutzpflicht andererseits bestimmt war. Otto Kahn-Freund sprach in seiner Analyse der Sozialpolitik und des Sozialrechts vor 1914 von einem sozialpolitischen Antagonismus zwischen den juristischen Schulen der „Romanisten" und der „Germanisten" und sah die Widerspiegelung des Unterschiedes in den Auseinandersetzungen zwischen der „schuldrechtlichen" und der „personenrechtlichen" Auffassung vom Arbeitsvertrag.

Praktisch relevant war die deutsch-rechtliche Tradition des Dienst- und Treueverhältnisses schon im Absolutismus mit der Bindung des öffentlichen Dienstes an den König. Dabei ist es in Deutschland geblieben. An die Stelle des Monarchen ist „der Staat" getreten. Dienstrechtlich folgt daraus die Treuepflicht, sozialrechtlich eine selektive Versorgung der im öffentlichen Dienst auch des demokratischen Staates Beschäftigten. Ihren stärksten Niederschlag findet die zur Ideologie gereifte Vorstellung von einem besonderen Dienst- und Treueverhältnis im Begriff der „herkömmlichen Grundsätze des Berufsbeamtentums" in Art. 33 Absatz 5 des Grundgesetzes.

Zusammengefaßt ergibt sich zunächst:

Das Bündel an Motivationen für die frühe deutsche Sozialpolitik unter den Bedingungen des Obrigkeitsstaates führte zu den noch heute geltenden wirtschaftlich-finanziellen Prinzipien der Lohnbezogenheit für die in abhängiger Funktion tätigen Beschäftigten. Daneben gibt es weiter existierende Sondergestaltungen für bestimmte Berufsgruppen der Selbständigen und für die Beamten. Die Sozialleistungen für Arbeiter und Angestellte basieren auf dem gleichen Prinzip, nämlich auf Beiträgen aus Erwerbstätigkeit, jedoch schuf der Staat jeweils gesonderte Institutionen der Kranken- und der Rentenversicherung. Die Leistungen für Beamte werden aus dem allgemeinen Steueraufkommen finanziert.

Jede scharfsinnige und nicht durch Interessen beeinflußte Analyse führt zu der Erkenntnis, daß es angesichts der grundlegend veränderten politischen Rahmenbedingungen, eben der Massendemokratie und parlamentarischer Regierungsform bei fehlender Evidenz des alten Klassenantagonismus (Ulrich Beck), überhaupt nicht einsehbar ist, daß heute die Trennung in unterschiedliche Institutionen und Finanzierungsprinzipien der Sozialleistungssysteme beibehalten wird. Ihre Aufhebung wäre ein erster grundlegender Schritt zur Sozialreform und würde zugleich einen Großteil der finanziellen Probleme des modernen Sozialstaats beseitigen.

Die zweite Grundlegung der heutigen Sozialstaatlichkeit stammt aus der Weimarer Republik.

Was die deutsche Sozialstaatlichkeit der Kaiserzeit (bis 1918) nicht war, beschrieb Otto Kahn-Freund 1931 so (S. 214): Der Arbeitnehmer wurde nie anders erfaßt und betrachtet, denn als individuelles Objekt der Fürsorge und des Schutzes, sei es des Staates oder des Arbeitgebers. Jeder Versuch jedoch der Arbeiterschaft als ganzes, mittels der Gewerkschaften oder einer Partei selbst ihre Lage zu verbessern, wurde verboten, bekämpft oder behindert. Dem Gedanken der „sozialen Geborgenheit" (Ernst Fraenkel) im obrigkeitlich-fürsorgerischen Staat fehlte der Gedanke der sozialen Geborgenheit durch kollektive Selbsthilfe. Der wichtigste Begründer des modernen kollektiven Arbeitsvertragsrechts, Hugo Sinzheimer, nannte dies die „Geborgenheit im Recht", in „autonomen", mit den Arbeitgebern zu erkämpfenden, auf Zeit abgesicherten Lohn- und Arbeitsbedingungen.

Das Recht freier Verbände, die für die Masse der Arbeitnehmerschaft grundlegenden Löhne und Arbeitsbedingungen autonom, also in eigener Verantwortlichkeit, festzulegen, wurde erst nach dem Zusammenbruch des Kaiserreiches staatlich anerkannt. Die „Verordnung über Tarifverträge, Arbeiter- und Angestelltenausschüsse und Schlichtung von Arbeitsstreitigkeiten" vom 23.12.1918 begründete das „republikanische Erbe" der deutschen Sozialstaatlichkeit. Diese Bezeichnung ist deswegen gerechtfertigt, weil erst dadurch die „Objektsituation" des einzelnen Arbeitnehmers aufgehoben und er in einen sozialen Zusammenhang gestellt wurde. Aus diesem Zusammenhang heraus werden seither die Bedingungen des Arbeitslebens, das in der Industriegesellschaft der dominante und strukturierende Bestandteil des Lebens geworden war, festgelegt. Die Grundidee ist also Befreiung. Befreiung des einzelnen Arbeit„nehmers" aus seiner Unterlegenheit am Arbeitsplatz infolge seiner Vereinzelung. So gehört auch das autonome Kollektivvertragsrecht zu den tragenden Pfeilern das Sozialstaats, der sich als „Sozialer Rechtsstaat" versteht.

Die Weimarer Republik leistete aber nicht nur im Tarifwesen einen bleibenden Beitrag zum deutschen Typus des Sozialstaats. Vielmehr folgten aus den Zerstörungen, Verletzungen und Verarmungen als Folge des Weltkrieges von 1914 bis 1918 bedeutende Ausweitungen der staatlichen Sozialpolitik. Dadurch wurde die öffentliche Fürsorge nicht nur intensiviert, sondern allmählich auch zum Gegenstand überörtlicher, dann reichsrechtlicher Regelungen. Neben dem Reichsjugendwohlfahrtsgesetz von 1922 soll hier vor allem die Trennung von Armenpflege und Erwerbslosenfürsorge genannt werden. Die hauptsächlich von den Gemeinden geleistete Armenpflege wurde durch die Verordnung über die Fürsorgepflicht vom 13.2.1924 reichseinheitlich gestaltet (Hartwich, 1967, S. 13). Diese „Fürsorge-Verordnung“ schuf die moderne Struktur des Systems öffentlicher Fürsorge durch staatliche Verwaltungen (vgl. auch Ritter, 1989, S. 105). Erst das Bundessozialhilfegesetz von 1961 ersetzte die bis dahin bestehenden Ermessensentscheidungen der Sozialämter durch einen dem sozialen Rechtsstaat adäquaten Rechtsanspruch auf Hilfe (Sozialhilfe).

Für Arbeitslose galt bis zum Reichsgesetz über Arbeitsvermittlung und Arbeitslosenversicherung vom 16.7.1927 (AVAVG) die (Demobilmachungs-)Verordnung über die Erwerbslosenfürsorge vom 13.11.1918. Diese Erwerbslosenfürsorge war zeitlich begrenzt. Nach Art. 163 WRV aber war das Reich – außerhalb der Armenpflege – zu einer Unterstützung auf unbeschränkte Zeit verpflichtet. Das Gesetz über eine Krisenfürsorge für Erwerbslose vom 19.11.1926 bezog sich deshalb ausdrücklich auf jene Arbeitslosen, denen wegen Überschreitung der Höchstdauer keine Erwerbslosenunterstützung mehr gewährt werden konnte. Zwei Drittel der Kosten übernahm das Reich. (Sehr informativ zur Geschichte des Arbeits- und Sozialrechts: Bernhard Weller, 1969, S. 49ff.)

Der § 9 dieses Gesetzes über die „Krisenfürsorge“ stellte ausdrücklich klar, daß es sich nicht um eine Form der öffentlichen Fürsorge handele. Dies ist heute wieder ein Thema (s.u.). Auch die Grundsätze der 1927 geschaffenen Reichsanstalt für Arbeitsvermittlung und Arbeitslosenversicherung, nämlich Finanzierung der Kosten durch Beiträge der Beschäftigten und ihrer Arbeitgeber sowie durch einen Staatszuschuß, und die drittelparitätische Verwaltung der „Anstalt“ (seit 1969 Bundesanstalt für Arbeit) sind bis heute erhalten geblieben. Das AVAVG hatte neben der Arbeitsvermittlung und Arbeitslosenversicherung auch die öffentliche Berufsberatung und Lehrstellenvermittlung, die Kurzarbeiterunterstützung, Notstandsarbeiten als Arbeitsbeschaffung, Berufsfortbildungsunterstützung und vorübergehende Lohnzuschüsse eingeführt.

Nach 1933 wurden sowohl die demokratische Republik als auch das kollektive Arbeitsrecht und freie Tarifverträge abgeschafft. Staatliche „Treuhänder der Arbeit“ verwalteten das bis dahin entstandene Tarifgefüge. Andererseits gibt es auch einen Beitrag des Nationalsozialismus zur spezifisch deutschen Form der Sozialstaatlichkeit. Ab 1933 erhielten in zunehmendem Maße mittelständische Existenzen (Gewerbetreibende und sogenannte „Freie Berufe“) gesetzliche Standes- oder Berufsordnungen, die im wesentlichen der Status-Sicherung dienten. Die berufsständischen Ordnungen garantierten weitgehend Selbstverwaltung und auch eigene Gerichtsbarkeiten (vgl. hierzu Hartwich, 1970/78, S. 121ff.). Diese dezidiert „statusorientierte“ Sozialstaatspolitik wurde in der Bundesrepublik weitergeführt und stark ausgeweitet. Weitgehend erhalten blieb im NS-System das Sozialversicherungswesen (vgl. hierzu G.A. Ritter, S. 132ff. mit weiterer Literatur).

5.2 Grundzüge des deutschen Sozialstaates seit dem Inkrafttreten des Grundgesetzes 1949

Schon der Wirtschaftsrat für das Vereinigte Wirtschaftsgebiet hatte alle traditionellen Elemente der deutschen Sozialstaatlichkeit wiederhergestellt. Gegen den Widerstand der amerikanischen Besatzungsmacht wurde sogar die Sonderbehandlung der Beamten kaum verändert übernommen. Neu hinzu kam die Lastenausgleichsgesetzgebung, die 1948/49 mit dem „Soforthilfegesetz" eingeleitet, vom Deutschen Bundestag zu einer grandiosen Umverteilung der Einkommens- und Vermögenszuwächse in der Folgezeit ausgebaut wurde.

5.2.1 Sozialstaatstheorien

Ein zentraler Streitpunkt war mit Abschluß der Verfassungsarbeiten des Parlamentarischen Rates die Frage, ob von dem Begriff „sozialer" Staat (Art. 20 Abs. 1 GG) und „Sozialer Rechtsstaat" (Art. 28 GG) eine besondere neue Staatsqualität geschaffen worden sei. Im Prinzip ging es um die Frage, ob mit dieser Formel im Sinne Hermann Hellers (1930, Rechtsstaat oder Demokratie?) und in der Weiterführung durch Wolfgang Abendroth (1954, Der Begriff des demokratischen und sozialen Rechtsstaates, in Forsthoff, 1968) eine Verpflichtung zur Übertragung der Prinzipien sozialer Staatsgestaltung auf die Wirtschaft enthalten sei. Überwiegend wurde in der Formel eine verfassungsrechtliche Bestätigung der deutschen sozialpolitischen Traditionen und Institutionen verbunden mit einer Verpflichtung aller staatlichen Organe, Gesetzgebung, Verwaltung und Rechtsprechung auf das Prinzip sozialer Gerechtigkeit gesehen. Außerdem wurden die ersten Jahre der Bundesrepublik noch vom Streit der Staatsrechtslehrer um die Frage bestimmt, ob „der Rechtsstaat" oder „der Sozialstaat" einander widerstreitende Prinzipien der Staatsgestaltung seien und ob im Zweifelsfall der Rechtsstaat als das höherwertige Verfassungsprinzip angenommen werden müsse (Forsthoff, 1968) Schließlich nahm ja auch die ordoliberale Doktrin der „Sozialen Marktwirtschaft" eine besondere Verpflichtung auf Sozialpolitik für sich in Anspruch.

Der theoretisch-ideologische Streit ist mit der Geschichte und dem Ausbau der Sozialstaatlichkeit in der Bundesrepublik obsolet geworden. Zwar stellte die Sozialstaatsliteratur seit der Verfassungsgesetzgebung von 1949 immer aufs neue die Deutung eines normativ gemeinten Begriffs „Sozialstaat" in Art. 20 Abs. 1 GG vor. „Der „Sozialstaat" wird in diesen Arbeiten (z.B.von Benda, Hartwich, Spieker, Zacher, Alber) stets als normativ und staatsgrundsätzlich angesehen und abgehandelt. Heute stellt sich aber die Frage, ob eine derartige Diskussion noch sinnvoll ist, ja, ob nicht aus diesem Verfassungsbegriff eine wohlfeile, jedem Interesse zugängliche Schablone geworden ist, in die je nach Zielsetzung positive oder negative Ergebnisse der Alltagspolitik eingeordnet werden.

Der „Ausbau des Sozialstaats" bis in die 90er Jahre hinein hat die Konturen eines spezifischen Verfassungsgrundsatzes verschwimmen lassen. Der Begriff des Art. 20 Abs.1 „demokratischer und sozialer Bundesstaat" spiegelt heute in der Verfassungswirklichkeit keine besondere „Sozialstaatlichkeit" wider, sondern meint und betrifft das, was Carlo Schmid schon am 8. Mai 1949 bei der Verabschiedung des Grundgesetzes als „die soziale Komponente, die sich aus den Postulaten der Demokratie" ergibt, gekennzeichnet hat. Der normative Ausgangspunkt ist also die Demokratie, nicht die Verfassungsnorm „Sozialstaatlichkeit". Wie sie verwirklicht wird, ist eine Frage der Konzepte, der politischen Mehrheiten und der Entscheidungsprozesse des politischen Systems. Sie betreiben „Sozialpolitik".

Unter den heutigen Juristen hat wohl keiner deutlicher als Dieter Grimm, Mitglied des Bundesverfassungsgerichts, das hier Gemeinte ausgedrückt: „Der Sozialstaat hat seine eigene politische Zwangsläufigkeit und kann deswegen in der Tat verfassungsrechtlicher Garantien eher entbehren als andere Staatsziele" (AÖR Bd. 97, 1972, S. 498f.). So liegen denn auch die „Grenzen" des Ausbaus des Sozialstaats und der Absicherung des sozialen Netzes weniger in der Rechtsprechung als in den Ambivalenzen der Wirtschafts- und Finanzentwicklung.

Unbestritten ist, daß „der Sozialstaat" als Verfassungsbegriff den normativen Rahmen für das Handeln von Gesetzgebung, Regierung, Gebietskörperschaften, Verwaltungen und Rechtsprechung darstellt. Das „Prinzip" soll leitender Maßstab allen staatlichen Handelns sein, und soweit es sich dabei um rechtsförmige Akte handelt, ist es auch gerichtlich relevant. Als politische Zielverpflichtung taugt es nach den Erfahrungen in den vergangenen 50 Jahren „Verfassungswirklichkeit" nicht.

5.2.2 Sozialstaatsrealitäten

Konkret besteht „der Sozialstaat" aus einer kaum noch überschaubaren Fülle gesetzlicher Regelungen, die alle Bereiche der Gesellschaft durchdringen. In dem großen Sammelwerk „40 Jahre Sozialstaat Bundesrepublik Deutschland", (hg. von Norbert Blühm und Hans F. Zacher, 1. Aufl. 1989) hatte Hans F. Zacher in umfassender Weise Bericht erstattet (Zacher, 1989, S. 19-129). Er zählte dazu

- die Gesetze zur Bewältigung der Folgen des nationalsozialistischen Regimes, des Krieges und der Vertreibung;
- Wiederaufbau und Reform der Sozialleistungssysteme: Krankenversicherung, Rentenversicherung, Arbeitslosenversicherung, öffentliche Fürsorge;
- die durch Art. 9 Abs. 3 GG garantierte Koalitionsfreiheit und Tarifautonomie der Gewerkschaften und Arbeitgebervereinigungen;
- Familienlastenausgleich;
- Agrarsozialpolitik (Landwirtschaftsgesetz von 1955);
- Sozialer Wohnungsbau, Wohnungsbaupolitik;
- Förderung privater Vermögensbildung

Zu diesen sozialpolitischen Maßnahmen der ersten Jahre kamen dann vor allem die Einführung der dynamischen Rente im Jahre 1957, eine ganz wichtige Maßnahme, um die aus dem Arbeitsleben Ausgeschiedenen weiterhin am Wachstum des Sozialprodukts und der Einkommen zu beteiligen. Von grundlegender Bedeutung wurde desweiteren das Bundessozialhilfegesetz von 1961, das einen Rechtsanspruch auf öffentliche Hilfe einführte, die nach den Grundsätzen der Subsidiarität zu gewähren ist.

Mit der großen Koalition von 1966-69 und der sozialliberalen Koalition bis 1982 wurden vor allem Arbeitsförderungen und Ausbildungsförderungen verbessert und der Rehabilitation besondere Aufmerksamkeit geschenkt. Behindertenschutz, Familienhilfen und jugendpolitische Maßnahmen kamen hinzu, Beratungs- und Prozeßkostenhilfen, Krankenversicherung für Studierende.

In der historischen Dimension besagt diese skizzenhafte Aufzählung, daß sich die deutsche Sozialstaatspolitik nicht unmittelbar nach dem Ende des nationalsozialistischen Regimes, aber seit den Wohlstandserfolgen der fünfziger Jahre, entscheidend gewandelt hat. Dieser Wandel besteht in erster Linie aus einer Expansion, einer Ausdehnung der Sicherungs- und Leistungssysteme. Dazu gehört auch die oben erwähnte

„Statusorientierung“, nun allerdings einem erweiterten Sinne der „Sicherung eines erreichten Status an Lebensstandard“, vor allem auch im Alter. Alles dies erfolgte ohne eine Veränderung der institutionellen Strukturen des überkommenen deutschen Sozialstaats. Beibehalten wurden vor allem die getrennten Einrichtungen und das Prinzip der paritätischen Finanzierung. Die neue Pflegeversicherung durchbricht noch nicht das System, obwohl sie bezüglich der Finanzierung zunächst neue Signale zu senden schien.

Die deutsche Sozialstaatspolitik begann im 19. Jahrhundert mit dem Sozialinterventionismus zugunsten gesellschaftlicher Gruppen, die der obrigkeitlich-fürsorgerische Staat als besonderer Sicherung bei Alter, Krankheit und Invalidität bedürftig definiert hatte. Die „soziale Evidenz klassengesellschaftlicher Ungleichheiten, die dem Ausbau des Sozialstaats als solchem Sinn und Antrieb“ verliehen hatte, sei aber – so stellte Ulrich Beck schon 1986 (S. 302f.) fest – seit den siebziger Jahren des 20. Jahrhunderts in allen westlichen Industriestaaten und insbesondere in Deutschland fragwürdig geworden. Sozialstaat und Sozialpolitik sind nicht mehr eine Angelegenheit der Arbeiter, nicht einmal nur der „in abhängiger Arbeit Beschäftigten“. Auch die Angehörigen des Mittelstandes und z.B. kinderreiche Unternehmerfamilien profitieren davon.

Nach dem 2. Weltkrieg kam es in der Bundesrepublik im Zeichen der „Sozialen Marktwirtschaft“ zu einem umfassenden Ausbau der ursprünglichen Sicherungssysteme durch Einbezug weiterer Lebensrisiken, die zuvor als „privat“ bewertet worden waren. Die Kernbereiche blieben zwar stets die Sozialversicherungen gegen Krankheit, Invalidität, die besonderen Risiken des Bergbaus und das Alter. Mannigfache Erleichterungen zum freiwilligen Eintritt bislang nicht gesicherter Personenkreise in die traditionellen Großinstitutionen (schon in den fünfziger Jahren die Landwirte) erweiterten den Kreis der Sozialversicherten. Bald wurden, in der Regel abhängig vom Arbeitseinkommen, weitergehende Wahlfreiheiten (zugunsten z.B. von Privatversicherungen, Ersatzkassen, Betriebskrankenkassen) für die Versicherten geschaffen. Die steuerlich geförderte betriebliche Altersversorgung begann sich zu einer wichtigen Grundversicherung zu entwickeln.

Der Begriff „sozial“ hat seit 1949 aber nicht allein durch die Ausweitung des Kreises der Versicherten eine Neudefinition erfahren. Über die Kernbereiche hinaus wurden per Gesetz weitere Lebensrisiken sozialpolitisch erfaßt. Am Beginn stand die Einbeziehung der Kriegsfolgelasten. Familien, Kinder, Ausbildung wurden als öffentlich wichtig einbezogen. Die Bauarbeiter setzten ein (inzwischen modifiziertes) „Schlechtwettergeld“ durch. Die Lohnfortzahlung im Krankheitsfall brachte nach langjährigen politischen Auseinandersetzungen die Gleichstellung der Arbeiter mit den Angestellten. Die Pflegeversicherung bezieht die „häusliche Pflege“ ein. Daneben werden von allen gesellschaftlichen Schichten, die sich an die sozialstaatlichen Leistungen – und an die hohen Abgaben dafür – gewöhnt haben, immer neue „Lebensrisiken“ zu einer öffentlichen Angelegenheit erklärt. Dies geschieht offenbar häufig unbeabsichtigt und unreflektiert. Die Massenmedien leisten dazu Beihilfe. Ein besonders auffallendes Beispiel des Jahres 1998 war die Frage, ob ein wirksames amerikanisches Potenzmittel in den Kreis der Sozialversicherungsleistungen einbezogen werden solle oder nicht. Dies wurde als eine Kostenfrage, kaum als eine prinzipielle öffentlich diskutiert. Die Definition eines „Lebensrisikos“, die einst bei der Begründung der deutschen Sozialstaatlichkeit Pate stand, ist aus dem Blick geraten. Genau sie wäre aber nötig, um wieder zum Kern des existentiell Notwendigen zu gelangen, für den Solidarität und öffentliche Umsorgung eingefordert werden darf.

Der Begriff „Versicherung“ ist ebenfalls an vielen Stellen konturenlos geworden. Dies fällt vor allem in der „Arbeitslosenversicherung“ ins Gewicht. Die 1927 geschaffene Einrichtung wurde 1969 als Bundesanstalt für Arbeit explizit in den Dienst der staatlichen Arbeitsmarktpolitik gestellt. Dieser Schritt ist systematisch betrachtet nur dann vertretbar, wenn die Anstalt neben den Beiträgen weiterhin einen nennenswerten Bundeszuschuß erhält. Wird dieser gekürzt oder ganz abgebaut, dann bedeutet dies, daß dieser „Versicherungs“zweig allgemeine Staatsaufgaben übertragen bekommt, die von den steuerfinanzierten Haushalten von Bund, Ländern und Gemeinden getragen werden müßten.

Konturenlos wurde auch der Begriff der „Sozialhilfe“. Sie sollte nach dem ursprünglichen Bundessozialhilfegesetz von 1961 bei unverschuldet eingetretener Not in differenzierter Form (etwa als Hilfe für Wohnung, Kleidung, Lebensunterhalt) gewährt werden. Gemäß dem Subsidiaritätsprinzip und traditionell sind die Kommunen dafür zuständig. In den neunziger Jahren jedoch finanzieren die Gemeinden mit der Sozialhilfe ganz andere Ursachen sozialer Not, wie z.B. die Existenzgrundlagen von Asylbewerber- und Aussiedlerfamilien, also eine Bundesaufgabe.

5.3 Der deutsche Sozialstaat im europäischen Kontext

Der Begriff „sozialstaatliche Politik“ ist noch sehr dem deutschen historischen Leitbild des Bismarckstaates verhaftet. In Wirklichkeit vollzog sich bis in die 90er Jahre hinein eine Angleichung an die internationale Entwicklung, d.h., an die wohlfahrtsstaatliche Praxis westlicher Demokratien. Übersetzt mit „Wohlfahrtsstaat“ versteht man im westlichen Ausland nach der wohl besten sozialwissenschaftlichen Analyse und Vergleichung, nämlich der von Jens Alber (1989a und 1989b, S. 788), „staatliche Maßnahmen, die der Förderung der Lebenschancen in den Dimensionen Einkommen, Gesundheit, Wohnen und Bildung dienen“. Die Förderung von Wirtschaftswachstum und Vollbeschäftigung kommt hinzu. Ebenso gilt die Bildungspolitik als integraler Bestandteil der Sozialpolitik. Man könne den Sozialstaat als eine „Begleiterscheinung der Modernisierung“ begreifen.

Nun ist Alber allerdings der Ansicht, daß der deutsche Sozialstaat eine engere Fassung des Wohlfahrtsstaates bedeutet. Er setzt dabei – zu Unrecht – „Soziale Marktwirtschaft“ und Sozialstaatlichkeit gleich, um aus dieser Perspektive eine immanente „Kampfansage“ gegen das „Ausufern“ im Sinne eines „Wohlfahrtsstaates“ zu registrieren (Alber, 1989b, S. 784). Der heutige deutsche Sozialstaat umfaßt aber weit mehr, als der ORDO-Liberalismus je zugestanden hätte. Auf der anderen Seite ist natürlich richtig, daß es diese „Kampfansage“ mit schöner Regelmäßigkeit in der Politik und den Wahlen gibt. Das aber liegt auf einer anderen Ebene.

Spätestens mit der sozialliberalen Regierungskoalition von 1969 bis 1982 erfolgte die Expansion, die die alte Begrifflichkeit sprengte. Nach Manfred Schmidts Untersuchungen (PVS 2/78, S. 210; 1988) lag der Unterschied zu den vorausgehenden Regierungskoalitionen „in der größeren Verteilungsintensität, der Häufigkeit der Reformen, der Verteilungsrichtung (zugunsten ihrer Zielgruppen), den Politikmaterien (Partizipationsausweitung, Eindämmung sozialer Ungleichheit), in der Ergänzung des wirtschaftspolitischen Zielkatalogs um die Ziele „gerechtere Einkommensverteilung“ und „mehr

Lebensqualität“ sowie schließlich in den symbolisch-politischen Komponenten der Reformpolitik ...“ „Modernisierung und Kurskorrektur um 5% durch zirkulations- und verteilungspolitische Steuerung“, nicht Systemtransformation, konstatiert Schmidt an anderer Stelle (Schmidt, 1978, S. 211). So stieg das Sozialbudget (in % des BSP) zunächst allmählich, dann durch die krisenbedingte Arbeitslosigkeit sprunghaft an:

1965: 24,6%; 1968; 26,3%; 1969: 24,4%; 1971: 27,1%: 1972: 27,1%; 1973 27,4%; 1974: 29,1%; 1975: 32,4%; 1976: 31,7% (Schmidt, 1978, S. 226).

Ganz neue Politik- und Problemfelder wie Ausbildungsförderung, Sozialmedizin und Umweltschutz, Randgruppen und Neue soziale Frage, wurden zu politischen Themen und öffentlichen Aufgaben/Ausgaben (Hartwich, 1977, PVS 8/77). Die Staatsquote (Ausgaben in Relation zum BSP in jeweiligen Preisen) stieg zwischen 1970 von rd. 40% und 1975 auf knapp unter 50%. 1982 überstieg sie die 50%, sank bis 1989 auf etwa 45,5% und stieg dann „vereinigungsbedingt“ 1992 und 1993 wieder über 50% (Sachverständigenrat, JG 1994/95, S. 192ff.).

Wenn es einmal richtig war, zwischen „Beveridge (welfare state) und Bismarck (Sozialstaats-)ländern“ zu unterscheiden, so dürfte heute eher stimmen, daß die Unterschiede sich in der zur Alltagspolitik gewordenen Sozialstaatspolitik eingeschliffen haben. Prinzipienfeste Analysen können sich aber an den vier Gestaltungsformen der europäischen Sozialstaatlichkeit nach Jens Alber (S. 784) orientieren, um Abweichungen und Überschneidungen der nationalen Ausprägungen zu erkennen:

- „universelle und egalitäre Sicherungseinrichtungen mit großzügigen Transferzahlungen und ausgebauten sozialen Dienstleistungen, die aus allgemeinen Steuermitteln finanziert werden (das schwedische Modell, das mittlerweile jedoch weitgehend wegen der Finanzierungsschwierigkeiten reduziert wurde);
- universell-egalitäre Sicherungssysteme, die aus allgemeinen Steuermitteln finanziert werden, aber mit knapp bemessenen Leistungen primär auf die Vermeidung von Notlagen abzielen (das englische Beveridge-Modell);
- umfassende, aber kategorial getrennte, auf die Statussicherung verschiedener Berufsgruppen abzielende Systeme mit überwiegender Beitragsfinanzierung (das deutsche und kontinentaleuropäische Sozialversicherungsmodell);
- begrenzte und regional variierende Sicherungen für bestimmte Sozialkategorien, die beitragsfinanziert sind und lediglich als Ergänzung privater Vorsorge fungieren (das residuale Modell der USA oder auch der Schweiz)“

Alber sah die Bundesrepublik auf dem Mittelweg zwischen einem voll ausgebauten Wohlfahrtssystem und den primär auf Marktkräfte vertrauenden Regelungen in den USA. Besser als eine kategoriale Vergleichung dieser Art, scheint die Benennung der Unterschiede von wirtschaftlicher Bedeutung. In dieser Hinsicht sind folgende Bedeutsamkeiten des deutschen Modells zu erkennen (in Anlehnung an Alber, S. 787):

- Traditionell ist nicht Gleichheit oder Umverteilung, sondern Statussicherung das Ziel (Alber, S. 785) der öffentlich organisierten Transferzahlungen;
- deshalb sind die Sicherungseinrichtungen nach wie vor getrennt (so schon Kahn-Freund);
- spätestens seit der Gewährleistung eines Rechtsanspruchs auf Sozialhilfe (1961) ist das deutsche System außerordentlich stark verrechtlicht; auch im Bereich der tariflichen Bestimmung der Lohn- und Arbeitsbedingungen;

- das deutsche System ist (im Gegensatz zu den dienstleistungsintensiven Wohlfahrtsstaaten Skandinaviens und der britischen Inseln) transferintensiv (wie Frankreich, Italien, Belgien und Niederlande); gesprochen wird hier auch von einem hohen „Monetarisierungsgrad";
- der deutsche Sozialstaat weist eine geringere Personalintensität auf;
- die Bundesrepublik gab in den achtziger Jahren immer noch einen überdurchschnittlich hohen Anteil ihres Sozialaufwands für die Kriegsfolgelasten aus;
- die Sozialhilfe hat eine geringere Bedeutung als in den meisten anderen westeuropäischen Ländern;
- der Staatsbeitrag zu den sozialstaatlichen Leistungen spielt – wie in den Niederlanden, der Schweiz und Österreich – eine im internationalen Maßstab untergeordnete Rolle neben den Beiträgen: 29% statt 40% im Durchschnitt der westeuropäischen Länder (Alber, S. 788). In Belgien, Frankreich, Italien und Finnland überwogen die Anteile der Arbeitgeber und der öffentlichen Hand. Irland, Großbritannien und die anderen skandinavischen Länder finanzierten wohlfahrtsstaatliche Einrichtungen überwiegend aus öffentlichen Mitteln, an zweiter Stelle standen die Arbeitgeberanteile.

1950 lag die Bundesrepublik an der Spitze der Sozialleistungsquote in Westeuropa. Heute kann davon keine Rede mehr sein. Schon 1970 lag die Bundesrepublik nur an 5. Stelle. Ab 1976 gehörte die Bundesrepublik zu den Ländern mit schrumpfender Sozialleistungsquote, im Gegensatz zu Frankreich, Belgien, Dänemark, Irland und Schweden. Insgesamt aber konstatiert Alber für den neueren Zeitraum eine Konsolidierung und Konstanz der Quote und vertritt die These „daß der Wohlfahrtsstaat umso widerstandsfähiger ist, je ausgebauter er ist" (Alber, 1989b, S. 790). Der Widerstand gegen Kürzungen ergäbe sich vor allem dort, wo die Leistungen in breitem Umfange ausgebaut seien. Das bestätigt unsere eigenen Feststellungen.

5.4 Die sozialstaatliche Volkswirtschaft

Es wird zu häufig übersehen, daß der „Sozialstaat" vor allem unter vier Gesichtspunkten für die nationale Wirtschaft eine elementare Bedeutung besitzt:

1. In der Umverteilung von Einkommen und damit auch in der Sicherung von Massenkaufkraft
2. Für die Produktion von Gütern und Dienstleistungen in doppeltem Sinne:
   - Die Sozialabgaben sind zusätzliche Kosten der Produktion,
   - die Sozialkassen induzieren zusätzliche Nachfrage nach einschlägigen „Produkten" (Pharmaprodukte, medizinisch-technische Geräte, Krankenhäuser und Kurorte)
3. Für die Beschäftigung und zwar ebenfalls in doppeltem Sinne:
   - Soziale Sicherungssysteme setzen eine funktionierende „Arbeitsgesellschaft" voraus,
   - die Einrichtungen der sozialen Sicherung haben eine enorme beschäftigungspolitische Bedeutung (Sozialbürokratien, Beschäftigte in der „Produktion" der Güter und Dienstleistungen).

4. Für die Konkurrenz mit dem Ausland im „globalen Wettbewerb“:
   - die Abgaben und Kosten belasten die Produktion von Gütern und Dienstleistungen und damit den Wirtschaftsstandort;
   - eine sozialstaatlich fundierte Gesellschaft ist weniger anfällig für schwere Krisen. Der soziale Frieden und Verhandlungslösungen in Konfliktfällen sind wirtschaftlich „billiger“ als anhaltende Arbeitskämpfe.

In der einschlägigen sozialwissenschaftlichen Literatur hat der Politikwissenschaftler Manfred G. Schmidt am deutlichsten die divergierenden Merkmale der Sozialstaats in einer marktwirtschaftlichen Ordnung theoretisch aufgearbeitet (Schmidt, 1988).

Unter dem Motto: Der Sozialstaat als „Problem-Bewältiger“ und als „Problemerzeuger“ stellte Manfred G. Schmidt in tabellarischer Form die wichtigsten Argumente hierzu zusammen (Schmidt, 1998, S. 187):

(1) Politisch wirkt der Sozialstaat als „Problem-Bewältiger“ durch Sicherung der Loyalität der Staatsbürger, durch die Organisation von Kompromissen zwischen den Klassen und Schichten, durch Entschärfung von Interessenkonflikten, durch die Verhinderung des Umschlagens von ökonomischen Krisen in politische.

Zugleich aber werden neue Verteilungskonflikte geschaffen, Veranwortungslosigkeit und Egoismus gefördert, traditionelle Staatsbürgertugenden untergraben und Momente der Unregierbarkeit geschaffen.

(2) In sozialer Hinsicht wirkt der Sozialstaat als „Problem-Bewältiger“, indem er einen Schutz gegen Armutsrisiken bietet, eine recht umfassende staatliche Daseinsvorsorge bereitstellt, soziale Deprivation und Opposition marginalisiert, geschlechtsspezifische Ungleichheiten vermindert.

Zugleich werden alte und neue Ungleichheiten zum Dauerthema gemacht, Eigeninitiative und individuelle Verantwortung unterminiert, neue Benachteiligungen geschaffen, traditionelle Bindungen gelockert.

(3) In wirtschaftlicher Hinsicht stellen die rechtlich festliegenden sozialen Leistungen eine in das Wirtschaftssystem eingebaute Nachfragestabilisierung dar, der soziale Frieden wird zur Produktionskraft, die gesundheitlichen Schädigungen durch Arbeit werden behandelt (gesicherte Reproduktion), und es werden Anreize zur arbeitssparenden technologischen Modernisierung gegeben, die die Anpassungsfähigkeit der Wirtschaft stärken.

Zugleich bringt der Sozialstaat leistungs- und arbeitsplatzfeindliche Kostenbelastungen für die Unternehmen, die Leistungsmoral wird gefährdet, Abwanderungen in die Schattenwirtschaft sind die Folge, der Staatshaushalt wird überlastet, die Anpassungsfähigkeit der Unternehmen wird durch Inflexibilitäten blockiert, die öffentliche Sozialpolitik wird ineffizient.

Soweit Manfred G. Schmidt, der das Resumee wagt: Länder mit starkem Sozialstaat meistern Krisen gleich gut oder besser als Länder mit schwachem Sozialstaat.

Schmidts Zusammenstellung der Dimensionen des Sozialstaats als gleichzeitiger Problemlöser und -erzeuger, die auf einer akribischen Auswertung der einschlägigen Literatur beruht, zeigt, daß die ökonomische Einschätzung der Sozialstaatlichkeit generell und der deutschen speziell sehr kompliziert ist. Vor allem die Argumente zur wirtschaftlichen und politischen Bedeutung des Sozialstaats verlangen noch weitere Überlegungen (s. Teil 3).

Geht man unter Berücksichtigung dieser Argumente, die nicht vollständig genannt werden können, die oben aufgeführten Gesichtspunkte durch, dann ist zunächst einmal der Umverteilungsapekt zu würdigen.

Das Gesamtvolumen des sogenannten „Transfersystems" von privaten Einkommensbestandteilen an die öffentlichen Haushalte (einschl. Sozialversicherungen) und wieder „vom Staat" an die privaten Haushalte wird in der Regel an der Höhe der „Sozialleistungsquote" oder der „Belastungsquote" durch Steuern und Abgaben festgemacht. Wie große Studien nachweisen, sind derartige Quoten Annäherungen an die Realität, nie aber exakte Belege für unausgeschöpfte Möglichkeiten oder Grenzen des Sozialstaats (vgl. z.B. H.J. Krupp/W. Glatzer (Hg.), 1978, „Umverteilung im Sozialstaat. Empirische Einkommensanalysen für die Bundesrepublik").

Einige illustrierende Zahlen für 1996 nach dem Jahresgutachten 1997/98 des Sachverständigenrates zur Begutachtung der gesamtwirtschaftlichen Entwicklung (SVR) machen dies deutlich (in Mrd. DM; mit genauer Seitenangabe):

Tab. 2: Gesamtwirtschaftliche Quoten

Bruttoinlandsprodukt zu jeweiligen Preisen:	3.541,50	(S. 162)
Staatseinnahmen	1.647,1	(S. 167)
Steuereinnahmen	820,9	
Sozialbeiträge	704,2	
Staatsquote	50,0 %	(S. 167)
Abgabenquote	43,1 %	
Steuerquote	22,6 %	(S. 115)

Quelle: SVR-Jahresgutachten 1997/98, S. 115, 162, 167

Unbestritten ist, daß die Einkommensverteilung nicht unerheblich durch das Transfersystem verändert wird.

Umstritten ist aber z.B., ob und inwieweit das bestehende „System", das ja nichts anderes ist als eine Vielzahl von Leistungsströmen, effizient ist. Von dieser Frage und ähnlichen muß hier abgesehen werden.

Wenn durch Sozialabgaben, gestaffelt nach Beschäftigung und Individualeinkommen, und durch Steuern verschiedenster Art finanzielle Mittel in die Kassen von Bund, Ländern und Gemeinden, sowie in die parafiskalischen Haushalte von Bundesanstalt für Arbeit und die Sozialversicherungsanstalten fließen, dann bedeutet dies Entzug liquider Einkommensbestandteile, die entweder für den Konsum oder zum „Sparen" (Vermögensbildung) verwendet werden könnten.

Auf der anderen Seite fließen diese Mittel, gesteuert durch ein (heute unübersichtliches) „System" von Leistungsgesetzen einkommensschwachen Bevölkerungsteilen, z.T. aber auch wieder den Einzahlern zu. Damit werden – gesamtwirtschaftlich gesehen – primär Kaufkraftstützungen vorgenommen. Denn es ist anzunehmen, daß einkommensschwächere Bevölkerungsgruppen ihre Einkünfte in stärkerem Maße für Konsumausgaben nutzen müssen als die Besserverdienenden und Einzahler.

Wichtig ist also:

1. Sozialabgaben bedeuten Entzug von Einkommen;
2. Sozialausgaben bedeuten Schaffung von Einkommen.

In diesem Sinne ist der Sozialstaat ein Umverteilungsmechanismus mit volkswirtschaftlichen Auswirkungen.

Die Sozialtransfers führen aber nicht nur zu Einkommensumschichtungen, sondern auch qualitativ zu Veränderungen der „Nachfragestruktur" der Volkswirtschaft. Überdies wirkt „das System" als „eingebauter Stabilisator" innerhalb der Gesamtwirtschaft, weil es gleichsam „gesetzmäßig" den Konsum, also die gesamtwirtschaftliche Nachfrage, aufrechterhält. Diese Wirkung der Sozialstaatlichkeit, „Sicherung der Massenkaufkraft", muß bei allen Reformüberlegungen Beachtung finden. Die Reduktion der Sozialtransfers, eine Folge des „Abbaus des Sozialstaats", muß demnach Auswirkungen auf die Massenkaufkraft, also auf die gesamtwirtschaftliche Nachfrage haben. Was diese „Auswirkungen" letztlich bedeuten, ob die Reduktion nicht sogar zu einer höheren wirtschaftlichen Dynamik führt, ist stets außerordentlich schwer einzuschätzen.

Eine Entlastung der Beitrags- und Steuerzahler durch Kürzung der Abgabenlast bedeutet natürlich auch eine Stärkung des Nachfragepotentials. Jedoch wird – wie schon gesagt – mit steigendem Einkommen der Konsumanteil geringer, die Ersparnis und Vermögensbildung größer.

Die Sozialabgaben sind eine Belastung der Produktion von Gütern und Dienstleistungen. Sie gehören mit zu den aktuell umstrittensten Fragen. Denn natürlich sind die „Abzüge" vom Lohn für Kranken-, Renten- und Arbeitslosenversicherungen für den einzelnen Arbeitnehmer eine deutliche Kürzung des Lohn- oder Gehaltseinkommens. Man kann also die Ansicht vertreten, daß eine Senkung der Beiträge wünschenswert wäre, um über mehr Einkommen zwecks Konsum oder Vermögens- bzw. private Rücklagenbildung verfügen zu können. Zugleich bedeutet allerdings eine derartige Senkung der Beiträge eine Reduktion der Leistungen der Krankenversicherung, der Arbeitslosenversicherung und des späteren Rentenanspruchs.

Dieser einfache Grundsatz stimmt natürlich dann nicht mehr, wenn z.B. die sozialen Krankenversicherungen auch bei hohen monatlichen Beiträgen immer weniger Leistungen im Krankheitsfall übernehmen und damit eine steigende „Zuzahlung" zur Regel wird. Dann könnte es für den einzelnen nützlicher sein, selbst über mehr Einkommen durch weniger Abgaben verfügen zu können, um eine höhere Effektivität für sich selbst zu erreichen. Diese Rechnung birgt das Risiko in sich, kostenträchtige Operationen u.ä. nicht mehr alleine bezahlen zu können.

Für die Unternehmen und Unternehmer stellen die Sozialabgaben „Lohnnebenkosten" dar. Erreichen sie ein Niveau von 50 und mehr Prozent über dem Normallohn, dann kann diese Belastung unerträglich werden. Die Folge ist ein verstärkter Druck in Richtung auf betriebliche Rationalisierungen und die Ersetzung des Menschen durch Maschinen oder – eine andere Begründung für Entlassungen bzw. Nichteinstellungen – der Versuch der Kostensenkung durch erhöhte Arbeitsintensität und verringertes Personal. In jedem Fall ist Arbeitslosigkeit eine sehr wahrscheinliche Folge. Diese aber untergräbt das sozialstaatliche System grundsätzlich.

Die durch Abgaben finanzierten sozialen Versicherungsanstalten haben aber auch eine immanent positive ökonomische Auswirkung, nämlich dann, wenn sie als Nachfrager auftreten. So werden die im Rahmen der Heilbehandlung benötigten Arzneimittel ganz überwiegend von industriellen Unternehmen produziert. Die Unternehmen der Pharmaindustrie betreiben zugleich einen hohen Aufwand für Forschung, Entwicklung und Werbung mittels Pharmaberater und kostenloser Abgabe von Arzneimittelmustern an die Ärzte. Der florierende deutsche Wirtschaftszweig der Pharmaindustrie mit vergleichsweise hohen Preisen (SVR f. Gesundheitswesen, Jahresgutachten 1987, S. 88ff.) ist mithin ein Nutznießer „des Sozialstaats“, ja Teil eines medizinisch-industriellen „Komplexes“, der von der öffentlichen Nachfrage profitiert. Im eigenen Interesse dieser Industrie liegt ein finanzstarkes Sozialleistungssystem. An einem undifferenzierten Abbau des Sozialstaats kann diese Industrie kein Interesse haben.

Für die Beschäftigung ist natürlich ebenfalls wichtig, daß auf diese Weise der Sozialstaat gleichsam durch sich selbst Arbeitsplätze schafft und erhält. In einem ähnlichen Sinne können die Medizintechnik (z.B. Diagnosegeräte) sowie alle Dienstleistungszweige, die Krankenhausärzte und die Kassenärzte, das Pflegepersonal, die Krankenhäuser, die Kurorte mit ihren Einrichtungen als Bestandteil sozialstaatlicher Finanzierung angesehen werden. Eine scharfe Reduktion der Ausgaben für soziale Leistungen und Einrichtungen birgt für wichtige Wirtschaftszweige und Berufe und damit volkswirtschaftlich die Gefahr kaum vertretbarer Einbrüche.

Damit ist bereits ein Blick auf den Zusammenhang zwischen Sozialstaat und Beschäftigung geworfen. In Fortführung des eben Geäußerten kann registriert werden, daß es eine nennenswerte Zahl von Erwerbstätigen, Selbständigen und Arbeitnehmern, in jenen Bereichen gibt, die ausschließlich oder überwiegend „dem Sozialstaat“ zugerechnet werden müssen. Besonders daran ist erkennbar, daß und inwieweit die Sozialstaatlichkeit als wirtschaftliches Element die nationale Volkswirtschaft durchdringt und teilweise trägt. Zu den Beschäftigten ist überdies der öffentlich-rechtliche Bereich mit den Versicherungsanstalten und sonstigen Sozial„bürokratien“ zu rechnen, in denen sehr viele Menschen in relativ „konjunktursicheren“ Arbeitsverhältnissen beschäftigt sind. Der Sozialstaat ist ein Arbeitgeber erster Ordnung in Deutschland.

Andererseits ist der deutsche Sozialstaat hoch sensibel in bezug auf die Beschäftigung. Das deutsche soziale Sicherungssystem wurde seit seinem Beginn in den achtziger Jahren des 19. Jahrhunderts auf dem Grundsatz aufgebaut, daß jeder in abhängiger Arbeit Beschäftigte gesetzlich verpflichtet ist, Beiträge an die verschiedenen Versicherungen zu zahlen, heute als Beiträge für die Krankenversicherung, die Rentenversicherung, die Arbeitslosenversicherung und die Pflegeversicherung. Ein weiterer Grundsatz ist, daß der Arbeitgeber noch einmal denselben Beitragssatz für seinen Arbeitnehmer zahlt. Über die Frage, ob es sich dabei um eine Lohnzahlung handelt oder um einen Faktor „neben“ dem Lohn wird bis heute gestritten.

Seit dem Wiederaufbau der Sozialversicherungen nach 1945 werden die Leistungen aus dem aktuellen Beitragsaufkommen finanziert. Damit hatte sich die deutsche Sozialpolitik endgültig vom sogenannten „Kapitaldeckungsverfahren“ verabschiedet, das von einer Ansammlung und Verzinsung des vom Versicherten eingezahlten Kapitals ausgeht. Für die Rentenversicherung bedeutet dies, daß auf die Solidarität der Generationen gesetzt wurde. Die im Arbeitsprozeß stehende Generation zahlt Beiträge, die als Transfereinkommen den aus dem Arbeitsprozeß Ausgeschiedenen zufließen.

Mit diesem „Umlageverfahren“ enthält das Sozialleistungssystem ein weiteres grundlegendes Element. Es beruht auf einem imaginären „Generationenvertrag“. Sein Funktionieren setzt natürlich eine entsprechende demographische Entwicklung voraus. Geburtenschwache Jahrgänge und deutlich steigende Lebenserwartungen mit längeren Rentenzahlungen können zu einem Kollaps des Systems führen. Ein solcher in langfristigen Entwicklungen erfolgender Kollaps ist jedoch nur die eine Seite des Finanzierungsproblems. Die andere ist der Umstand, daß auch für eine geschrumpfte Zahl Erwerbsfähiger immer genügend Arbeitsplätze mit beitragszahlungsfähigem

Einkommen zur Verfügung stehen müssen. Sonst kann das System nicht funktionieren.

Das deutsche soziale Sicherungssystem beruht mithin in einer entscheidenden Weise auf der Arbeit und zwar genauer auf der (bezahlten) Erwerbsarbeit. Arbeit ohne Entgelt, in weiten Bereichen durchaus üblich, wird nicht anerkannt oder berücksichtigt. Unabhängig von der Generationen-Relation setzt das soziale Sicherungssystem voraus, daß das jeweilige Beitragsaufkommen ausreicht, um die Leistungen für die Berechtigten (Rentner, Kranke, Arbeitslose, Pflegebedürftige) bezahlen zu können. Sind gut bezahlte Arbeitsplätze in ausreichender Zahl vorhanden, kann u.U. auch der Generationenvertrag für absehbare Zeit aufrechterhalten werden, wenn sich die Relation zwischen aktiv Erwerbstätigen und Ausgeschiedenen zuungunsten der ersteren verschiebt.

Je stärker sich die nationalen Grenzen öffnen, um so virulenter wird die Frage der sozialstaatlichen Durchdringung der Volkswirtschaft. Horst Afheldt (1995, APuZ B 25-26/95, S. 7) ging sogar so weit, die ökonomische Überlegenheit von Staaten, die ihre Wirtschaft nicht durch soziale Regelungen bremsen, für nicht nur theoretisch, sondern auch statistisch begründbar zu halten. Er verwies dabei auf die exponentiellen Wachstumsraten der „Nichtsozialstaaten" USA, Japan und Korea. Gründe lägen in der Faktormobilität der global agierenden Unternehmen, die der Anziehungskraft günstiger Standorte folgen (s.u.).

Die Beobachtungen der internationalen Wirtschaftsentwicklungen und -beziehungen in den Jahren 1997 und 1998 geben eher zu Zweifeln Anlaß, ob diese theoretisch begründbare Befürchtung mittelfristig und längerfristig realistisch ist. Die Wirtschaftskrisen in den rasch gewachsenen Volkswirtschaften des asiatischen Raumes mahnen eher zur Vorsicht in der Bewertung. Allerdings ist unbestreitbar, daß z.B. im europäischen Binnenmarkt vermutlich auf Dauer keine spezifisch nationalen sozialstaatlichen Profile der dann regionalen Wirtschaftsräume mehr möglich sind. In der EU wird es aber keinen „Nichtsozialstaat" geben. Diese Frage an die Zukunft wird sich deswegen auf das Sozialleistungsniveau beziehen und auf die notwendigen Reformen hin zu einem derartigen europäischen System.

5.5 Politische Entscheidungsstrukturen im sozialstaatlichen System

Die ursprünglichen politischen Motive für die deutsche Sozialstaatlichkeit sind heute entfallen. Es gibt weder die Notlage der Arbeiterklasse, die den Staat zu problemmildernden Interventionen zwingt, noch das Bedürfnis der organisierten Arbeitnehmerschaft nach Herbeiführung einer Gleichberechtigung im Recht. Selbst die vertikale Umverteilung zählt nach Jens Alber (1989b, S. 792) nicht mehr zu den nachhaltig angemahnten Zielen. Allerdings ist an die Stelle der Sicherung des klassenorientierten Obrigkeitsstaates der Bismarckzeit heute die Überzeugung getreten und der Grundsatz zu beachten, daß die Stabilität der Demokratie wesentlich von einem moderaten Sozialklima und nicht nachlassenden Versuchen der Politik abhängt, soziale Gerechtigkeit und sozialen Ausgleich zu verwirklichen.

Was trägt und stützt jedoch das sozialstaatliche System? Die seit Jahrzehnten in Deutschland maßgeblichen sogenannten „Volksparteien" vereinen in ihrer Mitglied- und Wählerschaft Schichten, Milieus, Interessen und machtvolle, weil für die Gesellschaft tragende, Verbände. Sie spiegeln mehr oder weniger die Gesamtgesellschaft wider mit ihren Leitmotiven des wirtschaftlichen Erfolges und der Wohlstands- und Statussicherung. Spezifische, konturenstarke und vor allem das erreichte Niveau sozialstaatlicher Leistungen reduzierende Programmentwürfe und ein entsprechender Durchsetzungswille sind unter diesen Umständen nicht zu erwarten.

So ist Manfred Schmidts Beobachtung, der Sozialstaat sei ein „Machtfaktor“ geworden, überaus berechtigt. Noch wichtiger erscheint allerdings sein Hinweis auf die „Sozialstaatsklientel“ (Schmidt, 1988, S. 94). Aus der Darstellung der ökonomischen Vor- und Nachteile wurde bereits deutlich, daß der umfassende, größtenteils auf Rechtsansprüchen beruhende Charakter sozialstaatlicher Leistungen heute fast alle Gruppen und Schichten der Bevölkerung umfaßt. Diese „Klientel“ kann nicht wirklich ein Interesse am „Abbau“ oder durchgreifenden Veränderungen des Sozialstaats haben. Gestützt wird die Klientel noch durch den Umstand, daß die bisherige Sozialstaatspolitik generell „statusorientiert“ ist (Alber, 1989b, S. 785; Nullmeier/Rüb, 1993). Claus Offe bezeichnet den Wunsch nach garantierter Versorgung gar als „Garantismus“ (1990).

Alle Staatsbürger, darüber hinaus auch Aussiedler und Nichtdeutsche (Asylbewerber), profitieren in irgendeiner Form von den sozialstaatlichen Leistungen. Aber wie in der volkswirtschaftlichen Betrachtung erkennbar wurde, müssen auch die Sozialbürokratien und die Privatunternehmen des medizinisch-technischen Bereichs einbezogen werden, deren „Markt“ die öffentliche Nachfrage nach Produkten und Dienstleistungen bildet. Außerdem die Verbände der „Konzertierten Aktion im Gesundheitswesen“, also Ärzte, Pflegepersonal, Krankenhäuser, Versicherungen öffentlich-rechtlicher und privater Art, die Ärzteverbände, Kassenärztliche Vereinigungen und ähnliche Vereinigungen. Alle profitieren seit Jahrzehnten vom Ausbau sozialstaatlicher Leistungen und der Einbeziehung von high tech in das sozialstaatliche Finanzierungssystem. Die Analyse ergibt, daß ein Festhalten am Erreichten und Erworbenen sowie ein Interesse am Ausbau sowie an sichernden und problemnahen Reformen dem traditionellen deutschen Sozialleistungssystem eigen ist. Es kommt aber auf die Gewichtung innerhalb dieses Mixtums an. Im Zweifel werden Beharrung und Inflexibilität obsiegen.

Jens Alber wagte sogar die These (Alber, 1989b, S. 790), daß ein Wohlfahrtsstaat umso widerstandsfähiger und zählebiger sei, je ausgebauter er ist und fast alle Bürger einbezieht. „Wo die Mittelschichten nicht nur die Finanzierungslast der Sicherungssysteme tragen, sondern durch großzügig bemessene Unterstützungssätze auch an den Leistungen teilhaben, finden politische Attacken auf den Sozialstaat nur schwerlich eine Mehrheit.“ Hier liege vermutlich einer der Gründe dafür, daß sich unter den westlichen Industriestaaten eine dezidierte Wendepolitik bislang nur in den USA und Großbritannien durchsetzen konnte. Allerdings haben auch Schweden und die Niederlande gezeigt, daß kosten- und beschäftigungsorientierte Reformen möglich sind.

Eine weitere wichtige Dimension des Sozialstaats ist die schon mehrfach angesprochene „Verrechtlichung“. Eine der bedeutendsten Leistungen im Auf- und Ausbau des Sozialstaats nach 1945 war die Durchsetzung des Prinzips, daß der einzelne Bürger gesetzlich definierte Ansprüche an das öffentlich organisierte Leistungssystem haben müsse. So stellte die bis 1961 geltende Fürsorge-Verordnung des Deutschen Reiches von 1923 die Gewährleistung von Sozialleistungen bei unverschuldeter Notlage in das Ermessen der Verwaltungsbehörden. Das Bundessozialhilfegesetz von 1961 machte daraus einen Rechtsanspruch. Es ist insofern ein Kernstück des „Sozialen Rechtsstaats“ und prototypisch für die Denkrichtung in der deutschen Sozialstaatsgestaltung.

Der Auf- und Ausbau des Sozialstaats hat sich in Deutschland weitgehend in der Etablierung von gesetzlich definierten, sehr ausdifferenzierten Rechtsverhältnissen und Rechtsstrukturen vollzogen, ein Vorgang, der häufig als „Verrechtlichung" des Sozialstaats bezeichnet oder beklagt wird. Diese Verrechtlichung gehört heute zu den wichtigen Bestimmungsfaktoren sozialstaatlicher Reformpolitik. Es liegt in der Natur des Rechts, daß damit ein bewahrender Bestimmungsfaktor hohen Ranges existiert, der sozial Schwache ebenso wie statusgesicherte Anspruchsberechtigte schützt. Der Schutz geht bis hinein in das Verfassungsrecht.

Das Bundesverfassungsgericht hat es zwar abgelehnt, das Sozialstaatsprinzip zu einem eigenen normativ wirkenden Konstrukt auszudeuten, aus dem spezifische Ansprüche erwachsen. Es hat aber konsequent die Linie einer „ausgedehnten und sublimierten Grundrechtsgeltung" verfolgt, wonach die Grundrechte „objektive Grundsatznormen und Wertentscheidungen" enthalten und demzufolge alle Bereiche des Rechts und somit alle Lebensbereiche und Rechtsbeziehungen erfassten (Böckenförde, 1989). Davon berührt ist in besonderem Maße die Sozialgestaltung als Ausfluß einzelner Grundrechte. Breuer (1993, S. 47) meinte sogar darüber hinausgehend: „Auf die geschichtlichen Erfahrungen reagierend und der nach dem 2. Weltkrieg herrschenden Zeitströmung folgend, haben die Staatsrechtslehrer und die Verfassungs- und Verwaltungsgerichtsbarkeit in der Bundesrepublik Deutschland nahezu alle individuellen und kollektiven Wunschvorstellungen der Gerechtigkeit auf den sozialen Rechtsstaat i.S. der Art. 20 Abs.1 sowie Art. 28 Abs.1 GG projiziert."

Alle Obersten Bundesgerichte widmen in Grundsatzentscheidungen der sozialen Komponente ihre besondere Aufmerksamkeit. Die Doktrin der Sozialen Marktwirtschaft stützte den Prozeß der Verrechtlichung in diesem Sinne wesentlich. Man denke z.B. an die Interpretation von Rentenansprüchen als eigentumsgleich geschützte Rechte nach Art. 14 GG sowie die weit ausdifferenzierten Arbeitnehmerschutzrechte.

In Deutschland – so könnte man sagen – sind weniger die Sozialleistungen selbst als mehr die Rechtsansprüche auf Leistungen und Statussicherung signifikant für den Sozialstaat. Die Bedeutung dieser Aussage liegt auf der Hand. Die umfassende Rechtssicherung beeinträchtigt die Handlungsfähigkeit und die Flexibilität einer problemangemessenen sozialstaatlichen Reformpolitik. Die Tendenz richterlicher Verfassungs- und Gesetzesauslegung ist aus der Sache heraus eher an den Schutz- und Sicherungsfunktionen als an der Bereitstellung flexibler Strukturen zur Anpassung an neue Problemlagen orientiert. Man darf z.B. gespannt sein, inwieweit eine wegen anhaltenden politischen Drucks und unter dem Diktat leerer Kassen zustandekommende Einschränkung von Verbeamtung, Beamtenstatus und Versorgungsansprüchen die richterliche Zustimmung findet. Die in Art. 33 Abs. 5 GG genannten „hergebrachten Grundsätze des Berufsbeamtentums" stellen eine Barriere eigener Art dar.

Obwohl es sich hier um Rechtsfragen handelt, die normalerweise nicht mit ökonomischen Analysen und politischen Konzepten in Verbindung gebracht werden, liegt es auf der Hand, daß diese Fragen zusammengehören. Sie werden im folgenden deswegen auch im Auge behalten.

3. Kapitel: Veränderte Rahmenbedingungen am Jahrhundertende

Die „Fundamente“ des deutschen Wirtschaftssystems, die sich in einem weiten historischen Prozeß entwickelten und die nach 1948 profiliert wurden, geben auch der Gegenwart ihre Konturen. Sie haben sich bislang als relativ resistent gegenüber den wirtschaftlichen und sozialen Entwicklungen erwiesen und der politischen Demokratie Stabilität gesichert. Es soll hier nicht dem Eindruck Vorschub geleistet werden, dies sei nun, angesichts der Jahrhundertwende, plötzlich alles anders. Diese historische Wende ist vielmehr der Anlaß, auf gleichsam evolutionäre Vorgänge, die die Realität des ökonomischen Systems veränderten, aufmerksam zu machen. Daneben gehen allerdings auch revolutionäre Vorgänge vor sich, die geeignet sein können, die „Fundamente“ und ihren inneren Zusammenhang ernsthaft in Frage zu stellen. Das durchschlagendste Beispiel ist die Europäische Währungsunion mit der Abschaffung des „D-Mark-Systems“. So sind die folgenden Kapitel darauf konzentriert, signifikante Veränderungen der Gegenwart zu registrieren und zu diskutieren, um dann in deutlichem Bezug auf die „Fundamente“ des deutschen Wirtschaftssystems zukünftige Chancen und Risiken sowie Erfordernisse einer Wirtschaftspolitik zu erarbeiten, die „Ordnung“ und „Pragmatismus“ ökonomisch angemessen und politisch realistisch verbindet.

Im Verlauf der neunziger Jahre ist immer deutlicher geworden, daß mit dem Jahr 1989 und der deutschen Wiedervereinigung im Jahre 1990 ein geschichtlicher Abschnitt zuende gegangen war, wenngleich für die „alte“ Bundesrepublik zunächst nicht eigentlich von einer Zäsur gesprochen werden kann.

Vor allem änderten sich mit dem Zusammenbruch des Sowjetsystems und dem Ende des sogenannten „sozialistischen Weltmarktes“ die internationalen Rahmenbedingungen fundamental. Der „Sieg“ und die Überlegenheit der kapitalistisch-marktwirtschaftlichen Ökonomien wurde vollkommen dadurch, daß nun keine „Bipolarität“ mehr die Ausbreitung der neoliberalen Doktrinen und die Entwicklung globaler Finanzmärkte sowie weltweiter Fusionen hinderte. Auch die innenpolitischen Konstellationen veränderten sich in der Bundesrepublik gegenüber jener Zeit, in der die Fiktion einer anderen, möglicherweise doch „besseren“, nämlich „sozialistischen“ Wirtschaftsordnung im anderen Teil Deutschlands zum Teil heftig diskutiert wurde.

Zugleich jedoch hatten sich die westeuropäischen Bindungen ab 1986 nachhaltig verändert. Mit der „Einheitlichen Europäischen Akte“ (EEA) sollte der EG-Binnenmarkt bis 1992 „vollendet“ sein. Zugleich brachten die Verhandlungen mit Frankreich über dessen zunächst ablehnend-zögerliche, dann jedoch uneingeschränkte Zustimmung zur Vereinigung die langjährigen Bemühungen um eine Europäische Wirtschafts- und Währungsunion zum Abschluß. Mit dem Maastricht-Vertrag verlor Deutschland eine seiner wirtschaftspolitischen Säulen, nämlich die Verfügungsgewalt über die Geld- und Kreditpolitik und die Souveränität der mächtigen Bundesbank. Während die Franzosen damit ihr wichtigstes Ziel erreicht hatten, beschied sich die deutsche Verhandlungsdelegation mit vagen Formulierungen hinsichtlich einer „Politischen Union“. Deren Fehlen ist eine der großen Schwachstellen der Europäischen Wirtschafts- und Währungsunion (EWWU).

Unter diesen Rahmenbedingungen mußten zwei neue und überdimensional große Probleme gelöst werden. Nämlich die wirtschaftliche und fiskalische Bewältigung der deutschen Vereinigung und – zugleich – die Erfüllung der „Konvergenzkriterien“, um im Mai 1998 Mitglied der Währungsunion zu werden. Diese beiden Aufgaben verlangten im Prinzip wirtschafts- und finanzpolitische Maßnahmen, die sich diametral widersprachen. Die Finanzierung der deutschen Einheit war ohne jährliche Transfers von rd. 200 Mrd. DM nicht zu bewältigen. Es stellte sich schnell heraus, daß dies auch die wohlhabende Bundesrepublik überforderte. Die Konvergenzkriterien verlangten dagegen eine relativ bescheidene Staatsverschuldung respektive niedrige Neuverschuldungsraten.

Mit der „Globalisierung“ von Kapital, Märkten und Unternehmen verschärfte sich zudem das alte Problem des Wirtschaftsliberalismus: die Kontrolle von Marktbeherrschung und die Verhinderung von Monopolbildungen.

Für die Bundesrepublik neu war dagegen, daß die Arbeitslosigkeit nach der wirtschaftspolitischen Renaissance des Neoliberalismus nicht nur nicht zurückging, sondern schon bis 1989 jährliche Rekordmarken erreichte. Auch die stärkste Stimulierung des „Angebots“ durch Deregulierungen, Marktöffnungen und Steuererleichterungen konnte die Arbeitslosigkeit nicht nennenswert zurückführen. Bei dieser Feststellung ist die Situation in den „neuen Bundesländern“ der neunziger Jahre noch nicht eingeschlossen. Es war im Westen vor allem die rasante Technologieentwicklung seit der „mikroelektronischen Revolution“, die nicht nur neue Märkte erschloß, sondern vor allem auch die industrielle Produktion revolutionierte und den Menschen durch Maschinen und elektronische Steuerungen ersetzte.

Die wirtschaftspolitische Arena hat sich also gegenüber den fünfziger Jahren mit ihren erfolgreichen Konzepten fundamental geändert. Wirtschaftswissenschaften und Wirtschaftspolitik haben noch keine überzeugenden neuen Konzepte gefunden. Die Unsicherheiten sind allenthalben mit den Händen zu greifen. Programme „aus einem Guß“ sind nicht in Sicht.

1. Das vereinigte Deutschland und die strukturellen Folgen der wirtschaftlichen Transformation

Die Frage nach den wirtschaftlichen Folgen der „Transformation" eines „realsozialistischen Wirtschaftssystems" in ein marktwirtschaftlich-kapitalistisches verlangt eine Eingrenzung, die der Stringenz der hier vorgetragenen Überlegungen gerecht wird. Im engeren Sinne sind alle jene wirtschaftlichen Veränderungen gemeint, die die Grundbedingungen der westdeutschen Marktwirtschaft mehr oder weniger grundlegend und zumindest mittel- und langfristig beeinflußten. Gefragt wird also nach allem, was die Wirtschafts-, Finanz- und Geldpolitik in eine neue Richtung lenkte.

Im Frühjahr 1990 bestand keine Klarheit über die tatsächliche wirtschaftliche Ausgangssituation, also über den Zustand der DDR-Wirtschaft. Zwei politische Entscheidungen der Bundesregierung bekamen dann eine grundlegende Bedeutung für den endgültigen Zusammenbruch der Wirtschaft der DDR und den Verlauf der wirtschaftlichen Transformation in ein marktwirtschaftliches System:

- Im Frühjahr 1990 herrschte im Westen und offensichtlich auch bei den oppositionellen Führungsgruppen in der DDR noch keine Klarheit über den tatsächlich desaströsen Zustand der Industrieunternehmen in der DDR. Deshalb gingen viele der ersten Maßnahmen zur Transformation schlichtweg von falschen Voraussetzungen aus.
- Die Bundesregierung verweigerte der SED-Regierung unter Modrow auf einem Regierungstreffen am 13./14.2.1990 in Bonn den gewünschten „Solidarbeitrag" in Höhe von 10-15 Mrd. DM und schlug stattdessen die Schaffung eines gemeinsamen Wirtschafts- und Währungsgebietes vor (Hartwich, 1991, S. 257ff. und Seiten 86ff. dieses Buches). Schon am 1. Juli 1990 war die DM alleiniges Zahlungsmittel auch in der DDR und die Deutsche Bundesbank für die Geld-, Kredit- und Zinspolitik in der noch bestehenden DDR zuständig. Das hatte entscheidende Rückwirkungen auf die Konkurrenzfähigkeit der unrentablen volkseigenen Unternehmen.
- Die vom DDR-Ministerrat am 1. März 1990 auf Antrag der Bürgerbewegung „Demokratie Jetzt" begründete „Anstalt zur treuhänderischen Verwaltung des Volkseigentums (Treuhandanstalt)" wurde – nach den Volkskammerwahlen vom März 1990 – mit Gesetz der neuen DDR-Regierung vom 17.6.1990 in eine Anstalt „zur Privatisierung und Reorganisation des volkseigenen Vermögens" umgewandelt und durch den deutschen Einigungsvertrag vom 31.8.1990 zu einer bundesunmittelbaren Anstalt des öffentlichen Rechts unter Fach- und Rechtsaufsicht des Bundesfinanzministers gemacht (Hartwich, 1991, S. 219ff.).

Ungeachtet der Folgen der Politik soll und muß konstatiert werden, daß es nach der überwiegenden Meinung inzwischen zahlreicher Studien zum Prozeß der deutschen Vereinigung 1990 keine gangbare Alternative gab. Politisch absolut verständlich war und ist das Bemühen, bezüglich der Vereinigung schnellstens – vor allem solange dies außenpolitisch möglich schien – Tatsachen zu schaffen. Denn dies hieß ja nicht nur die Chancen nutzen, die sich für die Vereinigung ergaben, sondern vor allem hieß es auch, dem Druck der DDR-Bevölkerung auf den Westen durch die Fluchtbewegung konstruktiv zu begegnen. Mit diesen wenigen Anmerkungen ist gemeint, daß die folgende Darstellung der Auswirkungen des „Transformationsprozesses" auf das deutsche Wirtschaftssystem nicht einer Art politischer Schuldzuweisung dient, sondern dem nicht wegzuleugnenden Faktum, daß die deutsche Vereinigung gravierende Auswirkungen unterschiedlichster Art auf das westdeutsche Wirtschaftssystem hatte.

1.1 Regionale De-Industrialisierung

Die Transformation des ehemals „realsozialistischen Systems" in eine „Soziale Marktwirtschaft" erfolgte nicht in einem mehrjährigen Umwandlungsprozeß, sondern sozusagen „auf einen Schlag". Die Politik hatte absoluten Vorrang vor ökonomischen Strategien. Nachdem aus den Volkskammerwahlen im März 1990 eine DDR-Regierung ohne die SED hervorgegangen war und die internationale Absicherung des Vereinigungsprozesses durch die sogenannten „Zwei-Plus-Vier-Gespräche" einen baldigen erfolgreichen Abschluß erwarten ließ, übernahm de facto die Bundesregierung die förmliche Organisation des „Beitritts" (nach Art. 23 GG) der DDR. Dies war gleichbedeutend mit der sofortigen Übernahme der entsprechenden Institutionen und Rechtsregeln der Bundesrepublik.

Für die Wirtschafts- und Sozialordnung war der „Vertrag über die Schaffung einer Währungs-, Wirtschafts- und Sozialunion" vom 18.5.1990 noch wichtiger als der „Einigungsvertrag" vom 31.8.1990. Denn mit dem erstgenannten Vertrag übernahm die DDR-Regierung noch ohne eine förmliche politische Vereinigung ausdrücklich die Soziale Marktwirtschaft. „Grundlage der Wirtschaftsunion ist die Soziale Marktwirtschaft" hieß es in Art. 1 Abs. 3.

Ab 1. Juli 1990 wurde die volkseigene Wirtschaft vor die Aufgabe gestellt, nach marktwirtschaftlichen Kriterien zu wirtschaften. Die Unternehmensverfassung sollte den freien Entscheidungsprinzipien in einem westlichen System gerecht werden. Tarifautonomie, Tarifrecht, Arbeitskampfrecht, Mitbestimmung und Kündigungsschutz wurden mit sofortiger Wirkung umgestellt. Auch die außenwirtschaftlichen Beziehungen wurden mit einem Schlage freigegeben.

Die Sozialversicherungen wurden nach westdeutschem Recht neu gegliedert und einem für die DDR völlig neuen Finanzierungssystem, nämlich der Beitragsfinanzierung durch die Beschäftigten und ihre Arbeitgeber, unterworfen. So wurden die Renten-, Kranken-, Unfall- und Arbeitslosenversicherung, einschließlich Arbeitsförderung, vom Staatshaushalt getrennt und in eigene Selbstverwaltungskörperschaften überführt, die später mit den westdeutschen verschmolzen wurden. Rentenrecht und Krankenversicherungsprinzipien wurden damit auf geradezu revolutionäre Weise verändert. Die Sozialhilfe wurde in der DDR neu eingeführt.

Der Staatshaushalt wurde nach westlichem Muster, d.h., unter Ausklammerung der Sozialeinrichtungen sowie der Wirtschaftsunternehmen und Verkehrsbetriebe, neu gestaltet und sollte künftig dem Ziel der Defizitbegrenzung folgen. Für das 2. Halbjahr 1990 gewährte die Bundesrepublik der DDR Finanzzuweisungen zum Haushaltsausgleich und Anschubfinanzierungen für die Sozialversicherungsanstalten. Der „Fonds Deutsche Einheit" wurde anschließend mit Gesetz vom 25. Juni 1990 gebildet. Die weiteren Regelungen brachte der „Einigungsvertrag" (Art. 7), der nun vom Beitritt der erst im Oktober 1990 konstituierten 5 „neuen Länder" ausging. Die Haushalte dieser neuen Länder wurden nicht sofort in den Länderfinanzausgleich der Bundesrepublik einbezogen. Sie erhielten öffentliche Mittel aus dem „Fonds Deutsche Einheit" und Ausgleichszahlungen neben den eigenen Steuereinnahmen. Für die Schulden des DDR-Haushaltes wurde ein Sondervermögen gebildet, für das der Bundesfinanzminister zuständig war (Art. 23 des Einigungsvertrages).

Die Auflistung der wichtigsten Bestandteile der „Währungsunion" vom 1. Juli 1990 erscheint wichtig, weil sie Art, Umfang und Geschwindigkeit der „Transformation" geradezu grell beleuchtet. Wichtig erscheint die Auflistung auch, weil sehr häufig allein die Währungsunion und ihre Folgen Beachtung finden. Zweifellos richtig ist es allerdings, die Einführung der DM in der DDR als einen Vorgang zu bewerten, der der Transformation eine enorme Dynamik verlieh, und zwar nach allen Seiten. Alle genannten Regelungen begegnen uns als aktuelle Strukturprobleme Deutschlands auch heute noch.

Mit ihrem Angebot zur Einführung einer Wirtschafts- und Währungsunion im Februar 1990 hatte die Bundesregierung dringende Warnungen von Experten und des Sachverständigenrates und die Ablehnung durch die Deutsche Bundesbank ignoriert (Vgl. S. 86ff). Es entbehrt nicht einer Faszination, heute die Voraussagen einiger Experten nachzulesen.

So argumentierte der Sachverständigenrat in einem Sondergutachten vom 20.1.1990 für eine Unterstützung der „Wirtschaftsreform in der DDR" und gegen eine Währungsunion. Noch am 9.2.1990 schrieb der Vorsitzende an den Bundeskanzler und teilte die Besorgnis des Rates wegen der baldigen Einführung der Währungsunion mit. Wichtige Argumente waren: Die einheitliche Währung werde den Abstand der Einkommen schlagartig verdeutlichen. Forderungen nach Korrekturen wären die Folge und schlecht abzuweisen. Die Nominallöhne würden über die Produktivität hinaus steigen. Es werde ein „Finanzausgleich" gefordert werden. „Riesige Belastungen kämen auf die öffentlichen Haushalte zu". Erhebliche Steuererhöhungen und anhaltende öffentliche Transfers für konsumtive Verwendungen wären die Folge. Auch würden mit der Währungsunion Anpassungsprozesse in Gang gesetzt, die die Produktion und die Beschäftigung beeinträchtigten. Die Unternehmen der DDR wären schlagartig einer internationalen Konkurrenz ausgeliefert, der sie nicht gewachsen seien. Die Produktion werde schrumpfen, ebenso das Erwerbseinkommen und die Beschäftigung (Abdruck des Briefes in: Wilhelm Nölling (Hg.), 1990, S. 67ff.).

Den stärksten Eindruck hinterläßt heute der Präsident des Deutschen Instituts für Wirtschaftsforschung, Lutz Hoffmann, der sich am 10.2.1990 in der FAZ „Wider die ökonomische Vernunft" äußerte (Hoffmann, in: Nölling, 1990, S. 13ff.). Hoffmann sagte voraus, daß die rasche Integration der beiden deutschen Staaten strukturelle Anpassungsprobleme mit sich bringen würde, die alles bisher Gekannte in den Schatten stellten. Dagegen wären die Kohle-, Stahl- und Werftenkrisen mit hoher struktureller Arbeitslosigkeit Bagatellprobleme. Er hielt die Erwartung für nicht übertrieben, daß ein Viertel bis ein Drittel, evtl. sogar noch mehr, der Beschäftigten in der DDR ihre

Arbeitsplätze verlieren würden. Das wären etwa 2,5 bis 3 Millionen. Für beide deutsche Staaten zusammen ergäbe sich ein Arbeitslosenheer von 4,5 bis 5 Millionen Menschen. Die Vereinheitlichung der Löhne sei ebenso verhängnisvoll wie die einheitliche Währung, wenn man für die Mark der DDR nicht eine Währungsreform wie in Westdeutschland 1948 durchführen wolle. In jedem Fall blieben die Produktivitätsunterschiede.

Hoffmann plädierte damals für die Aufrechterhaltung getrennter Währungsräume, bis sich die Produktivitätsabstände auf ein Minimum verringert hätten. Nur so könne der wirtschaftliche Aufholprozeß auf dem Gebiet der DDR unter vertretbaren Kosten für beide Seiten zustandekommen. Das Grundproblem der DDR-Wirtschaft sei ein völlig überalterter Kapitalstock in der Infrastruktur und im direkt produktiven Bereich und das Fortbestehen von Industrien, die unter Weltmarktbedingungen schon längst keine Überlebenschancen mehr hätten.

Es ist hier nicht der Ort für eine Analyse der Hintergründe einer politischen Entscheidung, die damals getroffen wurde und die deutsche Wirtschaft bis heute beeinflußt. Es gab sehr triftige Gründe, der anhaltenden „Republik-Flucht" dadurch zu begegnen, daß mit der Einführung der DM ein sichtbares Zeichen der Einheit gesetzt wurde. Möglicherweise gab es wirklich keine Alternative, um die deutsche Vereinigung in einem kleinen „historischen Fenster" der Weltpolitik zu verwirklichen, als jene überstürzten politischen Schritte.

Die Folgen aber sind eingetreten. Jetzt hatte die Treuhand-Anstalt den „überalterten Kapitalstock" zu verkaufen. Eine fast unlösbare Aufgabe, bei der rasch die Illusionen zerstoben, es würde noch zu realen Erlösen kommen. In § 7 des Vertrages über die Währungsunion waren dem Treuhandvermögen (Anstalt) noch Kreditermächtigungen über 17 Mrd. DM erteilt worden, „zur Vorfinanzierung zu erwartender Erlöse aus seiner Verwertung". Genau diesen Punkt hoben die Autoren Sinn (Gerlinde und Hans-Werner Sinn, 1993, S. 128ff.) unter der Überschrift „Die Schrotthypothese" hervor. Als Ursache der geringen Erlöse wurden von ihnen auf der einen Seite die Ineffizienz der ostdeutschen Betriebe – die den schlagartigen Zusammenbruch der Ostdeutschen Wirtschaft nach der Währungsunion bewirkte – und andererseits die spezifischen Privatisierungsmethoden der Treuhandanstalt genannt.

Dieser Hypothese wird wohl auch heute kaum widersprochen. Realität wurde ein beispielloser Verfall der Industrie in Ostdeutschland. „Die Anpassungskrise mündete in einen Deindustrialisierungsprozeß, dem innerhalb von nur drei Jahren drei Viertel der industriellen Arbeitsplätze zum Opfer fielen" (Markus Danwerth, 1998, S. 132ff.) Historisch gewachsene Verflechtungsstrukturen in altindustriellen Gebieten zerbrachen. Monostrukturierte Regionen, wie z.B. das bekannte „Chemie-Dreieck" Halle-Merseburg-Bitterfeld drohten zu Industriebrachen mit schwerwiegenden sozialen Folgen zu verkommen. Der Streit um die Frage, Sanieren oder Privatisieren um jeden Preis, auch um den Preis der Stillegung, wurde in der Treuhand nie klar entschieden. Sie betrieb natürlich Strukturpolitik, obwohl sie selbst nur privatisieren wollte. Erst 1993 begann sie offen mit einer „aktiven Sanierungspolitik".

Mit den von der sozialen und politischen Situation erzwungenen Entscheidungen über eine regionale und sektorale Strukturpolitik, über die „Erhaltung industrieller Kerne" aus politischen, häufig weniger rein wirtschaftlichen Gründen, wurde mit so mancher Doktrin gebrochen, die zuvor in der Bundesrepublik als unumstößlich gegolten hatte. Die Regionalförderung durch die Europäische Kommission verstärkte diesen wirtschaftspolitischen „Systembruch“. Er blieb allerdings auf punktuelle Opportunismen begrenzt. Es gab offensichtlich unter dem maßgeblichen Akteuren nicht die politischen Überzeugung, daß der wirtschaftliche Vereinigungsprozeß einer rationalen Steuerung bedurfte.

Selbst immanente Sektorenwandlungen blieben aus. Beispielhaft sei erwähnt, daß die „Deindustrialisierung“ nicht zu einem nennenswerten Ausbau der Dienstleistungsbereiche führte. Der tertiäre Sektor wurde nicht zu einer großen Hoffnung, wie es Jean Fourastié einst prophetisch angesagt hatte. Burkhard Lutz und die übrigen Forscher des Bereichs „Arbeit, Arbeitsmarkt und Betriebe“ in der „Kommission für die Erforschung des sozialen und politischen Wandels in den neuen Bundesländern e.V.“ fanden heraus, daß die marktwirtschaftliche Sanierung in eine möglicherweise dauerhafte industrielle Verödung statt in eine beschleunigte Tertiärisierung einmündete (B. Lutz/Hildegard M. Nickel/R. Schmidt/A. Sorge, 1996). Lutz nannte einige Besonderheiten, die sich von der westdeutschen Wirtschaftsstruktur unterscheiden. So hätten die öffentlichen Verwaltungen, die in Ostdeutschland zum größten Arbeitgeber wurden, das Bau- und Ausbauhandwerk sowie personenbezogene Dienstleistungen wie Hotels, Gaststätten und Reinigungsbetriebe eine zentrale Bedeutung für die Beschäftigung erlangt. Hinzu kämen erstaunlich viele Nachfolgebetriebe der Landwirtschaftlichen Produktionsgenossenschaften und viele instabile Beschäftigungsverhältnisse im Handel (S. 7 und 122ff.) Das wirtschaftliche Wachstum wurde verstärkt und lange Zeit vom steuerlich stark geförderten Bauboom getragen. Ab 1997 brach auch diese Branche zusammen.

1.2 Massenarbeitslosigkeit und soziales Gefälle

Geblieben ist bis 1998 die von Lutz Hoffmann 1990 exakt vorausgesagte Massenarbeitslosigkeit. Im Mai 1998 scheiterte durch den Rückzug des DGB der 1997 unternommene Versuch der Bundesregierung, mit einem „Bündnis Ost“ den Stellenabbau zu stoppen. Die Gewerkschaften sahen keinen Sinn in besonderen Vereinbarungen über Lohnzurückhaltung und Ostförderung. An Stelle von erwarteten 100.000 neuen Arbeitsplätzen hatte das Frühjahrsgutachten der sechs deutschen Wirtschaftsforschungsinstitute einen weiteren Stellenabbau um rd. 70.000 vorausgesagt. Eine Aufstellung der WELT (vom 18.5.1998, S. 13) bezifferte auf der Grundlage von Zahlen des Statistischen Bundesamtes den Arbeitsplatzschwund von 1990 auf 1998.

Insgesamt sei die Zahl der Erwerbstätigen von 8,6 auf 6,1 Mio. zurückgegangen. In diesen Zahlen wird nicht deutlich, wie die in Arbeitsbeschaffungs-, Umschulungs- und ähnliche Maßnahmen Beschäftigten plaziert sind. Deswegen seien noch einige Arbeitslosenquoten des Jahres 1998 genannt. Ende März 1998 betrug die Arbeitslosenquote in den neuen Ländern 19,6% (SZ v. 8.4.98). Im August 1998 waren es 17,1% (Die Welt v. 9.9.98). Da es sich um den Durchschnitt aller fünf Länder handelt heißt dies, daß es auch Länder mit einer Quote bis 20% gab.

Nach einer sehr anschaulichen Tabelle des Bonner Instituts für Wirtschaft und Gesellschaft, IWG, die auf Berechnungen der Kommission für Zukunftsforschung beruht, ist nicht allein die Arbeitslosenquote, sondern der Absturz der „Arbeitsgesellschaft“ der DDR, in der auch die Frauen zu über 90% erwerbstätig waren, eine der tragischen Folgen der deutschen Vereinigung. Dieser „Anpassungsschock“ bestätigte für viele Bürger der ehemaligen DDR überdies die ständigen Behauptungen der früheren DDR-Machthaber, daß der Kapitalismus Arbeitslosigkeit bedeute. Die psychischen Wirkungen des Vorganges dürfen nicht unterschätzt werden, zumal sie natürlich auch mit der Bewährung der westdeutschen Form der Demokratie in Verbindung gebracht werden und damit dem gesamten Gemeinwesen auf Dauer schaden könnten.

Schaubild 3: Der Anpassungsschock

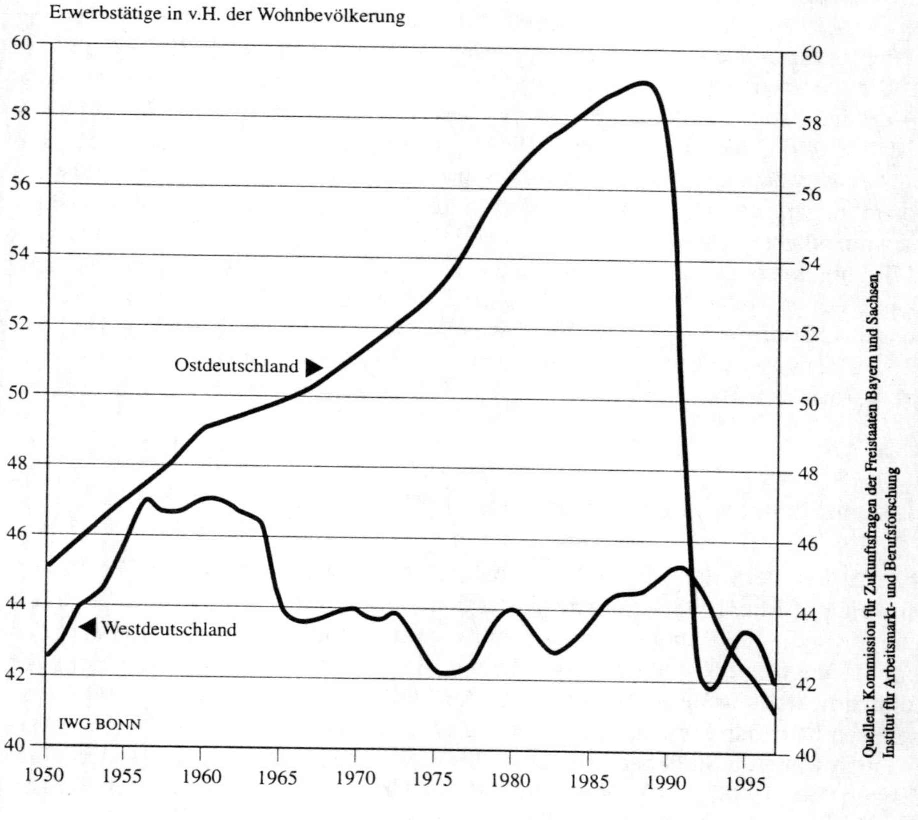

Quelle: Institut f. Wirtschaft u. Gesellschaft (IWG), Festschrift 1997, Bonn, S. 19

Durch das Fehlen einer annähernd ausgewogenen Wirtschaftsstruktur in den neuen Ländern Deutschlands hat die Zukunft ein schweres Erbe der deutschen Vereinigung zu tragen. Die fehlenden Arbeitsplätze und die Massenarbeitslosigkeit sind zugleich ein gravierendes soziales Problem. Der politische Effekt derartiger Situationen, das Überschwappen von der ökonomischen zu einer politischen Krise ist aus der Geschichte der Weimarer Republik wohlbekannt. Die Landtagswahlen in Sachsen-Anhalt 1998, in denen die rechtsradikale DVU aus dem Stand über 12% der Stimmen erhielt, machten zum ersten Mal schlagartig deutlich, daß eine solche Gefahr auch heute nicht gebannt ist.

Von bleibender Wirkung und damit als neue Bedingung der deutschen Wirtschaftsentwicklung zu betrachten ist eine vielfältige und bis dato unbekannte öffentliche Verschuldung. Die zitierten Passagen aus den Verträgen über die Währungsunion und die Einigung deuteten ja schon auf die finanziellen Probleme hin. Hier soll und kann nicht die Finanzierung der deutschen Einheit diskutiert und abschließend bewertet werden. Es geht um die bleibenden Folgen. Und das ist die Staatsverschuldung.

Zunächst muß auf die Frage eingegangen werden, inwieweit die Deutsche Bundesbank die von ihr abgelehnte Währungsumstellung in ihrer Geldpolitik behandelte, ob sie geldpolitisch „gegensteuerte", indem sie die Zinsen erhöhte oder doch die öffentliche Finanzzwänge berücksichtigte. Darüber geben die Unterlagen der Deutschen Bundesbank zur D-Mark-Einführung und zur Finanzierung der Vereinigung interessante Auskünfte. Hierbei sollte noch Beachtung finden, daß am 1. Juli 1990 nicht nur die Währungsumstellung in Deutschland erfolgte, sondern auch die 1.Stufe der Verwirklichung der Europäischen Wirtschafts- und Währungsunion begann (dazu auch S. 88f.).

Eine Überprüfung der Geldpolitik der Deutschen Bundesbank in den Jahren 1990, 1991 und 1992 ergibt, daß die von ihr als ersten Schritt für falsch gehaltene Währungsunion, vor allem aber auch die Umtauschrelationen, offensichtlich noch nicht zu einer dezidiert restriktiven Politik Anlaß gegeben hatten. Zwar kam es zu deutlichen Erhöhungen des „Signals" Diskontsatz, der bis Mitte 1990 schon bei 6% gelegen hatte, auf den Höchstsatz der Nachkriegszeit von 8,75 am 17.7.1992. Dies war jedoch keine Reaktion auf Liquiditätsüberschüsse und Inflationierungsgefahren infolge der deutsch-deutschen Währungsunion, sondern der restriktive Kurs gegen Kreditausweitungen bei anspringender Konjunktur in Westdeutschland, vor allem im Jahre 1991. Hinzu waren wieder einmal spekulationsbedingte Geldzuflüsse aus dem Ausland in Erwartung einer DM-Aufwertung gekommen, die dann in Zusammenhang mit der Krise des EWS im Herbst 1992 auch erfolgte. Zugleich schieden das britische Pfund und die italienische Lira aus dem EWS aus. Bei der Kommentierung dieses Vorganges in ihrem Geschäftsbericht 1992 führte die Bank aus, daß weder die besonderen Umstände der deutschen Vereinigung noch das Vorhaben einer Europäischen Währungsunion Argumente seien, um die stabilitätsorientierte Geldpolitik zurückzustellen (Bundesbank, 1992, S. 54). Schon gar nicht im Land der Ankerwährung".

Die Deutsche Bundesbank hat mit ihrer Zinspolitik in diesen ersten Jahren der Vereinigung den skizzierten Transformationsprozeß nicht behindert. Sie hat ihn aber auch nicht gefördert. Schon 1990 hatte sie eher mit Gelassenheit den „Geldmengensprung" der Vereinigung kommentiert (Monatsbericht Juli 1990, S. 20 und Geschäftsbericht 1990, S. 48ff.). Zunächst hatte sie die Ausweitung der Geldmenge M3 statistisch auf 160 Mrd., realistisch auf 120 Mrd. DM geschätzt. Diese Menge jedoch würde sich wegen des Konsum- und Anlageverhalten außerhalb von M3 bald zurückbilden. Tatsächlich wurden es 180 Mrd. DM. Jedoch trat diese Rückbildung ein. Die stabilitätsgefährdenden Impulse kamen von der westdeutschen Seite. Dies ist ein Beleg dafür, daß die milliardenfache Subventionierung der Vereinigung auch ein gigantischer Stimulus für die erlahmende westdeutsche Konjunktur war. Es wurde also unbeabsicht eine „keynesianische" Politik betrieben. Die damit verbundene inflatorische Entwicklung, als deren Grundlage der Geschäftsbericht 1991 den eingeschlagenen Kurs der Lohn und Finanzpolitik nennt, wurde von der Bundesbank gezügelt und 1992 gezähmt.

Die Kosten der Vereinigung sind allenthalben unterschätzt worden.Natürlich gab es Schätzungen. Sie lagen aber – auch wenn sie die heutige Situation wenigstens annähernd erfaßten – immer noch unterhalb der tatsächlichen finanziellen Aufwendungen. Über die Gründe der vor allem von der Politik zu verantwortenden Fehleinschätzungen soll hier nicht gestritten werden. Neben allen Wahlkampfüberlegungen, der Bundestagswahlkampf (die Wahl fand im Dezember 1990 statt) war allgegenwärtig, war der Hauptgrund stets, daß niemand den Zustand der DDR-Wirtschaft und die desolate Infrastruktur genauer berechnen konnte. Die offizielle Statistik der DDR war auf die politischen Bedürfnisse der Herrschaftssicherung abgestellt gewesen. Wie sehr sie täuschte, mußte nach 1989 nicht zuletzt das DIW Berlin feststellen, das jahrelang regelmäßig über die DDR-Wirtschaft berichtet hatte. Überschätzt wurde auch der Umstand, daß die DDR innerhalb des Ostblocks eine wirtschaftlich führende Rolle eingenommen hatte. Daraus wurden besondere Schlüsse hinsichtlich der osteuropäischen Märkte gezogen, deren Nachfrage die Transformationsschwierigkeiten überwinden helfen sollten. Dann aber brach mit den ostdeutschen Industriekombinaten auch diese osteuropäische Nachfrage zusammen.

1.3 Staatsverschuldung

Neben den falsch eingeschätzten Kosten der Vereinigung war die Art der Finanzierung besonders problematisch. Ob größere Steuererhöhungen im Westen Deutschlands politisch durchsetzbar gewesen wären, soll hier ebenfalls nicht mehr diskutiert werden. Dies hätte die sinnvollste Regelung dargestellt. Die Bereitschaft dazu schien in der westdeutschen Bevölkerung durchaus zu bestehen. Die amtierende Regierung glaubte aber offensichtlich, dies ihren Wählern nicht zumuten zu können. Auch war im Jahre 1989 die Wirtschaftslage der Bundesrepublik glänzend (mit allerdings abschwächender Konjunktur), die Lage der öffentlichen Kassen auf hohem Niveau stabil, wenngleich ständig über die jährliche Neuverschuldungsrate gestritten wurde.

Die Finanzierung der deutschen Einheit erfolgte im wesentlichen durch „Nebenhaushalte“ (auch „Schattenhaushalte“ genannt). Theoretisch war dies ein Sündenfall. Denn die „Klarheit“, „Wahrheit“ und „Vollständigkeit“ sind grundlegende Haushaltsprinzipien in Demokratien. Sie sollen der Politik und den Wählern den monetären Niederschlag des Handelns der Regierung und Parlamentsmehrheit stets offenlegen. Zu den Grundsätzen eines bundesstaatlichen Systems gehört überdies eine fiskalische Systematik, nach der die Finanzverteilung und die finanzpolitischen Verantwortlichkeiten zwischen den staatlichen Ebenen, im Falle der Bundesrepublik zwischen dem Bundeshaushalt und den Länderhaushalten, klar und übersichtlich durch das Verfassungsrecht, Gesetzesrecht und Haushaltsvorschriften festgelegt sein müssen. Nach diesen Grundsätzen hätte der Einigungsvertrag die „neuen Länder“ (durch Wahlen im Oktober 1990 konstituiert) sogleich in den bundesstaatlichen Finanzausgleich aufnehmen müssen. Hiergegen sträubten sich die westdeutschen Bundesländer, die den Bund in der Pflicht sahen. Nach dem Einigungsvertrag sollte die Aufnahme der neuen Länder erst nach dem 31.12.1994 erfolgen.

Als anrüchig gelten haushaltsrechtlich schließlich „Fonds“, deren Zweck und Finanzierung sich noch weiter von den jährlich parlamentarisch zu bewilligenden Staatshaushalten entfernen. Die „Fondswirtschaft des Bundes“ war einst (1966-1969) Gegenstand der Reform unter maßgeblicher Mitwirkung der sogenannten „Troeger-Kommission“. Sie führte zu den Finanzreformen von 1969, die noch von der großen Koalition realisiert wurden und die im Kern noch die neunziger Jahre zu überdauern scheinen.

„Nebenhaushalte" und „Fonds" wurden in einem bis dahin unbekannten Ausmaß Instrumente der Vereinigungsfinanzierung Der erste dieser Haushalte war der „Fonds Deutsche Einheit". Auf ihn hatten sich Bund und Länder im Mai 1990 geeinigt. Dabei hatten die westdeutschen Länder sogar noch Vorteile für sich herausgeschlagen, indem sie wegen ihrer (eher geringfügigen) Finanzbeteiligung die Umsatzsteuerverteilung erreichten. Weitere Finanzrisiken sollte der Bund tragen. Ab 1995 sollte die Neuordnung des bundesstaatlichen Finanzausgleichs unter Einschluß der neuen Länder erfolgen.

Der Fonds hatte mit einem Finanzvolumen von 115 Mrd. DM für die Jahre 1990 bis 1994 keinen den Lasten und Aufgaben entsprechenden Umfang. Finanziert wurde er durch Zuweisungen des Bundes in Höhe von insgesamt 20 Mrd. DM. (sie wurden auch als „ersparte Teilungskosten" bezeichnet) und Kredite, für die je zur Hälfte Bund und westdeutsche Länder zeichneten.

Tab. 3: Fonds „Deutsche Einheit"

Mrd. DM Position	1990	1991	1992	1993	1994	Summe 1990 bis 1994
Ausgaben für Hilfen an die DDR	22	35	28	20	10	115
finanziert durch:						
Kreditaufnahme des Fonds	20	31	24	15	5	95
Zuweisungen des Bundes	2	4	4	5	5	20
Leistungen zur Abdeckung der Schuldendienstverpflichtungen	–	2,0	5,1	7,5	9,0	[1]23,6
davon zu tragen:						
vom Bund	–	1,0	2,6	3,8	4,5	11,8
von den Ländern	–	0,6	1,5	2,3	2,7	7,1
von den Gemeinden	–	0,4	1,0	1,5	1,8	4,7

1 Schuldendienstleistungen werden darüber hinaus noch für weitere 15 bis 25 Jahre – abhängig von der Zinsentwicklung – zu erbringen sein. Bbk

Quelle: Deutsche Bundesbank Monatsbericht Juli 1990, S. 21

Die Deutsche Bundesbank warnte bald, das neue Sondervermögen dürfe nicht dazu genutzt werden, um auf diese Weise den notwendigen Haushaltseinsparungen auszuweichen.

Ein weiteres „logisches" Sondervermögen des Bundes war der Haushalt der Treuhandanstalt. Hinzu kamen „Kreditabwicklungsfonds", Ausgleichsfonds „Währungsumstellung", „Entschädigungsfonds". Ab 1995 ersetzte der „Erblastentilgungsfonds" viele Sondervermögen. Über den bis Ende 1996 erreichten Status hat die Deutsche Bundesbank in ihrem Monatsbericht März 1997 ausführlich berichtet. Die Tabellen zeigen Art, Umfang und Bedeutung der öffentlichen Verschuldung als Ergebnis der schwierigen wirtschaftlichen Vereinigung Deutschlands an:

Tab. 4: Öffentliche Verschuldung in Nebenhaushalten 1994/96

Position	Mrd. DM
I. Vereinigungsbedingte Nebenhaushalte (einschl. Treuhandanstalt)	
Kreditabwicklungsfonds (bis Ende 1994)	
Schuldenstand Ende 1994 davon:[1)]	102
Schulden des DDR-Staatshaushalts	28
Ausgleichsforderungen des Ausgleichsfonds „Währungsumstellung" aus asymmetrischer Umstellung der Forderungen und Verbindlichkeiten der Banken	30
Aufstockung des Eigenkapitals der Banken auf 4% der Bilanzsumme	5
Abschreibung von Forderungen an nicht mehr sanierungsfähige Unternehmen	39
Treuhandanstalt (bis Ende 1994)	
Schuldenstand Ende 1994 davon:	205
Refinanzierung der von den angeschlossenen Unternehmen übernommenen Altkredite	73
Kreditaufnahme zur Finanzierung der laufenden Defizite	129
Sonstiges	2
Erblastentilgungsfonds (ab Anfang 1995)	
Schuldenstand Ende 1996 davon:	332
Übernahme der Schulden des Kreditabwicklungsfonds	102
Übernahme der Schulden der Treuhandanstalt	205
Übernahme von Schulden der ostdeutschen Wohnungsunternehmen	29
Übernahme von Schulden auf gesellschaftliche Einrichtungen der Gemeinden	8
Übernahme von Ausgleichsforderungen seit Anfang 1995	7
Zwischenzeitlich erfolgte Tilgungen	-20
Fonds „Deutsche Einheit"	
Schuldenstand Ende 1996 davon:	84
Kreditaufnahme zur Finanzierung von allgemeinen Zuweisungen an die ostdeutschen Länder bis Ende 1994	95
Zwischenzeitlich erfolgte Tilgungen	-11
ERP-Sondervermögen	
Schuldenstand Ende 1996 davon:	34
Schuldenstand Ende 1989	7
Verschuldungszuwachs seit 1990, der größtenteils der Finanzierung zinsverbilligter Darlehen an die ostdeutsche Wirtschaft diente	27
Entschädigungsfonds	
Schuldenstand Ende 1996	0
Erwartet wird ein Schuldenstand von knapp 13 Mrd. DM in Form von marktgängigen Schuldverschreibungen, die ab 1. Januar 2004 mit 6% verzinst und in fünf gleichen Jahresraten in den Jahren 2004 bis 2008 getilgt werden.	

II. Sonstige Nebenhaushalte	
Bundeseisenbahnvermögen	
Schuldenstand Ende 1996	78
davon:	
Übernahme der Altschulden der Bahnen	71
Kreditaufnahme zur Finanzierung der laufenden Defizite	7
Ausgleichsfonds zur Sicherung des Steinkohleneinsatzes	3

1 Aufteilung teilweise geschätzt.

Quelle: Deutsche Bundesbank Monatsbericht März 1997, S. 22

Welchen Schub die deutsche Vereinigung der öffentlichen Schuldenentwicklung gab zeigt die folgende Tabelle.

Tab. 5: Langfristige Entwicklung der öffentlichen Verschuldung 1955-1996

	Stand am Ende des Zeitraums bzw. Jahres		Zunahme im Jahresdurchschnitt
Zeitraum/Jahr	Mrd. DM	% des BIP	bzw. gegen Vorjahr %
1955 bis 1959	50	18,4	5,1
1960 bis 1964	74	17,6	8,3
1965 bis 1969	118	19,8	9,8
1970 bis 1974	192	19,6	10,3
1975 bis 1979	414	29,8	16,6
1980 bis 1984	718	41,0	11,6
1985 bis 1989	929	41,8	5,3
1990 bis 1994	1 662	50,1	12,3
1991[1)]	1 174	41,1	11,4
1992	1 345	43,7	14,6
1993	1 509	47,8	12,2
1994	1 662	50,1	10,1
1995	1 996	57,7	20,1
1996	2 135	60,3	7,0

1 Ab 1991 Gesamtdeutschland

Quelle: Deutsche Bundesbank Monatsbericht März 1997, S. 18

Der Stand der öffentlichen Verschuldung Ende 1996 zeigt vor allem, wie sehr der Blick auf die offiziellen Haushalte von Bund, Ländern und Gemeinden über die wahren Verhältnisse täuscht.

Die Verschuldung über die Sondervermögen überstieg sogar die Gesamtverschuldung aller Länder deutlich. Einst unverzichtbare Haushaltsgrundsätze gehörten der Vergangenheit an. Der Erblastentilgungsfonds erwies sich 1997/98 als wohlfeiles Instrument zur Verschiebung von Zinsleistungen zwecks Erfüllung der europäischen „Konvergenzkriterien“. Insofern kann dem Argument der Bundesbank nicht gefolgt werden, daß die Fonds einen überschaubaren Rahmen für die Zielsetzung böten, vereinigungsbedingte Schulden in einem befristeten Zeitraum zu tilgen. Dies könne man auf diese Weise – so die Bank – besser kontrollieren als wenn sie Bestandteil der allgemeinen Verschuldung der Haushalte wären.

Tab. 6: Stand der öffentlichen Verschuldung Ende 1996

Mrd. DM; Stand am Jahresende Gebietskörperschaft	1989	1994	1996[ts]
Bund	491	712	840
Länder (West)[1]	310	415	478
Länder (Ost)	–	56	82
Gemeinden (West)[2]	121	156	166
Gemeinden (Ost)[2]	–	32	39
Sondervermögen	7	291	531
davon:			
ERP	7	28	34
Fonds „Deutsche Einheit"	–	89	84
Kreditabwicklungsfonds	–	102	–
Erblastentilgungsfonds	–	–	[3]332
Bundeseisenbahnvermögen	–	71	78
Ausgleichsfonds Steinkohleneinsatz[4]	–	–	3
Entschädigungsfonds	–	–	0
Gebietskörperschaften	–		
insgesamt	929	1 662	2 132

1 1994 und 1996 einschl. Gesamt-Berlin. – 2 Einschl. Zweckverbände. – 3 Einschl. Altschulden auf gesellschaftliche Einrichtungen der Gemeinden in der DDR. – 4 Die Verschuldung des Ausgleichsfonds wurde 1995 erstmals in der Schuldenstandstatistik ausgewiesen.

Quelle: Deutsche Bundesbank Monatsbericht März 1997, S. 19

Die Deutsche Bundesbank stellte resumierend fest, daß die Gesamtverschuldung der Gebietsköperschaften in den sieben Jahren von 1989 bis 1996 um rd. 1.200 Mrd. DM zugenommen habe. Davon seien mehr als die Hälfte auf die Wiedervereinigung entfallen (Monatsbericht März 1997, S. 19).

Interessant ist nun allerdings, daß Deutschland mit der gigantischen Zunahme seiner Verschuldung im internationalen Vergleich dennoch keine Spitzenstellung einnimmt. Dies gilt gemessen am Bruttoinlandsprodukt. Das gleichzeitige Wirtschaftswachstum hat also wesentlich für die Abfederung gesorgt. Denn in anderen wichtigen Industrieländern hat sich die Schuldenquote teilweise noch stärker erhöht. Wie die Bundesbank meint, „auch unter dem Einfluß der zeitweiligen Konjunkturschwäche" (S. 19). Dieser Zusammenhang sollte bei der Bewertung nicht übersehen werden. Die Schuldenentwicklung allein ist nicht aussagekräftig genug.

Die öffentliche Verschuldung spiegelt die neue Dimension von regionaler Strukturförderung und Subventionspolitik wider, die in Deutschland durch die Wiedervereinigung erreicht wurde und bei der sich die Politik von allen guten Vorsätzen der 1982 begonnenen neuen Wirtschaftspolitik der Deregulierung entfernte.

Die öffentlichen Transferzahlungen für Ostdeutschland, in der Hauptsache getragen vom Bund und seinen Sondervermögen, lagen regelmäßig über 100 Mrd. DM jährlich. Nach einer Statistik der Deutschen Bundesbank (Monatsbericht Oktober 1996, S. 21) lagen die vollzogenen und vorgesehenen Ausgaben bis 1997 bei 879 Mrd. DM netto und 1.174 Mrd. DM brutto. Deutsche Kreditprogramme wurden und werden von der Regionalförderung der Europäischen Union begleitet und gestützt. Ab 1991 sind die neuen Bundesländer auch in die Gemeinschaftsaufgabe „Verbesserung der regionalen Wirtschaftsstruktur" einbezogen.

Tab. 7: Staatsverschuldung im internationalen Vergleich 1989-1996

in% des nominalen BIP

Länder	1989	1990	1991	1992	1993	1994	1995	1996ts
EU-Staaten[1], insgesamt	54,1	56,7	56,0	60,3	66,1	68,1	71,3	73,5
darunter:								
Deutschland	42,0	43,8	41,5	44,1	48,2	50,4	58,1	[3]60,7
Frankreich	34,4	35,4	35,7	39,6	45,6	48,4	52,8	56,4
Großbritannien	41,0	35,4	35,7	41,9	48,5	50,4	54,1	56,3
Italien	95,8	97,9	101,3	108,4	119,3	125,5	124,9	123,4
Japan[2]	68,7	65,1	62,3	63,5	67,9	73,2	80,7	87,4
Kanada[2]	69,2	72,5	79,4	87,2	94,4	97,2	99,6	100,5
Vereinigte Staaten[2]	54,2	55,6	59,6	62,0	63,5	63,7	64,3	64,2

1 Entsprechend der Definition des Maastricht-Vertrages, die von der Abgrenzung der nationalen Schuldenstandstatistiken abweichen kann. – 2 In der Abgrenzung des System of National Accounts (SNA). – 3 Vorläufiges Ergebnis.

Quelle: Deutsche Bundesbank Monatsbericht März 1997, S. 20

Hinzugerechnet werden müssen schließlich die Leistungen der Sozialversicherungen. Zunächst schien die Übernahme in die westdeutschen Systeme eher unproblematisch zu sein. Mit dem Wegbrechen der Beschäftigung jedoch und fehlenden Beitragseinnahmen aus Erwerbseinkommen, wurden auch die westdeutschen Sozialversicherungsträger, und insbesondere die Rentenversicherung, zu deutlichen Kostenträgern der Vereinigung. Die sogenannten „vereinigungsbedingten Lohnnebenkosten“ sind zurecht Gegenstand sozialpolitischer Auseinandersetzungen. Denn es handelt sich um „vereinigungsbedingte“ Aufwendungen, d.h. allgemeine Lasten der Vereinigung, und nicht nur um die der Pflichtversicherten.

Insgesamt betrachtet hatte und hat die deutsche Vereinigung einen gravierenden Einfluß auf das deutsche Wirtschaftssystem. Kurz- und mittelfristig waren außerordentliche pragmatische Maßnahmen und Interventionen der Wirtschafts- und Finanzpolitik erforderlich, um überhaupt den sogenannten „Transformationsprozeß“ von der Staats- zur Marktwirtschaft in die richtigen Bahnen zu lenken. Auch heute kann darauf noch nicht verzichtet werden. Vor allem aber hat, auch langfristig, die vereinigungsbedingte hohe Staatsverschuldung ein neues Gewicht des Fiskus in der deutschen Ökonomie geschaffen. Es wirkt auf die Kredit- und Kapitalmärkte und impliziert ein wachsendes Interesse der öffentlichen Haushaltsmanager an niedrigen Zinsen. Politisch beeinträchtigt der hohe Schuldenstand die Bewegungsfähigkeit der Politik, also vor allem finanzwirksame Reformen. Dies gilt sowohl für die finanziellen Auswirkungen von geplanten und notwendigen großen Steuerreformen als auch für möglicherweise notwendige Neuverschuldungen zwecks Behebung kurzfristig auftretender wirtschaftlicher, sozialer und politischer Krisen.

2. Der vollendete europäische Binnenmarkt und das Regiment der EU-Kommission

2.1 Die Vollendung des europäischen Binnenmarktes bis 1992

Die zweite veränderte Rahmenbedingung des deutschen Wirtschaftssystems nach 1989 ist die vielfach kaum wahrgenommene „Vollendung des europäischen Binnenmarktes". Sie geht auf langjährige Bemühungen zurück, den Europäischen Gemeinschaften neue Impulse zu geben. Diese kulminierten in der „Einheitlichen Europäischen Akte" (EEA), die am 28. Februar 1986 von den Staats- und Regierungschefs der damals 12 Mitgliedstaaten der Europäischen Gemeinschaften unterzeichnet wurde und eine erste umfassende Revision der EG-Gründungsverträge darstellte. Sie trat am 1.7.1987 in Kraft.

In der Form einer „Selbstbindung" (das folgt aus Art. 8a EWG-V) verpflichteten sich die Mitgliedstaaten, den Binnenmarkt schrittweise bis zum 31.12.1992 zu verwirklichen. „Der Binnenmarkt umfaßt einen Raum ohne Binnengrenzen, in dem der freie Verkehr von Waren, Personen, Dienstleistungen und Kapital gemäß den Bestimmungen dieses Vertrages gewährleistet ist". Mit qualifizierter Mehrheit soll der Rat künftig auf Vorschlag der Kommission die Leitlinien und Bedingungen festlegen, die für einen ausgewogenen Fortschritt in allen betroffenen Sektoren erforderlich sind (Art. 8b).

Seither ist der Europäischen Kommission ein prägender Einfluß auf die Volkswirtschaften der Vertragsstaaten zugewachsen. Er ergibt sich aus den Rechtsregeln (z.B. Art. 155 EWG-V), dem gewählten Verfahren der Angleichung der Volkswirtschaften (insbesondere Art. 100a ff.) und der Praxis, die dem gestaltenden Akteur – der Kommission obliegt de jure das alleinige Initiativrecht – stets einen erheblichen Einfluß gewährt. Die durch die EEA auch vollzogene verbesserte Mitwirkung des Europäischen Parlaments (insbes. Art. 7) umfaßt zwar wichtige Bereiche des Wirtschaftssystems (die Binnenmarktmaterien des Art. 7a EWG-V, Freizügigkeit, Niederlassungsfreiheit, Forschungs- und Technologierahmenprogramme, umweltpolitische Aktionsprogramme, Verbraucherschutz, Strukturfondsziele, Kohäsionsfonds u.a.m.) hat diesen Prozeß jedoch nicht signifikant beeinträchtigt.

Mit der „Vollendung des Binnenmarktes" bis 1992 aufgrund der EEA von 1986 und dem Beginn der 3. Stufe der Europäischen Wirtschafts- und Währungsunion (EWWU) am 1.1.1999 aufgrund des Maastricht-Vertrages von 1992 hat die Europäische Union eine neue Qualität erreicht. Entscheidende Kriterien waren und sind – jenseits institutioneller Streitpunkte – die „Konvergenz" der beteiligten Staaten in ökonomisch-fiskalischer Hinsicht und die Bereitschaft zu fortschreitender „Vergemeinschaftung" noch divergenter ökonomisch-sozialer Besonderheiten der beteiligten Nationalstaaten.

Sieht man von den Details der geschichtlichen Entwicklung der europäischen Gemeinschaften seit den Römischen Verträgen von 1956/57 oder auch seit der Montanunion von 1951 ab, so stellt sich auch für die Zukunft die Frage, was diese Europäische Union war und ist, und was sie (bislang) nicht ist.

(1) Die EU ist immer noch in erster Linie eine Schöpfung der Regierungen. Diese haben sich bis heute das Heft nicht wirklich aus der Hand nehmen lassen. Sie sind die „Herren der Verträge". In zweiter Linie ist die EU eine Gemeinschaft der staatlichen Verwaltungen, Regierungsressorts und ihrer Schwestereinrichtungen in Brüssel. In bezug auf die dritte Linie muß man noch darüber streiten, ob eher die europäischen Interessenverbände oder das Europäische Parlament genannt werden sollten. Immer stärker in den Vordergrund schiebt sich eine weitere eher gouvernementale Institution, der Europäische Gerichtshof (EuGH), der europaweit verbindliches Recht sprechen kann.

(2) Sodann wird zurecht über die Frage gestritten, ob und inwieweit die EU die nationalstaatliche Souveränität der beteiligten Länder „supranational" überlagert, aushöhlt oder immer noch respektiert (s. dazu S. 166ff.), weshalb ein wirklicher Fortschritt in der „Vergemeinschaftung" immer noch blockiert ist. Bekanntlich legen selbst im Maastricht-Vertrag, der die Einführung einer gemeinsamen Währung begründet, die beteiligten Staaten größten Wert darauf, daß ihre nationalstaatliche Souveränität über die Finanzpolitik erhalten bleibt (s. S. 156ff.). Der deutsche Plan, gleichzeitig mit der Währungsunion und mit der Politischen Union zu beginnen, scheiterte in Maastricht. In der Realität allerdings tun die Regierungen, je nach aktueller Interessenlage, alles, um den Angleichungsprozeß voranzutreiben und ihren eigenen Vorstellungen zu europäischer Konvergenz zu verhelfen. Das publizistisch erfolgreichste Projekt dieser Art ist der „Stabilitätspakt", den der deutsche Finanzminister seit Jahren den Mitgliedstaaten mit einigem Erfolg zu oktroyieren versucht (s. S. 157, 159).

2.2 Intergouvernementale Kooperation statt parlamentarischer Legitimation

Die unbefriedigende demokratisch-parlamentarische Legitimation – und damit wohl auch die mangelnde Popularität der Europäischen Union bei den Bürgern – sind die Schwachstellen der fortschreitenden „Vergemeinschaftung" der Volkswirtschaften und der Gesellschaften. Die berechtigten Klagen darüber sollten aber nicht vergessen lassen, daß bis zur Gründung der Europäischen Gemeinschaften durch die Regierungen alle Versuche gescheitert waren, den umgekehrten Weg zu gehen. Also etwa die Gründung der „Vereinigten Staaten von Europa" wie sie der ehemalige britische Premier Winston Churchill 1946 gefordert hatte, oder die Einberufung einer verfassunggebenden Versammlung („Europäische Konstituante") zur Ausarbeitung einer europäischen Bundesverfassung (1951).

Die „Föderalisten" („Konstitutionalisten") unter den Anhängern der europäischen Bewegung wollten als erstes eine Europäische Föderation herbeiführen. Auf der anderen Seite wurden die „Funktionalisten" immer stärker, die, wohl realitätsnäher, die supranationale Zusammenarbeit zunächst auf die Vergemeinschaftung bestimmter „Funktionen", also Politikbereiche, beschränken wollten.

Letztlich sind die 1957 gegründeten Europäischen Gemeinschaften „Europäische Wirtschaftsgemeinschaft" (EWG) und „Europäische Atomgemeinschaft" sowie die schon 1951 gegründete „Montanunion" Ergebnisse „funktionalistischer" Politikstrategien. Bei der Montan- und Atomwirtschaft kommt dies schon in den Vertragsbezeichnungen zum Ausdruck. Die EWG täuschte viele darüber hinweg, daß es sich anfangs im Kern nur um eine Zollunion und eine Agrarunion handelte. Auch wenn in vertragsrechtlicher Hinsicht dann lange Zeit kein Fortschreiten der europäischen „Vergemeinschaftung" erkennbar war – von der Erweiterung der Gemeinschaft durch den Beitritt weiterer Staaten abgesehen –, so wirkte doch seit 1957 ein der Gemeinschaft immanenter Zwang, Grenzbereiche der offiziell vergemeinschafteten „Funktionen" mit in die Regelungen einzubeziehen. Dieser „Zwang" ergab sich zum einen aus der Sache heraus, also aus der Komplexität etwa der Zollpolitik oder der Landwirtschaftspolitik. Zum anderen begann der Hauptakteur der Gemeinschaften, nämlich die „Kommission", aus ihren Aufgaben heraus die für Verwaltungen übliche Tendenz zur Ausdehnung der Aktivitäten, Erweiterung der Aufgabenfelder, Detaillierung der Regelungen zu verwirklichen. Die „Eurobürokratie" wurde zu einem treibenden Moment der „Vergemeinschaftung".

Die EG-Behörden besaßen (und besitzen) eine Art Über-Kompetenz in speziellen Politikbereichen und eine Inkompetenz in bezug auf die größeren zusammenhängenden politischen Grundsatzfragen der Gemeinschaft. Diese „Inkompetenz" schwindet allerdings mit dem Maß an zuwachsenden rechtlich abgesicherten Funktionen und hat heute mit dem europäischen Binnenmarkt und der Währungsunion fast schon zu einer Konkurrenz der Behörden zum Ministerrat, zumindest aber zu den nationalen Regierungen, geführt.

„Funktionalismus" und „Neofunktionalismus" sind immer wieder umstrittene, dennoch bis heute diskutierte Strategien für die reale europäische Integration. Die neofunktionalistische Theorie bezieht den Umstand ein, daß die Dynamik des Integrationsprozesses auch dadurch bestimmt werde, daß die Existenz vergemeinschafteter Politikbereiche an sich neue Ausgangsfakten für die Bestimmung weiterer Bereiche schaffe (Aufarbeitung des Themas mit Literatur u. besonderer Berücksichtigung grundlegender Arbeiten von Ernst B. Haas (1958/1968) und Philippe C. Schmitter (1971) bei K. Busch, in M. Jachtenfuchs/B. Kohler-Koch (Hg.), 1996).

„A spill-over into unintegrated economic areas" (Haas) ist das überzeugende Stichwort für die Eigendynamik des wirtschaftlichen Integrationsprozesses. Alle bisherigen Erfahrungen und Untersuchungen sprechen andererseits dafür, daß derartige Effekte von wirtschaftlichen Bereichen in politische Veränderungen der Entscheidungsstrukturen nicht zu erwarten sind. Damit beschäftigt sich die Literatur seit De Gaulles Europa-Konzept der Vaterländer (moderner: B. v. Harder, 1997) Darüber hinaus machte Busch darauf aufmerksam, daß es neben den „Spill-over-Effekten" auch „Spill-back-Effekte" gebe, erstere also durchaus kein Automatismus seien. Auf jeden Fall aber haben beide Effekte immer wieder der Überwindung von Schwellen des Integrationsprozesses gedient und damit den Gesamtprozeß der Vergemeinschaftung forciert. Besonders deutlich wird dies in den folgenden Jahren in bezug auf das Verhältnis zwischen Geldpolitik und Fiskalpolitik werden. Es erscheint kaum denkbar, daß die im Maastricht-Vertrag markierte Trennung der Politikbereiche in der Praxis aufrechterhalten werden kann (S. 157ff. u. S. 229ff.).

2.3 Wirtschaftspolitische Allzuständigkeit der EU-Kommission?

Spätestens seit dem Maastricht-Vertrag gibt es keinen wirtschaftlich relevanten Bereich mehr, in dem die EU, und das heißt in der Praxis, die EU-Kommission, nicht vertraglich explizit oder implizit zuständig wäre. Werner Weidenfeld sieht dies anders, wenngleich sehr formal: „Bei den intergouvernementalen Säulen der Union ist die Rolle der Kommission naturgemäß beschränkt." (1995, S. 34). Die Kommission besitzt aber vor allem das Initiativrecht und macht die Detailpolitik der EU. Der Verweis allein auf das vertragsrechtlich zugestandene Intiativrecht (bei der Außen- und Sicherheitspolitik) ist nicht aussagekräftig genug. Sie muß deswegen auch als neuer Bestimmungsfaktor des deutschen Wirtschaftssystems zur Kenntnis genommen werden. Ja, angesichts der „Regelungswut" des Kommissionsapparates muß sogar von einem entscheidenden Akteur des nationalstaatlichen Wirtschaftssystems gesprochen werden.

So wird zurecht beklagt, daß die Kommission mit ihren Interventionen Gefahr läuft, die Binnenmarktstrategie der EEA zu konterkarieren, nämlich die Harmonisierung einzelstaatlicher Rechts- und Verwaltungsvorschriften dadurch zu erleichtern, daß grundsätzlich jede Norm in einem Land als den Vorschriften eines anderen Mitgliedstaates gleichwertig anerkannt werden muß (Art.100b EWG-V). Mit dieser Vertragsklausel sollte neben den aktiven, durch ausdrückliche Ratsbeschlüsse erfolgenden Rechtsharmonisierungen, die gleichsam passive stehen: Eine nationale Norm gilt als Gemeinschaftsnorm, wenn sie den EG-Vorschriften nicht widerspricht. Die Kommission ist seither bemüht, im Interesse freier Marktzugänge und Absatzmöglichkeiten innerhalb des Binnenmarktes eine unüberschaubare Zahl unterschiedlicher nationaler Vorschriften, etwa bei Umweltstandards, Gesundheitsschutz, Zulässigkeit landwirtschaftlicher Produkte, z.B. genmanipulierte, auf gemeinsame Standards zu bringen. Dies führt in nicht wenigen Fällen zu wirtschafts-, umwelt-, produktions- und anderen verwaltungsrechtlichen europäischen Normen auf einem Niveau, das nicht mehr dem „fortschrittlichsten" Stand entspricht. Klagen werden in Deutschland vor allem wegen der Umweltstandards geführt. Allerdings darf nicht übersehen werden, daß dadurch auch manche nationalen Versäumnisse Deutschlands aufgedeckt werden. Als Beipiele können wasserrechtliche Bestimmungen und der Naturschutz genannt werden.

Die Kommission und ihr „Apparat" sind auch nicht nur eine supranationale „ferne" Wirtschaftsbürokratie, sondern Bestandteil des täglichen deutschen Verwaltungshandelns. Wolfgang Wessels, Inhaber der Jean Monnet Professur an der Universität Köln, hat im Oktober 1997 dazu interessante Zahlen und Thesen vorgelegt (Beitrag zur Sektion „Regierungssystem und Regieren in der Bundesrepublik Deutschland", DVPW Jahreskongreß 15.10.1997, Manuskript). Wessels spricht von einem „nachhaltigen integrationspolitischen Langzeittrend der ‚Europäisierung' des deutschen politisch-administrativen Systems". So sei Mitte der neunziger Jahre die Rechtsetzungsproduktion des Rates nach dem „Binnenmarktboom" 1992 gesunken, dafür aber die Zahl der Folgeentscheidungen der Kommission gestiegen. Die Zahlen über Rechtsakte des Rates und der Kommission zeigen deutliche Steigerungsraten bei letzterer auf (z.B. Rat 1996: 484; Kommission 1994: 2.461), jedoch besagt dies natürlich noch nichts über Umfang und Gewicht der Entscheidungen.

„Nach einer groben Überschlagsrechnung sind in der Mitte der neunziger Jahre ein Viertel aller Bonner Ministerialbeamten als Teil ihrer täglichen Dienstgeschäfte immer wieder direkt in Brüssel an den verschiedenen Phasen des Politikzyklus (Sachverständigen- bzw. Expertengruppen bei der Kommission, Arbeitsgruppen des Rats, Ratssitzungen, Komitologie-Ausschüsse) beteiligt" (Wessels). Die Mitwirkung der Beamtenschaft umfaßt auch mehrere hundert Länderbeamte, seitdem sich besonders in Deutschland das Bedürfnis nach föderaler (regionaler) Differenzierung in der EU verstärkt hat (vgl. auch Art. 23 GG).

Da die EU-Angelegenheiten primär sektoral bearbeitet werden, laufen die Kontakte über die federführenden Ministerien. Es stehen also nicht nur nationale Diplomaten der supranationalen Behörde gegenüber. Vielmehr ergibt sich das durch Fritz Scharpf bekannt gewordene Bild der administrativen Politikverflechtung oder in der Sprache von Wessels, die Herausbildung von themenbezogenen Mehrebenennetzwerken (zur Mehrebenentheorie S. 166ff.). Die gilt natürlich auch für die Minister und Staatssekretäre. Die Verflechtungen mit Brüssel sind nach Politikbereichen gestaltet, nicht als ein Gegenüber von supranationaler Institution und nationalem Staat. Interministeriell gibt es daneben horizontale Koordinierungsverfahren zwischen den Ressorts, die jedoch häufig dem Modell der „negativen Abgrenzungskoordinierung" folgen, d.h., Sicherung der eigenen Kompetenz als Ziel der Koordination. Innerhalb der Ministerien bestehen noch Europareferate bzw. Abteilungen, die aber nach Wessels in der Regel Informationsaufgaben, keine operativen Koordinierungsaufgaben haben.

Die deutschen Bundesländer sind ebenfalls mit Brüssel verflochten. Mitte der neunziger Jahre seien Länderbeamte an 9 Ratsgruppen und 220 Kommissionsgremien beteiligt gewesen. Auch passen sich die Länderverwaltungen diesen europäischen Anforderungen an. Der Art. 23 GG hat den Ländern und dem Bundesrat eine deutliche Mitwirkungskompetenz in Europafragen gesichert, die sich aus den verfassungsrechtlichen Aufgabenverteilungen des deutschen Bundesstaates ergibt. Das stärkt nicht gerade die deutsche Position in der EU. Jedoch liegen die deutschen Schwächen gegenüber zentralistischen Regierungen wie in Frankreich und Großbritannien offenbar auch in einer mangelnden Professionalität der Abstimmung, der Zielgerichtetheit und der allgemeinen Vor- und Abklärungen in Brüssel. Dies ist möglicherweise auch eine Folge des Sprachproblems.

Wessels registriert eine zunehmende Mehrebenen„fusion" in der Europäischen Union. Das System werde mit der Zunahme beteiligter Akteure immer komplexer, undurchschaubarer, demokratieentrückter. Ein etwaiges deutsches Europaministerium hätte unter diesen Umständen keinen Sinn mehr, weil es „überkomplex" wäre. Die Entwicklung des administrativen „Mehrebenensystems", die Aufgabenvielfalt und die Verflechtung der Entscheidungsstrukturen haben dazu geführt, daß – nun wieder speziell auf das Wirtschaftssystem bezogen – die europäischen Institutionen Bestandteil des deutschen „Regierens" in allen Wirtschaftsfragen geworden sind. Damit gilt aber auch, daß die bekannten weiteren Besonderheiten der EWG, das gewaltige, unbezahlbare und ineffektive System der Agrarsubventionen und Marktregulierungen ebenso wie die Subventionierungen aller Regionen der Gemeinschaft aus Regional- und Kohäsionsfonds – also eine „aktive Strukturpolitik" – zum Bestandteil des deutschen Wirtschaftssystems geworden sind. Nicht zuletzt handelt es sich dabei um Erhaltungssubventionen, auf deutscher Seite ebenso wie auf Seiten vieler anderer Mitgliedstaaten, die einen Bruch mit jeder neoliberalen Doktrin darstellen. Dieses Europa ist seit 1957 nicht gerade prädestiniert für eine neo- oder ordoliberal gestaltete wirtschaftliche Zukunft.

Aus der Bedeutung der Europäischen Union für das deutsche Wirtschaftsystem folgt, daß die Vorstellung von einem verbindlichen Gesamtkonzept „Soziale Marktwirtschaft" für die Gegenwart falsch ist. Ob sich dies ändern läßt, ist offen. Die Brüsseler Wirtschaftspolitik baut immer noch Besonderheiten der französischen Planification auf, die unter dem ersten Präsidenten der EWG-Kommission, dem Deutschen Walter Hallstein, eingeführt und von ihm selbst gegenüber Erhard verteidigt wurden. Der Agrarbereich verschlingt 50% der finanziellen Mittel der Union und unterliegt politisch ausgehandelten oder administrativ bestimmten „Marktordnungen“. Zur Planification bekennt sich die französische Regierung schon lange nicht mehr, und die EU-Agrarpolitik wird von allen Seiten kritisiert. Sie liegt im Streit mit der Welthandelsorganisation, wegen ihrer Einfuhrpraktiken. Traditionen planifikatorischer Art finden sich in der Praxis der Komitees mit den Interessenvertretern und den finanziellen Interventionen, gesteuert durch Wirtschaftsbürokratien gelegentlich wieder. Jedoch ist die wechselseitige Annäherung der EU-Mitgliedsstaaten unübersehbar. Dies gilt vor allem für die Geld- und Währungspolitik. Dabei ist der liberalisierende und stabilitätsorientierte deutsche Einfluß auf die Währungsunion stark ausgeprägt. Aber damit herrscht in der Europäischen Union oder in den „EURO-Staaten“ noch keine harmonisierte Marktwirtschaft mit erkennbaren ordnungspolitischen Grundsätzen.

3. Die Europäische Zentralbank – neue institutionelle Bedingungen unabhängiger Notenbankpolitik

3.1 Gründung und Teilnehmerkreis

Am 2. Mai 1998, hat der (Europäische) Rat, „der in der Zusammensetzung der Staats- und Regierungschefs tagt,...mit qualifizierter Mehrheit... (beschlossen), welche Mitgliedstaaten die notwendigen Voraussetzungen für die Einführung einer einheitlichen Währung erfüllen" (Art.109j Abs. 4 des EG-Vertrages nach Ergänzung durch den Maastrichter Vertrag vom 7.2.1992). Die dritte und endgültige Stufe der Europäischen Währungsunion beginnt damit für die Bundesrepublik am 1. Januar 1999. Auf den Beschluß über die Teilnehmerstaaten folgten unmittelbar die Errichtung des „Europäischen Systems der Zentralbanken" (ESZB) und einer „Europäischen Zentralbank" (EZB) sowie die endgültige Fixierung der Wechselkurse der 11 Teilnehmerländer untereinander. Als Maßstab diente der aktuelle EWS-Leitkurs. Der genaue Umrechnungskurs der nationalen Währungen zum Euro kann aber erst am 31.12.1998 bestimmt werden.

Insgesamt elf Mitgliedsländer der Europäischen Union werden dem ESZB angehören:

Belgien, Deutschland, Finnland, Frankreich, Italien, Irland, Luxemburg, Niederlande, Österreich, Portugal und Spanien. Sie alle haben nach den im Maastricht-Vertrag vorgesehenen Untersuchungen und Berichten – der EU-Kommission, des Europäischen Währungs-Instituts (EWI) in Frankfurt als Vorläufer der EZB, des Europäischen Parlaments sowie der beteiligten Regierungen und Parlamente (in Deutschland ließ sich die Bundesregierung noch durch einen besonderen Bericht der Deutschen Bundesbank beraten) – die Konvergenzkriterien erfüllt oder in einer vertretbaren Weise angestrebt, die eine positive Teilnahmeentscheidung des Rats der Staats- und Regierungschefs am 2. Mai 1998 erlaubte.

Das ESZB besteht aus der EZB und den nationalen Zentralbanken. Es wird von den Beschlußorganen des EZB, dem EZB-Rat und dem Direktorium, geleitet.

In der Realität bedeutet dies, daß dem EZB-Rat elf Zentralbankpräsidenten ex officio angehören werden.

Der EZB-Rat setzt sich desweiteren aus den Mitgliedern des EZB-Direktoriums (Präsident, Vizepräsident und vier weiteren Mitgliedern) zusammen. Die Konstruktion entspricht dem deutschen Zentralbankratsystem.

Die beteiligten Regierungen haben vertragsgemäß, aber nach erheblichen politischen Querelen mit dem Inkrafttreten der 3. Stufe der Währungsunion „nach Anhörung des Europäischen Parlaments und des Rates des EWI" den Präsidenten des EZB-Direktoriums für acht Jahre, den Vizepräsidenten für vier Jahre und die weiteren Mitglieder des Direktoriums für eine Amtszeit zwischen 5 und 8 Jahren „einvernehmlich" ernannt. Dies heißt im Klartext, der gefundene Personal-Kompromiß setzte die Überwindung starker Vetopositionen voraus.

Dem EZB-Direktorium gehören nunmehr an

- als Präsident: Wim Duisenberg, Niederlande, EWI-Präsident, für 8 Jahre
- als Vizepräsident: Christian Noyer (47), Frankreich, für 4 Jahre
- als Mitglied des Direktoriums:
- Otmar Issing (62), Deutschland (Deutsche Bundesbank), für 8 Jahre
- Tommaso Padoa Schioppa (57), Italien (Italienische Zentralbank), für 7 Jahre
- Eugenio Domingo Solans (52), Spanien (Spanische Zentralbank), für 6 Jahre
- Sirkka Hämäläinen (59), Finnland (Präsidentin der finnischen Zentralbank), für 5 Jahre

Daß der französische Staatspräsident ohne Rücksicht auf seine Partner einen französischen EZB-Präsidenten durchsetzen konnte, indem er auf einem „freiwilligen“ Verzicht Duisenbergs nach 4 Jahren bestand, ist ein schlechtes Omen für das künftige Verhältnis zwischen den EZB-Direktoriumsmitgliedern und dem „Rat der Staats- und Regierungschefs“, die sich nach dem Vertrag jeder politischen Einflußnahme enthalten sollen (S. u.). Der Präsident der Banque de France, Jean-Claude Trichet (55), soll Duisenberg 2002 nachfolgen, wenn dieser „aus Altersgründen“ ausscheidet, was allerdings nicht schriftlich kodifiziert wurde.

Mit einem Zahlenverhältnis von 11 Zentralbank-Präsidenten und 6 Direktoriums-Mitgliedern gibt es eine klare Mehrheit gegen eine rein zentristische Amtsführung des Präsidenten und seines Direktoriums. Hinzu kommt (s.u.) das starke Gewicht mancher nationaler Zentralbanken, wie vor allem der Deutschen Bundesbank.

Eine Wiederernennung der Direktoriumsmitglieder ist ausgeschlossen. Für die von den jeweiligen Mitgliedsstaaten ernannten Präsidenten der nationalen Zentralbanken gilt diese Regel nicht. Sie müssen nur für mindestens fünf Jahre berufen werden.

Die Mitglieder des EZB-Rates haben je eine Stimme. Allerdings gibt es gewichtige Ausnahmen. Entscheidungen zum (von den nationalen Zentralbanken gezeichneten) Kapital der EZB, Übertragung von Währungsreserven auf die EZB und z.B. zur Verteilung der Zentralbankgewinne, basieren auf einem gewichteten Stimmrecht entsprechend dem gezeichneten Kapital. Diese Regelung könnte Auswirkungen auf das „Gewicht“ bestimmter nationaler Zentralbanken im ESZB und damit im EZB-Rat haben.

Nach den Art. 28 bis 32 der ESZB-Satzung beträgt das zu zeichnende Kapital der EZB 5 Mrd. ECU. Die nationalen Zentralbanken sind alleinige Zeichner. Der Schlüssel für die Kapitalzeichnung (Art. 29) sind 50% des Anteils des jeweiligen Mitgliedstaats an der Bevölkerung der Gemeinschaft, 50% seines Anteils am BIP der Gemeinschaft in den 5 Jahren vor Errichtung der EWU. Eine Anpassung ist nach 5 Jahren vorgesehen. Der deutsche Anteil läge nach Berechnungen des Verbandes Deutscher Banken bei 24,4%. Darüber hinaus müssen die nationalen Zentralbanken die EZB nach Art. 30 der Satzung mit Währungsreserven bis zu einem Gegenwert von 50 Mrd. ECU ausstatten. Auch diese Bereitstellung (gegen Gutschrift) wird nach dem genannten Schlüssel berechnet. Das EZB kann uneingeschränkt die ihr übertragenen Währungsreserven halten, verwalten und sie für satzungsgemäße Zwecke verwenden.

Eine auf Berechnungen des Verbandes Deutscher Banken beruhende Schätzung hat erbracht, daß von den Gold- und Währungsreserven (geschätzt 117 Mrd. DM) der

Bundesbank bei einem Umrechnungskurs von 1 EURO:1,98 DM ca. 99 Mrd. DM als Währungsreserven der EZB gemäß Art. 30 abgeführt werden müßten. (HA.Nr. 79 v. 3.4.1998; SZ v. 8.8.1997). Nationale Geschäfte mit den verbleibenden Währungsreserven werden ab einer Obergrenze von der EZB kontrolliert.

Die Verteilung der Notenbankgewinne (Art. 32) wird nach der gezeichneten Einlage und nicht nach dem Anteil der DM am Geldumlauf (mit entsprechenden Zinsgewinnen) berechnet. Dadurch ist die Bundesbank benachteiligt, weil sie von der Gesamtsumme der monetären Einkünfte der nationalen Zentralbanken nur ihren Anteil gemäß Einlage erhält, obwohl vergleichsweise wesentlich mehr DM als andere Währungen im Umlauf sind und die DM im Ausland z.T. als Zweit- und Reservewährung gehalten wird. Möglicherweise versucht Deutschland, eine für einen Zeitraum von 5 Jahren vorgesehene Ausnahmeregelung zu erwirken.

Bedeutsam für die Entscheidungen im EZB-Rat aber scheinen mehr die Währungsreserven insgesamt zu sein, jene deutschen bei der EZB und die der Bundesbank verbleibenden. Dies klingt jedenfalls in der Kommentierung durch die Bundesbank durch.

3.2 Konvergenz als ökonomische Voraussetzung der Europäischen Währungsunion

Der anfangs nicht erwartet große Teilnehmerkreis von 11 EU-Staaten wurde in einem umfassend angelegten materiellen Bewertungsverfahren, das den Rat der EU-Finanzminister (Ecofin), die Europäische Kommission, das Europäische Währungs-Institut und für Deutschland noch die Deutsche Bundesbank umfaßte, festgelegt. Gegenüber der Breite, Internationalität und Unabhängigkeit des versammelten Sachverstandes verstummen Zweifel an vorgelegten wirtschaftlichen Konvergenz-Details und Skepsis in bezug auf die Größe des Teilnehmerkreises. 1991/92 war es kaum für möglich gehalten worden, daß in relativ wenigen Jahren die EU-Staaten die politische Kraft aufbringen könnten, sich in wichtigen ökonomischen Grunddaten so weitgehend anzunähern.

Die Wirtschaftsindikatoren und Konvergenzkriterien der Inflationsrate und der langfristigen Zinssätze sind von allen Ländern, ja auch den Nichtteilnehmern der EU im letzten Zwölfmonatszeitraum bis Ende Januar 1998 nach Ermittlungen der EU-Kommission erfüllt worden. Die elf Mitgliedsländer wurden auch dem Wechselkurskriterium gerecht, d.h., sie haben in den letzten 2 Jahren am EWS teilgenommen und ihre Währungen nicht abgewertet.

Komplizierter ist die eindeutige Klärung der Neuverschuldung der öffentlichen Haushalte, die 3% des Bruttoinlandsprodukts nicht überschreiten sollte. Formal betrachtet, erfüllten auch in diesem Punkt im Jahre 1998 alle EU-Mitgliedsländer dieses Kriterium. Hinter manchen Angaben über die nationale Haushaltslage verbargen sich aber, ob öffentlich diskutiert oder nicht, häufig fiskalisch „legale“, jedoch ökonomisch nicht immer überschaubare Risiken.

Als Risiken einzustufen sind Haushaltseinnahmen durch einmalige Verkäufe bedeutender öffentlicher Unternehmen oder andere einmalige Einnahmen, vorgezogene Einnahmen bzw. aufgeschobene Investitionsausgaben, Rückstellungen von Zins- und Tilgungszahlungen für Kredite durch Verlängerung der Tilgungsdauer (Beispiel: Erblastentilgungsfonds in Deutschland). Die Risiken liegen auf der Hand. Nur wenn weitere drastische Einsparungen nach Erreichung des Ziels der Kriterienerfüllung vorgenommen werden, bleibt die auf fiskalische Kriterien reduzierte „Stabilität" erhalten, ohne daß die EZB eingreifen muß. Andernfalls aber besteht eine hohe Zinsempfindlichkeit gegenüber jeder Kreditverteuerung, weil dann die Defizite überproportional steigen könnten.

Letzeres gilt vor allem für jene der 11 Mitgliedsländer der Währungsunion, deren Gesamtschuldenstand weit über dem Durchschnittskriterium von 60% des BIP liegt. EWI und Deutsche Bundesbank hatten in ihren Berichten offen ihre Bedenken gegen den Schuldenstand Italiens und Belgiens (beide 118,1% im Jahre 1998, nach EU-Kommission) geäußert. Aber auch die Niederlande (70%), Spanien (67,4%), Österreich (64,7%) und Deutschland (61,2%) liegen über dem vorgesehenen Wert. Daraus folgt nicht nur die Frage, wie diese Länder ihre Gesamtschulden reduzieren wollen und können, ohne vor allem wegen der hohen Arbeitslosigkeit in politische Turbulenzen zu geraten, sondern vor allem auch, wie sie sich verhalten werden, wenn die EZB „zur Gewährleistung der Preisstabilität" in der Währungsunion die Zinsen deutlich ansteigen lassen will. Entweder vergrößert dies die Schwierigkeiten der genannten Länder oder sie versuchen, im Vorfeld der restriktiven Geld- und Kreditpolitik starken politischen Druck auf die EZB auszuüben.

3.3 Die Weisungsungebundenheit der Europäischen Zentralbank

Die Weisungsungebundenheit der Europäischen Zentralbank ist im „neuen" EG-Vertrag (nach Einarbeitung der Vertragsbestimmungen des Maastricht-Vertrages, Art. 107 EG-V) und der Satzung der ESZB (Art. 7) in einer mehrere Instanzen verpflichtenden Form umschrieben. Beide definieren die Unabhängigkeit der Notenbank in einer Weise, die noch stärker als im früheren deutschen Recht auf das Gebiet „unbestimmter Rechtsbegriffe" führt.

„Bei der Wahrnehmung der ihnen durch diesen Vertrag und die Satzung des ESZB übertragenen Befugnisse, Aufgaben und Pflichten darf weder die EZB noch eine nationale Zentralbank noch ein Mitglied ihrer Beschlußorgane Weisungen von Organen oder Einrichtungen der Gemeinschaft, Regierungen der Mitgliedstaaten oder anderen Stellen einholen oder entgegennehmen. Die Organe und Einrichtungen der Gemeinschaft sowie die Regierungen der Mitgliedstaaten verpflichten sich, diesen Grundsatz zu beachten und nicht zu versuchen, die Mitglieder der Beschlußorgane der EZB oder der nationalen Zentralbanken bei der Wahrnehmung ihrer Aufgaben zu beeinflussen." (Art. 107) So lautet auch § 7 der Satzung des ESZB und der EZB (3. Protokoll zum Maastricht-Vertrag).

Die hiermit umschriebene „Unabhängigkeit" entspricht nicht der deutschen Gesetzessprache. Hier liegt auch kaum der Begriff „Autonomie" nahe. Vielmehr ragen aus dem ersten Satz „Wahrnehmung der Befugnisse. Aufgaben und Pflichten" sowie „Weisungen" hervor. Daraus ergibt sich eine funktionsbezogene „Unabhängigkeit", die den Begriff „Autonomie der EZB" nicht verdient. Andererseits ist der Begriff „Weisungen" eindeutig. Damit unterscheidet sich der erste Satz des Art. 107 von seinem zweiten Satz, der von „Grundsatz beachten" und „beeinflussen" spricht. Das sind beides äußerst allgemeine Begriffe, die in der Gesetzessprache nicht mehr exakt zu erfassen sind. Darin liegt sicher ein Vorteil und ein Nachteil: Die EZB könnte geneigt sein, diese Bestimmungen weit auszulegen, um ihre Handlungsspielräume zu erweitern oder sogar „Autonomie" im weiteren Sinne zu erlangen. Die Politik könnte andererseits aber auch darin eine Versuchung sehen, z.B. durch Setzung von restriktiven ökonomischen Fakten und etwa durch Nichthandeln den Handlungsspielraum der EZB einzuengen.

Im Bundesbankgesetz heißt es, die Bank sei bei der Ausübung ihrer Befugnisse von Weisungen der Bundesregierung „unabhängig" (§12). Der Unterschied ist gering, aber interessant. Er hat zweifellos etwas mit der Antizipation unterschiedlicher Politikstile in den beteiligten Mitgliedstaaten zu tun. Einen Eindruck von diesen Unterschieden gegenüber der in Deutschland üblichen Zurückhaltung gegenüber der Bundesbank hatte bereits die Diskussion des Europaparlaments über die Konvergenzberichte von EU-Kommission und EWI am 1. April 1998 vermittelt.

Dort nämlich sprachen sich die wichtigsten Fraktionen übereinstimmend für die „Rechenschaftspflicht" der EZB aus. Die vertraglich festgelegte Unabhängigkeit der EZB sei zu begrüßen. Doch das „beispiellos hohe Maß an Unabhängigkeit erfordert ein entsprechend hohes Maß an demokratischer Rechenschaftspflicht." Der Wirtschaftsausschuß wollte gar regelmäßige Berichte der EZB über ihre währungspolitischen Entscheidungen vor dem Europaparlament (Die Welt v. 2.4.1998). Die Frage nach der Grenzziehung zwischen „Einflußnahme" auf die EZB und „Rechenschafts- bzw. Berichtspflicht" wird eine politische, keine rechtliche sein.

Auch die tatsächlichen Wirkungen des förmlichen Verbots einer Wiederwahl von Direktoriumsmitgliedern sind noch nicht absehbar. Diese Bestimmung könnte die Unabhängigkeit sogar beeinträchtigen, wenn die Amtsinhaber zu sehr um ihre weitere berufliche Zukunft nach den 8 Jahren bemüht sind und ihr Verhalten schon während ihrer Amtszeit darauf einrichten.

3.4 Autonome Geldpolitik der EZB und ihre Pflicht zur Unterstützung der allgemeinen EU-Wirtschaftspolitik

Die Ziele und Aufgaben des ESZB werden in Art. 105 und 105 a EG-Vertrag geregelt. Auch hier herrscht eine andere Sprache vor als im deutschen Gesetz:

- Art.105. (1) Das vorrangige Ziel des ESZB ist es, die Preisstabilität zu gewährleisten ... (es folgt der Passus über die Unterstützung der allgemeinen Wirtschaftspolitik, s.u).

- (2) Die grundlegenden Aufgaben des ESZB bestehen darin,
  – die Geldpolitik der Gemeinschaft festzulegen und auszuführen,
  – Devisengeschäfte im Einklang mit Art. 109 durchzuführen,
  – die offiziellen Währungsreserven der Mitgliedstaaten zu halten und zu verwalten,
  – das reibungslose Funktionieren der Zahlungssysteme zu fördern.

  Absatz 2 dritter Gedankenstrich berührt nicht die Haltung und Verwaltung von Arbeitsguthaben in Fremdwährungen durch die Regierungen der Mitgliedstaaten.

- (6) Der Rat kann durch einstimmigen Beschluß auf Vorschlag der Kommission nach Anhörung der EZB und nach Zustimmung des Europäischen Parlaments der EZB besondere Aufgaben im Zusammenhang mit der Aufsicht über Kreditinstitute und sonstige Finanzinstitute mit Ausnahme von Versicherungsunternehmen übertragen.

- Art.105a. (1) Die EZB hat das ausschließliche Recht, die Ausgabe von Banknoten innerhalb der Gemeinschaft zu genehmigen. Die EZB und die nationalen Zentralbanken sind zur Ausgabe von Banknoten berechtigt...
- (2) Die Mitgliedstaaten haben das Recht zur Ausgabe von Münzen, wobei der Umfang dieser Ausgabe der Genehmigung durch die EZB bedarf...

Galt es also bisher im Bundesbankgesetz (§ 3) „die Währung zu sichern", so gilt in der Währungsunion eine scheinbar präzisere Zielformulierung. Aber auch „Gewährleistung der Preisstabilität" läßt z.B. offen, welche Definition gilt und ob etwa eine „durchschnittliche" Preisstabilität für das gesamte Währungsgebiet gemeint ist. Wirtschaftswissenschaftlich betrachtet, ist dies alles andere als unangreifbar.

Das wichtigste Instrument der EZB ist die Offenmarktpolitik (Art. 18 der Satzung). Die Diskontpolitik wird das deutsche Publikum in Zukunft vermissen müssen. Interessant ist, wie die EZB die Mindestreservepolitik (Art. 19 der Satzung) handhaben wird. Denn mit einer Anordnung der Europäischen Zentralbank gegenüber nationalen Privatbanken, daß Mindestreserven auf ihren Konten unterhalten werden müssen und ggf. Sanktionen gegen sie verhängt werden, hat sie gleichsam „hoheitliche" Funktionen erhalten.

Sie überschreitet den ihr zugestandenen engeren geld- und kreditpolitischen Spielraum und ruft damit den Rat (nach Art. 145 EG-V „Ministerrat", hier in der Regel der Rat der Finanz- und Wirtschaftsminister, Ecofin) auf den Plan. Er muß die Anwendung dieser Befugnis der EZB erst mit qualifizierter Mehrheit ermöglichen und legt auch die Relationen zwischen Mindestreserven und möglichen Sanktionen fest. Dies ist eine logische Folge des Maastrichter Vertrages, der die Notenbank auf das ihr eigene Gebiet begrenzen möchte, also Souveränitätsverzichte der beteiligten Staaten möglichst vermeidet.

Ein weiteres potentielles Einfallstor für die Politik ist natürlich die Festlegung der Wechselkurse durch den Rat. Dies ist auch in Deutschland Sache der Regierung. Aber was bedeutet die im Maastrichter Vertrages (Art. 109) dem Rat erteilte Befugnis, „allgemeine Orientierungen" für die Wechselkurspolitik zu erlassen? Darunter könnten auch solche Maßnahmen der Notenbank verstanden werden, die die Zentralbank verpflichten, die Wechselkurspolitik der Regierungen zu unterstützen. Dies wäre dann ein Eingriff in die Weisungsungebundenheit.

Erwähnenswert ist an dieser Stelle noch, daß Kreditfazilitäten (z.B. Überziehungskredite) für alle öffentlichen Einrichtungen der Währungsunion verboten sind. Dasselbe gilt für den unmittelbaren Erwerb von Schuldtiteln durch die EZB oder die nationalen Zentralbanken. Ob damit der mittelbare Erwerb erlaubt ist – wie zum Beispiel in der deutschen Geschichte ab 1933, wo dies zum Zwecke der Finanzierung von Arbeitsbeschaffungsmaßnahmen und versteckter Aufrüstung (Stichwort „Mefo-Wechsel") geschah, ist unklar.

Die „Unterstützung der allgemeinen Wirtschaftspolitik" ist eine besonders wichtige Frage an das ESZB. Während die Bundesbank sich in ihrer neuen Verfassung deutlich entlastet sieht (Monatsbericht 1/98, S. 29), scheint es vom Text des EG-Vertrages und der Satzung des ESZB nicht so eindeutig. Denn die einschlägigen Bestimmungen im neuen EG-Vertrag waren bislang deutschem Recht und deutscher Interpretation unbekannt. Sie lauten:

Art.105. (1) „Das vorrangige Ziel des ESZB ist es, die Preisstabilität zu gewährleisten. Soweit dies ohne Beeinträchtigung des Zieles der Preisstabilität möglich ist, unterstützt das ESZB die allgemeine Wirtschaftspolitik in der Gemeinschaft, um zur Verwirklichung der in Art. 2 festgelegten Ziele der Gemeinschaft beizutragen. Das ESZB handelt im Einklang mit dem Grundsatz einer offenen Marktwirtschaft mit freiem Wettbewerb, wodurch ein effizienter Einsatz der Ressourcen gefördert wird, und hält sich dabei an die in Art. 3a genannten Grundsätze."

Nach der Feststellung des Vorranges der Preisstabilität wird umfassender als im deutschen Recht auf die Kriterien der Unterstützung eingegangen und inhaltlich das ESZB in die allgemeine Wirtschaftspolitik eingebunden. Dies könnte für Regierungen (oder die Gemeinschaftsorgane) Ansatzpunkte für Druck auf die EZB liefern, wenn sie wegen der Massenarbeitslosigkeit oder aus fiskalischen Gründen vor existentiellen politischen oder finanziellen Schwierigkeiten stehen.

Mit dem Verweis auf Art. 2 wird an die „Aufgabe der Gemeinschaft" erinnert, nämlich durch die Errichtung des Gemeinsamen Marktes und die Währungsunion sowie die sonstigen vergemeinschafteten Politiken

„eine harmonische und ausgewogene Entwicklung des Wirtschaftslebens innerhalb der Gemeinschaft, ein beständiges nichtinflationäres und umweltverträgliches Wachstum, einen hohen Grad an Konvergenz der Wirtschaftsleistungen, ein hohes Beschäftigungsniveau, ein hohes Maß an sozialem Schutz, die Hebung der Lebenshaltung und der Lebensqualität, den wirtschaftlichen und sozialen Zusammenhalt und die Solidarität zwischen den Mitgliedstaaten" zu fördern.

Der genannte Art.3a präzisiert die Aussagen zur Wirtschafts-, Währungs- und Wechselkurspolitik und setzt bei der Wirtschaftspolitik vor allem auf eine enge Koordinierung der Mitgliedstaaten

Es wird – so muß die Schlußfolgerung aus diesen Bestimmungen zur Unabhängigkeit der EZB lauten – auch hier wieder entscheidend auf die Verhältnisse in den politischen Systemen der beteiligten Staaten ankommen. Der Druck sozialer Defizite wie z.B. Massenarbeitslosigkeit und fehlende Zukunftsperspektiven für Jugendliche, wie dies im Winter 1997/98 in Frankreich selbst bei einer sozialistischen Regierung deutlich wurde, dürfte die Regierungen zur Berufung auf die klar definierten „Aufgaben der Gemeinschaft" veranlassen. So wie in der Wirtschafts- und Währungspolitik dem Grundsatz der „offenen Marktwirtschaft" gefolgt werden soll, so muß die Gemeinschaft sicher auch akzeptieren, daß die „offene Gesellschaft" in freier Willensäußerung erheblichen Druck auf die Währungshüter auszuüben in der Lage ist.

Angesichts der bekannten „unterschiedlichen Stabilitäts- oder Inflationskulturen" in den beteiligten Staaten ist dieser Umstand anders zu bewerten als im „DM-System", das in den vergangenen fünf Jahrzehnten von der Notenbank und den Bundesregierungen in stabilitätspolitischer Übereinstimmung gehandhabt wurde.

3.5 Stabilitätspolitik der Europäischen Zentralbank im Kontext der Gesamtziele der Europäischen Union

Die Diskussion über die Europäische Währungsunion, die Europäische Zentralbank und die Erfüllung der Konvergenzkriterien hat bewirkt, daß mittlerweile häufig fast alle damit zusammenhängenden Fragen als spezifische Regelungsmaterien der Europäischen Währungsunion angesehen werden. Dies aber ist falsch. So hat z.B. der in

Deutschland vielzitierte „Stabilitätspakt", der im Rat der EU-Finanz- und Wirtschaftsminister „Ecofin" auf deutsches Drängen hin beschlossen wurde, seine vertragliche Grundlage im Titel VI, Kapitel 1 des neuen EG-Vertrages. Dieser trägt die Überschrift „Die Wirtschaftspolitik". Der Pakt ist mithin eine „Übereinkunft" im Rahmen der Wirtschaftspolitik, deren rechtliche Qualität nicht feststeht.

In diesem Kapitel „Wirtschaftspolitik" werden mit Hinweis auf die allgemeinen Zielsetzungen in den Art. 2 (Aufgabe der Gemeinschaft) und 3a (Tätigkeit der Gemeinschaft in der Wirtschafts- und Währungsunion) des EG-Vertrages marktwirtschaftliche Ausrichtung, die Koordinierung der Wirtschaftspolitik, einstimmige Maßnahmen bei gravierenden Schwierigkeiten eines Mitgliedslandes, Verbot von Krediten an öffentliche Einrichtungen, Haftungsausschluß der Gemeinschaft und (Art.104c) „Vermeidung übermäßiger Defizite, Haushaltsdisziplin" (mit zahlreichen Details) vertraglich vereinbart. Dann erst folgt im EG-Vertrag Kapitel 2: „ Die Währungspolitik".

Gewiß hängen die Fragen eng zusammen. Aber die Haushaltspolitik ist nicht Teil der Europäischen Währungsunion. In Fragen der Finanzhoheit waren die nationalen Regierung nicht bereit gewesen, mit ihr einen „klassischen Kern" ihrer Souveränität aufzugeben (vgl. hier Hartwich, 1998).

Es ist natürlich eine entscheidende Schwachstelle der Wirtschafts- und Währungsunion, daß die Haushalts- und Finanzpolitik in nationaler Kompetenz verblieb und die europäische Wirtschaftspolitik in diesem Punkt also auf „enge Koordinierung" (Art. 3a EG Vertrag) angewiesen ist. Das Politikfeld „Haushalts- und Finanzpolitik" ist dabei als „Wirtschaftspolitik" der Gemeinschaft enger mit den in Art. 2 EG-Vertrag genannten allgemeinen Zielen, zu denen neben dem nichtinflationären auch das umweltverträgliche Wachstum, hohes Beschäftigungsniveau und sozialer Schutz gehören, verbunden.

Insgesamt betrachtet und weniger rechtlich interpretiert heißt dies: Die Geld- und Kreditpolitik ist zu einer zentralen europäischen Aufgabe erhoben, die Finanz- und Haushaltspolitik bleibt national. Sie muß koordiniert werden und dabei sind eine ganze Reihe weiterer wirtschaftspolitischer Ziele zu beachten.

Zuständig für die Überwachung der Entwicklung der Haushaltslage und der Höhe des öffentlichen Schuldenstandes sowie für die Feststellung „übermäßiger Defizite" ist die EU-Kommission, nicht die Zentralbank. Ohne auf die Einzelheiten des Art.104c, die die schärferen Bestimmungen des vom deutschen Finanzminister durchgesetzten „Stabilitätspaktes" begründen, einzugehen, muß dies doch registriert werden.

Denn Ende März 1998 hatte Waigel versucht, die Beschlußfassung über die Teilnehmerländer mit einer weiteren Haushaltsverpflichtung zu verbinden, d.h., den Sanktionsmechanismus des Stabilitätspaktes bereits am 2. Mai und nicht erst am 1.1.1999 wirksam werden zu lassen. Nach dem Bericht der Börsen-Zeitung vom 24.3.1998 (Bundesbank, Ausz. a.P. 1998, Nr.19) forderte er nach einer Ecofin-Ratssitzung ein „zusätzliches Stabilitätsbekenntnis von alttestamentarischer Strenge". Zum Zeitpunkt der EWU-Entscheidung sollten sich die Beteiligten einem „neuen finanzpolitischen Sittenkodex unterwerfen, dessen Anforderungen noch weit über die Vorgaben des Stabilitätspaktes hinausgehen".

Konkret hieß dies, daß die künftigen EURO-Staaten nach deutschem Wunsch ab Mai 1998 ihre gesamte Haushaltspolitik auf die Verminderung ihres Schuldenstandes ausrichten sollten und keinerlei zusätzliche Ausgaben finanzieren sollten. Alle politisch-historischen Erfahrungen sprechen dafür, daß ein derartiges deutsches Haushaltsregime nicht auf Dauer bestehen bleiben wird.

Die EU-Staaten hatten ja im Maastricht-Vertrag gerade vermieden, ihre Finanzhoheit der Gemeinschaft zu unterwerfen und stattdessen auf Koordinierung gesetzt. Überdies hatte der Bundesfinanzminister seine Forderungen zum Stabilitätpakt im Frühjahr 1998 noch nicht einmal gegenüber den deutschen Bundesländern durchsetzen können. Die deutschen Länder haben sich noch nicht auf ein Konzept zur Umsetzung des europäischen Stabilitätspaktes einigen können. Waigel drohte mit einem eigenen Bundesentwurf und mit einer Organklage gegen die Länder, falls Deutschland einmal wegen der Defizite in den Ländern Strafgelder zahlen müßte (Die Welt v. 20.3.1998)

In diesen Zusammenhang gehört, daß nach Auffassung der EU-Kommission die Bewältigung asymmetrischer wirtschaftlicher Schocks innerhalb der Wirtschafts- und Währungsunion auch nach Einführung des EURO zunächst auf nationaler Ebene mit den bestehenden Instrumenten erfolgen soll (Die Welt v. 27.3.1998). Offen bleibt, welche Schocks gemeint sind.

Das paßt alles nicht zusammen. Es ist aber durchaus auch der Fall großer Erfolge denkbar, die dann einen „Spill-Over-Effekt" auslösen und die Aufgabe weiterer nationaler Souveränitätsrechte nach sich ziehen. Sollten die EURO-Mitgliedsländer die Eingriffe in ihre Haushaltsgestaltung dauerhaft akzeptieren, wäre es sinnvoller, die nationalstaatliche Fiskalpolitik rechtlich-förmlich aufzugeben, um die Effizienzverluste durch die gegenwärtig notwendigen Bargaining-Prozesse und Kompromisse auf niedrigstem Niveau zu vermeiden.

Als potentielles Einfallstor externer Einflußnahme auf das ESZB könnte der Wirtschafts- und Finanzausschuß des EU-Parlaments dienen, der u.a. Stellungnahmen abgeben darf. Eine Plattform hierfür bietet auch der „Erweiterte Rat der EZB". Dieser „Erweiterte Rat" bezieht jene Mitgliedstaaten der EU ein, die nicht der Währungsunion angehören. „Sofern und solange" es solche EU-Mitgliedstaaten gibt, die nicht der Währungsunion angehören – am Beginn der Währungsunion 1999 sind dies: Großbritannien, Dänemark, Schweden und Griechenland – wird dieser „Erweiterte Rat" als „drittes Beschlußorgan der EZB" dienen und förmlich errichtet (Art. 109 l, Abs. 3). Seine wichtigste Aufgabe ist die Festlegung der Wechselkurse dieser Länder zum Euro und deren Heranführung an die Währungsunion. Rücksichtnahmen gegenüber den noch außenstehenden EU-Mitgliedsländern zu Lasten des EZB-Handlungsrahmens sind ohne Zweifel zu erwarten.

Konträr zu dem Versuch, die Bindung unter allen EU-Staaten zu erhalten, steht der EURO-(X bzw. 11)-Rat, der als ein informelles Gremien der Finanzminister aller EURO-Mitgliedsländer vor jedem Ecofin-Treffen tagen soll. Er ist für koordinierende Gespräche und Vereinbarungen der EURO-Staaten untereinander unabdingbar. Er kann, was sich aus der Sache heraus ergibt, die Nichtmitglieder (die „Outs" oder auch „Preins"), also die übrigen EU-Mitgliedsstaaten, nicht umfassen.

Hier besteht die Gefahr (oder die Chance?), daß aus den „Zwei Geschwindigkeiten" europäischer Integration und Konvergenz eine Abkopplung der außenstehenden EU-Mitgliedsländer wird. Dies gilt vor allem für den (sehr wahrscheinlichen Fall), daß die einheitliche Währung die beteiligten Staaten zu schnellerer Vergemeinschaftung weiterer Politikbereiche zwingt, z.B. der Finanz- und Steuerpolitik. Dann ist rasch die Frage der verbleibenden nationalen Souveränität erreicht, die dann möglicherweise von den EURO-Staaten bewußt im Sinne einer politischen Union aufgegeben werden könnte. In einem solchen Fall hätten vor allem auch die Deutschen ihr zweites Ziel erreicht. Aber dies ergäbe eine Spaltung in der Europäischen Union.

Am deutlichsten überlappen sich die Probleme im Nebeneinander von weisungsungebundener Zinspolitik und nationalstaatlichem Schuldenmanagement. Natürlich liegt hier der Grund dafür, daß der deutsche Finanzminister die strenge Haushaltspolitik in Verbindung mit der Währungsunion einfordert. Staaten wie Italien und Belgien, mit einer Gesamtverschuldung von jeweils über 120% (Referenzwert war 60% des Bruttoinlandsprodukts) – aber nicht nur sie – sind für Zinserhöhungen besonders anfällig (so auch die Stellungnahme des Zentralbankrates der Deutschen Bundesbank vom 26.3.1998, Ausz.a.P., Nr. 21/98).

Wäre die EZB zu deutlichen Zinserhöhungen gezwungen, würden insbesondere diese Staaten sofort eine höhere Neuverschuldung, weit über der Zielschranke von 3%, aufweisen. Also ist zu erwarten, daß entweder die EZB bei ihrer Zinspolitik darauf Rücksicht nimmt oder daß sich diese Staaten auf politische Weise zur Wehr setzen, Solidarität der anderen Mitgliedstaaten einfordern, Druck ausüben auf die weisungsungebundene Zentralbank.

Die nationalstaatlich bestimmte, also nicht vergemeinschaftete Fiskalpolitik rückt immer wieder in allen ökonomischen Fragen als die eigentliche „offene Flanke" der europäischen Geld- und Kreditpolitik in das Zentrum einer politikwissenschaftlich fundierten Skepsis. Das Vertragswerk von Maastricht setzt auf Koordination und „dauerhafte Konvergenz", nicht auf institutionalisierte Gemeinschaftsbindung.

Ob der vom deutschen Finanzminister betriebene „Stabilitätspakt" tatsächlich eine effiziente, verbindlich wirkende Waffe darstellt, wird sich noch zeigen müssen. Er bildet kein Vertragsrecht. Im Grunde suchen alle Mitgliedsstaaten nach verbindlicheren Lösungen. Sie wollen diese aber jeweils nur in ihrem Sinne definiert wissen. So will Waigel eine verbindliche Stabilitätsfixierung mit Sanktionen, aber keinen „Stabilitätsrat", wie die Franzosen ihn wollen, um die Autonomie der Europäischen Zentralbank politisch durch „Gegenmacht" moderieren zu können. Die französischen Vorschläge sind für die Notenbankautonomie gefährlich, aber auf der anderen Seite kann ihnen kaum widersprochen werden, wenn sie eine „europäische Wirtschaftsregierung", z.B. durch Entscheidungsrechte des EURO-Rates, anstreben.

Der auf absehbare Zeit anhaltende Druck der Massenarbeitslosigkeit in so entscheidenden Mitgliedsländern wie Frankreich und Deutschland drängt sich geradezu als Konfliktherd und Druckpotential auf. Ohne Fiskalpolitik aber können nicht einmal die Jugend- und Langzeitarbeitslosigkeit bekämpft werden, wie es Ende des Jahres 1997 in der EU gegen den Widerstand Deutschlands beschlossen wurde, geschweige denn Förderungsmaßnahmen zum Abbau der Massenarbeitslosigkeit eingeleitet werden.

3.6 EZB ohne Systemintegration – Gefahren politischer Isolierung

Die große politische Schwachstelle der künftigen europäischen Zentralbankpolitik ist das Fehlen eines festen institutionellen Rahmens in Form einer politischen Union. Denn genau dieses machte die Stärke des „D-Mark-Systems" aus. Dennoch ragen ihre Kompetenzen in die nationalen Souveränitäten hinein. Die EZB muß sich deshalb bei der Wahrnehmung ihrer Handlungsfreiheit und der Ausübung ihrer Kompetenzen auf unterschiedlichste und stärkere Gegnerschaften einstellen, aus den nationalen Bereichen ebenso wie aus den vergemeinschafteten, die selbst unter politischem Druck stehen.

Solange weitere „Vergemeinschaftungen" wie die der nationalen Finanzpolitiken bzw. auch der Weg in eine politische Union blockiert sind, besteht für die Europäische Zentralbank eine latente Gefahr der politischen Isolierung. Alle Zentralbanken, auch autonome Systeme, unterliegen Verfassungen und „staatsleitenden Gesamtakten" parlamentarisch verantwortlicher Regierungen. Das ist zugleich Voraussetzung und Begrenzung ihrer Funktionsfähigkeit. Unter den heute gegebenen Voraussetzungen kann aber noch nicht ausgeschlossen werden, daß die Europäische Zentralbank als (neuer) „Frankfurter Areopag" (in Anlehnung an Karl Schillers Wortwahl am 27.4.1967 im Bundestag) an ihrer außerordentlich gesicherten, aber isolierten Unabhängigkeit scheitert.

4. Die neue Verfassung der Deutschen Bundesbank

Die Deutsche Bundesbank wird in der Europäischen Währungsunion ein Mitglied unter zunächst elf anderen sein. Dennoch wird sie mehr sein als eine Landeszentralbank bisherigen Rechts. Dies ist weniger eine Rechtsfrage als eine des ökonomischen Gewichts der deutschen Wirtschaft und ihres Sozialprodukts sowie der deutschen Kapitalstärke, die sich in der mit Abstand größten Kapitaleinlage und in der bisherigen Eigenschaft der DM als Weltreservewährung manifestiert.

4.1 Rechtliche Konvergenz im Europäischen System der Zentralbanken (ESZB)

Kaum bemerkt von der breiteren politischen Öffentlichkeit wurde Ende 1997 das 6. Gesetz zur Änderung des Gesetzes über die Deutsche Bundesbank (vom 22.12. 1997) im Bundesgesetzblatt (1997, Teil I, Nr. 88 v. 30.12.97, S. 3274f.) verkündet. Diese Gesetzesänderung sollte nicht mit dem umfangreichen „Euro-Einführungsgesetz" (EuroEG) verwechselt werden, das der Deutsche Bundestag am 2.4.1998 beschlossen hat. Dieses Gesetz regelt die dreijährige Übergangszeit vom 1.1.1999 bis zum Jahre 2002, vor allem den Giralverkehr mit dem EURO und z.B. den Ersatz des deutschen Diskontsatzes durch einen „Basiszinssatz" in den nächsten drei Jahren.

Die Änderungen des Bundesbankgesetzes sind knapper gehalten. Sie betreffen die Aufgaben der Bundesbank (§ 3), die Geschäftspolitik (§ 6), die Weisungsungebundenheit und ihre Unterstützung der allgemeinen Wirtschaftspolitik (§ 12), die Verlängerung der Amtszeiten, das suspensive Veto der Bundesregierung (§ 13). Hinzu kommen kurze Änderungen zum Grundkapital, die Streichung eigener Instrumente (§§ 15, 16) zum Jahresabschluß (§ 27) und zur Gewinnverteilung (§ 45). Die Bundesbank hat diese Novellierung des Gesetzes gründlich besprochen und auf interessante Weise interpretiert (Monatsbericht 1/1998, S. 25-31).

Mit dieser neuen „Verfassungsreform" der Deutschen Bundesbank wurde das deutsche Notenbankrecht insgesamt und nicht nur das Bundesbankgesetz gemäß Art. 108 des neuen EG-Vertrages an die Stufe 3 der Europäischen Währungsunion angepaßt:

„Jeder Mitgliedstaat stellt sicher, daß spätestens zum Zeitpunkt der Errichtung des Europäischen Systems der Zentralbanken (ESZB) seine innerstaatlichen Rechtsvorschriften einschließlich der Satzung seiner Zentralbank mit diesem Vertrag sowie mit der Satzung des ESZB im Einklag stehen".

Die Überprüfung dieser Bestimmung erfolgte durch die Europäische Kommission und das Europäische Währungsinstitut (EWI) gemäß Art.109j. Dieser Art.109j regelte den Eintritt in die 3. Stufe der Währungsunion, vor allem also die Überprüfung der vier ökonomischen Konvergenzkriterien (Preisstabilität, Haushaltsdefizite, Wechselkursstabilität und langfristige Zinssätze) und eben die „rechtliche Konvergenz".

Der deutsche Gesetzgeber hatte rechtzeitig gehandelt. Er trug damit zugleich dem vom EWI im Oktober 1997 veröffentlichten Bericht „Legal Convergence in the Member States of the European Union" Rechnung. Die Neuregelungen treten mit dem Tag in Kraft, an dem – im Bundesgesetzblatt bekanntgegeben – die Bundesrepublik Deutschland an der 3. Stufe der EWWU teilnimmt. Einige der Passagen wie die verlängerte Mindestamtszeit des Präsidenten und der übrigen Organe der Bundesbank sowie die Streichung des Rechts auf Sitzungsteilnahme und auf ein suspensives Veto von Mitgliedern der Bundesregierung sind bereits mit der Verkündung des Gesetzes in Kraft getreten.

4.2 Weisungsungebundenheit gegenüber der nationalen Wirtschaftspolitik

Von der Herstellung der „rechtlichen Konvergenz" ist vor allem der § 12 des Bundesbankgesetzes betroffen. Die hier verankerte Unterstützungspflicht gegenüber der nationalen Wirtschaftspolitik verdient deswegen besondere Aufmerksamkeit, weil die deutsche Regierung bislang strikt auf der nationalen Verantwortung für Konjunktur und Beschäftigung beharrte, auch in der Europäischen Währungsunion.

Die entsprechende deutsche Gesetzesregelung begann bislang mit den Pflichten:

§ 12 alt. Die Deutsche Bundesbank ist verpflichtet, unter Wahrung ihrer Aufgabe die allgemeine Wirtschaftspolitik der Bundesregierung zu unterstützen. Sie ist bei der Ausübung der Befugnisse, die ihr nach diesem Gesetz zustehen, von Weisungen der Bundesregierung unabhängig.

Diese Formulierung beschränkte die Garantie der Unabhängigkeit stärker als die europäische alleine auf die Erfüllung der Aufgabe. Außerdem war die unabhängige Wahrnehmung der Aufgabe mit einer „Unterstützungspflicht" gekoppelt. Dennoch hat sich in Deutschland längst der Begriff der „Autonomie" der Deutschen Bundesbank durchgesetzt, was die Reihenfolge de facto umkehrt: Eine Unterstüzung der Wirtschaftspolitik kommt nur dann infrage, wenn dies nicht bei der eigenen, selbst definierten, Geld-, Kredit- und Währungspolitik stört. Hieran kann man die „normative Kraft des Faktischen" erkennen, die das deutsche „D-Mark-System" bestimmte. Die Anpassung der Bundesbank-Autonomie an das Europäische System der Zentralbanken entspricht der faktischen Entwicklung im Verhältnis von Unterstützungspflicht und Unabhängigkeit:

§ 12 neu. Die Deutsche Bundesbank ist bei der Ausführung der Befugnisse, die ihr nach diesem Gesetz zustehen, von Weisungen der Bundesregierung unabhängig. Soweit dies unter Wahrung ihrer Aufgabe als Bestandteil des Europäischen Systems der Zentralbanken möglich ist, unterstützt sie die allgemeine Wirtschaftspolitik der Bundesregierung.

Mit dieser gesetzlichen Definition hat die Bundesbank auch juristisch die faktisch schon längst erreichte Umkehrung von Unterstützungspflicht und Unabhängigkeit erreicht. Mußte sie sich schon bisher nicht rechtfertigen, wenn sie ungeachtet der allgemeinen Wirtschaftspolitik handelte und entschied, so kann sie sich jetzt dabei noch zusätzlich auf ihre Einbettung in das ESZB berufen. Sie wird damit für die deutsche

Wirtschaftspolitik, soweit diese innerhalb der EU eigene Wege zu gehen versucht, unerreichbar sein.

Die Bundesbank sieht dies auch so, indem sie unter Bezug auf den Art. 105 Abs. 1 Satz 2 des EG-Vertrages schreibt: „Eine Unterstützung der nationalen Wirtschaftspolitik kommt danach nur noch in Betracht, soweit es mit der vorrangigen Aufgabenstellung des ESZB vereinbar ist. Dies wird durch die neue Fassung von § 12 BBankG im Interesse der Rechtsklarheit ausdrücklich bestätigt, auch um irgendwelche Fehlinterpretationen zu vermeiden. Damit ist der Gesetzgeber einem Petitum des EWI im Rahmen der Konsultation durch die Bundesregierung gefolgt. Die geänderte Reihenfolge der Sätze 1 und 2 soll ebenfalls die neue Rechtslage widerspiegeln." (Monatsbericht 1/98, S. 29)

Durch die Gesetzesänderung wurde noch ein weiteres Relikt der deutschen Notenbankverfassung eliminiert, nämlich das aufschiebende Vetorecht der Bundesregierung. Es hatte zwar nie eine besondere Rolle gespielt, jedoch wurde es immer als ein Signal dafür verstanden, daß in Konfliktfällen gründlicher um eine Abstimmung zwischen Zentralbankrat und Bundesregierung gerungen werden sollte.

4.3 Eigene Geschäftspolitik – Die Machtstellung im ESZB

Die künftigen Aufgaben der Deutschen Bundesbank müssen innerhalb des durch den neuen EG-Vertrag (insbes. Art. 105, 105a) und die Satzung der EZB (auch Art. 23, 28, 29, 30, 31) gesetzten Rahmens gesehen werden. § 14 (1), das Notenausgaberecht, wurde noch nicht eliminiert. Das ausschließliche Recht der Deutschen Bundesbank zur Ausgabe von DM-Banknoten bleibt auch nach dem Eintritt in die dritte Stufe der Währungsunion „vorübergehend" erhalten. Nach den bisherigen Planungen endet die Übergangszeit im Jahre 2002. Neu in das Bundesbankgesetz aufgenommen wurde der Hinweis auf das Recht der EZB zur Ausgabe von Banknoten nach Art. 105a des EG-Vertrages.

Die Deutsche Bundesbank kommentierte ihre neue, europäisierte Verfassung im Monatsbericht 1/98 (S. 27) so :

> „Der Übergang der Zuständigkeit für die Geld- und Währungspolitik auf die Gemeinschaftsebene bewirkt, daß die währungspolitischen Leitentscheidungen zentral im EZB-Rat getroffen werden. Der Präsident der Deutschen Bundesbank wird im Rat der EZB, deren größter Kapitaleigner die Deutsche Bundesbank sein wird, an allen grundsätzlichen währungspolitischen Entscheidungen mitwirken."

Der Hinweis auf die Kapitalzeichnung (Art. 28ff. der Satzung des ESZB) an dieser Stelle ist auffallend, denn mit den „normalen" Leitentscheidungen hat die Kapitalbeteiligung nichts zu tun. Hier zählt jede Stimme im EZB-Rat gleich. Vermutlich will die Bundesbank aber ausdrücken, daß die Stimme ihres Präsidenten wegen der Bedeutung der deutschen Notenbank ein besonderes Gewicht besitzt.

„Die währungspolitischen Entscheidungen des EZB-Rates werden dezentral durch die nationalen Zentralbanken umgesetzt. Vor allem wird die Refinanzierung der Kreditinstitute wie bisher durch die nationalen Zentralbanken erfolgen. Dabei kommt ihnen zum Teil ein gewisser Ermessensspielraum zu, beispielsweise wenn der EZB-Rat Leitlinien erläßt, die gestaltende Entscheidungen durch die nationalen Zentralbanken zur Umsetzung erfordern oder ermöglichen. So enthält das ESZB-Statut beispielsweise keine detaillierten Bestimmungen über das währungspolitische Instrumentarium des ESZB. Es ist deshalb vorgesehen, daß der EZB-Rat Ausführungsbestimmungen über das geldpolitische Instrumentarium in Form einer Leitlinie beschließt und die nationalen Zentralbanken beauftragt, die materiellen Vorgaben für ihren jeweiligen Bereich selbst umzusetzen und, soweit erforderlich, auszufüllen. Hierbei ist nicht nur den unterschiedlichen nationalen Rechtsordnungen Rechnung zu tragen. Es besteht auch die Möglichkeit, bei der Übernahme der Vorgaben des EZB-Rates in die vorhandenen nationalen Regelungen nationale Besonderheiten zu berücksichtigen, soweit hierdurch die Einheitlichkeit der Geldpolitik nicht beeinträchtigt wird" (Monatsbericht 1/98, S. 27).

Als Beispiele für den eigenen Gestaltungsspielraum nennt die Bundesbank die Anpassung der Geschäftsbeziehungen zu rund 3600 Kreditinstituten sowie „einigen wenigen Geschäftspartnern" in Deutschland durch eine Änderung ihrer Allgemeinen Geschäftsbedingungen. „Darüber hinaus wird die Bank wie bisher ihre Aufgaben in den Bereichen Bankenaufsicht und der Außenwirtschaft wahrnehmen." (S. 28).

Zuständig für die „Geschäftspolitik der Bundesbank" ist nach dem neuen Bundesbankgesetz der Zentralbankrat. Der erste Satz des Art. 6 des Bundesbankgesetzes lautete bisher: „Der Zentralbankrat bestimmt die Währungs- und Kreditpolitik der Bank..." Nach dem Bundesbankgesetz idF. v. 22.12.97 heißt es nun:

(1) „Der Zentralbankrat bestimmt die Geschäftspolitik der Bank. Bei der Erfüllung der Aufgaben des Europäischen Systems der Zentralbanken handelt er im Rahmen der Leitlinien und Weisungen der Europäischen Zentralbank. Er erörtert die Auswirkungen der Geld- und Währungspolitik unbeschadet der Weisungsunabhängigkeit des Präsidenten in seiner Eigenschaft als Mitglied des Rates der Europäischen Zentralbank sowie der für die Europäische Zentralbank geltenden Geheimhaltungsvorschriften."

Die Deutsche Bundesbank kommentierte dies dahingehend (Monatsbericht 1/98, S. 28), daß der Zentralbankrat künftig im Rahmen der europäischen Richtlinien durch eigene „allgemeine Richtlinien für die Geschäftsführung und die Verwaltung sowie durch Weisungen" zu bestimmen habe, „wie die Bank die währungspolitischen Beschlüsse der EZB umsetzt. Besondere Bedeutung bekomme die Zuständigkeit des Zentralbankrates in diesem Zusammenhang, „wenn der EZB-Rat Leitlinien erläßt, die gestaltende Entscheidungen durch die nationalen Zentralbanken zur Umsetzung erfordern oder ermöglichen."

So spiegele die Neufassung des § 6 Abs. 1 die künftige Einbindung der Deutschen Bundesbank in das ESZB wider. „Daneben stellt sie auch klar, daß der Deutschen Bundesbank darüber hinaus weiterhin Bereiche der Geschäftspolitik verbleiben, für die der Zentralbankrat nach wie vor die alleinige Verantwortung trägt."

Dies alles betrifft natürlich nicht die Anwendung des bisherigen geldpolitischen Instrumentariums. Dafür läßt die Ausgestaltung des ESZB keinen Raum. So sind mit der Novellierung des Bundesbankgesetzes die Vorschriften der §§ 15 und 16, das sind die gesetzlichen Bestimmungen über die Diskont-, Kredit- und Offenmarktpolitik sowie über die Mindestreservepolitik, aufgehoben worden.

Auffallend ist dennoch die sehr selbstbewußte, die eigene Handlungsfähigkeit ausdrücklich und mehrmals betonende Sprache. Nach dieser Interpretation ist die Deutsche Bundesbank als „nationale Zentralbank" im Europäischen System der Zentralbanken (ESZB) ganz sicher nicht mit einer deutschen „Landeszentralbank" vergleichbar. Mit dieser Feststellung ist auch gemeint, daß die Unabhängigkeit der EZB nicht nur in Richtung auf die Politik, die nationalen Regierungen und andere Interessengruppierungen hin untersucht und betrachtet werden muß, sondern auch mit Blick auf die nationalen Zentralbanken. Sie sind keine Untereinheiten des neuen Systems, sondern eher als Gestaltungsfaktoren sui generis anzusehen.

5. Die eingeschränkte nationalstaatliche Souveränität über die Wirtschafts- und Währungspolitik

Mit der Vollendung der Wirtschafts- und Währungsunion vierzig Jahre nach der Gründung der EWG und der Vollendung des europäischen Binnenmarktes drängt sich stärker als je zuvor die Frage nach der „richtigen" völker- und staatsrechtlichen Kennzeichnung der Union auf. In der Forschung zur europäischen Integration verselbständigt sich dafür immer mehr der Begriff des „Europäischen Mehrebenensystems" (vgl. hierzu: Hartwich, 1998).

5.1 Nationalstaatliche Souveränität und Mehrebenen-System

Im Vorwort zum informativen Sammelband „Europäische Integration" betonen die Herausgeber Markus Jachtenfuchs und Beate Kohler-Koch (1996, S. 10ff.) zurecht, daß es eine wissenschaftlich wie auch politisch drängende Frage sei, ob der Prozeß der Integration auch zu einer Veränderung von „Staatlichkeit selbst" geführt habe. Eine theoretisch orientierte, interdisziplinär zumindest offene Herangehensweise an den europäischen Integrationsprozeß müsse sich sowohl mit dem Ist-Zustand als auch mit der „Transformation von nationaler Staatlichkeit durch Integration in einem umfassenden Mehrebenensystem" befassen. Gefragt wird nach der „Tragfähigkeit des in den Vorstellungen des neunzehnten Jahrhunderts begründeten idealtypischen Modells des nach außen wie nach innen souveränen Staates".

Das Konzept des Staates als der politischen Ordnungsform von Gesellschaft präge zutiefst zentrale Begrifflichkeiten. Die vielen politischen Ordnungsmodelle für die Europäische Union könnten alle den Organisationsformen Staatenbund oder Bundesstaat zugeordnet werden. Denn sie entspringen dem Denken, das den Staat als einzige Ordnungsform des Politischen kenne. „Der vollendete europäische Binnenmarkt bezeichnet möglicherweise die Schwelle, an der die Handlungsfähigkeit des Staates durch Internationalisierung und funktionale Differenzierung derartig eingeschränkt ist, daß die Politik in Legitimationsnöte gerät," (Jachtenfuchs/Kohler-Koch, 1996, S. 12). Beide Tendenzen hätten in der Europäischen Union einen Grad erreicht, der ... „das von der westeuropäischen Realität abgeleitete Modell des souveränen Staates ... zumindest in seiner Ursprungsregion zu einer zunehmend inadäquaten Beschreibung der Wirklichkeit machen" (12)

„Inadäquate Beschreibung der Wirklichkeit"? Der empirische Befund, daß immer mehr öffentlich-rechtliche Regelungs- und Gestaltungs„funktionen" der nationalen Zuständigkeit entzogen sind oder werden, stellt eine überwiegend quantitative Größe dar.

Insoweit entspricht die europäische Entwicklung der nationalstaatlichen, die ja ebenfalls längst von der Tatsache einer Ausdifferenzierung von Funktionen ausgeht und dabei den Staat als kooperierenden Akteur erkennt. Immer mehr Träger übernehmen frühere öffentlich-staatliche Funktionen allein oder kooperativ mit staatlichen Instanzen. In einem Netzwerk von Handelnden ist der Staat immer weniger völlig frei in Gesetzgebung und gesetzesgebundener Verwaltung. Häufig sind die Verwaltungen kooperierende, verhandelnde, ausgleichende „Mitspieler". Zu den „Handelnden" gehören also nicht allein die staatlichen Instanzen sowie etwa kommunale Entscheidungsträger, sondern vor allem auch Wirtschaftsunternehmen sowie Wirtschafts- und Berufsverbände einschließlich der Gewerkschaften.

Diese Überlegungen sind nicht abwegig, wenn und soweit es sich um die Ausdifferenzierung von Steuerungsfunktionen in den europäisch-überstaatlichen Bereich hinein handelt. Mit der EU betreten nur weitere Akteure die Arena. Diese Akteure, vor allem der Rat, dann die Kommission, der EuGH und das Europäische Parlament, werden durch die völkerrechtlichen Verträge, die innerstaatliches Recht geworden sind, immer mächtiger. In der weiteren politischen Öffentlichkeit wird dies allerdings noch nicht angemessen wahrgenommen.

Die funktional orientierte Vorstellung von einem europäischen „Mehrebenensystem" hat also sehr viel mit dem Umstand zu tun, daß längst fortgeschrittene innerstaatliche („nationale") Prozesse heute über die nationalen Grenzen hinausreichen und im Interesse effektiverer Problemlösungen und Steuerungen supranational gelöst werden müssen. Nur die Begrifflichkeit erscheint neu.

Klaus Dieter Wolf hat unter dem Titel „Intergouvernementale Kooperation und staatliche Autonomie" (1997) die zentrale These zu belegen versucht, daß die zunehmende Verdichtung intergouvernementaler Kooperation in der EU zwar die Selbstbindung der Regierungen produziere, aber gleichzeitig eine Option zur Wiedererlangung „staatlicher" Handlungsautonomie sei. Es sei falsch, die Selbstbindung der Regierungen allein als Einbuße an nationaler staatlicher Autonomie zu verstehen. „Erst aus einer die inner- und transgesellschaftlichen Bezüge einschließenden Mehrebenenperspektive wird die Bedeutung der intergouvernementalen Selbstbindung für die Erhöhung der internen Autonomie erkennbar."

In einer impliziten Gleichsetzung von Regierung und Staat kommt Wolf zu dem Ergebnis, daß über die intergouvernementale Regierungskooperation die nationalen Regierungen ihre Handlungsfreiheit gegenüber bestehenden nationalen Funktionsbindungen aller Art (s.o.) anderen staatlichen (z.B. Bundesrat und Bundesbank) und nichtstaatlich-gesellschaftlichen Akteuren (Interessenverbände, Parteibasis, Wähler, Gewerkschaften) wiedergewinnen, zumindest den Grad an Handlungsautonomie wieder erhöhen könnten. Er spricht in diesem Zusammenhang sogar von der europäischen Selbstbindung der beteiligten Regierungen als „Neuer Staatsräson" (Wolf, 1997, S. 72).

„Die Strategie der Neuen Staatsräson besteht in einer Reorganisation von Staatlichkeit im Rahmen der international governance mit dem Ziel, Festlegungen zu treffen und Bindungen einzugehen, die der gesellschaftlichen Auseinandersetzung und damit auch einer Revidierbarkeit möglichst weitgehend entzogen werden sollen" (S. 74). Dies gelte sowohl für das „Zusammenschnüren" der für die Weiterleitung nach außen bestimmten Interessen wie auch für die Vermittlung von Anpassungserfordernissen von außen nach innen. Heute seien die Regierungen nicht nur in diesem Sinne tätig, sondern im Sinne der eigenen Selbstbehauptung auch daran interessiert. Ein „Regieren jenseits der Staatlichkeit" wird auch von Markus Jachtenfuchs und Beate Kohler-Koch (1996, S. 30) angenommen. Ihre Argumentation zielt aber überwiegend gegen eine Theorie der internationalen Beziehungen, die sich vom Denken in den Kategorien der „Staatenwelt" nicht lösen könne.

Die These von der „Reorganisation von Staatlichkeit" wirft die Frage auf, worin denn eigentlich der Kern von „Staatlichkeit" gesehen werden müsse. Ist „Regierung" gleich „Staat" zu setzen? Solange „Staatlichkeit" nicht präziser definiert bzw. wenigstens genauer umschrieben wird, sind viele Theorien möglich und lassen sich pauschale Gleichungen aufmachen, wie jene – so von niemandem vertreten –, das neue Mehrebenensystem sei an die Stelle überholter Staatlichkeit bzw. staatlicher „Souveränität" getreten oder im Begriff, dies zu tun.

5.2 Staatsverständnis und innerstaatliches „Gewaltmonopol"

„Staat" ist das Gesamt der Staatsorgane und des Staatsrechts. Eine zentrale Funktion jeder Staatlichkeit ist die Fähigkeit („Souveränität") zur Durchsetzung und Bewahrung des Friedens innerhalb der Gesellschaft. Das Entscheidende formulierte Martin Kriele so: „Souveränität ist die Bedingung des inneren Friedens," und „Friede durch Souveränität – ist das Modell jeder öffentlichen Ordnung, auch des demokratischen Verfassungsstaates. Es ist das Kennzeichen jeder öffentlichen Ordnung, daß sie Konflikte zwischen einzelnen oder zwischen Gruppen an ihrem gewaltsamen Austrag hindert, weil sie die Gewalt bei sich monopolisiert und Verfahren zur Konfliktvermeidung, Konfliktregelung oder Konfliktentscheidung vorsieht" (Kriele, 1981, S. 48).

Diese Max Weber weiterführende Interpretation von Souveränität ist hier als „Kern" von Staatlichkeit gemeint. Sie ist weder zu historisch, noch überholt. Selbst in der kritisch reflektierenden Deutung durch Willoweit (1986, in: Randelzhofer/Süß, S. 313ff.) gilt dies: Das staatliche Gewaltmonopol diene mit der Entwicklung des politischen Pluralismus nicht mehr einem „an sich" existierenden Staatswillen. Es solle „die jeweils legitimierte Politik durchsetzen, die Legalordnung selbst schützen und damit zugleich den Schutz der politischen Kräfte voreinander gewährleisten." (S. 322). Das Gewaltmonopol des Staates sei das einzige taugliche Instrument, um in der pluralistischen, „gegenüber individuellen Sinnentwürfen offenen Gesellschaft" „Frieden zu stiften".

Diese Interpretation ist die Schwelle für Mehrebenen-Konzepte insofern, als jene nicht (noch nicht?) den „Verlust" an Staatlichkeit und seine Ersetzung durch eben jenes Konzept registrieren können, solange die beschriebene Fähigkeit einer nationalen öffentlichen Ordnung besteht. Neofunktionalistische Theorien und Mehrebenenkonzepte nehmen die juristische Literatur über das staatliche Gewaltmonopol kaum oder nicht genügend zur Kenntnis. Erst wenn die Verfügungsgewalt über „die höchste Dichte" oder vielleicht besser, den „Kern", der im Gewaltmonopol des demokratischen Staates liegt, den nationalstaatlichen Instanzen entzogen und den Institutionen der Gemeinschaft übertragen wurde, darf die Aufgabe des nationalen „Staates" vermeldet werden.

5.3 Staatsverständnis und Finanzhoheit

Nicht nur das „Gewaltmonopol“ ist ein klassisches und zugleich modernes Element nationaler Staatlichkeit. Historisch und aktuell muß auch die „Finanzhoheit“ des nationalen Staates zum „Kern“ gerechnet werden. Es ist hochinteressant zu beobachten, wie sehr die beteiligten Staats- und Regierungschefs beim Maastricht-Vertrag zu geradezu revolutionären Zugeständnissen in bezug auf die Geld-, Kredit- und Zinspolitik bereit waren. Aber schon bei der Mindestreservepolitik der EZB beschlossen sie förmliche Schwellen oder proklamierten die Festlegung der Wechselkurse primär für sich als Träger der „Souveränität“. Die Finanzpolitik sollte auf jeden Fall nicht vergemeinschaftet werden. Halt gemacht wurde vor der nationalstaatlichen Finanzgewalt. Sie zählt zum Kern, der den Beginn von Staatlichkeit überhaupt ausmachte.

In der Geschichte moderner Staatlichkeit ging es nicht nur um die Herstellung des inneren Friedens durch das Monopol „legitimer physischer Gewaltsamkeit“. Es ging um ein stehendes Heer zur Verteidigung nach außen. Es ging um Polizei und Justiz zur Herstellung und Sicherung des inneren Friedens. Es ging um die königlichen Berater und Beamten, aus denen die öffentliche Verwaltung hervorging. Immer aber ging es zuerst um die Macht und das Monopol, Steuern zu erheben und „Staats“ausgaben zu tätigen. Dies gilt unabhängig davon, ob der absolute Monarch dies als Souverän bewerkstelligen konnte oder ob ihm die Stände/Parlamente dieses Recht entwunden hatten.

„Souveränität“ des demokratischen Staates äußert sich in der „Gewalt“, von den Bürgern allgemeine Abgaben zu verlangen. Das ist die „Finanzgewalt“. Niemand bestreitet die „Finanzhoheit“ der Staaten. Die leitende Hypothese der weiteren Überlegungen ist, daß in der Wirtschafts- und Währungsunion des Maastrichter Vertrages die „Vergemeinschaftung“ gerade an dem Punkt haltgemacht hat, wo der Kern nationalstaatlicher Innenpolitik berührt war, nämlich in der Finanz-, Steuer- und Haushaltspolitik. Die Verifizierung dieser Hypothese begründet gewichtige Einwände gegen eine allzu weitreichende Ausdeutung des tatsächlich vorhandenen und im Ausbau befindlichen europäischen „Mehrebenensystems“. Damit ist noch keineswegs die Macht der an der Union beteiligten Nationalstaaten ersetzt.

Unsere kritische Beobachtung beginnt bereits mit der Währungsunion. Im „Maastricht-Urteil“ habe, wie Christian Joerges (1996, in: Jachtenfuchs/Kohler-Koch) zu Recht feststellt, das Bundesverfassungsgericht „juristisch auffällige Warnsignale“ (S. 81) in Richtung fortbestehender Nationalstaatlichkeit gegeben. Eine „Rehabilitation des nationalen Verfassungsstaats“ (Joerges, S. 83) werde vom Gericht primär über das Demokratiegebot des Grundgesetzes als zentrale und fortbestehende nationalstaatliche Wirklichkeit gefunden.

Die Kritik von Joerges an diesem Urteil könnte den Eindruck erwecken, daß das Bundesverfassungsgericht einen in der gegenwärtigen EU-Konstruktion tatsächlich defizitären Punkt über Gebühr hervorhebt: die fehlende demokratische Legitimation. Hierbei sollte jedoch bedacht werden, daß das Verfassungsgericht nicht von sich aus das Vertragswerk von Maastricht als ganzes zu bewerten hatte, sondern – wie es sich aus der Logik der rechtsprechenden Gewalt ergibt – nur auf Klagen reagierte, die spezifische Begründungen aufweisen müssen. Auch wenn ein obiter dictum die Interpretation über den unmittelbar beklagten Streitpunkt hinaus ermöglicht, so liegt doch keine erschöpfende juristische Bewertung des Maastricht-Vertrages vor. Eine solche Bewertung hätte auf weitere hier einschlägige, weil für die Frage der nationalstaatlichen Souveränität wichtige Vertragsbestimmungen verweisen können.

So ist erkennbar, daß die Konstrukteure des Maastricht-Vertrages an bestimmten Punkten auf eine Vergemeinschaftung verzichten, obwohl es den Erfordernissen einer autonomen und effektiven europäischen Notenbankpolitik entsprochen hätte. Diese Punkte scheinen immer dort zu liegen, wo die in unserem Sinne bestehenden Kerne nationalstaatlicher „Souveränität“ berührt wären. Ob dies auf juristische Finessen der Vertragsrechtler oder auf den politischen Willen der Vertragsstaaten zurückzuführen ist, sei dahingestellt.

Der künftigen Europäischen Zentralbank (EZB) stehen z.B. nach der Satzung des ESZB und der EZB (§ 18) als Instrumente zur Erreichung ihrer Ziele Offenmarktgeschäfte und Geschäfte mit Kreditinstituten und anderen Marktteilnehmern ohne Einschränkung zur Verfügung. Das in Deutschland bekannte, schon lange angewandte Instrument der „Mindestreservepolitik“ bedarf demgegenüber eines komplizierten Prozedere, um von der EZB benutzt zu werden (§ 19). Bei der Mindestreservepolitik handelt es sich bekanntlich um (hoheitliche) Eingriffe der staatlichen Zentralbank in die Geldschöpfungsmöglichkeiten der privaten Geschäftsbanken durch die Anordnung von Einlagen bei der Notenbank.

Diese Feststellung führt hinein in die hier interessierenden Grenzbereiche zwischen vergemeinschafteter Währungspolitik und nationalstaatlichen Hoheitsreserven. Die Europäische Zentralbank kann nach § 19 der Satzung verlangen, daß die in den Mitgliedstaaten niedergelassenen Kreditinstitute Mindestreserven auf Konten der EZB oder der nationalen Zentralbanken unterhalten. Sie kann dazu Verordnungen erlassen und ggf. Strafzinsen erheben oder andere Sanktionen verhängen. Damit erhält sie „hoheitliche“ Funktionen. Offensichtlich war dies den Vertragsparteien auch bewußt. Denn die Anwendung dieser Befugnis muß erst durch einen besonderen Akt des (Minister)Rates unmittelbar nach der Beschlußfassung über den Beginn der 3. Stufe der Währungsunion mit qualifizierter Mehrheit ermöglicht werden (§ 42 in Verbindung mit Art. 106, Abs. 6 des Vertrages). Er und nicht die Leitung der europäischen Notenbank, der EZB-Rat, schafft somit die Grundlage für die Mindestreserven, legt die Berechnungsgrundlagen sowie die angemessenen und möglichen Sanktionen fest.

Dieser Unterschied zwischen den Befugnissen des EZB-Rates und des „(Minister)Rates“, in der Regel handelt es sich um „Ecofin“, durchzieht – ungeachtet der in Art. 108a erfolgten Ermächtigungen für Verordnungen, die die Erfüllung der Aufgaben betreffen – alle Regelungen über die Befugnisse der Europäischen Zentralbank. So kann z.B. der EZB-Rat mit einer Mehrheit von zwei Dritteln die Anwendung anderer Instrumente der Geldpolitik beschließen. Der „Rat“ (die Vertreter der Nationalstaaten, dies sei hier betont) wiederum legt den Anwendungsbereich solcher Instrumente fest, wenn sie Verpflichtungen für Dritte mit sich bringen (§ 20 der Satzung). Darüber hinaus gehört die Wechselkursfestsetzung, – sowohl in bezug auf Drittländer außerhalb des EURO-Raumes als auch bezüglich der Euro-Leitkurse innerhalb des EWS-Systems – zu den Kompetenzen des Rates, also der Repräsentanten der Nationalstaaten, nicht zu den Kompetenzen der Gemeinschaftsinstitution EZB. Diese Angelegenheiten werden wie in Deutschland als „staatsleitende Gesamtakte“ (hierzu Hartwich, 1992, S. 249; Badura, 1986, S. 299, 302) angesehen.

5.4 Finanzhoheit und Währungshoheit

Das Festhalten an der nationalstaatlichen Fiskalpolitik ist das sichtbarste Zeichen dafür, daß auf einen Kernbereich von Nationalstaatlichkeit von großer wirtschaftspolitischer Bedeutung nicht verzichtet werden soll. Staatshoheit schließt Finanzhoheit ein, das Recht, von den Bürgern Abgaben zu erheben (Finanzgewalt) und die öffentlichen Finanzen aus eigener Machtvollkommenheit zu regeln. Die staatlichen Finanzen sind unmittelbar mit der Existenz des Staates und den Aufgaben und Zielen der gesamten staatlichen Politik verknüpft. Sie gehören zur Verfassung insoweit, als mit der Aufteilung der Steuereinnahmen und durch den Finanzausgleich ein föderatives System konstitutiert und arbeitsfähig gemacht wird. Parlamentarisches Budgetrecht, Sonderstellung des Finanzministers, staatliche Kreditfinanzierung sind bestimmende Verfassungsregeln für das rechtliche Verhältnis zwischen Parlament und Regierung.

Historisch betrachtet trat die Währungshoheit erst später hinzu. Sie wurde ebenfalls als Ausfluß der hoheitlichen Gewalt des Staates angesehen, jedoch gleichsam als Unterabteilung der Mittelbeschaffung ausgeübt. Der Liberalismus hatte einen großen Einfluß auf die Entwicklung zur Autonomie der Währungsinstanzen. Es waren in erster Linie wirtschaftliche Gründe, die eine Trennung von Finanzhoheit und Währungspolitik angeraten erscheinen ließen. Das Grundgesetz behandelt die Finanzfragen auf der Verfassungsebene, die Währungspolitik als Notenbankpolitik dagegen auf der gesetzlichen Ebene. Mit dem Maastricht-Vertrag hat die Währungspolitik insofern eine Aufwertung erfahren, als die neue Notenbank, die Europäische Zentralbank, durch den völkerrechtlichen Vertrag konstituiert wurde.

Alle Aufmerksamkeit, die die in der Vergemeinschaftung befindlichen Währungsfragen insbesondere seit dem Maastricht-Vertrag erfahren haben, sollte aber nicht darüber hinwegtäuschen, daß sich in der „Kernfrage" der nationalstaatlichen Finanzhoheit nichts oder nur wenig bewegt hat. Dies hat nichts mit den von den Regierungen und Parlamenten genehmigten Zahlungen an die Gemeinschaftsorgane zu tun. Die Rechte der Kommission und des Europäischen Parlaments auf „the power of the purse" ist bislang nicht in einem Ausmaß erfüllt worden, daß es berechtigt wäre, von einem Verlust nationalstaatlicher Souveränität über die Finanzhoheit zu sprechen.

Joerges (in: Jachtenfuchs/Kohler-Koch, 1996, S. 95) verweist auf die Affinität der Interpretation des Maastrichtvertrages durch das Bundesverfassungsgericht mit der Behandlung der Wirtschaftsintegration als „low politics" in funktionalistischen Integrationstheorien. Das ist im Sinne der Souveränitätsdiskussion eine richtige Sichtweise, auch wenn er möglicherweise etwas anderes meint.

Währungspolitik und Finanzpolitik sind im unterschiedlichen Grade „staatsnah". So scheint es auch das Bundesverfassungsgericht zu sehen, wenn es ausführt, daß die Kompetenzen und Befugnisse, die der EU und den ihr zugehörigen Gemeinschaften eingeräumt sind „soweit sie durch Wahrnehmung von Hoheitsrechten ausgeübt werden, im wesentlichen Tätigkeiten einer Wirtschaftsgemeinschaft bleiben" (C II, 1a; bei Joerges, S. 93). Aus dieser hier für richtig gehaltenen Blickrichtung kann der Meinung von Joerges (S. 95) nicht gefolgt werden, die „nachlässige Behandlung der Auslagerung wirtschaftsrechtlicher Kompetenzen durch das BVerfG" sei „schwer nachvollziehbar".

Vor allem aus der Geschichte der westeuropäischen Staatsbildungen und ihrer staatlichen Entfaltung wird erkennbar, welche „qualitativen" Unterschiede in allen modernen Politikfeldern und staatlichen „Funktionen" außerhalb der Finanzpolitik und ihr selbst liegen. Die Finanzhoheit konstituiert den Staat. Die Wirtschafts- und Währungspolitik dient der Erfüllung staatlicher Aufgaben und Zwecke. Auch wenn sich die Bereiche moderat vermischen – sollte es unter diesem Aspekt ein Zufall sein, daß die doch so naheliegende Einbeziehung der Finanzpolitik in die Vergemeinschaftung der Wirtschafts- und Währungsunion vermieden wurde? Sind die Hintergründe hierfür nur die Besorgnis um die nationalstaatliche fiskalische Wirtschaftssteuerung? Das ist nicht anzunehmen. Vielmehr dürfte der eigentlich Grund in der Absicht der nationalen Regierungen, die die EWWU begründeten, gelegen haben, die nationalstaatliche „Souveränität" prinzipiell nicht abzugeben.

Der Verzicht auf die währungspolitischen Befugnisse ist etwas anderes. Es berührt die Nationalstaatlichkeit nicht in gleichem Maße wie die Finanzpolitik. Denkbar (wiewohl unsinnig) ist sogar die Geldversorgung der Volkswirtschaften ohne eine „staatliche" Notenbank, also eine nach rein privatwirtschaftlichen Regeln funktionierende Geldversorgung oder sogar ein rein marktwirtschaftliches (autonome Geldschöpfung und Zinssteuerung) Währungswesen (Vgl. etwa J.Ph. v. Bethmann/M.Köhne, 1997). Die Nationalstaaten würden sich privatwirtschaftlichen Turbulenzen ausliefern, aber sie verlören nicht ihre Steuerungshoheit.

Der Unionsvertrag nehme auf die Unabhängigkeit und Souveränität der Mitgliedstaaten Bedacht, sagt das Bundesverfassungsgericht (Maastricht-Urteil C II 1a). Und das läßt sich nachweisen, wenn man auf die staatsgeschichtlichen und rechtlichen Unterschiede zwischen Währungs- und Finanzpolitik achtet. Im Maastricht-Urteil kommt dieser Umstand nur als ein Element der „power of the purse" zum Zuge: „Art. F Abs. 3 EUV ermächtigt die Union jedoch nicht, sich aus eigener Macht die Finanzmittel und sonstigen Handlungsmittel zu verschaffen, die sie zur Erfüllung ihrer Zwecke für erforderlich erachtet..." (C II 1b). Die tatsächliche Bedeutung ist aber weitaus größer und grundsätzlicher.

Zusammengefaßt ergibt sich, daß Mehrebenenkonzepte und -theorien eine analytisch wertvolle Interpretation der europäischen Gemeinschaftsbildung darstellen. Aber schon in bezug auf die Bewertung des Gemeinschaftsrechts und seiner Konkurrenz mit dem nationalstaatlichen Recht ist Vorsicht geboten. Denn im nationalstaatlichen Rahmen hatte sich bereits seit längerem eine „Entstaatlichung" im Sinne einer Ausdifferenzierung staatlicher Funktionen vollzogen, haben sich Kooperations- und Verflechtungsverbünde zwischen staatlichen Funktionsträgern und privaten Rechts- und Funktionsträgern herausgebildet. Die „Deregulierungen" der achtziger und neunziger Jahre haben darüber hinaus weitere neue Formen „öffentlicher Bindungen" (Gert von Eynern, 1958) privatwirtschaftlicher Aktivitäten geschaffen. Diese Entwicklung setzt sich im EU-Binnenmarkt fort. Ein neues Recht wird nicht geschaffen, das das Wort vom Verlust nationalstaatlicher Souveränität rechtfertigen würde.

Mehrebenenkonzepte müßten aber vor allem beachten, daß staatsgeschichtlich und verfassungsrechtlich „Kernbereiche" innerstaatlicher Souveränität bestehen, die sich mit dem altmodischen Begriff der „hoheitlichen" Gewalt verbinden. Am deutlichsten ist dies im sogenannten „Gewaltmonopol des Staates", die modische Fassung der Weberschen Definition. Es gibt aber auch, das war hier die zentrale These, weitere hoheitliche Bereiche, zu denen vor allem die Finanzhoheit gehört. Sie ist von anderer Qualität als die Währungs„hoheit", ist vor allem im Gegensatz zu dieser ein Bestandteil des Verfassungsrechts. Deswegen ist ein „Spill-over-Effekt" von der künftigen europäischen Geldpolitik auf die Vergemeinschaftung finanz- oder fiskalpolitischer Bereiche –

die bislang vom Maastricht-Vertrag ausgenommen sind – kaum zu erwarten, obwohl dies aus wirtschaftspolitischer Perspektive unbedingt geboten wäre. (Hierzu vor allem Bettina von Harder, 1997, S. 171ff.). Dieser Ausbau des Steuerungsinstrumentariums der Europäischen Union bedürfte einer zusätzlichen Entscheidung der souveränen Mitgliedstaaten, die in diesem Fall zu einem weiteren „qualitativen Sprung“ ansetzen würden. Denn die Einbeziehung der Finanzpolitik würde die Abgabe der Finanzhoheit bedeuten. Das wäre dann in der Tat die Aufgabe eines wesentlichen Bestandteils der nationalstaatlichen Souveränität und der Weg in die politische Union.

6. Fortfall weltpolitischer Bipolarität und der „Pax Americana" – der Durchbruch globalisierter Märkte und Unternehmen

6.1 Systemkonkurrenz als Folge der weltpolitischen Bipolarität 1945 bis 1990

Das deutsche Wirtschaftssystem der Nachkriegszeit ist in der heutigen Ausformung ohne die großen politischen Veränderungen der Welt nach 1945 nicht denkbar. Nach dem 2. Weltkrieg bestimmten zwei antagonistische, global agierende politisch-gesellschaftliche Systeme bis 1990 die Geschicke der europäischen Staatenwelt und weit darüber hinaus. Die im Zeichen des sogenannten „Ost-West-Konflikts" einsetzende, mit einem „Kalten Krieg" über zwei Jahrzehnte fortgeführte und mit zwei großen „Blöcken" militärischer, wirtschaftlicher, sozialer Art anhaltende „friedliche Koexistenz" bedeutete Polarität und „System-Konkurrenz". Vor allem waren – neben militärischer Stärke und entsprechenden Bündnissen – die wirtschaftlichen Erfolge und ihre soziale Moderierung für die westlichen Länder entscheidende Komponenten ihres Zusammenhalts.

Die im Zeichen des Ost-West-Konflikts in einer geteilten Nation lebende und unmittelbar an den sowjetischen Machtbereich grenzende Bundesrepublik Deutschland hat alle Elemente des weltpolitischen Konflikts besonders ausgeprägt in ihrem System „internalisiert". Dies gilt für den Antikommunismus ebenso wie für die Ablehnung jeder Art von Planung. Anders als etwa in Frankreich waren Pläne in der Wirtschaftspolitik schon deshalb verpönt, weil sie mit der „Planwirtschaft" im „anderen Teil Deutschlands" gleichgesetzt werden konnten. Noch stärker galt dies natürlich für den Begriff „Sozialismus", der auch als „demokratischer Sozialismus" ausgewiesener Antikommunisten wie Kurt Schumacher (der erste Vorsitzende der SPD nach 1945) in Westdeutschland ohne Chancen war und blieb.

Ganz anders verhielt es sich mit der Sozialpolitik als Korrektur von Ungerechtigkeiten in der kapitalistischen Marktwirtschaft. Auch in diesem war die Furcht in Westdeutschland stark ausgeprägt, die Bürger einer noch so erfolgreichen Marktwirtschaft könnten letztlich den Verlockungen funktionierender „sozialistischer" Systeme erliegen. Deshalb hat die Verwirklichung des Sozialstaats immer, gerade auch unter konservativen Bundesregierungen, oberste Priorität genossen. Insofern hat sich die Bundesrepublik Deutschland – ganz unabhängig von der langen sozialstaatlichen Tradition – stets auch grundlegend von dem großen wirtschaftlichen Vorbild USA unterschieden. Die Sonderstellung wurde von dort vor allem aus politischen Gründen (Land am „Eisernen Vorhang" und dennoch treuer Verbündeter) akzeptiert. Es scheint so, als ob auch die Sowjetunion aus denselben Gründen „ihrem" Satelliten DDR besondere „soziale" Errungenschaften zugestand, die es im eigenen Land nicht gab.

Die nationalen Ökonomien der jeweiligen Blöcke formierten sich mit dem Ausbruch des Ost-West-Konflikts in unterschiedlichen Graden entsprechend ihren Vormächten.

In den beiden deutschen Staates war dies besonders ausgeprägt. Aber auch die wirtschaftlichen Einflußbereiche der beiden Großmächte wurden von ihnen entscheidend geprägt. Im „Westen" kam es unter der Führung der USA zu einem internationalen Handels- und Währungssystem, das sich bald als zu stark für den Einflußbereich des sogenannten „Staatssozialismus" der Sowjetunion erwies. Es durchdrang mit seinen Prämissen und Leitregeln nach und nach die gesamte internationale Politik, einschließlich weiter Teile der sogenannten „Dritten Welt".

Zwischen 1945 und 1990 wurden die Grundlagen für die heutige ökonomische Globalisierung geschaffen. Dabei dominierte die strikte Abgrenzung vom „sozialistischen Weltmarkt" vor allem in Form technologischer Boykotts (z.B. mittels der „Cocom-Liste").

Der Unterschied zwischen der Zeit vor 1990 und nach 1990 ist – grob gesagt – der, daß die Ausbreitung kapitalistisch-marktwirtschaftlicher Ökonomien seit Beginn der neunziger Jahre nicht mehr durch die Existenz einer realen und militärisch mächtigen sozialistischen Utopie gebremst wird. Gebremst war sie bis 1990 dadurch, daß die soziale Komponente in den marktwirtschaftlichen Systemen natürlich infolge der sozialistischen Utopie im Osten herausgefordert und von allen Seiten für politisch wichtig gehalten wurde. Dies galt unabhängig davon, daß diese Utopie im realen Sozialismus längst korrumpiert, aufgegeben und existenzunfähig geworden war. Seit 1990 sind derartige externe welt-(system-)politische Einwirkungen auf die Marktwirtschaften entfallen. Das ist die neue Grundsituation.

6.2 Liberalisierung der Weltwirtschaft im Zeichen der Pax Americana

Unter „Pax Americana" wird hier verstanden, daß sich die USA im Verlaufe des 2. Weltkrieges zu einer neuen Weltmacht entwickelt hatten und damit an die Stelle der Europäischen Großmächte vor 1945 getreten waren. „PAX" bedeutet in diesem Zusammenhang, daß die USA, im Besitz der Atom- und Wasserstoffbomben, mit einem potentiell überwältigenden Arsenal an modernsten Waffen, die 2. Weltmacht nach dem Krieg, die Sowjetunion, in Schach halten konnten. Dies galt zumindest für die Nachkriegszeit bis in die sechziger Jahre hinein. Historische Beispiele sind: Truman mit dem 4-Punkte-Programm von 1947 anläßlich der Griechenland-Krise, dann der Marshall-Plan, die Containment-Policy, der Korea-Krieg mit der Mobilisierung der UN („Uniting for Peace") von 1950, das Chrustschow-Ultimatum 1959, der Mauerbau von 1961, die Entspannungspolitik. Auch an der europäischen KSZE (als „Sicherheit und Zusammenarbeit in Europa") sind die USA beteiligt.

Die USA gaben nach 1945 endgültig die Politik des Isolationismus der Zwischenkriegszeit (1918-1941) auf. Sie organisierten die UNO und den Sicherheitsrat. Sie organisierten und beherrschten Regionale Sicherheitspakte (NATO, ASEAN usw.). Sie führten internationale Wirtschafts- und Kulturinstitutionen und -großorganisationen und prägten die Regeln des Welthandels und des internationalen Währungssystems.

Die Blockbildungen nivellierten nationale Entwicklungsunterschiede. Im Zeichen des durch die USA garantierten Friedens durch Hochrüstung erfolgte international (und national) die „Amerikanisierung" der westlichen Welt. Aus den dringend erbetenen Dollarhilfen („Marshall-Plan"), Dollaranlagen, Dollarinvestitionen wurde für Feind und Freund eine Art „Dollar-Imperialismus", der mit der Auflösung der Systemkonkurrenz mehr und mehr von der weltwirtschaftlichen Koordination (von G-7 zu G-8) abgelöst wurde.

Eine wichtige Rolle spielte schon im Zeitalter der Bipolarität die Herausbildung „multinationaler Konzerne" (MNK). Kapitalvernetzungen, Produktionsverbände und Absatzglobalisierung finden hier ihre Vorbilder.

Aus der Dollarinflationierung, die durch die zahlreichen Verpflichtungen der USA in der westlichen Welt und vor allem durch den Vietnam-Krieg bedingt war und schließlich zur Aufgabe der Goldbindung des Dollar durch Präsident Nixon führte, (s. S. 78) bildeten sich „Euro-Dollar-Märkte" – „floatendes" Finanzkapital, das sich mit den „Petro-Dollars" (anlagesuchendes Kapital der reich gewordenen Ölstaaten) vereinigte.

Die wichtigsten internationalen Instrumente der weltwirtschaftlichen Liberalisierung im Zeichen der Pax Americana waren das Währungssystem von Bretton Woods (s. S. 77f.) und das seit 50 Jahren existierende GATT (Generell Agreement on Tariffs and Trade, heute: World Trade Organization, WTO). Das GATT erwies sich letztlich trotz aller Schwierigkeiten mit seinen in unregelmäßigen Zeitabständen stattfindenden „Runden" zur Senkung der Zölle und Handelshemmnisse als ein wirksames internationales Reglement („Regime") zur Liberalisierung des Welthandels.

Weitere ganz wichtige Institutionen der nach 1945 zusammenwachsenden Volkswirtschaften zunächst noch des amerikanischen „Blocks" und der meisten Staaten der „Dritten Welt" waren der Internationale Währungsfonds und die Weltbank in Washington. Sie sind heute sogar zu entscheidenden Finanzeinrichtungen bei der Bewältigung nationaler und regionaler Währungs- und Finanzkrisen aufgestiegen.

Die Systemkonkurrenz im Zeichen der Bipolarität führte angesichts der großen Rohstoffvorräte der Sowjetunion zu einem starken Engagement der Amerikaner im Nahen Osten. Die konservativen Regime der ölreichen Golfstaaten vertrauten sich dem Schutz der USA zur Sicherung ihrer Herrschaft nach innen und nach außen an. Daran änderte sich de facto auch nach den Ölpreiserhöhungen der OPEC nach 1973 wenig.

Auch die „Dritte Welt" war als Armuts- und Entwicklungsproblem in die Bipolarität einbezogen. Manche Regime in den Entwicklungsländern konnten daraus Nutzen für sich herausschlagen, andere litten darunter.

So war bis zum Zusammenbruch der Sowjetunion und dem Ende der Bipolarität ein us-amerikanisch dominiertes weltwirtschaftliches System entstanden, das in der Konkurrenz mit einem „Sozialismus", – dessen Stärke man im militärischen Bereich achten mußte, im wirtschaftlichen schlecht beurteilen konnte, dessen Sozial- und Befreiungsideologie aber seine Faszination behielt –, erkennbar auf einen sozial moderierten Kapitalismus achtete und auch europäische Volkswirtschaften umfaßte, die sich für einen marktwirtschaftlichen Sozialismus („Labour-Sozialismus" in Großbritannien nach 1945) oder einen „Wohlfahrtsstaat" (Schweden) entschieden. Auf der anderen Seite kam es mit Beginn der achtziger Jahre in Großbritannien („Thatcherismus" ab 1979) und in den USA („Reagonomics" ab 1981) zum drastischen Abbau sozialer Einrichtungen und gesetzlicher Standards. Der deutsche Sozialstaat nahm stets eine sehr moderate Mittelposition ein. Der ORDO-Liberalismus war nicht extrem neoliberalistisch, der Keynesianismus nicht sehr planerisch, und Monetarismus und Deregulierung waren schon aus Mangel an Durchsetzungskraft in Deutschland gemäßigt.

Die sich auf diese Weise allmählich vollziehende Integration marktwirtschaftlicher Ökonomien bildet die Grundlage des heutigen Globalismus mit dem Unterschied, daß die vom Sozialismus ausgehenden sozialen Herausforderungen der westlichen Ökonomien entfallen sind. Es ist mithin nicht nur das „Weltweite“, das im Begriff der „Globalisierung“ zum Ausdruck kommt, sondern zugleich das „Konkurrenzlose“, das die heutige Situation von jener der Jahre seit 1945 unterscheidet. Schon die neunziger Jahre ließen deutlich werden, wie sehr in vielen Staaten die Scheu vor unsozialen Maßnahmen zugunsten der Kapitalförderung entfallen war. Der Beginn des 21. Jahrhunderts wird davon noch stärker geprägt sein. Aus dieser Geschichte läßt sich ablesen, daß der „reine“ Neoliberalismus seine Durchsetzung heute nicht nur einer „besseren“ Konzeption verdankt, sondern auch dem Fortfall der „Systemkonkurrenz“.

6.3 „Globalisierung“ der Märkte und Unternehmen

Das ökonomische Stichwort des ausgehenden 20. Jahrhunderts heißt „Globalisierung“. Globalisierung ist mehr als „Internationalisierung“. Letztere fand schon immer ihren Anknüpfungspunkt bei den Nationalstaaten und ihren Beziehungen untereinander. So gesehen, ist auch die europäische Wirtschaftsunion ein Produkt internationaler Veflechtung. Sie unterscheidet sich allerdings von Wirtschaftskooperationen wie dem weltweiten GATT durch den Willen zur „Vergemeinschaftung“ vormals nationaler Lenkungskompetenzen.

Die Globalisierungsdiskussion schafft nicht immer Klarheit darüber, ob es sich eigentlich um eine qualitativ neue Entwicklung der Weltwirtschaft mit einem immanenten Zwang zur Auflösung nationaler Volkswirtschaften handelt oder ob davon ausgegangen wird, daß sich die weltwirtschaftlichen Verflechtungen dynamisch weiterentwickeln, so daß die nationalen Ökonomien auf absehbarer Zeit ihre Kernbereiche abgeben, evtl. auch an regionale Verbünde wie die Europäische Union.

In der ersten Vorstellung steckt offensichtlich eine ideologische Komponente, die Sieg und Durchbruch des weltweiten, die nationalen Ökonomien sprengenden Liberalismus nach dem Zusammenbruch des Kapitalismus verheißt. Ulrich Beck (1997, Was ist Globalisierung?) hat eine Unterscheidung zwischen „Globalismus“ und „Globalität“ vorgeschlagen. Globalismus kennzeichne den Sieg der hegemonialen Idee des Neoliberalismus, nach der sich auch das politische Handeln den Imperativen des Weltmarktes unterzuordnen habe. Globalität kennzeichnet nach Beck sehr verschiedene strukturelle Dimensionen eines Globalisierungsprozesses (wirtschaftliche, ökologische, kulturelle, auch politische), die durch Eigenlogiken und den Willen transnationaler Akteure bestimmt seien und keinem irgendwie gearteten Sachzwang folgen müßten. Dieses Buch folgt, auch in späteren Teilen, in diesem Sinne der Vorstellung von „Globalität“ und einer fortschreitenden Verflechtung der Unternehmen und „Märkte“ mit allerdings wachsender Dynamik und unbestreitbarem Druck auf Anpassung für die nationalen Volkswirtschaften.

„Globale“ Handelsbeziehungen gibt es seit dem Altertum. Sie hängen mit dem jeweiligen Weltbild zusammen. Die „eine Welt“, die heute mit dem Begriff der Globalisierung gemeint ist, ist die Welt der arbeitsteiligen Industrie- und Dienstleistungswirtschaften. Die technischen Voraussetzungen sind seit langem gegeben und intensivieren sich, die infrastrukturellen sind ausgebaut und werden ständig perfektioniert. Die politischen Voraussetzungen für eine derartige Entwicklung liegen seit dem Zusammenbruch der Bipolarität vor. Da dieser de facto einen Sieg der liberal-marktwirtschaftlichen Systeme darstellt, bedeutet die Globalisierung heute die globale Ausbreitung der neoliberal-marktwirtschaftlichen Formen, Mechanismen und Prinzipien von Arbeitsteilung, Wettbewerb, Unternehmenspolitik und Finanzmärkten.

Der Hinweis auf die historische Bedeutung der vorausgehenden Phase der Bipolarität und die Eigendynamik der westlichen Wirtschaften im Zeichen der Pax Americana soll aber anzeigen, daß die heutige Entwicklung kein naturwüchsiger Prozeß ist, sondern von den Regierungen der Nationalstaaten ermöglicht und erleichtert wird. Dies gilt in besonderem Maße für die Telekommunikationsmärkte, die Unternehmenszusammenschlüsse und die Handelsliberalisierungen. Es ist umgekehrt nicht völlig undenkbar, daß die Globalisierung als fortschreitender Prozeß gestoppt oder zumindest kontrolliert werden könnte, wenn es bestimmte internationale Abreden zwischen wirtschaftsmächtigen Staaten oder regionalen Blöcken (etwa der EU) gibt. Es kann und soll hier allerdings nicht darüber hinweggesehen werden, daß in der Entwicklung seit 1990 eine Eigendynamik liegt, die es einzelnen Nationalstaaten eher unmöglich macht, sich dem Prozeß zu verweigern. Die Globalisierung ist damit eine manifest neue Bedingung nationalstaatlicher Wirtschaftssysteme geworden.

Johannes Varwick hat Anfang 1998 einige wichtige Fakten der ökonomischen Globalisierung mit den Dimensionen Handel, Investitionen, Finanzmärkte und Akteure zusammengefaßt (Varwick, in Gegenwartskunde 1/98, S. 50ff.; die Zahlen stammen aus: Stiftung Entwicklung und Frieden, 1998):

Die Handelsverflechtung – stärker wachsend als die Weltproduktion – ist nicht global, sondern zu 85% (1995) konzentriert auf die Regionen Nordamerika, Westeuropa und Asien.

Grenzüberschreitende Direktinvestitionen werden vor allem zwischen den OECD-Staaten getätigt. 1995 seien auf die 10 wichtigsten Anlageländer zwei Drittel aller Investitionen entfallen. Der Anteil der Entwicklungsländer als Investitionsempfänger sei seit den achtziger Jahren zwar stark gestiegen, jedoch konzentrierten sich die Investitionen auch hier auf wenige Länder. Deutsche Unternehmen hätten zwischen 1990 und 1995 134 Mrd. US-$ im Ausland investiert, ausländische Unternehmen aber im gleichen Zeitraum nur 21 Mrd. US-$ in Deutschland.

Die Globalisierung der Finanzmärkte ist am weitesten fortgeschritten und wächst noch wesentlich schneller als der Welthandel. Diese Märkte, so Varwick, seien zunehmend von der realwirtschaftlichen Entwicklung abgekoppelt. „So sind von den 1.400 Mrd. US-$, die täglich weitgehend computergesteuert an den Devisenmärkten bewegt werden, weniger als 15% für den Welthandel notwendig“ (S. 51) Den Hauptanteil bildeten kurzfristige Kapitalanlagen spekulativer Art („Derivate“).

Schließlich hat sich die Zahl der Multinationalen Konzerne (MNK) oder auch transnationalen Konzerne (TNK) als „Global Players“ enorm vergrößert. Auch hier gibt es die Konzentration auf wenige Länder (Deutschland, Frankreich, Großbritannien, Japan, USA). Geschätzt wird, daß die TNK bis Ende der neunziger Jahre zwei Drittel des Welthandels abwickeln werden. Die 20 größten TNK setzten mehr um, als die 80 ärmsten Staaten zusammen an Sozialprodukt erwirtschaften. In diesem Zusammenhang werden häufig die Umsätze riesiger Konzerne (z.B. General Motors, 1996: 168 Mrd. US-$) mit dem Bruttosozialprodukt ganzer Länder (wie z.B. Polen, 1996: 134 Mrd. US-$) verglichen.

Weltmarkt-„Konkurrenz“ verschiebe sich mehr und mehr von nationalstaatlichen Akteuren zu diesen transnationalen, die ihrerseits die Nationalstaaten wieder in einen

„Standort"-Wettbewerb zwingen. Über die Möglichkeiten des „Intra-Konzernhandels" werden natürlich trotzdem Gewinne dorthin verlagert, wo sie am geringsten versteuert werden müssen. Soweit es sich um „Datenströme" innerhalb der TNK handelt, sind internationale Transaktionen staatlicherseits nicht mehr kontrollierbar. Die „Globalisierungsoptionen" der transnationalen Konzerne haben auch nachweisbare Rückwirkungen auf die nationalen Tarifvertragssysteme. Diese Konzerne müssen als „global vernetzte Wirkungsketten" gesehen werden, die ihre einzelnen Unternehmensfunktionen an die jeweils optimalen Standorte auf der gesamten Welt verteilen können. Cost- and Profitcenters sorgen dafür, daß auch diese Standorte dann innerhalb des weltweiten Unternehmens noch einem permanenten Kosten- und Produktivitätswettbewerb ausgesetzt werden.

Wirkungen der so beschriebenen „Globalisierung" führen in den Produktions- und Dienstleistungsbereichen zu Verschiebungen der Arbeitsmärkte, soweit es sich um einfachere Massenfertigungen handelt, zu Ländern oder Regionen mit billigen Arbeitskräften. Dies gilt aber heute auch schon für Aufträge in der Datenverarbeitung, die von speziell ausgebildeten Arbeitskräften in Entwicklungs-, und „Schwellen"ländern, wie z.B. in Indien, für europäische Konzerne ausgeführt werden.

Die Globalisierung hat starke und diskussionsbedürftige Auswirkungen auf die bisherige nationalstaatliche Wirtschaftspolitik. Der Prozeß stellt vor allem die bisherigen staatlich-nationalen Gestaltungskompetenzen gegenüber Wirtschaft und Gesellschaft infrage. Die Finanzmärkte gelten unter den gegebenen technischen und organisatorischen Bedingungen schon als nicht mehr kontrollierbar. Die nationalstaatlichen Regierungen leisten häufig aktive Beiträge zur Schaffung günstiger Bedingungen für die Globalisierung. Soweit sie dies eher taten, um einer wirtschaftspolitischen Doktrin zu folgen, muß die Doktrin daraufhin befragt werden, wie weit sie für die nationalstaatliche Wirtschaft zumutbare oder unzumutbare Bedingungen befördert. Daran sollten diese Beiträge gemessen werden. Auch ergeben sich aus dieser kritischen Sicht zusätzliche Argumente für eine Europäische Union mit ordnungspolitischem Gestaltungswillen.

Sehr drastisch beschreibt Lester C. Thurow (1996, S. 186f.) den Vorgang: „Die Globalisierung der Wirtschaft treibt einen Keil zwischen die nationalen politischen Institutionen und deren Bemühungen, wirtschaftliche Entwicklungen in bestimmte Richtungen und internationale Wirtschaftskräfte in bestimmte Bahnen zu lenken: In der heutigen Welt entscheidet nicht mehr die nationale Politik über Wirtschaftskräfte, sondern es entsteht eine globale Wirtschaft, in der außerhalb jeder nationalen Einflußsphäre angesiedelte geoökonomische Kräfte die nationale Wirtschaftspolitik eines Landes diktieren. Mit der Internationalisierung verlieren die Regierungen der Einzelstaaten viele der Druckmittel, mit deren Hilfe sie die Wirtschaft bisher kontrollieren konnten."

Diese Interpretation überzeichnet die gegenwärtige Lage. Die Entwicklung folgt allerdings bislang diesem Trend. Thurows Beispiele sind nicht zu widerlegen: Als die Amerikaner versuchten, auf Dollar lautende Wertpapiere im Interesse ihrer Geldmengenpolitik zu kontrollieren, entstand der Eurodollarmarkt in London (und wegen der deutschen Aufsichtspolitik auch nicht in Frankfurt). Als die japanische Regierung sich bemühte, den Handel mit Finanzderivaten zu kontrollieren, verlagerte sich der Handel nach Singapur, ohne seinen Einfluß auf die Tokioter Börse einzubüßen. Die kostenintensiven deutschen Verordnungen zur Biotechnologie hätten, so Thurow, lediglich bewirkt, daß die deutschen Chemie- und Pharmakonzerne ihre Biotechnologie zunächst in die USA verlagerten.

Wenn es richtig ist, daß sich, wie an diesen wenigen Beispielen erkennbar, die Geschäftstätigkeit immer dorthin verlagern wird, wo sie keiner oder geringerer Aufsicht unterliegt – und dies wird infolge der neuesten Informations- und Kommunikationstechnologien immer einfacher –, dann zwingt dies die beteiligten Staaten zu Reaktionen, zu denen nicht mehr allein die immer weitergehende „Deregulierung“ gehören kann. Denn: „Die Ära der nationalen Wirtschaftsbestimmungen neigt sich dem Ende zu, und die Ära der globalen Wirtschaftsbestimmungen ist noch nicht eingeläutet“ (Thurow, 1996, S. 192).

4. Kapitel
Erosion vertrauter Strukturen und Gewißheiten

1. Das Vertrauen auf das Konzept der „Sozialen Marktwirtschaft“

Bedeutung und Dynamik der „Globalisierung“ der Märkte und Unternehmen werfen schon für sich allein die Frage auf, was dies alles für die deutsche „Soziale Marktwirtschaft“ bedeutet. Gelegentlich scheinen sie geradezu Panik auszulösen, wie dies bei unüberschaubaren und undurchschaubaren Vorgängen ja häufig zu beobachten ist. Vorschnelle Antworten sind fehl am Platze. Es empfiehlt sich ein abwägendes Herantasten an die Gesamtproblematik.

Die „Deregulierung“ durch ungezügelte Globalisierungsprozesse entspricht nicht mehr dem Marktideal des ORDO-Liberalismus, sondern bewegt sich eher auf den klassischen Liberalismus des „Laisser faire“ zu. Darüber scheinen sich viele politisch Verantwortliche nicht im klaren zu sein, wenn sie den Geist Ludwig Erhards und der erfolgreichen „Sozialen Marktwirtschaft“ der fünfziger Jahre beschwören. Die nationalstaatliche Wirtschaftspolitik steht mit der Globalisierung vor ganz anderen Herausforderungen, Fragen und Aufgaben als Ludwig Erhard, der erfolgreich den wirtschaftlichen Wiederaufbau mit nahezu unbegrenzter Nachfrage nach Gütern und Dienstleistungen organisierte. Die heutige Wirtschaftspolitik unterliegt mit den neuen Rahmenbedingungen auch neuen Ungewißheiten, die nicht mit schlichten Hinweisen auf die wundersame Kraft der „Märkte“ aus der Welt zu schaffen sind.

1.1 Der „starke Staat“ als wirtschaftspolitische Ordnungsmacht ist eine Legende

Vertreter des ORDO-Liberalismus haben stets die besondere Bedeutung des Staates für die Wirtschaftsordnung betont: „Die Soziale Marktwirtschaft fordert keinen schwachen Staat, sondern sieht in einem starken demokratischen Staat die Voraussetzung für das Funktionieren dieser Ordnung“, sagte Alfred-Müller-Armack (1972 in: Manifest ’72, S. 26). Dieser Staat soll die Wirtschaftsordnung nach „konstituierenden“ und „regulierenden“ Prinzipien formen und konstant garantieren. Trotz der Orientierung an leitenden Kriterien bleibt das Bild dieses Staates unscharf. Bezieht sich die Stärke auf abgehobene Souveränität der staatlichen Instanzen, dann wäre dieser Staat kein demokratisch-pluralistischer Staat. Erblickt man „Stärke“ in der Kompetenz des Nationalstaates, mit verbindlicher Kraft Gestaltungen anzuordnen und notfalls auch zu erzwingen, so stimmt die Forderung heute infolge der Verflechtungen zwischen Staat und Wirtschaft sowie dem „Bargaining-Verhalten“ der Verwaltungen auch nicht mehr.

Darüber hinaus wird unsere staatliche Wirklichkeit, wie hier umfassend begründet wurde, maßgeblich von der (europäischen) „Vergemeinschaftung“ der nationalen wirtschaftsordnungs- und wirtschaftspolitischen Kompetenzen bestimmt. Die „Globalisierung“ der Märkte entzieht sie dem Zugriff nationalstaatlichen Ordnungswillens. Aber auch politische Vorgaben wie die „Konvergenzkriterien“, die von 1992 bis 1998 zur Begründung eines Eintritts in die Europäische Währungsunion dienten, haben die Bewegungsfreiheit einer ganzheitlich orientierten Politik empfindlich beeinträchtigt. Wird der „Stabilitätspakt“ innerhalb der EURO-Staaten strikt eingehalten, wie es von deutscher Seite bisher gefordert wird, dann setzt sich diese Beschneidung staatlicher Gestaltungsmöglichkeiten fort.

Unklar ist das Bild vom notwendigerweise starken Staat überdies wegen mancher widersprüchlicher Forderungen: Der Staat soll sich zurückziehen, deregulieren und die Steuerung den Märkten überlassen; er soll aber andererseits z.B. Forschung und Technologien, Bildung und Ausbildung als die entscheidenden Investitionen in die Zukunft fördern und garantieren, also eingreifen. Da beides notwendig ist, kann sich weder „Stärke“ noch ordnungspolitische Konstanz, ein weiterer ordoliberaler Grundsatz, einstellen. Die Aufgaben sind zu differenziert, als daß ihre Lösung heute noch einem geschlossenen Leitbild folgen könnte. Und sie erfordern finanzielle Mittel, die aus dem Marktprozeß kommen müssen.

Nun ist, wie vorne (S. 38ff.) ausführlich dargestellt wurde, die Rolle des Staates im Neoliberalismus durchaus umstritten. Nur die ORDO-Liberalen haben dem Staat eine ganz besondere Ordnungs- und Gestaltungsfunktion zugewiesen. Diese Funktion kann der Staat als Nationalstaat nicht mehr ausfüllen. Offen ist allerdings, ob dies nun für die Wirtschaftsordnung den „Abschied vom Staat“ bedeuten muß oder ob nicht einfacher eine funktionsorientierte Perspektive angebracht wäre. Mit der Diskussion über den „schlanken Staat“ hat dies übrigens nichts zu tun. Funktionsorientierte Perspektive bedeutet, daß „der Staat“ als Ordnungsmacht, als Fiskus, als Verfassungssystem, das auf bestimmte normative Grundsätze wie Demokratie, Sozialstaat, Bundesstaat und Rechtsstaat verpflichtet ist, entsprechend den unterschiedlichen Funktionen und Anforderungen auch in die Wirtschaft intervenieren kann und muß. In diesem Sinne ist auch das Bild vom europäischen „Mehrebenensystem“ richtig, das das Nebeneinander öffentlich-rechtlicher Regelungsinstanzen beschreibt. Damit dies nicht in einen puren Pragmatismus ausartet, sind Zielmarkierungen notwendig. Sie bilden dann den Ordnungsrahmen.

Derartige Überlegungen sind aus folgenden Gründen wichtig: Auch die ständige Wiederholung des Begriffs „Soziale Marktwirtschaft“ kann heute nicht mehr darüber hinwegtäuschen, daß in bezug auf die Wirtschafts„ordnung“ und auf die wirtschaftspolitischen Steuerungsmöglichkeiten im „Gesamtinteresse“ Unsicherheit und Ungewißheit Platz greifen. Diese werden sich verstärken, je größer die Kluft zwischen dem Begriff und der Realität wird. Dies gilt z.B. in besonderem Maße für die Bevölkerung in den neuen Bundesländern, deren zweiter Eindruck (nach der DM) jener sein muß, daß die vielgerühmte „Soziale Marktwirtschaft“ eine Legende, schlimmstenfalls eine Lüge sei.

Aus dieser Lage können nur überzeugende neue Konzepte, möglicherweise ein Mix von bewährten wirtschaftspolitischen Strategien, auch ein verantwortlicher Pragmatismus heraushelfen. Unter den Bedingungen der „Europäisierung“ des deutschen Wirtschaftssystems ist hingegen nicht zu erwarten, daß noch einmal ein Konzept wie das

ORDO-Liberale, „aus einem Guß", formulierbar und politisch durchsetzbar ist. Die Mischung von Ordnung und Pragmatismus empfiehlt sich schon aufgrund der unterschiedlichen wirtschaftspolitischen Traditionen und kollektiven historischen Erfahrungen in Deutschland einerseits, in Frankreich z.B. andererseits. Der in Deutschland seit 50 Jahren herrschende Neoliberalismus, ganz zu schweigen vom ORDO-Liberalismus, hat in Frankreich keine Tradition. Wirtschaftspolitische Führung durch eine unabhängige Zentralbankleitung, die sich allein am Geldwert und der Preisentwicklung orientiert, sind dort ebenso unverstanden wie konzertierte Aktionen tarifvertraglich verbundener Großverbände. So werden auf europäischer Ebene neue Konzepte ohne Geschlossenheit und dogmatische Klarheit ausprobiert werden müssen. Dies aber bedeutet Abschied nehmen vom Glauben an die Heilungskräfte eines bestimmten, früher einmal großartigen Ordnungskonzepts für die Wirtschaft.

1.2 Das Vertrauen in die ordnungspolitische Kraft europäischer Institutionen oder internationaler Regime fehlt

Ein Vertrauen in die Leistungskraft und Problemlösungsfähigkeit europäischer Institutionen oder auch die Ordnungskraft internationaler Regime, wie z.B. die WTO, Währungsfonds und Weltbank, die den Problemlagen angemessen wären, hat sich bislang nicht entwickeln können. Und doch wird es in starkem Maße auf Problemlösungen auf diesen Ebenen ankommen, will man nicht allein den „entfesselten" globalen Marktkräften vertrauen. Natürlich ist dieses Bild auch das Bild Ludwig Erhards ab 1948. Die von ihm geförderte „Entfesselung der privatwirtschaftlichen Energien" betrachtete er als Motor und Kern des deutschen Wirtschaftswunders. Ähnlich will der Neoliberalismus, der heute vorherrscht, die weltwirtschaftlichen Energien entfesseln. Aber wohin und innerhalb welchen Rahmens?

Erhard hatte eben auch den „starken" ordnenden Staat im Visier. Eine verbindliche wirtschaftliche Weltordnung gibt es aber nicht. Die ordo-liberalen Vorstellungen der nun schon klassischen Form lassen sich nicht auf die internationale oder globale Ebene übertragen. Auch ist es fraglich, ob die weltwirtschaftliche Dynamik in ähnlicher Weise auf einer nahezu unbegrenzten Nachfrage nach Gütern, Dienstleistungen und Infrastrukturinvestitionen basieren kann. Theoretisch gesehen ist dies zweifellos der Fall. Aber die weltwirtschaftlichen und weltpolitischen Asymmetrien, die Entwicklungsunterschiede und das Gefälle in der weltwirtschaftlichen Verteilung finanzieller Ressourcen lassen Ende der neunziger Jahre noch keine großen Hoffnungen zu.

Internationale wirtschaftliche Harmonisierungs- und Regulierungsbemühungen, die Verwirklichung internationaler Handels- und Kapitalverkehrsregeln, verlaufen schleppend und zum Teil ergebnislos, weil es für einen Einzelstaat häufig günstiger ist, zumindest auf Zeit zu spielen und die Vorteile des „free riders" (des ungebundenen Nutzers) wahrzunehmen. Internationale „Regulierungsagenturen" sind mit mehr oder weniger Kompetenzen auf einzelnen Politikfelder tätig (Währungsfonds, WTO, UNCTAD, ILO, UNDP, Weltbank), aber die Zusammenhänge und Querverflechtungen zwischen den Politikfeldern werden kaum erfaßt bzw. sind unterentwickelt (wie z.B. der Schutz der „global commons" wie Regenwald, Arten, Ozonschicht; Rohstoffsicherung; ökologisch relevante Regeln für die Produktion).

In dieser Perspektive muß die wirtschaftspolitische (und nicht nur diese) Leistungsfähigkeit der europäischen Instanzen beurteilt werden. Sie ist groß und wächst. Sie hat aber noch keine generelle Ordnungskraft. Es wird bislang nur deutlich, welche entscheidende Rolle die EU und ihre „Harmonisierungstätigkeit" für die beteiligten Staaten spielt oder spielen könnte. Sie wird wohl erst langsam zu einem „global player", aber die Entnationalisierung von Gestaltungsmacht besitzt mit der EU einen neuen Fixpunkt für unabdingbare Wirtschaftsregulierungen und die Lösung vieler Schwierigkeiten, die bei offenen Volkswirtschaften unvermeidlicherweise auftreten. So könnte neues Vertrauen entstehen.

Solange die Politik nicht der Größe der Weltmärkte gerecht werden, also weltweite Regeln erlassen und durchsetzen kann, ist die Vorstellung schon generell keineswegs abwegig, große Wirtschaftsräume wie in Europa, in Nordamerika (USA, Kanada, Mexiko), Südostasien, um naheliegende zu nennen, unter jeweils supranationalen Regelungsinstanzen zu vereinen.

Die gegenwärtige Alternativenlosigkeit in bezug auf ordnungspolitische Konzepte, die das Verhältnis Wirtschaft-Staat einschließen, ist gefährlich. Die Wirtschaftswissenschaften haben weltweit dem neoliberalen Dogma, wonach die Dynamik der globalen Märkte entfesselt werden und alle Strategien allein der Wohlstandssteigerung und dem Fortschritt dienen müßten, nichts entgegenzusetzen. Die Furcht vor unübersehbaren Folgen dieser Strategien und die ordnungspolitische Alternativenlosigkeit in Richtung auf einen begrenzenden Rahmen fördern die Flucht in nationalistische Abschließungswünsche, die scheinbar Sicherheit versprechen. Das ist das eigentliche, politische Dilemma der gegenwärtigen Entwicklung. Deswegen liegt in der Europäisierung der europäischen Volkswirtschaften eine ganz große Chance, so schwierig sie auch in der Realität ist.

2. Nationale Wettbewerbsordnung und globale Konzentrationsprozesse

2.1 Die weltweite Fusionseuphorie der neunziger Jahre

Die neunziger Jahre sind von einer „rasanten Zunahme von Unternehmenszusammenschlüssen über die Grenzen hinweg“ bestimmt. „Nur Unternehmen, die weltweit aktiv sind und in ihren Geschäftsfeldern eine entsprechende ‚kritische‘ Größe erreichen, können auf Dauer überleben“ (Strukturbericht 1995 des Ifo-Instituts München). Die „Größe an sich“, die Ertragssteigerung („Share-holder-Value“), die produktions- und absatzstrategischen Gesichtspunkte der „Erschließung neuer Märkte“ sowie die Exportsicherung sind – in dieser Reihenfolge – die wichtigsten Bestimmungsgrößen für Fusionen, weit vor den immer wieder beschworenen hohen Arbeitskosten in Deutschland. Das wird auch daran erkennbar, daß die Zielrichtung: Westeuropa und USA vor den „Niedriglohnländern“ steht. „Viele Gesellschaften mit Sitz in Deutschland verdienen ihr Geld heute zum Großteil im Ausland, was sich daran ablesen läßt, daß sie teilweise kaum noch Ertragsteuern hierzulande entrichten. Für die Eroberung neuer Märkte oder marktbeherrschender Positionen wird eine Verankerung in den entsprechenden Ländern oder Segmenten immer wichtiger. Deshalb dreht sich das Übernahme-Karussel immer schneller“ (SZ v. 25.7.1995). Diese auf das Jahr 1995 bezogene Feststellung wird von Jahr zu Jahr bestätigt. „Dem Volumen nach (Anzahl der Fälle mal Preis) folgte einem eher mittelmäßigen Jahr 1995 ein starker Aufschwung 1996, der 1997 noch einmal deutlich an Dynamik gewonnen hat“ (SZ v. 24.-26.12.1997). „Die Welt“ bezeichnete das Jahr 1997 sogar als „Jahr der Mega-Fusionen“ (v. 24.12.1997).

Mit der weltweiten Märkteliberalisierung werden immer mehr Branchen in die Fusionswellen einbezogen. Denn auf globalen Märkten schrumpft aus der Sicht der Unternehmen eine nationale Markt-Position schnell zu einer bedenklich beschränkten Größe. Auch die Banken und Versicherungen sind von länderübergreifenden „Mega-Fusionen“ erfaßt. Am deutlichsten kann dies an der Telekommunikationsbranche studiert werden. Hier waren bis in die achtziger Jahre hinein nationale, zumeist staatliche, Monopolunternehmen vorherrschend. Mit ihrer Zerschlagung durch Aufteilung und Privatisierung sowie mit der weltwirtschaftlichen Liberalisierung ergeben sich ganz andere Dimensionen. Noch zu wenig wird die Frage diskutiert, ob nun nicht neue private Quasi-Monopole durch die neuen internationalen Unternehmensgrößen oder durch Unternehmensverbindungen unterschiedlicher Art an die Stelle der nationalen und staatlichen Monopolunternehmen treten. Dies dürfte von Branche zu Branche verschieden sein. Ende der neunziger Jahre zeigt z.B. der europäische und deutsche Telekommunikationsmarkt eher das Gegenteil an.

Schließlich kommt noch die Übermacht der USA-Konzerne hinzu. Nach einer Aufstellung der „Welt" (24.1.1998) hatten 222 der 500 größten Unternehmen der Welt ihren Sitz in den USA. Deutschland rangierte nach Japan und Großbritannien mit 21 Großunternehmen an 4. Stelle (berechnet nach dem Grad der Kapitalisierung, d.h., durch Multiplikation der Zahl der emittierten Aktien mit den Marktpreisen vom 30.9.1997, eine Analyse der britischen Zeitung „Financial Times").

Die Fusionswelle hat eine nationale und viele internationale Dimensionen. Innerhalb Deutschlands wächst – nach einer ersten Welle im Zuge der deutschen Vereinigung – die Zahl der Großfusionen permanent und häufig spektakulär. Es kommt dabei auch zu sogenannten „feindlichen Übernahmen", wenn ein fusionierendes Unternehmen (bzw. sein Vorstand) nicht einverstanden ist, aber durch die Kapitalbesitzer (z.T. erst an der Börse zusammengekauft) gezwungen wird oder werden soll (Beispiel: Thyssen-Krupp 1996). In Deutschland scheint der Zweck der Großfusionen zumeist noch eher in ganz spezifischen Unternehmensstrategien zu liegen. Es geht um „Synergieeffekte", also um Optimierung der Rentabilität durch Zusammenlegung, oder auch um die Verbreiterung und sogar Veränderung der Produktions- und Leistungspalette (wenn z.B. Preussag das Reiseunternehmen Hapag-Lloyd übernimmt).

Zu den internationalen Dimensionen gehören vor allem die europäischen und die weltweiten, zumeist in den USA-Markt hineinreichenden Fusionen. Natürlich gilt die oben genannte Entwicklung der Märkte zu internationalen Groß-Märkten zunächst einmal für den europäischen Binnenmarkt. Es ist logisch, daß innerhalb dieses Binnenmarktes die Unternehmen der einzelnen Branchen nach angemessener Größe suchen. Hierbei kommt aber neben den wirtschaftlichen eine bedeutsame politische Frage ins Spiel. Es ist z.B. die Furcht der Franzosen, „zu Anhängseln der deutschen Konzerne zu verkümmern" (Die Welt v. 14.5.1998). Während die Kooperation der Deutschen Telekom als eines der weltgrößten Unternehmen der Branche mit France Telecom derartige Fragen nicht aufwirft, ergeben sie sich z.B. durch die Übernahme der französischen Versicherungsgesellschaft AGF durch den Allianz-Konzern. Genannt wird auch die „aggressive" (Die Welt v. 14.5.1998) Politik der Frankfurter Börse, die nicht nur auf Kosten der deutschen Regionalbörsen, sondern auch der Pariser Börse Marktanteile im europäischen Wertpapierhandel hinzu zu gewinnen versucht. Das bekannte Werben der deutschen Automobilkonzerne BMW und VW um die britische Marke Rolls-Royce zeigte nicht nur eine weitere binneneuropäische Marktentwicklung auf, sondern auch die Kapitalstärke der deutschen Konzerne, die im europäischen Binnenmarkt keineswegs nur Freude auslöst.

Die internationale Konzentrationswelle wird z.B. durch den Zusammenschluß von Daimler und Chrysler im Frühjahr 1998 dokumentiert. Interessant war dabei, daß Daimler Wert auf die Feststellung legte, daß es ein „deutsches" Unternehmen bleibe. Dies ist das Signal für einen noch nicht genannten Gesichtspunkt der Fusionen: die Unternehmenskontrolle. Der Regel entspricht dies nicht. Im Bereich außerhalb des europäischen Binnenmarktes dürfen neben den amerikanischen Großkonzernen und ihrer Einkaufspolitik andere nicht übersehen werden. Ein Beispiel ist die Übernahme der Firma Boehringer in Mannheim durch den Schweizer Roche-Konzern.

Hinter allem stehen nationale und globale Finanzmärkte. Auch ihre Institutionen, also die Banken, sind in einem anhaltenden Fusionsprozeß mit zum Teil atemberaubenden Größenordnungen (Beispiele: Citibank-Travellers, USA, zu dem größten „Finanz-Supermarkt" der Welt, im Ölbereich: British Petroleum (BP) und Amoco, mit Sitz in

London) begriffen. Sie und weltweite Aktien-Fonds/Fondsunternehmen finanzieren mit ihren Entscheidungen die sinnvollen ebenso wie die problematischen Fusionen. „Monopoly“ überschrieb die „Welt“ einen Kommentar (2.6.1998). Bei dem „Monopoly“ geht es, was offensichtlich häufig übersehen wird, auch um Arbeitsplätze. „Shareholder-Interests“ und „Stockholder-Interests“ sind zu den Begriffen der internationalen Wirtschaftsverflechtungen geworden. Die Suche nach Kontrollmöglichkeiten ist alt und sie entspricht keineswegs nur dem Wunsch nach „mehr Staat“, sondern in immer stärkerem Maße dem Eigeninteresse der Akteure an einer Vorsorge gegenüber nicht mehr steuerbaren Zusammenbrüchen.

2.2 Ungesicherte Monopolkontrolle

Unter Ludwig Erhard galt das „Kartellgesetz“ von 1957 als das „Grundgesetz der Sozialen Marktwirtschaft“. Zuständig für die Aufrechterhaltung freier Märkte, seit den siebziger Jahren auch für die Kontrolle von Fusionen, um monopolartige Marktstellungen zu verhindern, ist das Bundeskartellamt in Berlin (s. S. 49 u. 63). Sicher war der deutsche Gesetzgeber gut beraten, als er dieses staatliche, dem Bundeswirtschaftsministerium unterstellte Amt, nicht nur mit dem Auftrag versah, die Märkte zu beobachten und Fusionen zu genehmigen oder zu verbieten, sondern auch an eine politische Dimension des Fusionsproblems dachte. Die „Ministererlaubnis“ im deutschen Kartellrecht besagt nichts anderes, als daß der politisch verantwortliche Minister eine „Mega-Fusion“ auch dann genehmigen darf, wenn die Kartellbehörde dies aus Wettbewerbsgründen für falsch hält. „Gut beraten“ heißt hier: angesichts der weltwirtschaftlichen und der europäischen Marktentwicklung der neunziger Jahre konnte und kann die Großfusion durchaus im nationalen Interesse (der Anteilseigner, der Beschäftigten, der Regionen usw.) liegen. Eine solche politische Entscheidung zeigt, daß die ordoliberale staatliche Marktordnung eine grundlegende Schwäche hatte: Sie folgte noch zu sehr dem Vorbild der klein- und mitteldimensionierten Unternehmen und Märkte. In dieser Form taugt sie nicht für die modere Weltwirtschaft.

So herrscht auch in diesem Punkt große Ratlosigkeit bei allen, die allein der ordoliberalen Doktrin und ihrer seinerzeit in den siebziger Jahren modernen Variante einer am eingeschränkten Wettbewerbs orientierten staatlichen Aufsicht folgen wollen. Heute kann deutschen Unternehmen nicht der Verzicht auf die Bildung nationaler Großkonzerne auferlegt oder die Beteiligung bzw. Übernahme ausländischer Unternehmen untersagt werden, will man nicht die Zukunft der deutschen Unternehmen und natürlich auch ihrer Arbeitsplätze aufs Spiel setzen. Die Arbeitsplätze spielen bei den Fusionen zwar so gut wie keine Rolle und in der Regel bringen die Fusionen auch eher einen Abbau an Arbeitsplätzen. Aber die Sicherung der Unternehmen verlangt eine Teilnahme an der Herausbildung marktangemessener Größenordnungen, an der Suche nach Synergieeffekten in Produktion und Absatz und ähnlichen Strategien.

Für die Unternehmensfusionen zu Weltkonzernen gibt es kein „Kartellamt“. Ja, es stellt sich für das nationale Kartellamt die grundsätzliche Frage, inwieweit es noch im Interesse der deutschen Volkswirtschaft liegt, Großzusammenschlüsse staatlich zu verbieten und damit möglicherweise die Konkurrenzfähigkeit und die Bildung der „kritischen Masse“ im globalen Wirtschaftswettbewerb durch deutsche Konzerne zu unterbinden. Die „Ministererlaubnis“ läßt bekanntlich Ausnahmen zu. Ob dies alles noch sinnvoll ist angesichts der Vorherrschaft amerikanischer und japanischer Weltkonzerne muß bezweifelt werden.

Das deutsche Wettbewerbsrecht wird nicht mehr ausgebaut. Fusionen müssen beim Bundeskartellamt angemeldet werden und werden dort auf ihre Auswirkungen auf den wirtschaftlichen Wettbewerb hin untersucht und bewertet. Nationale Großzusammenschlüsse werden auch nach wie vor nicht nur registriert, sondern z.T. auch vom Bundeskartellamt verboten (z.B. Hochtief-Holzmann). Die Dynamik der Zusammenschlüsse wird jedoch auch im nationalen Rahmen immer stärker. Die Größenordungen sprengen die Möglichkeit einer rein nationalen Wettbewerbs- und Markteinschätzung. Die internationalen Beteiligungen deutscher Unternehmen haben noch ganz andere Dimensionen und lassen sich von einer deutschen Behörde kaum überblicken.

Die Entwicklung der Märkte drängt mithin nach neuen Instanzen und problemangemessenen Bewertungsverfahren. Vor allem wird ein verbesserter Übergang zum europäischen Wettbewerbsrecht gesucht.

Zuständig ist im Rahmen der EU die Generaldirektion Wettbewerb der EG-Kommission unter der Leitung des 1998 zu einer gewissen Berühmtheit gelangten „Wettbewerbs-Kommissars“ Karel van Miert. Dieses holländische Mitglied der EU-Kommission (seit 1994) ist für die Wettbewerbsregeln des EG-Vertrages (Art. 85-99) zuständig. Unter dieser Überschrift „Wettbewerbsregeln“ sind im engeren Sinne kartell- und fusionsrechtliche Bestimmungen sowie Regeln über Dumping und über Beihilfen vereinigt. Die Bestimmungen selbst sind in den Zielsetzungen gegenüber dem deutschen Recht vage. Bei „Zuwiderhandlungen“ kann die Kommission auch von Amts wegen Untersuchungen durchführen und Entscheidungen treffen. Der EG-Vertrag selbst ist jedoch in bezug auf die Auswirkungen einer solchen Entscheidung ebenfalls vage. Denn wettbewerbsbeschränkende Vereinbarungen und marktbeherrschende Positionen sind in der EU „verboten“. Die Kommission kann feststellen, daß ein Verstoß vorliegt. Mit diesen Fragen kann auch noch der Europäische Gerichtshof (Art. 164 bis 188) befaßt werden. Die europäische Fusionskontrolle trat erst 1990 in Kraft.

Der Präsident des Bundeskartellamtes in Berlin, Dieter Wolf, forderte schon 1992 ein „europäisches Kartellamt“. Seinerzeit (FAZ v. 8.10.1992) ging es ihm noch darum, daß nicht mit zweierlei Maßstäben, deutschen und europäischen, gemessen werden könne. Er hatte den Eindruck, daß die Generaldirektion Wettbewerb der Kommission über Fusionen „wohlwollender“ als das deutsche Kartellamt entscheidet. Deshalb müsse in der EU die Eingriffsschwelle bei Fusionen gesenkt werden. Bezeichnend ist, daß diese Frage in der europäischen Praxis längst entschieden scheint. Offen ist allerdings die Frage der strikten Sanktionierung von wettbewerbswidrigem Verhalten und klarer Rechtsbestimmungen zu Fusionsgenehmigungen und -verboten.

Mit den Entscheidungen, die von den deutschen Medien-Großunternehmen Kirch und Bertelsmann geplante Zusammenarbeit in einer digitalen Pay-TV-Allianz, um – wie das Bundeskartellamt urteilte – ihre künftige Monopolstellung gewinnbringend auszubauen und abzusichern“, zu untersagen oder die Praxis der Autokonzerne, den sogenannten „Re-Import“ ihrer Marken nach Deutschland zu verbieten, mit einem Bußgeld zu ahnden, hat die EU-Kommission auch ohne präzise Rechtsregeln die Rolle einer europäischen Wettbewerbshüterin übernommen. Aber Form und Verfahren sind nach der bisherigen Rechtslage nicht wirksam und dauerhaft ausreichend.

Die Generaldirektion Wettbewerb gilt neben der Argrarbehörde als mächtigste Instanz der EU-Kommission (A. Oldag, in: SZ v. 2.6.1998). Dennoch stellt sich heute die

Frage, ob nicht ein Europäisches Kartellamt besser mit den Konzentrationswellen in Europa und in der globalen Wirtschaft fertig würde. Bei einem solchen – unabhängigen – Amt müßten auch nicht mehr, wie noch 1998, alle 20 Mitglieder der EU-Kommission über bedeutsame Entscheidungen gemeinsam abstimmen.

Die internationale Kooperation der nationalen Wettbewerbsbehörden ist unterentwickelt. So haben die USA eine sehr alte Tradition der Fusions- nicht der „Kartell-“ kontrolle. Die Anti-Trust-Gesetze, auch Finanzgesetze, die die wechselseitige Übernahme von Banken und Versicherern verbieten, sind auf dem Papier äußert hart. Ihre Anwendung schwankte stets zwischen der Zerschlagung des Ölgiganten Standard Oil von Rockefeller unter der Präsidentschaft von Theodore Roosevelt zu Beginn des 20. Jahrhunderts und des Telefonmonopols von AT&T unter Präsident Reagan bis hin zum Gewährenlassen der Fusion zwischen der Bank Citikorp und dem Versicherer Travellers unter Präsident Clinton. Zugleich versuchte der Leiter der Antitrust-Abteilung im Justizministerium unter Clinton, das Weltunternehmen Microsoft an der monopolistischen Ausnutzung technologischer Vorteile zu hindern. Die holländische KLM durfte z.B. eine Mehrheitsbeteiligung an Northwest Airlines erwerben; nach den amerikanischen Gesetzen wäre die Erteilung dieser Genehmigung an amerikanische Unternehmen schlicht unvorstellbar gewesen (Thurow, 1996, S. 188).

Auf internationaler Ebene sind die Welthandelsorganisation WTO in Genf oder auch die OECD-Instanzen ohne Kontrollfunktion mit Fragen des weltweiten wirtschaftlichen Wettbewerbs befaßt.

Die Problemlage ist klar. Die Perspektiven bedürfen sorgsamer Verfolgung. Die Unsicherheiten und Ungewißheiten liegen jedenfalls für das deutsche Wirtschaftssystem offen. Die ordoliberalen Prinzipien erfassen die Wirklichkeit nicht. Die heutigen neoliberalen Maximen des „Gewähren-Lassens“ sind auf die Dauer auch für die Märkte und ihre Unternehmen unerträglich. Die nationalen Ordnungsregeln werden immer mehr außer Kraft gesetzt, ohne daß schon ein Ersatz in Sicht wäre. Ob eine europäische Wettbewerbspolitik leistungsfähig genug wäre, ist deshalb für das deutsche Wirtschaftssystem eine der ganz wichtigen Fragen der Zukunft.

3. Veränderte Sozial- und Arbeitsstrukturen – Arbeitslosigkeit als Strukturproblem

3.1 Sozial- und Arbeitsstrukturen in den neunziger Jahren

Das Erscheinungsbild eines Wirtschaftssystems als Ganzes wird in der Publizistik häufig nur retrospektiv, also als Leitbild vergangener Tage, wahrgenommen. Die Medien bringen zugleich täglich Berichte und Kommentare über den Zustand der Wirtschaft und ihre Entwicklungen im Detail und auf den unterschiedlichsten Gebieten. Größere bewertende Kommentare der Ereignisse und Entwicklungen betten zumeist jedoch die Details nicht in einen größeren Zusammenhang ein. Sie bringen die kommentierten Details offensichtlich zumeist nicht mit dem Gesamtsystem, das sie vor ihrem geistigen Auge haben, in Verbindung. Natürlich gibt es immer wieder Ausnahmen, die großartige Durchblicke und Einblicke ermöglichen.

Wenn über die Preis- und die Lohnentwicklung, Konjunkurlage und Absatzerwartungen, Wettbewerb und Konzentrationen, über Leistungskraft und Leistungswillen, über Jobs und Jobsuchende, über Selbständige, Gewerkschaften und Unternehmens„erfolge" durch Erhöhung der Dividende bei gleichzeitiger Unternehmensverschlankung mittels Entlassungen oder Nichteinstellungen, berichtet wird, dann sind dies alles Mitteilungen über mehr oder weniger bedeutende Elemente des Gesamtsystems. Ob, und in welcher Art und welchem Ausmaß sie Modifikationen des Wirtschaftssystems darstellen oder nach sich ziehen, wird selten erwogen. Wenn dies geschieht, dann in der Regel so, daß die berichteten Details in ein bekanntes Grundschema unreflektiert „eingeordnet" werden, ohne der gelegentlich bestehenden Entwicklungsdynamik Rechnung zu tragen. Nun kann sicher kein Publizist, der Fachjournalist ebenso wenig wie der Wissenschaftler, seine Grundperspektiven und erlebten Erkenntnisse ganz verleugnen. Aber der Versuch sollte immer aufs neue gemacht werden, der veränderten Wirklichkeit so nahe wie möglich zu kommen.

Die These lautet, die deutsche Politik und die Vorstellungen vom System der „Sozialen Marktwirtschaft" werden den in den täglichen Meldungen registrierten Realitäten der heutigen Arbeitsgesellschaft nicht mehr gerecht. Vieles, was jahrzehntelang Standard und „normal" war, wie z.B. der sogenannte „Normalarbeitstag" oder die „normale" Arbeitswoche oder die langfristige Vollzeitstelle, ist es heute nicht mehr.

Im folgenden werden dazu einige instruktive Angaben aus dem Mikrozensus 1997 des Statistischen Bundesamtes (vorgelegt am 14.5.1998) vorgestellt. Auch sie werden in einigen Jahren wieder fragwürdig geworden sein.

Tab. 8: Bevölkerung, Wanderung, Ausländeranteil – Ergebnisse des Mikrozensus 1991-1997

Jahr	Deutschland				Früheres Bundesgebiet			Neue Länder und Berlin-Ost		
	insgesamt	darunter jünger als 20 Jahre	darunter 65 Jahre und älter	darunter Ausländer	insgesamt	darunter jünger als 20 Jahre	darunter 65 Jahre und älter	insgesamt	darunter jünger als 20 Jahre	darunter 65 Jahre und älter
	1000									
1991	76 829	17 296	12 102	5 640	63 889	13 253	9 986	15 941	4 043	2 116
1997	82 029	17 466	13 525	7 240	66 612	14 068	11 031	15 417	3 398	2 494
	Anteil an insgesamt in %									
1991	100	21,7	15,2	7,1	100	20,7	15,6	100	25,4	13,3
1997	100	21,3	16,5	8,8	100	21,1	16,6	100	22,0	16,2
	Veränderungen gegenüber 1991 in 1000 (in %)									
1997	2 200 (2,8)	170 (1,0)	1 423 (11,8)	1 600 (28,4)	2 723 (4,3)	815 (6,1)	1 045 (10,5)	- 524 (-3,3)	- 645 (-16,0)	378 (17,9)

Quelle: Statistisches Bundesamt, Mikrozensus 1997, Lit. Nr. 202, Tabelle 1

Die Tabelle enthält verschiedene, für die Wirtschafts- und Sozialpolitik wichtige Aussagen. In Deutschland hat im betrachteten Zeitraum nicht nur die Zahl der Älteren über 65 Jahre zugenommen, sondern auch die der Jungen. Wanderungen fanden insbesondere von Ost nach West statt. Dadurch verringerte sich der Anteil der Jungen in den neuen Ländern signifikant, während der Anteil der Älteren ebenso deutlich anstieg. Der Ausländeranteil ist insgesamt stark gestiegen und lag 1997 bei knapp 9%.

Die Verschiebungen in der Altersstruktur in den neunziger Jahren bedeuten, daß im Westen Deutschlands die Gruppe der 20- bis unter 65jährigen, also der in der Regel aktiv im Erwebsleben Stehenden, stieg. Sie wuchs um rd. 863.000 auf 41,5 Mio. Das Statistische Bundesamt vermerkt hier, daß damit schon von der Bevölkerungsentwicklung her ein Druck auf den Arbeitsmarkt erzeugt wurde.

Wenn andererseits im Osten Deutschlands diese Gruppe der „Aktiven“ zwischen 20 und 65 Jahren auf 9,5 Mio. schrumpfte, dann bedeutet diese Zahl, daß die überproportionale Arbeitslosigkeit im Osten (s. u.) eigentlich noch höher ausgefallen wäre, wenn es nicht starke Wanderungen von Ost- nach Westdeutschland gegeben hätte.

Erwerbstätigkeit und Arbeitslosigkeit

Die Erwerbstätigenquote der 15- bis unter 65jährigen (Anteil der Erwerbstätigen an allen Personen dieser Altersgruppe) lag 1997 in Gesamtdeutschland bei 64% (1991: 68%). Bei den Männern waren es 72%, bei den Frauen 55%. Die Erwerbstätigenquote der Frauen blieb im Westen mit je rd. 55% konstant, im Osten fiel sie weiter um 10% auf 57% (1991: 67%, davor war sie weit höher).

Das Durchschnittsalter der Erwerbstätigen in Deutschland lag 1997 bei 39,3 Jahren (1991: 38,8 Jahren).

Tab. 9: Erwerbstätige/Erwerbslose – Ergebnisse des Mikrozensus 1991-1997

Jahr	Deutschland			Früheres Bundesgebiet			Neue Länder und Berlin		
	insgesamt	Männer	Frauen	insgesamt	Männer	Frauen	insgesamt	Männer	Frauen
	1000								
	Erwerbstätige								
1991	37 445	21 875	15 570	29 684	17 719	11 965	7 761	4 156	3 605
1997	35 805	20 549	15 256	29 200	16 901	12 299	6 605	3 649	2 957
	Veränderungen gegenüber 1991 in 1000 (in %)								
1997	- 1640	- 1326	- 314	- 484	- 818	334	- 1 156	- 507	- 648
	(- 4,4)	(- 6,1)	(- 2,0)	(- 1,6)	(- 4,6)	(2,8)	(- 14,9)	(- 12,2)	(- 18,0)
	Erwerbslose								
1991	2 642	1 251	1 392	1 676	852	824	966	399	588
1997	4 475	2 381	2 095	2 913	1 698	1 215	1 562	683	880
	Veränderungen gegenüber 1991 in 1000 (in %)								
1997	1 833	1 130	703	1 237	846	391	596	284	312
	(69,4)	(90,3)	(50,5)	(73,8)	(99,3)	(47,5)	(61,7)	(71,2)	(54,9)

Quelle: Statistisches Bundesamt, Mikrozensus 1997, s. Lit. Nr. 202, Tabelle 2 und 3

Für die Arbeitsmarktpolitik und die Sozialpolitik sind die Zahlen selbst und ihre Entwicklung von erheblicher Bedeutung. Dabei verbinden sich demographische Entwicklungen mit wirtschaftlichen. Hinzu kommen die unterschiedliche Entwicklung in Ost und West und die Auswirkungen der Wanderungen. Letztere stellen z.B. eine Entlastung von Ausbildungs- und Arbeitsmärkten im Osten Deutschlands dar, belasten aber den westlichen Teil. Die generell fallende Tendenz (in Prozenten) der Erwerbstätigen macht die Arbeitslosenversicherung zunehmend zu einer „Durchlaufstation" in Richtung Rente oder Sozialhilfe, anstatt vorübergehende Unterstützung bis zur Aufnahme einer neuen Arbeit zu sein. Die Verschiebungen in der Altersstruktur stellen die Altersversorgungen vor immer neue Probleme.

Erwerbseinkommen und Transfereinkommen

In der „alten Bundesrepublik" hatte die Erwerbstätigkeit als Hauptquelle für den Lebensunterhalt zwischen 1975 und 1991 von 39% der Bevölkerung auf 44% zugenommen. Bei den Frauen stieg dieser Anteil von der erstaunlich niedrigen Rate von 25% auf 32%. In der ehemaligen DDR lag der Anteil bei den Frauen bei über 90%.

In Gesamtdeutschland ging dann zwischen 1991 und 1997 der Anteil der Erwerbsarbeit als Hauptquelle zur Finanzierung des Lebensunterhalts von 45% auf 41% zurück.

Bei den Transfereinkommen wirkte sich die demographische Entwicklung dahingehend aus, daß im Jahre 1997 rd. 25% der Bevölkerung statt sechs Jahre zuvor 22% von Rente, Pension oder ähnlichen Transfereinkommensarten lebten. Dieser Anteil steigt weiter.

Die wirtschaftliche Entwicklung, also konkret die gestiegene Arbeitslosigkeit, führte zu einer Verdoppelung des Anteils von Arbeitslosengeld und Arbeitslosenhilfe von 2% auf 4% als Quelle des überwiegenden Lebensunterhalts im Jahre 1997. Unterteilt nach Ost- und West-Deutschland bedeutete dies: 9% gaben im Osten diese Einkommensquelle an, nur 3% im Westen.

Eine „weitere" Einkommensquelle ist nach dem Mikrozensus des Statistischen Bundesamtes, der auf Selbsteinstufungen der Befragten beruht, der Unterhalt durch Angehörige. Er hatte 1997 in Deutschland einen Anteil von bemerkenswerten 31%. Deutlich war dabei auch der Unterschied zwischen Männern und Frauen. Denn nur 23% der Männer lebten von dieser Einkommensart, aber 38% der Frauen.

Der Unterschied zwischen Ost und West ist groß. Diesmal aber dadurch, daß im Westen Deutschlands 33% diese Einkommensquelle als Hauptfinanzierung des Lebensunterhalts angaben und nur 22% im Osten Deutschlands.

Diese „weitere Einkommensquelle“ muß behutsam bewertet werden. Da nur nach der wichtigsten Einnahmequelle gefragt wird, kann durchaus noch ein Erwerbseinkommen oder eine Rente hinzukommen.

„Strukturwandel der Arbeitswelt“

Die durchschnittliche Arbeitszeit hat sich verkürzt. So sank im Westen Deutschlands die normalerweise geleistete Arbeitszeit auf 37,1 Wochenstunden im Jahre 1997 (neue Länder und Berlin-Ost: 39,3 Stunden).

Die zeitliche Flexibilität hat sich dagegen erheblich erhöht. Es gibt einen markanten „Trend zu weniger ständigen Wochenend-, Schicht- oder Nachtarbeit einzelner bei gleichzeitiger Flexibilisierung der Arbeitszeit vieler“. 1997 hat im Mikrozensus jeder zweite Erwerbstätige (48%) angegeben, daß er Wochenend-, Schicht- und/oder Nachtarbeit leiste (1991: 42%).

Die Steigerung gilt für beide Teile Deutschlands, allerdings mit einer höheren Rate von 36% auf 47% im Osten und von 44% auf 49% im Westen. Die Anforderungen an die zeitliche Flexibilität der Erwerbstätigen hat sich also deutlich erhöht.

Berufsorientierung

Gut die Hälfte der erwerbstätigen Frauen waren in fünf Berufsgruppen tätig: Büroberufe (22%), Gesundheitsdienstberufe (11%), Verkäuferin (9%), sozialer Bereich (6%), Reinigungsberufe (5%). Männer verteilen sich auf alle Berufe.

Als „Gewinner“ im Strukturwandel werden die sozialen Berufe angegeben. Knapp 83% der 1.039.000 der dort tätigen Menschen waren 1997 Frauen. Stark waren die Zuwächse bei Altenpflegekräften und Sozialarbeitern. Die Zahl der Ärzte und Apotheker in Deutschland stieg bis 1997 um 13%. Ähnlich, um 12%, nahmen die übrigen Gesundheitsdienstberufe zu (z.B. stieg die Zahl der Krankenschwestern um 10% und der Sprechstundenhilfen um 19%). Im gleichen Zeitraum wurden in Reinigungs- und Entsorgungsberufen 14% mehr Erwerbstätige gezählt.

Als „Verlierer“ werden landwirtschaftliche Berufe genannt und die Zahl der Erwerbstätigen in den Metall- und Anlagenberufen (1993-1997 minus 25%).

Zum „Qualifikationsniveau“ heißt es im Mikrozensus des Statistischen Bundesamtes 1997: Rund 40% aller Deutschen besaßen einen Hauptschulabschluß, 14% einen Realschulabschluß und 11% Hochschulreife/Abitur.

Geringfügige Beschäftigungsverhältnisse

Als „geringfügige Beschäftigungsverhältnisse“ werden die sogenannten 620-Mark-Jobs bezeichnet. Die Aussagekraft der Ergebnisse des Mikrozensus wird vom Statistischen Bundesamt aus methodischen Gründen als begrenzt bezeichnet. Hochgerechnet wurden für 1997 rd. 1,9 Mio. Menschen in dieser Beschäftigungsart. Das waren 5% aller Erwerbstätigen in Deutschland (1996: 4%). Drei Viertel der so Beschäftigten waren

Frauen. Von den ausschließlich auf diese Weise Beschäftigten waren 76% verheiratet. Bei den Männern scheint die Angabe signifikant, daß knapp 40% der in diesen Jobs beschäftigten Männer unter 30 Jahren waren. Dieses dürfte in erster Linie auf die Nebenjobs der Studenten und in der Berufsausbildung Befindlichen hindeuten. Die 620-Mark-Jobs konzentrieren sich auf die Bereiche Handel und Gastgewerbe sowie öffentliche und private Dienstleistungen.

Befristete Arbeitsverhältnisse

Die Zahl der Erwerbstätigen mit befristeten Arbeitsverträgen stieg von 3,7 Mio. (1991) auf 3,9 Mio. (1997). Davon waren 1,8 Mio. (45%) noch in der Ausbildung oder am Ende der Ausbildung. Fast 11% hatten derartige Verträge, weil eine Dauerstellung nicht zu finden war. Im Osten Deutschlands lag der Anteil der befristeten Verträge an allen Arbeitsverträgen höher als im Westen (19% gegenüber 11%).

Teilzeitarbeit

1997 waren nach der Erhebung des Mikrozensus 5,7 Mio. Erwerbstätige teilzeitbeschäftigt. Die Zahl stieg auf 18% (1997) aller abhängig Erwerbstätigen. Im Westen Deutschlands liegt der Anteil der Teilzeitarbeit höher (19% der Erwerbstätigen) als im Osten (11%). 88% der Teilzeitbeschäftigten waren 1997 Frauen. Gegenüber 1991 war das ein Anstieg um 14%. Der Anteil der Teilzeitbeschäftigten an allen abhängig beschäftigten Frauen stieg auf über ein Drittel. „Teilzeit ist eine Frauendomäne".

Der Anteil der Männer hat sich langsam, aber spürbar erhöht (von 402.000 auf 701.000). Als Gründe werden hauptsächlich persönliche oder familiäre Verpflichtungen genannt. Aber es stieg auch der Anteil derer, die keine Vollzeittätigkeit fanden.

Teilzeittätigkeit wird vorwiegend in kleineren Betrieben geleistet. „Je größer der Betrieb, desto kleiner ist der Anteil der Teilzeitarbeitskräfte".

Im Ergebnis bedeuten die Zahlen des Mikrozensus vom Mai 1998, daß nicht nur Sozialstaat und Arbeitsgesellschaft in einer deutlichen Veränderung begriffen sind, sondern daß die Dramatik der Veränderungen auch die wirtschaftlichen Verbände, allen voran die Gewerkschaften, zur Aufmerksamkeit zwingt.

3.2 Gebremster Wandel der Wirtschaftssektoren

Die Entwicklung der heutigen „Industriegesellschaften" war mit der Verlagerung der Schwerpunkte wirtschaftlicher Aktivitäten von der Landwirtschaft zur Industriewirtschaft und dann zur „Dienstleistungs"-Wirtschaft verbunden. Das ist ein bekanntes Phänomen und doch immer wieder bemerkenswert. Diese Abfolge bedeutete, daß mittel- und langfristig jeweils ein neuer „Sektor" mit seiner Entfaltung von Innovationen, Produktivität und Produktion auch zugleich neue Beschäftigungsmöglichkeiten für die Menschen brachte. In der langfristigen Betrachtung ist darüber hinaus die Marginalisierung der Landwirtschaft bedeutsam, ohne daß die Nahrungsmittelproduktion deswegen reduziert worden wäre. Die ständige Erhöhung der Ergiebigkeit menschlicher Arbeit durch technische Rationalisierungen, technische Geräte und Verfahren erfüllt sowohl die Funktion jeden Wirtschaftens, nämlich die kostengünstige Versorgung mit

Gütern und Diensten, als auch die Ermöglichung von Arbeitseinkommen, um diese Güter und Dienste auch „absetzen“ bzw. erwerben zu können.

Tab. 10: Beschäftigte nach Wirtschaftssektoren in Deutschland 1800 bis 1978 (in v.H.)

Jahr	Landwirtschaft	Gewerbe	Dienstleistungen
1800	62	21	17
1825	59	22	19
1849	56	24	20
1861	52	27	21
1875	50	29	21
1882	42	36	22
1895	36	39	25
1913	35	38	28
1925	30	42	27
1933	29	40	31
1939	26	42	32
1950	22	45	33
1967	10	48	42
1978	6	45	49

Quelle: Toni Pierenkemper, in: Ambrosius u.a., Lit. Nr. (192), S. 250

Ein weiteres Beispiel, aus neuerer Zeit, mit einem internationalen Vergleich der deutschen Entwicklung mit jener der USA und Schwedens zeigt, daß die deutsche Sektorenentwicklung insofern Besonderheiten aufweist als der Sekundäre Sektor, also der „Industriesektor“, auch in der reifen Industriegesellschaft eine sehr bedeutende Rolle spielt.

Schaubild 4: Beschäftigungsanteile der Sektoren im Vergleich Deutschland, USA und Schweden 1963 und 1989 (in v.H.)

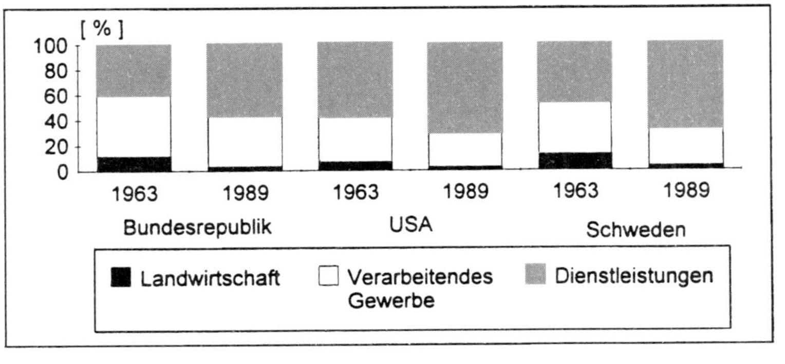

Quelle: WZB-Mitteilungen 64 v. Juni 1994, S. 7

In der Bundesrepublik Deutschland waren die 50er und 60er Jahre von der Herausbildung eines starken und ausdifferenzierten Industriesektors geprägt. Er nahm die Arbeitskräfte aus der Landwirtschaft auf und schuf Arbeit für Millionen von Vertriebenen und Flüchtlingen. Ebenso deutlich ist in den 70er und 80er Jahren die Entwicklung des Dienstleistungssektors erkennbar. Er mauserte sich gleichsam von traditionellen Wirtschaftszweigen wie kleineren Reinigungsbetrieben, würdigen Anwaltskanzleien, Handel, Banken und Versicherungen, zu einem dominierenden Teil der Gesamtwirtschaft mit wachsender Produktivität infolge des Einsatzes der Technik. Mit der mikroelektronischen Revolutionierung, deren Durchbruch Ende der siebziger Jahre erfolgte, wurde der Dienstleistungsbereich, zu dem im allgemeinen Sinne auch die Verwaltungen zählen, nicht mehr nur zu einer Quelle verstärkter Nachfrage nach Beschäftigten. Technische Perfektionierungen und durchgreifende Produktivitätserhöhungen durch Rationalisierungen machten ihn vielmehr gleichzeitig zu einem neuen Unsicherheitsfaktor, was die Zukunft der Arbeitsplätze anbelangt.

Einst schrieb der Franzose Jean Fourastié von dem „tertiären Sektor als der großen Hoffnung des 20. Jahrhunderts“ und brachte damit die positiven Erwartungen in bezug auf die Beschäftigung der Menschen zum Ausdruck. Diese Hoffnung ist heute mehr als gedämpft. Denn mit Technisierung und Rationalisierung entfallen auch die Arbeitsplätze in fast allen Dienstleistungsunternehmen.

Nun gilt es allerdings zu registrieren, daß es keine scharfe Trennung zwischen den Industrie- und den Dienstleistungssektoren und -zweigen gibt. In der modernen, hoch-technisierten Wirtschaft mit ihrer ständigen Suche nach kostengünstigen Produktionen ist die klare Trennung unmöglich. Z.B. bedeutet das „Outsourcing“ von Marketing-Abteilungen, daß die dort Beschäftigten nicht mehr zum Industrieunternehmen, und damit zum Industriesektor, gezählt werden, sondern zu den Dienstleistungen. Derartige Wandlungen und auch Mischformen sind so üblich, daß die Aussagekraft aller einschlägigen Tabellen begrenzt ist (s. auch S. 250ff.).

Die wichtigste Aussage zum Sektorenwandel ist die, daß der Sektor der „Produktion“ von Diensten heute nicht nur in bezug auf die Beschäftigung, sondern auch in der Wertschöpfung dominiert. Die entscheidende Frage ist, ob dieser Sektor genügend potentielle weitere Ausdifferenzierungen und neue Entfaltungsmöglichkeiten, also immer neue Unternehmen oder andere Formen der „Produktion“, etwa z.B. auch projektbezogene Arbeiten auf Zeit, für die Zukunft bieten wird. Dann hätten vor allem freigesetzte qualifizierte Beschäftigte aus der Industrie und aus anderen Dienstleistungsbereichen immer neue Chancen. Es wären allerdings vermutlich keine Jobs auf Lebenszeit.

Ein ganz neuer „Wirtschaftssektor“, der Arbeitsplätze und Beschäftigung garantieren könnte, zeichnet sich nicht ab. Allerdings produziert die Wissenschaft in dieser Hinsicht durchaus neue Vorschläge, wie etwa den eines sich verselbständigenden „Kommunikationssektors“. Auch der Industriewirtschaft und Dienstleistungen überschneidende Ansatz eines neuen, von ökologischen Zielsetzungen und Produkten getragenen Sektors könnte neue und zusätzliche Chancen eröffnen.

Das weitere große und international gesehen besondere Problem des deutschen Wirtschaftssystems ist die Asymmetrie zwischen dem Westen und dem Osten Deutschlands. Die international abgeschottete DDR-Wirtschaft hatte die klassische Industriestruktur nach 1948 wieder aufgebaut und dann über Jahrzehnte konserviert. Zur gleichen Zeit stießen die modernen Industriestaaten des Westens, also auch die deutsche Wirtschaft, mit ihrer Offenheit und Dynamik in bislang unbekannte Entwicklungen des tertiären Bereichs vor. Nach der Vereinigung war aus diesen Gründen der Zusammenbruch der meisten Industrieunternehmen der ehemaligen DDR unvermeidlich. Zugleich gelang es nicht, Dienstleistungsbereiche in den neuen Bundesländern zu neuen Motoren der wirtschaftlichen Entwicklung und der Schaffung neuer Arbeitsplätze zu machen (s. S. 135). So wird das gesamte deutsche Wirtschaftssystem noch ein weiteres Jahrzehnt benötigen, um diese Defizite in seinem Osten auszugleichen.

Tabelle 11: Entwicklung der Beschäftigungsstrukturen in den neuen Bundesländern 1989 und 1994

Wirtschaftsabteilung	1989		1994	
	Tausend	%	Tausend	%
Landwirtschaft	976	10,0	226	3,6
Energie, Bergbau	350	3,6	119	1,9
Verarb. Gewerbe	3 408	35,1	1 051	16,7
Baugewerbe	628	6,4	1 009	16,0
Handel	850	8,7	707	11,2
Verkehr und Nachrichten	662	6,8	417	6,6
Kredit, Versicherungen	58	0,6	95	1,5
Dienstleistungen	560	5,7	1 090	17,3
Gebietskörperschaften	2 040	20,9	1 301	20,6
Org. o. Erwerbszweck	215	2,2	288	4,6
Insgesamt	9 747	100,0	6 303	100,0

Quelle: Lutz u.a., Lit. Nr. (137/138), S. 123

Ein anderes Bild – für den Zeitraum von 1990 bis 1997 (Die Welt v.18.5.1998, S. 13) – dokumentiert die zweifache Bedeutung der strukturbestimmten Transformation für die Arbeitsplätze:

Schaubild 5: Der Arbeitsplatz-Schwund in den neuen Bundesländern

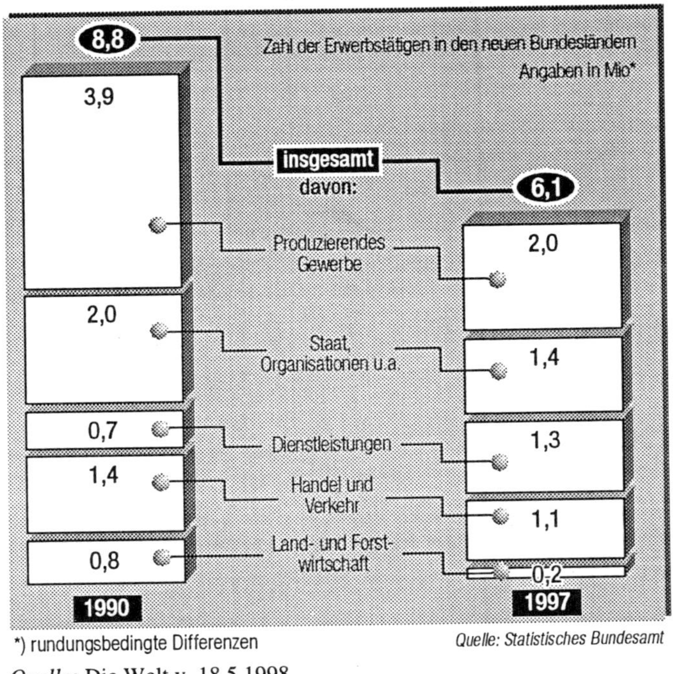

Quelle: Die Welt v. 18.5.1998

Staat und Organisationen ragen untypisch hervor. Der Dienstleistungssektor verstärkte seine Bedeutung für die Arbeitsplätze, aber nicht in einer Weise, die für eine Kompensation der Arbeitsplatzverluste in der Industrie nötig gewesen wäre. Hinzu kam die Arbeitsplätze reduzierende Steigerung der Produktivität.

Tab. 12: Sektorale Produktivitäten in den neuen Bundesländern in Relation zu denen im früheren Bundesgebiet 1991-1996

	1991	1992	1993	1994	1995	1996
			vH			
Gesamtwirtschaft[1]	31,0	43,5	53,1	56,0	57,8	59,3
darunter:						
Land- und Forstwirtschaft, Fischerei[2]	43,6	67,3	81,8	–	–	–
Produzierendes Gewerbe[2]	28,8	43,2	54,5	60,1	62,1	64,1
davon:						
Energie- und Wasserversorgung, Bergbau	42,8	47,8	64,7	66,9	68,3	87,3
Verarbeitendes Gewerbe	19,4	31,3	43,2	50,4	55,1	57,7
Baugewerbe	48,9	61,9	67,8	76,4	76,5	77,4
Handel und Verkehr[2)3]	35,1	44,8	53,2	56,1	58,8	60,4
davon:						
Handel	45,2	62,0	69,4	69,1	72,3	73,8
Verkehr, Nachrichtenübermittlung	22,5	24,3	32,1	37,1	38,8	39,8
Dienstleistungsunternehmen[2)4]	45,2	50,7	54,3	54,3	55,0	54,8
			DM			
Nachrichtlich: Gesamtwirtschaftliche Produktivität in den neuen Bundesländern[5]	28100	41600	52000	57800	62100	65800
im früheren Bundesgebiet[5]	90700	95500	97900	103400	107600	111000

1) Bruttoinlandsprodukt in jeweiligen Preisen je Erwerbstätigen im Inland.
2) Gemessen an der unbereinigten Bruttowertschöpfung (in jeweiligen Preisen) je Erwerbstätigen.
3) Einschließlich Nachrichtenübermittlung.
4) Ohne Bruttowertschöpfung der Wohnungsvermietung.
5) Auf 100 DM gerundet.

Quelle: SVR-Jahresgutachten 1997/98, S. 76

3.3 Arbeitsmarktstrukturen und Beschäftigung im vereinigten Deutschland

Nach dem 2. Weltkrieg galt es als eine der wichtigsten Lehren aus den dreißiger Jahren, daß zur Sicherung der Demokratie möglichst niedrige Arbeitslosenraten, etwa 3%, angestrebt werden müßten. Die 10% in Westdeutschland 1950 veranlaßten sogar Ludwig Erhard zur Vorbereitung eines Beschäftigungsprogramms. Heute scheint die Aufmerksamkeit gegenüber diesem politischen Phänomen erheblich geringer zu sein. Entscheidend trägt dazu der Ausbau zu Wohlfahrtsstaaten bei. Damit ist ein „soziales Netz“ geschaffen worden, daß bislang höheren Prozentzahlen als 10% standhält.

Den ordoliberalen Erfindern des Marktmodells nach 1945 war die Arbeitslosigkeit nie gleichgültig. Wenn heute eine derartige Gleichgültigkeit um sich greifen würde, so wäre dies eine Aufgabe elementarer Grundsätze des Modells der Sozialen Marktwirtschaft.

Unter der Überschrift „Die Jahre 1990 bis 1997: In zentralen Bereichen der Wirtschaftspolitik ohne verläßliche Orientierung“ schrieb der Sachverständigenrat zur Begutachtung der gesamtwirtschaftlichen Entwicklung in seinem Jahresgutachten 1997/98" (Ziff. 244, S. 151):

„Die Entwicklung am Arbeitsmarkt, die in den Jahren 1990 bis 1992 durch einen Anstieg der Erwerbstätigkeit um fast 1,8 Mio. Personen gekennzeichnet war, hat sich seit der Rezession 1993 nicht wieder zum Besseren gewendet; dies ist im Zyklenvergleich außerordentlich untypisch. Allein in Westdeutschland sind seit dem Jahre 1992 über 1,5 Mio. Arbeitsplätze weggefallen. Dabei war nicht nur der Rückgang der Erwerbstätigkeit bei den traditionell im Strukturwandel verlierenden Warenproduzenten anhaltender und stärker als zuvor, sondern der Anstieg der Erwerbstätigkeit bei den üblicherweise gewinnenden Dienstleistungsproduzenten auch schwächer. Die Quote der offenen und versteckten Arbeitslosigkeit lag im Jahre 1997 bei 16 v.H. Einen hohen Beschäftigungsstand ... wiederzugewinnen, scheint auf absehbare Zeit kaum möglich unter den Bedingungen, wie sie für den Arbeitsmarkt durch alle Bereiche der Wirtschaftspolitik, die Lohnpolitik eingeschlossen, gesetzt werden".

Tab. 13: Wirtschaftliche Eckdaten nach Ost- und Westdeutschland 1993-1998

	Einheit	1993	1994	1995	1996	1997[1]	1998[2]
Bruttoinlandsprodukt	vH[2]	-1,2	2,7	1,8	1,4	2,5	3
Westdeutschland	vH[2]	-2,0	2,1	1,5	1,3	2,5	3
Ostdeutschland	vH[2]	9,3	9,6	5,3	2,0	2	2,25
Inlandsnachfrage[3]	vH[2]	-1,4	2,7	2,0	0,8	1	1,5
Ausrüstungsinvestitionen	vH[2]	-14,4	-1,0	1,6	1,9	4	5
Bauinvestitionen	vH[2]	1,3	6,5	0,3	-3,1	-2,75	-0,5
Privater Verbrauch	vH[2]	0,1	1,2	1,9	1,3	1	2
Staatsverbrauch	vH[2]	-0,5	2,1	2,2	1,8	0,5	1
Außenbeitrag[4]	Mrd DM	-11,15	-11,17	-16,51	0,79	44,5	86,5
Erwerbstätige (Inland)[5]	Tausend	-623	-235	-115	-411	-477	-174
Westdeutschland	Tausend	-455	-346	-190	-300	-299	-31
Ostdeutschland	Tausend	-168	111	75	-111	-178	-144
Arbeitslosenquote[6]	vH	8,8	9,6	9,4	10,3	11,4	11,6
Westdeutschland	vH	7,3	8,3	8,4	9,1	9,9	9,8
Ostdeutschland	vH	14,9	14,6	13,4	15,0	17,4	18,8
Preisindex für die Lebenshaltung[7] (1991=100)	vH[8]	4,5	2,7	1,8	1,5	1,75	2

1) 1997: Eigene Schätzung, 1998: Prognose (Ziffern 248ff.).
2) In Preisen von 1991; Veränderung gegenüber dem Vorjahr.
3) Letzte inländische Verwendung (Privater Verbrauch, Staatsverbrauch, Anlageinvestitionen und Vorratsveränderung).
4) Ausfuhr abzüglich Einfuhr.
5) Veränderung gegenüber dem Vorjahr in Tausend.
6) Anteil der Registrierten Arbeitslosen an den Erwerbspersonen (Erwerbstätige nach dem Inländerkonzept plus Arbeitslose).
7) Alle privaten Haushalte.
8) Veränderung gegenüber dem Vorjahr.

Quelle: SVR-Jahresgutachten 1997/98, S. 1

„Rezession" und „Zyklenvergleich" sind Begriffe, die normalerweise für konjunkturelle Abschwächungen verwendet werden. Das wissen sicher auch die Mitglieder des SVR. Dennoch kommen auch sie nicht umhin, entscheidende strukturelle Defizite zu benennen. Hier ist es der sektorale Strukturwandel, der gerade skizziert wurde. Ebenso stark ist jedoch der Einfluß, den die wirtschaftlichen Verhältnisse in den neuen Bundesländern auf die Gesamtentwicklung ausüben. Der SVR selbst bringt eine Reihe interessanter Gegenüberstellungen der Entwicklung im Westen Deutschlands und im Osten.

Während das Bruttoinlandsprodukt nach dem Rückgang von 1993, der allein das alte Bundesgebiet betraf (mit Raten zwischen 2,7 und 1,4%) 1997 und 1998 wieder stärker wuchs, reduzierte sich der Zuwachs im Osten Deutschlands von 9,3 auf 2% (1997). Das Wachstum war also gegenläufig. Im Gleichschritt, wenngleich mit jeweils fast doppelt so hohen Raten, entwickelte sich dagegen die offizielle Arbeitslosigkeit in beiden deutschen Staaten.

Für das frühere Bundesgebiet weist die Statistik (BA, in: SVR 1997/98, Tab. 21, S. 318) zwischen 1980 und 1983 einen deutlichen Anstieg der registrierten Arbeitslosigkeit bei den Männern von 426.000 auf 1,273 Mio. und bei den Frauen von 462 auf 985.000 auf. Dann verharrt die Arbeitslosigkeit bei Männern und Frauen über je 1 Mio. 1990 (bis 1992) sinken die Zahlen relativ geringfügig (968.000 und 915.000). Ab 1993 gibt es nur noch Millionen beiderlei Geschlechts: 1996 z.B. 1,617 Mio. bei den Männern und 1,180 Mio. bei den Frauen.

Im gesamten Zeitraum von 1982 bis 1996 stieg die Arbeitslosenquote von 5,5% auf 9,1% (1983) und verharrt auf diesem Niveau mit vorübergehenden Absenkungen auf 6,3% (1991) und einer weiteren Steigerung auf 10,3 (1996) und 11,4% (1997).

Demgegenüber gibt es in den neuen Bundesländern und Berlin-Ost seit dem Vollzug der Einheit, von 1991 bis 1996/97 nur kontinuierlich steigende Arbeitslosenquoten von 10,3% auf 16,7% (1996) und 17,4% (1997). Dabei liegt die Frauenarbeitslosigkeit ab 1992 bei 21,2%, 21,5% (1994) und 19,0% (1996).

Die in der Statistik für die neuen Länder ab 1994 verzeichnete Jugendarbeitslosigkeit stieg bis 1996 von 7,1% auf 9,0%.

Die Quote der offenen und verdeckten Arbeitslosigkeit (Anteil der registrierten Arbeitslosen plus verdeckter Arbeitsloser an den Erwerbspersonen. Eigene Berechnungen des SVR) erreichte geradezu dramatische Höhen: 1991: 29,5%; 1992: 32,8%; 1993: 30,5%; 1994: 28,1%; 1995: 26,1%; 1996: 26,3%). Diese Quote wird für das frühere Bundesgebiet für 1992 mit 8,4%; 1993 mit 10,3% und 1996 mit 12,2% angegeben. Der Unterschied könnte nicht deutlicher sein.

In absoluten Zahlen gesehen, stieg auch die „Langzeitarbeitslosigkeit“ (1 Jahr und länger registrierte Arbeitslose) im früheren Bundesgebiet deutlich an: 1980: 1,083 Mio.; 1983: 2,677 Mio.; 1993: 3,276 Mio.; 1996: 3,856 Mio. Personen. In den neuen Ländern und Berlin-Ost ging sie zwischen 1992 auf hohem Niveau (3,002 Mio.) leicht zurück auf 2,247 Mio. Personen im Jahre 1996.

Die Zahlenangaben sind gewiß erschöpfend. Statistiken gibt es genug und allerorten. In jedem Monat gibt die Bundesanstalt für Arbeit neue Zahlen heraus. Arbeitslosenquoten von 12% (März 1998) und mehr sind historisch betrachtet eine soziale und politische Gefahr. Erst mit dem Jahr der Bundestagswahl 1998 kam es zu einem gewissen Trendbruch. Er bezog sich allerdings auf den Westen Deutschlands. Das Strukturdilemma des Ostens war nicht gelöst und produzierte weiterhin Arbeitslosenraten um 17%.

Wie leichtfertig die Politik bereits mit der Arbeitslosenstatistik umgeht, zeigte sich im Wahlkampf 1998, als ein Rückgang der Gesamtzahl auf 4,095 Mio. Arbeitslose bereits als „Trendwende“ propagiert wurde. Selbst im Westen gab es im August 1998 noch 2,8 Mio. Arbeitslose (9,0%). Im Osten waren es 1,29 Mio. (17,1%). Das kann im Vergleich der Jahre noch nicht als „Besserung" angesehen werden.

Die Massenarbeitslosigkeit ist das binnenwirtschaftliche Problem Nr. 1 des deutschen Wirtschaftssystems am Ende der neunziger Jahre. Hinzu kommt der Unterschied zwischen dem Westen und dem Osten Deutschlands. Er ist vor allem ein Strukturproblem, das mit der Wirtschaftsgeschichte der DDR eng zusammenhängt. Aber damit ist noch nicht die Frage nach Massenarbeitslosigkeit und Langzeitarbeitslosigkeit im Gebiet der ehemaligen Bundesrepublik erklärt.

Die Arbeitslosigkeit ist ein wirtschaftlich-finanzielles, ein soziales und ein politisches Problem. Es hat erstaunlich lange gedauert, bis die Landtagswahl in Sachsen-Anhalt im Frühjahr 1998 bewies, daß die Zeiten wiederkehren könnten, in denen die Arbeitslosigkeit zu einer Radikalisierung der Gesellschaft und der Politik führt. Sie gefährdet schon fiskalisch betrachtet die politische Stabilität.

Gelegentlich scheint es, als „verführe" das soziale Netz die Politik ungeachtet derartiger Fakten dazu, die Lage gelassener als in den Jahren 1930 bis 1933 zu sehen. Die Wirtschafts- und Finanzpolitik tendiert dahin, sich nicht konsequent auf die Bekämpfung der Arbeitslosigkeit zu konzentrieren. Auch ist gerade das Prinzip der „angebotsorientierten" Politik und der „Deregulierung" zwecks Weckung innovativer Impulse in der Wirtschaft mit einer staatlichen Vollbeschäftigungspolitik theoretisch kaum vereinbar. Der Glaube jedoch, daß es „schon gut gehen werde", ist vor allem dann fahrlässig, wenn das soziale Netz aus haushaltspolitischen Gründen ausgedünnt wird. Friedmans „Sockelarbeitslosigkeit" ist längst und dauerhaft Bestandteil der Marktwirtschaften geworden. Der „Sockel" scheint jedoch in einer Weise zu wachsen, daß eine Rückbesinnung auf die politischen Gefahren einer derartigen Lage angebracht wäre. Es müssen auf dem Weg zur Währungsunion nicht unbedingt ganze Staaten politisch destabilisiert werden. Es reicht schon, wenn große Regionen im EU-Europa durch Massenarbeitslosigkeit extrem gefährdet sind und dadurch die gesamte marktwirtschaftliche Ordnung ins Wanken gerät.

Die Bundesregierung aus CDU/CSU und FDP hat bis zur Bundestagswahl vom September 1998 allen Forderungen nach einer „aktiven" Beschäftigungspolitik widersprochen. Sie verwies auf die früheren Erfolge Erhards mit der „Sozialen Marktwirtschaft". Zu Unrecht. Sie widerstand auch dem Drängen der meisten EU-Mitgliedstaaten, sich zur Schaffung neuer Arbeitsplätze in einer bestimmten Zahl und bis zu einem bestimmten Zeitraum sowie zur Garantie von Ausbildungsplätzen zu verpflichten. Sie bekämpfte zugleich aber auch jeden Versuch, auf der Ebene der EU entsprechend den Zielen des EG-Vertrages eine aktive Politik zur Bekämpfung der Arbeitslosigkeit zu betreiben. Diese Politik wird durch bewährte deutsche Strukturen und ordnungspolitische Gewißheiten nicht mehr gedeckt.

4. Die Erosion der Tarifautonomie

Die strukturellen Veränderungen von Industrie- und Dienstleistungswirtschaft zerstörten die überkommene Vergleichbarkeit der industriellen Arbeitsplätze und Produktionsverfahren und damit zugleich die Homogenität in der Arbeit großer Arbeitnehmerzahlen, ihre „Interessenlage". Es formierten sich neue Interessen der Beteiligten. Die Homogenität einer größeren Anzahl wurde durch Heterogenität ersetzt. Nicht nur die Organisation der Interessen, sondern vor allem auch die Verhandlungsziele wurden vielschichtiger, schwerer in Einklang zu bringen und waren schwieriger zu formulieren. Überall entwickelten sich Dissonanzen, die potentiell zu Sprengsätzen der Gesamtorganisationen auf beiden Seiten und zu Blockaden erfolgreicher Tarifverhandlungen heranwuchsen.

Stärker als je zuvor tritt das konkrete betriebliche Interesse bei der kollektiven Regelung der Lohn- und Arbeitsbedingungen in den Vordergrund. Tendenziell und latent bedeutet dies eine Gefährdung der Macht der Führungszentralen von Industriegewerkschaften und Arbeitgeberverbänden. Darüber hinaus macht aber auch die gewachsene Zahl von Unternehmen mit flexibler Marktanpassung den Arbeitgeberverbänden zu schaffen. Neue, unterschiedliche und widersprüchliche Anforderungen an den Arbeitgeberverband sind daraus erwachsen. Auch die Gewerkschaftsführungen können nicht mehr in jedem Fall mit der Loyalität der gewerkschaftlich organisierten Betriebsräte bei der Einhaltung der Flächentarifvertragsnormen rechnen, wenn Arbeitsplätze oder Betriebsverlagerungen auf dem Spiel stehen.

4.1 Interessen und Handlungsoptionen der Arbeitgeberverbände

Auf seiten der Arbeitgeber hat bislang der Arbeitgeberverband einer Branche, man denke etwa an die Metallindustrie, unterschiedlichste Unternehmen, große, mittlere und kleinere Unternehmen zusammengefaßt und vertreten. Diese Unternehmen haben durchaus aufgrund unterschiedlicher Kapitalausstattung und Produktivität, unterschiedlicher Fertigungen (z.B. Werkzeugmaschinenbau einerseits, die Autofabrik andererseits), unterschiedlicher Absatzfelder und -bedingungen u.a.m., konkurrierende Interessen. Aber die Konkurrenz wird dadurch ausgeglichen, daß der Flächentarifvertrag für alle Beschäftigten der angeschlossenen Unternehmen gleiche Mindestbedingungen schafft.

Außerdem werden natürlich die „schwachen" Mitgliedsunternehmen mitgezogen; sie unterliegen dem „Schutz" und zugleich natürlich auch der höheren Leistungskraft großer Unternehmen in bezug auf die tariflichen Löhne und Arbeitsbedingungen. Für die „Großen" im Verband sind Flächentarifverträge natürlich auch deswegen günstig, weil sie in der Regel nicht an ihre Leistungsgrenzen herangehen müssen.

Dieses System des Flächentarifvertrages auf der Arbeitgeberseite wird gefährdet, wenn die Mitglieder sich durch die Tarifabschlüsse nicht mehr angemessen berücksichtigt finden. Die Arbeitskosten könnten für mittlere Unternehmen unerträglich gestiegen sein. Die gewünschte Flexibilität in bezug auf die Maschinenlaufzeiten und ihre Besetzung könnte für die größeren Unternehmen ausbleiben.

Lassen sich die Interessen nicht mehr kombinieren, dann kann ein Unternehmen jederzeit den Verband verlassen. Die verbandlichen Tarifbedingungen gelten dann trotzdem noch bis zum Ablauf des Flächentarifvertrages.

Das ausgeschiedene Unternehmen hat unter diesen Umständen mehrere Möglichkeiten:

- Es kann versuchen, mit dem Betriebsrat alleine über eine Betriebsvereinbarung die betrieblichen Lohn- und Arbeitsbedingungen zu gestalten. Der Betriebsrat müßte damit einverstanden sein. Das wäre er sicher nur, wenn er nur aus Unorganisierten besteht. Dieser Fall aber ist in der Regel nicht gegeben. Auch unterliegt ein solches Vorgehen dem Betriebsverfassungsgesetz, das zwar im § 87 dem Betriebsrat einschlägige Kompetenzen zuweist, im § 77 Abs. 3 aber formuliert, daß Arbeitsentgelte und sonstige Arbeitsbedingungen, die durch Tarifvertrag geregelt sind *oder üblicherweise geregelt werden*, nicht Gegenstand einer Betriebsvereinbarung sein können;
- das Unternehmen kann desweiteren versuchen, mit der Bezirksverwaltung einer Gewerkschaft einen Haus- oder Firmentarifvertrag abzuschließen. Dies ist mittlerweile in Deutschland weit verbreitet;
- das Unternehmen kann auch noch versuchen, mit anderen Unternehmen seiner Branche, seiner Größe oder was immer noch als wichtige Faktoren einer gewünschten Homogenität der Interessen angesehen wird, einen eigenen Verband in Konkurrenz zu seinem bisherigen zu gründen. Ein Beispiel ist die Gründung eines eigenen Verbandes durch 26 norddeutsche Unternehmen unter Führung des Hannoveraner Reifenherstellers Continental zu Beginn des Jahres 1997 (Hamburger Abendblatt v. 16.1.1997). Der Konzern wollte 1997 die Einstiegslöhne senken, obwohl er noch bis Frühjahr 1998 durch den Tarifvertrag gebunden war.

In jedem Fall begibt sich ein Unternehmen durch den Verbandsaustritt auf ein Feld zusätzlicher und schwieriger Verhandlungen, die ihm bislang abgenommen worden waren. Es muß sehr konkret um die Wahrung des Betriebsfriedens (damit ist nicht der verbotene Streikaufruf des Betriebsrates gemeint) fürchten, sei es wegen der betrieblichen Verhandlungen, sei es wegen der fehlenden „Friedenspflicht" der Gewerkschaft. Kosten und Nutzen eines Austritts müssen deshalb gründlich abgewogen werden.

Eine weitere Lösung des Problems unzufriedener Mitgliedsunternehmen eines Arbeitgeberverbandes wäre seine Auflösung. Dies wäre gleichbedeutend mit der Aufgabe des Prinzips des Flächentarifvertrages. Eine derartige Ansicht wurde vom Präsidenten den Bundesverbandes der Deutschen Industrie, Hans Olaf Henkel, vertreten. Dieser Interessenverband ist allerdings nicht für Tarifverträge und Arbeitsrechtsfragen zuständig. Das ist die Bundesvereinigung der Deutschen Arbeitgeberverbände mit ihren großen Mitgliedsverbänden, die die Flächentarifverträge mit den

Einzelgewerkschaften (nicht dem Deutschen Gewerkschaftsverband als dem Dachverband) abschließen.

Der Wirtschaftswissenschaftler und Vorsitzender des Sachverständigenrates für die Begutachtung der gesamtwirtschaftlichen Entwicklung Herbert Hax hatte in einem Interview die Position Henkels unterstützt: „Die Flächentarifverträge sind in der heutigen Form nicht mehr zeitgemäß. Wir brauchen grundlegende Änderungen im Tarifrecht. Tarifverträge müssen im Betrieb selbst geschlossen werden können“ (Die Welt v. 26.8. 1996).

Von einer solchen, wohl eher auch persönlichen Meinung, unterschied sich die „Rheingauer Erklärung“ des Bundesarbeitgeberverbandes Chemie (BAVC) mit 13 regionalen Mitgliedsverbänden erheblich. Die Praktiker des Chemiebereichs wandten sich in einem Zehn-Punkte-Memorandum zum deutschen Tarifvertragssystem vom Herbst 1996 (Die Welt v. 21.10.1996) mit deutlichen Worten gegen den BDI und auch gegen „Gesamtmetall“, den Arbeitgeberverband für die gesamte Metallindustrie. Die ständige Kritik am Flächentarifvertrag erwecke den unzutreffenden Eindruck, das deutsche Konsensmodell sei nicht überlebensfähig. Die „undifferenzierten Verallgemeinerungen“ der angeblichen Schwächen des Tarifvertrages schadeten auch dem Ansehen des Standorts Deutschland im Ausland. „Es gibt keine generelle Krise des Flächentarifvertrages in Deutschland“. Veränderungen bei Besitzständen müßten im sozialen Konsens herbeigeführt werden. Dies könnten nur starke Tarifvertragsparteien.

4.2 Interessen und Handlungsoptionen der Gewerkschaften

Für die Arbeitnehmerschaft ist die Verlagerung der Tarifvertragsgestaltung auf die Betriebsebene ebenfalls kompliziert. Auch hier gilt natürlich grundsätzlich die genannte rechtliche Schranke des Betriebsverfassungsgesetzes.

Die Arbeitnehmer sind erst durch Organisation „stark“ und zu verhandlungsfähigen Kontrahenten der einzelnen Arbeitgeber oder der Arbeitgebervereinigungen aufgerückt. Selbst wenn betriebliche Regelungen statt eines Flächentarifvertrages politisch gewünscht und rechtlich möglich wären, steht auf dieser Seite des Tarifvertrages immer die Frage, wie eine angemessene „Gegenmacht“ gegen die „natürliche“ Macht der Unternehmensleitungen und Eigentümer gewährleistet werden kann, um bessere Arbeitsbedingungen auszuhandeln.

Diese Dimension des Problems spricht aus der Sicht der organisierten Arbeitnehmerschaft grundsätzlich gegen die betriebliche Verhandlungs- und Abschlußebene. Früher bezeichnete man die Tendenzen zu betriebsnaher Lohn- und Arbeitsgestaltung als „Syndikalisierung“. Gemeint war damit, daß entgegen jeder Solidarität unter den Arbeitern die Belegschaft eines einzelnen Unternehmens egoistisch versucht, für sich ein Maximum an Verbesserungen herauszuholen. Dieses bedeutet am Ende das Entstehen höchst unterschiedlicher Löhne, Arbeitszeiten und Arbeitsbedingungen von Betrieb zu Betrieb.

Starke Gewerkschaftsvertretungen in wirtschaftlich schwachen Unternehmen könnten den Betrieb mit ihren Forderungen in den Konkurs treiben, schwache Gewerkschaftsvertretungen in straff geführten, höchst produktiven Unternehmen müßten u.U. Niedriglöhne hinnehmen, weil ihre Gegenmacht nicht ausreicht. Gäbe es nur noch betriebliche Verträge wären die Gewerkschaften geradezu zu einem äußerst differenzierten „Häuserkampf" gezwungen.

Eine solche Entwicklung ist auch für die Arbeitgeber letztlich unerträglich, weil sie die Konkurrenzbedingungen verzerrt und das System der Lohnzahlung unberechenbar macht.

Sprechen somit schon derartige grundsätzliche Erwägungen und frühere Fehlentwicklungen gegen die „reine" betriebliche Gestaltung der Tarife für Löhne und Arbeitsbedingungen, so kommt für Deutschland seit 1952 noch ein weiteres hinzu:

Nach dem Betriebsverfassungsgesetz ist die einzig legitimierte Arbeitnehmervertretung im Betrieb der Betriebsrat. Für die Gewerkschaften läßt das Gesetz im Betriebsrat offiziell keinen Raum. Sie vertreten die Betriebsangehörigen nicht. Nur wenn sie bei den Betriebsratswahlen, bei denen die Kandidaten nicht einer Gewerkschaft angehören müssen, obsiegen, haben sie im Betrieb aufgrund der Mitbestimmungsrechte des Betriebsrates einen wirksamen Einfluß auf die Lohn- und Arbeitsbedingungen.

Abgesehen von dem Prinzip des Vorranges eines Tarifvertrages (§ 77 Abs. 3 Betr.Verf.Ges.) vor der Betriebsvereinbarung unterliegt der Betriebsrat aber einem weiteren und für machtvolle Verhandlungen mit dem Arbeitgeber entscheidenden Handikap: Er verfügt nicht über die „Streikfreiheit". In § 2 des Betriebsverfassungsgesetzes heißt es: „Arbeitgeber und Betriebsrat arbeiten unter Beachtung der geltenden Tarifverträge vertrauensvoll und im Zusammenwirken mit den im Betrieb vertretenen Gewerkschaften und Arbeitgebervereinigungen zum Wohl der Arbeitnehmer und des Betriebs zusammen". Aus allem folgt, daß für die Arbeitnehmerschaft eine machtvolle Gewerkschaftsorganisation unabdingbar ist.

Gleichsam eine „mittlere Gestaltungsebene" stellt der Haus- oder Firmentarifvertrag dar. Hier gilt das Tarifvertragsrecht uneingeschränkt wie beim Flächentarifvertrag. Hier scheinen sich die Vorteile des Flächentarifvertrages mit denen einer betriebsnahen Gestaltung der Lohn- und Arbeitsbedingungen zu verbinden. Hier bleibt die zentrale Steuerung gültig. Das bekannteste Beispiel ist der Haustarifvertrag zwischen dem Volkswagenwerk und der IG Metall-Bezirksverwaltung Hannover. Hier bleiben der Einfluß der Gesamtgewerkschaftsorganisation in Gestalt des IG Metall-Vorstandes in Frankfurt erhalten und damit die traditionellen Momente der Solidarität, der gewerkschaftlichen Macht und Kampffreiheit sowie der Wahrung gesamtwirtschaftlicher Gesichtspunkte trotz sehr betriebsspezifischer Regelungen, die möglicherweise von keinem anderen Unternehmen praktiziert werden.

Trotz dieser Vorteile der Firmentarifverträge dürfen die Nachteile nicht nur für die Arbeitgeber, sondern auch für die Gewerkschaften nicht übersehen werden. Auch bei Haustarifverträgen käme es letztlich zum oben erwähnten „Häuserkampf". Die Zahl derartiger Tarifverträge würde unüberschaubar. Die Inhomogenität der einer Verhandlung notwendigerweise zugrundeliegenden Daten müßte jeden Abschluß unberechenbar erschweren. In der Gesamtwürdigung ist ein Vorteil derartiger Regelungen auch für die Arbeitnehmerseite nicht erkennbar.

Unter diesen Umständen erstaunt es nicht, daß der DGB in seinem neuen Grundsatzprogramm von 1998 dem Flächentarifvertrag eine wichtige Rolle zuweist und zugleich das Interesse an starken Arbeitgeberverbänden ausdrückt. Sorge bereiten ihm deswegen die Austritte von Unternehmen aus den Arbeitgeberverbänden.

„Die Antwort auf globalisierte Märkte, sich ausdifferenzierende Branchenbedingungen und Produktionsstrukturen kann weder eine marktradikale Deregulierung sein, die

die Funktionsfähigkeit des Tarifvertragssystems aushöhlt, noch eine einzelvertragliche Regelung von Entgelt und Arbeitsbedingungen, die das Solidarprinzip außen vor läßt. Der Flächentarifvertrag nutzt Arbeitnehmerinnen und Arbeitnehmern und Arbeitgebern: Er sorgt einerseits für relativ krisensichere Einkommens- und Arbeitsbedingungen, zum anderen für klare Kalkulationsgrundlagen und vergleichbare Konkurrenzbedingungen.

Wir streben ein neues Verhältnis von Flächentarifverträgen und der jeweiligen Umsetzung in den Betrieben an. Flächentarifverträge müssen so gestaltet werden, daß sie den unterschiedlichen Realitäten in den einzelnen Branchen und Unternehmen entsprechen. Dazu wollen wir in den Flächentarifverträgen Optionen verankern, die Wahl- und Gestaltungsperspektiven für die betriebliche Umsetzung eröffnen. ...

Bei aller Offenheit für situationsangepaßte Lösungen bleibt klargestellt: Die Regelung von Entgelt und Arbeitsbedingungen in den Flächentarifen bleibt das zentrale Instrument, um Mindestbedingungen verbindlich festzulegen. Das Solidarprinzip tarifpolitischer Gestaltung darf nicht ausgehöhlt werden ..."

Auch die Deutsche Angestellten-Gewerkschaft (DAG) äußerte sich auf ihrem Bundeskongreß im Oktober 1996 in diesem Sinne. In dem Antrag des Vorstandes „Zukunftsperspektiven der Tarifpolitik" wurden Flächentarifverträge gefordert, die den unterschiedlichen Bedingungen von Branchen und einzelnen Unternehmen entsprächen. Um die Beschäftigung in den Betrieben zu sichern, wurde ausdrücklich auch für „einen begrenzten Umfang tarifvertraglicher Öffnungsklauseln" plädiert (Die Welt v. 14.10. 1996).

Im Februar 1998 beschloß der IG Metall-Vorstand in „Leitlinien für eine Reform des Flächentarifvertrages" (direkt, IG Metall Info-Dienst Nr. 2/1998, S. 3), daß es keine betriebsnahen Regelungen im Sinne gewerkschaftsfreier Regelungen oder freien Arbeitsverträgen mit Scheinselbständigen geben dürfe. Er äußerte sein Interesse auch an starken Arbeitgeberverbänden, um die Einhaltung der Tarifverträge zu gewährleisten. Unterbietungskonkurrenz lasse sich nur verhindern, wenn Tarifnormen nicht durch Betriebsvereinbarungen unterlaufen werden könnten. Als Elemente einer Erneuerung des Flächentarifvertrages nannte die IG Metall u.a.: Die Arbeitszeiten sollen den individuellen Wünschen der Beschäftigten Rechnung tragen; Tarifbausteine oder betriebliche Zusatzvereinbarungen sowie weitere tarifliche Wahlmöglichkeiten könnten betrieblicher Gestaltung überlassen bleiben. Tarifverhandlungen sollten aber weiterhin regional geführt werden.

Diese Position der Gewerkschaftsführung zeigte sich noch wenig aufgeschlossen. Deutlicher hatte ein Diskussionspapier der IG Metall Bezirksleitung Dortmund (diekt, Info-Dienst der IGM Nr. 22/96) argumentiert und gefordert:

1) Die Tarifvertragsparteien können tarifliche Bestimmungen zeitlich befristet modifizieren, um außergewöhnlichen betrieblichen Umständen Rechnung zu tragen.
2) Der Tarifvertrag bietet den Betriebsparteien zu einer Regelungsfrage verschiedene Alternativen.
3) Für einzelne Branchen wird es möglich, abweichende Regelungen zu vereinbaren („Branchenfenster").
4) Die Tarifverträge erlauben, neue Regelungen zu erproben.
5) Teile des Einkommens können an die wirtschaftliche Lage des Betriebs gebunden werden.

Hier wird aus der Praxis heraus eine „Öffnung“ des Flächentarifvertrages erwogen, die fast schon die betriebliche Regelung in die Vorhand bringt. Der Vorrang des Flächentarifvertrages scheint nur noch formal zu gelten. Dem folgt der IGM-Vorstand offensichtlich nicht. Man kann dies als „betonköpfig“ ansehen, man kann aber auch eine notwendige Vorsicht darin erkennen, das wichtigste Instrument der deutschen Arbeitsmarktverfassung preiszugeben.

4.3 Betriebliche Tarifpolitik und ihre gesellschaftspolitischen Folgen

Bei aller Freiheit der Optionen bleibt im Grunde der Flächentarifvertrag mit einem Optimum an betriebsnahen Gestaltungsmöglichkeiten für beide Seiten die vorteilhafteste Lösung. Daß dies nicht unbedingt für alle Wirtschaftszweige gilt, wurde am Beispiel der Chemieindustrie bereits belegt. Auch die Angestellten-Tarifverträge werden kaum kritisiert. Anders sieht es in der Metallindustrie aus, in der z.T. die Flächentarifverträge nicht nur für unterschiedlich große und unterschiedlich leistungsfähige, teils nur national, teils international agierende Unternehmen abgeschlossen werden, sondern auch noch für mehrere Branchen, z.B. neben der Autoindustrie auch für die Elektroindustrie.

Um die vorteilhafteste Option der „Öffnung“ von den Mindestnormen des Flächentarifvertrages zu erreichen, müßten Betriebsverfassungsrecht und richterliche Rechtsfortbildung entsprechend modifiziert werden. Dies ist aber keine unerläßliche Voraussetzung. Entscheidend ist der Wille der beiden Verbände, die vereinheitlichende Regelung der Lohn- und Arbeitsbedingungen des Flächentarifvertrages als Mindestnormen so zu begrenzen, daß den betrieblichen Erfordernissen durch ergänzende Betriebsvereinbarungen Rechnung getragen werden kann.

Das bisherige Zögern der Verbände, die bei ihren Verhandlungen gelegentlich noch immer lieber ein Scheitern der Tarifverhandlungen und eine damit verbundene „Erosion“ des Flächentarifvertrages hinnehmen, hat verschiedene, durchaus auch gewichtige Gründe. Zu letzteren sollten nicht nur das übliche Beharrungsvermögen bürokratisierter Großorganisationen gezählt werden. Gewerkschaftsapparate und Arbeitgeberverbände haben sich im Denken und Handeln ihres Personal, das in der Regel durch die gleichen juristischen Ausbildungen gegangen ist, stark angenähert. Es muß auch nicht am Beharren auf starren rechtsüblichen Regeln liegen.

Bessere Gründe liefert das Problem der Einhaltung der Mindestnormen für Entlohnung, Arbeitszeit und Arbeitsbedingungen. Objektiv ist „Flexibilität“ (z.B. in Arbeitsart, -einsatz, -zeit, -ort) als die wichtigste Grundlage innovativen und effektiven wirtschaftlichen Handelns in Produktion und Dienstleistungen schwer normierbar. Der Flächentarifvertrag darf einerseits kein Erziehungsinstrument in den Händen der Verbände sein, aber er verliert andererseits seinen Wert, wenn die Tarifnormen von den Mitgliedsfirmen und den gewerkschaftlich organisierten Betriebsräten nicht eingehalten werden. Dieses Problem ist gegenwärtig nicht gelöst. Es kann möglicherweise in bestimmten Interessenkonstellationen auch nicht gelöst werden. Was geschieht, wenn die Traditionen nicht ausgeprägt sind und die wirtschaftliche Lage der Unternehmen sehr unsicher ist, kann in den neuen Bundesländern studiert werden. Dort werden entweder die „unabdingbaren“ Normen der Tarifverträge unterlaufen, oder die Unternehmen beteiligen sich an keinem Arbeitgeberverband. Auf der anderen Seite ist die Abhängigkeit der (noch)

Beschäftigten vom Unternehmen oder dem Unternehmer derart stark, daß dies einer Rückkehr zu frühkapitalistischen Verhältnissen gleichkommt. Derart instabile Arbeitsbeziehungen tragen dazu bei, daß auch die Einschätzung des Systems der Marktwirtschaft äußerst labil ist.

5. Ungesicherte sozialstaatliche Sicherheiten

5.1 Die Kosten der Massenarbeitslosigkeit

Der Sozialstaat setzt eine funktionierende Erwerbsarbeitsgesellschaft voraus. Entwicklung und Ausmaß der Massenarbeitslosigkeit bedeuten mithin, daß die Fundamente des deutschen sozialstaatlichen Systems bröckeln. Die tatsächlichen Kosten der Arbeitslosigkeit liegen nicht nur im Verlust an Beiträgen der Beschäftigten und ihrer Arbeitgeber zur Finanzierung der gesetzlichen Sozialversicherungseinrichtungen, sondern gehen weit über diesen Faktor hinaus.

Tab. 14: Die wahren Kosten der Arbeitslosigkeit
Staatliche Ausgaben bzw. Mindereinnahmen durch Arbeitslosigkeit 1996:

Ausgaben		Mindereinnahmen	
Arbeitslosengeld/-hilfe	11.862	Steuern	8.536
Beiträge Rentenversicherung	4.849	Rentenversicherung	3.447
Beiträge Kranken-		Kranken-, Pflegeversicherung	
u. Pflegevers.	3.647		2.725
Sozialhilfe	1.763	Bundesanstalt für Arbeit	2.805
Wohngeld	441		

Alles in allem summierten sich 1996 Ausgaben und Mindereinnahmen durch Arbeitslosigkeit nach Berechnungen des Nürnberger Instituts für Arbeitsmarkt- und Berufsforschung (IAB) auf rund 159 Milliarden DM. Das waren je Arbeitslosen gerechnet gut 40.000 DM.

Quelle: nach SZ v. 3.12.97

Nach Untersuchungen des dafür besonders kompetenten Instituts für Arbeitsmarkt- und Berufsforschung (IAB) der Bundesanstalt für Arbeit in Nürnberg stiegen die Kosten der offiziell registrierten Arbeitslosigkeit in Mrd.-Beträge, die man, an ihrer Höhe gemessen, mit den jährlichen Transferzahlungen von West nach Ost vergleichen könnte.

Die gesamtfiskalischen Kosten der registrierten Arbeitslosigkeit hatten sich nach der in „Die Welt“ veröffentlichten Untersuchung (25.5.1998) im Jahr 1997 insgesamt auf 166 Mrd. DM summiert. 1996 lagen die Kosten noch bei 150 Mrd.DM. (1995: 142,5 Mrd. DM; 1994: 139,9 Mrd. DM). 55% der Kosten resultierten vor allem aus den Ausgaben für Arbeitslosengeld und Arbeitslosenhilfe, 45% hätten sich aus den Mindereinnahmen ergeben, bestehend jeweils zur Hälfte aus verminderten Beitrags- und verminderten Steuereinnahmen.

Dem Fiskus und den Sozialhaushalten sind nach den Berechnungen des IAB für 1997 pro 100.000 Arbeitslosen Ausgaben von 2,1 Mrd. DM erwachsen und zugleich noch Einnahmen in Höhe von 1,7 Mrd. DM entgangen.

Zu den Kosten der registrierten Arbeitslosigkeit müßten noch jene der „verdeckten Arbeitslosigkeit“ gerechnet werden. Für Arbeitsbeschaffungsmaßnahmen (ABM-Maßnahmen) und für Maßnahmen zur beruflichen Weiterbildung wurden 1997 20 Mrd. DM ausgegeben.

Der Hintergrund dieser Kosten ist klar. Arbeitslose erhalten entsprechend ihren Leistungsansprüchen Arbeitslosengeld, zahlen aber selbst keine Beiträge mehr zu den Sozialversicherungen. Auch dies übernimmt die Bundesanstalt für Arbeit. Betroffen sind auch die Gemeinden. Denn oft bestehen zu geringe Leistungsansprüche beim Arbeitslosengeld und bei der Arbeitslosenhilfe. Dann muß die Sozialhilfe einspringen, für die die Kommunen zuständig sind.

Insgesamt sei das Ausmaß der Unterbeschäftigung im Jahre 1997 auf 6,3 Mio. zu beziffern. Denn zu den 4,4 Mio. registrierten Arbeitslosen kamen 1,9 Mio. Personen in der „Stillen Reserve“.

5.2 Die Kosten der sozialstaatlichen Einrichtungen

Volkswirtschaftliche Kosten werden in der „Abgabenquote“ oder „Sozialabgabenquote“ ausgedrückt. Das betrifft die Finanzierungsstruktur der sozialstaatlichen Einrichtungen. Will man hingegen die Ausgaben für soziale Leistungen vergleichen, so bietet sich die „Sozialleistungsquote“ an, ausgedrückt durch die Relation zwischen den Sozialleistungen und der inländischen Wertschöpfung (BIP).

Die „Gesamtabgabenquote“ mit einem internationalen Vergleich hat die Deutsche Bundesbank für 1996 so aufgelistet:

Tab. 15: Steuer- und Gesamtabgabenbelastung im internationalen Vergleich 1996

	Abgabenquote[1]		Anteil am gesamten Steueraufkommen in%	
Land	insgesamt	darunter: Steuerquote	direkte Steuern	indirekte Steuern
Schweden	54,2	38,1	58,8	41,2
Dänemark	52,8	49,7	62,7	37,3
Belgien	46,4	31,1	58,5	41,5
Frankreich	46,3	24,9	39,6	60,4
Österreich	45,5	29,9	50,2	49,8
Niederlande	44,8	26,6	49,9	50,1
Bundesrepublik Deutschland	42,9	23,1	44,5	55,5
Italien	42,9	27,4	55,5	44,5
Schweiz	41,1	22,4	67,3	32,7
Portugal	39,1	25,7	40,9	59,1
Kanada	36,3	31,0	56,6	43,4
Spanien	35,5	21,7	53,5	46,5
Großbritannien	33,9	27,7	45,6	54,4
USA	31,8	22,7	64,0	36,0
Australien	31,5	31,5	56,3	43,7
Japan	28,6	18,2	55,9	44,1

Quelle: OECD. – 1 Steuern und Sozialversicherungsbeiträge in % des Bruttoinlandsprodukts. Die Angaben in dieser Tabelle basieren auf den Volkswirtschaftlichen Gesamtrechnungen, in denen – im Gegensatz zu den ansonsten in diesem Aufsatz verwendeten Aufkommensdaten – die Steuererträge vor Abzug bestimmter Vergünstigungen (wie z.B. Investitionszulagen) ausgewiesen sind und das Lohnsteueraufkommen um einen Monat zurückversetzt worden ist. Die hier genannten Quoten und Anteile für die Bundesrepublik unterscheiden sich deshalb etwas von denen nach der Finanzstatistik. Deutsche Bundesbank-Monatsbericht August 1997, S. 85

Die Entwicklung der Abgabenquote (in der Abgrenzung der volkswirtschaftlichen Gesamtrechnung, VGR; hier gehen nur die tatsächlich gezahlten Sozialbeiträge ein; die Altersversorgung der Beamten bleibt z.B. unberücksichtigt.) sowie des Anteils der Sozialabgaben an den Gesamtabgaben, beides zwischen 1955 und 1994, stellte der „Sachverständigenrat für die Konzertierte Aktion im Gesundheitswesen (Sondergutachten 1996, Baden-Baden, S. 33 und S. 35; beide Tabellen wurden hier zusammengefaßt) so dar:

Tab. 16: Die Entwicklung der Abgabenquote und des Anteils der Sozialabgaben an den Gesamtabgaben von 1955 bis 1994

	Sozialabgaben	Abgabenquote (in Prozent)
Jahr		Abgrenzung VGR
1955	26,0	31,2
1960	29,8	32,6
1965	29,4	33,2
1970	32,6	35,6
1975	37,8	39,8
1980	37,6	41,4
1985	39,3	41,5
1990	40,0	39,5
1991[b]	41,3	41,7
1992[b]	41,3	42,5
1993[b]	42,2	43,0
1994[b]	42,7	42,6

a Für die Jahre 1955, 1960 und 1994 Schätzungen.
b Werte für Gesamtdeutschland.

Quelle: Eigene Darstellung und Berechnung auf Grundlage Statistisches Bundesamt, 1989, 1991 und 1995, a.a.O., OECD, Revenue Statistics of OECD Member Countries 1965-1994, Paris 1995, S. 73 und S. 176.

Der Anteil der Sozialabgaben am BIP stieg von 1955 bis 1990 stärker als die volkswirtschaftliche Steuerquote. Man kann zeitlich die durch die unterschiedlichen Regierungen ausgelösten „Wellen“ erkennen: Zwischen 1965 und 1970 trug die Regierung der großen Koalition zu einer moderaten Steigerung bei. Bis 1980 hat die sozialliberale Koalition den Sozialstaat ausgebaut. Bis 1990 hielt die konservativ-liberale Regierung die Quote stabil mit der Tendenz nach unten. Dann folgte die Erhöhung der Abgabenlast im Zuge der deutschen Vereinigung. Hierbei handelte es sich also um „vereinigungsbedingte“ Lasten, insbesondere im Bereich der Rentenversicherung und der aktiven Arbeitsmarktpolitik, die aus dem Beitragsaufkommen finanziert wurden. Dies beides ist ein Problem der „versicherungsfremden Leistungen“.

Der Anteil der Sozialabgaben an den Gesamtabgaben zeigt noch deutlicher ein überproportionales Wachstum an. Bei der Betrachtung müssen allerdings die Gesamtzusammenhänge berücksichtigt werden: Steuersenkungen, die hohe Einkommen und Vermögen entlasten, oder die Arbeitslosigkeit seit Mitte der siebziger Jahre, die die Ausgaben für die Arbeitslosenversicherung und die Sozialausgaben nach oben trieb.

Dasselbe gilt für den lange Zeit starken Zustrom von Asylbewerbern, Aussiedlern und Flüchtlingen. Es stiegen dadurch keineswegs die sozialen Segnungen für die Beitragszahler. In jedem Fall bleibt natürlich der Umstand, daß die Beitragszahler und die Unternehmen erhöhte Belastungen zu tragen haben. Steigende Sozialabgaben bedeuten steigende Personalzusatzkosten. Auch die Arbeitgeber leisteten in den vielen Wachstumsperioden ihren Anteil an der Steigerung dieser Kosten, indem sie die sogenannten „außertariflichen Leistungen" der Betriebe verbesserten.

Die Abgabenquote gibt noch keine Auskunft darüber, in welchem Umfang insgesamt Mittel für die soziale Sicherung ausgegeben werden. So muß z.B. durchaus in Rechnung gestellt werden, daß bei niedrigen Quoten höhere Aufwendungen für die private Vorsorge aufgebracht werden müssen oder freiwillig aufgebracht werden (S. dazu auch die Entwicklungstendenzen in Deutschland im 5. Kapitel, S. 292ff.). Die Sozialleistungsquote versucht die Gesamtleistungen zu bewerten.

Diese Quote stieg in der Bundesrepublik von 21,7% im Jahre 1960 bis 1975, also mit den Reformen der großen Koalition und der sozialliberalen Koalititon, auf 33,9%. Die Quote ging dann bis zum Ende der sozialliberalen Koalition trotz der nun auftretenden größeren Arbeitslosigkeit bis 1980 zurück. Der Gesetzgeber der konservativ-liberalen Koalition hat ab 1982 den Ausgabenzuwachs beschnitten und damit bis zur deutschen Vereinigung auch in Relation zum einsetzenden Wirtschaftswachstum in der zweiten Hälfte der achtziger Jahre Erfolg gehabt. Es sank die Sozialleistungsquote auf 30,7%, das waren 60 Mrd. DM (R. Sitte, 1998, S. 15ff.). Ralf Sitte stellte fest, daß in Relation zur Wirtschaftskraft der Leistungsumfang in der Altersversorgung 1989 auf das Niveau von 1974, im Gesundheitswesen auf das von 1977, im Bereich Ehe und Familie auf den Stand von 1960 und bei der Arbeitsförderung auf das Niveau von 1985 zurückgeführt worden sei.

Schaubild 6: Entwicklung der Sozialleistungsquoten 1970 bis 1995
– Sozialleistungen in v.H. des BIP –

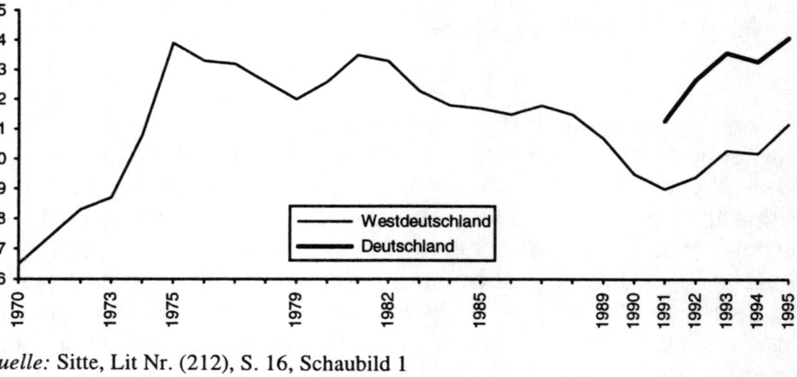

Quelle: Sitte, Lit Nr. (212), S. 16, Schaubild 1

Die dann einsetzende Erhöhung der Sozialleistungsquote geht so gut wie ausschließlich auf den Vereinigungsprozeß und die hohe Arbeitslosigkeit der neunziger Jahre zurück. In den neuen Ländern war nach diesen Untersuchungen die Sozialleistungsquote von 1991 bis 1994 doppelt so hoch wie im Westen und erreichte dann 1995 rd. 58%. Zusammen ergibt sich eine Quote für Gesamtdeutschland, die dem Stand von Westdeutschland im Jahre 1975 entspricht.

Am deutlichsten treten die Kosten der sozialstaatlichen Einrichtungen bei den Beiträgen und den Leistungsansprüchen der Versicherten gegenüber den Kranken- und Rentenversicherungen zutage. Ersteres wird seit Jahren unter dem Vorzeichen der „Lohnneben- oder Lohnzusatz-Kosten" diskutiert. Für den Arbeitgeber sind die Beiträge zusätzliche Kosten der „Produktion" (im weitesten Sinne). Für den Arbeitnehmer sind die Beiträge Pflichtabzüge von seinem Erwerbseinkommen neben den Steuern. Ob die vom Arbeitgeber zu zahlenden Anteile/Beiträge Teil des Lohnes sind oder nicht, ist wissenschaftlich umstritten, aber hier nicht von Belang.

Sitte betonte (S. 17), daß der Anstieg der Sozialleistungsquote auf die Beitragsausfälle infolge der hohen Arbeitslosigkeit zurückzuführen sei und nicht auf eine Verbesserung der Sozialleistungen.

Tab. 17: Struktur des Sozialbudgets nach Funktionen in Deutschland

Sozialbudget	Westdeutschland				Ost-D	BRD
	1982	1985	1989	1995	1995	1995
insgesamt in Mrd. DM	529	576	681	959	220	1179
davon für in v.H. des BIP						
– Ehe u. Familie	4,6	3,9	4,0	4,0	5,6	4,2
– Gesundheit	10,3	10,5	10,1	11,2	17,6	11,9
– Beschäftigung	2,8	2,5	2,5	3,0	12,0	4,0
– Alter, Hinterbliebene	13,2	12,6	12,3	11,8	21,3	12,9
– Sonstiges	2,4	2,1	1,7	1,3	1,2	1,3

Quelle: Sitte, Lit. Nr. (212), S. 17, (Tabelle 1). Eigene Berechnungen nach Angaben des BMA.

Die sogenannten „versicherungsfremden Leistungen" sind Leistungen der Sozialversicherungsanstalten, die eben auch von den Versicherungsbeiträgen der Arbeitnehmer und der Arbeitgeber aufgebracht und von den Sozialversicherungen verausgabt werden. Sie haben aber im strengeren Versicherungssinne (Beitrag gegen Leistungsanspruch) eigentlich nichts mit den Leistungen zu tun. So haben vor allem die nicht vorausgesehenen Kosten der deutschen Vereinigung gerade auch den Sozialversicherungen Kosten auferlegt, die die Beitragszahler nicht zu verantworten haben. Sitte schätzte z.B. den West-Ost-Sozialtransfer 1991-94 auf insgesamt 78 Mrd. DM, davon seien rd. 33 Mrd. DM Übertragungen aus der Renten- und Arbeitslosenversicherung gewesen (S. 16).

„Das Sozialbudget ist zu fast 90% durch andere als beschäftigungsrelevante Leistungen bedingt" (Sitte, S. 18, S. dazu den vorangehenden Abschnitt, S. 135f.).

Tab. 18: Kosten der Arbeitslosigkeit und ihre direkte Relevanz im Sozialbudget

in Mrd. DM	1994	1995
Kosten der Arbeitslosigkeit	139,9	142,5
abzügl. Entgangene Steuern	31,7	33,2
Nettorelevanz für Sozialbudget	108,2	109,3
– Kosten in Sozialversicherung insg.	83,0	79,8
– Arbeitslosenhilfe (Bund)	18,6	21,6
– Kosten Sozialhilfe, Wohngeld	6,6	7,9
Sozialbudget insgesamt	1141,5	1179,3
Sozialbudget in v.H. des BIP	33,3	34,1
Sozialbudget in v.H. des BIP neu	30,1	30,9
Differenz in Prozentpunkten	3,2	3,2

Quelle: Sitte, Lit. Nr. (212), S. 18 (Tabelle 2)

Das besondere Gewicht der Arbeitslosigkeit bei den Finanzierungsproblemen der Sozialversicherungen ist nicht allein, aber in besonderem Maß eine Folge der in den neunziger Jahren nicht behobenen wirtschaftlich-sozialen Strukturprobleme Gesamtdeutschlands. Hinzu kommt, um es noch einmal zu wiederholen, daß Millionen Erwerbstätige in den neuen Länder in die bestehenden Sozialversicherungen der Bundesrepublik aufgenommen wurden. Hätten sie weiterhin erwerbstätig bleiben können, so wären keine besonderen Belastungen für die Versicherungen aufgetreten. Da sie aber nach der Übernahme in die westdeutschen Sozialversicherungen massenweise arbeitslos wurden, so daß sie als Beitragszahler ausfielen, als Leistungsempfänger aber blieben, entstand das Problem, daß eigentlich ein gesamtstaatliches Problem ist. Es hätte aus dem allgemeinen Steueraufkommen finanziert werden müssen.

Auch wenn es richtig ist, daß die Kosten der sozialstaatlichen Einrichtungen nachweislich der Arbeitslosigkeit und nicht einer deutschen „Anspruchsinflation" (Sitte, S. 19) zugerechnet werden können, so muß doch auch daran erinnert werden, daß in der Bundesrepublik durch Bundesgesetze seit 1950 immer neue Bevölkerungsgruppen und immer neue sogenannte „Lebensrisiken" in die Sozialversicherungen aufgenommen wurden. Ab 1955 waren es die Landwirte, weitere ehemals Selbständige kamen hinzu. Für Aussiedler und Flüchtlinge wurden Ansprüche auf Leistungen geschaffen, ohne daß der begünstigte Personenkreis zuvor Einzahlungen geleistet hatte. Schließlich wird das Problem sehr komplex, wenn die Frage beantwortet werden muß, weshalb eigentlich Familienangehörige eines Beitragszahlers und Leistungsberechtigten in die Leistungsberechtigung, aber nicht in die Beitragspflicht, einbezogen werden.

Kurzum, die Sozialversicherungen basieren zwar auf den Beiträgen aus individuellen Erwerbseinkommen, aber sie sind keine Anstalten wie die privaten „Versicherungen" im engeren Sinne, in denen die Einzelpersonen und die Leistungen konkret miteinander in Beziehung stehen. Sozialversicherungen sind öffentlich-rechtliche Einrichtungen, die auf dem Gedanken der Solidarität als einem wesentlichen Element sozialstaatlicher Tradition beruhen.

Trotz aller Kritik am Sozialstaat belegen die Statistiken, daß das deutsche Sozialversicherungssystem gemessen am Sozialprodukt nicht „teuerer" als andere europäischen Sozialsysteme ist:

Jens Alber, Verfasser mehrerer Studien zum internationalen Vergleich sozialstaatlicher Systeme, veröffentlichte im Sommer 1998 (Der deutsche Sozialstaat im Licht international vergleichender Daten) Vergleiche der Kosten des Sozialstaats in Deutschland und in den Ländern der Europäischen Union. Deutschland nimmt danach immer einen mittleren Rang ein. Der „alte“ Bundesrepublik lag 1994 bei einem Durchschnitt der Sozialleistungsquoten in der EU von 26,8 mit 27,7 nur knapp über dem Durchschnitt. England, Frankreich, Niederlande und Dänemark verzeichneten höhere Quoten.

Schaubild 7: Sozialleistungsquoten in der Europäischen Union, 1994: alte Bundesrepublik

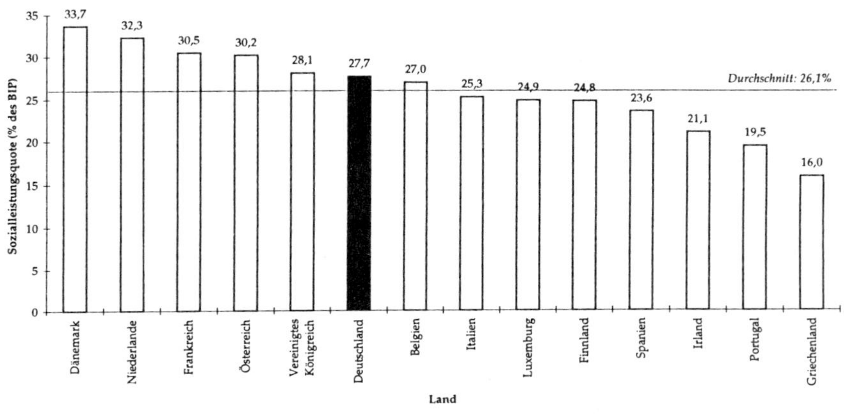

Die Daten für Deutschland beziehen sich auf das Gebiet der alten Bundesrepublik. Für Schweden sind keine Daten verfügbar.
Quelle: eurostat 1996a, S. 16-17.

Quelle: Alber, Lit. Nr. (209), Schaubild 2

Schaubild 8: Sozialleistungsquoten in der Europäischen Union, 1994: Gesamtdeutschland

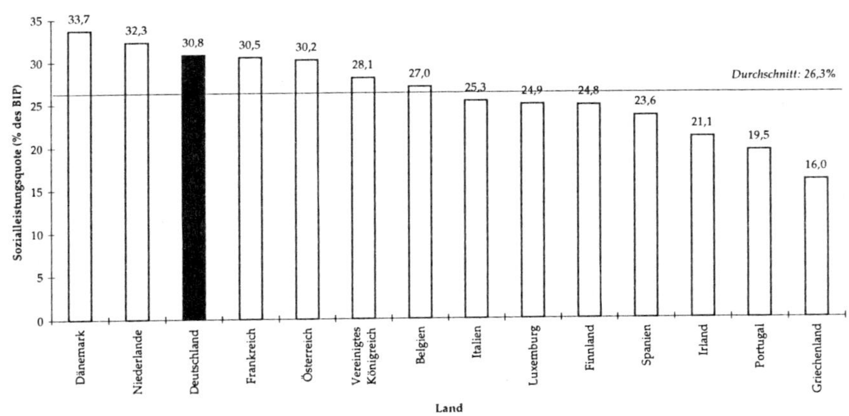

Die Daten für Deutschland beziehen sich auf Gesamtdeutschland. Für Schweden sind keine Daten verfügbar.
Quelle: eurostat 1996a, S. 16-17.

Quelle: Alber, Lit. Nr. (209), Schaubild 1

Der Sozialleistungsquoten-Vergleich hat sich also durch Gesamtdeutschland verschoben. Nunmehr lag Deutschland an dritter Stelle, sozusagen auf einer Höhe mit Frankreich und Österreich.

Der Zusammenhang zwischen Soziallasten, Steuern und der gesamtwirtschaftlichen Nachfrage ist evident. Sind die Steuerzahlungen und die Abgaben in Form von Versicherungsbeiträgen sehr hoch, dann bedeutet dies eine Beeinträchtigung der Kaufkraft des Einkommensbeziehers. Sein Bestreben, geringere Abgaben zu zahlen, bedeutet aber immer zugleich, daß er dann weniger soziale Leistungen beanspruchen kann bzw. an dieser Stelle dann Zuzahlungen aufbringen müßte. In beiden Fällen bedeutet die Vorsorge für Alter, Krankheit und Arbeitslosigkeit also eine Verringerung von Kaufkraft und damit volkswirtschaftlich betrachtet der Nachfrage nach Gütern und Diensten. Angesichts des engen Zusammenhangs zwischen Sozialabgaben und sozialen Leistungsansprüchen spricht logisch alles dafür, möglichst die Steuern zu senken, um Kaufkraft- und Nachfragestärkungen zu erreichen.

Damit aber ist das Dilemma der zu hohen Kosten der Sozialleistungen nicht gelöst. Denn die Sozialleistungen aus den Solidarsystemen verursachen ihrerseits Kosten; bei den Krankenversicherungen z.B. für Ärzte, Pflegepersonal, Krankenhäuser usw. Das Personal dort zahlt seinerseits Steuern und Abgaben und möchte diese minimieren, um ihre Kaufkraft zu erhalten oder zu erhöhen. Die hohen Einkommen der Zahnärzte sind in besonderem Maße immer wieder Gegenstand öffentlichen Streits und machtpolitischer Auseinandersetzungen zwischen den Ärzteverbänden, den Versicherungsträgern, dem Minister und von Gesetzgebung und Verwaltung.

Alle vorausschauenden Überlegungen zur Zukunft des sozialstaatlichen Systems müssen mithin die verschiedenen Aspekte volkswirtschaftlicher Auswirkungen mit einschließen. Im Kern ist das finanzielle Problem der Sozialsysteme die Arbeitslosigkeit. Die Sozialleistungsquote beeinträchtigt Deutschlands Position in der EU nicht signifikant. Die Folgen eines „Abbaus des Sozialstaats" wären auch wirtschaftliche Verschlechterungen.

5.3 Zerbröckelnde Symbiose von Marktwirtschaft und Sozialstaat

Die gesamtwirtschaftlichen Bedingungen und Entwicklungen zeigen an, daß die allein national orientierte ordo-liberale Wirtschaftspolitik keine Zukunft hat. Auf der anderen Seite scheinen die internationalen Bedingungen, die neuen Weltmärkte und Technologien, den Rückzug nationalstaatlicher Ordnungsgewalt zu erzwingen. „Deregulierung" wirkt wie ein Zwang, weil sich ein einzelnes Land scheinbar keine Sonderbelastungen leisten kann, will es nicht aus der Weltwirtschaft und den dadurch bedingten wirtschaftlichen Fortschritten und Wohlfahrtsgewinnen ausscheiden.

Der „Sozialstaat" scheint in diesem Sinne ebenfalls keine Zukunft zu haben. Eine solche Folgerung ist nicht richtig. Die Verschmelzung von „Sozialstaat" und marktwirtschaftlichen Prozessen ist längst über die Korrekturfunktion des ordo-liberalen Modells hinausgegangen. Nicht die Verwirklichung einer allgemeinen und abstrakten sozialen Gerechtigkeit ist heute das Motiv wohlfahrtsstaatlicher Gestaltung, sondern die „Produktion" von Sicherheit gegen die Lebensrisiken Krankheit, Unfall, Invalidität, Alter u.ä. sowie „Gratifikationen" zur Harmonisierung von Lebenslagen.

Dieses eigentliche Bewegungsgesetz des heutigen „Sozialstaats/Wohlfahrtssystems" hindert die Begünstigten und Betroffenen nicht, die „Produktion" von Wohlfahrt (sozialstaatliche Leistungen) als Herstellung sozialer Gerechtigkeit zu empfinden und umgekehrt die aus welchen Gründen auch immer zurückgehende Produktion als „Abbau sozialer Gerechtigkeit". Da heute im Grunde alle Bürger von dieser „Produktion" profitieren, ist z.B. die aus fiskalpolitischen Gründen erzwungene Reduktion dieser „Produktion" besonders schwierig und in der Parteienkonkurrenz und Mehrheitsbildung nur (Parteien-)„klientelorientiert" vorstellbar.

Neben diesen innerstaatlichen Gesichtspunkten stehen die neuen Weltmärktebedingungen:

1. Als Bestandteil der nationalen Produktions- und Dienstleistungsbedingungen müssen sozialpolitische Kosten genau so wie andere an die neuen Bedingungen der sich globalisierenden Märkte angepaßt werden.
2. Als integraler Faktor der Wirtschaftsgesellschaft ist der Wohlfahrtsstaat andererseits unersetzlich, ja er schafft als eigener Wirtschaftsfaktor und als Motivationsgrundlage („Leistung *und* Sicherheit") sogar Vorteile gegenüber stärker expandierenden Wirtschaften ohne jede sozialpolitische Rücksichtnahme.

Kein Land kann es sich auf Dauer leisten, seine Wirtschafts- und Wohlfahrtsproduktion auf einem Kostenlevel zu belassen, der das Land konkurrenzunfähig macht. Wenn aber, wie im Falle der Bundesrepublik, eine im Export besonders erfolgreiche Nation diesen weitgehend dem hohen oder exzeptionellen technischen, fachlichen und kaufmännischen (bezüglich der Produkte und Absatzmärkte) Status verdankt, dann muß dieses Land nicht den Anschluß an die Produktionskosten von Entwicklungs- und Niedriglohnländern suchen, um bestehen zu können. Es ist erstaunlich und bekannt, daß Schweden unter diesem Aspekt der Gesamtsicht von Wirtschafts- und Wohlfahrtsproduktion bereits seine schmerzliche Anpassung an die heutigen weltwirtschaftlichen Gegebenheiten vollzogen hat (vgl. SZ v. 16.8.1996).

In seinem eindringlichen (und lesenswerten) Buch über „Die Zukunft des Kapitalismus" beschäftigte sich der amerikanische Wirtschaftsprofessor Lester C. Thurow ausführlich mit dem „Rheinmodell", wie das europäische Modell des Kapitalismus im Unterschied zum angelsächsischen bezeichnet wird. „In Deutschland, der größten Wirtschaftsnation Europas, scheint die freie Marktwirtschaft in Kombination mit einer sozialen Komponente sehr viel besser zu funktionieren als anderswo. ... Im Vergleich zu den übrigen europäischen Ländern ist Deutschland äußerst wettbewerbsstark. Die anderen Länder haben zwar ähnliche Sozialsysteme, sind aber von ihrer Wirtschaftskraft her weniger effizient. Durch die Erfahrung mit den Deutschen weiß der Rest Europas nicht so recht, ob sie ihre Systeme nicht einfach dadurch zum Laufen bringen, wenn sie sie nur ein bißchen mehr den Deutschen angleichen würden." (S. 469).

Die in Deutschland sehr viel stärker von der Regierung und der Arbeitgeberseite diskutierte Perspektive ist allerdings die der Anpassung Deutschlands. Global und theoretisch betrachet läuft eine solche Forderung auf den mehr oder weniger starken Abbau des Sozialstaates hinaus.

„Marktwirtschaft pur ist die effektivste Marktwirtschaft", sagte der deutsche Professor Horst Afheldt sarkastisch mit bezug auf eine Statistik in der FAZ. „Es läßt sich leider nicht widerlegen, daß „Marktwirtschaft pur" die einzige wahre Marktwirtschaft ist und damit die am schnellsten wachsende Wirtschaftsform darstellt. Die Einführung jedes zusätzlichen Kriteriums (wie soziale Gerechtigkeit oder Umweltschonung) in einen

Optimierungsprozeß wirtschaftlichen Wachstums verhindert, daß sich ein Wachstumsmaximum einstellt."

Die ökonomische Überlegenheit von Staaten, die ihre Wirtschaft nicht durch soziale Regelungen bremsen, sei nicht nur theoretisch begründbar. Sie lasse sich auch anhand der exponentiellen Wachstumsraten der „Nichtsozialstaaten" USA, Japan und Korea nachweisen.

Die Gegenargumente beruhten vor allem auf der Bedeutung des Faktors Arbeit für eine innovative, hochqualifizierte und hochqualitative Produktion. Diese werde in jenen Ländern eher erbracht, deren Arbeitskräfte auf ein angemessenes Maß an Sicherheit aufbauen können (s.o.).

Lester Thurow brachte noch den Hinweis auf die Demokratie ein: Man könne nicht dauerhaft ein derartiges System mit einer Wirtschaft („Marktwirtschaft pur") aufrechterhalten, die immer größere Disparitäten zwischen den Menschen in Einkommen und Lebenslagen produziert (S. 458). Wenn Thurow an anderer Stelle ausführt: „Im 21. Jahrhundert werden Geisteskraft, Phantasie, Erfindungsreichtum und Organisation der neuen Technologien die strategisch wichtigste Rolle spielen" (S. 411), dann bleibt vor allem die Frage, ob diese Innovationen eher aus sozial gespaltenen Nationen oder eher aus sozial temperierten Wirtschaftsgesellschaften erwartet werden können. Die große Wirtschaftskrise in den asiatischen Staaten im Jahre 1998 scheint eine relativ klare Antwort zugunsten sozialtemperierter Systeme gegeben zu haben. Zu nennen wäre schließlich die Bedeutung des Konsenses zwischen Arbeitgebern und Gewerkschaften über Grundprinzipien der Arbeitsmarktgestaltung sowie zwischen den Interessenverbänden und dem Staat über Grundprinzipien im Gesundheitswesen.

Um es noch einmal zusammenzufassen. Eine Anpassung der Produktions- und auch der Wohlfahrtskosten sowie der damit zusammenhängenden öffentlichen Transferleistungen und schließlich der staatlichen Produktion „öffentlicher Güter" wie vor allem Forschung, Bildung, innere und äußere Sicherheit, an die veränderten Bedingungen offener Weltmärkte, ist globalwirtschaftlich betrachtet unumgänglich. Das Maß der Reduktionen bestimmt sich aber nicht ideologisch, sondern in nüchterner Abwägung der wirtschaftlichen und sozialen Vorteile und vor allem, im Vergleich mit zwar konkurrierenden, aber ähnlich strukturierten Volkswirtschaften. Das sind die Volkswirtschaften der EURO-Staaten.

5. Kapitel: Die Zukunft der deutschen Wirtschaft im europäisierten System

1. Die Marktwirtschaft

1.1 Besonderheiten einer europäisierten Wirtschaftsordnung

Kann trotz der historischen Divergenzen in den großen EU-Mitgliedstaaten ein gemeinsames ordnungspolitisches Konzept erwartet werden, weil die neuen europäischen Rahmenbedingungen für die nationalen Wirtschaften dies erzwingen? Frankreich ist das Land mit einer markanten staatswirtschaftlichen Tradition. Nach 1945 wurden Verstaatlichungen vorgenommen; Wirtschafts- und Finanzpolitik bevorzugten die „Planification" in der gleichen Zeit, als der deutsche ORDO-Liberalismus schon seine Erfolge feierte. Die Präsidentschaft Mitterrands und der französischen Sozialisten vollzogen dann allerdings ab 1983 einen erstaunlichen Kurswechsel, der eine allmähliche Annäherung an das deutsche System möglich machte. Zum Dreh- und Angelpunkt des Verhältnisses zu Deutschland wurde immer mehr die Währungs-, Geld- und Kreditpolitik. Durch den französischen EU-Präsidenten Delors wurden in den achtziger Jahren die europäischen Aktivitäten entscheidend verstärkt. Sie führten zu den Beschlüssen über die Vollendung des Gemeinsamen Marktes. Das politische Ringen um die französische Position zur deutschen Wiedervereinigung brachte den Durchbruch zur europäischen Währungsunion. Die Franzosen akzeptierten die wichtigsten Grundlagen des deutschen DM-Systems.

Annäherungen, Konvergenzen, Kooperationen und Integrationen sind also gerade im so wichtigen Verhältnis zwischen Deutschland und Frankreich vollzogen. Unterschiede in der Rolle von Politik und Staat gegenüber der Ökonomie sind aber durchaus geblieben. In der deutschen Presse weniger betont, versuchte die französische Regierung in allen Diskussionen über die Währungsunion und die Autonomie der Europäischen Zentralbank beharrlich, ein politisches Gegengewicht gegen die völlige Notenbank-Autonomie zu etablieren, um auch andere Prioritäten als den Geldwert gewährleisten zu können. Politik und Staat haben in Frankreich auch heute noch eine Präferenz gegenüber der Wirtschaft.

England – nicht Mitglied von EURO-Europa, aber wichtig – ist das kapitalistischste aller europäischen Industrieländer. Daran scheint auch der Labour-Sozialismus ab 1945 mit weitgehenden Verstaatlichungen nichts geändert zu haben. Spätestens die Regierung Thatcher führte ab Ende der siebziger Jahre das Land zurück in den Wirtschaftsliberalismus, der in seiner Radikalität nicht mit den eher gemäßigten Deregulierungen, der Geldmengenpolitik und der angebotsorientierten Wirtschaftspolitik in Deutschland zu vergleichen ist. Die Regierungsübernahme durch die Labour Party unter Tony Blair bedeutet, daß moderate sozialpolitisch orientierte Korrekturen erfolgen werden. Durchgängig und bedeutsam ist daneben auch das Staatsverständnis der Briten. Die „Souveränität" liegt seit der Glorious Revolution beim Parlament. Diese „Parlamentssouveränität" kann nicht in gleicher Weise abgegeben werden wie die „Staatsfunktionen" im kontinentaleuropäischen Verständnis. Dieses Dilemma zeigte sich in ganz besonderer Weise, als es um die Anerkennung einer Notenbank-Autonomie der EZB ging. Es ist nur schwer vorstellbar, daß das britische Parlament eine Einschränkung seiner Parlamentssouveränität über die Währungs- und Finanzpolitik hinnehmen könnte. Bis heute wurde der Bank of England noch keine förmliche Autonomie gewährt.

Über dem deutschen ORDO-Liberalismus in seiner Eigenschaft als „Fundament" des deutschen Wirtschaftssystems ist hier ausführlich gesprochen worden. Dieses Ordnungsmodell ist heute eher ein Mythos. Das Bild wird der Realität im nationalstaatlichen wie im europäischen Sinne nicht mehr gerecht. Die Vorstellung von einer „Geschlossenheit", z.B. die „Wirtschaftspolitik aus einem Guß", ist Illusion. Dennoch haben sich wichtige Elemente des deutschen, auf den ORDO-Liberalismus zurückgehende Prinzipien in Europa durchgesetzt. Es sind dies vor allem die Notenbankautonomie und geldpolitische Stabilitätspolitik sowie die neoliberalen Prinzipien der Deregulierung. Letzteres allerdings ist der Schritt weg vom ORDO-Liberalismus hin zu einem „Neo-Liberalismus", wie ihn etwa die Chicagoer Schule schon immer präferierte und wie ihn die Premierministerin Thatcher radikal praktizierte. Die globalwirtschaftliche Dynamik seit dem Ende der Pax Americana basiert auf keinem ordnungspolitischen Modell mehr. Sie ist Ausdruck eines von staatlichen „Bevormundungen" befreiten Wirtschaftsliberalismus auf der, gemessen am 19. Jahrhundert, höheren Ebene weltweiter Konzerne. Diese Entwicklung kann man Neoliberalismus nennen. Mit dem deutschen ORDO-Liberalismus hat dies nichts zu tun. Denn „Ordnungsmodelle" setzen politische Gestaltung der Rahmenbedingungen voraus.

Werden die wirtschaftlichen Entwicklungen so deutlich bewußt, dann ist unschwer zu erkennen, wo sich die ehemals „kontinentaleuropäischen" Staaten ordnungspolitisch verständigen könnten: Sie werden trotz der Globalisierung oder gerade wegen der Globalisierung versuchen, neoliberalen Vorstellungen zu folgen und zugleich die staatlichen Veranwortlichkeiten nie aufzugeben. Darin werden sie sich vor allem von der angelsächsischen Welt absetzen. Auch von Großbritannien, wo – zumindest vorläufig – die 1997 an die Regierung gekommene Labour-Party weiterhin eher dem Thatcher-Modell des liberalen Kapitalismus als dem europäischen des sozial moderierten folgt.

Im Gegensatz zu den in weiten Bereichen der politischen und ökonomischen Publizistik verbreiteten Vorstellungen, hat die Bundesregierung der konservativ-liberalen Koalition ab 1982 zwar grundsätzlich den Prinzipien der Deregulierung und Entstaatlichung, der angebotsorientierten Politik und der Unternehmensförderung, dem Trend zu mehr Laissez faire nach außen und im Innern entsprochen. Aber eine konsequente liberal-kapitalistische Politik war dies nicht. Die staatlichen Pfeiler im nationalen Wirtschaftssystem blieben erhalten und wurden auch nicht in ihren Grundfesten erschüttert. Damit hat „Bonn" vermutlich auch hier den ordnungspolitischen Weg der europäischen Institutionen maßgeblich vorgezeichnet. Nur daß unter französischem Einfluß mit wachsender Kompetenz der europäischen Institutionen noch mehr politisch-staatliche Stabilisierungsversuche zu erwarten sind.

Die Unterschiede der ordnungspolitischen Konzepte müssen aber offensichtlich immer wieder im Lichte der Integrationsfortschritte neu bewertet werden (Vgl. z.B. Detlev W. Rahmsdorf, 1982, Jens van Scherpenberg,1992). So konstatierte van Scherpenberg 1996, offenbar auf der Grundlage seiner Untersuchung von 1992 noch 1996, „tiefgreifende Unterschiede" über die grundlegenden Orientierungen der gemeinsamen Binnen- und Außenwirtschaftspolitik, „auch darüber, wieviel Politikintegration in diesem Bereich überhaupt nötig sei".(van Scherpenberg, 1996, in: Jachtenfuchs-Kohler-Koch, S. 345f.)

Das sind eigentlich drei Fragen: Die Binnenmarktpolitik hat durch die entschlossene Einführung der Währungsunion mit einer kaum für möglich gehaltenen Konsequenz der meisten EU-Mitglieder bei der Erfüllung der Konvergenzkriterien eine „Vergemeinschaftung" erlebt, die viele Divergenzen historischer und aktuellerer Art überspielen wird. Offen ist dagegen in der Tat die Außenwirtschaftspolitik. Hier dominieren aber weniger ordnungspolitische Vorstellungen als wirtschaftliche Interessen. Entscheidend ist, da kann man van Scherpenberg nur zustimmen, daß auch die „Konvergenz" in der Frage der Politikintegration wächst.

Bei aller Skepsis gegenüber allgemeinen Vertragsbestimmungen sollte die Frage einer europäischen marktwirtschaftlichen Ordnungspolitik nicht nur mit einem Bezug auf die dezidiert formulierten Ziele des Vertrages von Maastricht, sondern auch im Lichte des neuen EG-Vertrages als Ganzem diskutiert werden. Wie bereits ausgeführt, verpflichtet der Maastricht-Vertrag das ESZB auch auf die Ziele der allgemeinen Wirtschaftspolitik (Art. 105 neuer EG-Vertrag). Diese sind in Art. 2 EG-Vertrag fixiert. Auch Art. 3 ist für die Ordnungspolitik relevant. Auf diese Weise wurden nicht nur Preisstabilität, sondern auch Wirtschaftswachstum, Umweltgerechtigkeit, ein hohes Beschäftigungsniveau, Soziale Sicherheit und Lebensqualität Bestandteile einer Ordnung des Gemeinsamen Marktes und der Wirtschafts- und Währungsunion.

Diese allgemeinen Zielsetzungen der Europäischen Gemeinschaft unterstützen eine marktwirtschaftliche Ordnungspolitik. Sie entsprechen ziemlich genau dem deutschen Stabilitäts- und Wachstumsgesetz von 1967, das einst von der Regierung der großen Koalition als Leitlinie ihrer „Globalsteuerung" geschaffen worden und in Deutschland immer noch mit einer verfassungsrechtlichen Verankerung (Art. 109 GG) gilt. Am Schicksal dieses Gesetzes, das seit über dreißig Jahren in Kraft ist und an das in jedem Februar eines Jahres das Ritual der Vorlage eines „Jahreswirtschaftsberichts" durch den Bundeswirtschaftsminister erinnert, zeigt allerdings auch, daß derartige normative Festlegungen wenn nicht Makulatur, so doch politisch weitgehend irrelevant sein können, wenn dies eine politische Mehrheit so will.

Das künftige Ordnungsmodell für die deutsche Wirtschaft in Europa, besser schon: für das europäische Wirtschaftssystem, kann nicht dem deutschen ORDO-Liberalismus im Sinne der fünfziger Jahre entsprechen. Es kann aber als Prinzip gelten, wonach die Politik Rahmenbedingungen verbindlich zu setzen hat. Es wird spezielle Elemente enthalten wie die Geldwertstabilität und die Notenbankautonomie. Diese Spielart des neoliberalen Denkens kann aber keinem geschlossenen Modell mehr folgen und sich auch nicht auf den rein ökonomischen Marktmechanismus verlassen. Vielmehr definiert sich die gestaltende, sichernde und korrigierende Rolle des Staates durch politische Entscheidungen. Hier allerdings ist die Frage alles andere als unwichtig, ob es sich dabei um eine „gouvernementale" oder eine parlamentarisch-legitimierte Definition handelt (s.u. S. 145f.).

Der europäische Binnenmarkt ist potentiell groß genug, um sich im globalen Wettbewerb zu behaupten, d.h. daß die beteiligten Ökonomien nicht jedem Deregulierungsmuster der außereuropäischen Welt folgen müssen. Allerdings wird dies nicht die

Abkoppelung von der weltwirtschaftlichen Dynamik bedeuten. Dazu ist der Anteil der Exporte in die außereuropäischen Märkte zu hoch. Der Rationalisierungsdruck des globalen Wirtschaftswettbewerbs wird also anhalten. Aber der durch die einheitliche Währung begünstigte europäische Binnenmarkt bedeutet doch eine Entlastung von diesem Druck durch erhebliche Markterweiterungen ohne innere Schranken. Die Europäer haben sich erstmals Bedingungen geschaffen, die mit denen der USA vergleichbar sind.

1.2 Wirtschaftlicher Wettbewerb und europäische Fusionskontrolle

Vieles hängt in Zukunft davon ab, wie schnell und wie stark sich die „Vergemeinschaftung" aller Marktbedingungen entwickelt und in welchem Ausmaß sich die Mitgliedstaaten zu den von ihnen geschaffenen Marktbedingungen, ihren Regeln und Institutionen wie der EZB bekennen. Diese Frage stellt sich stärker noch als bei jeder Ordnungstheorie praktisch in der Frage, ob und inwieweit die Europäische Gemeinschaft eine gemeinsame Wettbewerbspolitik entwickeln will und kann.

Über die „Erosion" der marktwirtschaftlichen Wettbewerbsgrundsätze im nationalstaatlichen Rahmen wurde bereits im 4. Kapitel ausführlicher gesprochen. Dabei wurde allerdings das für Deutschland wichtige Problem der Großfusionen in den Vordergrund gestellt. Derartige Zusammenschlüsse können den nationalen Markt monopolisieren, wie dies nach Auffassung der EU-Kommission bei der digitalen Fernsehallianz der Unternehmensgrupen Kirch und Bertelsmann der Fall gewesen wäre, oder sie können zu europaweiten bzw. weltweiten Monopolisierungen von Marktsegmenten führen. Großfusionen können aber auch den Standort stärken und inländische Arbeitsplätze sichern.

Im Falle des europäischen Wirtschaftssystem kommt in erster Linie die Befreiung des Binnenmarktes von wettbewerbsbeschränkenden Regeln und Gewohnheiten hinzu. Hier sind die Aufgaben der Wettbewerbshüter nicht so relativ präzise zu definieren, wie z.B. Größe an sich, Marktanteil, Umsatzstärke usw. Diese Binnenmarkt-Wettbewerbspolitik hat es mit zum Teil sehr traditionellen wirtschaftlichen Überzeugungen und Regeln zu tun, wie z.B. mit dem Reinheitsgebot für das deutsche Bier, und mit der Frage zulässiger bzw. unzulässiger Subventionierungen von notleidenden Unternehmen, Branchen und Regionen.

Der EG-Vertrag entspricht nach Einführung der Wirtschafts- und Währungsunion 1998/99 im Art. 85 weitgehend dem alten deutschen „Kartellgesetz". Auch Art. 86, der den Mißbrauch einer marktbeherrschenden Stellung verbietet, geht nicht viel weiter als das alte Kartellgesetz des deutschen ORDO-Liberalismus in der Fassung von 1957. Anders wird es mit den Artikeln 90, 91, 92 und 93. Sie verbieten Dumping-Praktiken, regeln die Praxis staatlicher oder aus staatlichen Mitteln gewährter Beihilfen an Unternehmen und Branchen, definieren einen Katalog von Ausnahmen von der Regel und sagen, welche Instrumente die EU-Kommission gegen Verletzungen des Wettbewerbs innerhalb des Gemeinsamen Marktes einsetzen darf.

Sanktionen gegen Wettbewerbsverstöße gehen stets von der EU-Kommission aus. Sie ist die Wächterin. Sie untersucht auf Antrag eines Mitgliedstaates oder von Amts wegen den Verdacht wettbewerbsbeschränkender Vereinbarungen oder den Mißbrauch einer wirtschaftlichen Machtstellung. Sie stellt Verstöße fest und kann dies publizieren.

Sie kann – so heißt es schwächlich – die Mitgliedstaaten ermächtigen, die erforderlichen Abhilfemaßnahmen zu treffen. Dies gilt auch bei Dumping-Praktiken und z.B. für sogenannte „Re-Importe". Die Kommission erläßt geeignete Regelungen zur Durchsetzung derartiger Verbote (vgl. die Auferlegung einer hohen Strafe für VW wegen der Behinderung des Re-Imports seiner Autos aus Italien).

Kommen die Staaten oder die Betroffenen der Entscheidung nicht nach, so ist der Europäische Gerichtshof zuständig, bei „unstatthaften Beihilfen" kann die Kommission den EuGH unmittelbar anrufen (wie etwa im Falle der ihrer Ansicht nach unstatthaften Beihilfen für ein VW-Werk in Sachsen 1996).

Die vertraglichen Bestimmungen heben die Probleme des freien wirtschaftlichen Wettbewerbs zwar auf die höhere Ebene der Gemeinschaft, wo sie besser als auf der nationalen gesteuert und behoben werden können. Jedoch ist die Wirksamkeit der Bestimmungen umstritten. Die Instrumente sind bei Wettbewerbsbehinderungen und vor allem bei Marktbeherrschungen nicht viel weiter gefaßt als auf der nationalen Ebene.

Der Ausnahmekatalog für zulässige Beihilfen ist weit gefaßt, so einleuchtend die Ausnahmen auch sind. So sind Beihilfen für die von der deutschen Vereinigung betroffenen Gebiete, die neuen Bundesländer, zulässig. Aber es gibt auch zulässige Beihilfen „sozialer Art an einzelne Verbraucher" und unter die „Kann-Vorschriften" des Art. 92 Abs. 3 fallen regionale Beihilfen u.a. zur Angleichung der Lebenshaltung, bei erheblicher Unterbeschäftigung, zur Behebung einer beträchtlichen Störung des Wirtschaftslebens eines Mitgliedstaates oder auch die Förderung einzelner Wirtschaftszweige.

Diese „Ausnahmen" könnten durchaus auch positiv bewertet werden. Sie sind dann aktive staatliche Maßnahmen zur Verhinderung oder zur Beseitigung einer Störung des wirtschaftlichen Gleichgewichts in der Gemeinschaft. Damit aber rücken die Aktivitäten von der regionalen auf die Ebene der Gemeinschaft, auf der es nicht nur Kollisionen mit den Wettbewerbsregeln zu beachten gilt, sondern evtl. auch Kollisionen mit gesamteuropäischen Zinspolitik der EZB möglich sind.

Die Herstellung eines „funktionsfähigen Wettbewerbs" wird sicher noch lange von den Versuchen der nationalen Regierungen beeinflußt, in ihren Staaten niedrige regionale Lebensstandards auszugleichen oder für die Beschäftigung in einer notleidenden Region lebenswichtige Unternehmen zu erhalten bzw. wenigstens ihre langfristige Umstrukturierung zu ermöglichen. Dies ist legitim. Es entspricht auch demokratischen Spielregeln, weil auf der nationalen Ebene die politische Demokratie verwirklicht ist, nicht aber auf der europäischen. Hier stehen die Regierungen, in Deutschland auch die Länderregierungen, unter dem unmittelbaren Druck ihrer Wähler. Sie müssen reagieren. Sie begegnen hierbei gelegentlich starken Interesseneinflüssen. Dabei müßten sie nicht immer reagieren. In diesem Fall könnten sich die Wettbewerbsregeln der EU als wichtige Hilfe beim Widerstand gegen einseitige Interessentenbeeinflussungen erweisen.

Aus dieser Perspektive, der Perspektive der demokratischen Legitimation, stellen sich im Prinzip weiterreichende kritische Fragen. Die Kommission ist nur sehr mittelbar demokratisch legitimiert, über die nationalen Regierungen und deren Abhängigkeit von demokratisch gewählten Parlamenten sowie über das EU-Parlament, das sie bestätigen muß. Sie kann auf Dauer nicht stärker sein als die durch unmittelbare Wahlen legitimierten staatlichen Organe innerhalb der Gemeinschaft. Helfen würde da nur der Schritt nach vorne in die Politische Union. Ein langfristiges Unternehmen. Solange aber müssen die nationalen fiskalstaatlichen und sonstigen Hilfen für Regionen, Bevölkerungsgruppen und Branchen/Unternehmen zulässig sein. Auch wenn eine harte Wettbewerbspolitik gegen nationale Subventionierungen einem wachsenden ordnungspolitischen Gemeinschaftskonsens entspricht.

In bezug auf Konzernfusionen im Weltmaßstab ist die EU heute noch nicht viel besser zur Kontrolle geeignet als das Bundeskartellamt in Berlin. Die erst 1989 eingeführte Kontrolle grenzüberschreitender Fusionen innerhalb der EG hat nun allerdings das im 3. Kapitel behandelte Problem auf die europäische Ebene verlagert: Soll innerhalb des Gemeinsamen Marktes gegen Mega-Fusionen eingeschritten werden? Werden dadurch nicht die Chancen europäischer Unternehmen im globalen Wettbewerb beeinträchtigt? Die Ausweitung der europäischen Fusionskontrolle zu Lasten der nationalen Kartellämter ist sachlich geboten und politisch nicht zu beanstanden.

Berücksichtigt man die deutsche Praxis im Umgang mit sehr großdimensionierten Unternehmenszusammenschlüssen unter Einbezug der „Ministererlaubnis", dann ist eigentlich nicht verständlich, weshalb über eine angeblich besondere „industriepolitische" Vorliebe französischer Fusionskontrollvorschläge, die dies ebenfalls für selbstverständlich halten, geklagt wird (van Scherpenberg, S. 365). Denn auch bei der Schaffung eines Europäischen Kartellamtes ist eine Ausnahmeregelung wie die deutsche „Ministererlaubnis", im industriepolitischen Interesse erforderlich, sollen nicht die europäischen Unternehmen im globalen Wettbewerb behindert werden.

Überfällig ist die Bildung einer europäischen Kartellbehörde, die als solche auch, noch gestärkt durch die Bündelung bislang nationaler Ämter, international wirksam sein kann. So zeigte der Einspruch der Europäischen Union gegen die Fusion der Flugzeugbauer Boeing und McDonnel Douglas, daß eine Verbesserung der Zusammenarbeit mit der Anti-Trust-Behörde im Justizministerium der USA notwendig ist. Diese internationale Anti-Trust-Kooperation sollte allerdings aus dem alltäglichen Steuerungsgeschäft der gesamten EU-Kommission herausgenommen werden. Bislang müssen bekanntlich alle EU-Kommissare einem Verbotsentscheid des zuständigen Kommissars zustimmen. Die zu schaffende europäische Kartellbehörde sollte nach den deutschen Erfahrungen im technischen Sinne unabhängig sein. Jedoch muß im Zweifelsfall die industriepolitische und legitimierte politische Entscheidung in Fusionssachen möglich bleiben. Das kommt nicht nur den französischen Vorstellungen entgegen, sondern entspricht deutscher Kartellamts-Praxis.

Ein Europäisches Kartellamt wäre nicht nur ein starker Partner einschlägiger außereuropäischer Einrichtungen wie jener in den USA. Es könnte zugleich Motor und Partner einer Weiterentwicklung internationaler „Regime" wie der Welthandelsorganisation WTO werden, die sich verstärkt um die Bekämpfung monopolartiger Zusammenballungen wirtschaftlicher Macht im globalen Maßstab kümmern muß. Die WTO hat bereits einen entsprechenden Anspruch angemeldet: „Handelsliberalisierung erhöht tendenziell den Wettbewerb. Jedoch wird es selbst bei extensiver Liberalisierung und freier Bewegung der Produktionsfaktoren noch einen Bedarf an Wettbewerbspolitik geben" (Jahresbericht 1997, nach: SZ v. 19.12.1997). Eine solche Sichtweise ergibt sich nach Ansicht der WTO vor allem aus dem Umstand, daß sie, und vorher das GATT, mit Erfolg Handelsbeschränkungen durch die Nationalstaaten abgebaut hat, jetzt aber gegen derartige Beschränkungen durch Firmen machtlos ist.

Es wird zwar in der politischen Publizistik immer wieder diskutiert, ob nicht die weltweit wirkende (neo-)liberale Marktdoktrin Kontrollen ausschließt. Die Fusionskontrolle ist aber dennoch ein gutes Beispiel dafür, daß auf diesem Gebiet eine derartige Doktrin, die ja den Vorrang jeder Art von ökonomischer Entfaltung vor den Anspruch öffentlicher Kontrolle setzt, kaum eine Chance besitzt. Nicht einmal die USA wollen sich, wie der Fall Microsoft zeigt, darauf einlassen. Diskutiert wird vielmehr sogar eine Art „Weltkartellamt". Die WTO hält dies allerdings für einen Ansatz, der noch „jenseits dessen zu liegen (scheint), was die internationale Gemeinschaft derzeit an Multilateralismus hinzunehmen bereit ist." Ein Verbot von Exportkartellen wird dennoch diskutiert. Jedoch: Das bedeutendste Exportkartell ist die OPEC. Der Schritt zur globalen Bekämpfung wettbewerbsbehindernder Mächte und Einflüsse ist noch weit. Eine europäische Ordnung des wirtschaftlichen Wettbewerbs und der Fusionen liegt dagegen auf der Hand und ist sofort realisierbar.

1.3 Preisstabilität und Währungssicherung in der europäischen Währungsunion

Für den deutschen ORDO-Liberalismus gehörten eine stabile Währung und eine unabhängige Notenbank zu den Grundvoraussetzungen einer funktionsfähigen Marktwirtschaft. Etwas allgemeiner formuliert hatte der Maastricht-Vertrag diese Vorstellung übernommen: Die Gewährleistung der Preisstabilität (Art.105 EGV)) ist das vorrangige Ziel des Europäischen Systems der Zentralbanken (ESZB), dessen Kern die Europäische Zentralbank bildet. Diese darf Weisungen weder einholen noch entgegennehmen (Art. 106 EGV).

Da die neuen Regelungen Bestandteil eines völkerrechtlich verbindlichen Vertrages sind, darf in diesem Punkt sogar von einer höherwertigen Sicherung eines ordoliberalen Grundsatzes ausgegangen werden, als es bislang die gesetzliche Garantie in der Bundesrepublik darstellte (vgl. dazu aber S. 90ff.).

In der zukünftigen Praxis wird es jedoch sehr viel schwieriger als in Deutschland sein, auch eine entsprechende Geld- und Zinspolitik zu formulieren und wirksam durchzusetzen. Die Ausgangslage ist in den beteiligten nationalen Währungsgebieten sehr unterschiedlich. Wie der deutsche Bundesbankpräsident Hans Tietmeyer ausführte (Bundesbank, Ausz. a.P. Nr. 10 v. 13.2.1998, S. 1ff.), gilt dies vor allem für die Bank- und Marktstrukturen sowie die Strategien und Instrumente der Geldpolitik.

Tietmeyer betonte die Unterschiede zwischen dem in Deutschland vorherrschenden Universalbankensystem und dem Trennbankensystem (Trennung von Geschäfts- und Investmentbanken) anderer Länder. Aus der jeweiligen Tradition eines mehr an das Universalbankensystem oder das Trennbankensystem angelehnten Finanzsektors heraus ergäben sich gegensätzliche Interessen, die schon bei der Definition der Kreditinstitute oder bei der Frage nach den Geschäftspartnern der künftigen EZB anfingen. Für den Wettbewerb sei z.B. nicht unwichtig, welche Institute beim Einsatz des Mindestreservesatzes betroffen seien. Deutschland hat, so Tietmeyer, ein stark dezentralisiertes Bankensystem. Dies ist für die Struktur der Volkswirtschaft wichtig. Die Niederlande, die skandinavischen Länder und vor allem England haben zentralisierte Systeme.

Zu den Interdependenzen zwischen den Strukturen der Finanzmärkte und der Anwendung der Geldpolitik der Notenbank gehört vor allem die Frage des Zugangs zur Notenbankrefinanzierung. In Deutschland gibt es durch die Zweigstellen der Bundesbank einen dezentralen Zugang für jedes Kreditinstitut. In anderen Ländern ist der Zugang nur zentralen Kreditinstituten vorbehalten. Auch dies hat die EZB zu berücksichtigen.

Die Europäische Zentralbank (EZB) soll die gewachsenen Strukturen beachten und den Wettbewerb zwischen den Banken und Bankengruppen nicht beeinträchtigen. Dennoch werden sich die Finanzmarkt- und Bankenstrukturen wegen der einheitlichen Währung und der gemeinsamen Geldpolitik annähern. Deshalb gibt es keine Bestandsgarantie für die bisherigen Strukturen. Das vielgestaltige Bankwesen in Deutschland und im Euroland kann durch den Wettbewerb stark verändert werden. Die weitere Entwicklung scheint eher in die Richtung einer Zentralisierung denn in Richtung auf die deutsche Tradition zu gehen.

Zunächst aber besteht das Problem, daß sich die künftige einheitliche Geldpolitik des ESZB aufgrund der charakteristischen Strukturmerkmale der beteiligten Wirtschaftsgebiete ganz unterschiedlich auswirken könnte.

Schon die Angleichung der Notenbankzinsen zu Beginn der 3. Stufe der Währungsunion hat derartige Wirkungen aufgezeigt. Der Refinanzierungssatz („Reposatz") stieg nur relativ geringfügig von etwa 3,4% auf 3,5%. Dies bedeutete aber für Länder mit noch ungesicherter Konjunkturbelebung wie Deutschland, Frankreich und Österreich eine Beeinträchtigung. Zugleich hatte dies dämpfende Auswirkungen auf größere Inflationsrisiken in den Niederlanden, Irland, Spanien und Portugal (Handelsblatt v. 4.5.1998). Diskutiert wurden bereits (s. S. 153, 159) die Auswirkung von Zinserhöhungen auf die Haushaltsdefizite Italiens und Belgiens. Letzteres ist ein strukturelles Problem der Währungsunion; aber auch die konjunkturellen Probleme werden noch längere Zeit die EZB zu einer äußerst vorsichtigen Zinspolitik zwingen.

Die geldpolitischen Instrumente des ESZB wurden bereits ausführlich dargelegt (Kapitel 3). Da Großbritannien dem Euroland nicht beitrat, wurde dem EZB-Rat die Wahl der Instrumente und der Orientierungskriterien ihres Einsatzes erleichtert. Die Engländer lehnen die Politik der Mindestreserve als zu starken Eingriff in das private Bankgewerbe ab. Ganz pragmatisch ist auch der Vorbehalt gegen die Pflicht für das private Bankgewerbe, zinslose Mindestreserven im ESZB zu halten. Den Banken wird damit Geld entzogen, daß sie sonst ausleihen könnten und das ihnen Zinseinnahmen brächte. Weltweit betrachtet – also unter Berücksichtigung der „Globalisierung" – bedeutet dies eine durch die Politik herbeigeführte Verschlechterung der Wettbewerbsposition der europäischen Banken. Denn die großen Konzerne versorgen sich weltweit mit den billigsten Krediten. Der EZB-Rat hat sich auf verzinsbare Mindestreserven verständigt, was eine Neuerung für Deutschland darstellt.

An diesem Beispiel kann abgewogen werden, welche Entwicklungen künftig politisch zu bedenken sein werden: Ein „Laissez faire", um im Spiel des weltweiten Angebots kostengünstiger Produktionskonditionen mithalten zu können oder striktere Steuerung, um die Währung zu sichern. Denn daß die Mindestreservepflicht ein direktes und schnell wirksames Steuerungsmittel ist, um die Geldmenge zu beeinflussen, ist im Prinzip unbestritten. In jedem Fall steht fest, daß sich die künftige Entwicklung von den relativen Gewißheiten im Zeichen des „DM-Systems" der vergangenen 50 Jahre unterscheiden wird und daß die Europäische Politik natürlich die Weltmarktbedingungen mit in ihre politischen Kalküle einbeziehen muß.

Die Engländer, obwohl gar nicht Mitglied von Euroland – werfen mit ihrem Pragmatismus auch ein exemplarisches Problem der Zielorientierung künftiger Notenbankpolitik auf. Sie würden sich gegen die von der Bundesbank bevorzugte Geldmengensteuerung stellen, weil sie diese Politik für unzeitgemäß und unpraktikabel halten. Auch hier sind die Argumente nicht von der Hand zu weisen. Das Notenbankgeld sei –

auch in einem so großen Währungsraum wie dem Euroland – angesichts der internationalen Geld- und Kapitalmärkte, auf denen täglich mehr als 1000 Mrd. Dollar gehandelt werden, an der „Menge" orientiert nicht mehr steuerbar. Auch dieses Argument, der Verweis auf die Bedingungen globalisierter Finanzmärkte, muß in Zukunft sorgsam beachtet werden. Auf der anderen Seite könnte sich die Geldmengensteuerung gerade angesichts der strukturellen Differenzierungen unter den Euro-Staaten zunächst als eine gute Möglichkeit einvernehmlicher Zielsetzung erweisen und sich zugleich als eine „leichtere" Form der Steuerung der Geldversorgung anbieten.

Denn die Alternative ist die direkte Steuerung der Preissteigerungsraten. Dies wird z.B. in England praktiziert. Abgesehen aber von dem Umstand, daß die Inflationsraten erfahrungsgemäß relativ zögerlich auf den Einsatz von zinserhöhenden oder zinssenkenden Maßnahmen reagieren, stellt sich für den EURO-Raum das Problem der Feststellung „der" Preissteigerungsrate. Zum Start des ESZB im Sommer 1998 lag die durchschnittliche Preissteigerungsrate bei etwa 1,6%. Daraufhin forderte der französische Finanzminister, daß die EZB die Zinsen niedrig halten müsse, weil Frankreich und Deutschland zunächst ihre Arbeitslosigkeit abbauen müßten (SZ v. 9.6.1998). Länder mit hochtouriger Wirtschaft und Preissteigerungen sollten mittels einer Politik der Kürzung ihrer Staatsausgaben eingreifen. Derartige Beispiele zeigen schon unmittelbar, nachdem die EZB ihre Tätigkeit aufgenommen hat, daß die Zentralbankpolitik noch viele „Divergenz"-Schwierigkeiten in Euroland zu überwinden haben wird.

Eine der bleibenden Fragen für die künftige Entwicklung ist, ob sich das ESZB an den großen „Kernländern" des Eurobereichs, also vor allem an Frankreich und Deutschland, orientieren könnte. Dabei bleibt offen, ob den übrigen Ländern dann eine Anpassung gelingt oder auf welchen Wegen sie mit ihren evtl. abweichenden Preisniveauentwicklungen fertig werden sollen. Denn die Wechselkurse, die bis 1998 einen Puffer gegenüber den anderen Währungen, auch im EWS, darstellten, sind entfallen. Das aber bedeutet, daß ohne nationalstaatliche bzw. dann regionalpolitische Eingriffe Wettbewerbsnachteile und Absatzschwierigkeiten im europäischen Binnenmarkt die Folge wären, wenn nicht andere Anpassungsmechanismen gefunden werden.

Jede Politikorientierung an einem Indikator „Inflation" hat per se ihre Definitionsprobleme, solange nicht Entwicklungen wie diejenigen in Deutschland ab 1922 offen erkennbar sind. In der historischen Perspektive gilt dieses Problem auch für den Begriff der „Deflation", wie sie in der Weltwirtschaftskrise von 1931-1933 vorherrschte. Vielfach wird auch heute bei den – gemessen an den Jahrzehnten vor 1990 – deutlich niedrigeren Inflationsraten in den europäischen Ländern von der Gefahr einer Deflation gesprochen, die die monetäre Begleiterscheinung einer wirtschaftlichen Schrumpfungsspirale ist. Der neue EZB-Direktor und frühere Bundesbankdirektor Otmar Issing sah sich zu der Klarstellung veranlaßt, daß man bei den sehr niedrigen Inflationsraten um 1% keineswegs von einer gefährlich werdenden „Deflation" sprechen könne (FAZ v. 30.1.1998). Vielmehr handele es sich um eine rücklaufige Entwicklung der Inflationsraten, die auch als „Disinflation" bezeichnet wird. Dieser Begriff soll ein Sinken des allgemeinen Preisniveaus, jedoch ausdrücklich keine Abwärtsspirale der Preise bezeichnen. Damit ist jedoch das grundlegende Problem natürlich nicht hinwegdiskutiert, die Tatsache nämlich, daß sehr geringfügige Preissteigerungsraten den produzierenden, „anbietenden", Unternehmen wenig Anreize zu risikoreichen Produktinnovationen und guten Absatzerwartungen geben.

Helfen würde dem ESZB vermutlich ein „Multi-Indikatoren-Konzept“, das eine Vielzahl von Daten zur Konjunkturentwicklung und zur Fiskalpolitik analytisch bündelt, um die Inflationsrisiken abzuschätzen. Ein solches Verfahren wird seit den neunziger Jahren von der US-Notenbank praktiziert (SZ v. 23./24.5.1998). Die sture Vorgabe einer zulässigen Preissteigerungsrate von maximal 2%, wie sie vom neuen EZB-Präsidenten im Mai 1998 avisiert wurde, erscheint nicht sehr hilfreich. Indizes dieser Art sind als alleinige Kriterien kaum geeignet, da die in sie eingehenden Verbrauchsgewohnheiten in den 11 Mitgliedstaaten einfach zu unterschiedlich sind.

Für Deutschland bedeutet das neue Instrumentarium, daß der Diskontsatz als öffentlich bekanntgegebener „Leitsatz“ in Zukunft entfällt. Als analoge Größe wird der „Basiszins“ eingeführt, der für Refinanzierungsgeschäfte mit dreimonatiger Laufzeit gilt. Fortgeführt und differenziert ausgebaut werden die auch von der Deutschen Bundesbank praktizierten Wertpapierpensionsgeschäfte. Sie beeinflussen durch Kauf oder Verkauf von Wertpapieren kurzfristig die Liquidität und damit die Kreditpolitik der Geschäftsbanken. Das Hauptinstrument sind die wöchentlich angebotenen Refinanzierungsgeschäfte mit zweiwöchiger Laufzeit.

Alle Beispiele zeigen mögliche Differenzen an, die sich aus ökonomischen Fakten entwickeln und zu politischem Handlungsbedarf werden können. Ob das ESZB, das in diesem Zusammenhang immer genannt werden muß, weil im Rat der Europäischen Zentralbank die 6 EZB-Direktoriumsmitglieder mit den 11 Zentralbankpräsidenten der beteiligten Staaten gemeinsam entscheiden, derartigen Differenzen gewachsen ist, die im Kern eminent politische, vor allem brisante beschäftigungspolitische Probleme umfassen, ist offen.

Eine auch nur skizzenhafte, an exemplarischen Problemlagen orientierte Analyse ergibt, daß das marktwirtschaftliche Grundelement „Währungsstabilität und Notenbankautonomie“ auf europäischer Ebene noch sehr komplizierte Fragen aufwirft. Zunächst einmal ist diese Grundbedingung einer funktionsfähigen Marktwirtschaft durch die internationalen Verträge durchaus solide gesichert. Die dramatische Besetzung der EZB-Präsidentschaft im Mai 1998 ist in diesem Zusammenhang eher unwichtig. Wichtig ist aber die Erkenntnis, daß die Übertragung des Modells „Deutsche Bundesbank“ auf die europäische Ebene nicht einfach ein „Weitermachen“ ermöglicht. Es stimmen weder die strukturellen Grundgegebenheiten, noch die Möglichkeiten der Problemdefinition und der Definition der Wirkungen einer autonomen Notenbank mit den bisherigen Erfahrungen der deutschen Notenbankpolitik überein.

Eine offizielle, vertragsgerechte Verbindung von Europäischer Zentralbank, EU-Mitgliedstaaten und Europäischer Kommission wird der „Wirtschafts- und Finanzausschuß“ ab 1.1.1999 darstellen. Er umfaßt je zwei Vertreter, hat also 34 Mitglieder, und löst den sporadisch zusammengetretenen „Währungsausschuß“ ab. Dieser war es, der vor allem vor Wechselkursanpassungen getagt hatte. Die Beobachtung der Wirtschafts- und Finanzlage der Mitgliedstaaten und der Gemeinschaft, Erfahrungsaustausch und politischer Dialog in diesem Gremien zeigen ebenfalls an, daß die Europäische Zentralbank, anders als die Deutsche Bundesbank, in wirtschafts- und finanzpolitische Gegebenheiten, Entwicklungen und Interessenstrukturen, also politisch, enger eingebunden ist.

Zwar besteht in gewissem Sinne die Gefahr einer „politischen Isoliertheit“, einer „(geldpolitischen) Tätigkeit im (politisch) luftleeren Raum“ (vgl. S. 159ff.), aber schon aus den Aufgaben der EZB ergibt sich eine andere Grundsituation als bei der Deutschen Bundesbank. Die EZB-Politik hat es mit Problemlagen zu tun, die für die Bundesbank eher „externer“ Natur waren. Damit ist vor allem der weit engere Zusammenhang der Zinspolitik mit den Konjunktur- und Beschäftigungswirkungen angesprochen. Natürlich gab es diesen Zusammenhang auch seit 1948 in Deutschland. Aber er wurde seinerzeit von dem starken Engagement der Bundesregierungen und der politischen Mehrheiten überlagert, im Zeichen der ordoliberal konzipierten Sozialen Marktwirtschaft eine ausschließliche Orientierung der ökonomischen Entwicklung am Kriterium „stabiles Geld“ hinzunehmen, weil sie damals offensichtlich auch dem hohen Beschäftigungsstand, ja der Vollbeschäftigung, diente.

Die EZB-Politik ist nicht nur in bezug auf die Problemlagen in einer gänzlich anderen Situation. Sie kann die ihr gewährte Autonomie nicht als eine Anerkennung unabhängiger Sachbezogenheit verstehen und die Zinsen diktieren. Sie muß in einem sehr komplexen politischen Umfeld operieren, das nicht vorrangig an ordnungspolitischen Fragen der Ökonomie interessiert ist. Daraus folgt, daß die Europäische Zentralbank zwar nicht Tendenzen in Richtung auf eine förmliche Beseitigung der Notenbankautonomie befürchten muß. Sie wird aber ständig mit politischen Interessen konfrontiert sein, die ihre Ziele und Forderungen aus dem Recht demokratisch gewählter und verantwortlicher Institutionen ableiten und ihre Definition ökonomischer Problemlagen, Entwicklungen und Ziele gleichberechtigt neben der autonom formulierten Zinspolitik zur Geltung bringen wollen.

Wenn das ESZB diese Qualität der Politik nicht in einer elastischen Weise in ihrer Zinspolitik berücksichtigt, dann werden die Rufe lauter werden, den „EURO 11-Rat“ („EURO X-Rat“) mittelfristig anstelle von Ecofin, dem Rat der europäischen Finanz- und Wirtschaftsminister, der bislang allein zu verbindlichen Entscheidungen in der Lage ist, zu einem Gegengewicht der EZB-Politik zu machen. Dieser Rat ist vertraglich eigentlich nicht vorgesehen. Seine Notwendigkeit ergibt sich aus dem Umstand, daß nicht alle EU-Mitgliedstaaten zugleich dem Euroland angehören. Die 11 Mitgliedstaaten des EURO-Bereichs haben aber eigene Koordinierungsprobleme und müssen deshalb auch gesondert verhandeln, abstimmen und festlegen. Das ist aus der Sache heraus unvermeidlich. Kuriositäten wie die Eröffnung der EURO 11-Rats-Sitzung durch den britischen Finanzminister, der dies in seiner Eigenschaft als vorübergehender EU-Ratspräsident vornahm und dann den Raum verließ, werden in Vergessenheit geraten.

Je länger die „Outs“, also die EU-Mitgliedstaaten, die dem EURO-Bereich nicht angehören, draußen bleiben, um so mehr wird sich EURO 11 mit seinem Abstimmungsbedarf verselbständigen. Frankreich möchte – und dabei steht es offenbar nicht allein, wie Zustimmungen aus Österreich und Spanien belegen (Handelsbaltt v. 4.6.1998) – dieses Gremium als politisches Gegengewicht zur Europäischen Zentralbank ausbauen und auch das Themenspektrum über den Abstimmungsbedarf hinaus erweitern. Hier sollten die großen Linien der Wechselkurspolitik gegenüber den Nicht-EURO-Staaten festgelegt werden. Frankreich möchte von hier aus eine europäische Geldpolitik erreichen, die das Wachstum fördert (Handelsblatt a.a.O.). Das alles läuft letztlich auf eine europäische „Wirtschaftsregierung“ hinaus. Eine solche Ansicht vertreten nicht nur die französischen Sozialisten, sondern auch weite Teile der bürgerlichen Parteien in Frankreich, wie sich z.B. in der französischen Nationalversammlung anläßlich einer Rede des ehemaligen Staatspräsidenten Giscard d'Estaing am 28.11.1996 herausstellte (SZ v. 29.11.1996). Die deutsche Bundesregierung unter Bundeskanzler Helmut Kohl wollte das nicht, und die kleineren EURO-Mitgliedstaaten fürchten die Dominanz der beiden großen Länder.

Es wird sehr stark von den parteipolitischen Zusammensetzungen der Regierungen vor allem in den großen Ländern abhängen, wohin die Reise geht. Sachlich notwendig wäre ein angemessener „Policy-mix“ zwischen Geld- und Fiskalpolitik. Dies spricht eher für die Position der Franzosen. Im übrigen sollte nicht übersehen werden, daß dies alles für die gesamteuropäische Integration primär Fortschritte bringt. Die Integration schreitet gleichsam infolge notwendiger Problemlösungen voran, ohne daß dies großes politisches Aufsehen erregt. Denn die Franzosen wollen – das ist das Widersprüchliche an ihrer Politik – ja eigentlich ein Maximum an nationalstaatlicher Souveränität bewahren. Mit ihren sachlich richtigen Forderungen nach einer europäischen „Wirtschaftsregierung“ aber tragen sie entschieden zu einer Erosion dieser Souveränität bei. Die französische Politik glaubt vermutlich, als Kompensation in einer solchen Wirtschaftsregierung den Ton angeben zu können.

Während die Franzosen immer erneut um ein Gegengewicht zur unabhängigen Europäischen Zentralbank bemüht sind, gibt es auf deutscher Seite den Traum führender Politiker und Ökonomen von der punktgenauen Reglementierung öffentlicher Haushalte unter dem Verdikt und mit dem Hebel der Gewährleistung von Preisstabilität durch die EZB. Er wird nicht in Erfüllung gehen. Dieser Disziplinierungsversuch ist auch aus anderen politischen Gründen zumindest mittelfristig ohne Chancen.

Zu sehr erinnerte die Strenge des deutschen Finanzministers mit dem Stabilitätspakt, den geforderten Sanktionen und mit dem Versuch zu einer vorzeitigen Verpflichtung der Regierungen zu Haushaltskürzungen anläßlich der Beschlußfassungen über den Eintritt in die 3. Stufe der Währungsunion an das „deutsche Diktat“, das maßgebliche Partnerstaaten zuvor im Regime der Deutschen Bundesbank gesehen hatten und dem sie mit der Währungsunion entrinnen wollten.

In einem Vergleich mit Entwicklung und Ausgestaltung des „DM-Systems“ ergibt sich, daß es zwar wie in den Westzonen 1948 zu Beginn der europäischen Notenbankpolitik keine zentrale Regierung gibt. Die eigentlichen Akteure aber, die nationalen Regierungen legen – ohne nennenswert durch Europa-Parlament oder nationale Parlamente gestört zu werden – Wert auf ihre Handlungsfreiheit, vor allem in der nicht vergemeinschafteten Finanz- und Haushaltspolitik. Es gibt auch keinen ordnungspolitisch motivierten Verzicht auf „Prozeßsteuerung“, sondern – entscheidungsstrukturell bewertet – von Anbeginn an eine Konkurrenzsituation zwischen nationalen Regierungen und Europäischer Zentralbank hinsichtlich der Prioritäten der allgemeinen Wirtschafts-, Konjunktur- und Beschäftigungspolitik.

Als vergleichbar könnte die Lage mit der Konfliktsituation in der Bundesrepublik der Jahre 19667/69 angesehen werden. Die nationalen Regierungen geben den politischen Druck infolge Massenarbeitslosigkeit und Sicherung nationaler Wettbewerbsfähigkeit im globalen Zusammenhang an die Notenbank weiter und versuchen latent, deren Einordnung in die allgemeine Wirtschaftspolitik zu erwirken oder wenigstens eine Unterstützung zu erreichen.

Einfallstore für eine derartige politische Einflußnahme sind in rechtlicher Hinsicht die Bestimmungen des EG-Vertrages und der Satzung des ESZB, die deutlicher als es jemals das Bundesbankgesetz tat, eine Verbindung von Notenbankpolitik, Finanzpolitik, auch Wechselkurspolitik, und den übrigen wirtschaftspolitischen Zielen herstellen.

Ein derartiges politisches Einwirken auf die Notenbank durch externe Setzung von Handlungsbedingungen entspringt letztlich dem Interesse der nationalen Regierungen an der eigenen Macht- also Mehrheitssicherung. Dies wird auch dann versucht werden, wenn eigentlich keine aktive staatliche Beschäftigungspolitik beabsicht ist. Da elf Regierungen beteiligt sind, ist die Labilität der Akteursszene besonders groß. Nicht nur über Leitlinien für die Wechselkurspolitik, sondern auch durch mögliche Modifikationen der Mindestreserve-Politik sowie durch weitere staatsrechtlich relevante Schritte in Richtung auf die Harmonisierung der Haushalts-, Steuer- und Sozialpolitik – deren Bargaining-Ergebnisse immer auf einem suboptimalen Niveau liegen – werden „staatsleitende Gesamtakte" auf die weisungsungebundene europäische Zentralbankpolitik „einwirken", auch wenn eine direkte „Beeinflussung" vertraglich verboten ist.

Die Europäische Zentralbank wird europaweit zunächst und möglicherweise auf längere Sicht nicht mit der prinzipiellen Zustimmung zu einer strikten Stabilitätspolitik rechnen können – ohne Ansehen anderer Ziele –, wie dies in der „Stabilitätskultur" der Bundesrepublik möglich war und der Deutschen Bundesbank immer wieder eine Vorzugsstellung verschaffte. Eher ist zu erwarten, daß auch deutsche Interessengruppierungen gerne etwa dem französischen Weg einer pragmatischen fiskalischen Interventionspolitik folgen werden.

Auch muß an die deutsche Diskussion der 50er Jahre über Zentralität oder Dezentralität einer Notenbankpolitik erinnert werden, Die EZB kann nicht straff zentralistisch geführt werden; von innen her sind Labilitäten denkbar. Den sechs Direktoriumsmitgliedern stehen elf nationale Zentralbankpräsidenten im EZB-Rat gegenüber. Auch diese elf sind auf Weisungsungebundenheit verpflichtet. Ob sie jedem externen Druck gewachsen sind, wird sich erst an der Entschiedenheit der künftigen Zinspolitik ermessen lassen. Wie der Streit um den ersten EZB-Präsidenten zeigt, beginnt das Problem bereits bei der politischen Auswahl und einstimmigen Wahl der EZB-Direktoriumsmitglieder. Offen ist in diesem Kräftefeld auch das Gewicht, daß die Deutsche Bundesbank als weitaus größter Kapitaleigner im ESZB erlangen wird.

Dies alles ist kein Anlaß zur Sorge um eine neue europaweite Inflationsspirale und einen „weichen" EURO. Vielmehr ergibt sich aus heutiger Sicht, daß durch die Europäische Zentralbank möglicherweise ein ausgewogeneres Verhältnis zwischen allen gesamtwirtschaftlichen Zielen ernsthafter diskutiert und hergestellt werden könnte, als dies bislang im „DM-System" erreichbar war. Allerdings kann neben allen europaimmanenten neuen Entwicklungen, Problemlagen und Problemlösungsstrategien nicht übersehen werden, daß gerade die „Währungssicherung" den Bedingungen globalisierter Finanzmärkte unterliegt. Dies wurde bereits mehrmals angesprochen. Ob und wieweit diese Märkte die Funktionsfähigkeit der binneneuropäischen Strukturen beeinflussen, bleibt eine offene Frage. Sie wird wesentlich von der Durchsetzung einer besonnenen Politik der Einbeziehung und zugleich Abgrenzung durch die Europäische Zentralbank und die politischen Institutionen der Europäischen Union, insonderheit der EURO-Staaten, bestimmt.

1.4 Märkte: Industrieprodukte-, Dienstleistungs- und Finanzmärkte

1.4.1 Die Notwendigkeit einer europäischen Bewertung der Globalisierung – die Standortdebatte

„Die grundlegende Problematik, mit der wir heute konfrontiert sind ... resultiert aus der Notwendigkeit, die Wirtschaftsstruktur an den tiefgreifenden Wandel im internationalen Wettbewerb anzupassen. Mit der Öffnung der Märkte für Waren und Dienstleistungen, mit zunehmender Freizügigkeit für unternehmerische Aktivität und ihr Kapital, vor allem aber mit der weltweiten Verbreitung technischen Wissens und Könnens und der Verfügbarkeit qualifizierter Arbeitskräfte in vielen Ländern schwinden traditionelle Wettbewerbsvorteile deutscher Anbieter dahin. Daß in vielen Teilen der Welt, vor allem in Mittel- und Osteuropa sowie in den Schwellenländern Asiens und Lateinamerikas ein neues Wirtschaftspotential heranwächst, ist eine an sich erfreuliche Entwicklung. Für die deutsche Wirtschaft liegt darin nicht nur eine Bedrohung bisheriger Marktpositionen, sondern auch die Chance, an rasch wachsenden Märkten zu partizipieren. Der Bedrohung zu begegnen und die Chancen wahrzunehmen, das setzt die Fähigkeit zur Umstellung und Anpassung voraus. ..

Standortwettbewerb ist Wettbewerb zwischen Ländern oder Regionen. Es geht dabei darum, Kapital und unternehmerische Aktivität zu attrahieren und damit den Arbeitskräften Beschäftigung und Erzielung von Einkommen zu ermöglichen. Die Bedrohung eines Standorts wird zunächst nicht auf den Warenmärkten erkennbar, sondern daran, daß kein hinreichender Ersatz entsteht für Arbeitsplätze, die im Zuge des Strukturwandels an andere Standorte abwandern. Unzureichende Investitionen, die das vorhandene Angebot an Arbeitskräften immer weniger ausschöpfen, sind das deutlichste Symptom dafür, daß ein Land im Standortwettbewerb zurückfällt..." (So der Sachverständigenrat zur Begutachtung der gesamtwirtschaftlichen Entwicklung in seinem Jahresgutachten 1995/96, Ziff. 254).

Der Befund ist unumstritten. Die Hauptfrage für die nächste Zukunft lautet aber nicht, ob sich die deutsche Wirtschaft ganz generell und schlechthin an diese weltweite Entwicklung anpassen muß. Sie lautet vielmehr, wie weitgehend die strukturellen Veränderungen sein müssen, welche intelligente Reform es gibt, um scheinbare Nachteile des „Standorts" zu Vorteilen im internationalen bzw. globalen Wirtschaftwettbewerb zu machen. In diesen Punkten scheiden sich die Geister. Üblich ist es leider geworden, daß nicht nur der Sachverständigenrat, sondern die überwiegende Zahl der wirtschaftspolitischen Führungskräfte sowie der ihr in der Regel nahestehenden Publizistik nur über Anpassungen schlechthin nachzudenken scheint. Diese Anpassungen sollten dann auch noch ausschließlich mit tiefgreifenden „Einschnitten" in gewachsene soziale Netze und in erworbene Rechte der abhängig Beschäftigten verbunden sein.

Derartige Lösungsvorschläge sind reformblockierend, denn sie ignorieren den dafür zu zahlenden politischen Preis. Sie lassen auch kaum Ansätze einer Suche nach „intelligenten" ökonomischen und konsensfähigen politischen Lösungen erkennen. Hier ist sicher der Stein der Weisen noch nicht gefunden. Aber es sollte doch zunächst einmal unwidersprochen der Versuch möglich sein, ohne Scheu vor sofortiger Abstempelung als „Ewig-Gestriger" auf die Suche zu gehen.

Die Skizzierung der Lage durch den Sachverständigenrat konzentriert sich dezidiert auf die rein ökonomischen Entwicklungen und die ihnen eigenen Logiken. Schon die

Einbeziehung der in diesem Buch in den Vordergrund gestellten „Europäisierungen" der deutschen Wirtschaft werden nicht bedacht. Dieses aber verändert sowohl die Lageanalyse als auch die Analyse möglicher Anpassungs- und Reformstrategien.

Nun kommen gerade bei wirtschaftlichen Herausforderungen, die ihre Wurzeln außerhalb der vertraglichen Kernbereiche der Europäischen Wirtschafts- und Währungsunion haben, also außerhalb der rechtsverbindlichen Binnenmarkt-Gestaltung und EURO-Union, immer wieder Einwände gegen eine allzu weitgehende Berücksichtigung der europäischen Dimension, wenn es um Gegenmaßnahmen und Anpassungen geht. Sie fußen auf den wiederholten Bekenntnissen der EU-Staats- und Regierungschefs, man wolle weiterhin ein „Europa der Vaterländer" sein, also die Verantwortung der Nationalstaaten. Diese sollen allerdings, anders als es General De Gaulle einst meinte – alle wesentlichen Bereiche der Wirtschaftspolitik „koordinieren". Das Bemühen um die Wahrung nationalstaatlicher Souveränität ist ja selbst im Zusammenhang mit der Finanz- und Währungspolitik noch vorhanden. Dennoch ist diese Sichtweise im Zusammenhang mit den Herausforderungen durch die Globalisierung zumindest mittelfristig falsch.

Dieses Buch versuchte bislang, die offiziellen vertraglichen Integrationsschritte bis hin zur gemeinsamen Währung der elf „Euroländer" aufzuzeigen. Erkennbar sollte auch geworden sein, daß ungeachtet der großen, international bedeutsamen europäischen Vertragswerke die alltägliche Politik der Europäischen Kommission und der sich verflechtenden Wirtschaftsbürokratien den Integrationsprozeß über die ursprünglichen Konzepte von „funktionaler" und „neofunktionaler" Integrationsorientierung hinaus geführt hat. Hinzu kommt das, was als „Spill-over-Effekte" richtig gekennzeichnet ist. Das sind die immanenten Motoren der Wirtschaftsintegration, die angetrieben werden von dem Bedarf an zusätzlicher „Vergemeinschaftung" infolge eines immer enger verflochtenen Entwicklungs- und Problemzusammenhanges.

Die wirtschaftspolitischen Zwangsläufigkeiten können letztlich die Vollendung einer politischen Union nicht bewirken. Dazu bedarf es des großen europäischen Vertragswerkes. Aber die Übergänge sind fließend geworden, wie es auch in dem aus der Praxis gewonnenen Begriff des europäischen „Mehr-Ebenen-Systems" zum Ausdruck kommt. Überdies ist – wie es ausführlich im 3. Kapitel (S. 166ff.) erörtert wurde – der förmliche Einbezug fiskalpolitischer Elemente in das Recht der Gemeinschaft in absehbarer Zeit unvermeidlich.

Unter diesen Umständen ist die These nicht zu gewagt, daß in einem nicht zu fernen Zeitpunkt von einer sehr engen Integration der elf EURO-Staaten ausgegangen werden muß. Man kann noch nicht von einem einheitlichen Wirtschaftssystem sprechen. Aber die Merkmale des einheitlichen Wirtschaftsgebietes mit einer einheitlichen Währung und einheitlichen Binnenmarkt-Bedingungen sind ausreichend, um auch in der Frage des Überlebens im globalen Wettbewerb der Faktormärkte von der europäischen Union (der elf EURO-Staaten) und nicht von nationalstaatlichen Ökonomien auszugehen. Insoweit greift die Betrachtungsweise des Sachverständigenrates grundsätzlich zu kurz.

Bezogen auf die europäische Wirtschafts- und Währungsordnung ist wichtig, was der SVR gleichsam nebenher erwähnt: Wachsende Wirtschaftspotentiale in anderen Teilen der Welt und der freie Austausch von Gütern und Diensten sind „erfreulich". Das galt nach dem Krieg für Westeuropa in besonderem Maße. Noch immer geistern allerdings in vielen Denkrichtungen und Verhaltensweisen der Europäer Restbestandteile merkantilistischer Prinzipien herum. Im Vergleich zwischen den drei großen EU-

Mitgliedstaaten ist Frankreich sicher noch am stärksten davon beeinflußt. In der britischen Position ist nichts dergleichen zu erkennen. In Deutschland gibt es, trotz fest etablierter marktwirtschaftlicher Überzeugungen, immer noch überraschende Zeugnisse merkantilistischen Denkens. Der Stolz über riesige Ausfuhrüberschüsse ist ein solches Zeugnis. Es muß also bei einer europaorientierten Betrachtung der Entwicklungen wieder von unterschiedlichen Interessen und Handlungsperspektiven der EURO-Länder ausgegangen werden. Vor allem Deutschland fällt dabei mit seiner Exportwirtschaft stark aus dem Rahmen. Seine Exportwirtschaft ist stärker als diejenigen seiner EU-Partner nicht nur europäisch, sondern auch weltwirtschaftlich ausgerichtet. Eine dezidiert singuläre Rolle als globaler Akteur kann sich Deutschland aber nicht leisten. Dafür ist es nicht stark genug.

1.4.2 Europa als weltweite Handelsmacht

Das „EURO-Europa" der elf Mitgliedstaaten wird die größte Handelsmacht der Welt. Ein Bericht von Eurostat, dem Statistischen Amt der Europäischen Union, vom Mai 1998 (Bericht in der SZ v. 14.5.1998, S. 22) hat die Bedeutung von „EUR 11" (gemeint sind damit die elf Mitgliedstaaten) für die Weltwirtschaft mit konkreten Zahlen untermauert. Sie müssen nicht unumstritten sein. Wichtig ist hier allein die Möglichkeit, den „Markt" im globalen Kontext besser einschätzen zu können.

Mit einem Bruttoinlandsprodukt (BIP) von 5,5 Billionen ECU (11 Billionen DM) lag EUR 11 zwischen den USA und Japan. Die elf europäischen Länder sind allerdings viel stärker mit der Welt verflochten, sie exportierten 25% mehr als die USA und doppelt soviel wie Japan. Sie haben die größte Bevölkerung unter den drei Wirtschaftsblöcken: 291 Millionen Menschen gegenüber 269 Millionen in den USA und 126 Millionen in Japan.

Die Wirtschaftsleistung von EUR 11 lag 1997 in Ecu gerechnet um 19% unter dem Wert der USA und um 49% über dem Japans. Gerechnet in „Kaufkraftstandards" (KKS, eine Recheneinheit, die die reale Kaufkraft in einem Land wiedergibt) pro Kopf der Bevölkerung lag das europäische BIP um 30% unter dem Niveau der USA und um 14% unter jenem Japans. Eine bemerkenswerte Zahl, die enorme Reserven bezüglich der binnenwirtschaftlichen Entwicklung aufzeigt.

Die EUR 11-Wirtschaft ist mit einem Anteil des Dienstleistungsbereichs am BIP von 67,9% weniger als die USA (72,6%) am Tertiären Sektor orientiert, aber stärker als Japan (61,7%). Die Industrie hat einen Anteil von 30,2% gegenüber 25,7% in den USA und 36,5% in Japan.

Deutschlands Industrieanteil entspricht mit rd. 39% nicht dem Durchschnitt von Euroland (197f.), so eine populär werdende Bezeichnung von EUR 11. Damit wird die alte Frage wieder virulent, ob nicht auch in Deutschland mit seiner stark exportorientierten Industrie noch bedeutende Beschäftigungsreserven in den Dienstleistungsbereichen liegen.

Auf die EUR 11-Wirtschaft entfielen 1997 20% aller Weltexporte (USA: 16%; Japan: 10%). Größter Importeur waren die USA (19%) gefolgt von EUR 11 (16%) und Japan (7%). Die Ausfuhren der EUR 11 hätten (so Eurostat nach SZ v. 14.5.1998) 1997 um insgesamt 25% über denen der USA gelegen. Die Einfuhren waren um 15% geringer als die der USA. Gegenüber Japan lagen die Ausfuhren und die Einfuhren doppelt so hoch.

Die Handelsbilanz der EURO-Staaten ergab einen Überschuß von fast 90 Mrd. Ecu (180 Mrd. DM). Die USA hatten ein Defizit von 183 Mrd.

Was können diese Zahlen besagen? Eine kritische Distanz ist zunächst einmal angebracht, weil das relativ „kleine" Japan im Vergleich mit allen wirtschaftlich starken Staaten der EU zusammen (mit Ausnahme Großbritanniens) verglichen wird. Die japanische Rezession im Jahre 1998 zeigte überdies, daß dieses Land weniger mit der gesamten Weltwirtschaft als mehr mit dem ostasiatischen Markt aufs engste verflochten ist. Dieser große und bis 1998 außerordentlich dynamisch expandierende Regionalmarkt der Weltwirtschaft müßte zum Vergleich herangezogen werden. Daraus ließen sich hinsichtlich des Wachstums ebenso Schlüsse ableiten wie in bezug auf die Stabilität der schnell und „rein kapitalistisch" wachsenden Volkswirtschaften, die keine strukturell verankerten soziale Konsense und soziale Sicherheitssysteme entwickelt haben. An der Krise dieses weltwirtschaftlich wichtigen Regionalmarktes war die globale Komponente vor allem durch die internationalen Kapitalmärkte gegeben, weniger durch eine enge Verknüpfung mit den Waren- und Dienstleistungsmärkten Europas und Amerikas. Deswegen wurden diese Märkte auch von den Auswirkungen der Krise nur am Rande, vor allem im Bankenbereich, tangiert.

Im globalwirtschaftlich agierenden Banken- oder, umfassender noch, Finanzbereich haben die ostasiatischen Krisen von 1998 zu sehr bemerkenswerten Rufen nach Kontrolle und Gestaltung geführt. In zahlreichen Konferenzen im Rahmen der G7-Finanzminister (Finanzminister der sieben wichtigsten Industriestaaten) wurde nun ernsthafter als zuvor über zusätzliche Spielregeln und frühzeitige Interventionen der weltweiten Finanziers, des Internationalen Währungsfonds und der Weltbank, gesprochen. Beide internationalen Institutionen mit Sitz in Washington und seit dem Bretton-Woods-Abkommen von 1944 im Dienste der Weltwirtschaft, vor allem der wirtschaftlichen Entwicklung, tätig, waren von der Ostasienkrise überrascht worden. Nun soll der Datenaustausch ausgeweitet werden, damit rechtzeitig durch die internationalen Agenturen interveniert werden kann, um die Auswirkungen auf andere Regionen zu begrenzen.

Auf der anderen Seite wurden Milliarden-Kredite zur Stützung der betroffenen Volkswirtschaften gewährt. Diese Stützung ist ein Merkmal internationaler Vernunft, die z.B. anläßlich der Weltwirtschaftskrise von 1930-1933 noch gar nicht entwickelt war. Nicht Isolierung, sondern Stützung der Kreditfähigkeit und Kaufkraft der von Krisen betroffenen Volkswirtschaften ist heute das Gebot. Dabei geht es nicht eigentlich um „Solidarität", sondern um rationale ökonomische Überlegungen, wonach es in jedem Fall besser ist, dem Schuldner zur Wiedererlangung seiner Zahlungsfähigkeit zu verhelfen anstatt ihn in Konkurs gehen zu lassen.

Der Präsident des Internationalen Währungsfonds (IWF), der Franzose Michel Camdessus, forderte sogar die „Jurisdiktion über die Liberalisierung des Kapitalverkehrs" (SZ v. 14.3.1998), über die klassische Zielsetzung der „Überbrückung kurzfristiger Zahlungsbilanzschwierigkeiten" hinaus. Zu einem solchen weitgehenden Schritt in Richtung auf eine Kontrolle des internationalen Kapitalverkehrs benötigt der Währungsfonds allerdings die Zustimmung von 85% des stimmberechtigten Kapitals (die USA halten 18%). Dann sollten nicht nur Kreditgewährung und strukturorientierte Reformauflage für die Schuldnerländer möglich sein, sondern auch noch eine Kontrolle des Verschuldungsverhaltens der Kredit-Nehmerländer mit entsprechenden Signalen an die internationalen Finanzmärkte. Die Auslandsverschuldung relativ abgeschotteter

Volkswirtschaften erweist sich immer wieder als Auslöser von Zahlungskrisen und Bankenzusammenbrüchen, die rasch auch Unternehmen jener Länder mitreißen können, die Waren und Dienste liefern, Kredite dafür gewährt haben oder überhaupt als Investor tätig waren und bei einem Totalausfall der Zahlungen selbst in wirtschaftliche Schwierigkeiten geraten.

Überraschend und erstaunlich ist, wie rasch nicht nur der Ruf nach internationalen Kontrollen erfolgte, sondern auch die Konkretisierung von externen Kontrollmechanismen und -maßnahmen. Erstaunlich ist dies deshalb, weil es überhaupt nicht mit der anscheinend unaufhaltsamen neoliberalen Globalmarktentfaltung zusammenpaßt. Auf Binnenmärkte übertragen muß man feststellen, daß hier zumeist außerökonomische Forderungen dieser Art mit dem Hinweis auf die wettbewerbsbedingte „Liberalisierung" und „Deregulierung" abgeblockt werden.

Die EURO-Staaten, so lautet ein weiteres Resümee, haben Grund zu einer Selbstvergewisserung ihrer wirtschaftlichen Kraft, wenn sie zumindest miteinander eng „kooperieren". Sie verfügen über einen riesigen Binnenmarkt und unausgeschöpfte Entwicklungsmöglichkeiten. Darüber hinaus gibt es ein sehr stabiles Fundament in Gestalt sozialmoderierter Volkswirtschaften, die zwar auf einzelnen Märkten nicht mit Niedriglohn-Ländern konkurrieren können, ihnen und „neuen Tigern (Volkswirtschaften)" aber sicher an Krisenfestigkeit überlegen sind.

1.4.3 Die Bedeutung europäischer und außereuropäischer Märkte für die deutsche Außenwirtschaft

Die deutsche „Standortdiskussion" muß derartige Bedingungen und Entwicklungen berücksichtigen. Deutschland ist kein „Schuldnerland". Eine „Globalisierung" geht am Ende des 20. Jahrhunderts schnell fortschreitend und durch die modernen Technologien gestützt primär auf den Finanzmärkten vor sich. Produkt- und Dienstleistungsmärkte sind jedoch im Weltmaßstab eher noch „regional" orientiert, befinden sich aber in einer raschen Entfaltung. Dies gilt auch für den europäischen Binnenmarkt. Die Leistungsfähigkeit des Standorts Deutschland sollte zunächst unter diesem Aspekt bewertet werden.

In absoluten Zahlen geht der größte Teil sowohl des deutschen Exports als auch des Imports in den EU-Wirtschaftsraum. Im Export waren es 463,4 Mrd. DM im Jahre 1997. Für die elf Staaten des EURO-Raumes betrug der deutsche Export noch 352,2 Mrd. DM. Das sind 71,5% der hier genannten wichtigsten Partner. Ähnliche Zahlen ergeben sich mit einer etwas anderen Reihenfolge bei den Importen. Frankreich liegt als Partner beim Export wie beim Import deutlich an der Spitze.

Die Gesamtwarenausfuhren für 1996 werden im SVR-Jahresgutachten 1997/98 (Tabellen 62* und 63*, S. 384/85) mit Waren im Werte von 771.913 Mrd. DM angegeben. Davon gingen Waren im Wert von 435,529 Mrd. DM in die EU-Länder (56,4%). In außereuropäische Länder wurden Waren im Werte von 207,263 Mrd. DM geliefert (26,8%). Dabei halten sich die Lieferungen in Industrieländer und Entwicklungsländer annähernd die Waage (97,038 und 96,451 Mrd. DM). Unter ersteren liegen die USA weit (60,112 Mrd. DM) an der Spitze. Auffallend ist die Verteilung des Restes auf „übrige westeuropäische Länder" und die mittel- und osteuropäischen Staaten. 1996 erreichten beide rd. 64,500 Mrd. DM. Osteuropa hat aber seit 1991 mächtig aufgeholt (von 37,436 auf 64,657 Mrd. DM).

Tab. 19: Deutschlands Kunden und Lieferanten
Die wichtigsten Partner im Außenhandel 1997 in Milliarden DM

	Ausfuhr nach	Einfuhr aus	
Frankreich	94,4	79,3	Frankreich
USA	76,6	64,1	Niederlande
Großbritannien	75,0	58,9	Italien
Italien	65,3	58,6	USA
Niederlande	62,0	52,6	Großbritannien
Belgien/Lux.	51,6	46,5	Belgien/Lux.
Österreich	45,9	36,8	Japan
Schweiz	39,8	29,8	Schweiz
Spanien	33,0	27,7	Österreich
Polen	20,7	25,5	Spanien
Schweden	20,6	21,4	China
Japan	20,5	17,1	Rußland
Tchech. Rep.	16,5	15,6	Norwegen
Rußland	16,4	14,3	Schweden
Dänemark	15,6	14,3	Polen
Türkei	13,8	13,9	Dänemark

Quelle: nach SZ v. 27.4.1998

Die Zahlen bestätigen die Dominanz des EU-Raumes für die deutschen Exporte. Sie belegen die Bedeutung der USA und sie demonstrieren die Entwicklungschancen nach Osteuropa hin. Das ist die Grundsituation, die sich in den neunziger Jahren kontinuierlich herausgebildet hat. Bei den Einfuhren (Waren im Gesamtbetrag von: 669,060 Mrd. DM) ist die Struktur sehr ähnlich.

Beide hier exemplarisch gemeinten Zahlenbeispiele lassen keine strukturelle Unterlegenheit der deutschen Wirtschaft im „globalen" Wettbewerb erkennen. Sie belegen überdies, wie wichtig die EU und dabei noch einmal jener Bereich ist, der sich ab 1.1.1999 mit einer gemeinsamen Währung noch stärker verbindet. In diesem Falle bedeutet der EURO einen Fortfall aller Transaktionskosten und Währungsunsicherheiten untereinander. Diese Verflechtung wird deshalb mit Sicherheit noch enger werden. Angesichts der schon erreichten und der angestrebten „Konvergenzen" unter den elf EURO-Ländern, die ja alle global betrachtet eher sozialstaatlich integrierte Volkswirtschaften darstellen, steht für absehbare Zeit ein großer und expandierender Binnenmarkt zur Verfügung, innerhalb dessen Deutschland bislang keine signifikanten Standortnachteile aufweist. Darüber hinaus sollte beachtet werden, daß der deutsche Export bisher unter der „harten" DM häufig mit einem latenten und akuten Aufwertungsdruck fertig werden mußte, der die Bedeutung von Lohnerhöhungen bei weitem überschritt. Aufwertungsdruck und Transaktionskosten entfallen in Zukunft ganz.

Die globale Verflechtung hält sich am Ende der neunziger Jahren noch sehr in Grenzen. Dies gilt vor allem, weil die USA – der EU auch in enger wirtschaftlicher Verflechtung verbunden – nicht eigentlich als eine unsichere und unerprobte globale Arena angesehen werden können.

In einem wichtigen Punkt allerdings sind indirekte Auswirkungen der globalen Finanzmärkte, die in der ostasiatischen Krise eine zentrale Rolle spielten, auf die deutschen und europäischen Unternehmen unabsehbar. Die weltweiten Finanz- und Kapitalströme schaffen nicht nur über die Börsen mit ihren Registrierungen von Nikkei-,

Dow Jones- und Xetra-Index „rund um die Uhr" eine hektische weltwirtschaftliche Betriebsamkeit, sondern sie ermöglichen der reinen Finanzspekulation auch Gewinne, die in der Produktion nur schwer erzielt werden können. Hier liegt der Grund für die Diskussion über „Shareholder Value", auch in Deutschland. Denn mit den extremen Gewinnen an den Kapitalmärkten werden Maßstäbe für Geldanlagen und Renditeerwartungen gesetzt. Die Aktienunternehmen, auch jene, die noch nicht als Global Players agieren, stehen unter dem Druck, bestimmte Meßlatten („benchmarks"), etwa 12% Kapitalrendite, für die Aktionäre zu erreichen. Dies zwingt die Unternehmen zu drastischen Kostensenkungen, die jenseits aller bisherigen Kriterien, z.B. des Produktivitätswachstums als Maßstab für akzeptable Lohnanhebungen, liegen. Dies sind die Hintergründe für das in der Öffentlichkeit häufig unverständliche Agieren der Unternehmerverbände, die auf weiteren drastischen Kostensenkungen beharren.

Die asiatische Wirtschaftskrise, vor allem die Japans, und die hektischen Auf- und Abwärtsbewegungen der Börsenkurse im Jahre 1998, signalisierten neben der Spekulation, daß ein Übergreifen der Krisen auf die USA und Europa infolge der bereits bestehenden globalen Handels- und Kapitalverflechtungen befürchtet wurde. Sie weckten Erinnerungen an den Börsencrash in den USA, der 1929 die Weltwirtschaftskrise einleitete. Mit dem Internationalen Währungsfonds und der Weltbank stehen heute finanzmächtige „Feuerwehren" zur Verfügung, die 1998 auch die richtige Politik, nämlich die Stützung der gefährdeten Volkswirtschaften, betrieben. Es zeigte sich aber, daß derart hohe Summen dafür aufgewendet werden mußten, daß es kaum möglich scheint, daß gleichzeitig noch weitere große Stützungen in anderen Teilen der Welt vorgenommen werden können. Die Politik würde dann nicht am Fehlen von Konzepten und am Willen, sie anzuwenden, scheitern, sondern an den benötigten Mitteln. Auch das ist eine Folge der Globalisierung der Finanzmärkte. Die Aussichten scheinen auf diesem Gebiet eher schlecht als gut zu sein. Weltweite Crashs können nicht ausgeschlossen werden. Es bleibt zu hoffen, daß die Wirtschaftskonjunkturen der Industriestaaten dagegen soweit abgeschottet werden können, daß nicht auch diese in die Finanzkrisen hineingezogen werden.

1.4.4 Deutsche Auslandsinvestitionen

In bezug auf Deutschlands Kapitalverflechtungen mit dem Ausland verdienen neben den Finanz- und Bankgeschäften die deutschen Investitionen im Ausland besondere Aufmerksamkeit. Im Sommer 1998 z.B. entstanden beträchtliche Unsicherheiten in bezug auf Rußland und seine Zahlungsfähigkeit, die auch mit umfangreichen westlichen Kapitalhilfen nur schwer aufrecht zu erhalten war. Investitionen können durch derartige Vorgänge zu Verlustgeschäften werden und deutsche Unternehmen selbst in Zahlungsschwierigkeiten bringen. Diese Auslandsinvestitionen haben aber darüber hinaus noch einen weiteren wichtigen Aspekt: Sie bedeuten die Verlagerung von vormals deutschen Arbeitsplätzen ins Ausland. Dieser Aspekt spielt in der Standortdiskussion mit dem Argument eine gewichtige Rolle, die deutschen Arbeitskosten seien zu hoch, die Produktion in Deutschland damit zu teuer. Demnach müßten Auslandsinvestitionen und Produktionsverlagerungen vor allem dorthin erfolgen, wo die Produktion kostengünstiger ist. Es zeigt sich aber, daß der europäische Binnenmarkt eine noch stärkere Anziehungskraft ausübt.

Eine von vielen, auch kritischen, Analysen untersucht anhand der deutschen Auslandsinvestitionen die Abwanderung der deutschen Industrie und den damit verbundenen Abbau von Arbeitsplätzen (H.-J. Tüselmann, 1998, S. 292-302)

Tab. 20: Struktur der deutschen Auslandsinvestitionen zwischen 1983 und 1996

Regionale Verteilung	Abflüsse[1] 1983/89	Abflüsse[1] 1990/96
Industrialisierte Länder	92,4	80,3
Europäische Union[3]	42,1	58,7
– Großbritannien	17,1	13,8
– Frankreich	5,1	8,6
– Belgien	7,4	9,0
– Spanien	4,0	5,7
– Niederlande	6,2	8,2
USA	39,2	13,8
Japan	1,8	1,7
Mittel- und osteuropäische Reformländer	0,1	7,4
Entwicklungsländer	6,6	7,1

Branchenstruktur	Bestände[2] Ende 1989	Bestände[2] Ende 1995
Verarbeitendes Gewerbe	42,0	38,5
– Chemische Industrie	15,6	13,3
– Straßenfzg.bau	6,0	6,3
– Maschinenbau	7,0	4,1
– Elektrotechnik	3,9	3,8
Dienstleistungsunternehmen	55,2	60,2
Sonstige	2,8	1,3

Anteil des verarbeitenden Gewerbes an den Direktinvestitionen im Ausland	Bestände[2] Ende 1989	Bestände[2] Ende 1995
Alle Länder	42,0	38,5
Industrialisierte Länder	41,0	35,0
Europäische Union	36,0	29,8
USA	49,0	46,9
Japan	46,5	47,8
Mittel- und osteuropäische Reformländer	*[4]	70,9
Entwicklungsländer	68,3	58,3

1) Im Durchschnitt der Jahre. – 2) Investitionsobjekt. – 3) Ohne Österreich, Finnland und Schweden (zwecks historischem Vergleich). – 4) Wegen der geringen Bestände vor dem Beginn des Transformationsprozesses nicht aussagefähig.

Quelle: Tüselmann, Lit. Nr. (229), S. 296

Die Direktinvestitionen in die EU-Länder expandierten im Zeitraum von 1990 bis 1996 stark. Auf sie entfielen etwa 60% der gesamten deutschen Investitionsabflüsse. Hier sind die Einflüsse der europäischen Binnenmarktintegration deutlich erkennbar. Mit dem EURO verbessern sich die Konditionen weiter. Die deutschen Auslandsinvestitionen konzentrierten sich also auf die als Absatzmärkte für deutsche Exporte maßgeblichen westlichen Industrieländer. Die Bedeutung der Entwicklungsländer als klassische Niedriglohnländer blieb marginal. Ihre Stelle haben allerdings die Mittel- und Osteuropäischen Staaten eingenommen. Hier lag – bedingt durch den Fortfall der Bipolarität und der „Eisernen Zäune" – der Investitionsfluß deutlich über dem Stand in der Periode von 1983/89 (Tüselmann, 1998, S. 296). 1997 stiegen die Exporte dorthin nach einer Statistik des DIHT um 29,4 (auf 91,6 Mrd. DM). Vor allem profitierten davon die Investitions- und Verbrauchsgüterindustrie (Die Welt v. 11.5.1998). Polen, Tschechische Republik, Rußland und Ungarn lagen weit vorne. Statt der früheren UdSSR ist die Europäische Union für diese Staaten zum Haupthandelspartner geworden. Die Dynamik impliziert Annäherungen in jeder Hinsicht. Die politische Begleitung dieser zunehmenden wirtschaftlichen Verflechtungen liefern die Diskussionen über eine „Ost-Erweiterung“ der EU.

Auffallend ist die Einseitigkeit der Investitionsströme. So tätigte die deutsche Industrie im Jahre 1997 Auslandsinvestitionen von insgesamt 51,5 Mrd. DM, aber nur 4,2 Mrd. DM wurden von Ausländern in Deutschland investiert. Diese Asymmetrie verträgt sich schlecht mit dem Bild der Verflechtung. Ob sie einen „Standortnachteil“ darstellt, ist nur auf den ersten Blick einfach zu beantworten: Deutschland ist zu teuer! Auf der anderen Seite muß aber auch berücksichtigt werden, daß kapitalkräftige Volkswirtschaften mit starken Währungen stets international expandieren. Dies ist lange Zeit auch für die USA gültig gewesen. Wenn heute die USA für deutsche Auslandsinvestitionen besonders attraktiv sind, liegt das zum einen an den niedrigeren Arbeitskosten, vor allem aber an dem riesigen und aufnahmefähigen Absatzmarkt. Dazu entwickelt sich nun auch der europäische Binnenmarkt. Eine akute „Bedrohung“ des deutschen Standorts liegt nicht vor, nur muß die Entwicklung unter dem EURO abgewartet werden, bei der die Lohnkosten stärker durchschlagen werden. Als Absatzmarkt ist Deutschland stets attraktiv. Verteil- und Dienstleistungsnetze sind ausgebaut. Ein „Einstieg“ dürfte vorwiegend über Unternehmenskäufe durch das Ausland erfolgen. Denn Aufbau und erfolgreiche Vermarktung völlig neuer Produkte sind gegenwärtig allenfalls noch auf dem Telekommunikationsmarkt und durch die Gentechnologie zu erwarten.

Als Motive deutscher Auslandsinvestitionen werden in der WSI-Studie vor allem finanz- und absatzorientierte Strategien genannt. Dennoch spielen auch kostenmotivierte Auslandsinvestitionen eine Rolle. Dies dürfte z.B. für Investitionen in Großbritannien zutreffen. Es traf längere Zeit für Spanien und Portugal zu, und es ist sicher für das osteuropäische Engagement von Bedeutung. Deutsche Arbeitsplatzverluste aus kostenbedingter Abwanderung in nahegelegene „sichere“ europäische Staaten wird es deshalb auch in Zukunft geben. Allerdings spricht sehr vieles dafür, daß sich in einem noch größeren Europa als es die Europäische Union gegenwärtig darstellt, rasche strukturelle Angleichungen ergeben werden. Sie werden bewirken, daß Absatzmarkterwägungen noch vor der Nutzung kostengünstiger Produktion, z.B. infolge niedriger Löhne, rangieren. Für den Zeitraum von 1990 bis 1996 schätzt der Autor der WSI-Studie den Anteil der kostenorientierten Direktinvestitionen auf 10 bis 13% aller Direktinvestitionen des verarbeitenden Gewerbes. Der wichtigere Gesichtspunkt sei: „Marktorientierte Direkinvestitionen in Vertriebssystem und Serviceeinrichtungen sind komplementär zu den deutschen Exporten“ (S. 299). Hinzu kommen Gründung, Erwerb oder Ausweitung von Produktionskapazitäten „vor Ort“. Sie ersetzen die Exporte.

Es gibt also nachweislich die „Standortnachteile“ Deutschlands, vor allem in Form höherer Kosten der Produktion aller Art. Der Ausbau der Direktinvestitionen im Ausland ist jedoch weit weniger dramatisch als häufig behauptet wird. Er verläuft, in Relation zum BIP und zu den Bruttoanlageinvestitionen, parallel zum globalen Trend (S. 301). Neben den Arbeitskosten sind es Marktfaktoren, die zu Investitionen im Ausland Anlaß geben.

Für die Bewertung deutscher Direktinvestitionen im Ausland ist desweiteren die Unterscheidung zwischen „arbeitsintensiven“ und „kapitalintensiven“ Direktinvestitionen wichtig: Erstere standen größtenteils mit der Auslagerung der Vorproduktion und von arbeitsintensiven Bereichen der Produktionskette in Verbindung. Dies habe aber, so die WSI-Studie, noch nichts mit einer „Standortflucht zu tun“. „Die durch arbeitsintensive Direktinvestitionen ermöglichte Ausnutzung von beträchtlichen Lohndifferentialen zwischen hochentwickelten Industrieländern wie der Bundesrepublik und Niedriglohnländern in Mittel- und Osteuropa sowie den Entwicklungsländern stärkt die nationale und internationale Wettbewerbsfähigkeit der heimischen Unternehmen. Somit sind eigentlich nur die aus Kostengründen getätigten kapitalintensiven Direktinvestitionen in die hochentwickelten Industrieländer von potentieller Relevanz für die Abwanderungsthese." (S. 302) Dieser Anteil sei jedoch in den neunziger Jahren relativ gering gewesen.

Eine weitere Variante des Themas ist die Internationalisierung der deutschen Konzerne selbst. Eine Darstellung der Entwicklung der Beschäftigtenzahlen zwischen 1984 und 1994, aufgegliedert nach Beschäftigten im Ausland und im Inland, in den zehn größten deutschen Konzernen (Die Welt v. 31.11.1996) zeigt, daß sich Zunahme und Abnahme relativ parallel gestalteten. Z.B. stieg die Auslandsbeschäftigung bei Daimler-Benz von 41.829 auf 79.297 im Ausland und von 199.872 auf 330.551 im Inland. Bei Siemens, BMW, VEBA und Bosch war es auf unterschiedlichem Niveau, ähnlich. Die drei großen Chemiekonzerne BASF, Bayer und Hoechst reduzierten ihr Personal im Inland. Bayer reduzierte auch die Auslandsbeschäftigung, während die anderen beiden Konzerne ihre Beschäftigtenzahlen dort leicht erhöhten. VW hielt die Zahl der Inlandsbeschäftigten konstant (238.000) und erhöhte die Zahl der Beschäftigten im Ausland von 78.000 auf 97.000.

Der Anteil der im Ausland Beschäftigten deutscher Unternehmen hat sich seit 1984 also erkennbar erhöht und wird weiter ansteigen, aber besorgniserregend ist dies nicht. Vielmehr zeigt sich auch hieran, wie stark und differenziert die heutigen Verflechtungsvorgänge in Europäisierung und Globalisierung verlaufen.

Werden die unternehmerischen Strategien hinter der Internationalisierung im einzelnen verfolgt, so ergibt sich ein differenziertes Bild. Nicht nur die Suche nach billigen Arbeitskräften, sondern Fusionsstrategien zwecks Sicherung von Synergieeffekten u.ä. führen zur Übernahme von ausländischen Unternehmen, zu dortigen Investitionen und damit auch Beschäftigung. Ob dies zu Lasten der einheimischen Beschäftigung geht, kann nie eindeutig beantwortet werden. Anzunehmen ist aber durchaus ein „Standortwettbewerb" innerhalb eines Konzerns soweit nicht Produktionsstrukturen und Marketing von vornherein klar aufgeteilt sind.

Die (gewerkschaftsnahe) WSI-Analyse kommt zu dem Schluß, daß die direkten und indirekten sowie die statischen und dynamischen Effekte der Auslandsinvestitionen auf die inländische Beschäftigung und die Inlandsinvestitionen eher positiv zu werten seien. Es gebe für den Untersuchungszeitraum sogar eine Netto-Arbeitsplatzschaffung durch die Auslandsinvestitionen. Ohne dieses Engagement wäre das Wachstum geringer ausgefallen.

Einer solchen Studie muß wie ähnlichen aus wissenschaftlichen Instituten, die Großorganisationen nahestehen, eine gewisse Interessenbefangenheit zugestanden werden. Denn natürlich impliziert diese Analyse, daß von der Kostenseite her, also wegen zu hoher Löhne in Deutschland, keine besonderen Besorgnisse bestehen müssen. Damit ist auch impliziert, daß die hohe Arbeitslosigkeit nicht auf diesen „Standortnachteil" zurückgeht. Der Sachverständigenrat sieht dagegen genau in dem Tatbestand der hohen Arbeitslosigkeit eine Standortschwäche und fordert – wie die Arbeitgeber – Konsequenzen auf der Kostenseite, also bei den Löhnen. Die Standortfrage gerät so leicht – durch beide Seiten – zu einem Objekt des Interessenkampfes.

In jedem Fall gilt es, tradierte Perspektiven in der Bewertung wirtschaftlicher Vorgänge zu überprüfen, um künftige Entwicklungen auf eine realistische Weise in den

Blick zu bekommen. Dies wird ganz besonders dann gelten, wenn die Auswirkungen des Fortfalls von Währungsschranken im Euroland abzuschätzen sind. Die EURO-Mitgliedstaaten sind mit Ausnahme der Niederlande durch hohe Arbeitslosenquoten belastet. Zu erwarten ist unter diesen Bedingungen, daß eine starke Binnenmarktexpansion möglich ist, daß aber die nach außen hin zu hohen Produktionskosten Schwierigkeiten bereiten werden. Ebenso wird der Binnenmarkt natürlich die Konkurrenz unter den beteiligten nationalstaatlichen Ökonomien verstärken, Defizite aufzeigen und Modernisierungen erzwingen. Der Wettbewerbsdruck wird durch die europäische Marktentwicklung nicht beseitigt, jedoch abgefedert.

Deutschlands Außenhandelsverflechtungen sind somit recht eindeutig zu bestimmen. Der EU- und EURO-Markt wird auf absehbarer Zeit absolut dominant sein. Globalere Vernetzungen wachsen, aber die bisherigen Daten sprechen dafür, daß die deutsche Wirtschaft konkurrenzfähig ist. Hier muß allerdings eine weitere Frage aufgeworfen werden. Könnte nicht die Vollendung des europäischen Marktes eine Gefahr für die deutsche exportorientierte Wirtschaft insofern werden, als die übrigen EURO-Mitgliedstaaten weit weniger – abgesehen von ihren traditionellen (ehemals kolonialen) Interessengebieten – an globalen Markterschließungen interessiert und dazu in der Lage sind als die Deutschen und deshalb auch einer noch stärkeren europäischen Marktschließung nach außen hin zuneigen? Dies wäre erfahrungsgemäß kontraproduktiv, weil Gegenmaßnahmen, z.B. der USA, nicht ausbleiben würden. Möglicherweise ist aber auch die Gefahr eher gering, also die Außenorientierung aller EU-Staaten traditionell stark genug, so daß sogar von der EU generell eine Tendenz zu weiterer globaler Wirtschaftsverflechtung ausgehen könnte.

Angesichts der gegenwärtigen außenwirtschaftlichen Verflechtungen Deutschlands und ihrer Entwicklung in einem überschaubaren Zeitraum scheint die z.T. hektische deutsche Diskussion über die Globalisierung überzogen zu sein. Dies gilt vor allem auch für so weitgehende Forderungen nach einer „sozialen Weltmarktwirtschaft in ökologischer Verantwortung", wie sie die SPD im Frühjahr 1998 erhob.

Als Standortproblem hatte der Sachverständigenrat desweiteren auch die Technologieentwicklung genannt. Nun sprechen eigentlich gerade die Produktivitätsvorteile der deutschen Exportwirtschaft für eine technologisch hochstehende Qualität und Dynamik. Dennoch zeigt ein Bild, das auf der Grundlage des WTO-Berichts für 1996 erstellt wurde, (Globus, in „Umschau", Fachzeitschrift der IG BCE April 1998, S. 8) Schwächen in dem großen Zukunftsmarkt der Telekommunikation, der Computer und der Unterhaltungselektronik.

Tabelle 21: Führend auf dem Weltmarkt. Deutsche Anteile am Weltexport 1996

	1.	2.	3.
Nahrungsmittel	USA	Frankreich	Niederlande
Chemische Produkte	Deutschland	USA	Frankreich
Automobile	Deutschland	Japan	USA
Bekleidung	China	Italien	Hongkong
Eisen und Stahl	Deutschland	Japan	Frankreich
Computer Telekommunikation	USA	Japan	Singapur
Textilien	Deutschland	Italien	Südkorea

Quelle: nach Umschau April/Mai 1998, S. 5

Wettbewerbsvorteile werden für Deutschland und für den größten Teil der EURO-Staaten nicht in Niedriglöhnen und geringen Sozialabgaben, sondern in der Entwicklung und Anwendung fortschrittlichster Technologien, in qualifizierten Arbeitskräften und in Erfahrungen auf den Auslandsmärkten mit entsprechenden Sprachkenntnissen liegen.

1.4.5 Dienstleistungsbereiche als Wachstumsmärkte

Zum Schluß dieses Abschnitts über „Märkte" soll noch ein Blick auf den Dienstleistungssektor geworfen werden, der in Deutschland nach allen vorgestellten Statistiken noch immer eine geringere Bedeutung besitzt als in vergleichbaren europäischen und außereuropäischen Volkswirtschaften. Dieses Thema beschäftigt die wirtschaftspolitische Diskussion in Deutschland seit langem. Auf der einen Seite wird auf die Potentiale verwiesen, die im tertiären Sektor noch brachliegen und die die aufgrund der Produktivitätsfortschritte in der Industrie freigesetzten Arbeitskräfte zumindest mittelfristig aufnehmen könnten. Diese Hoffnung wird auf der anderen Seite durch die Erkenntnis entschieden gedämpft, daß seit Beginn der achtziger Jahre auch bei den Dienstleistungen Produktivitätssteigerungen zu erheblichen Personaleinsparungen führen.

Dieses Argument ist richtig. Aber offen ist insbesondere in Deutschland, ob wirklich schon alle Potentiale im Sinne von „Nachfrage nach Dienstleistungen" intelligent ausgeschöpft wurden. Hier gibt es Defizite. Dabei liegt sicher ein Hauptgrund weniger in der fehlenden Phantasie als mehr in den Kosten und in der Komplexität der Ziele. Dienstleistungen sind in Deutschland zu teuer. Dieser Umstand kann nicht nur auf die hohen Abgabenbelastungen der Erwerbseinkommen zurückgeführt werden. Es sind die Arbeitskosten selbst vor allem für die zahlreichen „einfachen Tätigkeiten", die einer breiten beschäftigungswirksamen Entfaltung der Dienstleistungsbereiche im Wege stehen. Aber darauf kommt es nicht alleine an. Gerade im Zeichen der Globalisierung sind wohl andere eher „standortgebundene" Dienstleistungsbereiche wichtig.

Moderne Dienstleistungsbereiche umfassen vor allem die Medien- und Kommunikationsbranchen, Finanz- und Versicherungsdienstleistungen. Erstere expandieren gleichsam im Gefolge der gesellschaftlichen Entwicklung, die sie selbst zugleich als „Mediengesellschaft" formen. Als solche sind sie eher „standortgebunden". Sie sind insofern dem globalen Wettbewerb ausgesetzt, als auch auf heimischen Märkten technisch außerordentlich potente ausländische (amerikanische) Konkurrenten mit deutschen Anbietern im Wettbewerb stehen. Finanzdienstleistungen sind in starkem Maße Produkte der globalen wirtschaftlichen Dynamik, die sie selbst als Akteure mittragen.

Neben diesen beiden Bereichen gibt es stark wachsende Märkte, die ihre Dynamik gerade jenen gesellschaftlichen Entwicklungen verdanken, die man gewöhnlich auch als sozialstaatliche Kostenbelastungen skeptisch bewertet. Hier vor allem gibt es viele Märkte mit „binnenabsatzorientierten Tätigkeitsfeldern, die nicht der internationalen Konkurrenz ausgesetzt sind." (Scharpf, 1997, in: IPG 2/97, S. 191). Im Vergleich mit Schweden und den USA stellte Scharpf an anderer Stelle (1998, S. 449) fest, daß die deutschen Probleme darin liegen, daß die gutbezahlten und qualifizierten Dienstleistungen im Bildungs- und Gesundheitswesen überwiegend öffentlich finanziert und damit in ihrer Expansion durch die Haushaltskonsolidierungen und Kostendämpfungsmaßnahmen gehindert seien. Die private Nachfrage nach einfachen Dienstleistungen werde dagegen durch die hohen Sozialabgaben beschnitten. Die Folge seien bei Privathaushalten die Schwarzarbeit und bei den Unternehmen mit einfachen Dienstleistungen die abgabenfreien 620 DM-Verträge.

Welches Potential in sozialen Dienstleistungsbereichen, die in der Regel nicht im Mittelpunkt des öffentlichen Interesses stehen, vorhanden ist, hat der „Sachverständigenrat für die Konzertierte Aktion im Gesundheitswesen" in einem Sondergutachten von 1997 mit dem Blickpunkt: Das deutsche Gesundheitswesen als „Kostenfaktor und Zukunftsbranche", untersucht (im Folgenden aus Band II: Fortschritt und Wachstumsmärkte. Finanzierung und Vergütung. Die Kurzfassung des Sondergutachtens): „Wachstumspotentiale entstehen aufgrund angebotsseitiger Entwicklungsdeterminanten, wie z.B. technischer Fortschritt und Produktivitätssteigerungen, und durch nachfrageseitige Faktoren, wie z.B. Einkommenselastizitäten oder Veränderungen von Präferenzen. Diese Einflußgrößen deuten darauf hin, daß es sich bei der Gesundheitsversorgung auf absehbare Zeit um einen Wachstumsmarkt handelt" (S. 30).

Gesamtzahlen der Beschäftigten nach Gesundheitsberufen nannte das Sondergutachten 1996 des SVR für die Konzertierte Aktion im Gesundheitsweisen (S. 216):

1970 gab es in der Bundesrepublik insgesamt: 628.184 Beschäftigte, davon waren 126.909 Ärzte, 38.524 Zahnärzte, 23.751 Apotheker, 439.000 „Sonstige".

1989 waren es insgesamt 1.386.052 Beschäftigte, davon waren 229.065 Ärzte, 52.816 Zahnärzte, 39.171 Apotheker, 1.065.000 „Sonstige".

Nach der deutschen Vereinigung waren es 1994 insgesamt 1.965.219 Beschäftigte, davon waren 267.187 Ärzte, 59.211 Zahnärzte, 43.822 Apotheker, 1.586.000 „Sonstige".

Die Gruppe der „Sonstigen" umfaßt neue Bereiche neben alten: Heilpraktiker, Masseure, med. Bademeister, Krankenschwestern und -pfleger, Helfer, Diätassistenten, Ernährungsfachleute, pharm.-techn. Assistenten, Sprechstundenhilfen, therapeutische Berufe.

Im „Sondergutachten 1997" (Kurzfassung) wird im einzelnen als erstes der Pflegemarkt genannt. Das Wachstum ist bedingt durch die demographische Entwicklung, die relative Zunahme chronischer Krankheiten, steigende Ansprüche an menschen- und altersgerechte Versorgung und den Rückgang der Laien-Pflegekapazitäten. Für Mitte 1996 wurden 527.000 Beschäftigte gezählt.

Noch bedeutsamer erscheinen die Wachstumspotentiale in jenen Bereichen, die auch als „medizinisch-industrieller Komplex" bezeichnet werden. Es handelt sich dabei um die Medizinische Telematik, den Markt für Medizinprodukte im weitesten Sinne und die Produktion der pharmazeutischen Industrie.

Der Einsatz der Computer- und Telekommunikationstechnologie in der Medizinischen Telematik dient in ökonomischer Hinsicht vor allem der Verbesserung der ambulanten Versorgung. Jedoch ist der Aufbau komplexer Kommunikationsstrukturen ein eher mittelfristiger Vorgang.

Ganz anders stellt sich die Situation auf dem Markt für „Medizinprodukte" dar. Darunter wird ein weitgefächertes Sortiment verstanden von Einweg-Verbrauchsartikeln bis zu medizinisch-technischen Großgeräten. Der Sachverständigenrat unterscheidet verschiedene Marktsegmente. Das Produktionsvolumen der deutschen Medizinproduktindustrie lag 1996 bei 27 bis 29 Mrd. DM (S. 41):

Schaubild 9: Medizinprodukte – Umsatz im Jahr 1996 in Deutschland (Anteil der acht Marktsegmente)

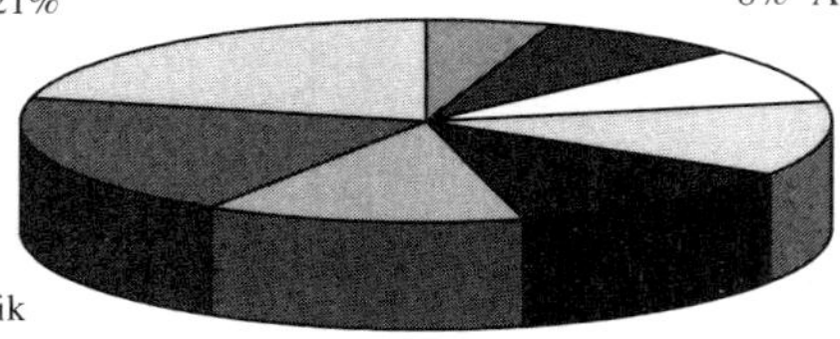

Quelle: Sachverständigenrat für die Konzertierte Aktion im Gesundheitswesen, Sondergutachten 1997, Baden-Baden, S. 226

Die weiteren Berechnungen des Sachverständigenrates lassen aufhorchen: „Die weltweite Nachfrage nach Medizinprodukten wird für 1996 auf ca. 200 Mrd. DM auf der Basis der Herstellerpreise geschätzt. Gut ein Viertel davon entfällt auf Europa. 76% des Verbrauchs in Europa werden durch europäische, 17% durch amerikanische und 5% durch japanische Hersteller abgedeckt“ (S. 41). Deutschland hat einen Anteil von 10% am Weltmarktumsatz und ist der drittgrößte Markt für Medizinprodukte, im Bereich der Medizintechnik sogar der zweitgrößte Markt. Innerhalb Europas liegt Deutschlands Pro-Kopf-Verbrauch an Medizinprodukten am höchsten.

Weltweit wird die Beschäftigung auf 640.000 Personen geschätzt, mit 1996 240.000 Beschäftigten in vorwiegend mittelständischen Unternehmen Europas (USA: 285.000).

Der deutsche Medizinproduktemarkt ist doppelt so groß wie in Frankreich und viermal so groß wie in Großbritannien. Der deutsche Markt wird mit jährlichen Wachstumraten von 9% in den kommenden Jahren eingeschätzt. Weltweit und in Europa werden Raten von 6-7%. erwartet. Im Zeitraum von 1986 bis 1997 hatte die durchschnittliche Wachstumsrate weltweit 5,5% jährlich betragen. In Deutschland wuchs dieser Markt zwischen 1993 und 1995 mit jeweils 10% doppelt so stark (S. 42).

Wichtig ist die starke Exportabhängigkeit der deutschen Hersteller (50% der Produktion; USA 23%). Damit ist und bleiben „Standortbedingungen“ durchaus wichtig. Die Vorteile liegen aber eindeutig in technischen Fortschritten und Qualitäten auf deutscher Seite. Dies verschafft den deutschen Herstellern weitere Chancen im europäischen Binnenmarkt. Der globale Wettbewerb umfaßt vor allem die Konkurrenz zu Anbietern aus dem NAFTA-Raum (North American Free Trade Agreement), aus Japan und Australien. Die EU-Kommision (Generaldirektion III) verhandelt über die wechselseitige Anerkennung der Zertifizierung.

Der Pharma-Weltmarkt wird von diesem Sachverständigenrat auf ein Gesamtvolumen (in Herstellerabgabepreisen) von 307 Mrd. DM für das Jahr 1996 geschätzt. Die jährlichen nominalen Wachstumsraten beliefen sich zwischen 1991 und 1996 auf durchschnittlich 10%. Sie stiegen also weit stärker als die jährlichen Steigerungsraten der Bruttoinlandsprodukte der Nationen (S. 44). Auch hier hängen die deutschen Chancen stark von ihrer internationalen Wettbewerbsfähigkeit ab. Innovative Produkte dominieren. Die Wachstumshoffnungen richten sich vor allem auf die Gentechnologie.

Das Beispiel der medizinisch-industriellen Wachstumsmärkte wurde hier nicht nur wegen ihres Zukunftspotentials erwähnt, sondern vor allem auch, weil hier ein enger Zusammenhang zu der umstrittenen Frage eines Abbaus sozialstaatlicher Leistungen, zu denen auch die Gesundheitsleistungen gehören, besteht.

Grundlegende Strukturveränderungen seien notwendig, damit dieser Dienstleistungssektor expandieren könne, sagt Fritz Scharpf (1998, S. 450). Dazu gehört – auch von dieser Seite her (also nicht aus normativen oder finanziellen Gründen) – eine bessere Finanzausstattung der sozialen Sicherungssysteme.

Eine Ausweitung der Beschäftigung in Dienstleistungsbereichen könnte neben diesem Konzept der besseren Finanzausstattung nach Scharpf durch kostendeckende öffentliche Dienstleistungen (z.B. auch Studium gegen Studiengebühren, mit notwendigem Sozialbonus) und durch öffentliche Bezuschussung der in Privatunternehmen für einfache Tätigkeiten erzielten Einkommen erfolgen. Das ist der Denkansatz „Kombi-Lohn“. Seine Vor- und Nachteile liegen auf der Hand: Niedriglohn-Beschäftigungsverhältnisse privatwirtschaftlicher Art könnten expandieren. Die Zuschüsse könnten, nicht nur für Langzeitarbeitslose, anstelle der Arbeitslosen- oder Sozialhilfe aus den öffentlichen Kassen der Bundesanstalt für Arbeit und der Sozialämter finanziert werden. Auf der anderen Seite könnte aber diese Art der Finanzierung die Unternehmen anregen, möglichst viele solcher Arbeitsverhältnisse durch Entlassungen bei besser bezahlten Arbeitsplätze zu schaffen („Mitnahmeeffekt“). Auch würde natürlich ein Druck auf die gewerkschaftlichen Lohntarifverhandlungen und das gesamte Lohntarifsystem ausgeübt. Überdies zeigte das Beispiel Schweden, das Arbeitsplätze in sozialen Dienstleistungsbereichen jahrelang subventioniert hatten um die dort notwendigen Arbeitsplätze zu schaffen und zu sichern (sozialpolitische Begründung), daß derartige Subventionierungen schließlich für die öffentlichen Haushalte nicht durchzuhalten waren und eingeschränkt bzw. eingestellt werden mußten. Die positiven und negativen Momente halten sich die Waage. So wird denn auch weiterhin nach praktikablen und finanzierbaren weiteren Lösungen für die so naheliegende Expansion der Dienstleistungsbereiche in Deutschland gesucht werden müssen.

1.4.6 Die moderne Industrie als „Dienstleistungsindustrie“

Der 1997 vorgelegte Bericht an den Club of Rome (O. Giarini/Patrick M. Liedtke, dt.1998) bestreitet, daß die herkömmliche Einteilung in „Sektoren“ noch richtig sei. Diese Einteilung sei ein typisches Produkt der Industrialisierung und stimme mit der Realität nicht mehr überein. Denn in der Realität des heutigen Wirtschaftssystems gebe es vor allem auf Grund der technologischen Entwicklungen eine Integration von Wertschöpfungen in einer Kette „dienstleistender“, im herkömmlichen Sinne produzierender, verbrauchender und entsorgender wirtschaftlicher Aktivitäten.

Die Einteilung aller wirtschaftlichen Tätigkeiten in drei Sektoren: den landwirtschaftlichen (primären) und den industriellen (sekundären) Sektor sowie den Dienstleistungssektor (tertiären) ist wirtschaftsgeschichtlich durch die Bedeutung der industriellen Revolution für den Wohlstand der Nationen begründet. Diese Einteilung hält – nach der Untersuchung des Berichts an den Club of Rome – aber der Realität nicht mehr stand. Denn die Effizienz des auf Technik beruhenden Produktionsprozesses hat heute eine Situation geschaffen, „in der fast alle Produktionsprozesse zu 70 bis 80% ihrer Kosten von Dienstleistungen abhängig sind. Dazu gehören Forschung und Entwicklung, Finanzierung, Distribution, Lagerung, Instandhaltung, Entsorgung, Sicherung usw. Andererseits werden bei vielen traditionellen Dienstleistungen Produktionswerkzeuge auf eine Weise eingesetzt, die es schwierig macht, sie eindeutig zu klassifizieren, beispielsweise ein Kontrollsystem in einem Chemieunternehmen" (S. 153).

Der Prozeß der Wohlstandsproduktion verläuft also nicht in der Zeitdimension von Grundstoffproduktion, industrieller Verarbeitung und Verkauf. Bevor die Produktion beginnt, so der Bericht, finden Forschung und Entwicklung statt und nach Fertigung und Verkauf eines Produkts oder eines Systems fallen die Kosten für Instandhaltungs- und Distributionssysteme sowie die Kosten der Entsorgung an. Konnten noch die „klassischen" Dienstleistungseinrichtungen wie eine Sparkasse, der Zahnarzt oder die Wäscherei, als ein neuer „Sektor" verstanden werden, so machen dies die modernen computergesteuerten Dienstleistungen unmöglich. „In Wirklichkeit wird kein Produkt ohne Dienstleistungen genutzt, und keine Dienstleistung wird ohne ein materielles Produkt erbracht" (S. 154). Dienstleistungen sind in die Wohlstandsproduktion integriert.

In einer einfachen Zeichnung werden die verschiedenen Stadien der Produktion in der „neuen" Dienstleistungsgesellschaft dargestellt (S. 194):

Schaubild 10: Die verschiedenen Stadien der Produktion in der Dienstleistungsgesellschaft

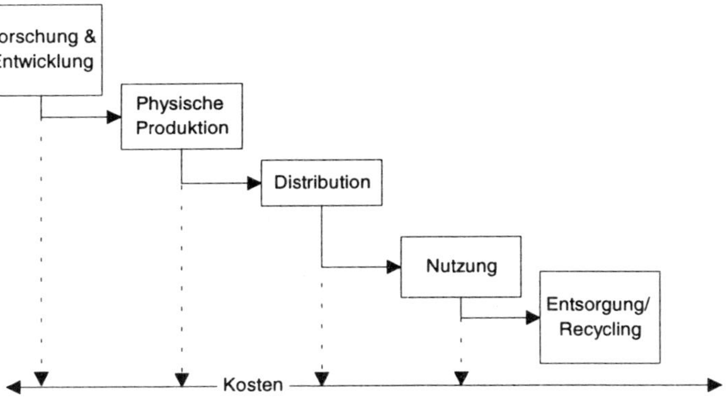

Quelle: Giarini/Liedtke, Club of Rome, (1998): Lit Nr. (215), S. 194

In der Studie des Club of Rome wird grob geschätzt, daß jede dieser 5 Stufen dieselben Kosten verursacht, die bei Produktion und Nutzung eines Produkts entstehen, also jeweils 20% der Gesamtkosten. Die vorgenommene Vereinfachung des Prinzips sei deswegen vertretbar, weil bei High-Tech-Produkten die Relation unter den genannten Stufen stärker bei Forschung und Entwicklung liegt, dagegen bei den zahlreichen Low-Tech-Massenartikeln derartige besondere Aufwendungen fast gar nicht nötig sind. Denn dort geht es primär um Distribution, Nutzung und Entsorgung.

Die Fortschritte, die die industrielle Revolution gebracht hat, führten inzwischen zum Aufstieg einer Dienstleistungsgesellschaft, in der ingesamt etwa 80% der Produktionskosten auf Tätigkeiten des Dienstleistungsbereichs entfallen. „Die moderne Industrie ist ihrem Wesen nach eine Dienstleistungsindustrie geworden" (S. 193).

Für den globalen Wirtschaftsverkehr bedeute dies z.B., daß lediglich 40% der Kosten eines Produkts, das im Ausland verkauft wird, im Herkunftsland selbst anfallen. Die restlichen 60% entfallen auf Tätigkeiten im Bestimmungsland. Entsprechend aufgeteilt werden kann das Geld, daß bei diesem Vorgang verdient wird. Diese neue Sichtweise bedeutet beispielsweise für ein Land, das sich dem Import öffnet, daß es damit zugleich bei sich selbst Arbeitsplätze bei Vertrieb, Wartung und Entsorgung für die importierten Waren schafft.

Die Grundlagen für Beschäftigung haben sich infolge der technischen Revolutionierungen geändert. Die Abwanderung von Arbeitnehmern in Dienstleistungstätigkeiten bedeutet keinen Austritt aus der „Produktion". Die Anwendung computergestützter Techniken führt zu Vernetzungen in integrierten Informationssystemen, in der die unterschiedlichen Arbeiten in allen Phasen geplant, geleitet und überwacht werden. „Basis des künftigen Arbeitsplatzes in der Verwaltung und in den Dienstleistungen wird der Computer sein. Multifunktionale, mit intelligenten Tele- und Videophonen ausgestattete Terminals werden die Verbindung mit einem intelligenten Netzwerk herstellen." Für die Beschäftigten heißt dies: Angemessene Ausbildung, Training zur effektiven Nutzung der neuen Systeme und Flexibilität, um sich den raschen Änderungen anzupassen.

Selbst die Allokation der Produktion ist ambivalent geworden. „Der eigentliche Unterschied, der vor rund dreißig Jahren zutage trat, besteht darin, daß in der klassischen Industriellen Revolution die Kosten für ein Gerät entscheidend waren und jedenfalls vom wirtschaftlichen Standpunkt aus die Mehrzahl der eingesetzten Ressourcen ausmachten, während in der Dienstleistungsgesellschaft die Kosten und die Qualität der begleitenden Dienste, sei es nun im Gebrauch oder in anderen Funktionen, in quantitativer Hinsicht maßgebend sind" (S. 198). Damit verschiebt sich der Schwerpunkt der Wohlstandsproduktion vom Ort der Erzeugung zum Ort der Nutzung im weitesten Sinne.

Natürlich hat die veränderte Realität der Dienstleistungswirtschaft auch gravierende Auswirkungen auf die Art der Beschäftigung, also vor allem auf Ort und Zeit der Tätigkeit. Flexible Arbeitszeiten und die Teilzeitarbeit gehören dazu. Ein weiterer bedeutender Aspekt, ja „ein Schaufenster auf den Arbeitsplatz der Zukunft" (S.168) ist die Telearbeit. Die Arbeit im innerstädtischen Büro kommt dafür ebenso infrage wie gemeinschaftlich genutzte Nachbarschaftsbüros und die Arbeit in der Wohnung des Arbeitnehmers. Dies bedeutet natürlich ebenfalls die Auflösung gebundener Arbeitszeiten und die Vergrößerung individueller Handlungsspielräume in der Arbeit selbst.

Diese neue Sichtweise ist außerordentlich einleuchtend. Vor allem wenn es sich um einen sich verdichtenden Prozeß handelt, was anzunehmen ist, dann müssen Konsequenzen nicht nur, wie es bei dem Bericht über „Future of Work" der Fall ist, in Richtung auf Beschäftigungsinitiativen beachtet werden, sondern auch in bezug auf andere Komponenten des Wirtschaftssystems, z.B. in bezug auf die ökologische Dimension der Marktwirtschaft.

1.5 Die ökologischen Dimensionen der Marktwirtschaft

Im gesellschaftlich-politischen Raum werden heute viele Zukunftschancen in bezug auf Innovationen, Investitionen, Beschäftigung und lebenswerte Umwelt in einer neuen „ökologischen Marktwirtschaft" erblickt. So einleuchtend dieses neue Begriffspaar auch ist, eine genauere Untersuchung führt zu der Erkenntnis, daß es auf absehbare Zeit wesentlich zutreffender ist, von den „ökologischen Dimensionen" der heutigen und der künftigen Marktwirtschaft zu sprechen. Diese allerdings erschließen durchaus auch neue Marktsegmente und eröffnen damit beschäftigungspolitische Perspektiven.

Betrachtet man das viel diskutierte Verhältnis zwischen Ökonomie und Ökologie dogmengeschichtlich, so scheint sich die Wirtschaftslehre seit der Industrialisierung von der Natur als einer Rahmenbedingung wie noch bei der Land-und Forstwirtschaft, die das Prinzip des „nachhaltigen" Wirtschaftens (s.u.) kannten, abgekoppelt zu haben. Die Natur erhielt eine fundamentale Bedeutung als Lieferant von Grundstoffen für die Produktion. Der Besitz und die „Ausbeutung" der fossilen Grundstoffe Kohle, später Gas und Öl sowie Erz und andere Mineralien bildeten die Grundlage industriewirtschaftlichen Fortschritts. Die Schlote und ihr Qualm wurden, wie die englischen, französischen, belgischen Reviere und das Ruhrgebiet bewiesen, zum Symbol erfolgreicher Wohlstandsvermehrung. Die Beschaffung und Sicherung ausländischer Rohstoffgebiete war lange Zeit ebenso wichtig wie die Ausbeutung der Kolonien als Handelszentren und Absatzgebiete.

Es gab im 19. und 20. Jahrhundert Erkenntnisse, daß diese Art der Industriewirtschaft z.B. die Gesundheit der Arbeiter schädige und damit nicht genügend gesunde Rekruten zur Verfügung stünden oder hohe Kosten für soziale Versicherungen anfielen. Auch wurde nicht nur die Luft durch Rauch, Staub und Abgase verunreinigt, sondern vor allem auch die Wasserqualität für die Produktion selbst beeinträchtigt. Gute Luft und sauberes Wasser begannen zu knappen Gütern zu werden. Die Natur als Ganzes wurde nicht nur in Deutschland, sondern auf internationaler Ebene durch die Naturschutzbewegungen wahrgenommen und verteidigt. Daneben entwickelte sich die „Ökologie" zu einem Zweig der Biologie mit dem Anspruch einer ganzheitlichen Sicht, also mit einem wissenschaftlichen Blick auf die Wirkung von Umweltfaktoren auf Lebensprozesse, vor allem auf die Lebensräume von Tieren.

1.5.1 Die Entdeckung der Natur als Teil des Wirtschaftskreislaufs

Es ist noch nicht allzu lange her, seit sich die Einsicht verbreitete, daß die Umwelt Teil des Wirtschaftskreislaufs sei: Als „Input" mit Energie und Rohstoffen und als „Output" mit dem „Abfall" im weitesten Sinne. Plastisch machte dies z.B. der Schweizer Wirtschaftswissenschaftler Bruno S. Frey (1972, Umweltökonomie) mit dem Bild von der Erde als einem „Raumschiff": Endliche Rohstoffreserven, Abfälle und Reststoffe, die dieses Raumschiff mehr und mehr belasten werden. Wurde hier von „Umweltökonomie" gesprochen, so hat schon wesentlich früher K.William Kapp mit den Titeln „The Social Costs of Private Enterprise (1950), Social Costs of Business Enterprise (1963) und in der deutschen Übersetzung „Soziale Kosten der Marktwirtschaft" (1977) die volkswirtschaftlichen Kosten der Umweltzerstörung sehr präzise in einem dogmengeschichtlichen Zugriff analysiert. Die „Grenzen des Wachsums" wurden durch den „Club of Rome" ebenfalls im Jahre 1972 als eine grandiose aber umstrittene Prophetie der Ressourcenerschöpfung auf der Erde populär.

Die immer ein wenig unbefriedigende Nennung weniger Namen soll exemplarisch anzeigen, wie und wann etwa die Umweltnutzung und -zerstörung zu einem Thema für das Wirtschaftssystem und schließlich auch für die Politik wurden. Der Weg zu einem „ökologischen" Denkansatz, der über die Lebenswelt der Feldmaus hinein in die urban-industrielle Welt der Menschen führte, war noch länger. Wir gehen heute von eben diesem Begriff im Zusammenhang mit der Marktwirtschaft aus und verstehen darunter immer den Versuch, die lebensweltlichen Zusammenhänge der modernen Wirtschaftsgesellschaft zu erfassen. In diesem Sinne mag sogar darüber gestritten werden, ob man von „ökologischen Dimensionen der Marktwirtschaft" sprechen will oder besser sagt „Die Bedeutung marktwirtschaftlicher Faktoren für die umgebende Natur". Der ökologische Denk- und Analyseansatz ist heute jedenfalls auch für den Wirtschaftsprozeß geboten, vom Wirtschaftskreislauf bis zur Erfassung des Sozialprodukts.

Das Bewußtsein für ökologische Probleme ist in der Industriewirtschaft nicht aus der Wirtschaftsethik, sondern aus der Kostenrechnung erwachsen und damit originär. Der treibende und steuernde politische Faktor waren daneben die Gewerbeordnung und die – vorwiegend – kommunalen Verwaltungen. Die Politisierung erfolgte durch Bürgerinitiativen, vor allem zunächst als „One Point-Movements" der Betroffenen. Die deutsche Regierungspolitik war, im Rückblick auf die vergangenen fünfzig Jahre deutscher Ökonomiegestaltung, erstaunlich früh am Platze. Die Parteien folgten und die Bürgerbewegungen, die auch Parteien hervorbrachten, schließlich die der „Grünen" als Regierungspartei in Ländern und Kommunen.

Nicht alle Themen, die die Wirtschaft der Bundesrepublik bewegten und die im heutigen Verständnis zu den „ökologischen Dimensionen der Marktwirtschaft" gehören, waren anfangs Themen (Issues) der Umweltpolitik. Dies gilt für den Wiederaufbau der Städte ebenso wie den Ausbau der Verkehrswege durch ein umfassendes Netz von Autobahnen. Diese und ähnliche öffentliche oder öffentlich geförderten Aktivitäten erfolgten Schritt für Schritt mit dem wachsenden Wohlstand. Dann stellte sich die Energiefrage, nicht als Thema der Umweltpolitik, sondern als Thema der Energiekosten. Öl war billiger als Kohle. Das interessierte nicht nur die Industrie und die Unternehmen, sondern genau so die Bausparer und Hausbauer. So war – unter dem ordoliberalen Wirtschaftsminister Erhard – ein Kohle-Öl-Kartell die Folge, um die Umstellung „sozialverträglich" zu gestalten. Der „Atomstrom" wurde gewiß vom ersten „Atomminister" der Bundesrepublik, Franz Josef Strauß, gefördert. Aber auch die SPD begeisterte sich an dieser fortschrittlichen Technik und der damit erreichten „endgültigen" Lösung der Energiefrage in Deutschland. Und alle, Konservative wie Reformer, dachten an die Bundesrepublik als ein rohstoffarmes Land, das dringend auf derartige Energiequellen angewiesen sei. Die Investitionen schienen so verlohnend, daß ein eigener Wirtschaftszweig entstand.

An dieser Entwicklungsskizze soll dem heutigen Leser vor Augen geführt werden, daß eine entwicklungsgeschichtlich ansetzende Analyse der heutigen Probleme nicht nur überraschende Ergebnisse zutage fördert, sondern auch die Zeitgebundenheit von Erkenntnissen beweist. So klug wie heute viele, waren damals sehr wenige. Die Kernkraftwerke, die von ihnen ausgehenden Risiken und die noch heute ungelöste Frage der Endlager für die strahlende Energie waren stattdessen überlagert von der Sorge, ob es genügend Uran in seinen Varianten gebe und wie man den dauerhaften Zugang dazu politisch sichern könne.

1.5.2 Umweltschutz und Wirtschaftlichkeit

1971 brachte das erste Umweltprogramm der sozialliberalen Koalition eine nüchterne Bestandsaufnahme des damals Erreichten und Erkannten: „Der Zustand in der Bundesrepublik Deutschland ist zum Teil besorgniserregend, obwohl hier zum Beispiel Naturschutz und Landschaftspflege, Luft- und Wasserreinhaltung, Abfallbeseitigung und Lärmbekämpfung, aber auch die Kontrolle der Strahlenbelastung sowie Reinhaltung von Lebensmitteln teilweise auf langer guter Tradition beruhen. Dies zeigt sich besonders im Gewerberecht, im Wasserrecht, im Lebensmittelrecht und in zahlreichen technischen Richtlinien, die vorbildlich für andere Länder waren, und spiegelt sich auch im hohen Stand der Umwelttechnik wider." (zit. n.: G. Küppers u.a., 1978, S. 21).

Umweltschutz bezog sich auf technische Artefakte, Einrichtungen und Entwicklungen. Neben dem Ressourcenschutz stand nun der Schutz vor biochemischen und biophysikalischen Umwelteinwirkungen („Immissionen"). Die menschliche Gesundheit rangierte vor der Pflanzen- und Tierwelt. Der Schutzbereich war „medial", d.h., auf Wasser, Boden und Luft bezogen, sektoral auf einzelne Stoffe sowie auf Abwehr und Beseitigung unmittelbarer Schäden (durch „Emissionen") und zielte auf den Verursacher der Schäden („Verursacherprinzip"). Der Schutz ganzer Ökosysteme, also die medien- und sektorenübergreifende Orientierung, stand noch am Anfang (vgl. G. Hartkopf/E. Bohne, 1983, S. 85ff.).

Umweltqualität, luftverunreinigende Emissionen, Verwertung von Abfällen, der Bleigehalt im Benzin, Lärm wurden zunehmend Gegenstände gesetzlicher Regelungen und der Implementation durch Verwaltungen, die seit dem Ende der siebziger Jahre allmählich zu Ressorts in Länderregierungen und der Bundesregierung vereinigt wurden. Dominant waren Vorsorgeprinzip und Verursacherprinzip. Die Umweltpolitik wurde aber auch zu einem Vorreiter jener Verwaltungsverfahren, die heute als „Bargaining-Verfahren" bei der verwaltungsrechtlichen Implementation von Gesetzen eine große Rolle spielen. Weniger Gebote und Verbote, die mit obrigkeitsstaatlicher Strenge den Unternehmen auferlegt und rücksichtslos durchgesetzt werden, sondern Verhandlungen zwischen Verwaltungen und Unternehmen über Emissionen und Immisionen wurden charakteristisch.

Die Integration des Umweltschutzes in die industrielle Marktwirtschaft folgte verschiedenen Pfaden. Der Widerstand gegen kostenträchtige Auflagen und die lokale wie regionale „Macht" einzelner Unternehmen in Form von Arbeitsplätzen, Steuerzahlung und Standortwahl, war ein wichtiger Grund zur Entwicklung des eben erwähnten Verwaltungshandelns. Bezugspunkte für den Widerstand der Unternehmen enthielten und enthalten die Gesetze wie z.B. das Bundes-Immisionsschutzgesetz, kurz BImschG, mit den unbestimmten Rechtsbegriffen: „Stand der Technik" und „wirtschaftliche Vertretbarkeit".

Je nach der Sichtweise können diese „unbestimmten" (damit auslegungsfähigen) Rechtsbegriffe als Sieg der Industrie im gesetzgeberischen Entscheidungsprozeß oder als notwendige, gebotene und sinnvolle Instrumente zur sukzessiven Integration kostenträchtiger Auflagen in die Wirtschaftsrechnungen der Unternehmen interpretiert werden. Sie waren jedenfalls ein Vehikel für eine in der Regel durch Verhandlungen und von Sachverständigen getragene Integration von politischen Auflagen in den Wirtschaftsprozeß. Dies führte natürlich auch zu Verzögerungsstrategien der Unternehmen. Es gab z.B. die Taktik des Verhinderns oder Verschweigens eines möglichen „Standes der Technik", um zunächst einmal eine angemessene Realisierung bereits vorgenommener Investitionen zu erreichen (vgl. Hartwich (Hg.), 1984). Die Berücksichtigung der „wirtschaftlichen Vertretbarkeit" etwa einer großen Filteranlage schützte kleine und mittlere Betriebe und nützte vor allem den Großbetrieben.

Angesichts der Rechtslage und wegen vielfach noch zögerlichen Vorgehens der Gesetzgeber in Bund und Ländern wurden in dieser Phase die Verwaltungsgerichte zu maßgeblichen Akteuren. Von ihnen ging letztlich in vielen Fällen auch die Definition von „Grenzwerten" (bei der Technischen Anleitung Luft, TA-Luft, z.B.) aus. Die Gesetzgeber wurden in diesem Punkt erst allmählich und unter dem Druck der Bürgerinitiativen und -bewegungen aktiver und selbstbewußter.

Aus der Sicht der kostenorientierten Unternehmen bestimmen in einer freien Marktwirtschaft vor allem zwei Faktoren unternehmerischen Strategien maßgeblich:

- Die Möglichkeit einer Externalisierung von Kosten und
- die Orientierung an kostensparenden Anreizen.

Welche politische Strategien dagegen eingesetzt werden, ist eine ordnungspolitische Frage. So ist es nicht überraschend, daß marktwirtschaftliche Lösungen für eine Integration von Umweltschutzinteressen in das unternehmerische Kalkül zuerst in den USA entwickelt wurden, während die Deutschen noch mit Geboten und Verboten experimentierten.

Die Externalisierung von Kosten der Produktion, das einleuchtendste Beispiel ist wohl die Einleitung von Abwässer in öffentliche Anlagen, muß – wenn irgend möglich – dadurch unterbunden werden, daß auch die früher „freien Güter" einen Preis erhalten und damit in die Wirtschaftsrechnungen der Unternehmen eingehen. Es ist hier nicht der Ort für eine eigenständige Abhandlung umweltpolitischer oder ökologischer Fragen. Deshalb sei dies als das entscheidende Prinzip genannt und verstanden, um die „ökologische" Dimension marktwirtschaftlicher Aktivitäten zu kennzeichnen.

Wie eng der Zusammenhang von wirtschaftlichem Kostenkalkül und Umweltbelastung ist, zeigt heute die Auflösung großer Läger von Rohstoffen und Halbfertigprodukten und die Verlagerung dieser „Lagerhaltung" auf die Autobahnen. Insbesondere die Rationalisierung durch die „Just in Time Production" und die unternehmerische Strategie der „lean production" führten dazu, daß der Lkw-Verkehr in einem unerträglichen Maße zugenommen hat. Überdies ist der weitere Faktor die „Zeit". Lieferung auf Abruf mit festem Termin bedeutet nicht nur belastende Nutzung (im weitesten Sinne) öffentlicher Verkehrswege, sondern zusätzliche Unfallgefahren für Dritte sowie Schäden für die Gesundheit der Fahrer. Diese wirtschaftliche Aktivität der privaten Gewinnerzielung durch Verlagerung wichtiger Kosten auf die Allgemeinheit, ist generell, vor allem aber in bezug auf die Belastung des gesamten Öko-Systems, keine vertretbare Zukunftsperspektive der Marktwirtschaft.

Eine marktwirtschaftliche oder auch im ordoliberalen Sinne „marktkonforme" Politik ist der Preis, den die Wirtschaft für derartige Aktivitäten zahlen muß. Diese Politik muß auf eine „Internalisierung der Kosten" im Unternehmen zielen, auch der Kosten der genannten Risiken und Schäden, einschließlich z.B. einer verhaltenssteuernden Mautgebühr. Dadurch wird die Allokationswirkung des Preis- und Kostensystems, der zentrale Lenkungsmechnismus der Marktwirtschaft, wiederhergestellt und keine systemwidrige staatliche Intervention vorgenommen. Eine Variante marktkonformer Umweltpolitik ist das in den USA erfundene Anreizsysteme mit Umweltverbrauchs-

Gutscheinen – Umweltnutzung wird auf dem Markt gehandelt, Unternehmen können zusätzliche Nutzungen von anderen Unternehmen erkaufen.

In beiden wichtigen Strategien handelt es sich zwar um Umweltschutz, jedoch nicht eigentlich um „ökologische" Maßnahmen, weil sie das Grundproblem der Schädigung der Naturbedingungen nicht beseitigen. Außerdem kann die Problematik der „Externalisierung" umweltbelastender Kostenfaktoren nicht allein als ein Problem von Preis und Kosten gesehen werden. Schwer oder kaum zu erfassen sind nichtmonetäre Faktoren sozialer, gesellschaftlicher Art. Dazu gehören Beeinträchtigungen des Lebensumfeldes und der Lebensqualität Dritter, Fragen der Gerechtigkeit in bezug auf Gewinn und Wohlfahrt sowie Beachtung unterschiedlicher Wertvorstellungen.

Preisorientierte Steuerungen im Interesse der Umweltpolitik stellen natürlich auch die vieldiskutierten „Öko-Steuern" dar. Die Besteuerung als Anreiz und als ein marktkonformes Lenkungsmittel volkswirtschaftlicher Allokationen und Produktionen stellte schon immer ein bewährtes Instrument ordoliberaler Wirtschaftspolitik dar. Insofern sind derartige Pläne nichts Neues und Dramatisches. Nicht zu überzeugen vermag allerdings, wenn derartige Steuern als Bestrafung für „falsches" wirtschaftliches Verhalten (z.B. nach dem Motto: „Die Leute sollen gefälligst von ihren Privatautos auf die (in der Regel desolaten) öffentlichen Verkehrsmittel umsteigen") oder lediglich zur Finanzierung anderer Politikbereiche, weil dort keine reformerischen Konfliktlösungen zu erreichen waren (Beispiel: Vermeidung eines Anstiegs der Versicherungsbeiträge), dienen. Wenn aber mit einer der vielen denkbaren Varianten von „Energiesteuern" z.B. eine größere Konkurrenzfähigkeit alternativer Energien erreicht werden kann, oder wenn die Produktion benzinsparender Autos damit erzwungen wird, dann schadet eine derartige politische Intervention gewiß nicht der Marktwirtschaft. Ökosteuern sind deshalb heute in der EU und im Bereich der OECD-Staaten ein durchaus akzeptiertes Thema.

Neben ökonomischen und auch haftungsrechtlichen Strategien der Umweltpolitik, also gleichsam wirtschaftskonformen Dimensionen, stehen heute (wirtschafts-)externe wie Werte, Betroffenheit und Verhalten. Sie alle machen die angemessene „ökologische" Steuerung marktwirtschaftlicher Vorgänge zu einem außerordentlich komplizierten, weil komplexen Vorgang. Die Komplexität um die besonders umstrittene Frage der Kernenergie umschreibt z.B. ein Satz aus dem Prognos-Energiereport 2010 (1992, Die energiewirtschaftliche Entwicklung in Deutschland. Abschlußbericht, S. 309): „Da eine Internalisierung über das Haftungsrecht oder über Versicherungslösungen ausgeschlossen ist (Nichtversicherbarkeit eines Kernschmelzunfalls), kann diese ‚Internalisierung' letztlich nur über Risiko-Limits geleistet werden. Wird eine Akzeptanz nicht vorgefunden, so heißt ‚Internalisierung' hier die Stillegung von Kernkraftwerken." Angesichts derartiger Alternativen wird klar, daß sich die Politik auf einem äußerst schmalen Grad zwischen den durch die freie Willensbildung der Demokratie gesetzten Zielen und wirtschaftlich vertretbaren Entscheidungen bewegen muß. Nimmt sie keine Rücksicht auf den mehrheitlichen Wählerwillen, entzieht sie sich mittelfristig ihre eigene Legitimationsgrundlage.

Ungeachtet dieser breiten gesellschaftspolitischen Problematik bleibt der Weg über die Preisgestaltung für die Umweltnutzung jedoch ein ganz wichtiger Bestandteil einer Politik, die lenkend eingreift, ohne die Marktmechnismen zu zerstören. Daß Produkte dabei teurer werden und die internationale Konkurrenzfähigkeit der Volkswirtschaften berührt wird, ist zunächst einmal die natürliche Folge. Sie zwingt aber zur Einführung und Nutzung immer besserer, d.h., umweltschonender Technik. Diese Politik ist damit gleichsam „modern“. Überdies beschert sie der Volkswirtschaft, wie das Beispiel der Bundesrepublik zeigt, einen neuen expandierenden Wirtschaftszweig mit entsprechender Beschäftigung und Exporten. Da die Erfahrungen der westlichen Industriewirtschaften mit den Umweltproblemen alle dahin gehen, daß die Umweltnutzung auch aus eigenem, wirtschaftlichen Interesse geboten ist, steht zu erwarten, daß sich immer mehr Schwellenländer zu modernen Industrie- und Dienstleistungssystemen entwickeln und neue modernste Umwelttechniken und -technologien nachfragen werden.

1.5.3 Ökonomie und Ökologie

Es ist keine Frage, daß das ökonomische System aus sich heraus nur in dem zuletzt genannten Sinne, nämlich der Gefährdung von wirtschaftlicher Rentabilität und Rationalität in einem ökologischen Sinne reagiert. Diese Feststellung ist keine Mißachtung ethischer Maximen bei den Unternehmensleitungen. Sie ergibt sich aus den Mechanismen der Konkurrenzwirtschaft. Deswegen hat es schon immer den Staat (die Kommunen) mit seinen Verwaltungen gegeben, der aus Sorge um exogene Faktoren der Marktwirtschaft wie Gesundheit, Sicherheit und Ordnung inerveniert hat. Daß die Umweltproblematik und heute die Sorge um die Ökosysteme von den lokalen bis zum globalen zu einem zentralen politischen „issue“ geworden sind, dafür haben die pluralistischen Demokratien gesorgt, die den Protesten Umweltgeschädigter, Betroffener und auch Moralisten Raum geben.

Die „Umwelt“ erhielt ihre Interessenvertretungen zunächst als Bürgerinitiativen und parteipolitische Versprechungen von der „Blauen Luft über der Ruhr“, dann als „Bewegung“ und politische Partei. Details können in dem hier zur Verfügung stehenden Rahmen nicht vorgetragen und diskutiert werden. Zu weit hat sich mittlerweile die Problemstellung, ausgehend von der „medien“- (Luft, Wassen, Boden) bezogenen Umweltpolitik, ausgefächert. Die Wissenschaft von der Ökologie machte den urban-industriellen Raumes zu ihrem Thema und ist heute auch „globalisiert“. Ökologisches Denken heißt ganzheitliches Denken. Ökologische Dimensionen der Marktwirtschaft sind der „neue Kreislauf“ von Rohstoff- und Ressourcengewinnung und Nutzung über Energieverbrauch und seine Wirkungen hin zum Markt für Umweltprodukte vor allem auch industrieller Art, zu umweltverträglicher Produktion, Natur- und Artenschutz auch in der Infrastruktur-Investition bis hin zur Entsorgung und zur Nachhaltigkeit. Dieser Prozeß steht in einem globalen Bezugsrahmen, der die Gefährdungen der Erdatmosphäre einschließt.

Für die Entwicklung der Marktwirtschaft sind heute alle ökologischen Dimensionen als integrale Bestandteile des Wirtschaftens von Bedeutung. Diesem Satz werden jene nicht zustimmen, die alles den Märkten überlassen wollen. Diese aber werden sich externen Bestimmungsfaktoren nicht aus sich heraus öffnen. Vieles kann deshalb erst dann zu einer festen Bezugsgröße des Marktprozesses werden, wenn Bewegungen, Parteien, Regierungen, „Non-Government Organizations“ (NGO), und schließlich die Parlamente als Legislateure bzw. internationale Verträge als „Regime“ auch Grundsätzen Geltung verschaffen, die nicht in der Eigenlogik marktwirtschaftlicher Prozesse liegen.

Lokale, regionale, nationale und globale Konflikte an der Schnittstelle zwischen wirtschaftlichem Profitstreben und umweltschutzbezogenen bzw. ökologischen Schutz- und Steuerungsbestrebungen haben die innerstaatliche politische Willensbildung stark beeinflußt. Die Forderungen nach „plebiszitärer" Willensbildung bei wirtschaftlichen Entscheidungen, z.B. beim Bau eines Kernkraftwerkes, deren Wirkungen über die verantwortliche Generation hinausreichen, haben die ursprüngliche Zustimmung zum rein repräsentativen Regierungssystem nach dem Grundgesetz beeinträchtigt und die negativen historischen Erfahrungen mit diesem Instrument vergessen lassen. Die Beurteilung von Folgen technischer Innovationen wie der Gentechnik hat unentscheidbare Wertekonflikte geschaffen und Probleme zwischen „Wahrheit" (im Sinne der Gewißheit vom Richtigen) und „Mehrheit" ebenso virulent gemacht wie die alten Konflikte zwischen „sachlich richtiger" und „politisch-mehrheitlich legitimierter" Entscheidung (vgl. Hartwich (Hg.), 1996).

Konflikte zwischen wirtschaftlichen Interessen, individuellen Betroffenheiten, moralisierenden Gewißheiten und gebotenen Vorsorgeinteressen der Allgemeinheit verlangen möglichst rationale Lösungen. Das dafür richtige Stichwort heißt „Verhandeln". Eine geeignetes Verfahren wurde bereits in den achtziger Jahren in den USA entwikkelt: das „Mediationsverfahren". Darunter sind Verhandlungsprozesse zu verstehen zwischen allen an einem Konflikt beteiligten Personen unter Beteiligung der Verwaltungen sowie unter dem Vorsitz einer neutralen dritten Person, dem „Mediator". Es geht dabei nicht um einen Schiedsspruch, sondern um die Stärkung der Gesprächs- und Konsensbereitschaft der Konfliktparteien, um wechselseitige Einsichten in die Interessen der anderen. Eine Einstimmigkeit ist deshalb dem Verfahren wesensfremd. Während es in den achtziger Jahren in den USA einen regelrechten Mediationsboom gab, setzten sich einschlägige Konfliktlösungsverfahren in Deutschland eher zögernd, zumeist auf regionaler Basis und in Zusammenhang mit Entsorgungsproblemen, durch (vgl. L. Holtkamp/K. Schubert, 1993, S. 421-431 m. Lit.).

Zur Marktwirtschaft gehört, das ist die Erkenntnis aus derartigen Entwicklungen, daß die Unternehmen über das Kosten-Gewinn-Kalkül hinaus zunehmend ihre „Umwelt", nicht nur im ökologischen, sondern ebenso im gesellschaftlichen Sinne, berücksichtigen müssen, um erfolgreich operieren und investieren zu können. Dies kann noch nicht als belastender Standortfaktor angesehen werden. Zu hoffen ist eher, daß das Management offensive Strategien eben auch in die Richtung „Umweltrelevanz" entwickelt.

Es muß jedoch umgekehrt auch möglich sein, aus dem politischen Bereich kommende Einwirkungen auf Investitionen, Produktionen, Infrastrukturen und Allokationen zurückzudrängen, wenn sie allein aus subjektiver Betroffenheit und einseitigen Werturteilen erwachsen. Die Allgemeinheit hat ein Recht auf wirtschaftlich erfolgreiche Unternehmen und die dadurch gesicherten Arbeitsplätze. Hier immer erneut einen Ausgleich zu schaffen, ist eine äußerst schwierige Aufgabe der Politik. Man sollte sie auch nicht allein den Umweltministerinnen und -ministern überlassen, die nicht selten vorab als Partei in Erscheidung getreten sind.

1.5.4 Nachhaltigkeit

Der umweltschutz- und ökologische Gedanke durchdringt heute den marktwirtschaftlichen Kreislauf von Forschung, Ressourcenplanung, Produktion bis Verbrauch und Entsorgung. Dies bedeutet in erster Linie, daß umweltrelevante Faktoren in den Wertschöpfungsprozeß soweit wie möglich integriert sind. Zudem ist die Nachhaltigkeit vor allem auch grundlegend für alle Dienstleistungstätigkeiten. Das leitende Prinzip der Umweltpolitik ist nicht mehr nur das der Vorsorge und der Bestrafung von Schadensverursachern („Verursacherprinzip"), also der kostspieligen Nachsorge, sondern ist zunehmend das der „Nachhaltigkeit" geworden. Dieses Prinzip ist – wirtschaftlich gesehen – nicht neu. Wie schon gesagt, gehört es zu den traditionellen Produktionsprinzipien der Forstwirtschaft, wonach nicht mehr Holz geschlagen wird als gleichzeitig nachwächst.

Das Leitbild der „nachhaltigen Entwicklung" bedeutet im Kern eine Korrektur des überkommenen Wachstumsdenken, das der Industriewirtschaft eigen ist. „Das ökologische Problem verbindet sich heute mit sozialen und wirtschaftlichen Fragen zu dem, was E.U. von Weizsäcker ‚Erdpolitik' genannt hat. Angebahnt seit der ersten UN-Umweltkonferenz in Stockholm 1972, schaffte die neue Weltpolitik ihren Durchbruch mit der UN-Konferenz über Umwelt und Entwicklung in Rio 1992. „Sustainable Development" heißt das Leitbild, das seither auch offiziell einer ökologisch angepaßten und sozial gerechten Erdpolitik zugrunde liegen soll." (Huber, 1995, S. 10) „Nachhaltige Entwicklung will die Natur nicht nur schützen, sondern auch nützen", betont Joseph Huber (S. 12). Damit enthält dieses Leitbild auch schon wieder eine innere Kontroverse. Naturschützer wollen den Status quo konservieren oder wiederherstellen. Die Mehrheit, so Huber, wolle darunter einen „sinnvollen und funktionierenden Schutz der Natur nur in Verbindung mit ihrer Nutzung, wodurch die Umwelt in bestimmten Maß verändert und fortentwickelt wird". „Nachhaltige Entwicklung möchte nicht so sehr ‚Wege aus der Wohlstandfalle' weisen, als vielmehr weitere Wege erschließen, um das Modell eines Wohlstands für alle auf Dauer fortführen zu können." (S. 12f.).

Diese Interpretation ist nicht unumstritten. Aber sie ist eine sehr brauchbare und richtige Maxime für die Ausgestaltung einer Marktwirtschaft, die nicht nur sozial, sondern auch ökologisch ausgerichtet ist, ihre Funktionen der Versorgung, der Wohlfahrt und der Arbeit aber dennoch erfüllen kann. Daß dies auf globaler Ebene außerordentlich schwierig ist, beweist das „Rio-Desaster" (Tetzlaff, S. 275-281), also das vorläufige Scheitern allzu großer Hoffnungen auf die internationale Koordination, das sich als Zwischenbilanz nach fünfjähriger Praxis auf einer UN-Konferenz ergab. Auf der anderen Seite bedeutet aber diese globale Perspektive auch, daß nationale und europäische Schritte in diese Richtung letztlich von globalen und gleichgerichteten begleitet sein müssen, um wirklich wirksam zu werden.

1.5.5 Ein Öko-Sozialprodukt als Maßstab von Wertschöpfung?

Das Kreislaufdenken, das zur Wirtschaftslehre gehört, muß also heute auch auf den gesamten nationalen und globalen Kreislauf bezogen werden. Eine schwierige Aufgabe. Es hilft möglicherweise sehr, zunächst einmal den „Stoff-Kreislauf", der eben nicht mit dem Wegwerfen einer Flasche, Dose oder einer Verpackung endet, als Teil des monetären Kreislaufs zu akzeptieren. Dann muß das Verständnis für Entsorgungskonzepte und „Kreislaufwirtschaftsgesetze" wachsen. Das alles sind marktwirtschaftliche Prozesse, die auch – wie sich immer wieder zeigt – neue und zusätzliche Dienstleistungsbereiche und Arbeitsplätze hervorbringen.

Dies wird bis heute nicht offiziell von der Errechnung der volkswirtschaftlichen Wertschöpfung zur Kenntnis genommen. Die Errechnung des Sozialprodukts erfaßt nur monetäre Vorgänge, also auch die „zusätzliche" Wertschöpfung und Einkommenserzielung dadurch, daß Schäden zunächst durch Produktion entstehen dürfen und anschließend kostenaufwendig beseitigt und entsorgt werden. Jede Schadensbeseitigung dient so der Erhöhung des Sozialprodukts, weil sie Einkommen schafft. Dagegen wird schon lange opponiert. Wiederum war es ein Bericht an den Club of Rome, der 1995 unter dem Titel „Mit der Natur rechnen: Vom Bruttosozialprodukt zum Ökosozialprodukt" (hg. v. Wouter van Dieren), in die Zukunft einer angemessenen statistischen Erfassung marktwirtschaftlicher Wertschöpfungen wies. Es müßten, so hieß es dort (S. 27f.) „in eine Definition des Wohlstandsniveaus der Länder ihr Naturvermögen sowie dessen Wachstum, Erschöpfung, Nutzung, Erhalt und Mannigfaltigkeit mit einbezogen werden. Messungen des Wohlstandes sind wichtig für die Lenkung des industriellen Produktionssystems, das ein wichtiges Subsystem der Gesamtwirtschaft ist. Aber dies ist für die Beobachtung, Zielsetzung und Organisation des Wohlstands der Nationen nur teilweise von Bedeutung. Wenn das Wachstum des BSP eines Landes 3% beträgt, die nicht berechneten Kosten der Produktion jedoch um etwa 4% des BSP steigen, dann wissen wir zumindest, daß die Lebensqualität in diesem Land sinkt. Wir schlagen daher vor, daß diese Kosten abgerechnet werden und eine statistische Größe eingeführt wird, der wir den Titel „Ökosozialprodukt (ÖSP)" gegeben haben. Das heißt ein Sozialprodukt, in dem der Abbau von natürlichen Ressourcen von dem jetzt gebräuchlichen Sozialprodukt abgezogen wird."

Eine derartige Rechnung ist keineswegs abwegig oder unerreichbar. Auch das Statistische Bundesamt vertieft sich mehr und mehr in die Fragen und Methoden der statistischen Erfassung des Umganges mit der Natur. Eine realistische Lösung ist noch nicht gefunden worden. Vielleicht ist es auch nicht möglich, die Umweltbilanz einer Volkswirtschaft in wenigen aggregierten Zahlen auszudrücken. So beschränken sich einschlägige Rechnungen auf Spezialfragen, die allerdings auch sehr aussagekräftig sind. So ergibt sich aus einer im Juli 1998 vom Bundesamt vorgelegten „umwelt-ökonomischen Gesamtrechnung", die die Produktivität des Faktors Arbeit mit dem Produktionsfaktor Natur (als Ressourcenquelle wie Wasser und Energie sowie als Auffangbecken für Schad- und Reststoffe) vergleicht und feststellt, daß der Druck auf die Produktivität der Arbeit weitaus stärker ist als der Druck auf die Produktivität der Natur. Das heißt aber nichts anderes, als daß die Arbeit zu teuer und die Umwelt zu billig ist. Daraus lassen sich auf der einen Seite wichtige Schlüsse für die Politik ziehen, z.B. in Richtung auf die umstrittenen Ökosteuern (SZ v. 22.7.1998). Auf der anderen Seite ist diese Feststellung auch ein Fingerzeig für die Unternehmen. In diesem Sinne sind sogenannte „Öko-Audits", also betriebs- und unternehmensinterne Evaluierungen von Stoffeinsatz, -nutzung und -verwertung, geeignete Instrumente zur Erfassung aller Kosten, aber auch zugleich weiterer Rationalisierungsmöglichkeiten außerhalb des Faktors Arbeit.

Da die ökologischen Dimensionen der Marktwirtschaft primär raum- und naturbezogen sind, treten bei allen behandelten Fragen nicht nur nationale Aspekte in den Vordergrund, sondern vor allem auch lokale und regionale. Darüber hinaus kann, wie ausgeführt, Nachhaltigkeit nicht allein in diesen Dimensionen definiert werden. Vielmehr treten sehr deutlich globale oder noch besser „erdbezogene" Entwicklungen und Maßnahmen hervor, die durch die gegenwärtig einzigen dafür geeigneten Institutionen der UN sowie durch völkerrechtliche wirksame Vereinbarungen geregelt werden müssen.

1.5.6 Europäische Umweltpolitik

In diesem Zusammenhang muß auffallen, daß die Europäische Union bislang noch nicht angesprochen wurde. Sie ist in der Tat, aufgrund ihrer gegenwärtig noch stark gouvernementalen Regierungsstruktur, nicht eigentlich ein konkretes Konfliktfeld. In grenznahen Regionen Frankreichs und Deutschlands etwa treffen zwar wirtschaftliche Interessen und umweltpolitische Gegenbewegungen unmittelbar aufeinander, wenn es um die von Frankreich lange Zeit bevorzugten Kernkraftwerke geht. Aber der Schwerpunkt europäischer umweltpolitischer Aktivitäten liegt doch – wie auf den meisten Feldern des Gemeinsames Marktes – auf Harmonisierung und Herstellung von Konvergenz zwischen den Mitgliedstaaten.

Die einschlägigen Bestimmungen des EG-Vertrages neuesten Datums werden der dargelegten Entwicklung der umwelt- und ökologischen Dimensionen der Marktwirtschaft nicht gerecht. Ein eigener Titel XVI Umwelt regelt in drei Artikeln (130 r-t) umweltpolitische Ziele, Maßnahmen, Aktionen und Ausnahmen. Bei den Zielen und Prinzipien werden Vorsorge und Vorbeugung sowie die Bekämpfung von Umweltbeeinträchtigungen nach dem Verursacherprinzip genannt. Vorgesehen sind Maßnahmen steuerlicher Art, Maßnahmen in bezug auf Bodennutzung und Wasserressourcen (mit der Ausnahme der Abfallwirtschaft) sowie energiepolitische Fragen. Alle übrigen Bereiche können durch Aktionsprogramme überwiegend in der Form der Setzung vorrangiger Ziele angesprochen werden. Das Entscheidungsprinzip heißt Einstimmigkeit. Immer ist der Wirtschafts- und Sozialausschuß beteiligt sowie auch das Europaparlament. Auch die europäischen Regionen sind in Form des neuen „Ausschusses der Regionen“ (Art.198a) beratend beteiligt. Aus diesen Kompetenzen sind einige interessante Aktivitäten und Entwicklungen hervorgegangen, die zeigen, daß die europäische Ebene allmählich stärker auch in umweltpolitischen Fragen die nationalen Wirtschaften durchdringt.

Natürlich bedeuten Harmonisierung und Konvergenz immer Einigungen auf einem mittleren, zumeist eher suboptimalen Niveau. Da aber die Europäische Kommission relativ abgehoben von den unmittelbaren umweltpolitischen Konfliktfeldern ist, kommen auch Programme und Regelungen zustande, die keineswegs alle unterhalb der im deutschen Selbstverständnis liegenden hohen deutschen Standards angesiedelt sind.

Die EU ist auf allen in ihre Kompetenz fallenden Gebieten tätig geworden. Vieles ist allerdings zwischen den Regierungen im Ministerrat noch strittig. In wasserrechtlicher Hinsicht wurden Regelungen erlassen, die die deutsche Regierung lange mit der Umsetzung in deutsches Recht zögern ließen, so daß sie ein Verfahren gegen sich beim EuGH riskierte. 1998 einigten sich die Umweltminister auf eine Rahmenrichtlinie zur Verbesserung der Wasserqualität, allerdings mit eine Umsetzungsfrist von 16 Jahren und mit zahlreichen Ausnahmen. Die Reduzierung schädlicher Treibhausgase im Anschluß an die Klimakonferenz von Kyoto mit der Verpflichtung, den Ausstoß bis 2010 um 8% zu senken steht auf der europäischen Agenda. Hier ist die Aufteilung auf die Mitgliedsländer politisch stark umstritten.

Die sogenannte „Umweltverträglichkeitsprüfung“ der EU von 1985, also die Überprüfung jedes größeren Investitionsvorhaben unter dem Gesichtspunkt, ob eine neue Produktionsanlage, ein Kraftwerk oder eine Autobahn Einwirkungen auf die Umweltgüter Boden, Wasser, Luft, Klima und Landschaft, Pflanzen und Tiere zeitigt, hat ebenfalls keine Begeisterung in Deutschland ausgelöst und zu einem langwierigen Verfahren der Umsetzung in deutsche Verwaltungsvorschriften geführt (vgl. E. Bohne, 1996).

EU und OECD sind in Sachen „Energiesteuer“ sehr offen. Vorschläge der EU-Kommission zu Ökosteuern, Abgaben für den Güterverkehr, Umwelthaftung, Verträglichkeitsprüfungen, Klagerecht für Verbände, kamen allerdings wegen der Widerstände nationaler Regierungen, insbesondere der deutschen Bundesregierung, nicht weiter. Dasselbe gilt für die Einführung des Fünf-Liter-Autos und die Reduktion der Verursacherstoffe des sauren Regens (SZ v. 21.8.1998).

Der Naturschutz schließlich ist europäisch sehr weitgehend reglementiert. Die Richtlinien zum Vogelschutz von 1979, die „Flora-Fauna-Habitat“-Richtlinie von 1992, die im Streit um die Ostseeautobahn eine wichtige Rolle spielte, und die Planungen für ein Naturschutznetz „Natura 2000“ zeigen auf ausgewählten Gebieten einen hohen Integrationsgrad auf. Bedeutsam ist dabei immer die Möglichkeit, europäisches Recht durch Anrufung des Europäischen Gerichtshofs innerstaatlich wirksam werden zu lassen, auch wenn die eigene Regierung sich Nachlässigkeiten in der Umsetzung europäischer Richtlinien hat zuschulden kommen lassen.

Diese außerökonomischen Dimensionen des Umweltschutzes und der Ökologie sind zu Rahmenbedingungen und inneren Bestimmungsfaktoren der modernen Marktwirtschaft geworden. Die Ökonomie kann sich dieser Erkenntnis nicht entziehen. Alle drei Ebenen unseres Rahmens, die nationale, die europäische und die globale, sind einbezogen. Das macht das Problem unspektakulär. Es sind nicht die deutschen Empfindsamkeiten, die der deutschen Wirtschaft generell standortschädigende Auflagen bescheren und damit die internationale Konkurrenzfähigkeit beeinträchtigen. Diese generelle Feststellung schließt spezielle Erschwerungen nicht aus. Andererseits zeigt die europäische Umweltharmonisierung, daß Deutschland nicht oder nicht mehr das große Vorbild ist. Es hat nach dem Urteil des Europäischen Umweltbüros seine Vorreiterrolle eingebüßt (SZ v. 21.8.1998).

Ob diese Entwicklung bereits zu einer „ökologischen“ Marktwirtschaft geführt hat oder auch überhaupt führen kann, ist eine eher müßige Frage. Die Durchdringung aller ökonomischen Aktivitäten und Prozesse der Marktwirtschaft mit umweltrelevanten Elementen ist eine Tatsache. Das gewachsene Verständnis für eine ganzheitliche Sicht macht es sogar möglich und notwendig, Ökonomie und Ökologie als zwar häufig widerstreitend, aber doch als Teil der erdumspannenden Umwelt der Menschen zu akzeptieren.

2. Zukunft der Arbeitsverhältnisse und kooperative Tarifpolitik

Arbeitsmarktverfassung und tarifliche Lohnpolitik sind – wie in diesem Buch ausführlich darstellt – in Deutschland sehr traditionsreiche Fundamente des Wirtschaftssystems. Sie sind das Symbol der Emanzipierung der Gewerkschaften zum gleichberechtigten Verhandlungspartner in den Betrieben und auf der Konzernebene. Das Arbeitsvertragsrecht schuf Sicherheiten für Arbeitnehmer wie für ihre Arbeitgeber. Die mit dem Instrument der Flächentarifverträge betriebene Lohnpolitik hat im Schnitt trotz gelegentlich heftigen Getöses verantwortbare, der Entwicklung von Produktivität und Konjunkturlagen angemessene Ergebnisse gezeitigt. Streiks waren im Vergleich mit den Arbeitsmarktverhältnissen in anderen europäischen Volkswirtschaften relativ selten. Das Arbeitskampfrecht wurde durch Richterrecht genau umrissen. Die Arbeit der Betriebsräte sorgte für die Umsetzung und praktische Wirksamkeit der Tarifverträge.

Betriebsverfassung und Unternehmensmitbestimmung hatten stabilisierende Wirkungen auch in den schwierigsten Krisen ganzer Branchen, die häufig mit dem Zusammenbrechen der Städte und Regionen verbunden waren. Das Paradebeispiel ist der Ruhrbergbau, in dem auch die Rekonstruktion und die Umstrukturierung von den Gewerkschaften mitgetragen wurden. Wenn der neoliberale Ökonom dem entgegenhält, daß der Preis der erwähnten Umstrukturierungen Subventionen auf Jahre hinaus waren, deren Höhe volkswirtschaftlich fragwürdig sei, so bezeichnet dieses Argument genau die Probleme, für die sich dieses Buch auch interessiert. Muß nicht auch nach dem „politischen Preis“ notwendiger wirtschaftlicher Umstrukturierungsmaßnahmen gefragt werden? Die reine Lehre der Ökonomie argumentiert in diesem Sinne sehr häufig politisch unverantwortlich, weil sie keine Antwort auf diese Frage sucht. Der Verweis auf ökonomische Zwänge und mittelfristige Lösungen ist nur dann richtig, wenn jeder gesellschaftliche Bezug ausgeblendet wird.

Die Fundamente des relativ stabilen sozialen Gebäudes konsensualer Arbeitsverfassung und Arbeitsmarktregulierung bröckelten infolge der wirtschaftlich-technischen und betriebswirtschaftlich bedingten Veränderungen. Die „Erosion“ des Flächentarifvertrages ist dafür das problembündelnde Signal. Sowohl die Arbeit selbst, als auch die Arbeitsplätze, -verfahren und -qualifikationen durchleben vor allem seit dem Ende der 70er Jahre wahre Revolutionen. Dies allein stellt bereits höchste Ansprüche an die einst bewährte Arbeitsmarktverfassung. Der kontinuierliche Fortfall von Arbeitsplätzen ohne die gewohnte Kompensation durch andere Branchen führte sie in die Krise.

Aus der Bewunderung für die geordneten und disziplinierten Arbeitsmärkte in Deutschland ging die Kennzeichnung als „reglementierter“ Arbeitsmarkt hervor. Für den vorläufigen Höhepunkt negativer Beurteilung sorgte der Internationale Währungsfonds, der in einem Ausblick auf die Entwicklung der Weltwirtschaft (SZ v.15. April 1998) im Frühjahr 1998 Deutschland neben Frankreich und Italien als „Risikofaktor" für die Europäische Währungsunion bezeichnete, weil die „inflexiblen Arbeitsmärkte" für eine Zementierung der Arbeitslosigkeit sorgten.

Für die Gliederung des folgenden Kapitels waren folgende Überlegungen maßgebend. Ausgehend von der Darstellung der Fundamente im 2. Kapitel und der notwendigen neuen Handlungsstrategien der Arbeitsmarktparteien im Umkreis des Flächentarifvertrages sowie von den Veränderungen der ebenfalls im 4. Kapitel skizzierten strukturellen Veränderungen der Arbeitsverhältnisse soll zunächst betrachtet werden, welche Arbeitsformen für die Zukunft wichtig sein werden. Sodann geht es um die Konsequenzen für die Tarifverträge und die Lohnpolitik in der Europäischen Währungsunion.

Für die notwendigen Veränderungen auf Unternehmensebenen wird sicher auch die deutsche Mitbestimmung eine Rolle spielen. Die einen sehen sie als Belastung, die anderen als Vorteile des Standorts Deutschland an. In der EU gibt es bislang nur geringfügige Elemente eines eigenen europäischen Arbeitsrechts. Hier besteht latent das Problem in der noch unentschiedenen Frage, ob es sich um Gesetzesrecht oder um Richterrecht wie in Deutschland handeln solle. Jedoch werden bereits kompromißhafte Übertragungen z.B. der deutschen Mitbestimmung in ein europäisches Aktiengesellschaftsrecht diskutiert.

2.1 Arbeitsverhältnisse der Zukunft

2.1.1 Das „Ende der Arbeitsgesellschaft" als Menetekel und Verheißung

Hannah Arendt hat vor fast vierzig Jahren in einem Buch über „Vita activa" vorausgesehen: „Was uns bevorsteht, ist die Aussicht auf eine Arbeitsgesellschaft, der die Arbeit ausgegangen ist, also die einzige Tätigkeit, auf die sie sich versteht. Was könnte verhängnisvoller sein?"

Nach der antiken Philosophie waren Arbeit und freie verantwortliche Lebensgestaltung nicht zu vereinen: Es stand die „Vita activa" gegen die „Vita contemplativa". Arbeit war die Sache der Sklaven. Der Philosoph und Politiker war davon befreit, um denken zu können. Die christliche Mönchskultur des Mittelalter mit ihrem „ora et labora" kann in diesem Sinne vermutlich als eine „Vita contemplativa" durch Arbeit angesehen werden. Die Neuzeit gab dann mit dem ihr eigenen technisch-wirtschaftlichen Fortschrittsglauben und den Wohlstandserfolgen der Arbeit die zentrale Stellung im Leben des einzelnen und der „Industriegesellschaft". Befreiung von der Arbeit durch Arbeit sagte Karl Marx und entwarf die marxistische Geschichtsphilosophie als eine grandiose Verheißung einer neuen „Freiheit".

Aber dies sagte Karl Marx nicht allein. Wie Max Weber in seiner Schrift „Die protestantische Ethik und der Geist des Kapitalismus" von 1922 herausgearbeitet hat, wurde insbesondere der Protestantismus als Calvinismus mit der Prädestinationslehre und der Forderung nach innerweltlicher Askese bei harter Arbeit, deren Erfolg als gottgefällig angesehen wurde, zu einem mentalen Motor für das neuzeitliche Arbeitsverständnis. Nach Hans-Paul Bahrdt mit seinem Buch über „Arbeit als Inhalt des Lebens" (1982) liegt auch der lutherische „Berufs-Begriff" auf dieser Linie.

Von den Soziologen wurde die Erwerbsarbeit als konstituierendes Moment moderner Herrschaft entdeckt. Die Sehnsucht der Herrschenden, so führte Ralf Dahrendorf 1982 auf dem 21. Soziologentag aus (Hg. J. Matthes, Titel des Vortrages: Wenn der Arbeitsgesellschaft die Arbeit ausgeht), nach der Arbeitsgesellschaft beruhe auf der Einsicht in grundlegende gesellschaftliche Fragen. Sie beantworte nämlich die Frage, an welchem Geländer entlang das Leben der Menschen geordnet sein solle: Durch die von der Organisation der Arbeit ausgehenden Disziplinierung. Für jede Gesellschaft gilt bis heute: Die soziale Identität der meisten Menschen bestimmt sich durch ihren Beruf.

So gesehen führt ein „Leben ohne Arbeit", die unfreiwillige Arbeitslosigkeit vor allem, aber auch die perspektivenlose Suche junger Menschen nach einer aussichtsreichen Ausbildungsstelle, ja schon die sinnentleerte Lohnarbeit, zu Orientierungskrisen der durch eine derartige Sozialisation geprägten Menschen. Arbeit ist die einzige Tätigkeit, auf die hin die Menschen erzogen wurden und noch werden. Ob allerdings, wie der Ökonom sagt, einzig und allein die Erwerbsarbeit auch in Zukunft entscheidend sei, wird mehr und mehr angezweifelt.

2.1.2 Bezahlte und nichtbezahlte Arbeit

Während die vorherrschende ökonomische Theorie und die von ihr geprägte Wirtschaftspolitik die Erwerbsarbeit als Grundlage ihres Denkansatzes unbeirrt beibehält, mehren sich ernstzunehmende Stimmen für ein neues Verständnis von Arbeit. Am weitesten greift dabei der oben in bezug auf ein neues Verständnis von einer „Dienstleistungsindustrie" bereits behandelte „Neue Bericht an den Club of Rome (1998)" mit dem Titel: „Wie wir arbeiten werden". Die Autoren Orio Giarini und Patrick M. Liedtke analysieren, ausgehend von der Massenarbeitslosigkeit, die modernen Arbeits- und Wirtschaftsgesellschaften und setzen sich vor allem kritisch mit den Dogmen der neoklassischen Gleichgewichtstheorien auseinander. Ungleichgewichte bzw. ein „Gleichgewicht bei Unterbeschäftigung" aber – das sagte schon Keynes – sind die Merkmale der heutigen wirtschaftlichen Dynamik. Die Ökonomie, Theorie und Politik, denke überdies immer noch in den „hardware"-Kategorien der industriellen Produktion, während längst auch für die Produktion Dienstleistungsfunktionen wichtiger geworden seien als die reine Herstellungsfunktion. So erwächst aus der Kritik an der fehlenden Wirklichkeitswahrnehmung der heutigen theoretischen und politischen Ökonomie ein neues Verständnis menschlicher Arbeit.

In einer etwas komplizierten Begrifflichkeit, nämlich durch die Unterscheidung von „monetarisierten und nichtmonetarisierten" Systemen sowie von „monetisierten" und „nichtmonetisierten" Tätigkeiten, untersucht der Bericht des Club of Rome den Wertewandel, dem die Arbeit in der Geschichte der modernen Wirtschaftsgesellschaften unterlegen war.

In der vorindustriellen Agrargesellschaft dominierten die Eigenleistung zum Lebenserhalt sowie die Vergütung in Naturalien und Leistungen gegen die Fürsorgepflicht des Grundherrn. Lediglich im wenig entwickelten (Fern-)Handel gab es Bedarf an Geld oder einem Äquivalent dafür. Die Bemessung der Wirtschaftsleistung dieser Zeit nach der heutigen monetären Sozialproduktsberechnung würde das Ergebnis der Arbeit in der Agrarwirtschaft völlig unterbewerten.

Die industrielle Warenproduktion brachte die „Monetarisierung". „Damit kehrte sich das gesamte System der nichtbezahlten Arbeit als Regel und der bezahlten Arbeit als Ausnahme um." Die Erwerbsarbeit wurde zum Standard. „Dadurch veränderte sich auch die Wertschätzung der nichtbezahlten Arbeit innerhalb der Gesellschaft. War nichtbezahlte Arbeit zuvor als generell gleichwertig und ebenso produktiv erachtet worden, galten nunmehr diese anderen Tätigkeitsarten – im Vergleich zu den üblichen Erwerbsarbeiten – als nichtproduktiv. Dienstleistungen wurden infolgedessen als zweitrangig betrachtet, auch wenn sie bezahlt waren, weil sie nicht unmittelbar zum Produktionsprozeß beitrugen" (S. 94).

An der Schwelle zur Dienstleistungsgesellschaft sei dies eine „anachronistische Auffassung von Wohlstand" (S. 95). Eine „produktive" Tätigkeit ist auch heute nicht nur die bezahlte Erwerbsarbeit, sondern nach wie vor die „Produktion in Eigenleistung" und die nichtbezahlte Arbeit (S. 96).

Das „nichtmonetarisierte" System der vorindustriellen Gesellschaft beruhte auf Eigenproduktion und Eigenkonsumtion. In der industriellen Gesellschaft betrifft der Austauschprozeß das, was als der monetarisierte Teil bezeichnet wird, wo der Wert ausgetauschter Güter entweder implizit (nichtmonetisiert) oder explizit (monetisiert) ist, bezogen auf den Wert dessen, was wir als Geld bezeichnen. „Implizit" heißt bei den Autoren, daß „monetarisierte, jedoch nichtmonetisierte Tätigkeiten" einen (potentiellen) Wert haben, der in monetären Kategorien berechnet werden könnte, aber nicht wird. Gemeint ist damit z.B. wohltätige oder freiwillige Arbeit. Geschätzt wird, daß von der gesamten Arbeit etwa die Hälfte zur Kategorie der nichtmonetisierten Arbeit gehört, zu rund zwei Dritteln verrichtet von Frauen. „Behalten wir diese Unterscheidungen zwischen monetisiert, nichtmonetisiert und nichtmonetarisiert im Auge, dann kann eine im wesentlichen agrarische Gesellschaft als vorwiegend nichtmonetarisiert bestimmt werden. Wenn hingegen kommerzieller Tausch stattfindet, dann ist nur ein Teil ... auf spezifische Weise monetisiert" (S. 141).

Mit diesen komplizierten und differenzierenden Abklärungen wird die heutige Unterbewertung sogenannter nicht-produktiver oder nichtbezahlter Arbeit kritisiert. „Warum ist die Arbeit, die von darauf spezialisierten Leuten in den Kindergärten verrichtet wird, Teil der produktiven Arbeit, die zum Bruttosozialprodukt beiträgt, die gleichwertige Arbeit der Großmütter und Großväter dagegen nicht?" (S. 143) Ein berühmtes weiteres Beispiel stammt von dem Wirtschaftswissenschaftler Arthur Pigou („Pigou-Effekt"), der Anfang des Jahrhunderts die Schwäche wohlfahrtsökonomischer Rechnungen mit dem Beispiel veranschaulichte, daß ein Junggeselle, der eine Haushälterin entgeltlich beschäftigt, aber sie dann heiratet, damit das Nationaleinkommen senkt. Das eine ist der monetisierte, das andere der nichtmonetisierte Teil von in jedem Fall „produktiver Tätigkeit". Beides aber trage zum Wohlstand bei.

Neben der Beschäftigung im Sinne bezahlter Tätigkeit gibt es also auch heute und sogar in einem wieder wachsenden Maße andere Arten von Tätigkeit wie Eigenproduktion und nichtbezahlte, auf Austausch begründete Tätigkeiten. Hier können Beispiele wie die Rolle des Kunden in Selbstbedienungsrestaurants und beim Geldautomaten der Bank genannt werden. Auch die zunehmenden Aufgaben der Verbraucher beim Recycling gehört dazu. Die Schaffung von Wohlstand während des Gebrauchslebens von Produkten und Dienstleistungen müsse unweigerlich auch gewisse Formen der Eigenproduktion und der nichtbezahlten Arbeit enthalten, um funktionieren zu können. „Wenn der Wohlstand auf diese Weise zustande kommt, dann liegt es auch auf der

Hand, daß jede Strategie für die Entwicklung von Beschäftigung und produktiven Tätigkeiten alle drei Formen der Produktion parallel fördern muß" (S. 145).

2.1.3 Der Lebens- und Arbeitszyklus

Der Lebenszyklus eines Bürgers heutiger Industriegesellschaften umfaßt bekanntlich verschiedene Phasen von Tätigkeit, bei denen sich vor allem Aus- und Weiterbildung, Erwerbstätigkeit und Freizeit (als „Tätigkeitsbereich" außerhalb der Erwerbsarbeit) unterscheiden läßt. Der Bericht „Wie wir arbeiten werden" schlägt dazu eine neue Art von Lebens- und Tätigkeitszyklus vor. Dies wird durch folgendes Schaubild deutlich gemacht.

Schaubild 11: Lebens- und Arbeitszyklen

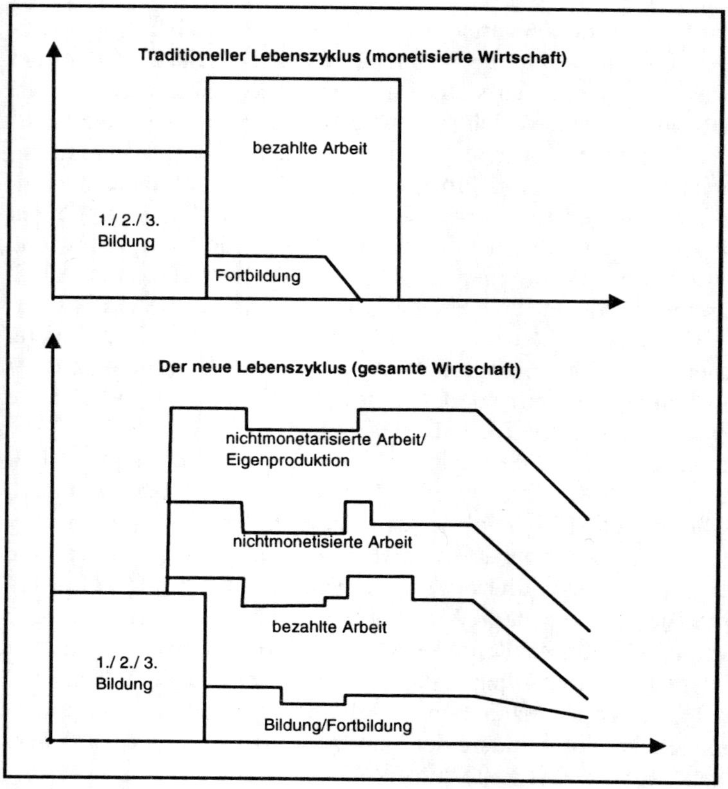

Quelle: Giarini/Liedtke, 1998, s. Lit. Nr. (215); Gegenwartskunde 3/98, S. 340

Das alternative System für die Verteilung von Arbeit und Arbeitsintensität in einem Lebenszyklus versucht, sich besser als das überkommene an den tatsächlichen individuellen Bedürfnissen in den verschiedenen Phasen produktiver Tätigkeit zu orientieren. Es macht die Förderung des alternativen Systems durchaus zu einer öffentlichen Aufgabe. Der Übergang von einer Phase zur anderen soll gleitend erfolgen und möglichst durch Verbindung von Ausbildung-, Fort- und Weiterbildung mit teils monetisierten, teils nichtmonetisierten Tätigkeiten vorbereitet sein:

In der ersten Phase sollte die Integration von Teilzeitarbeit in das tertiäre Bildungssystem so vorgenommen werden, daß die jungen Menschen schon Arbeitserfahrungen während des Studiums erwerben.

In der zweiten Phase sollte die Flexibilisierung der Arbeitszeit zu Erwerbstätigkeiten führen, in denen Veränderungen nach den persönlichen Bedürfnissen und Einstellungen, z.B. Zeit für die Familie, Beschäftigung mit zusätzlichen Projekten, die nichts mit der Hauptarbeitsstelle zu tun haben, möglich sind. Damit „führt dieses Konzept flexibler Arbeitsmengen zu einer weitaus größeren Vielfalt von Lebensstilen“ (S. 220).

Der Übergang zur dritten Phase sollte gleitend sein, sukzessive erfolgen, nicht abrupt eintreten. In einem graduellen Übergang in den Ruhestand sollten Bedürfnisse und Vorlieben eine wichtige Rolle spielen, weil dann die Aussicht am größten sei, daß freiwillige und unbezahlte Arbeit, die vielleicht schon vorher geleistet wurde, intensiviert wird. Das ist dann gleichsam ein „nichtmonetisierter Ersatz für zuvor bezahlte Arbeit“.

„Auch wenn wir die Tatsache unterstreichen, daß in der Dienstleistungsgesellschaft den Tätigkeiten in Eigenleistung ebenso wie den wohltätigen oder freiwilligen unbezahlten Tätigkeiten ein bedeutender wirtschaftlicher Wert zukommt, liegt doch auf der Hand, daß auch in einer modernen postindustriellen Gesellschaft ein wesentlicher Teil der wirtschaftlichen Tätigkeit um den Austausch von Geld organisiert sein wird. Für die Beschäftigung würde dies bedeuten, daß jeder einzelne und die Gesellschaft gemeinsam ihre Erfindungsgabe dafür verwenden sollten, jedem menschlichen Wesen ein Minimum an bezahlter produktiver Tätigkeit zu bieten“ (S. 231). Das Ziel besitze „äußerste Priorität“, daß jedem einzelnen in der Gesellschaft, der dazu in der Lage ist, eine angemessene Möglichkeit geboten wird, produktive Tätigkeiten zu entfalten.

Das vom neuen Bericht an den Club of Rome vorgeschlagene „Mehrschichtenmodell der Arbeit“ umfaßt drei „Schichten“ produktiver Tätigkeiten:

1. Die erste Schicht soll als eine „Basiseinheit der Arbeit“ betrachtet werden. Diese umfaßt nur einen sehr kleinen Teil der Tätigkeit in dieser Phase. Sie ist nicht identisch mit der reinen Teilzeitarbeit, entspricht dem aber, was heute als solche betrachtet wird. Sie erlaubt in starkem Maße individuelle Präferenzen.
   Die Basiseinheit der Arbeit soll als grundlegende Bezugseinheit für direkte und indirekte öffentliche Maßnahmen aufgefaßt werden. Sie entspreche zwar einer Teilzeitstelle, sollte jedoch nicht im herkömmlichen Sinne so aufgefaßt werden, und sie sollte mit einem Mindestgehalt vergütet werden. Dadurch könnten vor allem Jugendliche, Frauen und ältere Menschen „auf äußerst produktive Weise eine soziale Wiedereingliederung erreichen“.
2. Die zweite Schicht monetisierter Arbeit hat die Schlüsselrolle. Sie soll weiterhin im Mittelpunkt der Wirtschaft stehen und es jedem einzelnen gestatten, die erste Schicht gänzlich zu ersetzen, indem er nach seinen eigenen Vorlieben eine Erwerbsarbeit annimmt. Als solche entspreche diese Schicht dem gegenwärtigen System der Berufslaufbahn, aber in einer sehr flexiblen Weise verstanden. Bei dieser Flexibilität werde es natürlich auch Leistungs- und Interessenunterschiede bei der Arbeit sowie Unterschiede in Arbeitsmoral und Anpassungsfähigkeit geben, die zu unterschiedlichen Erwerbseinkommen führten. Höhere Einkommen gäben die Mög-

lichkeit zu privater Vorsorge für den Ruhestand durch Betriebsrenten und Kapitalbildung, deren spätere Auflösung zusätzliches Einkommen im Alter bedeute.
3. Die dritte Schicht umfaßt alle Betätigungsfelder produktiver, aber nichtmonetisierter Arbeit. Diese ist unbezahlt und freiwillig. Viele Tätigkeiten, die keinen Marktwert haben oder deren Marktwert sich nicht wirklich einschätzen läßt, gehören hierher. In Deutschland habe die Enquete-Kommission „Demographischer Wandel" ein sehr hohes Tätigkeitsniveau der Bevölkerung festgestellt: Über 27,2% der Männer und 16,3% der Frauen im Alter von 25 bis 34 Jahren übten regelmäßig eine Form gemeinnütziger oder freiwilliger Arbeit aus, viele als ehrenamtliche Mitglieder von Ausschüssen. Hierbei handelt es sich vor allem um die Bereiche Gesundheit, Soziales, Kultur und Politik. Das hohe Tätigkeitsniveau dieser Art bleibt weitgehend im gesamten Lebenszyklus erhalten, denn die nächsthöheren Altersgruppen bis zu 64 Jahren weisen bei den Männer Werte von 29,2%, 25,4% und 28,9% auf. Bei den Frauen fällt der Anteil auf 13%. Dies belege, daß die Theorie einer ständigen freiwilligen Tätigkeit während aller Lebensabschnitte zutreffe. Die Tendenz sei steigend. Das Angebot an mehr und qualifizierter Arbeit durch Ältere, die dafür keine monetäre Entschädigung erwarten, wachse.

Der Bericht an den Club of Rome enthält eine ganze Reihe konkreter Vorschläge für staatliche Maßnahmen. Dazu gehören die Verbesserung der Rahmenbedingungen für die dynamische Entfaltung der Privatinitiative, die Aufwertung der nichmonetisierten Arbeit und die Verbesserung von Teilzeitarbeit. Ein wichtiger Punkt bleibt. Er betrifft die finanzielle Seite des Modells.

2.1.4 Die Notwendigkeit eines Grundeinkommens

Jede Form der Beschäftigungspolitik – so heißt es realistisch im Bericht – müsse auf die Verfügbarkeit eines jeden über einen essentiellen Mindestbetrag abzielen. Auch dürfe dabei die Notwendigkeit, produktive Arbeitsplätze zu entwickeln, nicht außer acht gelassen werden.

Das Thema „Grundsicherung", vor allem, wenn es nicht auf die Renten bezogen wird, ist ein in Deutschland politisch sehr umstrittenes Feld. Unter den hier genannten Umständen einer neuen Verteilung von Arbeit und produktiven Tätigkeiten auf den gesamten Lebenszyklus müssen Antworten gefunden werden. Der Bericht nennt mehrere Möglichkeiten:

1. Der Zugang zu einem notwendigen Mindestbetrag an Geld für eine produktive Tätigkeit kann mit Hilfe von privaten Mitteln, wenn nötig auch öffentlichen, erfolgen.
2. Ein allgemeines Grundeinkommen, das vom Staat an jeden einzelnen Bürger ausgezahlt wird. Diese Einkommen könnte die gegenwärtig sehr komplexen Sozialversicherungs- und Steuersysteme zusammenfassen. Es würde vom Staat nicht mehr Geld in Form von Steuerabschreibungen und in einzelnen Sozialleistungen bezahlt werden. Bei dem System eines Grundeinkommens würde das gesamte Einkommen aus allen Quellen besteuert werden und jeder würde nach seinem Alter und seiner Gesundheit Sozialbeiträge zahlen. Ein allgemeines Grundeinkommen würde die individuelle Risikobereitschaft und die Innovationsfreudigkeit erhöhen und zugleich die „Armutsfalle" vermeiden. Die Gegenargumente gegen das staatlich garantierte Grundeinkommen, die Finanzierbarkeit und die Auswirkungen auf

die Anreize zur Arbeitsaufnahme vor allem, werden im Bericht genannt. Unter den heute diskutierten Konzepten behandelt er ausführlich die sogenannte „negative Einkommensteuer“, die von Milton Friedman vorgeschlagen worden war. Dabei handelt es sich bekanntlich um ein neoklassisches Sozialprogramm, das sich lediglich nach dem Einkommen und keinem anderen Merkmal richtet. Jede Person ohne eigenes Einkommen erhält eine Basisunterstützung. Je nach der Höhe des Einkommens werden entweder Beihilfen in einer Form gezahlt, die den Anspruch, mehr zu arbeiten, nicht einschränkt, oder es werden mit steigendem Einkommen dann darauf Steuern entsprechend dem steigenden Einkommen entrichtet.

Der Bericht des Club of Rome ist zuversichtlich, daß der heutige „Auswuchs“ an Leistungen, Versicherungssystemen und Zuteilungen eine Neuordnung in Richtung auf eine einheitliche Grundsicherung wahrscheinlich macht. Die bestehenden Transfersysteme müßten schon aus Kostengründen effizienter gemacht werden. Außerdem könne sich kein Staat der Herausforderung entziehen, einer risikobereiten Gesellschaft die richtigen Anreize zu geben.

2.1.5 Der „dritte Sektor der Arbeitsgesellschaft“

Über einen „dritten Sektor“ der „Arbeitsgesellschaft“ hatte bereits Jeremy Rifkin im Jahre 1995 ein aufsehenerregende Buch veröffentlicht (Das Ende der Arbeit und ihre Zukunft“, s. Lit. Nr. (255)). Seiner Vision lag die Tatsache zugrunde, daß es in den USA bereits einen nennenswerten Bereich gemeinnütziger Tätigkeiten (Sozialarbeit, Gesundheitswesen, Wissenschaft und Kunst, Alten- und Behindertenhilfe, Jugend-, Obdachlosen-, Armenbetreuung, Patientenhilfen usw.) gibt. Dieser „dritte Sektor“ trage mehr als 6% zum Bruttosozialprodukt bei und beschäftige 9% aller Arbeitnehmer (S. 181f.). Er zitierte eine Gallup-Untersuchung von 1991, nach der 51% der amerikanischen Bevölkerung durchschnittlich 4,2 Stunden pro Woche in gemeinnützigen Anliegen und Organisationen tätig seien. Der „Non-profit-Bereich“, den die Franzosen als „Economie Sociale“ bezeichnen, dehnt sich auch mit der Globalisierung aus. Neben Großbritannien, Frankreich und Japan wird vor allem Deutschland erwähnt. Hier wachse der Dritte Sektor schneller als der private oder der öffentliche Sektor. Bereits 1987 hätten 4,3% aller Erwerbstätigen der Bundesrepublik im Non-profit-Bereich gearbeitet.

Rifkin geht davon aus, daß die menschliche Arbeit mehr und mehr durch Maschinen im weitesten Verständnis ersetzt werde. In der Industrie würden in den ersten Jahrzehnten des 21. Jahrhunderts kaum noch Arbeitskräfte gebraucht. In den Dienstleistungsbereichen mit langsamer fortschreitender Automatisierung werde dies einige Jahrzehnte später der Fall sein. Der neu entstehende und viel gerühmte Wissenssektor werde einige freigesetzte Arbeitskräfte aufnehmen, aber die steigende Arbeitslosigkeit nur wenig abmildern. „Alle Staaten dieser Erde werden eine Alternative zur Erwerbsarbeit finden müssen. Der Übergang zum postmarktwirtschaftlichen Zeitalter wird es notwendig machen, den Dritten Sektor weiter auszubauen und unser Gemeinschaftsleben zu erneuern. Im marktwirtschaftlichen Bereich ist die Produktivität das einzige Kriterium, und daher können in diesem Sektor die Maschien an die Stelle der Menschen treten. Im Gegensatz dazu kommt es im Dritten Sektor auf die Entwicklung menschlicher Beziehungen, auf Einfühlungsvermögen, Solidarität und Verantwortung an – alles Eigenschaften, die Apparate nicht besitzen." (S. 218).

Rifkin deutete auch an, wie das entscheidende Problem, die Finanzierung, gelöst weren könnte. Als Maßnahmen zur Stärkung des Dritten Sektors zählt er auf: Die Einführung von Schattenlöhnen für freiwillige Arbeiten, die Einführung einer Mehrwertsteuer auf High-Tech-Produkte und -Dienstleistungen, welche allein zur Finanzierung eines Sozialeinkommens für gemeinnützige Arbeiten verwendet werden müßte, und die Erhöhung der Steuerabzugsfähigkeit für Produktivitätsgewinne, die von den Unternehmen in den Dritten Sektor transferiert werden (S. 218).

Die Kritik am Wirtschaftswachstum als dem zentralen Wohlstandsindikator ist auch in den Wirtschaftswissenschaften ein häufig diskutiertes Thema. Sie unterliegt in Deutschland gleichsam gewissen Konjunkturen. In den sechziger und siebziger Jahren wurde sie zeitweilig sogar zu einem beherrschenden Thema. Seit der neoklassischen Renaissance ist die Diskussion in Deutschland vorerst verstummt.

Die Idee der „Gemeinwirtschaft" ist ein Thema, daß in der Weimarer Republik sogar als eine „Kalte Sozialisierung" bezeichnet wurde. Nach 1945 trugen die traditionellen gemeinschaftlichen Einrichtungen von Genossenschaften und Gewerkschaften wesentlich zum Wiederaufbau bei. Dabei wurden sie in so extremer Weise „kapitalistisch", daß Anfang der achtziger Jahre mit dem Skandal um die „Neue Heimat" im Grunde die ganze Idee auf der Strecke blieb. Wie so häufig kommt die Wiederentdekkung vernünftiger Kerne solcher Ideen aus den USA, wo sie in der Regel erst entdeckt, also nicht „wieder"entdeckt werden. Damit aber gewinnen sie auf dem alten Kontinent neue Chancen. Allerdings steht dem entgegen, daß die neoliberale Doktrin der Deregulierung aller öffentlichen Unternehmen – ein Weg der in Deutschland offenbar bereitwillig begangen wird, in Frankreich aber offensichtlich auf größere Widerstände trifft – genau das Gegenteil dessen ist, was Rifkin fordert.

2.2 Arbeitszeit und Beschäftigung

Rifkins „Ende der Arbeit" und der neue Bericht für den Club of Rome, beides Schriften, die hier als Beispiele für eine wesentlich breitere Literatur genannt werden, liefern einleuchtende und beeindruckende Visionen, von denen man hoffen mag, daß sie eines Tages Wirklichkeit werden. Aber die Zwischenschritte sind diejenigen, die die nächsten Jahre in das 21. Jahrhundert bestimmen und belasten werden. Die fehlenden und weiterhin entfallenden Arbeitsplätze verlangen akut nach Lösungen für die Freigesetzten, die Arbeitslosen. Deswegen kommt man nicht darum herum, sich auch mit den „kleinen Münzen" der Abmilderung einer gefährlich defizitären wirtschaftlichen Entwicklung zu befassen. Ein Rückblick auf die neu sich herausbildenden Arbeitsformen ist geboten, die im 4. Kapitel statistisch vorgestellt wurden.

Eine feste Größe der Industriegesellschaft noch am Ende des sogenannten „Wirtschaftswunders" in der Bundesrepublik war das „Normal"-Arbeitsverhältnis mit der „Normal"-Arbeitszeit und dem „Normal"-Arbeitstag. Alles dies stimmt nicht mehr. „Normal" ist in diesem Sinne nichts mehr. Das Arbeitsverhältnis ist eine Frage des Tarifrechts (s.u.). Die Arbeitszeit ist seit längerem einer der ganz zentralen Diskussionsgegenstände in Deutschland. Seit den sechziger Jahren kämpften die deutschen Gewerkschaften für eine Verkürzung der Arbeitszeit bei vollem Lohnausgleich. Die Arbeitszeit ist nach dem

Mikrozensus auf durchschnittlich 37,1 Wochenstunden im Jahre 1997 abgesunken (s. S. 195). Zugleich ist die Arbeit aber immer stärker „flexibilisiert" worden, d.h., daß immer mehr je nach Bedarf mehr oder weniger gearbeitet wird. Monatliche oder gelegentlich schon jährliche Arbeitszeitkonten registrieren und ermöglichen den Ausgleich auf den vertraglichen Durchschnitt. Theoretisch profitieren beide Seiten, die Arbeitgeber wie die Beschäftigten, davon. Die einen, weil sie die Arbeitskräfte bei steigender Produktnachfrage länger arbeiten lassen können, die anderen, weil sie sich ein Mehr an individueller Freizeitgestaltung verschaffen können. Das wichtige Bindeglied zur Gestaltung dieser Abmachungen ist der Betriebsrat. Er ermöglicht in Deutschland weitgehend konsensuale Lösungen.

Nun ist es aber eine naheliegende Frage, ob nicht bei einer noch wesentlich stärkeren, systematischen Verkürzung der Arbeit, z.B. auf 25 Wochenstunden, Beschäftigungseffekte entstünden, d.h., Arbeitsplätze gesichert oder neue geschaffen werden könnten. Dieses Modell lehnen die Arbeitgeber in der Regel schon deshalb ab, weil sich sofort die Frage des Lohnausgleichs stellt. Ob tatsächlich höhere Kosten für die Unternehmen entstehen, ist umstritten. Umstritten ist aber auch, ob die Arbeitnehmer diese Arbeitszeitverkürzung wirklich wollen, wenn sie zu nennenswerten Lohneinbußen führt.

Das andere Modell ist die Teilzeitarbeit. Sie ist, wie der Mikrozensus ergab (S. 196) in Deutschland ein Beschäftigungsverhältnis für Frauen (88%). Teilzeitarbeit ist auch eher eine Sache der kleineren Betriebe. Ein altes, aber durchaus ernstzunehmendes Argument gegen die Teilzeitarbeit ist auf Seiten der Arbeitgeber, daß in der Regel keine gleichwertige Doppelbesetzung eines Arbeitsplatzes gefunden werden kann, zumindest nicht in den Führungsetagen der Unternehmen. Natürlich stellt sich auch hier die Einkommensfrage. Wird die Teilzeitarbeit aufgenommen, um etwas „dazu zu verdienen" oder um beschäftigt zu sein, so stellt sich diese Arbeit anders dar, als bei den meisten, die ausschließlich mit ihrem Einkommen ihren Lebensunterhalt bestreiten.

Neben den genannten Argumenten muß immer auch die Frage berücksichtigt werden, wie die Abgaben für die sozialen Versicherungen (Krankheit, Arbeitslosigkeit, Alter, Pflege) finanziert werden sollen. Ohne eine grundlegende Reform der bisherigen Finanzierungsgrundlagen (s. S. 303ff.) sind jedenfalls der Einkommenskürzung durch Teilzeitarbeit oder Arbeitszeitverkürzung berechenbare Grenzen gesetzt.

Dennoch muß die Teilzeitarbeit ernster genommen werden als jede andere Neuordnung der traditionellen Arbeitsverhältnisse. Spätestens 1998 stellte sich heraus, daß der unmittelbare Nachbar Deutschlands und Mitglied der EURO-Staaten, die Niederlande, eine anhaltende Wirtschaftskonjunktur mit klassischem Wachstum von Investitionen, Export und Verbrauch aufzuweisen haben. Dies sind Auswirkungen einer auf Konsens aufgebauten Wirtschaftspolitik, wie sie in Holland seit dem Kriegsende vor allem im Umkreis der „Stiftung für Arbeit" etabliert ist. Die hier gepflegte Diskussionskultur ermöglichte angesichts unfinanzierbarer Sozialleistungen und gefährlicher Haushaltsdefizite eine Umorientierung bei Staat, Arbeitgebern und Gewerkschaften. Neben dem Abbau überzogener Sozialleistungen war es vor allem die Umorganisation der Arbeitswelt, die die Wende brachte. Geschaffen wurde ein extrem hohes Teilzeit-Angebot mit einhergehenden Arbeitszeitverkürzungen und einer auch in Deutschland nicht unüblichen Lohnrückhaltung. Der Nachfragezuwachs in den Niederlande stieg dann nicht durch Lohnerhöhungen, sondern aufgrund des Beschäftigungswachstums.

Eine Studie von Günter Schmid vom Wissenschaftszentrum für Sozialforschung in Berlin, (1996, s. Lit. Nr. (256)) hob vier Punkte der niederländischen Reformen positiv hervor: Die Freiwilligkeit der Teilzeitarbeitsverhältnisse. Zwei Drittel der Teilzeitbeschäftigten hätten eine höhere Ausbildung, was für anspruchsvolle Arbeitsbedingungen der Teilzeitarbeitsplätze spreche. Teilzeitbeschäftigte seien sozial besser als in Deutschland abgesichert, weil die Schwellen der Anspruchsvoraussetzungen gesenkt wurden. 17% der Männer seien teilzeitbeschäftigt. Dem liege ein ausgeprägter traditioneller Geichheitssinn in Holland zugrunde (S. 12).

Als bedenklich bezeichnet die Studie den hohen Anteil geringfügiger Teilzeitbeschäftigung. 35% der so Beschäftigten arbeiteten nur 10 Wochenstunden. Hier müsse es sich um Personen handeln, die ihren Lebensunterhalt aus anderen Quellen bezögen. Ein Problem sei auch die Einschränkung des arbeitsrechtlichen Schutzes bei geringfügiger Teilzeitbeschäftigung. Insgesamt sei in Holland das gesamte Arbeitsvolumen trotz steigender Beschäftigungszahlen zurückgegangen. Es hatte erst 1993 das Niveau von 1970 erreicht.

Teilzeitarbeit sei, so Günter Schmid, aber nur der eine Pfeiler des niederländischen Modells der Arbeitsumverteilung. Den zweiten Pfeiler bildeten massive Frühverrentungen. Sie führten dazu, daß Holland die weltweit niedrigste Beschäftigungsquote bei älteren Menschen aufweist. 1995 lag sie (55- bis 64-Jährige) um 30%, in Deutschland um 43%.

Die Wachstumsdynamik habe sich im Gegensatz zur neoklassischen und zu der klassischen keynesianischen Lehre infolge der massiven Arbeits- und Einkommensumverteilungen in den Niederlanden nicht verschlechtert. Die Niederlande weisen damit dieselbe Wachstumsdynamik auf wie die USA (in Westdeutschland war sie geringer, Schmidt, 1996, S. 17). In den USA wurde das Wachstum vor allem aber durch steigende Arbeitsproduktivität und steigende Erwerbstätigkeit mit einer durchschnittlichen Verlängerung der Arbeitszeit erzielt. In Japan wiederum, dem „Hochproduktivitätsregime par excellence", konnte der relative Beschäftigungsgrad nur durch eine Verkürzung der Arbeitszeit gesteigert werden.

Derartige Forschungsergebnisse können hier nicht im einzelnen verfolgt werden. Sie sind exemplarisch gedacht. Sie zeigen, daß die Arbeitszeit ein wesentlicher Faktor bei der Suche nach Auswegen aus dem Beschäftigungsdilemma ist. Der Erfolg des Beschäftigungswachstums „ist das Resultat einer offensiven Strategie der Umverteilung von Arbeit und Einkommen, die von den Gewerkschaften mitgetragen und durch eine starke Lohnmäßigung ergänzt wurde. Trotzdem ist die Stundenproduktivität in Holland weltweit eine der höchsten" (Schmid, 1996, S. 23).

Eine andere Studie des WZB entwarf auf der Grundlage sozio-ökonomischer Haushaltspanel in Deutschland und Großbritannien (dort war die Teilzeitquote 1994 mit 25% um fast 10% höher als in Deutschland) eine Typologie der Teilzeitbeschäftigung, die sich für beschäftigungspolitische Strategien ebenfalls als nützlich erweisen könnte (Bothfeld, 1997, S. 10-13). Unterschieden wird zwischem den Teilzeitbeschäftigten „traditionellen" Typs, jenen des „postmodernen" Typs und jenen des „funktionalen" Typs. Zur ersten Gruppen zählen Hausfrauen oder Mütter, die traditionelles Rollenverhalten mit Erwerbsorientierung zu verbinden suchen. Zur zweiten Gruppe gehören jene, die ohne besondere Handlungszwänge eine Wahl zwischen einem höheren Einkommen und größerer Zeitsouveränität zugunsten der letzteren getroffen haben. Dabei ist insbesondere an Unverheiratete ohne versorgungspflichtige Kinder gedacht. Als

„funktional“ beschäftigt werden jene bezeichnet, die Teilzeitarbeit während bestimmter Abschnitte ihres Erwerbsverlaufs nutzen, um Erwerbsarbeit z.B. mit ihrer Ausbildung zu verbinden, ein soziales oder politisches Engagement eingehen oder auch sich im Übergang in die Rente befinden. Stark ausgeprägt sei sowohl in Deutschland als auch in Großbritannnien die Kategorie der „funktionalen“ Teilzeitarbeit. Die Studie macht darauf aufmerksam, daß im weiteren Ländervergleich, etwa in der EU, die institutionellen Regelungen im Bereich von Sozialversicherung, Beschäftigungsschutz usw. maßgeblich für Art und Ausmaß der jeweiligen Teilzeitarbeit seien.

Die Entwicklung der Arbeitsformen und -verhältnisse geht eindeutig vom ehemals „Normalen“ in die Richtung „Flexibilität“. Beschäftigung, Einkommen und soziale Sicherungssysteme gehören heute zusammen, wenn über neue Arbeitszeitgestaltungen nachgedacht wird. Die eine Reform kann ohne die anderen letztlich nicht funktionieren. „Arbeitszeitkonten“ sind zu bedeutsamen Instrumenten der Flexibilisierung geworden. Sie ermöglichen einen durchschnittlichen Status an Arbeitsstunden und gesichertem Einkommen. Auch bei Jahreskonten oder noch darüber hinaus. Auch die Neuberechnung von „Lebensarbeitszeit“ kann für Reformen hilfreich sein. Hier liegen Modelle vor, die sich mit den oben diskutierten ganz neuen Vorstellungen der „Arbeitsgesellschaft“ verbinden ließen. Zeitweilige Unterbrechungen, auch Berufswechsel, sind eingeschlossen. Günther Schmid spricht in seiner Studie über die Niederlande von einer 30-Stundenwoche als Durchschnittswert einer Erwerbsbiographie. Die tatsächliche Arbeitszeit würde je nach biographischer Lebenslage und wirtschaftlichen Bedürfnissen um diesen Durchschnitt schwanken und neben Phasen hoher Arbeitsintensität sowohl vorübergehende Arbeitslosigkeit als auch Teilzeit kombiniert mit Weiterbildung einschließen.

Die in Deutschland schon bestehende „Altersteilzeit“ ist ein Modell, das auch den sozialen Sicherungsmomenten gerecht wird, aber derzeit voll auf Kosten der Sozialversicherungen geht. Vor allem, wenn tarifliche Zulagen das teilweise Ausscheiden Älterer unterstützen und damit einen über Teilzeitarbeit erfolgenden Einstieg Jüngerer ermöglichen. Hier besteht ganz sicher ein besonders großes Potential für intelligente Lösungen in dem genannten Dreieck zwischen Beschäftigung, Arbeitszeit und sozialer Absicherung.

Die Niederlande zeigten noch einen weiteren Weg, den über den sozialen Konsens. Dies ist ja keine politische Strategie, die in Deutschland völlig unbekannt wäre, wie nicht nur die „Konzertierte Aktion“ unter der großen Koalition ab 1967 zeigte.

Um Brücken zu schlagen von den traditionellen Arbeitsverhältnissen zu neuen Beschäftigungsformen schlägt Günter Schmid vom WZB schon seit längerem die Etablierung sogenannter „Übergangsarbeitsmärkte“ vor (Schmidt, 1996, S. 32ff.). Diese zeichneten sich durch folgende Prinzipien (S. 33) aus:

- Organisatorisch durch die Kombination entlohnter Beschäftigung mit anderen gesellschaftlichen nützlichen Aktivitäten wie Weiterbilden, Umschulen, Erziehen, kulturelles Gestalten, politische Betätigung, soziales Engagement, selbständiges Unternehmertum;
- einkommenspolitisch durch die Kombination von Löhnen mit Transferzahlungen aus Fonds sozialer Sicherung oder Steuerkrediten oder mit Einkommen aus Unternehmertätigkeit und Vermögen;

- sozialpolitisch durch den Erwerb von Rechtsansprüchen auf zeitweise Nutzung von institutionalisierten Übergängen unter Bedingungen, die durch Betriebsvereinbarungen, Tarifverträge oder Gesetz festgelegt und daher auch einklagbar sind;
- fiskalpolitisch durch die Finanzierung von Beschäftigung oder nützlichen Aktivitäten mit Geldern, die sonst zur Alimentierung der Arbeitslosigkeit genutzt werden.

Dieses nachvollziehbare Konzept zeigt jenseits der oben behandelten Visionen „reale Utopien" auf, die mit kürzerfristig planbaren Lösungen vereinbar wären.

2.3 Deutsche Arbeitsmärkte und tarifliche Lohnpolitik in europäischen Kontext

„Übergangsarbeitsmärkte" sind ein Weg in eine besser funktionierende Arbeitsgesellschaft, die sich mit der Arbeitslosigkeit eines großen Teils ihre arbeitsfähigen Männer und Frauen nicht abfinden will. Im Folgenden geht es um die Frage, wie vor allem in Euroland die bisherigen deutschen Arbeitsmärkte mit ihrer spezifischen rechtlichen Verfassung, ihren Lohnfindungsverfahren und ihrer Lohnpolitik durch unabdingbar geltende Tarifnormen funktionieren werden. Genaue Prognosen sind nicht möglich. So manche Erwartungen und Befürchtungen bieten alle noch keine gültigen Belege und sind häufig sehr stark interessengeleitet.

Das deutsche Arbeitsmarktsystem ist zwar in eher singulärer Form historisch gewachsen, immer politisch motiviert und durch Richterrecht stark „verrechtlicht" worden, aber es ist nicht einzigartig in Europa.

Tabelle 22: Nationale Tarifsysteme im internationalen Vergleich (1990)

	Tarifvertragliche Deckungsrate[1]	Dominante Tarifform
Westeuropa		
Belgien	90	Flächentarif
Dänemark	74[2]	Flächentarif
Deutschland	82	Flächentarif
Finnland	95	Flächentarif
Frankreich	92[2]	Flächentarif
Großbritannien	47	Haustarif
Niederlande	71	Flächentarif
Norwegen	75	Flächentarif
Österreich	98	Flächentarif
Portugal	79	Flächentarif
Schweden	83	Flächentarif
Schweiz	53	Flächentarif
Spanien	71	Flächentarif
Europäische Union	80[3]	Flächentarif
Japan	23	Haustarif
USA	18	Haustarif

1) Anteil der unter Geltung von Tarifverträgen befindlichen Arbeitnehmer an den Arbeitnehmern insgesamt; ohne Arbeitnehmer, für die kein Recht auf Tarifvertragsabschluß gegeben ist. – 2) 1985. – 3) Ungewichteter Durchschnitt für 11 Mitgliedsländer lt. Tabelle 2.

Quelle: Franz Traxler, Nationale Tarifsysteme und wirtschaftliche Internationalisierung, 1998, s. Lit. Nr. (259), S. 249-257

Wie Franz Traxler (1998, S. 251) ausführt, ist der Flächentarifvertrag überwiegend auf sektoraler Ebene ein Grundcharakteristikum der europäischen Tarifsysteme. Wieder einmal zeigt sich, daß die angelsächsische Welt unter Einschluß Großbritanniens und Japans eine andere sozialgeschichtliche Tradition hat als die Staaten des europäischen Kontinents. In Großbritannien waren die Verhältnisse immer andere, obwohl die heute besonders geringe Geltung tarifvertraglicher Regelungen eine Folge der liberalistischen, antigewerkschaftlichen Politik der Regierung Thatcher ab 1980 war, die als „Thatcherismus" in die Geschichte eingegangen ist.

Nun sagt die Übereinstimmung im Prinzip des Flächentarifvertrages mit breitem „Deckungsgrad" noch zu wenig aus über die tatsächlichen Arbeitsmarktverhältnisse. Zu den weiteren wichtigen Momenten gehören die Verfahren, die zu den Tarifverträgen führen und die Frage nach der Geschlossenheit gewerkschaftlicher Tarifparteien sowie damit zusammenhängend die Frage nach der zentralen Koordinierung der Lohnpolitik, z.B. durch die „Lohnführerschaft" einer großen und starken Einzelgewerkschaft.

Das deutsche tarifvertragliche System zeichnet sich bisher durch eine geringe Streikhäufigkeit, trotz z.T. martialischer Lohnfindungsrituale in langwierigen „Lohnrunden", und durch „autonome", d.h. staatsfreie Lösungen, wenn auch gelegentlich unter freiwilliger Heranziehung von vermittelnden Schlichtern, aus. Das Ergebnis ist dann ein tarifrechtlicher Arbeitsfrieden für die Laufzeit von ein bis zwei Jahren und für die Arbeitgeber die Sicherheit vor Dumpinglöhnen bedeutender Konkurrenten. In Frankreich stehen dagegen immer wieder zum Teil rücksichtslose Streiks, die von miteinander konkurrierenden Gewerkschaften ausgerufen werden, für das, was man dort „die französische Ausnahme" nennt. Ausnahmen hat Frankreich traditionell im europäischen Rahmen gefordert und auch bekommen, mit der „Force de Frappe" ebenso wie für seine Filmindustrie und die Verzögerungen bei der Auflösung von Staatsunternehmen. Die Lösung von Arbeitskonflikten durch starke, autonom agierende Verbände, ist nicht verankert. Besonders Staat und Politik werden dort immer wieder als Institutionen angesehen, die schon irgendeinen Ausweg aus Massenstreiks finden werden.

Das deutsche System sichert mit dem Vorrang des Tarifvertrages vor der Betriebsvereinbarung auch die Einbindung der Betriebsräte und Unternehmensleitungen in die Lohnpolitik der Branche. So gesehen könnte die deutsche Arbeitsmarktgestaltung nicht nur ein Vorteil für den „Wirtschaftsstandort Deutschland" sein, sondern auch ein Vehikel für die innereuropäische Koordinierung der nationalen Lohnpolitiken. Diese Koordinierung wäre allerdings erforderlich. Traxler (S. 252) begründet die Notwendigkeit einerseits mit der Verhinderung des „Regime Shopping" innerhalb europäisch agierender Konzerne und andererseits mit dem Zusammenhang von Lohnpolitik und Notenbankpolitik.

Stärkere allgemeine Lohnanhebungen könnten wie in Deutschland Auslöser einer prophylaktisch restriktiven Geldpolitik der europäischen Zentralbank werden und damit letztlich die Beschäftigungssituation beeinträchtigen. Auf die zentrale Steuerung gewerkschaftlicher Lohnpolitik im EURO-Raum ganz zu verzichten, würde auf der anderen Seite die Entsolidarisierung begünstigen und die nationalen Gewerkschaftsverbände doch in einen Wettbewerb des Lohndumpings hineintreiben. Dem Flächentarifvertrag droht auch von dieser Seite eine Erosion. Die Gefahr liegt aus dieser Sicht nicht nur in der ausschließlichen Verlagerung der Lohnfindung auf die Unternehmensebene. Auch die einzelarbeitsvertragliche Abmachung über Lohn, Prämien und Arbeitsbedingungen gewinnt im Zuge der nicht nur in Deutschland um sich greifenden

„Individualisierung“ der Lebensbedingungen und Verhaltensweisen (vor allem in stark technisch-kreativen Bereichen) an Attraktivität. Sie könnte zur bevorzugten Form des Arbeitsvertrages anstelle gesamtwirtschaftlicher Lohngestaltungen werden.

In einer sehr präzisen Analyse der hier diskutierten Frage einer Europäisierung der Tariflohnpolitik kommen Reinhard Bispinck und Thorsten Schulten (1998, S. 241-248) zu dem Ergebnis, daß die europäische Dimension, also eine grenzüberschreitende Kollektivvertragspolitik (für die Gewerkschaften), eine „Wiedergewinnung“, – hier sollte besser gesagt werden: eine Sicherung und Gewinnung – von Handlungs- und Gestaltungsspielräumen bedeuten kann, wenn sie realpolitisch verwirklicht werden kann (S. 247). Ob die deutschen Gewerkschaften dieses Problem wirklich schon in angemessener Form erkannt haben, erscheine gegenwärtig zweifelhaft. So wird z.B. in der Tat mit aller Macht versucht, die Auswirkungen der Europäisierung auf die deutsche Bauwirtschaft politisch zu bekämpfen, indem Lohndumping durch Verbote und Gebote von Mindeststandards gesetzlich erwirkt werden. Das ist aber keine Dauerlösung und auch kein Vorbild für die bedeutenden Bereiche der Industrie. Dort, z.B. in der Metallindustrie, sei – so Bispinck/Schulten – seit langem ein Lernprozeß imgange.

Die Konzernbetriebsräte in den Transnationalen Unternehmen und die europäischen Branchengewerkschaften sind „europäisch“. Eine Tarifpolitik auf europäischer Ebene setzt aber auch ein neues Denken bei den beteiligten Arbeitgeberverbänden und Gewerkschaften voraus. Hier scheint man über ein wachsendes Problembewußtsein noch nicht hinausgekommen zu sein.

Auf Seiten der Arbeitgeber liegt offenbar ein besonderes Problem darin, daß die Arbeitgeberverbände aus der Sicht der großen Unternehmen zu stark auf eine Befriedungs- und konkurrenzausschließende Funktion festgelegt sind. Diese Praxis wird auf der transnationalen Ebene, wo die größeren Konzerne dominieren, nicht unbedingt für notwendig gehalten. Dort versuchen die Großunternehmen, die Lohnpolitik allein zu bestimmen. Für die Gewerkschaften eröffnete sich – so Bispinck/Schulten – damit eine weitere „Front“. Sie müßten nicht nur die Qualität grenzüberschreitender Informationen und Abstimmungen verbessern, sondern auch „europäische Schulen“ für ihre Experten ins Leben rufen, die die komplizierten praktischen Koordinationsaufgaben angemessen auszuhandeln in der Lage sind.

Die Erosion des Tarifvertragswesens, insbesondere des Flächentarifvertrages, bleibt als Problem auch unter den Bedingungen des neuen „Eurolandes“ bestehen. Die Währungsunion fügt einige hinzu, andere sind bereits durch flexible Verhandlungen der Tarifparteien in Deutschland abgemildert worden.

Die neuesten Wandlungen im deutschen Tarifvertragssystem umfassen z.B. so interessante Tarifabschlüsse wie jene für die Daimler-Benz-Tochter Debis, die seit 1990 als Dachgesellschaft für die ausgegründeten Bereiche Rechenzentren und Finanzdienstleistungen des Konzerns geschaffen worden war. Für die 15.000 Beschäftigten vereinbarte die IG Metall neben dem Metalltarifvertrag einen eigenen, der mit flexiblen Regelungen für die Arbeitszeit, die Gehaltsstruktur, den Kündigungsschutz und die Weiterbildung den spezifischen Gegebenheiten eines Dienstleistungsunternehmens Rechnung trägt. Dasselbe gilt für rd. 6.000 „outgesourcete“ Siemensmitarbeiter, die im Frühjahr 1998 einen Vertrag mit der IG Metall erhielten, der für Gebäudetechnik und -management sowie private Kommunikationssysteme eine den spezifischen Bedürfnissen angepaßte Sonderkonstruktion zwischen Flächentarifvertrag und Haustarifvertrag darstellte. Auch hier ging es hauptsächlich um die Arbeitszeit und die Arbeitsentgelte. Beides sind Reformen im Konsens. Diese Praxis soll weitergeführt werden. Weitere Beispiele für die einvernehmliche Modernisierung des Flächentarifsystems zeigt die folgende Abbildung.

Schaubild 12: Tarifvertragliche Öffnungsklauseln

Art der Klausel	Rolle der Tarifvertragsparteien	Branchen-Beispiele
Härteklausel	Zustimmung zu Antrag des Betriebes; dann Ausgestaltung der Sonderregelung	Metall-, Elektro- und Stahlindustrie, Ostdeutschland; Papier, Pappe und Kunststoff verarbeitende Industrie, West- und Ostdeutschland
bedingte Öffnungsklausel	müssen einer vom Tarifvertrag abweichenden Betriebsvereinbarung zustimmen	Chemie- und Kautschukindustrie, Westdeutschland; Papierindustrie und Reisebürogewerbe, West- und Ostdeutschland
echte Öffnungsklauseln	keine Zustimmung erforderlich	Textil- und Bekleidungsindustrie, Westdeutschland; Zeitungen, Ostdeutschland
Kleinbetriebsklausel	keine Zustimmung erforderlich	Einzelhandel, Groß- und Außenhandel, Ostdeutschland

(Die Welt v. 9.2.1998, S. 14)

Schließlich hat sich auch auf der Ebene der Betriebsräte vieles modernisiert. David Soskice (Direktor am WZB für die Abteilung Wirtschaftswandel und Beschäftigung und einer der wirtschaftspolitischen Berater der britischen Premiers Blair), hält als Experte für deutsche und britische Arbeitsmarktentwicklungen die Veränderungen in deutschen Unternehmen in der ersten Hälfte der neunziger Jahre in vielen Fällen für eine Art „Wiedergeburt". Die Betriebsräte seien die Schlüsselakteure in diesem Prozeß gewesen. „Nicht zuletzt ihrer Fähigkeit und ihrer Bereitschaft zur Zusammenarbeit mit dem Management mit dem Ziel, die interne Flexibilität in einem konstruktiv-kooperativen Klima zu erhöhen, sind die Produktivitätsfortschritte und die eindrucksvollen Exportziffern zu verdanken." (Interview in der Zeitschrift „Mitbestimmung", Heft 5/98, S. 31).

Die europäische Herausforderung beinhaltet transnationale Verhandlungen und Absprachen, die die „Verbetrieblichung" der Gestaltung von Lohn- und Arbeitsbedingungen nicht blockieren, denn das ist unvermeidlich. Sie sind aber nicht nur Zwänge, die sich nicht so sehr aus dem alten, vielleicht problematisch gewordenen Gedanken der Arbeitnehmersolidarität speisen, sondern der akuten Interessenlage entspringen.

Da ist zum einen der Zusammenhang zwischen Lohnsteigerungen und Zinspolitik der EZB, die die Gewerkschaften zur Vorsicht zwingen. Auf der anderen Seite steht die Erkenntnis, daß jede ungezügelte Konkurrenz der nationalen Lohnpolitiken letztlich nur in einer Richtung, nämlich nach unten führen kann. Ob diese Gesichtspunkte überzeugend genug sind, muß dahingestellt bleiben.

Hinzu kommt die Möglichkeit der Arbeitnehmerwanderung innerhalb der EURO-Volkswirtschaften. Nach Ansicht des Präsidenten des Deutschen Instituts für Wirtschaftsforschung in Berlin, Lutz Hoffmann, sind Wanderungen, zum Beipiel portugiesischer Arbeiter nach Deutschland, nicht durch die Lohnunterschiede, sondern durch die Arbeitsplatzperspektive motiviert (IGM-Magazin 5/98, S. 12). Der uneingeschränkten Wanderung stehen aber darüber hinaus weitere Probleme im Wege. Die höchst unterschiedlichen Qualifikationsniveaus der Arbeitnehmer erschweren die Übernahme höherwertiger Tätigkeiten in anderen Ländern.

Wanderungen finden deshalb überwiegend in Niedriglohnbereichen statt und stellen hier eine ernsthafte Konkurrenz für entsprechende deutsche Arbeitergruppen dar (S. Bauwirtschaft). In diesem Punkt scheinen die Probleme jedoch über Euroland hinauszugehen. Hier wirkt sich ganz deutlich die Konkurrenz der ehemaligen Ostblockstaaten aus. Auf dem höheren Niveau kommen Sprachschwierigkeiten hinzu. Wichtig und ausschlaggebend ist die wirtschaftliche Entwicklung des Heimatlandes. In der Vergangenheit hat sich gezeigt, daß die ersten deutschen „Gastarbeiter" aus Italien, wenn sie nicht in ihr Land zurückgekehrt sind, entweder blieben und ihre Kinder in Deutschland aufwachsen ließen, oder spezielle Berufe auch „höherer" Art selbständig ausübten (z.B. Restaurants eröffneten).

Der gegenwärtige Konzentrationsprozeß der deutschen Gewerkschaftsbewegung durch Zusammenschlüsse zu wenigen großen Einzelgewerkschaften ist eingedenk der Europäisierung des deutschen Wirtschaftssystems selbst dann notwendig, wenn der DGB als Dachverband auf eine politische Vertretung wie der BDI reduziert wird. Die deutschen Einzelgewerkschaften, nun nicht mehr nur „Branchen"-Gewerkschaften, sind von ihrer Größe her gewappnet für die europäischen Tarifpolitik. Sie müßten beginnen, davon Gebrauch zu machen. Denn, so aus der gewerkschaftlichen Sicht: „Der Prozeß von schleichender Erosion und schrittweisem Umbau des Tarifsystems verläuft keineswegs bruchlos und eindimensional. Die real existierende Tarifpolitik kennt sehr wohl auch Beispiele der Re-Stabilisierung, die branchen- und betriebsspezifisch widersprüchliche Interessenlage der Arbeitgeber verhindert (derzeit) eine monolithische Deregulierungsstrategie" (Bispinck/Schulten, 1998, S. 248). Wie gesagt, auf der europäischen Ebene scheinen die unternehmerischen Strategien der großen Konzerne bisher noch anders orientiert zu sein. Vielleicht aber setzt sich auch dort die Erkenntnis durch, daß die Vorteile relativ stabiler Arbeitsmarkt- und Lohnverhältnisse die Nachteile durch Zugeständnisse überwiegen, weil sie den Unternehmen den Rücken in lohn- und beschäftigungspolitischen Fragen auf Zeit freihalten für globalwirtschaftliche Aktivitäten. Die traditionell kooperativen Formen der Arbeitsvertragsverhandlungen in Deutschland eröffnen jedenfalls unspektakuläre Möglichkeiten des Einlenkens. Diese Verhaltensmerkmale der deutschen Arbeitsmarktverfassung stimmen recht zuversichtlich auch für die europäische Ebene.

Werden die Arbeitsmarktfragen unter dem Gesichtspunkt gewachsener Stabilität und flexibel-kooperativen Verhaltensweisen der Vertragspartner analysiert, dann kann dem Internationalen Währungsfonds nicht zugestimmt werden, wenn er in einem Ausblick auf die Weltwirtschaft und die Wirkungen des EURO annimmt, ein Land mit einem „unflexiblen" Arbeitsmarkt wie vor allem Deutschland könnte sich als ein Risikofaktor für die Währungsunion erweisen. Diese Erwartung entspricht den neoliberalen Doktrinen, die im angelsächsischen Raum und unter dem Thatcherismus sowie den „Reaganomics" in den USA erwachsen sind. Sie können sich offensichtlich immer noch keine anderen Formen als die Unterwerfung von Marktbeteiligten und der Politik unter die „Gesetze der Märkte" vorstellen. Was gemeint ist, ist klar: Die Löhne sind zu hoch. Damit – so kurzschlüssig – bleibe auch die Arbeitslosigkeit hoch, die ihrerseits wieder zu einer stabilitätswidrigen Fiskalpolitik oder gar, Beispiel Frankreich, zu staatlich-politischen Programmen Anlaß geben könne. Übersehen werden die schon anhaltenden Lohnzurückhaltungen auf dem deutschen Arbeitsmarkt und die genannten „stillen" Reformen, die Anpassungen bei gleichzeitiger Wahrung von sozialer Stabilität darstellen.

2.4 Mitbestimmung, Kooperativer Interessenausgleich und europäische Unternehmensverfassung

Tarifpolitische Kooperationen zwischen Gewerkschaften und Arbeitgebervereinigungen, überbetriebliche und betriebliche Mitbestimmung bei Unternehmensentscheidungen und betrieblichen Abläufen sind kennzeichnende Merkmale der deutschen Arbeitsmarktverfassung. Die deutsche Mitbestimmung umfaßt die Ebene des Betriebsverfassungsgesetzes von 1952 (einschl. Personalvertretungsgesetze) und des Mitbestimmungsgesetzes von 1976. Hinzu kommen die Reste der sogenannten paritätischen Montanmitbestimmung. Neben diesen offiziellen Mitwirkungsformen stellt natürlich die Tarifpolitik ein gutes Stück gewerkschaftlicher Mitbstimmung in zentralen Bereichen der Unternehmen, nämlich auf der Kostenseite, dar. Dies alles ist im 2. Kapitel dargestellt worden. Es gehört aber auch zu den Ergebnissen des vorangehenden Abschnitts.

2.4.1 Mitbestimmung – ein deutscher Standortvorteil?

Die Frage lautet, ob sich nicht die deutsche Mitbestimmung in europäischen und globalen Wirtschaftsprozessen als hinderlich erweisen wird, weil sie die Entscheidungsfreiheit der Kapitaleigner und des Managements einschränkt. Gelegentlich ist der Presse zu entnehmen, daß andere europäische Länder, vor allem England und Frankreich die die Mitbestimmung nicht kennen, nicht ohne Schadenfreude der „Belastung" deutscher Betriebe im europäischen Markt entgegensehen.

Das auf den ersten Blick widersprüchliche Resultat ist, daß die Mitbestimmung die „kapitalistische" Handlungsfreiheit durchaus in gewissem Sinne einschränkt oder schnelle Entscheidungen kompliziert. Auf der anderen Seite aber hat sich erwiesen, daß die Mitbestimmg die Flexibilität der Unternehmen gerade im verschärften Wettbewerb erhöht oder sogar erst schafft. Es geht um die Flexibilität der Unternehmen selbst in ihren Reaktionen auf Marktentwicklungen, Auftragslagen oder sogar um rentabilitätsorientierte Umsetzungen in Unternehmensbereichen und Betriebsteilen. Eine Teilantwort hatte bereits Professor Soskic gegeben, wenn er auf die zentrale Rolle der Betriebsräte bei der Flexibilisierung von Unternehmensstrukuren hinwies.

Konkrete Bewertungen der deutschen Mitbestimmung hat im April 1998 ein aus 35 Experten bestehendes Gremium vorgelegt, das von der Bertelsmann-Stiftung und der Hans-Böckler-Stiftung 1996 ins Leben gerufen worden war. Dem Gremium gehörten hochrangige Repräsentanten der Arbeitgeber (z.B. Dr. Klaus Murmann und Dr. Dieter Kirchner) und der Gewerkschaften (die Vorsitzenden des DGB, der ÖTV, IG Bau-Chemie-Energie und der HBV), die Präsidenten des BAG, der Frauenhofer-Gesellschaft, des Max-Planck-Instituts für Gesellschaftsforschung, des Instituts der Deutschen Wirtschaft), Unternehmensvertreter und Konzernbetriebsratsvorsitzende, Arbeitsdirektoren und der Vorsitzende der Bertelsmann-Stiftung, Reinhard Mohn, an.

Die am 22.4.1998 dem Bundespräsidenten überreichten „Empfehlungen zur künftigen Gestaltung der Mitbestimmung“ bewerten die deutschen Regelungen der industriellen Beziehungen als einen Standortvorteil für Deutschland, weil sie den Umstrukturierungsprozeß in vielen Unternehmen und den Strukturwandel aktiv unterstützt und Arbeitsplätze gesichert hätten. Die genaue Betrachtung der Praxis ergebe, daß die Regelungen nicht in purer Rechtsbetrachtung, sondern als reales Prinzip einer pragmatischen und differenzierten Zusammenarbeit angesehen werden müßten. „Die Erfahrung der neunziger Jahre hat gezeigt, daß die Mitbestimmung durch gemeinsame Gestaltung zu einem deutschen Standortvorteil ausgebaut werden kann. Die durch Mitbestimmung gesicherte, verläßliche Berücksichtigung aller beteiligten Interessen ermöglicht es, die Produktivität von Kooperation für den Wettbewerb in schwieriger gewordenen Märkten nutzbar zu machen.“ (4) Nicht der Gesetzgeber, sondern die Praktiker auf betrieblicher und Unternehmensebene seien angesprochen.

„Die Mitbestimmung wird auch innerhalb ihres sich ändernden europäischen Umfeldes als Element eines eigenständigen deutschen Systems der industriellen Beziehungen bestehen bleiben. Aufgabe deutscher Politik ist es deshalb, sie an neue Bedingungen anzupassen, um ihre Vorteile zu erhalten, auch an den Schnittstellen der Mitbestimmung zu der sich herausbildenden europäischen Betriebs- und Unternehmensverfassung.“ (6) Neue Beschäftigungs-, Betriebs- und Unternehmensformen drohten die rechtlichen Ressourcen der Mitbestimmung zu entwerten. „Die strategische Nutzung der produktiven Vorteile der Mitbestimmung darf nicht an deren Erosion scheitern.“ (13).

Auch hier geht es um die „Eröffnung dezentraler Regelungsspielräume“ und um „prozeßorientierte Rechte“. Interessanterweise empfiehlt diese Kommission Mitbestimmungsregelungen sogar für kleinere und mittlere Unternehmen, deren Beschäftigungsanteil immer mehr gewachsen sei. Auch unter den besonderen Bedingungen dieser Betriebe solle es zu einem optimalen Zusammenspiel von Tarifvertrag und Mitbestimmung kommen. Widerstände sollen durch gemeinsame Anstrengungen von Gewerkschaften, Arbeitgeberverbänden und Staat überwunden werden können.

Etwas zurückhaltender wird die Mitbestimmung im Aufsichtsrat bewertet. Sie sei aber ein Bestandteil der „Vertrauenskultur“.

Die Aufgabentrennung zwischen Tarifautonomie und Mitbestimmung müsse gewahrt bleiben. Reformen des Flächentarifvertrages dürften nicht das „duale Prinzip der Arbeitsbeziehungen“ infrage stellen. Betriebsparteien sollten nicht für Regelungen zuständig werden, wo die Tarifparteien versagten. Dennoch sollten durchaus Regelungsmaterien delegiert werden.

Aufgeworfen wird die Frage, ob für deutsche Unternehmen in verschiedenen europäischen Produktions- und Betriebsstätten die Wahl von Vertretern ausländischer Teilbelegschaften eingeführt werden sollte. Denn bislang gilt ja auch bei diesen transnationalen Unternehmen, daß im Aufsichtsrat nur deutsche Arbeitnehmervertreter sitzen. Komme es andererseits zu einer Senkung des Mitbestimmungsniveaus durch die Europäisierung der Unternehmensverfassungen, so seien Spannungen zu erwarten. „Die Überführung deutscher Unternehmen in eine zukünftige europäische Rechtsform sollte deshalb nur unter vollständiger und frühzeitiger Einschaltung der mitbestimmten Unternehmensorgane erfolgen.“ (21) Und sogar: „Die Europäisierung der Unternehmensverfassung bietet den deutschen Unternehmen die Möglichkeit, das kooperative Führungsmodell der Mitbestimmung als Leitbild zum Aufbau einer grenzüberschreitenden Unternehmenskultur und -identität zu nutzen.“ (22)

Die wirtschaftliche Leistungsfähigkeit der deutschen Mitbestimmung werde im Ausland offensichtlich häufig unterschätzt. Ihre Zukunft werde zu einem erheblichen Teil von dem Vertrauen abhängen, das ausländische Investoren ihr entgegenbrächten. Bundesregierung und Sozialpartner werden aufgefordert, die Fehleinschätzungen in der ausländischen Öffentlichkeit „durch gemeinsame öffentlichkeitswirksame Aktionen" zu korrigieren.

Aus der gesamten Argumentation ragt vor allem ein Gesichtspunkt hervor, „die Produktivität von Kooperation". Dies ist ein ganz entscheidendes Element künftiger Strategien in einem Wirtschaftssystem, das neben der Produktivität seiner Märkte dringend zusätzlicher – moderner – Gestaltungselemente bedarf, die nicht autoritativ, sondern produktiv sind.

2.4.2 Europäische Unternehmensverfassung und arbeitsrechtliche Tendenzen

Die Einführung einer gemeinschaftsrechtlichen „Europäischen Aktiengesellschaft" („Societas Europea", SE) ist seit 1970 in der Diskussion. Nach längerer Blockade legte die EU-Komission 1989 den Entwurf eines Statuts vor. Diskutiert und beschlossen (22.9.1994) wurde dann aber zunächst die „Euro-Betriebsratsrichtlinie" (Richtlinie 94/95). Sie gilt in Deutschland als „Euro-Betriebsräte-Gesetz" (EBRG) vom 1.11. 1996. Im Jahre 1995 eröffnete die Kommission erneut die Diskussion über die SE. Zu ihren Vorschlägen gehörte auch eine von drei Optionen, die die Abschaffung der Mitbestimmung vorsah, wenn ein Euro-Betriebsrat bei Zusammenschlüssen vorhanden war. Es folgte im Jahre 1996 die Einsetzung einer Experten-Kommmision. Der sogenannte Bericht der „Davignon-Gruppe" mit dem Titel „European Systems of Worker Involvement" wurde im Sommer 1997 vorgelegt. Er sprach sich für Verhandlungslösungen aus. Im Herbst 1997 legte der Luxemburger Ratsvorsitz einen Kompromißvorschlag vor. Auch hier wurde davon ausgegangen, daß eine allgemeine Harmonisierung der Mitbestimmungsregeln auf europäischer Ebene nicht möglich sei. Sukzessive Anpassungen wurden vorgeschlagen. Ein Statut über die Europäische Aktiengesellschaft einschließlich Mitbestimmungsregeln sollte 1999 in Kraft treten.

Im Frühjahr 1998 erhielten die Bemühungen, an denen auch der Wirtschafts- und Sozialausschuß der EG beteiligt war, durch die britische Präsidentschaft zusätzliche Impulse. Die Briten schlugen vor, daß eine deutsche Gesellschaft, die sich mit einem Unternehmen eines europäischen Nachbarlandes zu einer Gesellschaft europäischen Rechts verbinden will, ihre Mitbestimmung in diese Ehe einbringt. Damit würde die deutsche Mitbestimmung zu einem Exportmodell. Dieses überraschende Zugeständnis durch den britischen Vorschlag wird von deutschen Unternehmen mit einiger Skepsis betrachtet. Wenn England vorschlägt, daß bei Unternehmenszusammenschlüssen der Partner die jeweils stärkeren Mitbestimmungsrechte übernehmen müßte, es sei denn, zwei Drittel der Konzernbelegschaft stimmen dagegen, heißt dies auch, daß z.B. bei der Fusion eines britischen mit einem französischen Unternehmen keine Mitbestimmung vorzusehen wäre, da es diese in beiden Ländern nicht gibt.

Ist dieser Vorschlag eine Belastung für die europäische Expansion deutscher Unternehmen? Wenn die Bewertungen der Bertelsmann-Kommission zutreffen, dann gibt es eigentlich keinen Anlaß zur Besorgnis. Zwar ist durchaus denkbar, daß die quasiparitätische Mitbestimmung im Aufsichtsrat eines deutschen Konzerns potentielle Kooperationspartner abschreckt. Jedoch könnte die Dynamik des Strukturwandels auch die Vorteile der deutschen kooperativen Flexibilität hervortreten lassen, die sich bei betriebsbedingten Umstrukturierungen bewährt hat und Arbeitskonflikte besser bewältigen hilft. Die Attraktivität könnte sich in der Praxis beweisen.

Ideologisch begründete Ablehnungen sind aber auch zu erwarten. Es ist der berühmte Vorwurf der „Korrumpierung" der deutschen Arbeiter durch das Kapital durch eine letztlich nur formale Mitsprache. Französische, italienische und spanische Gewerkschaften, vor allem, denken so. Unter diesem Aspekt und angesichts der Expertenurteile über die praktische Bedeutung der deutschen kooperativen Arbeitsbeziehungen und Mitbestimmungsregeln scheint der britische Vorschlag besser als jener der EU-Kommission. Diese schlägt vor, eine demokratische Legitimierung der Mitbestimmung in europäischen Unternehmen durch Abstimmung über den Willen der Betroffenen, der Mitarbeiter, einzuholen. Der noch sehr unterentwickelte Informationsstand in der nichtdeutschen Arbeitnehmerschaft spricht nicht für diesen Vorschlag.

Im übrigen werden noch über 90% aller Probleme des Arbeitslebens auf der Grundlage nationalen Rechts entschieden. Das europäische Recht beschränkt sich weitgehend auf Gleichheits- und Anhörungsrecht. Allerdings ist es auch auf der EU-Ebene durch Richterrecht, in diesem Falle also durch die Rechtsprechung des Europäischen Gerichtshofes (EuGH), zu neuen Akzentsetzungen gekommen. Urteile des EuGH finden auf konkrete Fälle, unmittelbar in den Nationalstaaten Anwendung. Arbeitsrechtlich relevante Entscheidungen gab es 1990 zum Grundsatz der Lohngleichheit von Mann und Frau und 1994 zum Übergang der Arbeitsplätze bei Erwerb von Unternehmensteilen. Bevorzugte Themen sind Diskriminierungsfälle. Entscheidungen können allerdings auch gegen deutsche Gleichbehandlungsregeln fallen, wie eine EuGH-Entscheidung gegen die Bevorzugung einer Frau bei gleicher Qualifikation (Bremen) zeigte. Es sieht so aus, als könnten durch die „integrationsfreundliche" Orientierung des EuGH Konflikte mit der Grundgesetz-Auslegung des Bundesverfassungsgerichts entstehen. Diese Praxis wird sich erheblich ausweiten, je enger die Binnenmarktintegration wird und je mehr die Unternehmensverschmelzungen zunehmen. Das europäische Richterrecht bleibt also wie in Deutschland ein bestimmender Faktor der Arbeitsmarktgestaltung.

3. Politik und Staat in der Marktwirtschaft

Es ist geschichtsloses Denken, wenn Ökonomen und Politiker, fasziniert von den Fortschritten und der Dynamik moderner Techniken und gigantischer Kapitalströme, sich völlig einer globalen Marktliberalisierung verschreiben, ja ausliefern. Der Durchbruch zu globalen Wirtschaftsverflechtungen konnte erst gelingen, wie in diesem Buch dargestellt, als die weltpolitische Bipolarität überwunden war. Der „Sieg des Westens" war aber zwei und nicht nur einer Trumpfkarte zu verdanken: Der erfolgreichen Ökonomie und der Idee einer freiheitlichen Demokratie mit uneingeschränkter Pluralität, Wohlstand und sozialer Sicherheit. Es ist ein gefährlicher Irrtum zu glauben, nun, nach dem Zusammenbruch des Kommunismus, könne man mit der Ökonomie auch alleine auskommen und obendrein noch die bisherigen Fesseln in Form sozialstaatlich-politischer Durchdringung der Marktwirtschaft abwerfen.

Erfolgreich war „der Westen" mit dem Nachweis, daß sich sehr wohl eine pluralistische, rechtsstaatliche und demokratische Gesellschaft mit marktwirtschaftlicher Produktivität, Wohlstand und sozialer Sicherheit verbinden ließ. Auf die Jahrhundertwende und die Zukunft bezogen heißt dies, daß Gesellschaften und Staaten nicht ohne Einschränkungen den Unwägbarkeiten globaler Märkte und nicht verantwortlicher Mächte und Machtträger ausgesetzt werden können und dürfen. Man muß nicht von Karl Marx und den Visionen des „Völker hört die Signale" geprägt sein, um zu erkennen, daß der Ausbau einer verantwortlichen Politik, die nicht nur den Märkten freie Bahn verschafft, zu einer erfolgreichen Ökonomie gehört. Nur so kann verhindert werden, daß erneut mit dem alleinigen Wunsch nach Gleichheit, Arbeit, sozialer Gerechtigkeit und Sicherheit freiheitsgefährdende politische Ideen und Systeme erfolgreich werden. Auch die so stabilen „westlichen Demokratien" sind davor nicht gefeit. Zu diesem Verfassungstyp gehört, was Ernst Fraenkel einst etwas pathetisch genannt hat: Den Gedanken der sozialen Geborgenheit.

Eine Renaissance des Politischen vor der Ökonomie ist erforderlich. Politik bedarf der demokratischen Legitimation, also breiter Zustimmung. Ihr wichtigstes Instrument ist und bleibt die Institution „Staat" als eine Quelle verbindlicher Entscheidungen für alle, mit der Fähigkeit zur Durchsetzung dieser Entscheidungen. Die Verfahrensweisen, Funktionen, Instrumente müssen allerdings auf das sorgsamste den neuen wirtschaftlich-gesellschaftlichen Realitäten angemessen sein. Aber wenn beispielsweise der neoliberale Ökonom die Umstrukturierungen des Ruhrgebiets mit dem Argument kritisiert, der Preis für die Umstrukturierungen, nämlich Subventionen auf Jahre hinaus, sei zu hoch und volkswirtschaftlich fragwürdig, so bezeichnet dieses Argument genau die Probleme, für die sich dieses Buch auch interessiert. Muß nicht immer auch nach dem „politischen Preis“ notwendiger wirtschaftlicher Umstrukturierungsmaßnahmen gefragt werden? Die reine Lehre der Ökonomie argumentiert in diesem Sinne häufig politisch unverantwortlich, weil sie keine Antwort auf diese Frage sucht. Der Verweis auf ökonomische Zwänge und auf mittelfristig eintretende Besserungen der Lage der Betroffenen ist nur dann richtig, wenn jeder gesellschaftliche Bezug ausgeblendet wird. Das ist aber im demokratischen System nicht möglich. Der „Staat“, andererseits, darf kein Bremser sein. Er soll für Interessenausgleich und Gerechtigkeit sorgen, aber er darf sich auch nachvollziehbaren und politisch noch vertretbaren wirtschaftlichen Lösungsversuchen nicht verschließen.

3.1 Die Legitimation der Politik und die Gesetze des Marktes – eine Ortsbestimmung

Bevor hier über „den Staat“, die Staatsfinanzen und die Steuerreform, über die Reform des Sozial“staats“, öffentliche Förderung und Unterstützung notleidender Branchen und Regionen gesprochen wird, muß über die grundsätzlichen Unterschiede zwischen „Marktwirtschaft“ und „Politik“ nachgedacht werden. Dies soll hier nicht in jener Perspektive geschehen, die der Nationalökonom Böhm-Bawerk einst mit der Frage nach „Macht oder ökonomisches Gesetz“ als der zentralen Frage der Lohnfindung im Visier hatte. Markt ist nicht grundsätzlich „gut“ oder „richtig“. Politik ist nicht immer „schlecht“ oder „falsch“. Politik und Ökonomie unterliegen einem je eigenen Denkansatz, und sie haben im Luhmannschen Sinne jeweils ihre eigenen „Systemlogiken“ im Funktionieren.

Politik hat etwas, worüber die Ökonomie nicht verfügt. Die Politik besitzt in den westlichen Demokratien eine Legitimation durch Zustimmung und Wählervotum auf Zeit. Sie muß sich „verantworten“ und um erneute Zustimmung werben, um ihre jeweiligen Vorstellungen von der Gestaltung der öffentlichen Angelegenheiten verwirklichen zu können. Im Verlaufe des 20. Jahrhunderts sind überdies fast alle ehemals „privaten“ Angelegenheiten zu Gegenständen öffentlicher Gestaltung geworden. Es sei dahingestellt, ob dies zu beklagen oder zu begrüßen ist. Es wurden jedenfalls die Erwartungen an die Politik nahezu uferlos. Die Industriegesellschaften haben die Bedingungen hierfür selbst geschaffen: Individualisierung statt Bindung, Unsicherheit statt Gewißheiten, Wohlstandserwartungen statt Existenzbehauptung, Gleichheit statt gesellschaftlicher Hierachie. Man könnte diese Liste ohne Schwierigkeiten fortschreiben.

Die Marktwirtschaft kann den Anspruch auf Allgemeingültigkeit und Zustimmung nur erheben, wenn auch sie Erwartungen erfüllt oder zu erfüllen in der Lage ist. Gehört dazu das explosive Wachstum der Konzerngewinne und Aktionärsrendite bei gleichzeitig ungebremstem Arbeitsplatzabbau und einer wachsenden Zahl von poor workers sowie eine Wiederkehr von zumindest relativer Verarmung größer werdender Teile der Gesellschaft? Gewiß nicht. Dazu gehört durchaus der Nachweis, daß dynamische Märkte und entfesselte wirtschaftliche Energien letztlich den Menschen nutzen, hilft, ihre Leben erleichtert. Diesen Nachweis können die Märkte auf Grund der ihnen eigenen „System- (Sach-)logiken“ aber nicht erbringen. Wer das behauptet, ist ein Schelm oder ein Hasardeur in Sachen Stabilität unserer Demokratien.

Deshalb müssen sich die marktwirtschaftlichen Akteure und Dynamiken einem Anspruch legitimierter Politik beugen, nicht unterwerfen, der gleichberechtigt besteht, solange eine Ökonomie liberal und eine Gesellschaft frei genannt werden will.

Gewiß ist die Trennung von „Politik“ und „Markt“ nicht einfach. Es könnte ja stimmen, daß die beste Politik für das Gemeinwesen die Entfesselung der Marktkräfte und das Wirken unbegrenzter Märkte ist. Nur, es gibt bis heute keinen Nachweis, daß wirklich das Streben des Einzelnen nach Nutzenmaximierung zum Glück aller führt, wie es die Philosophie des liberalen Klassikers Adam Smith versprach. Völlig unideologisch betrachtet, heißt „Marktgesetz“ die nüchterne Tatsache der Übernahme weniger starker Unternehmen durch stärkere Konkurrenten und die Lenkung der Kapitalströme durch die Gewinninteressen derer, die dieses Kapital besitzen. Deshalb kann es freien demokratisch regierten Gesellschaften nicht zugemutet werden, sich diesen „Gesetzen“ oder Gesetzmäßigkeiten prinzipiell unterzuordnen.

Leider wird diese Konsequenz selten ausgesprochen, möglicherweise von vielen Politikern gar nicht erkannt. Auch die zuständige Wissenschaft scheint in ihren scharfsinnigen und nobelpreiserbringenden Analysen blind zu sein. Ökonomie ist von den Klassikern und den Großen der Zunft nie ohne Politik gesehen worden. Das gilt auch für Eucken ebenso wie für Keynes, sogar für v. Hayek. Wir beklagen den Verlust dieser gesellschaftlichen Dimension von ökonomischer Theorie in der heutigen Breite ihrer Lehre und Anwendung.

3.2 Die Modernisierung staatlich-administrativer Funktionen durch Marktorientierung

„Primat der Politik“ heißt nicht, daß Staat und Verwaltung verstärkt in wirtschaftliche Abläufe eingreifen müssen oder die „Präsenz des Staates in der Wirtschaft“ verdeutlicht werden solle. Die Sorge um das allgemeine Wohl und geordnete Staatsfinanzen erfordert gerade auch von den administrativen Einrichtungen eine „wirtschaftliche“ Funktionserfüllung. Das hierarchische Ordnungsdenken der kontinentaleuropäischen Verwaltungen muß heute durch eine „Markt- bzw. Kundenorientierung“ ergänzt oder abgelöst werden, soweit dies möglich ist. Sehr viele Reste hierarchischen Staats- und Verwaltungsdenkens behindern auf dem „alten Kontinent“ noch immer moderne, effektive und aufwandgerechte öffentliche Dienstleistungen.

Wie auf vielen anderen Gebieten waren auch hier Großbritannien und die USA Auslöser und Vorreiter einer inzwischen globalen „Modernisierungbewegung“ für öffentliche Verwaltungen und Dienstleistungen. In Deutschland bemühen sich vor allem die Gemeinden schon länger um das marktwirtschaftliche Prinzip der „Kundenorientierung“. Auf der Bundesebene setzte die konservativ-liberale Koalition in ihrer Koalitionsvereinbarung vom November 1994 die „Verschlankung“ des Staates als Politikziel für die 13. Legislaturperiode des Bundestages fest. Im Herbst 1995 wurde dann ein Sachverständigenrat „Schlanker Staat“ von der Bundesregierung eingesetzt. Praktische Maßnahmen waren u.a. Gesetzentwürfe zur Beschleunigung von Genehmigungs- und Planungsverfahren und eine Reform des öffentlichen Dienstrechts (BT-Drucks. 13/1994).

Die Unterschiede in den Zielen und die Hemmnisse bezüglich der Realisierung sind groß. In Deutschland dominiert offenbar immer noch allein der fiskalische Aspekt der Verbilligung durch Einschränkung staatlichen Handels. Im Angelsächsischen dagegen geht es um Effizienz und Effektivität oder besser noch, um „Markt und Wettbewerb als Staats- und Verwaltungsprinzipien“ (sehr intensive Analyse bei Klaus König, 1997, S. 239-248).

Die These vom „Schlanken Staat" ist sachgerecht, aber sie bietet auch wohlfeile Argumente gegen jede Art staatlich-administrativen Engagements zur Erfüllung politisch gesetzter „Staatsaufgaben". Dazu gehören die alten Aufgaben wie die „Sicherung der öffentlichen Ordnung" ebenso wie der Schutz einer lebenswerten Umwelt. Diese Begründung allein ist also bedenklich, weil das Argument der notwendigen „Verschlankung" dann auch als Instrument gegen wichtige, politisch definierte, auch verfassungsrechtliche Staatsziele gerichtet werden kann. Deshalb muß bei der Erfüllung staatlicher Aufgaben nicht der Sparzwang, sondern die Frage nach der Legitimation der „Notwendigkeit" einer Aufgaben maßgeblich sein.

Die pragmatische Begründung für den „Schlanken Staat" ist die bereits genannte, nämlich der Zwang zum Sparen, um mit möglichst wenig Steuern die Wirtschaftskraft des Standorts zu stärken. Auch diese Begründung interessiert sich wenig für die Frage nach Sinn, Legitimation und Notwendigkeit betimmter großer Ausgabenblöcke der Staatshaushalte. Diese Begründung des „Modernisierungs"drucks dürfte die erfolgreichste sein, weil sie populär ist gegenüber den Steuerzahlern, also einer wichtigen Gruppe des Volkes, und damit auch legitimiert ist. Sie läßt aber die Frage nach dem politischen Ausgleich im Sinne des Ganzen aus.

Viel sinnvoller und notwendiger ist eine „Modernisierung", die im Dienste von Effizienz und Effektivität nach Möglichkeiten sucht, die notwendigen Aufgaben von Staat und Verwaltungen zu bewahren, die als öffentliche Aufgabenerfüllung überflüssigen zu definieren und den Ausgleich zwischen gebotenen Ausgaben und notwendigen Einnahmen durchaus im Sinne der klassischen deutschen, ja kontinentaleuropäischen „Haushaltsgrundsätze" zu suchen.

Die Komplikationen auf diesem wichtigen Feld einer Einführung von Marktprinzipien in staatliche Verwaltungen liegen heute nicht nur in Gruppenwiderständen, sondern ebenso in der verwaltungsgeschichtlichen Tradition. Die angelsächsischen Länder kennen, wie vorne ausgeführt, keine durch absolutistische Systeme eingerichtete Verwaltungen und damit auch keine hierarchische Amtsführung und kameralistische Rechenhaftigkeit. Sie haben auch nicht den aufklärerischen Prozeß der Einführung rechtsstaatlicher Prinzipien erlebt, der in Deutschland nach wie vor im „Vorrang" des Gesetzes, der Bindung aller Verwaltungstätigkeit an eine gesetzliche Grundlage gipfelt, darin, daß innerhalb der Verwaltungen in formalisierten Verfahren Verwaltungsanordnungen für alle Teile und Zweige der Verwaltung und für alle Arten von Anwendung zubereitet werden.

Mit diesen Sätzen ist bereits gesagt, was die deutsche und die kontinentaleuropäische Verwaltung auszeichnet. Hier ist die Bürokratie älter als die Demokratie. Klaus König unterschied gewachsene „legalistische Bürokratien" auf dem Kontinent von „managerialistischen Bürokratien" der angelsächsischen Welt (1997, S. 241). Effektivität und Effizienz werde ersteren nach den Untersuchungen von Frieder Naschold (1995, Ergebnissteuerung, Wettbewerb, Qualitätspolitik. Entwicklungspfade des öffentlichen Sektors, S. 73ff.) nicht bestritten, wohl aber die demokratische Qualität.

Wie kann in einer sinnvollen und rationalen, die wirtschaftliche, rechtliche und politische Komplexität berücksichtigenden Weise eine Rationalisierung staatlicher Funktions- und administrativer Leistungserfüllung erreicht bzw. angestrebt werden? Die radikalste, aber in der Regel unreflektiert vorgetragene, Lösung ist die Privatisierung und der Personalabbau. Dies hat obendrein noch den Vorteil, daß es Geld bringt und Kosten reduziert. Privatisierungen sind richtig, wenn sie einem Gesamtkonzept entspringen, das Vorteile und Nachteile, rechtlich Gebotenes und politisch Verantwortbares abgewägt und jene öffentlichen Aufgabenfelder benennt, die in Frage kommen. Privatisierungen können mittels „Verkauf" oder auch durch Auslagerung ehemals staatlicher Leistungserbringungen erreicht werden.

Privatisierungen sind aber kein Allheilmittel. Gerade weil die Abgrenzung öffentlich oder privatwirtschaftlich zu erbringender Leistungen wegen der dahinter stehenden rechtlichen Strukturen schwierig ist, gewinnen Konzepte eines „Neuen Öffentlichen Managements" (im amerikanischen: „New Public Management") auch in Deutschland an Bedeutung. Sie beinhalten nicht den dauerhaften Rückzug des Staates aus seinen tradierten Aufgabenfeldern.

Begonnen wurde diese Orientierung an unternehmerischen Kriterien in den Kommunen und Regionen. Die „Kundenorientierung" der Verwaltung ist das Stichwort. Die Verwaltung soll aus der Sicht des Bürgers als Kunde denken. Das schließt Überlegungen ein, ob nicht auch der von der Polizei Verhaftete eine Art Kundenrolle habe. Natürlich handelt es sich bei der Einführung von Marktelementen in öffentliche Verwaltungen, als Äquivalenzen zum Verzicht auf die Privatisierung, um „Quasi-Märkte" und „virtuellen Wettbewerb" (König, 1997, S. 244). Auf den Eintritt in die tatsächlichen Wettbewerbsmärkte wird verzichtet. Dies erscheint der Sache angemessen. „Staat und Markt haben in der funktionalen Differenzierung der modernen Gesellschaft ganz andere Ausgangspunkte einer Steuerung der Güterversorgung. Dies zeigt die formale Unterscheidung zwischen öffentlichen und privaten Gütern. Über Art, Umfang und Verteilung privater Güter wird durch die Abstimmung der individuellen Präferenzen im Marktmechanismus entschieden, während die Entscheidung über die Erstellung öffentlicher Güter das Ergebnis eines kollektiven, eben politisch-administrativen Willensbildungsprozesses ist." (S. 244)

Der dazwischen liegende Bereich jener öffentlichen Güter, bei denen die Bürger die Wahlfreiheit besitzen, verlangt besonders behutsame Entscheidungen über Ausgliederung oder marktwirtschaftliche Orientierung. Hier geht es um Museen, Volkshochschulen, Bibliotheken. Ein sehr gutes Beispiel für die Kompliziertheit der Entscheidung über Markt und Wettbewerb als Prinzip öffentlicher Einrichtungen ist das moderne Universitätskrankenhaus mit seinen Spezialkliniken, also einer „Produktdifferenzierung", in denen das Konkurrenzprinzip sinnlos wäre. Hier aber sind durchaus noch marktwirtschaftliche „Reserven" vorhanden.

Es bleibt aber nochmals der Hinweis auf die Besonderheiten administrativer Kernbereiche. Sie unterliegen dem Primat von „Gesetz und Recht" und dem Primat des Politischen. Das kann auch nicht aufgegeben werden. Dies darf aber nicht bedeuten, daß damit alles beim Alten bleiben darf. Das Kostendenken gehört in die öffentliche Verwaltung ebenso wie die Marktorientierung. Kostendenken ist mehr als die „sparsame Verwendung öffentlicher Mittel", die es seit den preußischen Haushaltsgrundsätzen gibt. Markt und Wettbewerb müssen in Deutschland durch rational überlegte Reformen zu Prinzipien des Staats- und Verwaltungshandelns aufsteigen. Ungeachtet ihrer Subordination unter das Recht.

Die Überlegungen zum New Public Management gelten im Prinzip auch für den Personalabbau in den öffentlichen Verwaltungen und Einrichtungen und selbst für eine wirksame Politik der „Deregulierung".

In den neunziger Jahren wurde in der Bundesrepublik die Zahl der Beamten, Angestellten und Arbeiter im öffentlichen Dienst von über 6 Millionen auf etwas über 5 Millionen gesenkt. Die Tendenz hält an.

Abbildung 13: Beschäftigte im öffentlichen Dienst

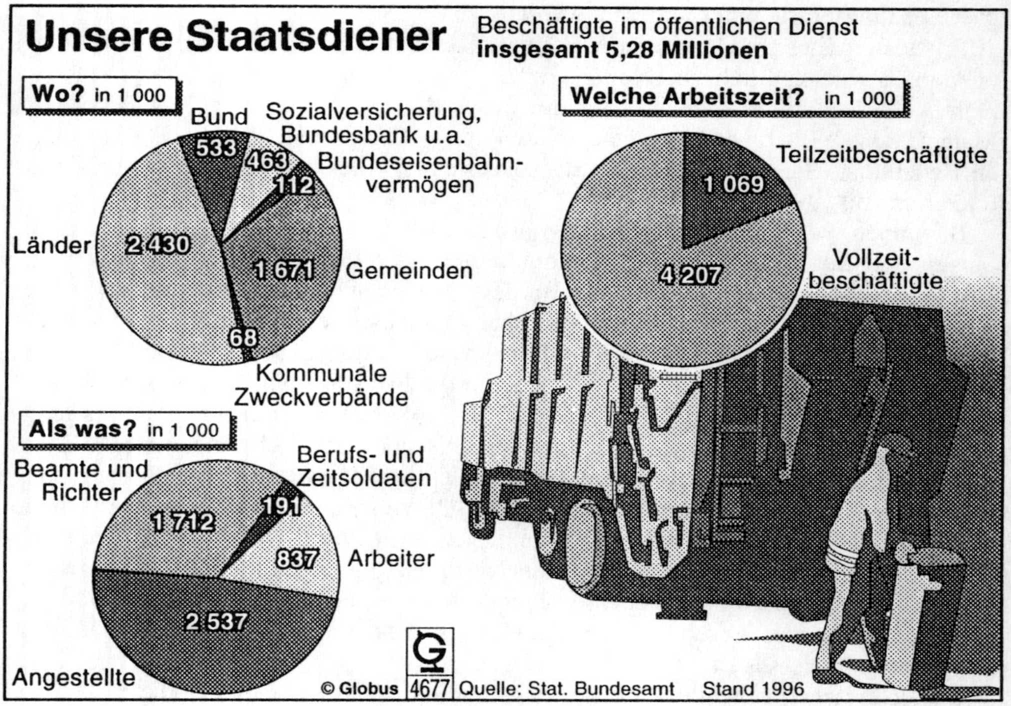

Quelle: Statistisches Bundesamt

In der Aufgliederung des Personalabbaus spiegelt sich die Funktionszuordnung wider. So gibt es immer noch Bereiche, in denen eine Auslagerung (Outsourcing) ebenso zu überlegen wäre wie eine „schlankere" Organisation. Dies bleibt eine Aufgabe, die immer zugleich dem Gesichtspunkt öffentlicher Aufgabenerfüllung und auch öffentlicher Dienstleistung – dort wo marktwirtschaftliche Prinzipien nicht funktionieren können – gerecht bleiben müssen.

Eine weiteres grundlegendes Problem der Rolle des Staates in der Marktwirtschaft besteht darin, daß in der Bundesrepublik seit Ende der fünfziger Jahre ein ungebremster Prozeß der „Verrechtlichung" des öffentlichen und privaten Lebens stattgefunden hat. Dies führte zu teils unsinnigen, teils überaus belastenden, weil unwirtschaftlichen Leistungsbeziehungen. Man denke nur an die behördlichen Auflagen im Bauwesen. Deregulierungen sind hier das Gebot der Stunde. Aber dies darf natürlich nicht einer vielleicht populären Faustformel folgen, wonach jede staatliche oder überhaupt jede Regelung schlecht, jede Freigabe aber gut sei. Einleuchtend sind vor allem die bedeutenden Deregulierungen der Telekommunikationsmärkte. Damit wird technischen Revolutionierungen Bahn gebrochen, Märkte werden erschlossen und auch Arbeitsplätze der Zukunft geschaffen. Richtig erscheint auch, die Entlassung ehemals staatlicher

Monopole wie Post und Bahn in den nationalen und internationalen Wirtschaftswettbewerb mittels staatlicher Aufsicht in Form des amerikanischen Vorbilds der Regulierungskommissionen zu begleiten. Aber völlig widersinnig ist es, das Postministerium zur „Regulierungsbehörde" mit nunmehr privatwirtschaftlich üblichen hohen Bezügen umzuwandeln und stärker als zuvor zu dirigieren.

Hier ist nicht nur der Punkt erreicht, wo die Deregulierung unwirtschaftlich wird. Vielmehr hat sich die Leistungserfüllung gerade dadurch verschlechtert, daß die dirigierende oder nunmehr „regulierende" Behörde aus der politischen Verantwortung entlassen wurde. Dies ist ein Musterbeispiel für eine falsche politische Markterschließung und Förderung. Sie zeigt auch, daß die Problemkomplexität, aus welchen Gründen auch immer, nicht angemessen berücksichtigt wurde.

3.3 Die Staatsfinanzen und ihre gesamtwirtschaftlichen Wirkungen

Die Rolle des Staates als Fiskus, das wirtschaftliche Schwergewicht des öffentlichen Vermögens, der Schulden, Steuereinnahmen und Staatsausgaben, können als Faktor und Akteur in der Marktwirtschaft nicht ignoriert oder hinwegdiskutiert werden. Jede Bewegung beeinflußt das gesamtwirtschaftliche Geschehen. Jede marktwirtschaftliche Ausgestaltung hat sich mit diesem Faktum auseinanderzusetzen. Hier soll nicht über das im Besitz der öffentlichen Hände befindliche Sachvermögen diskutiert werden. Es interessieren die für die gesamtwirtschaftlichen Prozesse in einem grundlegenden Sinne bedeutsamen Staatseinnahmen, Staatsausgaben und Staatsschulden. Diese unterliegen – was häufig übersehen wird – zwei Bestimmungsfaktoren, nämlich den ökonomischen und den rechtlichen.

3.3.1 Rechtliche Bestimmungsfaktoren fiskalischer Politik

Der moderne Staat ist „Steuerstaat" seit dem Durchbruch des Liberalismus im 19. Jahrhundert. Domänenbesitz und Gebühren haben volkswirtschaftlich betrachtet heute keine nennenswerte Bedeutung mehr. Die Basis der Besteuerung bildet rechtlich die Finanzhoheit, die zum Kernbereich des Nationalstaats gehört (vgl. S. 158ff.). Schon der Staatsaufbau bestimmt die Grundlagen. Die Verfassung beantwortet die Frage, welche politische Institution das Recht der Steuergesetzgebung besitzt und wie die Erträge auf die Gebietskörperschaften zu verteilen sind.

Für die Beurteilung der wirtschaftlichen Funktionen fiskalischer Aktivitäten und ihrer Flexibilität ist von größter Bedeutung, daß Deutschland im Gegensatz zu Frankreich ein ausgeprägtes föderatives System mit zwei staatlichen Ebenen (Bund und Ländern) und noch einer besonderen weiteren, nämlich der kommunalen, besitzt. Im deutschen föderativen System gilt faktisch: Der Bund, das sind der Bundestag und der Bundesrat, übt die Steuergesetzgebung einschließlich der Ausgestaltung der Finanzverfassung aus. Bund und Länder und – teils originär, teils abgeleitet von den Länderfinanzen – die Gemeinden erhalten die Erträge nach politisch ausgehandelten und gesetzlich fixierten Schlüsseln.

Dies bedeutet, daß in Deutschland aus verfassungsrechtlichen Gründen jede steuerpolitische Gestaltung einen breiten Konsens voraussetzt. Ohne ihn sind Veränderungen und Reformen nicht möglich. Konkret heißt dies z.B. für die nächste Zeit, Bundestags-

und Bundesratsmehrheiten müssen übereinstimmen, damit das deutsche Steuersystem an die neuen Rahmenbedingungen staatlichen Handelns im europäischen Kontext von Euroland und unter globalisierten weltwirtschaftlichen Bedingungen fiskalisch vertretbar, sozialpolitisch verträglich und ökonomisch sinnvoll angepaßt werden kann.

Die Probleme liegen auf der Hand: Jede Steuerreform umfassenderer Art ist eine Sache der „großen Koalition", sei es förmlich, sei es nur inhaltlich. Dieses aber bedeutet, daß die Vorstellungen über Ziele und Inhalte der Reform weitgehend übereinstimmen müssen. In Deutschland stoßen wir damit immer wieder auf das Prinzip oder das Gebot der „Kooperation".

Die Europäische Union hat bislang am steuerpolitischen Geschehen innerhalb Deutschlands so gut wie keinen Anteil. Der EU-Haushalt ist stark gewachsen, aber die EU-Kommision (ihre Verwaltungen, Gremien und Interventionen) sind „Kostgänger" (ein Bismarck-Wort) der Nationalstaaten. Der Streit über die Höhe des deutschen Beitrages zum EU-Haushalt in Brutto- und Nettorechnungen beweist dies hinlänglich. Wie im deutschen Reich von 1871 erhält die EU Einnahmen aus den Außenzöllen.

Eine europäische Finanzpolitik soll es nach den Verträgen nicht geben. Eine „Koordination" der nationalen Fiskalpolitiken wird allerdings durch die Verträge wortreich gefordert und festgelegt. Sie ist in der Realität dringlich. Nicht nur wegen des engen Zusammenhanges mit der europäischen Geld- und Kreditpolitik. Durch den fortschreitenden Integrationsprozeß der Volkswirtschaften werden immer mehr finanzpolitische Teilbereiche betroffen.

Die Finanz-, Steuer-, Ausgaben- und Schuldenpolitik sind also prinzipiell nationalstaatliche Reservate. Die weitere Entwicklung wird vor allem von zwei Faktoren bestimmt: Den „Spill-over-Effekten" der Währungsunion gegenüber den Staatsfinanzen und einer möglichen vertraglichen Neuordnung des gesamten EU-Systems.

3.3.2 Deutsche Steuerbelastung im europäischen Vergleich

Was ist unter diesen Umständen von der deutschen Steuerpolitik, der Ausgabengestaltung und dem staatlichen Schuldenmanagement, das ja nicht nur eine Angelegenheit des Bundes ist, zu erwarten? Hier sind nur jeweils spezifische Entwicklungslinien denkbar. Ganz schwierig wird es mit der Frage, ob von der „Europäisierung" gravierende Zwänge ausgehen.

Ist es noch relativ leicht, die Entscheidungsstrukturen und -zwänge jeder Reform der Besteuerung in Deutschland zu bestimmen, so sind definitive Prognosen hinsichtlich der zu erwartenden Reforminhalte nicht möglich. Es ist noch nicht einmal klar, von welchen Mißständen die Reform eigentlich ausgehen muß.

So hat eine Untersuchung des „Einflusses des internationalen Steuergefälles auf Investitions- und Finanzierungsentscheidungen" (Computersimulation anhand der Länder Deutschland, Frankreich, Großbritannien, Niederlande, Österreich und USA, die in der Universität Mannheim und dem dortigen „Zentrum für Europäische Wirtschaftsforschung (ZEW)" unter der Leitung von Otto H. Jakobs erarbeitet und auf der Münchener Steuerfachtagung am 25.3.1998 vorgestellt wurde, MS des Vortrag, auch SZ v. 23./24.5.1998, Die Welt v. 20.3.1998)) ergeben, daß Deutschland aus der Sicht eines ausländischen Investors mit wichtigen europäischen Nachbarländern steuerlich durchaus konkurrenzfähig sei. Es gebe keinen ersichtlichen Grund für ausländische Investoren, Deutschland aus steuerlichen Gründen als Standort zu meiden. In bezug auf die effektive Grenzsteuerbelastung liegt Deutschland (wie bei den Sozialleistungen!) im europäischen Mittelfeld.

Dennoch ist Deutschland im internationalen Vergleich ein Hochsteuerland. Die hohe Steuerbelastung trifft vornehmlich die inländischen Investoren. Dies wiederum treffe mittelständische Unternehmen, die überwiegend im Inland investieren, stärker als große Konzerne.

Die hohe inländische Steuerbelastung treffe die Unternehmen stärker als die Anteilseigner. Deswegen müßten Steuerreformen die Unternehmensebene stärker entlasten als die Ebene der natürlichen Personen.

Einzubeziehen in die Steuerbelastungsvergleiche seien die Sozialabgaben, da sie die gleichen Wirkungen wie ertragsunabhängige Steuern hätten. Diese Abgaben seien im Ländervergleich überdurchschnittlich hoch. Das wird vom Sachverständigenrat für die Konzertierte Aktion im Gesundheitswesen bestätigt, wenn er feststellt, daß die volkswirtschaftliche Steuerquote, also der Anteil aller Steuern am BIP, im Jahre 1994 zwar etwas über der Ausgangssituation von 1950 lag, jedoch in den letzten 25 Jahren keinen steigenden Trend aufwies. Demgegenüber nahm die Sozialabgabenquote d.h., der Anteil aller Sozialabgaben am BIP von 1955 bis 1990 um über 8 Prozentpunkte zu (Sondergutachten 1996, S. 31).

Kompliziert wird die einfach erscheinende Rechnung erst dann, wenn auf die Ursachen der unterschiedlichen Entwicklungen eingegangen wird. Denn das eine, die Steuerquote, ist immer das Ergebnis bewußter politischer Willensbildung gewesen, während die Sozialabgabenquote zu einem guten Teil letztlich, wegen der Einnahmen/Ausgaben-Relation, von den Folgen wirtschaftlicher Entwicklungen (z.B. Arbeitslosigkeit und Frühverrentung) bestimmt wird.

3.3.3 Deutsche Reformen bei Steuern und Abgaben

Werden die Ergebnisse der oben dargestellten Mannheimer Computersimulation in Zusammenhang mit den bekanntgewordenen Steuerreformplänen der Regierung und der Opposition im Sommer 1998 betrachtet, so wollte erstere bezüglich der Entlastung von Unternehmen den umgekehrten Weg einschlagen. Die Pläne der sozialdemokratischen Opposition kamen den Feststellungen entgegen. Die Sozialdemokraten wollten aber nicht nur keine Schonung der Kapitaleigner/Anteilseigner, sondern eine höhere Belastung. Sie folgten einer anderen Philosophie als die Bundesregierung; ihr Ansatz kann den nachfrageorientierten Grundgedanken nicht verleugnen, obwohl kein systematischer Zugriff im Sinne der keynesianischen Makroökonomie erkennbar ist. Der Streit um den sogenannten Spitzensteuersatz ist demgegenüber nicht von grundsätzlicher Bedeutung. Die Massenkaufkraft sollte durch Steuersenkungen bei jenen Teilen der Steuerzahler gestärkt werden, die nicht zuletzt wegen des direkten fiskalischen Zugriffs über das Lohn- (Gehalt-) steueraufkommen die Hauptlast tragen. Dies ist also auch eine volkswirtschaftliche Orientierung, aber verbunden mit einer sozialpolitischen Intention. Leider wird sehr deutlich, daß sich somit die alten Konzepte angebots- oder nachfrageorientierter Strategien auch 1998 in der deutschen Politik noch gegenüberstehen. Ein größerer Pragmatismus ist notwendig.

Die Vorschläge beider Seiten stellten gleichsam die beiden Pole der grundsätzlich einzuschlagenden Richtung in der künftigen Steuerpolitik dar. Die Entscheidung über die endgültige Richtung erfolgt über politische Mehrheiten. Es sieht so aus, als hätten immerhin beide Seiten eine deutliche Vorstellung von den tatsächlich vorhandenen wirtschaftlichen Zwängen und Notwendigkeiten. Sozialpolitische Modifizierungen der marktwirtschaftlich fixierten Steuerreformen werden in Deutschland nach wie vor nicht grundsätzlich alternativenlos, sondern graduell unterschiedlich in ihrer Intensität ausgehandelt werden. Das ist der Unterschied zum Thatcherismus. Es entspricht weitgehend den Gegebenheiten in Frankreich, dessen politische Mehrheiten allerdings viel massiver zwischen den möglichen Polen „Marktorientierung oder Sozialorientierung" hin und her zu schwanken scheinen.

Die Sozialabgaben werden in jeden Reformplan einbezogen werden müssen. Vor allem sollten dabei zunächst die Abgabenarten systematisch bestimmt werden. Handelt es sich um allgemeine Staatsaufgaben oder handelt es sich um Aufgaben der sozialen Sicherungssysteme? Bei den Staatsaufgaben ist eine systematische Neubestimmung der Aufgaben und Ausgaben des Bundes, der Länder und der Gemeinden erforderlich. Dann wird es am Ende auch die Diskussionen über sogenannte „versicherungsfremde Leistungen" nicht mehr geben müssen.

Tendenziell leiden alle Reformpläne an der Frage, wie denn der jeweils geplante Steuerausfall kompensiert werden soll. Die Neuordnung der Staatsaufgaben und damit einhergehend der „Entstaatlichung" und des Personalabbaus unterliegen den oben untersuchten Schwierigkeiten einer rationalen und angemessenen Vorgehensweise, die ja in starkem Maße von rechtlichen Festlegungen bestimmt ist. Auch hier kommt es auf die Qualität der Politik an, ihr Einsichtsvermögen und ihr Augenmaß für das politisch und sozial Notwendige und Mögliche. Ihr sei ein gewisser Grad an „Klientel-Abhängigkeit" konzediert, aber es bleibt zu hoffen, daß die Marktsignale, die von den neuen europäischen und globalen Rahmenbedingungen ausgehen, noch gehört werden.

Auf der europäischen Ebene ist eine Mischung von Dynamik und Stillstand in der Finanzpolitik erkennbar. Einerseits wollen die Mitgliedstaaten die Entwicklung in der Hand behalten. Andererseits nehmen sie gerne Pläne wie die europaweite Einführung einer Mindestquellensteuer an, um die Steueroasen zu schließen. Entschieden wird das Ganze mittels des Verfahrens der intergouvernementalen „Kooperation". Ein Vergleich der Mehrwertsteuerbelastung in der EU wird gerne von deutscher Seite herangezogen, um die für die Nachfrage günstige Situation in Deutschland hervorzuheben.

Deutschland liegt mit Luxemburg, Spanien und Portugal am unteren Ende der Skala (16%) der europäischen Mehrwertsteuersätze. Frankreichs Satz liegt bei 20,6% Schweden als Spitzenreiter bei 25%. Dies besagt aber wenig. Die traditionell gewachsenen Besteuerungsstrukturen und -prinzipien, insbesondere im Verhältnis zwischen direkter und indirekter Besteuerung, sind immer noch sehr groß. So muß die Devise für Deutschland aus dieser, historischen Sicht eher lauten, die direkte Besteuerung herunterzudrücken und die indirekte Besteuerung anzuheben.

Die staatliche Ausgabenpolitik ist gründlich nur in Verbindung mit den Aufgaben von Bund, Ländern und Gemeinden zu diskutieren. Die großen Positionen des Bundes sind der Militär- und der Sozialhaushalt. Bei den Ländern dominieren nach wie vor die Personalausgaben. Die Gemeinden tragen wesentliche Teile der öffentlichen Infrastrukturinvestitionen. An dieser Stelle können nur zwei große Bereiche spezielle Aufmerksamkeit finden: die Sozialausgaben und ihre Reform und die Arbeitslosigkeit in ihren Wirkungen.

Die hohe Staatsverschuldung in Deutschland (s. S. 138ff.), die vor allem durch die Lasten der Wiedervereinigung und die wirtschaftliche Transformation der ehemaligen

DDR-Wirtschaft in eine Marktwirtschaft bedingt ist, hat das Land innerhalb der EURO-Staaten geschwächt. Deutschland muß mehr als z.B. Frankreich Rücksicht nehmen auf seinen Verschuldungsgrad; es ist damit auch zinsempfindlicher. Hinzu kommt, daß die strengsten Anforderungen an eine europäische Stabilitätspolitik, die sich ja auf die Haushalte und die Verschuldung bezieht, vom deutschen Finanzminister ausgingen. In diesem Punkt muß offen bleiben, ob sich die EURO-Staaten dem Diktat (s. S. 157ff.) anhaltend beugen werden. Jedenfalls liegt auch unabhängig von den Konvergenzkriterien eine Belastung jeder innovativen Fiskalpolitik vor. Dies erschwert insbesondere die notwendige Bekämpfung der Arbeitslosigkeit.

3.4 Beschäftigungspolitik in der Marktwirtschaft

3.4.1 Die notwendige Verbindung von Rahmensetzung und politischem Pragmatismus

Kein Anhänger der „Sozialen Marktwirtschaft" kann hinnehmen, daß eine Arbeitslosenquote von 11% bzw. regional bis 20 und 25% auf längere Sicht als tolerabel für dieses Wirtschaftssystem angesehen wird. Es müßte selbst den konsequentesten Anhänger neoliberaler Orthodoxie ängstigen, wenn er gezwungen ist, eine Zahl von über 4 Millionen Arbeitslosen in Deutschland oder rd. 25 Millionen im EURO-Europa zur Kenntnis zu nehmen. Nirgends war es deutlicher als in Deutschland, wie die wirtschaftliche Lage und Entwicklung dramatische politische Qualitäten erhalten und in Radikalismus umschlagen kann. Die traumatischen Folgen der Weltwirtschaftskrise von 1930-33 für Deutschland und die USA sind scheinbar vergessen.

Deflationskrisen mit einer unaufhaltsamen Spirale der Abwärtsbewegung, verbunden mit politischer Radikalisierung und einem riesigen Heer Arbeitsloser und Wohlfahrtsempfänger sind heute kaum zu erwarten. Aber Dauerarbeitslosigkeit, Armut und Chancenlosigkeit von Jugendlichen zeigen doch an, daß es ein wachsendes und nicht nur ein vorübergehendes Problem der Marktwirtschaft gibt, das vor allem in der wachsenden Kriminalität und politischen Radikalisierung zum Ausdruck kommt.

Die Qualität eines Wirtschaftssystems erweist sich in der Fähigkeit, eine stabile Währung, wirtschaftliche Freiheit und soziale Sicherung zu verbinden. Das kann durchaus als Leitsatz der Erhardschen Politik gelten. So gesehen, versagt die soziale Marktwirtschaft heute. Aus politischen Gründen muß etwas geschehen. Deregulierungen und angebotsorientierte Maßnahmen mit bloßen Verheißungen einer besseren Zukunft sind aus politischen Gründen als Zukunftsprogramme kaum geeignet. Darauf aufbauende Regierungen laufen Gefahr, wie US-Präsident Hoover 1932 durch Wahlen hinweggefegt zu werden, wenn nicht zuvor Radikalisierungen rechts und links der Mitte auch die stabilen Grundlagen der Marktwirtschaft zerstören.

Was kann geschehen? Es geht nicht um die Abschaffung der sozialen Marktwirtschaft. Ob man das „Sozial" groß schreiben sollte, sei zunächst dahingestellt. Es geht nicht einmal um die Eliminierung neoliberaler Grundsätze der Wirtschaftspolitik. Es geht um Erneuerung. Es geht um die Frage, ob nicht nach allen Erfahrungen, die in diesem Buch in bezug auf das erfolgreiche deutsche Wirtschaftssystem vorgetragen wurden, eine neue konstruktive Synthese von nationalstaatlich-europäisch gestaltetem Ordnungsrahmen für die Fundamente der Sozialen Marktwirtschaft und pragmatischen politischen Steuerungen gefunden werden kann, die den neuen wirtschaftlichen Bedingungen gewachsen sind. Notwendig ist darüber hinaus, sich ein Augenmaß für die sozialen Grundlagen von Marktwirtschaft und pluralistischer Demokratie zu bewahren.

Das Wort Staat im Sinne von „Steuerung“ ruft in diesem Zusammenhang offenbar immer noch sofort Eiferer auf den Plan, die dann den Vorwurf vom „Ewig-Gestrigen“, von alten Zöpfen und überholtem Keynesianismus erheben. Dessen ungeachtet muß es ausgesprochen und ernstgenommen werden. Es muß noch einmal bei den grundsätzlichen Fragen in einer Weise angefangen werden, die sich hier in allen Darlegungen abzeichnete: im rationalen Abgleich von wirtschaftlichen Notwendigkeiten, Möglichkeiten, aber auch politisch Verantwortbarem.

3.4.2 Deutschlands Beschäftigungssituation mit den europäischen Nachbarn vergleichen

Wie schwer es sein wird, diese Möglichkeiten zurückzuholen, macht das sogenannte „Internationale Beschäftigungsranking 1998“ der Bertelsmann Stiftung überdeutlich (J. Schröder/U. van Suntum 1998, S. 41). Dort geht es um einen Vergleich der Erfolge in der Bekämpfung der Arbeitslosigkeit. Die Angaben beruhen auf den von der OECD standardisierten Arbeitslosenquoten, gemessen als ungewichteter Durchschnitt der 20 betrachteten Länder. Verglichen wird auch, was sich seit 1994 verändert hat. Die Schlußfolgerungen für Deutschland lauten in knapper Zusammenfassung:

Deutschland ist nur noch Mittelmaß mit absteigender Tendenz (Schröder/Suntum, S. 1998, 41). Bei der Suche nach dem „richtigen Weg der Beschäftigungspolitik“ sollen die empirischen Tatbestände der 8 Länder beachtet werden, die im Ranking 1998 vor Deutschland liegen (S. 42). Dies sind Japan, Schweiz, Norwegen, Österreich, USA, Portugal Neuseeland, Niederlande. Die Deutschland strukturell näher stehenden Staaten EURO-Staaten wie Schweden (10.), Frankreich (15.) und Italien (18) rangieren hinter Deutschlands 9. Position.

7 der 8 Länder vor Deutschland mit einer ausnahmslos niedrigeren Arbeitslosenquote haben eine – teilweise deutlich – geringere Staatsquote. Die Ausnahme bildet das wiederum Deutschland nahestehende Österreich.

In 7 der 8 Länder ist die Steuer- und Abgabequote deutlich niedriger. Die Ausnahme bilden die Niederlande.

Alle 8 Länder haben höhere Investitionsquoten aufzuweisen.

Nur 2 dieser Länder geben anteilsmäßig mehr für aktive Arbeitsmarktpolitik aus als Deutschland. Die meisten deutlich weniger.

In keinem der 8 Länder (mit Ausnahme des unabhängigen Öllands Norwegen) sind die Lohnstückkosten noch nennenswert gestiegen. In der Schweiz und Österreich seien sie sogar gefallen.

Die Streikquote habe keine nennenswerte Höhe.

In allen Ländern herrscht praktisch Preisniveaustabilität mit einer Inflationsrate von 2% und darunter.

6 der 8 Länder haben einen höheren Anteil an Teilzeitarbeit als Deutschland.

Es falle auf, so beginnen die Schlußfolgerungen der Studie für Deutschland, daß alle genannten Länder die Strategie einer stabilitätsorientierten Marktwirtschaft verfolgt hätten. Dies gilt zwar auch für Deutschland. Auch geht die stark gestiegene Staatsquote und die Steuer- und Soziallastenquote in Deutschland zu Lasten der deutschen Vereinigung. Dies wird registriert, aber gnadenlos in den Strategieüberlegungen beseite geschoben.

Eine bloße Umfinanzierung von Sozialleistungen führe nicht weiter. Allenfalls könnte die Einbeziehung der Beamten und Selbständigen in die Finanzierung der Sozialleistungen helfen. Dann aber ergäben sich auch zusätzliche Ansprüche an die Kassen. Die eigentliche Aufgabe sei die Senkung der gesamten Abgabenlast. Bei der Steuerreform müßten vor allem die Bemessungsgrundlagen der Besteuerung verbreitert werden. Dies sei ein schwieriger politischer Weg, weil er den Subventionsabbau beinhaltet und die Interessenklientel auf den Plan ruft.

Desweiteren folgen die Empfehlungen der Formel, daß die Stärkung der Massenkaufkraft ein Strohfeuer entfache. Vielmehr müsse die Investitionstätigkeit nachhaltig belebt werden. Dies ist die alte Kontroverse zwischen nachfrage- und angebotsorientierter Politik, ob der Absatz die Investitionen befördert oder die Investitionen die Nachfrage.

Der Arbeitsmarkt müsse „flexibilisiert“ werden (durch Abbau von Kündigungsschutz, Arbeitszeitregelungen, flexiblerem Arbeitsrecht). Erhöhte Ausgaben für die aktive Arbeitsmarktpolitik brächten kaum noch positive Effekte. Vielmehr müßten die Arbeitsbeschaffungsmaßnahmen, orientiert an der Höhe des Arbeitslosengeldes, die Brücke zum 1. Arbeitsmarkt bauen. Dem würde auch ein verkürzter Anspruch auf Arbeitslosengeld nachhelfen. Zusätzliche Arbeitsplätze im Niedriglohnbereich müßte dann verstärkt, vor allem im Dienstleistungsbereich, angeboten werden.

Bei der Arbeitsvermittlung von Sozialhilfeempfängern komme eine Kombination von Transfereinkommen und Erwerbseinkommen (kurz „Kombi-Lohn“) im Rahmen kommunaler Beschäftigungsverhältnisse in Frage. Dabei dürften aber nicht sogleich neue Ansprüche an das Arbeitslosengeld entstehen.

„Unpopuläre Maßnahmen“ seien also erforderlich. „Die Erfahrungen in anderen Ländern zeigen, daß es zu dem eingeschlagenen Weg keine wirkliche Alternative gibt. ... So läßt sich kein einziges Land in unserem Vergleich finden, das etwa mit expansiver Lohnpolitik, zunehmender Regulierung von Güter- und Arbeitsmärkten oder einem weiteren Ausbau des Sozialstaats der Vollbeschäftigung näher gekommen wäre“ (Schröder/Suntum, 1998, S. 47).

In exemplarischer Absicht soll dieses relativ deutlich formulierte Konzept einer umfassend angelegten Politik gegen die Arbeitslosigkeit kritisch durchgesehen werden. Es geht hier nicht um „Flexibilisierung“, sondern um Lohnkosten-Senkungen. Es schmälert den Wert des Ranking, daß dies nicht offen ausgesprochen wird. Daß es auch noch unrichtig ist, wurde an vielen Stellen ausgiebig erörtert. Es ist auch nicht erkennbar, daß in Deutschland von irgendeiner politisch wichtigen Gruppierung eine Politik der genannten Art mit expansiver Lohnpolitik usw. vertreten wird.

Zu den Punkten des Ranking wäre zu sagen, daß die Lohnstückkosten in Deutschland seit 1996 stärker als in den USA und Japan sowie vor allem auch stärker als in den EU-Staaten gesunken sind und sich am untersten Ende einer vergleichenden Darstellung des RWI befinden (1998, Konjunkturbericht H. 1/98, S. 63).

Tab. 23: Arbeit wird billiger

Gesamtwirtschaftliche Lohnstückkosten im internationalen Vergleich
1996 bis 1999; Veränderung gegenüber dem Vorjahr in vH

	1996	1997	1998	1999	Jahresdurchschnittliche Veränderung 1996 bis 1999
			nominal[1]		
Belgien	-0,1	0,7	0,5	0,7	0,5
Deutschland	0,1	1,8	1,2	0,1	0,8
Frankreich	1,1	0,0	0,9	1,0	0,8
Großbritannien	2,2	2,4	3,4	2,5	2,6
Italien	4,9	3,1	0,9	0,5	2,4
Niederlande	0,5	1,6	1,7	2,5	1,6
EU	1,7	0,8	1,0	1,3	1,2
Japan	-2,4	1,2	0,9	0,4	0,0
Vereinigte Staaten	2,1	2,2	3,3	3,7	2,8
			real[2]		
Belgien	-1,7	-0,8	-0,8	-0,9	-1,1
Deutschland	-1,1	-2,4	-2,1	-1,4	-1,8
Frankreich	0,1	-0,9	-0,6	-0,8	-0,6
Großbritannien	-0,8	-0,2	1,0	0,5	0,1
Italien	-0,1	0,5	-1,3	-1,6	-0,6
Niederlande	-0,7	-0,4	-0,4	0,1	-0,4
EU	-0,6	-1,0	-0,9	-0,7	-0,8
Japan	-2,0	0,5	0,4	-0,5	-0,4
Vereinigte Staaten	-0,2	0,2	1,3	1,1	0,6

Eigene Berechnungen nach Angaben der Europäischen Kommission und des Statistischen Bundesamtes. – [1]Einkommen aus unselbständiger Arbeit pro Kopf bezogen auf das reale BIP je Erwerbstätigen. – [2]Preisbereinigt mit dem BIP-Deflator.

RWI ESSEN

Quelle: RWI-Konjunkturbericht Heft 1/1998, S. 63

Die Streikquote ist äußerst niedrig. Die Inflationsrate lag im August 1998 unter 2%. Eine aktive Arbeitsmarktpolitik ist ebenfalls nicht jenseits jeder Vergleichbarkeit. Deutschland marschiert in allen diesen Punkten im Gleichschritt mit den „erfolgreicheren" Ländern. Staatsquote, Sozialabgabenquote und Investitionsquote sind die „Schwachpunkte" Deutschlands. Die Ursachen hierfür liegen aber primär im Politischen, nämlich bei den gigantischen Lasten der deutschen Wiedervereinigung. Diese Lasten obliegen dem Land nicht für einen Zeitraum von zwei bis drei Jahren, sondern für mehr als ein Jahrzehnt.

Der niedrige Anteil der Teilzeitbeschäftigung in Deutschland wurde bereits als wichtiger Punkt der künftiger Politik genannt. Ähnliches kann von der Einbeziehung der Beamten und Selbständigen in das Finanzierungssystem der Sozialversicherungen gesagt werden. Die „verbreiterte Bemessungsgrundlage" der Besteuerung ist sinnvoll, wenn sie neue Quellen erschließt, Steuerschlupflöcher stopft und damit die Subventionen abbaut. Die Entlohnungsform im Niedriglohnbereich mitttels Kombi-Lohn ist heute kaum noch umstritten.

Es gibt mithin vor allem zwei typische Punkte, die mit dem Ranking in völlig einseitiger Weise propagiert werden:

Erstens, die Belastungen durch die Vereinigungsfolgen (Steuern und Sozialabgaben) sollen nicht mehr hingenommen werden. Deutschland dürfe da keine Ausnahme mehr machen. Dies müsse ungeachtet der verheerenden Arbeitsmarkt- und Investitionsverhältnisse in den neuen Bundesländern geschehen. Die „Folgerungen" laufen darauf hinaus, daß Sondermaßnahmen im Osten einzustellen sind. Das ist die Ausblendung jeglicher gesellschaftspolitischer Verantwortung der Wirtschaftspolitik. Diese Spielart des Neoliberalismus ist blind für ihr eigenes Fundament, die funktionierende pluralistische Demokratie mit Wahlrecht und Gerechtigkeitsansprüchen der Bürger.

Der zweite Punkt betrifft das Dogma der angebotsorientierten Politik und die ständige Polarisierung der anderen Seite, der Nachfragepolitik. Es ist offenbar nicht möglich, eine Berücksichtigung von Kaufkraft und Nachfrage vorzunehmen und dennoch in überlegter Weise die Investitionen und Forschungsinnovationen zu fördern. Hier wird die Konzeption zum Dogma. Ein Dogma aber bedeutete schon immer ein Versagen gegenüber den Realitäten.

Es wird der Rückzug der Staates und politischer Einflußnahme auf die Märkte gefordert und doch zugleich die Politik in die Pflicht genommen, dafür zu sorgen, daß die Unternehmen noch kostengünstigere Produktionen und höhere Gewinne erzielen können.

Anhand dieser exemplarischen, aber doch auch inhaltsreichen Auseinandersetzung mit Grundelementen heutiger Wirtschaftsdoktrinen in Sachen Beschäftigung ist wohl auch die eigene Position deutlich geworden. Sie kritisiert die Dogmatik. Sie plädiert für Offenheit im Denken und für eine verantwortlich denkende Wirtschaftsauffassung. Sie vergleicht die europäischen sozialstaatlichen Ökonomien nicht mit den USA und Neuseeland, sondern mit den wichtigen Nachbarn. Dort gibt das holländische Modell Anlaß zur Übernahme bewährter Maßnahmen (S. 273f.). Aber darüber hinaus sind problemangemessene Konzepte und nicht durch Vergleich des Unvergleichbaren gewonnene empirische Beweise für die Ausgestaltung der künftigen Beschäftigungspolitik wichtig.

3.4.3 Eine Beschäftigungspolitik im europäischen Gleichklang

Die deutsche Beschäftigungspolitik der neunziger Jahre hat sich vieler Versäumnisse schuldig gemacht. Dies wurde zuletzt Ende des Jahres 1997 auf europäischer Ebene offenkundig. Die Bundesregierung wehrte sich zunächst vehement gegen einen europäischen Aktionsplan zur Beschäftigungspolitik. Die Initiative hierfür kam von Frankreich und der EU-Kommission. Beabsichtigt war ein quantifizierbares Beschäftigungsziel der Gemeinschaft, nämlich die Reduzierung der Arbeitslosenrate von 10,6 auf 7%. Ihre Ablehnung kaschierte die Bundesregierung mit dem rechtlich falschen Hinweis, daß die Bekämpfung der Arbeitslosigkeit eine Angelegenheit der Nationalstaaten sei und bleiben müsse. Dies gehöre nicht in die Zuständigkeit der Kommission. Auf dem „EU-Beschäftigungsgipfel" im November 1997 wurde sodann ein mühsamer Kompromiß dahingehend erzielt, daß die Mitgliedstaaten Aktionspläne zur Bekämpfung der Jugendarbeitslosigkeit und der Langzeitarbeitslosigkeit vorlegen sollten. Dies tat die Bundesregierung im Frühjahr 1998, verspätet, in Form einer Zwischenbilanz der bisherigen Aktivitäten der Minister für Wirtschaft, Arbeit und Forschung.

In den beiden wichtigsten Punkten, wonach Jugendliche nach längstens sechs Monaten, sowie Erwachsene nach spätestens einem Jahr ohne Job eine Stelle oder einen Ausbildungs- oder Umschulungsplatz anzubieten sei, verwies die Bundesregierung auf Zusagen des DIHT und des deutschen Handwerks, rd. 25.000 zusätzliche Lehrstellen einrichten zu wollen. Für rd. 45.000 Langzeitarbeitslose gebe es bereits ein Sonderprogramm des Bundes sowie für 40.000 ältere Arbeitslose Lohnkostenzuschüsse zum Erhalt des Arbeitsplatzes. Weitere Forderungen für eine aktive Arbeitsmarktpolitik wurden mit dem Hinweis auf die insgesamt 20,8 Mrd. DM, die der Bund und die Arbeitsämter für Mobilitätshilfen, Lohnaufbesserungen für Empfänger von Arbeitslosenhilfe, Überbrückungsgelder usw. ausgegeben hatten, als erfüllt angesehen. Im übrigen verwies die Bundesregierung auf ihre Erwartungen in bezug auf das Anspringen der Wirtschaftskonjunktur.

Deutschland ist mit seinem Attentismus in Europa zum Außenseiter avanciert, wenn es um die Sorge für die Arbeitsplätze geht. Daran hinderten nicht einmal die geradezu sensationellen Arbeitslosenraten in einigen ostdeutschen Bundesländern von bis zu 25%. Apathie und Attentismus, nur mühsam verbrämt, kennzeichnen die staatliche Bekämpfung der Massenarbeitslosigkeit bis 1998. Der Bundestagswahlkampf zeigte noch einmal, was die Politik gegenüber ernsthaften marktwirtschaftlichen Konzepten diskreditiert: Angesichts der Furcht vor dem Verlust der Mehrheit wurden vorher als unvermeidlich dargestellte „Einschnitte“ aufgehoben und 1997 gestrichene Gelder für die neuen Bundesländer und für ABM plötzlich wieder gewährt.

Diese Art von Beschäftigungspolitik ist ein Armutszeugnis für die Marktwirtschaft der Bundesrepublik. Aber sie diskreditiert zugleich ihre eigenen Vorgaben und marktwirtschaftlichen Konzepte. So darf es nicht sein. Gerade eine glaubhafte Konzeption der Sozialen Marktwirtschaft verlangt nach einer politischen Konstanz, in Rahmensetzung ebenso wie bei Problemdefinition und Problembewältigung.

3.5 Eine soziale Marktwirtschaft in der Zukunft

Der Glauben der ordoliberalen Begründer einer „Sozialen Marktwirtschaft“ in der Bundesrepublik Deutschland, daß die Marktwirtschaft aus sich heraus sozial und gerecht sei, weil sie Wohlstand für alle zu schaffen in der Lage ist, daß der Wettbewerb durch den Staat organisiert und garantiert werden könne, daß eine konstante Politik dem wirtschaftlichen Wachstum am besten diene, unterscheidet sich grundlegend von jenem Neoliberalismus oder auch liberalistischen Denken, das seit dem Ende des Kommunismus globale Entwicklungen und Wirtschaftstheorien in starkem Maße beherrscht. Aber Larmoyanz ist fehl am Platz.

3.5.1 Ordnungspolitische Rahmensetzung und zielorientierter Pragmatismus

Aus den Erfahrungen und Erkenntnissen heraus, daß Staaten durch tiefe ökonomische Krisen politisch destabilisiert werden können und auch, daß ohne politische Stabilität keine Wirtschaftsordnung auf Dauer funktionieren kann, haben die ordoliberalen Denker ihre Vorstellung von der Marktwirtschaft entworfen, und sie konnten sie im Westteil Deutschlands weitgehend verwirklichen. Diese „Soziale Marktwirtschaft“ hat entscheidend zur Stabilisierung der Demokratie im Nachkriegsdeutschland beigetragen. Umgekehrt haben stabile politische Verhältnisse Jahrzehnte des Wohlstands und sozialer Sicherheit ermöglicht. Deshalb kann es heute keineswegs um eine irgendwie geartete Abschaffung der bewährten Fundamente und Konzepte gehen. Es geht allein um Erneuerung. Es geht um die Erneuerung des von der Politik zu setzenden Ordnungsrahmens und um zielorientierte, nicht inkrementalistische, wirtschaftspolitische Handlungskonzepte, die den neuen Rahmenbedingungen gerecht werden und undogmatisch nach problemangemessenen Antworten auf die vielen Ungewißheiten der Gegenwart suchen.

Was leistet heute ökonomische Theorie? Ihre scharfsinnig konzipierten Modelle sind bei aller inneren Logik zumeist wirklichkeitsfremd, weil den gesellschaftlichen Bezug der Wirtschaft bewußt oder unbewußt ausblenden. Ausgeblendet sind leider auch Erfahrungen, die sich aus dem Studium der Geschichte und dem sozialwissenschaftlichen Ringen um die Bewältigung der Komplexität unserer Umwelt ergeben. Dies betrifft in besonderem Maße die Zusammenhänge von Wirtschaft, Gesellschaft und Politik. Hinzu kommt gelegentlich eine geradezu herrschaftliche Dogmatisierung von Lehrsätzen, die den Abweichenden abzustrafen geneigt ist. Aus allen diesen Gründen können deshalb auch so intelligente Analysen und Konzepte, wie die gerade vorgetragenen Folgerungen aus dem „Ranking" nicht überzeugen und auch nicht akzeptiert werden.

Ein sozialpolitisches Horrorgemälde der gegenwärtigen Lage der deutschen Marktwirtschaft ist hier aber weder beabsichtigt noch angebracht. Sorgen bereitet die Entwicklung. Immerhin wird seit mindestens 12 Jahren, also schon vor den Lasten der deutschen Vereinigung von der Wirtschaftspolitik – und um diese geht es hier – ein Kampf gegen die wachsende Arbeitslosigkeit gleichsam vorgegaukelt. Denn die Ergebnisse sind weit von den Versprechungen entfernt. Deshalb muß um die Stabilität der sozialen Netze gerungen werden. Sie müssen erhalten bleiben, aber intelligent, mit Bedacht und in sozialer Verantwortung reformiert werden, dort wo dies überfällig ist. Allein von „Soziallasten" und der Notwendigkeit drastischer „Einschnitte" zu sprechen, reicht nicht.

Die wichtigsten Rahmendaten der folgenden Betrachtung über die Zukunft des Sozialstaats sind die keineswegs beänstigenden Belastungen der deutschen Wirtschaft im europäischen Vergleich, die ökonomische Bedeutung der sozialstaatlichen Einrichtungen und die tatsächlichen, nämlich „von innen" kommenden Problemlagen und Perspektiven der deutschen sozialpolitischen Einrichtungen. Außerdem werden natürlich auch die oben (S. 247ff.) untersuchten beschäftigungspolitischen Vorteile expandierender Märkte für sozialpolitisch relevante Produkte und Dienstleistungen in die Überlegungen einbezogen. Es geht um einige perspektivische Überlegungen.

3.5.2 Deutsche Sozialstaatlichkeit im europäischen Kontext

Jens Alber hat unlängst in einer Untersuchung über den deutschen Sozialstaat im Licht international vergleichbarer Daten (1998, S. 14ff.) abschließend betont, daß die Strukturmerkmale des deutschen Sozialstaats insbesondere im europäischen Ausland anerkennend beurteilt würden, die Integrationsleistungen dagegen weniger Beachtung fänden. Letzteres ist vergleichbar mit den hier (S. 281ff.) herausgearbeiteten und auf europäischer Ebene anerkannten kooperativen Konfliktlösungsstrategien. Auch weist Alber auf den Bericht der britischen Commission on Wealth Creation and Social Cohesion von 1995 hin, der die in der deutschen Mitbestimmungspraxis angelegte Orientierung an „stakeholder"-Interessen vor den bloßen „share-holder"-Interessen anerkennend hervorhebt. Auch dies ist eigentlich nicht typisch für eine liberalistische Auffassung von wettbewerbswirtschaftlichem Verhalten. Denn „Stake-Holder" sind auch die Beschäftigten eines Unternehmens.

Deutschland liegt mit seiner Sozialleistungsquote im europäischen Mittelfeld (s. S. 217). Daß dieses trotz der Vereinigungslasten und der hohen Arbeitslosigkeit so ist, spricht für sich. Hinzu kommt das Ergebnis von Berechnungen, die nachweisen, daß die sozialpolitischen Leistungen nicht aus-, sondern eher abgebaut wurden seit den achtziger Jahren (vgl. S. 215). Im internationalen Vergleich erscheint der deutsche Sozialstaat weder ausgeufert, noch auffällig (Alber, 1998, S. 201ff.). Diese Feststellungen sind deshalb wichtig, weil viele ökonomische Analysen oder gutachtliche Äußerungen wie z.B. die Berichte des Sachverständigenrates a) vom Ausufern ausgehen und b) problematische Vergleiche anstellen, wenn sie auf der Basis von OECD-Statistiken mit äußerst ungleichen sozialpolitischen Traditionen und Strukturen konkrete Aussagen zur deutschen Situation machen.

Deutschland ist seit über hundert Jahren einen eigenen sozialpolitischen Weg gegangen. Aber dieser hat im Recht und in der Staatsphilosophie eine erhebliche Affinität zu den anderen kontinentaleuropäischen Mitgliedstaaten von Euroland. Das ist wichtig und für die nächste Zukunft sehr bedeutsam. Dies drängt gerade diese Staaten, allen voran Frankreich, Italien, Spanien, auch die Niederlande, in die Suche nach einer „europäischen Sozialstaatlichkeit", die innerhalb von Euroland eine spezifische und den gewachsenen Strukturen angemessene Form finden und nach außen hin dem globalen Wirtschaftswettbewerb gewachsen sein muß. Dabei sollten die Kostenbelastungen der europäischen Unternehmen nicht gering geschätzt werden. Aber es sollte nach den deutschen Erfahrungen auch auf die Vorzüge kooperativer und integrierender Strukturen Wert gelegt werden. Der Verbindung von Marktwirtschaft und Sozialstaatlichkeit kann auf diese Weise durchaus die Zukunft gehören, ja möglicherweise kann mittelfristig Überlegenheit durch Stabilität bedeuten. Hinzuzurechnen ist die oben (S. 247ff.) untersuchte beschäftigungspolitisch positive, und nicht belastende Bedeutung expandierender Märkte für soziale Dienste und medizinisch-technische Industriezweige.

Diese generellen Entwicklungslinien müssen aber mit Einschränkungen betrachtet werden, da es z.T. auch noch beträchtliche Divergenzen in bezug auf das Verhältnis von Marktwirtschaft und Sozialstaatlichkeit oder Sozialpolitik gibt.

In bezug auf die geforderten „Einschnitte in die sozialen Netze" sollten sich die deutschen Ranking-Analysten allerdings zunächst einmal mit den Beobachtungen von Alber (1998, S. 223) auseinandersetzen, wonach sowohl Reagan in den USA als auch Frau Thatcher in Großbritannien die eigentlich beabsichtigten tiefgreifenden Rentenreformen politisch nicht durchsetzen konnten. Am deutlichsten sei dies im amerikanischen Regierungssystem zu beobachten, dessen Entscheidungsstrukturen dem deutschen System ähnelten (Formierung starker Rentnerorganisationen z.B., häufige Wahlen). Frau Thatcher habe ihre Absicht, daß staatliche Zusatzrentensystem (State Earnings Related Pension Scheme, SERPS) abzuschaffen, wegen des parlamentarischen Widerstandes in den eigenen Reihen aufgeben müssen. Sie konnte jedoch deutliche Kürzungen der staatlichen Rente, bei gleichzeitig erfolgreicher Förderung privater Alternativen durchsetzen.

Das sind entscheidungspolitische Bedingungen von Rentenreformen in westlichen Demokratien. Renten„empfänger" sind Stimmen„geber". Für die politischen Parteien ist weniger der sogenannte „Mut zu unpopulären Maßnahmen" als die Sicherung ihrer politischen Existenz durch Wählerstimmen maßgeblich. Hinzu kommt ein breite und mächtige „Sozialstaatsklientel" (vgl. S. 124).

Frankreich versuchte im Jahre 1998 unter einer sozialistischen Regierung der „Explosion der Armut“ und „sozialer Ausgrenzung“ mit nationaler Priorität zu begegnen. Offenbar gab es in diesem Punkt ein überparteiliches Einvernehmen, denn schon die konservative Regierung Juppé hatte ein „Gesetz zum sozialen Zusammenhalt“ eingebracht. Die französische Gesetzgebung forciert vor allem die finanziellen Aufwendungen für die soziale Fürsorge, Schutz bei Krankheiten, Besteuerung leerstehender Wohnungen, Hilfen gegen Verschuldung und Arbeitslosigkeit.

Dies könnte so interpretiert werden, daß Frankreich erst nachholt, was das deutsche Sozialsystem längst kennt. Dem ist nicht so. In Deutschland wird ungeachtet der Vereinigungslasten und der Kosten der Arbeitslosigkeit von Einschränkungen gesprochen. Ein Programm des Bundestages gegen „soziale Ausgrenzung“ ist nicht geplant. Über Armut sprechen in Deutschland die Kirchen, soziale Gruppierungen, auch die Parteien, Sozialethiker und einschlägige Forschungsinstitute. Auch die Regierung will sich um die „wirklich Bedürftigen“ kümmern. Aber dies alles ist für die deutsche Tradition der Sozialen Marktwirtschaft nach dem Kriege eher eine „Ausgrenzung“, weil es eigentlich eine Abkehr von dem integrativen Anspruch der sozialstaatlichen Ausgestaltung der Marktverhältnisse darstellt. Denn diese nahm ja gerade für sich in Anspruch, die „Armutspflege“ überwunden zu haben.

Das deutsche System ist möglicherweise einmal perfekter in der Erfüllung eines gesellschaftlichen Anspruchs auf Gerechtigkeit gewesen. Es wäre sicher kein Nachteil, wenn dies zum Maßstab in Euroland würde. Es wird aber deutlich, daß die europäischen Nachbarn in einer Zeit recht willkürlicher, fiskalisch bedingter „Einschnitte“ in soziale Netze heute durchaus auch auf dem Felde sozialer Temperierung der Marktwirtschaft Vergleichsmaßstab und gelegentlich Anstoßgeber und Vorbilder sein können, weil sie offenbar realitätsbezogener, politischer, problemorientierter denken und handeln. Auch so kommen die europäischen Gesellschaften einer sozialstaatlichen Konvergenz in Euroland allmählich näher.

3.5.3 Dynamische Reformen

Es wurde bereits dargelegt, welche große und wachsende Bedeutung die von sozialstaatlichen Aktivitäten induzierte finanzstarke Nachfrage für die Gesamtwirtschaft besitzt. Nutznießer sind die expandierende medizinisch-technische und pharmazeutische Industrie ebenso wie alle selbständigen Berufe und Einrichtungen einschlägiger privatwirtschaftlicher Bereiche, ganz abgesehen von der Beschäftigung in sozialen Dienstleistunsgsbereichen. Dies ist eine breite „Klientel“, die vom sozialstaatlichen Leistungsaufkommen und vom Umverteilungsvolumen „lebt“.

Der so häufig geforderte „tiefe Einschnitt“ in das Leistungssystem ist damit immer zugleich ein Einschnitt in marktwirtschaftliches Wachstum sowie Einkommens- und Vermögensbildung. Diese Zusammenhänge müssen stärker von ökonomischen Zukunftskonzepten zur Kenntnis genommen werden. „Einschnitt-Konzepte“ denken z.B. nicht an die wachsende Zahl gut ausgebildeter Ärzte und Apotheker oder an all die mittelständischen Existenzen in den vielen Kurorten Deutschlands, die von der sozialstaatlichen Nachfrage und finanziellen Leistungsfähigkeit abhängig sind. So kann der „Einschnitt“ durchaus zu einer existenzbedrohenden Krise für bestimmte Mittelschichten führen, vor allem lokal und regional. Bei den Ärzten, Zahnärzten und Apothekern wird der Druck auf kartellartig organisierte Studien- und Zulassungsbeschränkungen vergrößert. Eine weitgehende Privatisierung aller sozialen Leistungen wirft insofern Probleme auf, als z.B. Krankenversicherte in abhängigen Beschäftigungsverhältnissen bei längerfristiger Lohnzurückhaltung einfach nicht das Geld haben, um ihre Nachfrage zu befriedigen, d.h. die Leistungen der Ärzte, Krankenhäuser, Apotheken und Pfleger zu bezahlen.

Dynamische „Reformen“ sind deshalb nötig, nicht drastische „Einschnitte“, die neue Probleme vorhersehbar erzeugen. Der Sozialstaat ist nun einmal gleichzeitig ein „Problem-Bewältiger“ und ein „Problem-Erzeuger“ (Schmidt, 1988). Um die vielfältigen Finanzierungsprobleme vor allem der Kranken- und der Rentenversicherungen zu bewältigen, sind Korrekturen oder – noch genereller – Veränderungen in der Leistungsstruktur durchaus wichtig und unvermeidlich. Gerade das Interesse an einer Erneuerung der „Sozialen Marktwirtschaft“ verlangt diese Einsicht und geeignete Schritte.

Beginnen müssen die notwendigen Reformen mit einem Nachdenken über die bisherige Expansion der öffentlich abzusichernden Risiken. Es ist erstaunlich, wie wenig dies bewußt ist. Immer wieder wird allein oder eher darüber gestritten, ob die Mittel nicht da und dort gekürzt werden könnten. Am Anfang dieses Jahrhunderts umfaßten jene individuellen Risiken, für die die Gesellschaft und Politik der damaligen Zeit öffentliche Sorge tragen wollten, die Krankheit, das Alter und den Unfall. Die Sozialisierung individueller Lebensrisiken wurde dann zu einem säkularen Trend. Heute ist kaum noch ein individuell zu verantwortendes Risiko nicht zugleich ein Risiko, für das die Gemeinschaft aller Versicherten einzutreten habe. Es gibt so viele Beispiel hierfür (s.a. S. 115f.), daß an dieser Stelle auf Aufzählungen verzichtet wird.

Hier, nicht vordergründig bei der Bemessung nach teueren oder weniger teueren Leistungen, muß eine dynamische Reformpolitik beginnen. Sie sollte sich dabei auch dessen bewußt sein, was Ulrich Beck schon 1986 (Risikogesellschaft) als einen generellen Prozeß der „Individualisierung“ herausgearbeitet hat. Wenn diese Individualisierung, die bei Beck und anderen als der Trend zum Jahrhundertende hin angesehen wird, eine langzeitliche Begleiterscheinung des Trends der Sozialisierung von Lebensrisiken ist, dann stellen sich zwei Fragen: Wäre ohne die Expansion öffentlicher Verantwortung für persönliche Lebensrisiken eine „Individualisierung“ überhaupt möglich gewesen, d.h. ist erstere die „materielle Basis“ dieser Individualisierung? Oder sind die westlichen Gesellschaften heute aus materiellen und kulturellen Gründen in einer Verfassung, die eine neue persönliche Verantwortlichkeit ihrer Bürger für ihre eigenen Lebensrisiken erlaubt? Bevor also über Einsparungspotentiale für den sozialpolitischen Aufwand gestritten wird, sollte gründlich abgeklärt werden, was heute persönliches Lebensrisiko (geblieben) ist, sein muß und sein soll und was (unbedingt) öffentlich (bleiben) sein muß oder neu geboten ist. Die materielle Bedürftigkeit ist dabei durchaus eine grundlegende Kategorie, aber sie ist keinesfalls die einzige.

In bezug auf die Fortentwicklung der Marktwirtschaft und für die Makroebene sollen aus der umfänglichen Diskussion zwei Argumente, die zusammengehören, herausgegriffen werden. Deutlichste Auswirkungen auf die marktwirtschaftlichen Vorgänge haben die Sozialabgaben und die Form ihrer Aufbringung. Unter diesen Abgaben sind die Rentenversicherungsbeiträge die wirtschaftlich und politisch wichtigsten. In diesem Punkt ist die Verbreiterung der Finanzierungsbasis überfällig. Überfällig ist mit anderen Worten die Abkehr von bestimmten Traditionen, von den Resten eines überholten Staatsbeamten-Verständnisses – das mit Philosophie und Realität des demokratischen

Staates kollidiert – ebenso wie von den Resten der schichtorientierten kaiserlichen Sozialpolitik (s. S. 109f.). Es müssen endlich alle Gruppen der Bevölkerung in das System einbezogen werden. Würden alle Beamten, die Selbständigen und z.B. auch die Abgeordneten in den Parlamenten in die Sozialversicherungen einbezogen, so würde sicher keine totale finanzielle Entlastung – denn es entstehen auch Leistungsansprüche – aber doch eine spürbare Entspannung eintreten.

Bislang ist in Deutschland auch auf einen klaren Bruch mit dem Prinzip der paritätischen Finanzierung der Sozialversicherungen verzichtet worden. Bei der Einführung der Pflegeversicherung konnten sich die Arbeitgeber und die ihr nahestehende Partei damit fast durchsetzen. Die neue soziale Versicherung sollte allein durch Beiträge der Beschäftigten finanziert werden. Der Ausweg aus dem Dilemma wurde mit der Streichung eines arbeitsfreien Tages gefunden. Die Proteste gegen die Abschaffung des Buß- und Bettages als allgemeinen Feiertag halfen nichts.

Ein Verzicht auf die Arbeitgeberbeiträge bei den bestehenden Sozialversicherungen brächte aber das gesamte und bewährte Gebäude zum Einsturz. Dies wurde wohl auch von keiner Seite ernsthaft erwogen. Das allmähliche Einfrieren des Arbeitgeberanteil auf einem erreichten Status scheint eine Lösung zu sein. Sie muß, da die Arbeitnehmerbeiträge nicht ins Uferlose angehoben werden können, zu einer Verringerung des Aufkommens und damit zu einer Minderung der Leistungen führen. Greift man nur die beiden großen Versicherungen heraus, so heißt dies: In der Krankenversicherung führt dies zu einem verschlechterten Leistungskatalog; die Versicherten müßten weitere Leistungen selbst zahlen, wenn sie dazu in der Lage sind. Auswirkungen auf Ärzte, Krankenhäuser, soziale Dienste, Kurorte gibt es zweifellos, ihr Umfang ist generell nicht abzuschätzen.

In der Rentenversicherung würden die Rentenzahlungen gekürzt. Auch hier ist die Abschätzung der weiteren Auswirkungen schwierig. Bei niedrigen Renteneinkommen wird die kommunale Sozialhilfe einspringen müssen. D.h. die „Last" würde von den Sozialabgaben auf die Steuern verschoben. Natürlich ist auch noch eine Senkung des allgemeinen Rentenniveraus möglich. Dieses Problem stellt sich aber bereits aus demographischen Gründen, dem drohenden Zusammenbruch des „Generationenvertrages". Die Grenze für alle diese Überlegungen müßte sein, daß Renteneinkommen noch für eine angemessene Lebensführung ausreichen. Diese Grenze blockiert vermutlich alle theoretisch konsequenten Schritte. Dies muß aus politischen Gründen, dem Bürgerrecht auf Mindestsicherung durch Marktwirtschaft und Demokratie, auch so sein.

Eine weitere Möglichkeit ist die Verlagerung der Sozialabgaben auf die von allen zu entrichtenden Steuern. Dies wurde 1998 schon einmal praktiziert, indem die Mehrwertsteuer um einen Punkt angehoben wurde, um eine weitere Steigerung der Beitragssätze zu vermeiden. Theoretisch könnte eine Absenkung des Rentenbeitrages auch durch eine neue „Energiesteuer" finanziert werden. Beide Lösungen haben erhebliche Auswirkungen nach verschiedenen Seiten.

Eine unfinanzierbar gewordene Rentenversicherung kann nicht dauerhaft durch den Zugriff auf andere Steuerarten sicher gemacht werden. Überdies würde dieses Verfahren der Problemlösungsfähigkeit der Politik ein beschämendes Zeugnis ausstellen. Aus wirtschaftlichen Gründen ist die Mehrwertsteuererhöhung als Verlagerung der Abgaben auf die indirekten Steuern zwar durchaus bis zu einer „europäischen" (s. S. 294) Höhe vertretbar. Aber diese Steuer trifft den Massenkonsum, also inbesondere jene Bevölkerungsteile, die einen vergleichsweise hohen Teil ihres Einkommens für den Verbrauch ausgeben müssen.

Die politische Vernunft einer „Energie“- (oder auch Öko-)Steuer ist umstritten. Zum einen fordert der europäische Binnenmarkt den Verzicht auf spezifische Belastungen der deutschen Wirtschaft; die Energiepreise bilden eine wichtige Grundlage des Wirtschaftens. Der europäische Gleichklang wäre wichtig. Innenpolitisch betrachtet scheinen sich die Parteien durchaus dahingehend anzunähern, daß eine sukzessive Anhebung der Energiepreise im Interesse der zunehmenden Rentabilität alternativer Energie wichtig sei. Aber die ist ein anderes Motiv für die Steuer.

3.5.4 Reprivatisierungen individueller Risikovorsorge

Es muß über eine versicherungsimmanente Behandlung des Problems nachgedacht werden. Damit kommt wieder die (säkulare) „Sozialisierung“ der Risiken in den Blick und die Frage, inwieweit heute von Erwerbstätigen eine persönliche private Vorsorge erwartet werden kann und ob sie dazu aufgrund ihrer Erwerbseinkommen in der Lage sind. Der gerade Weg ist der Aufbau privater Vorsorgerücklagen „neben“ den öffentlichen Garantien. Hier gibt es nach den Berechnungen der Europäischen Kommission durchaus einen deutschen Nachholbedarf und – ein Potential für Kostenreduzierungen.

Schaubild 13: Zusatzrenten als zweite Säule der Alterssicherung

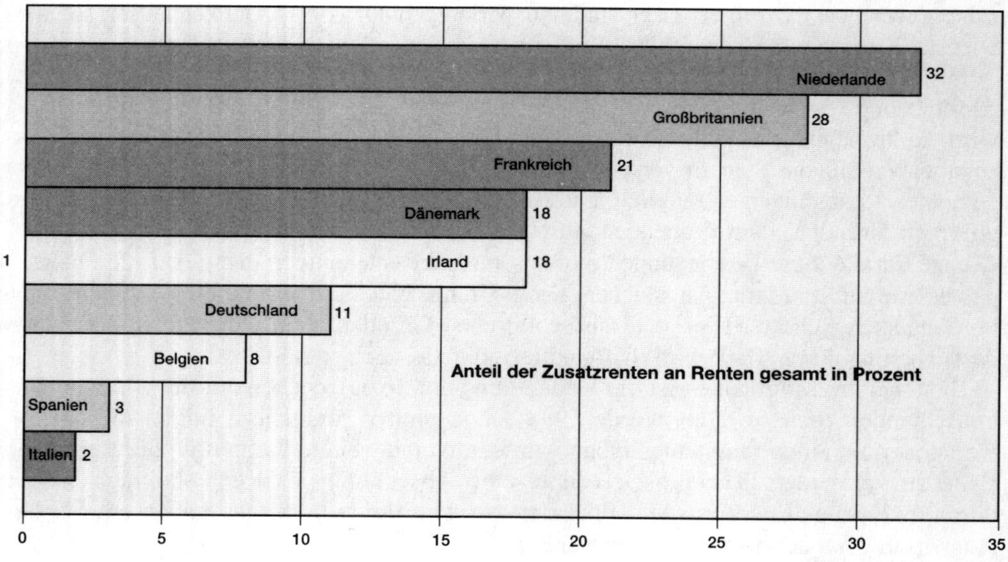

Die Welt v. 17.3.98, S. 25

Ohne eine mutige Politik wird sich nichts ändern. Eine Umstellung dieser Art wäre kaum populär. Aber sie wäre keine „Kampfansage an den Sozialstaat“. Die Politik müßte sich offen und entschlossen zur nachhaltigen steuerlichen Förderung bei dem sukzessiven Aufbau derartiger privater oder öffentlich-rechtlicher Zusatzversicherungen entschließen und bekennen. Denkbar ist das Prinzip nicht nur für die Alterssicherung, sondern auch für die Krankenversicherung. Grundgedanke und Praxis einer Eigenvorsorge neben einer öffentlichen Sicherung sind ja nicht neu. Sie müssen zu einem allgemeinen Prinzip gemacht werden.

Die Alterssicherung steht aber vor einer doppelten Herausforderung, stärker als seine europäischen Nachbarn. Dazu noch einmal der Vergleich von Jens Alber: „Deutschland wird ... durch den demographischen Wandel künftig in überdurchschnittlicher Weise mit Herausforderungen konfrontiert, die in der Sozialpolitik und vor allem in der Rentenpolitik Anpassungsdruck mit sich bringen. Kontinuierlicher Wandel wird dabei nicht nur erforderlich, sondern auch wesentlich wahrscheinlicher sein als ein radikaler Systembruch“ (1998, S. 225).

Neben den deutlichen Veränderungen im Altersaufbau der Bevölkerung und damit der neuen Relation zwischen Erwerbstätigen und aus dem Arbeitsleben Ausgeschiedenen, steht die zweite Herausforderung durch die Arbeitslosigkeit. Solange die Arbeitslosigkeit auf der bisherigen Höhe auch nur annähernd verbleibt, müssen stets zwei Kriterien für die Beurteilung der künftigen Entwicklung zusammen genannt werden: Der stark ansteigende Anteil Älterer, aus dem Arbeitsleben z.T. frühzeitig Ausgeschiedener, und die Frage, ob die Erwerbsfähigen auch erwerbstätig sein können, ob es mithin genügend Arbeitsplätze für sie gibt. Ohne Berücksichtigung des zweiten Kriteriums müssen alle Rentenberechungen äußerst vage genannt werden.

Dieses Problem gilt auch für die naheliegenden, konkret schon diskutierten Lösungen:

1. Einfrieren oder Zurückführen der „klassischen Form“ der Finanzierung durch das „Umlageverfahren“ und den „Generationenvertrag“ zwecks Absenkung der Abgabenlast, sei es generell durch Reduzierung des Satzes für beide Seiten, sei es durch einseitige Ausklammerung des Arbeitgeberanteils
2. Aufbau eines Zusatzrentensystems, basierend auf einem gesetzlich errichteten „Altersvorsorge-Sondervermögen“, das nach dem „Kapitaldeckungsprinzip“ (s. S. 109; 122) funktioniert. Im erwerbsfähigen Alter wird damit eine individuell zurechenbare Rente aufgebaut, die durch ihre Kapitalerträge (z.B. auch Zinsen aus Anlagen in Aktien der Euro-Raumes) verstärkt wird. Hier ist das Risiko beachtlich. Auch bleibt die Frage, wieweit ein Nebeneinander von Beiträgen und Einzahlungen dieser Art finanziell überhaupt realisierbar ist.
3. Die bisher schon übliche private Alterssicherung, z.B. durch Lebensversicherungsverträge.

Im europäischen Vergleich sind in Deutschland private Vorsorgen in Form von Lebensversicherungen oder Pensionsfonds noch unterentwickelt.

Tab. 24: Vermögenswerte der Lebensversicherungen und Pensionsfonds

	Vermögenswerte			
	der Lebensversicherungen (1995)		der Pensionsfonds (1993)	
Land	in Mrd. ECU	als Anteil des BIP*	in Mrd. ECU	als Anteil des BIP*
Großbritannien	565	67,1	717	79,4
Dänemark	65	49,0	26	20,1
Niederlande	138	45,6	261	88,5
Frankreich	317	30,0	41	3,4
Deutschland	379	20,5	106	5,8
Spanien	18	4,2	10	2,2
Portugal	3	3,9	-	-
Italien	31	3,7	12	1,2
Belgien	6	2,9	7	3,4
Irland	-	-	18	40,1
EU	-	-	1198	20,3

*Angaben in Prozent
Quelle: Die Welt v.17.3.98, S. 25 nach Europäische Kommission (1997) Grünbuch

Dieses System könnte funktionieren, wenn die Marktwirtschaft und die Politik den Menschen die Chance verschafften, von der Bildung von Zusatzrenten oder Lebensversicherungen Gebrauch zu machen. Das heißt in erster Linie, daß jeder arbeitsfähige Bürger einen Ausbildungsplatz und Arbeitsplätze für seine Lebensarbeitszeit erhalten kann (nicht garantiert bekommt) und daß dabei genügend Einkommen erzielt wird. Denn nur so könnten wirklich finanzielle Vorsorgeleistungen individuell, persönlich erbracht werden. Unter diesen Umständen ist durchaus eine gesetzlich verpflichtende Reprivatisierung von Lebensrisiken auch politisch vertretbar.

Immer wieder also kommt der Arbeitsmarkt in den Blick. Werden nun allerdings die Perspektiven der Arbeitsmärkte kritisch, aber ohne Scheuklappen herangezogen, so zeigt sich ein gegenwärtig unauflösbarer Widerspruch: Die Erwerbsarbeit wird nicht mehr das gesamte arbeitsfähige Leben bestimmen. Es wird Phasen nicht- oder schlechtbezahlter Beschäftigungsverhältnisse u.ä. geben (s. S. 268ff.). Dann aber können diese Pläne nicht funktionieren oder aber sie werden gegen alle politischen Widerstände durchgedrückt. Eine dafür erforderliche Gesetzgebungsmehrheit ist nicht zu erwarten.

Was bleibt? Es kommen wieder Konzepte einer „Grundsicherung“ für alle, aus Steuermitteln finanziert, in den Blick. Sie reichen von der „negativen“ Einkommensteuer, also einem öffentlichen Finanzierungsanspruch, falls keine Steuerzahlung möglich ist, über ein „Bürgergeld“, das Sozialhilfe und andere Transferleistungen des Staates wie Kindergeld, Wohngeld und Steuerermäßigungen ersetzt, aber gleichzeitig Anreize zur Arbeitsaufnahme enthält, bis hin zu einer „sozialen Grundsicherung“, die ebenfalls alle bisherigen Leistungen zusammenfaßt, jedoch kaum Anreize für die Suche nach einer Erwerbsarbeit enthält.

Eine vorsichtige Abschätzung der Gesamtentwicklung mit dem Versuch, der Komplexität der Probleme gerecht zu werden, kommt zu dem Urteil, daß wohl allgemeine steuerfinanzierte Einkommenssicherungen in Zukunft unvermeidlich werden. In welcher Form auch immer. Die Ideallinie ist zweifellos die Verbindung mit der gesetzlich angeordneten Pflicht zu individueller Ergänzung..

Es ist politisch nicht nur vernünftiger, sondern kurzfristig geboten, auf dynamische und ausgewogene Reformen zu setzen und diese allerdings, ohne den gewohnten Attentismus oder die Behinderungen durch die Interessenverbände, tatkräftig umzusetzen. Das ist die Aufgabe der Politik. Sie handelt dann nicht allein aus sozialethischen Gründen, sondern ebenso mit marktwirtschaftlicher Vernunft. So stehen die Chancen Deutschlands in Euroland und im globalen Kontext nicht schlecht. Das Land ist und bleibt mit einer funktionierenden, sozialstaatlich möglichst rational strukturierten Marktwirtschaft und mit dem Prinzip kooperativer Sozial- und Arbeitsbeziehungen konkurrenzfähig und beruht zugleich auf einem vernünftigen und lebenswerten System, das jedem Anspruch auch der politischen Demokratie gerecht wird.

3.6 Zukunftssicherung durch Wissen, Bildung und Qualifikation

Die nach vorne blickenden Ökonomen sind sich einig: Wissen, Bildung und breite Qualifikationen werden die Zukunft der nationalen Volkswirtschaften maßgeblich bestimmen. Exemplarisch formulierte es Lester Thurow (1996, S. 411) so: „Im 21. Jahrhundert werden Geisteskraft, Phantasie, Erfindungsreichtum und Organisation der neuen Technologien die strategisch wichtigste Rolle spielen. Kapital ist zwar immer noch erforderlich. Es ist jedoch zu einem Massengut geworden, das sich jederzeit an den Kapitalmärkten der Welt ... aufnehmen läßt".

Die bayerisch-sächsische „Zukunftskommission" (nach ihrem Vorsitzenden auch „Miegel-Kommission" genannt) sah die Perspektive ähnlich: Einfallsreichtum, Leistungs- und Verantwortungsbereitschaft – bei möglicherweise größeren sozialen Unterschieden – würden eine größere, der Staat hingegen eine geringere Rolle spielen. Die Zukunft liege in einer „unternehmerischen Wissensgesellschaft". (Vgl. Die Woche Nr. 23 v. 5.6.1998, S. 6f.)

Interessant ist es, wie diese beiden exemplarisch hier genannten Zukunftskonzepte auf die naheliegende Frage eingehen, wie die neue Gesellschaft und Wirtschaft denn anzustreben sei. Bei der „Miegel-Kommission" sind es offensichtlich einzelne Unternehmer im Sinne Schumpeters, und es sind Wissenseliten. Auf jeden Fall wird der Staat nicht in Anspruch genommen. Bei Thurow ist dies, achtet man auf das Prinzipielle seiner Ausführungen, gar nicht so viel anders. Der Amerikaner sieht als die tragenden Kräfte der Zukunft heute schon existierende Firmen, „deren strategischer Vorteil schon jetzt in Qualifikation, Bildungsgrad und Wissensvorsprung liegt (Unternehmensberatungen, Anwaltskanzleien, Emissionshäuser, Wirtschaftsprüfer)" (Thurow, 1996, S. 411).

In dieser Vision kommt es aber darüber hinaus zu einer weiteren entscheidenden Veränderung, die theoretisch einleuchtend, auch erstrebenswert, praktisch jedoch noch kaum vorstellbar ist: Die von Thurow skizzierten Unternehmen der Zukunft haben andere Eigentumsverhältnisse und würden auch anders geführt werden als die kapitalbasierten Unternehmen herkömmlicher Art. Die Gesellschafter seien aktiv im Unternehmen tätig. Die Mitarbeiter haben infolge gewinnabhängiger Tantiemen selbst den Status von Eigentümern; die Hierarchie ist äußerst flach. Würden sie wie General Motors geführt, gerieten sie früher oder später in Schwierigkeiten. Aber: „Was wird aus dem Kapitalismus, wenn er nicht mehr Eigentümer der strategischen Quellen ist, aus denen er seinen Wettbewerbsvorteil zieht?" (Thurow, 1996, S. 411). Im Bundestagswahlkampf des Sommers 1998 ist durch den designierten Wirtschaftsminister der SPD ein ähnliches und erfolgreiches Unternehmen in Deutschland bekannt geworden. Der Unternehmer Stollmann kannte in seiner Firma keinen Betriebsrat. Sein die gewerkschaftlichen Traditionalisten schockierendes Argument lautete: Sind die Mitarbeiter zugleich in einer Art Eigentümerposition, so wäre diese Einrichtung ein Widerspruch in sich. Dem kann nicht widersprochen werden. Moderne Unternehmen der Telekommunikations- und Datenverarbeitungsbranchen verändern die Realität der Arbeitswelt. Die Konsequenzen der Prognosen und derartiger Entwicklungen, es gibt sie in manch anderen Variationen, stehen im Widerspruch zu der Tendenz weltweiter Kapitalfusionen und der Bildung globaler Megakonzerne. Diese „Globalisierung" ist offensichtlich nicht die einzige Perspektive.

Auf die Frage, wie denn die strategisch wichtige „Wissensgesellschaft" entwickelt werden sollte, hat auch die „Miegel-Kommission" letztlich keine Antwort. Werden nicht vielleicht doch politische Entscheidungen und anleitende Interventionen erforderlich sein? Die Berechtigung dieser Frage wird noch deutlicher, wenn man nicht allein auf Eliten, sondern auf breite Qualifikationen setzen will.

Gibt es eine immanente Tendenz der kapitalbestimmten Marktwirtschaften in Richtung auf das theoretisch als richtig Erkannte? Thurow z.B. geht in seiner pragmatischen Weise auf die Tatsache ein, daß in den meisten hochindustrialisierten Ländern Schulen und Hochschulen vom Staat finanziert werden. Daneben biete sich – insbesondere auf hohem Niveau in Deutschland – eine Lehre und eine Berufsschule an. Das Lob der deutschen „dualen Ausbildung" ist nicht neu. Es ist ein „Standortvorteil". Aber es produziert keine Wisseneliten. Gebraucht wird beides. „Wer sehen will, wie ein kapitalistisch ausgerichteter Bildungsmarkt versagt, braucht sich nur die USA anzuschauen. Es gibt nicht genügend qualifizierte Arbeitskräfte. Mittlere Qualifikationen, wie man sie typischer Weise in einer Lehre erwirbt, glänzen in den Vereinigten Staaten durch Abwesenheit. Gerade in diesem Bereich aber liegt die wirtschaftliche Stärke Deutschlands und Japans. " (Thurow, 1996, S. 423).

Die Schlußfolgerung wäre gewiß nicht, in Deutschland nun in großer Selbstgewißheit eine Intensivierung nur noch der höheren Ausbildung zu empfehlen. Denn ein Zerbrechen des Dualen Systems der Berufsausbildung muß nicht nur aus Sorge um die Verwahrlosung der Jugend und wegen der besonders hohen Jugendarbeitslosigkeit bei schlecht oder gar nicht ausgebildeten Menschen unbedingt vermieden werden. Die Erhaltung und Verbesserung dieses Systems ist eine grundlegende Voraussetzung für die Zukunftssicherung der Gesellschaft und ihrer Wirtschaft.

Für die, gleichermaßen notwendige, Entwicklung einer „unternehmerischen Wissensgesellschaft" müssen in Deutschland Tabus gebrochen werden. Es ist dies die gesellschaftliche Geringschätzung bis Ächtung einer Förderung von Intelligenz, Hochbegabung, Erfindungsreichtum und Persönlichkeit, also der „Elite". Der Schock der sechziger Jahre, als der Bildungsforscher Picht zu recht von der „deutschen Bildungskatastrophe" sprach, weil das Gymnasium traditioneller Art in seiner elitären Selbstgefälligkeit erstarrt war, hat das allgemeine Bildungs- und Qualifikationsniveau anschließend erheblich verbessert. Aber es hat auch zu Überzeichnungen geführt. Während deutsche Pädagogen in die USA fuhren, um die Comprehensive High School zu studieren, waren die Amerikaner schon in Deutschland, um die Qualitäten der klassischen deutschen „höheren" Bildung zu studieren.

Von diesem Wechsel der pädagogischen Leitlinen in der alten Bundesrepublik haben sich weder Schulen noch Universitäten (trotz der Zunahmen praxisorientierter Fachhochschule, die das duale System auf höherem und hohem Niveau ergänzen) bis heute erholt. Aus den Schulen und Universitäten kommende Ansätze zur Förderung hoher Begabungen und spezifischer „exzellenter" Qualifikationen stoßen vor allem bei Landespolitikern und Parteien noch häufig auf Ablehnung und Blockaden. Das ist ein Politikversagen, das mittlerweile zukunftsblockierend genannt werden muß. Auf der anderen Seite sind auf einigen Gebieten und in verschiedenen Regionen deutliche Ansätze erkennbar, um Deutschlands Nachholbedarf im Vergleich mit seinen Nachbarn zu decken.

Wie bedeutsam eine wache Beobachtung und flexibles Handeln auf diesen sensiblen Feldern der Elitenbildung ist, zeigt sich an der zunehmenden Kritik an Frankreichs „Ecole Superieurs". Diese erfolgreiche Elitenausbildung droht nach dem Urteil vieler Kritiker zu erstarren, wie es einst das deutsche Gynasium vormachte. Der Zeitpunkt für deutsche Initiativen als nationale Aufgabe ist jedenfalls auch in dieser Perspektive durchaus gekommen. Die Erfahrungen mit allen Aspekten des Problems bilden eine gute Grundlage für angemessene Konzepte.

Die europäische Dimension der Bildungs-, Wissens- und Qualifikationsfrage schließt ein, daß in Deutschland eine stärkere und deutlichere Qualifizierung auch für die europäischen Institutionen, Regelwerke und Verwaltungen erfolgen muß. Hochschulen wie jene in Speyer müßten auf dem höchst erreichbaren Niveau in der Kombination mit der französischen Sprache (das englische ist heute selbstverständlich) Qualifizierungen für alle Felder der europäischen Gemeinschaft, auch der künftigen, anbieten. Das wäre ein wichtiger nationaler Beitrag zur Zukunftssicherung.

6. Kapitel
Zur Leistungsfähigkeit europäischer Institutionen und zu deutschen Interessen

1. „Politische Leistungsfähigkeit" von Demokratien

Manfred G. Schmidt hat seinen zahlreichen Arbeiten auf diesem Gebiet unlängst einen Aufsatz über „Das politische Leistungsprofil der Demokratien" folgen lassen (Schmidt, 1998, S. 181-199). Bedeutsam auch für die vorliegende Betrachtung ist die Analyse des Begriffs der „politischen Produktivität". Unter diesem Begriff faßt er auf der Basis der einschlägigen theoretischen Literatur ein acht Hauptdimensionen umfassendes Leistungsprofil politischer Systeme zusammen:

Leistungen bei 1. der Systemerhaltung, einschließlich der Berechenbarkeit systeminterner Vorgänge; 2. der Anpassung oder Elastizität gegenüber Veränderungen im Umfeld oder gegenüber dem Präferenzwandel der Bürger; 3. der politischen Beteiligung; 4. der politischen Unterstützung und Akzeptanz; 5. der prozeduralen Gerechtigkeit; 6. der Wohlfahrt, ablesbar am Sozialprodukt und an sozialpolitischen Leistungen; 7. der Sicherheit von Person, Eigentum, Öffentlicher Ordnung; und 8. der Freiheit. (S. 181, F 2).

Seine Untersuchungsbefunde sind kurz zusammengefaßt (S. 182):

- Etablierte Demokratien haben in wichtigen Politikfeldern einen beachtlichen politischen Produktivitätsvorsprung vor allen anderen Regimen.
- Dabei sind Abstriche nötig, denn ein Teil dieses Vorsprunges ist das Werk günstiger Rahmenbedingungen.
- Die politische Produktivität variiert mit dem Demokratietypus und den Akteuren.
- Die Politik in allen Demokratien neigt dazu, Kosten auf die Zukunft abzuwälzen. Am wenigsten geschehe dies bei einem Vorhandensein von stark direktdemokratischen Elementen und in Ländern, in denen der Sozialstaat weit ausgebaut worden sei.

In der Wirtschaftspolitik hätten allerdings die Demokratien keinen eindeutigen Vorsprung vor Nichtdemokratien. Vor allem aber verfügen Demokratien über bessere Mechanismen der Problemverarbeitung und damit über mehr Anpassungselastizität. Repräsentative Demokratien neigten bevorzugt dazu, Politik zu Lasten der Zukunft zu betreiben. Auf der anderen Seite sei dies bei sozialstaatlich starken Demokratien gerade nicht der Fall. Dazu zählt Schmidt vor allem Deutschland, Italien und die Niederlande (S. 196).

Es ist reizvoll, diese empirisch gewonnenen theoretischen Vorgaben im Lichte des hier Behandelten zu betrachten. Zum einen geht es natürlich nicht um die Konkurrenz der Systeme, vor allem nicht mehr seit dem Zusammenbruch des Kommunismus. Dennoch werden einige Elemente genannt, die für unsere Untersuchung nützlich erscheinen.

Im Verhältnis zu den Wirtschaftssystemen z.B. der ostasiatischen Staaten hätten die EU-Staaten Vorteile, die nicht allein aus ihrer wirtschaftlichen Wettbewerbsfähigkeit, sondern auch aus der Anpassungsfähigkeit ihrer politischen Systeme erwachsen. Die genannte sozialstaatliche Komponente bewirkt ein Zusätzliches. Sie fördert offensichtlich nicht nur eine größere Zukunftsfähigkeit der europäischen Wirtschaften, sondern überhaupt stabilere „Regime".

Die zweite Seite dieser Betrachtung ist das Verhältnis zwischen der „Produktivität" des europäischen Institutionensystems im Vergleich zu den einzelnen Nationalstaaten, die sich dazu zusammengeschlossen haben.

2. Die politische Leistungsfähigkeit der europäischen Institutionen

Die Europäische Union und Euroland besitzen die Vorzüge der Demokratie in dem für die westlichen nationalstaatlichen Demokratien genannten Ausmaß nicht. Sie bestehen aus supranationalen Institutionen, die „gouvernementaler" Natur sind. Entscheidend ist der „Rat", als Ministerrat ebenso wie als Rat der Staats- und Regierungschefs. Die demokratische Legitimierung dieses Rates ist eine indirekte. Sie wird über die nationalstaatlichen Parlamente und die nationalen Wahlen geschaffen. Diese Art der Führung in der Europäischen Union weist ein erhebliches Defizit in bezug auf partizipative Elemente auf. Die wachsende Integration der Administrationen und ihres Personals, also das „Mehrebensystem" der Ministerialbürokratien ist alles andere als „demokratisch". Damit fehlt es ganz sicher an der „Problemlösungsfähigkeit", der elastischen Anpassung an neue Problemlagen und an Akzeptanz.

Verstärkt werden die zuletzt genannten Probleme durch die Europäische Kommission. Sie ist die eigentliche Handlungseinheit der EU. Sie ist Initiator, Innovator, Motor der Vergemeinschaftung. Ihre Blickrichtung ist die des sachverständigen Beamten, der sein Feld perfekt bestellen möchte. Eine Unzahl von Reglementierungen sind die Folge. Man darf wohl, ohne den guten Willen und die Qualifikation der großen Kommissionsbehörden bezweifeln zu wollen, an der Flexibilität, der problemnahen Anpassungsfähigkeit, am Handeln in Zusammenhängen, denn das wäre politisches Handeln, Zweifel haben. Die Akzeptanz der Kommission bei den Bürgern der EU-Staaten war stets gering. Wenn nun auch noch die Staats- und Regierungschefs ihre Zweifel öffentlich äußern, wie dies Chirac und Kohl im Frühjahr 1998 taten, dann muß Lähmung eintreten: Durch den selbstgeschaffenen Verordnungs-„Wust" und durch wachsende politische Widerstände.

Verwendet man einmal die früher vom Politologen Winfried Steffani eingeführten Kriterien für eine Demokratie: Transparenz, Effizienz und Partizipation, so gilt für die EU-Administration wohl allenfalls das Kriterium der Effizienz. Auch dieses ist in Gefahr, weil es keine politisch gezogenen Schneisen durch den Wald von Binnenmarktreglementierungen gibt. An dieser Stelle sei noch einmal der EG-Agrarmarkt genannt. Er ist seit 1957 das Kernstück der EG. Der Agraretat sprengt alle anderen Haushaltspositionen des EU-Haushaltes. Politischer Opportunismus und eine nicht mehr auflösbare Agrarlobby machen den Versuch hoffnungslos, eine neue rationale Ordnung von Aufgabenfeldern und ihrer je angemessenen Finanzierung zu erwarten. Obwohl der Agrarbereich nachweislich auf einen äußerst geringfügigen Anteil an der Wertschöpfung mit relativ geringer beschäftigungspolitischer Bedeutung geschrumpft ist, lohnt sich für den Beobachter der europäischen Szene gegenwärtig immer noch nicht der Versuch, hier analytisch rational vorzugehen und in nächster Zeit wirkliche Fundamentalreformen zu erwarten. Die von der EU-Kommission erarbeitete „Agenda 2000“ zeigt richtige und wichtige Reformschritte auf. Ob sie politisch durchgesetzt werden kann, muß nach allen bisherigen Erfahrungen als sehr offen angesehen werden.

Unter diesem Aspekt tritt aber die Demokratiefrage wieder in den Vordergrund. Das Europäische Parlament ist potentiell der Garant für Partizipation, Transparenz und im Sinne politischer Produktivität auch für qualitativ hochstehende Effizienz. Es muß die Einschränkung „potentiell“ gemacht werden, denn die Widerstände gegen eine Aufwertung des Europäischen Parlaments sind groß. Sie korrelieren mit dem Widerstand der Regierungen gegen eine politische Union. Diese wäre ohne die Verfassung eines parlamentarisch-demokratischen Systems undenkbar.

Die parteipolitische Zusammensetzung der nationalen Regierungen hätte früher als die entscheidende Grundlage für bessere oder schlechtere Kooperationen innerhalb der Ministerräte gelten können. Die Erfahrungen der neunziger Jahre belegen dies kaum noch. Es ist allerdings nicht ausgeschlossen, daß dies in Zukunft bei der Formulierung von grundsätzlichen Zielen in bezug auf das Verhältnis Politik – Staat – Wirtschaft doch wieder eine große Rolle spielt. Die wirtschaftskonzeptionellen „Färbungen“ christdemokratischer und sozialdemokratischer Parteien und Regierungen ähneln sich zwar sehr. Dennoch könnte der verbleibende Unterschied bei der Entscheidung, ob eine Politik mehr in Richtung neoliberaler Doktrinen oder mehr in Richtung sozialstaatlicher Durchdringung von Marktwirtschaften konzipiert wird, auf der europäischen Ebene eine größere Rolle spielen. Überschätzt werden dürfen die Unterschiede nicht. Konvergenzen und Divergenzen nationalstaatlicher Traditionen gerade im Verhältnis von Wirtschaft und Politik haben ihren Einfluß noch nicht eingebüßt.

3. Deutsche Interessen und Verantwortlichkeiten

Das 5. Kapitel hat gezeigt, daß viele Zukunftsfragen auch noch ohne den europäischen Bezug diskutiert werden und auch werden müssen. Damit wird dem Eindruck entgegengetreten, der in den vorausgehenden Kapiteln vielleicht zu dominant geworden ist, „unser Schicksal" liege bereits voll und ganz in den Händen der Europäischen Union. Besonders die Währungsunion in Verbindung mit der Vollendung des europäischen Binnenmarktes, die Reglementierungsaktivitäten der EU-Kommission und einige aufsehenerregenden Urteile des Europäischen Gerichtshofes verstärken den Eindruck.

In der genaueren Analyse einiger der bedeutenden Gegenwartsfragen ist deutlich geworden, daß die nationale Politik nicht abgemeldet ist. Sie steht vor grundsätzlichen und schwierigen Entscheidungen, die die Bürger und Wähler persönlich betreffen. Der Verlust der DM ist in diesem Sinne auch sehr bedeutsam. Aber Fragen wie die soziale Sicherheit und die Art und Weise, „wie wir arbeiten werden", sind es noch mehr. Im Gegensatz zu den europäischen Institutionen bedarf die nationale Politik der Legitimation durch Zustimmung. Das erschwert manche sachlich notwendige Reform. Wahrscheinlich ist es leichter, im Kreis der abgeschirmten Staats- und Regierungschefs nationale Konzessionen zu machen, die dann fixiert und ein schwer verrückbares Datum der inneren Politik sind, als konsensfähige Lösungen für die Rentenversicherung oder die Steuerreform im eigenen Regierungssystem zu entwickeln und durchzusetzen.

Insofern hat die nationale Politik nach wie vor eine zentrale Bedeutung, auch für die deutsche Wirtschaft. Für Prognosen und Vergleiche wäre es wichtig, wenn in Zukunft dabei zwischen den EURO-Staaten und den anderen unterschieden würde. Nur so kann die wirkliche Lage Deutschlands in Europa erkannt, analysiert und notfalls verändert werden. Konkret heißt dies, daß etwa Statistiken der OECD-Länder zwar üblich und eindrucksvoll sind, jedoch nicht präzise genug die Realitäten wiedergeben.

Eine Abkopplung bedeutet dies nicht. Es soll nur vermieden werden, daß Statistiken zur Darstellung von Szenarien instrumentalisiert werden, die ein schiefes oder unzutreffendes Bild vermitteln. Auch soll vermieden werden, durch Vergleich des Unvergleichbaren allgemeine Unsicherheit zu schaffen und Forderungen aufzustellen, die letztlich schädlich sind.

Deutsche wirtschafts- und währungspolitische Interessen werden auch in Zukunft trotz der Europäischen Währungsunion und des Verlustes der DM weltweit wahrzunehmen sein. Die Mitgliedschaften im Internationalen Währungsfonds und bei der Weltbank z.B. sind noch keine Angelegenheit der Europäischen Zentralbank oder des EU-Ministerrates, auch wenn die EU-Kommission dort mit am Tisch sitzt. Es ist sogar zu erwarten, daß Deutschland stärker weltwirtschaftlich, vor allem nach den USA hin, ausgerichtet bleibt. Diese Interessen müssen auch innerhalb der EU anerkannt werden. Selbstverständlich ist das allerdings nicht mehr.

Die Untersuchung und das Nachdenken über die deutsche Wirtschaft in Europa ergibt, daß Deutschlands Interessen innerhalb der europäischen Institutionen noch klarer, konsequenter, qualifizierter und wirksamer wahrgenommen werden sollten. Nötig ist die Ausbildung einer europäischen Elite in Deutschland, die Führungspositionen dort übernehmen kann. Frankreich in diesem Punkt nachzueifern lohnt sich. Eine solche Forderung entspringt keinem billigen chauvinistischen oder überholten nationalistischen Denken. Vielmehr ist die Zeit der Gründerväter, die ihre Dolmetscher für einfachste Vorgänge zur Hand hatten, vorbei. Interessenwahrnehmung in einem neuen Bezugsrahmen für das deutsche Wirtschaftssystem, dem europäischen System der EURO-Staaten, ist kein neuer Nationalismus, sondern das Gebot der Stunde. Alle Akteure ökonomischen Handelns sollten dies stärker berücksichtigen. Es geht nicht mehr um die Entsendung von Lobbyisten, sondern um die Zukunftsgestaltung, die gleichermaßen zu einer deutschen und europäischen Angelegenheit geworden ist.

Ein Resumee: Der Staat, der Markt und der kooperative Ausgleich privater und öffentlicher Interessen

Die „Soziale Marktwirtschaft“ ist nicht mehr die des ORDO-Liberalen Ludwig Erhard. Der „Staat“ als gestaltender Faktor des Wirtschaftsgeschehens ist nicht mehr die von der Gesellschaft abgehobene Instanz mit eindeutiger Sanktionsmacht. Die nationalstaatliche Souveränität ist nur noch partiell Wirklichkeit. Europäische Institutionen und Wirtschaftsregeln überlagern auf den unterschiedlichsten Ebenen und mit unterschiedlichstem Wirkungsgrad die nationalspezifischen Interessen und Gestaltungsmöglichkeiten. „Marktwirtschaft pur“ bedeutet die Auslieferung an globale Bewegungsgesetze von Finanzkapital, Unternehmenskonzentration, Ressourcen-Allokation und anderes mehr in einem wohlstandssteigernden und wohlstandsgefährdenden Sinne. Das ist die Analyse. Sie ist ebenso notwendig wie die Zukunftskonzepte. Denn sie ist das Ergebnis der notwendigen Suche nach einem wirklichkeitsnahen Begriff von Marktwirtschaft. Die „Soziale Marktwirtschaft“ im besonderen muß deshalb ihres plakativen Verständnisses entkleidet werden, weil viele der vertrauten Pfeiler erodiert bis eliminiert sind. Dies gilt nicht nur für die Institution des Flächentarifvertrages, sondern ebenso für die Realität der Arbeits- und Lebensverhältnisse und das bedenkliche Wohlstandsgefälle in der einen Nation, der einen Volkswirtschaft.

Eine systematisch erarbeitete Geschichte des deutschen Wirtschaftssystems ist wie ein Lehrbuch für Studienanfänger in der Politikwissenschaft, der Volkswirtschaftslehre sowie im Wirtschafts- und Arbeitsrecht. Man kann daran die Notwendigkeiten und die Grenzen einer staatlichen Ordnungspolitik für die Wirtschaft studieren. Man erkennt, welche einzigartige Bedeutung die „Freigabe“ wirtschaftlicher Energien und welche positiven allokativen Wirkungen Marktkräfte haben. Sie sind die Ursachen des Wohlstands der Nation im Sinne von Adam Smith. Man erkennt aber auch, daß sich neben der Dynamik der Marktkräfte, die das deutsche Wirtschaftswunder trugen, in der Gesamtgesellschaft die Dynamik derjenigen entwickelte, die als Erwerbstätige die Erfolge mit produziert haben und die dann die ihnen – ohne Kapitalbesitz – möglichen Anteile an den Früchten des Erfolges einfordern. Man möge dieses „Sozialstaatlichkeit“ nennen, aber die Entwicklung und die ihr innewohnende Dynamik wäre auch ohne diese Begrifflichkeit eine Tatsache. Es scheint so, als müßten die wirtschaftlich so erfolgreichen Staaten des ostasiatischen Raumes, einschließlich Japans, ebenfalls diese Erfahrung machen. Dieser Dynamik wird durch die Existenz einer pluralistischen Demokratie die Bahn gebrochen und geebnet. Zugleich ermöglicht diese Art eines politischen Systems weitere wirtschaftliche Dynamik mittels der seit Ludwig Erhard so bekannten „Entfesselung privater Energien“. Bestenfalls führt dies in einen auch infrastrukturell soliden Aufbau von Wirtschaft und Gesellschaft, schlechtestenfalls geistern die Ergebnisse als Finanzkapital im Besitz weniger auf den internationalen Spekulationsmärkten umher.

Unser Lehrbuch deutsches Wirtschaftssystem zeigt desweiteren, daß die Wirtschaftspolitik auf ein angemessenes Verhältnis zwischen privater und öffentlicher Wohlstandsbildung zu achten hat. Letzteres heißt nicht, daß die öffentlichen Haushalte infolge hoher Steuern Überschüsse bilden oder kräftig Dotationen austeilen sollten. Gemeint ist die bewußte Entwicklung all jener gesellschaftlichen Bereiche, die sich einer erfolgreichen marktmäßigen Entwicklung verschließen und die dennoch für die Gesamtwirtschaft von zentraler Bedeutung sind. Hierbei muß vor allem an die Bereiche Bildung, Ausbildung, Wissenschaft und Forschung gedacht werden. Hier wird nicht nur Schüler- und Studentenbafög benötigt, sondern modernste Gebäude und Ausstattungen sowie qualifiziertes Ausbildungspersonal in einer Größenordnung, die wirklich eine individuelle Qualifizierung und Förderung ermöglicht.

Der ORDO-Liberalismus ist mit diesen beiden großen Fragen nicht mehr fertig geworden. Ludwig Erhard stürzte zwar über die erste und unerwartete Rezession. Aber in Wirklichkeit war er diesen beiden Problemen, der Dynamik der Wohlstandsteilnahme Einfordernden und den Defiziten in öffentlichen Infrastrukturen, mit seiner Politik und seinem Staatsverständnis nicht gewachsen.

Die sechziger und siebziger Jahre werden auch als Jahre der gesellschaftlichen Modernisierung Deutschlands bezeichnet. Ernst Fraenkels Klage über den „unterentwickelten Pluralismus“ und Karl Loewensteins Wort vom „demo-autoritären Systems“ hatten spätestens seit den siebziger Jahren ihre Gültigkeit verloren. Unser Lehrbuch „deutsches Wirtschaftsystem“ zeigt uns für diese Phase, daß ein ordnungsbewußter Pragmatismus auch große wirtschafts-, konjunktur- und finanzpolitische Probleme lösen kann. Das bewies die „Große Koalition“. Dieses „Ordnungsbewußtsein“ ging in den siebziger Jahren verloren. Die sozialliberale Koalition war dennoch die modernste Regierung in ihrer Zeit, weil sie die oben genannten Defizite in bezug auf mehr Verteilungsgerechtigkeit und auf Bildungsinvestitionen im allgemeinsten Sinne großangelegt zu beseitigen trachtete. Sie scheiterte am Zusammentreffen konjunktur- und strukturbedingter, weltweiter Wirtschaftskrisen mit der Dynamik innenpolitisch nicht mehr begrenzbarer Ansprüche, wie beim Streik im öffentlichen Dienst 1974.

Bei genauerer Untersuchung zeigt sich dann, daß die Regierung der achtziger Jahre eine neue Wirtschaftsdoktrin kreierte und auch mehr zaghaft als tatkräftig anwandte. Die konservativ-liberale Regierung schuf aber immerhin den privaten Energien und ertragreichen Innovationen soweit Bahn, daß sich die Bundesrepublik im Jahre 1989 ökonomisch und fiskalisch in einer vergleichsweise stabilen Verfassung befand. Mit Ludwig Erhards ORDO-Liberalismus war diese Entwicklung ordnungspolitisch nicht mehr identisch. Internationale Einflüsse beförderten die neoliberalen Doktrinen von Entstaatlichung, Deregulierung, Kapitalförderung. Dies war die Grundlinie der Wirtschafts-, Fiskal- und Sozialpolitik. Aber sie blieb inkonsequent und ordnungspolitisch orientierungslos. Das aber bedeutete, daß unter dem Deckmantel der „Marktzwänge“ sich klientelorientierte Wirtschaftspolitik und steuerpolitischer Inkrementalismus ausbreiten konnten.

Die Erkenntnis bleibt, daß ein neues Bewußtsein für einen staatlich legitimierten „Ordnungsrahmen“ der Marktwirtschaft vorgegeben sein muß. Der staatliche Rahmen des „ORDO-Liberalismus“ entspricht nicht den heutigen Formen moderner Staatlichkeit. Weder auf deutscher Ebene des „kooperativen Staates“ noch auf der europäischen der Mehrheitssysteme. Dennoch sind auf dieser neuen Grundlage, unter Einbeziehung staats-, verfassungs- und völkerrechtlicher Konstruktionen neue legalisierende, d.h., Recht setzende Instanzen zu identifizieren. Sie werden auf absehbare Zeit durchaus auch noch durch den National„staat“ repräsentiert. Jedoch sind eben auch Rahmenregelungen auf der Basis legitimierender völkerrechtlicher Verträge wie auf der Grundlage des EG-Vertrages denkbar und notwendig.

Was kann und soll aber heute „Ordnungspolitik“, die ja erwiesenermaßen Bestandteil neoliberaler Konzepte ist, bedeuten? Der Ordnungssouverän „Staat“ muß anders und neu begriffen werden: innerstaatlich: kooperativ; europäisch: mehrere Ebenen umfassend und von unterschiedlichster Wirkungsintensität; global: überwiegend als völkerrechtliche „Regime“, also vertragliche Reglements über wirtschaftlich relevante Bereiche von der Handelsliberalisierung bis zum Schutz der Atmosphäre. In diesem Ordnungsrahmen muß freie Marktwirtschaft national, europäisch und global sich entfalten können. Nach den Regeln des Marktes.

Entscheidend ist also, was heute unter „Staat“ verstanden wird. Wer nicht bereit ist, sich auf ein realitätsnahes, modernes Verständnis dieses Begriffs einzulassen, wird den hier vorgetragenen Zukunftsüberlegungen nicht gerecht. Begründet wurde die Notwendigkeit eines neuen Verständnisses an vielen Stellen dieses Buches.

Dem Begriff des National-„Staates“ ist die Verfügung über Souveränität immanent. Rein rechtlich betrachtet ist er damit einerseits Ordnungs- und Sicherungsmacht nach innen und außen, andererseits im Verhältnis zur Volkswirtschaft zu Interventionen und Sanktionen befugt und in der Lage. *Diesen* Nationalstaat gibt es aber immer weniger. Im Europa der Europäischen Union, und noch stärker im neuen „Euroland“, breitet sich ein „Mehrebenensystem“ aus, das neue Gestaltungsformen und Regulierungen für die beteiligten Volkswirtschaften hervorbringt. Diese sind im Prinzip stets „kooperativ“ determiniert: Zum einen durch die nationalen Akteure, die Mitgliedstaaten, die einen Kompromiß finden müssen, zum anderen auf vielen Feldern durch formelle oder informelle Einbeziehung zahlreicher Wirtschaftsverbände und nicht-regierungsförmiger Organisationen.

Diese europäische Entscheidungsrealität ist aber nicht neu. Vielmehr sind auch in den Nationalstaaten – das liberal und pluralistisch organisierte Deutschland ist ein typisches Beispiel – längst kooperative Formen der Wirtschaftssteuerung üblich geworden. Außerdem stehen die Nationalstaaten selbst unter einem erheblichen Anpassungs- und Umstrukturierungsdruck in Richtung auf Wirtschaftlichkeit und Dienstleistungsverständnis, also in Richtung auf Marktprinzipien.

„Der Staat“ entspricht heute faktisch nicht mehr dem Bild der von Gesellschaft und Wirtschaft abgehobenen Ordnungsgewalt. Dieser Begriff ist heute ein Synonym für die (demokratisch) legitimierte organisierte Kompetenz und Fähigkeit zur Sicherung und Bewahrung des Anspruchs öffentlicher Güter und sozialen Ausgleichs gegenüber den rein marktmäßigen Prozessen. Die Politik dieser „organisierten Kompetenz“, auf nationalstaatlicher, auf europäischer und auch auf der globalen Ebene der völkerrechtlich wirksamen „Regime“ anzuerkennen, bedeutet deshalb nicht die Rückkehr zu den überholten Träumen von der Staatswirtschaft, staatlicher Wirtschaftssteuerung oder gar von Staatssozialismus. Vielmehr liegt hierin die Überlebensvoraussetzung jeder freien Marktwirtschaft.

Da auf eine Rahmengestaltung des Wirtschaftsgeschehens auch in Zukunft nicht verzichtet werden kann, müssen – gleichsam im Sinne Walter Euckens – die Handlungskompetenzen der jeweiligen Ordnungs- und Gestaltungsinstanzen ausgelotet und eingesetzt werden. Das deutsche Wirtschaftssystem und die internationalen Abkommen zeigen deutlich, daß es nicht ohne kooperative Verhandlungsmuster zwischen Ordnungsinstanzen und ökonomischen Interessen und Akteuren geht. Deswegen ist eine solche Form von „bargaining economy" auch für Euroland und den europäischen Binnenmarkt die aussichtsreichste Form für eine moderne Ausgestaltung des Verhältnisses von Ordnung und Markt.

Die Defizite der neoliberalen Politikansätze der achtziger und – sieht man einmal von der gravierenden Bedeutung der Vereinigungslasten und ihren Auswirkungen ab – neunziger waren nicht eigentlich eine „Schwäche" der herrschenden Parteien. Vielmehr waren sie eher die unbewußten Opfer jenes Umstandes, der oben als die Dynamik von demokratischem Pluralismus und Wohlstandsteilhabe bezeichnet wurde. Diese Grundbedingung beseitigen zu wollen, weil sie das marktwirtschaftliche Geschehen stört oder behindert, wäre die Eliminierung von pluralistischer Demokratie und hat wiederum mit dem „Sozialstaat" nur insoweit etwas zu tun, als dieses Grundelement moderner Demokratien in Deutschland so bezeichnet wird.

Mit anderen Worten: Für Deutschland und – soweit es bisher bezüglich von Euroland absehbar ist – für die integrierten und kooperierenden Bestandteile von europäischem Binnenmarkt und Europäischer Währungsunion gilt, daß die marktwirtschaftlichen Konzepte der Zukunft die – nennen wir es hier jetzt doch die – sozialstaatliche Komponente ihrer demokratischen Gesellschaften mit einbeziehen müssen.

Politik ist notwendig, um die notwendigen, Überlebensfähigkeit sichernden Reformen durchzusetzen, um Wirtschaftskrisen begegnen zu können und um den Interessenausgleich herbeizuführen. Sie hat prinzipiell zwei Akteure: Die Regierungen und Gesetzgeber einerseits, die Wirtschafts- und Arbeitsmarktverbände andererseits. Ludwig Erhard ist mit seiner Idee der „formierten Gesellschaft" unter der Führung einer Regierung gescheitert. Diese Idee wurde der Realität der modernen Gesellschaft und des Staates in keiner Weise gerecht. Wie es richtig war, zeigte die große Koalition. Wie es schief ging, bewies die sozialliberale Koalition.

Für das Europa des „vollendeten Binnenmarktes" und des Euro ist dieser Weg noch aus einem anderen, schon genannten Grunde (s. S. 156) der einzig richtige. Die allgemeinen Zielsetzungen der Europäischen Gemeinschaft unterstützen eine Ordnungspolitik der politischen Durchdringung marktwirtschaftlicher Vorgänge. Aber sie lassen kein geschlossenes Modell zu, weder im neoliberalen, noch in irgendeinem staatswirtschaftlichen Sinne.

Die Deutschen haben gelernt, daß Politik und Staat zwar die Kraft zu verbindlicher Setzung der Rahmenbedingungen des Wirtschaftssystems haben müssen. Aber sie haben die Mechanismen der demokratischen Politik und ihres pluralistischen Gemeinwesens seinerzeit nicht verstanden.

Andererseits hat der deutsche ORDO-Liberalismus mit seiner Art des Staatsverständnisses in Frankreich keine Tradition. Dieses wichtige Partnerland hat seit den achtziger Jahren einen erstaunlichen Weg zur Marktwirtschaft und in seiner Wirtschaftspolitik zurückgelegt. Er bedeutet die Abkehr vom alles bestimmenden Staat, aber nicht die Aufgabe aller staatswirtschaftlichen Traditionen. Auch blieb immer ein korporatistischer Grundzug der Mitgestaltung durch wirtschaftliche Großverbände erhalten.

Das künftige Ordnungsmodell für die deutsche Wirtschaft in Europa, besser schon: für das europäische Wirtschaftssystem, muß und kann deshalb auf den Grundprinzipien kooperativer „rahmengestaltender Ordnung" und „Markt" aufbauen. Offen blieb bislang allerdings die Frage, wie sich die notwendige Ordnungskompetenz europäisch legitimieren will. Sie bedarf einer Antwort. Denn Markt und Politik sind die beiden wichtigsten und grundlegenden Elemente jedes Wirtschaftssystems. Das eine ist ohne das andere nicht lebensfähig. Das war und ist die Kernaussage des Buches.

Literatur

1. Kapitel: Historische Konvergenzen und Divergenzen

(1) Cipolla, Carlo M. (1976): Europäische Wirtschaftsgeschichte, 4 Bde., Stuttgart.
(2) Fraenkel, Ernst (1964/1991): Deutschland und die westlichen Demokratien, Stuttgart/Ffm.
(3) Harbrecht, W. /J. Schmid (1987): Die monetären Konvergenzwirkungen des EWS, in: Scharrer H.-E. /W. Wessels (Hg.): Stabilität durch das EWS?, Bonn.
(4) Henning, Friedrich-Wilhelm (1995): Die Industrialisierung Deutschlands 1800-1914, 9. A., Paderborn.
(5) Ders. (1997): Das industrialisierte Deutschland 1914-1992, 9. A., Paderborn
(6) Kahn-Freund, Otto (1932): Der Funktionswandel des Arbeitsrechts, in: Ramm, Th. (Hg.) (1966): Arbeitsrecht und Politik. Quellentexte 1918-1933, Neuwied.
(7) Siegler, Heinrich (1964): Dokumente der europäischen Integration, Band 2 1961-1963, Bonn.
(8) Siemann, Wolfram (1990): Gesellschaft im Aufbruch. Deutschland 1849-1871, Ffm.
(9) Treue, Wilhelm (1973): Wirtschaftsgeschichte der Neuzeit. Bde. 1 und 2, 3. A., Stuttgart.
(10) Wehler, Hans-Ulrich (1973): Das Deutsche Kaiserreich 1871-1918, Göttingen.
(11) Ders. (1987/1990/1991): Deutsche Gesellschaftsgeschichte, 4 Bde., München.
(12) Wesel, Uwe (1997): Geschichte des Rechts. Von den Frühformen bis zum Vertrag von Maastricht, München.
(13) Winkler, Heinrich-August (1979): 1866 und 1878. Der Machtverzicht des Bürgertums, in: Stern, Carola/H.A. Winkler (Hg.): Wendepunkte deutscher Geschichte 1848-1945, Ffm.

2. Kapitel: Fundamente des Wirtschaftssystems

2.1 Soziale Marktwirtschaft

(14) Abelshauser, Werner (1983): Wirtschaftsgeschichte der Bundesrepublik 1945-1980, Ffm.
(15) Afheldt, Horst (1994): Wohlstand für niemand? Die Marktwirtschaft entläßt ihre Kinder, München.
(16) Afheldt, Horst (1995): Ausstieg aus dem Sozialstaat? Gefährdungen der Gesellschaft durch weltweite Umbrüche, in: Aus Politik und Zeitgeschichte (APuZ), Beilage zur Wochenzeitung Das Parlament (Beilage) B 25-26/95.
(17) Ambrosius, Gerold (1977): Die Durchsetzung der Sozialen Marktwirtschaft in Westdeutschland 1945-1949, Stuttgart.
(18) Behlke, Reinhard (1961): Der Neoliberalismus und die Gestaltung der Wirtschaftsverfassung in der Bundesrepublik Deutschland. Berlin.
(19) Böhm, Franz (1927/28): Das Problem der privaten Macht, in: Die Justiz, Bd. III, S. 324-345.
(20) Buchheim, Christoph (1997): Einführung in die Wirtschaftsgeschichte, München.
(21) Bundesregierung (1962): Bulletin vom 4.5.1962, 15.6.1966, 14.2.1967.
(22) Deutscher Bundestag, Stenographische Berichte, Sitzung am 17.2.1966.
(23) Deutsche Bundesbank, s. Nr. (62).

(24) Engelhardt, Gunter (1973): Vom Expertenmonolog zum gesellschaftlichen Dialog, in: Molitor, R. (Hg.): 10 Jahre Sachverständigenrat, Ffm.

(25) Eucken, Walter (1952): Grundsätze der Wirtschaftspolitik, Tübingen.

(26) Friedman, Milton (1976a): Kapitalismus und Freiheit, München.

(27) Friedman, Milton (1976b): Die Rolle der Geldpolitik, in: Ders. (1976): Die optimale Geldmenge, München.

(28) Grosser, Dieter/Th. Lange/A. Müller-Armack/B. Neuss (1988): Soziale Marktwirtschaft. Geschichte-Konzept-Leistung, Stuttgart.

(29) Hartwich, Hans-H. (1967b): Konturen einer neuen ökonomischen Politik, in: ZfP 4/67, S. 428-458.

(30) Hartwich, Hans-H. (1978): Sozialstaatspostulat und gesellschaftlicher status quo, 3. A., Opladen.

(31) Hartwich, Hans-H. (1977): Sozialstaat und Reformpolitik, in: PVS-Sonderheft 8/77, S. 137-154.

(32) Heilemann, Ulrich/H. Gebhardt/H.D. v. Loeffelholz (1996): Wirtschaftspolitische Chronik der Bundesrepublik 1960 bis 1995, Stuttgart.

(33) Issing, Otmar (1994): Geschichte der Nationalökonomie. 3. A., München.

(34) Kantzenbach, Erhard (1967): Die Funktionsfähigkeit des Wettbewerbs, 2. A., Göttingen.

(35) Keynes, John Maynard (1936): The General Theory of Employment, Interest and Money, London.

(36) Kolb, Gerhard (1997): Geschichte der Volkswirtschaftslehre. Dogmenhistorische Positionen des ökonomischen Denkens, München.

(37) Loewenstein, Karl (1959): Verfassungslehre (Political Power and the Governmental Process), Tübingen.

(38) Meißner, Werner (1980): Die Lehre der fünf Weisen, Köln.

(39) Miksch, L. (1947): Wettbewerb als Aufgabe, 2. A., Godesberg.

(40) Müller-Armack, Alfred (1947): Wirtschaftslenkung und Marktwirtschaft, Hamburg.

(40a) Neumann, Manfred (1994): Neoklassik, in Issing (Hg.), s. Nr. (33).

(41) Niehaus, H. (1957): Leitbilder der Wirtschafts- und Agrarpolitik in der modernen Gesellschaft, Stuttgart.

(42) Ohm, Hans (1962): Allgemeine Volkswirtschaftspolitik I, Berlin.

(43) ORDO, Jahrbuch für die Ordnung von Wirtschaft und Gesellschaft (Hg. v. Walter Eucken und Franz Böhm) (1948 ff.): Bände I, II, III und IV.

(44) Ortlieb, Heinz-Dietrich (1958/1974): Unsere Konsumgesellschaft – Glanz und Elend des deutschen Wirtschaftswunders, München.

(45) Rüstow, Alexander (1954): Liberale Interventionen, in: Stützel, W. u.a. (Hg.) (1981): Grundtexte zur Sozialen Marktwirtschaft, Stuttgart/New York, S. 221-225.

(46) Sachverständigenrat zur Begutachtung der gesamtwirtschaftlichen Entwicklung: Jahresgutachten 1994/95, Drucksachen des Deutschen Bundestages (Drs.) 13/26.

(47) Scharpf, Fritz W. (1987): Sozialdemokratische Krisenpolitik in Europa, Ffm.

(48) Scherf, Harald (1986): Enttäuschte Hoffnungen – Vergebene Chancen. Die Wirtschaftspolitik der sozial-liberalen Koalition 1969-1982, Göttingen.

(49) Schildt, Axel/A. Sywottek (Hg.) (1993): Modernisierung im Wiederaufbau. Die westdeutsche Gesellschaft der 50er Jahre, Bonn.

(50) Schildt, Axel/A. Sywottek (1989): Wiederaufbau und Modernisierung, in: APuZ, Beilage B 6-7/89.

(51) Schmidt, Manfred G. (1978): Die „Politik der inneren Reformen“ in der Bundesrepublik Deutschland 1969-1976, in: PVS 2/1978, S. 201-254.

(52) Schmidt, Manfred G. (1988): Sozialpolitik, Opladen.

(53) Sievert, Olaf (1968): Die wirtschaftspolitische Beratung in der Bundesrepublik Deutschland, in: Schriften des Vereins für Socialpolitik, NF. Bd. 49, Berlin.

(54) Soltwedel, Rüdiger (1979): Zur Relevanz der neoklassischen Theorie für die Wirtschaftspolitik, in: Simmert, Diethard B. : Wirtschaftspolitik kontrovers, Köln.

(54a) Starbatty, Joachim (1994): Ordoliberalismus, in: Issing (Hg.), s. Nr. (33).

(55) Stark, Werner (1960): Die Geschichte der Volkswirtschaftslehre in ihrer Beziehung zur sozialen Entwicklung, Dordrecht-Holland.

(56) Thurow, Lester C. (1996): Die Zukunft des Kapitalismus, Düsseldorf/München.

2.2 Das DM-System

(57) Abelshauser, Werner (1983): s. Nr. (14).
(58) Arnim, Hans-H. v. (1984): Staatslehre der Bundesrepublik Deutschland, München.
(59) Badura, Peter (1986): Staatsrecht, München.
(60) Behlke, Reinhardt (1961): s. Nr. (18).
(61) Caesar, Rolf/Karl-H. Hansmeyer (1987): Die Deutsche Bundesbank, in: Jeserich, Kurt G.A./ Hans Pohl/Georg-Ch. von Unruh (Hg.): Deutsche Verwaltungsgeschichte, Bd. 5, Stuttgart.
(62) Deutsche Bundesbank (Hg.) (1995): Die Geldpolitik der Bundesbank, Ffm.
Dies. (1997): Europäische Organisationen und Gremien im Bereich von Währung und Wirtschaft, Ffm.
Dies. (1996ff.): Informationsbriefe zur Europäischen Wirtschafts- und Währungsunion, Ffm.
Dies. (laufend): Geschäftsberichte, Monatsberichte (insbes. 3/98) , Auszüge aus Presseartikel (Ausz. a.P.), Ffm.
(63) Dörge, Friedrich-W. /Ralf Mairose (1969): Die Bundesbank – Eine Nebenregierung?, in: Gegenwartskunde. Zeitschrift für Gesellschaft, Wirtschaft, Politik und Bildung, H. 1 und 2/69, Opladen.
(64) Europäischer Unionsvertrag mit Protokollen, Schlußakte, neuem EG-Vertrag, Beck-Texte, 3. A. 1995.
(65) Europa-Recht, Textausgabe der Verträge, 9. A., 1989.
(66) Hartwich, Hans-H. (1992): Die Beziehungen zwischen Bundesregierung und Bundesbank im deutschen und europäischen Einigungsprozeß, in: Hans-H. Hartwich/Göttrik Wewer, Regieren in der Bundesrepublik Deutschland, Bd. 4: Finanz- und wirtschaftspolitische Bestimmungsfaktoren des Regierens, Opladen.
(67) Jachtenfuchs, Markus/Beate Kohler-Koch (Hg.) (1996): Europäische Integration, Opladen.
(68) Marsh, David (1995): Die Bundesbank. Geschäfte mit der Macht, München.
(69) Münch, Ingo von (Hg.) (1978): Grundgesetzkommentar, Bd. 3, München.
(70) Pohl, Rüdiger (1979): Geldpolitik in der Krise: 1974-1978, in: Simmert, Diethard (Hg.), Geldpolitik kontrovers, Köln, S. 391-413.
(71) Scherf, Harald (1986): s. Nr. (48).
(72) Schlesinger, Helmut (1978): Die Geldpolitik der Deutschen Bundesbank 1967-1977, in: „Geld und Kapital“, H. 1/78, abgedruckt in: Simmert, Diethard B. (Hg.) (1979): Wirtschaftspolitik kontrovers, Köln, S. 369-390.
(73) Schuppert, Gunnar F. (1981): Die Erfüllung öffentlicher Aufgaben durch verselbständigte Verwaltungseinheiten, Göttingen.
(74) Stolper, Gustav/Karl Häuser/Knut Borchardt (1964): Deutsche Wirtschaft seit 1870, Tübingen.
(75) Sturm, Roland (1990): Die Politik der Deutschen Bundesbank, in: Beyme, Klaus v. /Manfred Schmidt (Hg.): Politik in der Bundesrepublik, Opladen.
(76) Winckelmann, Ingo (Hg.) (1994): Das Maastricht-Urteil des Bundesverfassungsgerichts vom 12.10.1993. Dokumentation des Verfahrens mit Einführung, Berlin.

2.3 Tarifautonomie und Arbeitsbeziehungen

(77) Döding, Günter/Gerhard Kleinhenz/Bernd Rüthers (1988): Zukunft der Tarifautonomie, Mannheim/Wien/Zürich.
(78) Bispinck, Reinhard (Hg.) (1995): Tarifpolitik der Zukunft. Was wird aus dem Flächentarifvertrag?, Hamburg.
(79) Brumlop, Eva (1986): Arbeitsbewertung bei flexiblem Personaleinsatz. Das Beispiel Volkswagen AG, Ffm.
(80) Dabrowski, Hartmut/Otto Jacobi/Edwin Schudlich/Eckart Teschner (Hg.) (1989): Gewerkschaftliche Tarif- und Betriebspolitik im Strukturwandel, Düsseldorf (Hans-Böckler-Stiftung, Graue Reihe NF 10).

(81) Dies. (1989): Tarifpolitische Interessen der Arbeitgeber und neue Managementstrategien, Düsseldorf (Hans-Böckler-Stiftung, Graue Reihe NF 11).
(82) Dies. (1989): Gewerkschaftliche Tarifpolitik unter veränderten gesellschaftlichen Rahmenbedingungen, Düsseldorf (Hans-Böckler-Stiftung, Graue Reihe NF 9).
(83) Drexel, Ingrid (Hg.) (1994): Jenseits von Individualisierung und Angleichung. Die Entstehung neuer Arbeitnehmergruppen in vier europäischen Ländern, (ISF München), Ffm./New York.
(84) Fraenkel, Ernst (1958): Hugo Sinzheimer, in; Ders. (1973): Reformismus und Pluralismus, hg. v. Falk Esche/Frank Grube, Hamburg, S. 131-142.
(85) Friedrichs, Günter/Adam Schaff (Hg.) (1982): Auf Gedeih und Verderb. Mikroelektronik und Gesellschaft. Bericht an den Club of Rome, Wien, München, Zürich.
(86) Hanau, Peter/Klaus Adomeit (1988): Arbeitsrecht, 9. A., Ffm.
(87) Hartwich, Hans-H. (1967a): Arbeitsmarkt, Verbände und Staat 1918-1933. Die öffentliche Bindung unternehmerischer Funktionen in der Weimarer Republik, Berlin (Veröff. d. Historischen Kommission zu Berlin, Bd. 23).
(88) Hirsch-Kreinsen, Hartmut (1993): NC-Entwicklung als gesellschaftlicher Prozeß. Amerikanische und deutsche Innovationsmuster der Fertigungstechnik, (ISF München), Ffm./New York.
(89) Kern, Horst/Michael Schumann (1984): Das Ende der Arbeitsteilung?, München.
(90) Lutz, Burkart/Matthias Hartmann/Hartmut Hirsch-Kreinsen (Hg.) (1996a): Produzieren im 21. Jahrhundert. Herausforderungen für die deutsche Industrie, (ISF München), Ffm./New York.
(91) Priore, Michael J. /Charles F. Sabel (1989): Das Ende der Massenproduktion, Ffm.
(92) Semmlinger, Klaus (Hg.) (1991): Flexibilisierung des Arbeitsmarktes. Interessen, Wirkungen, Perspektiven, Ffm. (ISF München).
(93) Sinzheimer, Hugo (1976): Arbeitsrecht und Rechtssoziologie. Gesammelte Aufsätze und Reden, Bde 1 und 2, Ffm. und Köln.
(94) Sinzheimer, Hugo (1907/08): Der korporative Arbeitsnormenvertrag, 2 Bde.
(95) Sinzheimer, Hugo (1916): Ein Arbeitstarifgesetz. Die soziale Selbstbestimmung im Recht.
(96) Schettkat, Ronald/Michael Wagner (Hg.) (1989): Technologischer Wandel und Beschäftigung. Fakten, Analysen, Trends, Berlin/New York.
(97) Zachert, Ulrich (1989): Die Sicherung und Gestaltung des Normalarbeitsverhältnisses durch Tarifvertrag. Rechtsgutachten, Baden-Baden.

2.4 Der Sozialstaat

(98) Abendroth, Wolfgang (1954): Zum Begriff des demokratischen und sozialen Rechtsstaates im Grundgesetz der Bundesrepublik Deutschlands, in: Forsthoff, Ernst (Hg.), s. Nr. (110).
(99) Afheldt, Horst (1995): Ausstieg, s. Nr. (16).
(100) Alber, Jens (1989a): Der Sozialstaat in der Bundesrepublik Deutschland 1950 bis 1983, Mannheim (Habilitationsschrift).
(101) Alber, Jens (1982): Vom Armenhaus zum Wohlfahrtsstaat. Analysen zur Entwicklung der Sozialversicherung in Westeuropa, Ffm./New York.
(102) Alber, Jens (1989b): Die Bundesrepublik Deutschland im internationalen Vergleich, in: Blühm/Zacher, s. Nr. (102).
(103) Beck, Ulrich (1986): Risikogesellschaft. Auf dem Weg in eine andere Moderne, Ffm.
(104) Benda, Ernst (1966): Industrielle Herrschaft und sozialer Staat, Göttingen.
(105) Bermbach, Udo/Bernhard Blanke/Carl Böhret (Hg.) (1990): Spaltungen der Gesellschaft und die Zukunft des Sozialstaats, Opladen.
(106) Blühm, Norbert/Hans-F. Zacher (Hg.) (1989): 40 Jahre Sozialstaat, Baden-Baden.
(107) Böckenförde, Ernst-Wolfgang (1989): Zur Lage der Grundrechtsdogmatik nach 40 Jahren Grundgesetz, als (1992): Grundrechte als Grundsatznormen. Zur gegenwärtigen Lage der Grundrechtsdogmatik, in: Ders., Staat, Verfassung, Demokratie, 2. A., Ffm. S. 159-199.
(108) Breuer, Rüdiger (1993): Staatsrecht und Gerechtigkeit, in: Bender, Bernd/Rüdiger Breuer/Fritz Ossenbühl/Horst Sendler (Hg.) (1993): Rechsstaat zwischen Sozialgestaltung und Rechtsschutz, München (Festschrift für Redeker).
(109) Fraenkel, Ernst (1964/91): s. Nr. (2).
(110) Forsthoff, Ernst (Hg.) (1968): Sozialstaatlichkeit und Rechsstaatlichkeit, Darmstadt.
(111) Hartwich, Hans-H. (1967a): Arbeitsmarkt, s. Nr. (87).

(112) Hartwich, Hans-H. (1973): Der soziale Gedanke im deutschen Staatsverständnis, in: Doeker, Günter/Winfried Steffani (Hg.), Klassenjustiz und Pluralismus, Hamburg (Fraenkel-Festschrift).
(113) Hartwich, Hans-H. (1970/1978): Sozialstaatspostulat, s. Nr. (30).
(114) Hartwich, Hans-H. (1977): Sozialstaatspostulat und Reformpolitik, s. Nr. (31).
(115) Hartwich, Hans-H. (1990): Gefährdungen des demokratischen Sozialstaats in historischer Perspektive, in: Bermbach, Udo/Bernhard Blanke/Carl Böhret (Hg.), s. Nr. (105).
(116) Heller, Hermann (1930), Rechtsstaat oder Demokratie?, Tübingen.
(117) Kahn-Freund, Otto (1932): s. Nr. (6).
(118) Krupp, Hans-Jürgen/Wolfgang Glatzer (Hg.) (1978): Umverteilung im Sozialstaat. Empirische Einkommensanalysen für die Bundesrepublik, Ffm.
(119) Landenberger, Margarete (1991): Die Beschäftigungsverantwortung der Rentenversicherung, Berlin (WZB).
(120) Nullmeier, Frank/Friedbert W. Rüb (1993): Die Transformation der Sozialpolitik. Vom Sozialstaat zum Sicherungsstaat, Ffm./New York.
(121) Offe, Klaus (1990): Akzeptanz und Legitimität strategischer Optionen in der Sozialpolitik, in: Sachße, Christoph/H. Tristam Engelhardt (Hg.): Sicherheit und Freiheit. Zur Ethik des Wohlfahrtsstaates, Ffm., S. 179-202.
(122) Ritter, Gerhard (1989): Der Sozialstaat. Entstehung und Entwicklung im internationalen Vergleich, München.
(123) Sachverständigenrat für die Konzertierte Aktion im Gesundheitswesen (1987): Medizinische und ökonomische Orientierung, Jahresgutachten 1987, Baden-Baden.
(124) Ders.: Sondergutachten 1996, Bd. 1, s. Nr. (210).
(125) Schmidt, Manfred (1978): Innere Reformen, s. Nr. (51).
(126) Schmidt, Manfred (1988): Sozialpolitik, s. Nr. (52).
(127) Spieker, Manfred (1986): Legitimationsprobleme des Sozialstaats, Bern/Stuttgart.
(128) Transfer-Enquête-Kommission (1981): Das Transfersystem in der Bundesrepublik Deutschland, Stuttgart.
(129) Weller, Bernhard (1969): Arbeitslosigkeit und Arbeitsrecht. Untersuchung der Möglichkeiten zur Bekämpfung der Arbeitslosigkeit unter Einbeziehung der Geschichte des Arbeits- und Sozialrechts, Stuttgart.
(130) Zacher, Hans F. (1989): Vierzig Jahre Sozialstaat – Schwerpunkte der rechtlichen Ordnung, in: Blühm/Zacher, (Hg.) s. Nr. (106), S. 19-129.

3. Kapitel: Veränderte Rahmenbedingungen

3.1 Das vereinigte Deutschland

(131) Bertram, Hans/Wolfgang Kreher/Irene Müller-Hartmann (Hg.) (1998): Systemwechsel zwischen Projekt und Prozeß. Analysen zu den Umbrüchen in Ostdeutschland, Opladen.
(132) Danwarth, Markus (1998): Die Erhaltung industrieller Kerne in den neuen Bundesländern: eine kritische Würdigung, in: Bertram u.a., s. Nr. (131), S. 125-168.
(133) Hartwich, Hans-H. (1991): Die Bundesregierung im Prozeß der deutschen Vereinigung 1989/90. Skizze zu einer kategorial geleiteten Analyse des Regierungshandelns, in: Hartwich, Hans-H./Göttrik Wewer (Hg.): Regieren in der Bundesrepublik, Bd. 3: Systemsteuerung und „Staatskunst", Opladen.
(134) Hoffmann, Lutz (1990): Wider die ökonnomische Vernunft, in: Nölling (Hg.), s. Nr. (139), S. 13-19.
(135) Institut für Wirtschaftsforschung Halle (Hg.) (1994): Wirtschaft im Systemschock. Die schwierige Realität der ostdeutschen Transformation, Berlin.
(136) Kommission für die Finanzreform („Troeger-Kommission") (1966): Gutachten über die Finanzreform in der Bundesrepublik Deutschland, Stuttgart.
(137) Lutz, Burkart/Hildegard M. Nickel/Rudi Schmidt/Arndt Sorge (Hg.) (1996): Arbeit, Arbeitsmarkt und Betriebe, Opladen (Berichte zum sozialen und politischen Wandel in Ostdeutschland, Bd. 1).

(138) Lutz, Burkart (1996): Die mühsame Herausbildung neuer Beschäftigungsstrukturen, in: Lutz u.a. (Hg.), s. Nr. (137).
(139) Nölling, Wilhelm (Hg.) (1990): Wiedervereinigung – Chancen ohne Ende? Dokumentation von Antworten auf eine einmalige Herausforderung (Hamburger Beiträge zur Wirtschafts- und Währungspolitik in Europa, hg. v. Wilhelm Nölling o.V.
(140) Ottnad, Adrian (1996): Wohlstand auf Pump. Ursachen und Folgen wachsender Staatsverschuldung, Ffm.
(141) Sachverständigenrat zur Begutachtung der gesamtwirtschaftlichen Entwicklung (1990): Zur Unterstützung der Wirtschaftsreform in der DDR: Voraussetzungen und Möglichkeiten. Sondergutachten vom 20.1.1990 nebst Brief an den Bundeskanzler vom 9.2.1990, in: Nölling (Hg.), s. Nr. (139), S. 61-70.
(142) Sinn, Gerlinde u. Hans-W. (1993): Kaltstart. Volkswirtschaftliche Aspekte der deutschen Vereinigung, Tübingen.

3.2-3.4 Europäischer Binnenmarkt, Europäische Zentralbank und Deutsche Bundesbank

(143) Busch, Klaus (1996): Spill-over-Dynamik und Spill-back-Potential in der europäischen Währungsintegration – ein Beitrag zur Integrationstheorie, in: Jachtenfuchs/Kohler-Koch, s. Nr. (67), S. 281-312.
(144) Caesar, Rolf/Renate Ohr (Hg.): Maastricht und Maastricht II: Vision oder Abenteuer, Baden-Baden.
(145) Cecchini, Paolo (1988): Europa '92. Der Vorteil des Binnenmarkts, Baden-Baden.
(146) Cezanne, W. (1987): Begriffe und Optionen der wirtschaftspolitischen Koordinierung in der EG, in: Scharrer, H.-E. /W. Wessels (Hg.), Stabilität durch das EWS?, Bonn.
(147) Haas, Ernst B./Philippe C. Schmitter (1964): Wirtschaft und unterschiedliche Muster politischer Integration, in: Doeker, Günther/Friedrich Veitl (Hg.) (1981): Regionalismus und politische Integration – Zur Theorie der regionalen Integration, Ffm., S. 165-181.
(148) Haas, Ernst B. (1968): The Uniting of Europe. Political, Social and Economic Forces 1950-1957, 2. A., Stanford.
(149) Haas, Ernst B. (1969): Die Einigung Europas, in: Kohler-Koch, Beate (Hg.): Erfolge und Krisen der Integration, Köln, S. 38-66.
(150) Harder, Bettina v. (1997): Die Interdepenzen zwischen Währungsunion und politischer Union in der Europäischen Union des Maastrichter Vertrages, Ffm.
(151) Henning, Iris (1997): Die Reputation einer Zentralbank. Eine theoretische Untersuchung u.b. B. der Europäischen Zentralbank, Ffm.
(152) Jachtenfuchs, Markus/Beate Kohler-Koch (Hg.) (1996): s. Nr. (67).
(153) Lück, Martin (1998): Zentralbankpolitik in Italien. Die Unabhängigkeit der Banca d'Italia im Rahmen der Theorie und Empirie des Zentralbankwesens, Ffm.
(154) Sarrazin, Thilo (1997): Der EURO. Chance oder Abenteuer?, Bonn.
(155) Schmitter, Philippe C. (1971): A Revised Theory of Regional Integration, in: Lindberg, Leon N./ Stuart A. Scheingold (ed.): Regional Integration – Theory and Research. Cambridge, S. 232-264.
(156) Thomasberger, Claus (Hg.) (1995): Europäische Geldpolitik zwischen Marktzwängen und neuen institutionellen Regelungen: Zur politischen Ökonomie der europäischen Währungsintegration, Marburg.
(157) Weidenfeld, Werner/Christian Jung (1995): Das Entscheidungsgefüge der Europäischen Union: Institutionen, Prozesse, Verfahren, in: Weidenfeld, Werner: Maastricht in der Analyse. Strategien und Optionen für Europa, 2. A., Gütersloh.
(158) Wessels, Wolfgang (1996): Verwaltung im EG-Mehrebenensystem: Auf dem Weg zur Megabürokratie?, in: Jachtenfuchs/Kohler-Koch, s. Nr. (67).
(159) Ders. (1998): EU-Politik-Koordination zwischen Brüssel und Bonn – eine administrativ-politische Mehrebenenfusion. Beitrag zur Sektion „Regierungslehre und Regieren in der Bundesrepublik Deutschland" der DVPW. Kongreß am 15.10.1997.
(160) Winkelmann, Ingo (Hg.) (1994): Maastricht-Urteil, s. Nr. (76).

3.5 Eingeschränkte Souveränität

(161) Badura, Peter (1986), s. Nr. (59).
(162) Bethmann, J. Ph. von/M. Köhne (1997): Geld, Zins und Konjunktur, eine wissenschaftliche Provokation, Bd. 1, Saarbrücken.
(163) Eynern, Gert von (1958): Das öffentlich gebundene Unternehmen, in: Archiv für öffentliche und freigemeinwirtschaftliche Unternehmen, Bd. 4.
(164) Fürst, Dieter (1987): Die Neubelebung der Staatsdiskussion: Veränderte Anforderungen an Regierung und Verwaltungen in westlichen Industriegesellschaften, in: Ellwein, Thomas/Joachim J. Hesse/Renate Mayntz/Fritz W. Scharpf (Hg.): Jahrbuch zur Staats- und Verwaltungswissenschaft, Bd. 1/1987, Baden-Baden, S. 261-284.
(165) Grimm, Dieter (1990): Staat und Gesellschaft, in: Ellwein, Thomas/Joachim J. Hesse (Hg.): Staatswissenschaften: Vergessene Disziplin oder neue Herausforderung?, Baden-Baden, S. 13-28.
(166) Hartwich, Hans-H. (1987): Die Suche nach einer wirklichkeitsnahen Lehre vom Staat, in: APuZ Beilage, B 46-47/87, S. 3-20.
(167) Hartwich, Hans-H. (1992) s. Nr. (66).
(168) Hartwich, Hans-H. (1998): Staatsbegriff und Mehrebenenkonzept – Zur Souveränitätsproblematik der Europäischen Währungsunion, in: Jann, Werner/Klaus König/Christine Landfried/Peter Wordelmann (Hg.): Politik und Verwaltung auf dem Wege in die transindustrielle Gesellschaft, Baden-Baden, S. 61-74.
(169) Jachtenfuchs, Markus/Beate Kohler-Koch (Hg.) (1996), s. Nr. (67).
(170) Joerges, Christian (1996): Das Recht im Prozeß der europäischen Integration, in: Jachtenfuchs/Kohler-Koch (Hg.), s. Nr. (67).
(171) König, Thomas/Elmar Rieger/Hermann Schmitt (Hg.) (1997): Europäische Institutionenpolitik. Mannheimer Jahrbuch für europäische Sozialforschung Bd. 2, Ffm./New York.
(172) Kriele, Martin (1981): Einführung in die Staatslehre, 2. A., Opladen.
(173) Lepsius, M. Rainer (1991): Nationalstaat oder Nationalitätenstaat als Modell für die Weiterentwicklung der Europäischen Gemeinschaft, in: Wildenmann (Hg.): Staatswerdung Europas?, Baden-Baden.
(174) Offe, Klaus (1987); Die Staatstheorie auf der Suche nach ihrem Gegenstand, in: Ellwein u.a (Hg.), s. Nr. (164), S. 309-320.
(175) Willoweit, Dietmar (1986): Die Herausbildung des staatlichen Gewaltmonopols im Entstehungsprozeß des modernen Staates, in: Randelzhofer, Albrecht/Werner Süß (Hg.): Konsens und Konflikt. 35 Jahre Grundgesetz, Berlin/New York, S. 313-323.
(176) Wolf, Klaus D. (1997): Intergouvernementale Kooperation und staatliche Autonomie, in: König, Thomas u.a., s. Nr. (171), S. 66-78.

3.6 Fortfall der Bipolarität – Globalisierung

(177) Beck, Ulrich (1997): Was ist Globalisierung? Irrtümer des Globalismus – Antworten auf Globalisierung, Ffm.
(178) Beyfuß, Jörg u.a. (1997): Globalisierung im Spiegel von Theorie und Empirie, Köln.
(179) Czempiel, Ernst-Otto (1993): Weltpolitik im Umbruch. Das internationale System nach dem Ende des Ost-West-Konflikts, 2. A., München.
(180) Martin, Hans-P./H. Schumann (1998): Die Globalisierungsfalle. Der Angriff auf Demokratie und Wohlstand, 3. A., Reinbek.
(181) Messner, Dirk/Franz Nuscheler (1997): Global Governance. Herausforderungen an der Schwelle zum 21. Jahrhundert, in: Senghaas, Dieter (Hg.): Frieden machen, Ffm., S. 337-361.
(182) Rode, Reinhard (1993): High Tech Wettstreit 2000. Strategische Handels- und Industriepolitik, Ffm./New York.
(183) Rosenau, James/Ernst-O. Czempiel (Hg.) (1992): Governance without Government, New York.
(184) Thurow, Lester C. (1996), s. Nr. (56).
(185) Varwick, Johannnes (1998): Globalisierung und „Global Governance“, in Gegenwartskunde, Heft 1/98, S. 47-59.
(186) Ders. (1998): Globalisierung, in: Woyke, Wichard (Hg.): Handwörterbuch Internationale Politik, 7. A., Opladen.

4. Kapitel: Erosion vertrauter Strukturen

4.1 Das Konzept der „Sozialen Marktwirtschaft“

(187) Erhard, Ludwig/Alfred Müller-Armack (1972): Soziale Marktwirtschaft. Ordnung der Zukunft, Manifest ’72, Ffm./Berlin/Wien.
(188) Klein, Martin/Werner Meng, Reinhard Rode (Hg.) (1998): Die neue Welthandelsordnung der WTO, Amsterdam.
(189) Siebert, Horst (1997): Weltwirtschaft, Stuttgart.

4.2 Wettbewerbsordnung und globale Unternehmenskonzentration

(190) Ifo-Institut (1995), Strukturbericht, München.
(191) Thurow, Lester C. (1996), s. Nr. (56).

4.3 Sozial- und Arbeitsstrukturen

(192) Ambrosius, Gerold/Dietmar Petzina/Werner Plumpe (Hg.) (1996): Moderne Wirtschaftsgeschichte. Eine Einführung für Historiker und Ökonomen, München.
(193) Fourastié, Jean: Le Grand Espoir du XXième siècle, und (1965): Les 40.000 Heures, Paris.
(194) Friedman, Milton (1976b): Die Rolle der Geldpolitik, s. Nr. (27).
(195) Institut für Wirtschaft- und Gesellschaft (Hg.) (1997): Das IWG Bonn in seiner Zeit, Festschrift, Bonn.
(196) Lutz, Burkart u.a. (1996b), s. Nr. (137).
(197) Naegele, Gerhard/Frerich Frerichs (1996): Situation und Perspektiven der Alterserwerbsarbeit in der Bundesrepublik Deutschland, in: APuZ (s. Nr. 16) B 35/96, S. 33-45.
(198) Ochs, Chirstiane (1997): Mittendrin und trotzdem draußen – geringfügige Beschäftigung, in: WSI-Mitteilungen, 9/1997, S. 640-650.
(199) Roloff, Juliane (1996): Alternde Gesellschaft in Deutschland. Eine bevölkerungsstatistische Analyse, in: APuZ, (s. Nr. 16) B 35/96, S. 3-11.
(200) Sachverständigenrat zur Begutachtung der gesamtwirtschaftlichen Entwicklung: Jahresgutachten 1997/98, BTagsDs. 13/9090.
(201) Schettkat, Ronald (1992): The Labor Market Dynamics of Economic Reconstructuring: The United States and Germany in Transition, New York.
(202) Statistisches Bundesamt (1998): Leben und Arbeiten in Deutschland. Mikrozensus 1997, Presse-Fassung Mai 1998, Ffm.
(203) Wissenschaftszentrum Berlin für Sozialforschung (WZB), Forschungsschwerpunkt Arbeitsmarkt und Beschäftigung (1994): Ende der Vollbeschäftigung? G 7-Länder: Trendwende in den 70er Jahren, in WZB-Mitteilungen, Heft 64, S. 5-8, Berlin.

4.4 Erosion der Tarifautonomie

(204) Deutscher Gewerkschaftsbund (DGB) (1996): Die Zukunft gestalten. Das Grundsatzprogramm des DGB (beschlossen auf dem Bundeskongreß vom 13.-16.11.1996.
(205) Industriegewerkschaft Metall (IGM) (Hg.): direkt. Der Info-Dienst der IG Metall, Ffm.
(206) Plander, Harro (1990): Flucht aus dem Normalarbeitsverhältnis: An den Betriebs- und Personalräten vorbei? Rechtsgutachten, Baden-Baden.
(207) Zachert, Ulrich (1989): Normalarbeitsverhältnis, s. Nr. (97).

4.5 Ungesicherte sozialstaatliche Sicherheiten

(208) Afheldt, Horst (1995): Ausstieg aus dem Sozialstaat?, s. Nr. (16).
(209) Alber, Jens (1998): Der deutsche Sozialstaat im Licht international vergleichendender Daten, in: Leviathan, Zeitschrift für Sozialwissenschaft, Heft 2/1998, S. 199-227.

(210) Sachverständigenrat für die Konzertierte Aktion im Gesundheitswesen (1996): Sondergutachten: Gesundheitswesen in Deutschland. Kostenfaktor und Zukunftsbranche. Bd. I: Demographie, Morbidität, Wirtschaftlichkeitsreserven und Beschäftigung, Baden-Baden.
(211) Ders. Sondergutachten 1997: Gesundheitswesen in Deutschland. Kostenfaktor und Zukunftsbranche, Bd. II: Forschritt und Wachstumsmärkte, Finanzierung und Vergütung, Baden-Baden (hier: Kurzfassung).
(212) Sitte, Ralf (1998): Der sogenannte teure Sozialstaat. Zur Entwicklung der Sozialleistungen und ihrer wettbewerbspolitischen Bedeutung, in: Gegenwartskunde. Zeitschrift für Gesellschaft, Wirtschaft, Politik und Bildung, Heft 1/98, S. 15-29.
(213) Thurow, Lester C. (1996), s. Nr. (56).

5. Kapitel: Die Zukunft der deutschen Wirtschaft

5.1.1-5.1.4 Die Marktwirtschaft

(214) Deutsche Bundesbank (Hg.) (April 1997): Weltweite Organisationen und Gremien im Bereich von Währung und Wirtschaft, Ffm.
(215) Giarini, Orio/P. M. Liedtke (1998): Wie wir arbeiten werden. Der neue Bericht an den Club of Rome, Hamburg.
(216) Henning, Iris (1997): s. Nr. (151).
(217) Klein, Martin/Werner Meng/Reinhard Rode (Hg.) (1998): s. Nr. (188).
(218) Lück, Martin (1998): Zentralbankpolitik. s. Nr. (153).
(219) Rahmsdorf, Detlev W. (1982): Ordnungspolitischer Dissenz und europäische Integration, Kehl.
(220) Sachverständigenrat zur Begutachtung der gesamtwirtschaftlichen Entwicklung, Jahresgutachten 1995/96, BTagsDs. 13/3016, und 1997/98 (BTagsDs. 13/9090.
(221) Sachverständigenrat für die Konzertierte Aktion im Gesundheitswesen, Sondergutachten 1997, s. Nr. (211).
(222) Scharpf, Fritz W. (1997): Konsequenzen der Globalisierung für die internationale Politik, in: IPG 2/97, S. 185-192.
(223) Scharpf, Fritz W. (1998): Die Zukunft der Arbeit im renovierten ‚Modell Deutschland', in: Gewerkschaftliche Monatshefte 6-7/1998: Wo bleibt die Arbeit?, S. 447-451.
(224) Scherpenberg, Jens van (1992): Ordnungspolitik im EG-Binnenmarkt, Baden-Baden.
(225) Ders. (1996): Ordnungspolitische Konflikte im Binnenmarkt, in: Jachtenfuchs/Kohler-Koch (Hg.) (1996), s. Nr. (67), S. 345-372.
(226) Rode, Reinhard (1997): High Tech., s. Nr. (182).
(227) Siebert, Horst (1997): s. Nr. (189).
(228) Tetzlaff, Rainer (1996): Weltbank und Währungsfonds – Gestalter der Bretton-Woods-Ära. Kooperations- und Integrations-Regime in einer sich dynamisch entwickelnden Weltgesellschaft, Opladen.
(229) Tüselmann, Heinz-Josef (1998): Deutsche Auslandsinvestitionen in den neunziger Jahren: Abwanderung der deutschen Industrie und Abbau von Arbeitsplätzen?, in: WSI-Mitteilungen 5/98, S. 292-302.
(230) Varwick, Johannnes (1998): Globalisierung, s. Nr. (185).
(231) Weltbank (Hg.): Weltentwicklungsbericht 1997. Der Staat in einer sich verändernden Welt. Ausgewählte Kennzahlen der Weltentwicklung, Bonn.

5.1.5 Ökologische Dimension der Marktwirtschaft

(232) Bohne, Eberhard (1996): Entscheidungsprozesse in der Schnittstelle von Technik, Verwaltung und Politik: Der Erlaß von allgemeinen Verwaltungsvorschriften zur Umweltverträglichkeitsprüfung, in: Hartwich (Hg.): Entscheidungsprozesse, s. Nr. (237), S. 37-56.
(233) Dieren, Wouter van (Hg.), (1995): Mit der Natur rechnen. Der neue Club of Rome-Bericht: Vom Bruttosozialprodukt zum Ökosozialprodukt, Basel.
(234) Frey, Bruno S. (1972): Umweltökonomie, Göttingen.

(235) Hartkopf, Günter/E. Bohne (1983): Umweltpolitik 1. Grundlagen, Analysen und Perspektiven, Opladen.
(236) Hartwich, Hans-Hermann (Hg.) (1984): Vollzug und Wirkungen regionaler Umweltpolitik. Ihre Bedeutung für die private Industrie Hamburgs 1970-1980, Opladen.
(237) Hartwich, Hans-Hermann (Hg.) (1996): Entscheidungsprozesse im Spannungsverhältnis Technik – Gesellschaft – Politik. Wege zu einem Dialog-Management, Düsseldorf 1996 (VDI-Report 26).
(238) Holtkamp, Lars/K. Schubert, (1993): Verhandlungslösungen in Mediationsverfahren: Erfolgsbedingungen und Restriktionen in der deutschen Abfallpolitik, in: Gegenwartskunde Heft 4/93, S. 421-432.
(239) Huber, Joseph (1991): Unternehmen Umwelt. Weichenstellungen für eine ökologische Marktwirtschaft, Ffm.
(240) Huber, Joseph (1995): Nachhaltige Entwicklung. Strategien für eine ökologische und soziale Erdpolitik, Berlin.
(241) Kapp, K. William (1979): Soziale Kosten der Marktwirtschaft. Das klassische Werk der Umwelt-Ökonomie, Ffm.
(242) Küppers, Günter/P. Lundgreen/P. Weingart (1978): Umweltforschung – die gesteuerte Wissenschaft? Eine empirische Studie zum Verhältnis von Wissenschaftsentwicklung und Wissenschaftspolitik, Ffm.
(243) Simonis, Udo E. (Hg.) (1988): Präventive Umweltpolitik, Ffm. (Schriften des WZB Berlin).
(244) Tetzlaff, Rainer (1997): Das Rio-Desaster. Eine Bilanz der UN-Konferenz über Umwelt und Entwicklung nach fünf Jahren, in: Gegenwartskunde Heft 3/97, S. 275-281.
(245) Weizsäcker, Ernst U. von/A.B. Lovins (1995): Faktor vier: Doppelter Wohlstand – halbierter Naturverbrauch. Der neue Bericht an den Club of Rome, München.

5.2 Erwerbsarbeit und kooperative Tarifpolitik

(246) Baglioni, Guido/Colin Crouch (Hg.) (1990): European Industrial Relations. The Challenge of Flexibility, London.
(247) Beckmann, Petra (1997): Beschäftigungspotentiale der Ausweitung von Teilzeitarbeit. Ergebnisse einer empirischen Untersuchung, in: WSI-Mitteilungen 9/1997, S. 634-640.
(248) Bispinck, Reinhard/Thorsten Schulten (1998): Globalisierung und das deutsche Kollektivvertragssystem, in: WSI-Mitteilungen 4/1998, S. 241-248.
(249) Bothfeld, Silke (1997): Teilzeitarbeit für alle? Eine Untersuchung von Teilzeitpräferenzen in Deutschland und Großbritannien unter beschäftigungspolitischen Gesichtspunkten, WZB, Berlin; zugleich in: WZB-Mitteilungen 78/Dezember 1997, S. 10-13.
(250) Dahrendorf, Ralf (1982): Wenn der Arbeitsgesellschaft die Arbeit ausgeht, in: Matthes, Joachim (Hg.): Krise der Arbeitsgesellschaft?, 21. Deutscher Soziologentag 1982, Ffm., S. 25-37.
(251) Giarini, Orio/P.M. Liedtke (1998): Wie wir arbeiten werden, s. Nr. (215).
(252) Hartwich, Hans-H. (Hg.) (1995): Leben ohne Arbeit? – Arbeit als Los? Die 2. Wittenberger Disputation, Opladen.
(253) Ders. (1998): Arbeit als „Anker“, in: Gewerkschaftliche Monatshefte 6-7/98, S. 360-364.
(254) Kommission Mitbestimmung der Bertelsmann Stiftung und der Hans-Böckler-Stiftung (1998): Empfehlungen zur künftigen Gestaltung der Mitbestimmung, in: Mitbestimmung Heft 6/1998, S. 19-23. Mit Interviews u.a. von Reinhard Mohn und Wolfgang Streeck.
(255) Rifkin, Jeremy (1996): Das Ende der Arbeit und ihre Zukunft, Ffm.
(256) Schmid, Günther (1996): Beschäftigungswunder Niederlande? Ein Vergleich der Beschäftigungssysteme in den Niederlanden und in Deutschland, WZB discussion paper, Berlin.
(257) Soskice, David (1998): Interview, in: „Mitbestimmung“: Die Euro-Elf. Tarif- und Sozialsysteme, hg. v. d. Hans-Böckler-Stiftung, Heft 5/1998, S. 29-32.
(258) Stöckl, Ingrid (1986): Gewerkschaftsausschüsse in der EG, Kehl/Straßburg/Arlington.
(259) Traxler, Franz (1998): Nationale Tarifsysteme und wirtschaftliche Internationalisierung, in: WSI-Mitteilungen 4/1998, S. 249-257.

5.3 Politik und Staat in der Marktwirtschaft

(260) Alber, Jens (1998): Der deutsche Sozialstaat, s. Nr. (209).
(261) Althaler, Karl S. (Hg.) (1997): Primat der Ökonomie? Über Handlungsspielräume sozialer Politik im Zeitalter der Globalisierung, Marburg.
(262) Groser, Manfred (1980): Das Privatisierungsthema in der politischen Willensbildung, in: APuZ (s. Nr. 16) B 14/80, S. 3-15.
(263) Henke, Klaus-Dirk/Jens J. Hesse/Gunnar F. Schuppert (Hg.) (1991): Die Zukunft der sozialen Sicherung in Deutschland, Baden-Baden.
(264) Jacobs, Ott H. (1998): Der Einfluß des internationalen Steuergefälles auf Investitions-und Finanzierungsentscheidungen. Eine Computersimulation anhand der Länder Deutschland, Frankreich, Großbritannien, Niederlande, Österreich und USA, (Vortrags-MS.), auch in: SZ v. 23./24.5.1998.
(265) Jänicke, Martin (1980): Zur Theorie des Staatsversagens, in APuZ, (s. Nr. 16) B 14/80, S. 29-39.
(266) König, Klaus (1995): Zur Kritik eines neuen öffentlichen Managements, Speyerer Forschungsberichte 155, Speyer.
(267) Ders. (1997): Markt und Wettbewerb als Staats- und Verwaltungsprinzipien, in: Deutsches Verwaltungsblatt 4-5/1997, S. 239-248.
(268) Leisering, Lutz (1996): Alternde Bevölkerung – veraltender Sozialstaat? Demographischer Wandel als „Politik“, in: APuZ (s. Nr. 16) B 35/96, S. 13-22.
(269) Naschold, Frieder (1994): Produktivität öffentlicher Dienstleistungen, in: Naschold, Frieder/Marga Pröhl (Hg.): Produktivität öffentlicher Dienstleistungen, Gütersloh, S. 363-413.
(270) Ruß-Mohl, Stephan (1980): Kann der Markt, was der Staat nicht kann? Anmerkungen zur ökonomischen Theorie des Staatsversagens, in: APuZ (s. Nr. 16) B 14/80, S. 17-27.
(271) Rolf, Gabriele/Gert Wagner 1996): Alterssicherung in der Bundesrepublik Deutschland, in: APuZ, (s. Nr. 16) B 35/96, S. 23-32.
(272) RWI-Konjunkturberichte (1998): Die wirtschaftliche Entwicklung im Ausland und im Inland zur Jahresmitte 1998, Jg. 49 (1998) H. 1, Berlin.
(273) Sachverständigenrat für die Konzertierte Aktion im Gesundheitswesen, Sondergutachten 1996, s. Nr. (210).
(274) Scharpf, Fritz W. (1997): Konsequenzen der Globalisierung, s. Nr. (222).
(275) Schmid, Günther/Jacqueline O'Reilly/Klaus Schömann (Hg.) (1996): International Handbook of Labour Market Policy and Evaluation, Cheltenham UK/Brookfield USA.
(276) Schmidt, Manfred (1988): Sozialpolitik, s. Nr. (52).
(277) Schröder, Jörg/Ulrich van Suntum (1998): Internationales Beschäftigungs-Ranking 1998, hg. v. d. Bertelsmann Stiftung, Gütersloh.
(278) Thurow, Lester C. (1996), Die Zukunft des Kapitalismus, s. Nr. (56).
(279) Zentrum für Sozialpolitik der Universität Bremen/Manfred G. Schmidt (1998): Thesen zur Sozialpolitik in Deutschland, ZeS-Arbeitspapier Nr. 5/98, Bremen.

6. Kapitel

(280) Benz, Arthur, Postparlamentarische Demokratie? Demokratische Legitimation im kooperativen Staat, in: Greven (Hg.), s. Nr. (282), S. 201-222.
(281) Böhret, Carl/Göttrik Wewer (Hg.) (1993): Regieren im 21. Jahrhundert – zwischen Globalisierung und Regionalisierung, Opladen.
(282) Greven, Michael (Hg.) (1998): Demokratie – eine Kultur des Westens?, Opladen.
(283) Saage, Richard/Gunnar Berg (Hg.) (1998): Zwischen Triumph und Krise. Zum Zustand der liberalen Demokratie nach dem Zusammenbruch der Diktaturen in Osteuropa, Opladen.
(284) Schmidt, Manfred G. (1998a): Die politische Produktivität liberaler Demokratien, in: Saage/Berg, Nr. (283), S. 243-268.
(285) Ders. (1998b): Das politische Leistungsprofil der Demokratien, in: Greven (Hg.), s. Nr. (282), S. 181-200.

Verzeichnis der Tabellen

Verzeichnis der Schaubilder

Ausführliches Inhaltsverzeichnis

Sachregister

Namenregister